Ellen Kollender
Eltern – Schule – Migrationsgesellschaft

Pädagogik

Ellen Kollender (Dr. phil.) ist wissenschaftliche Mitarbeiterin am Arbeitsbereich für interkulturelle und vergleichende Bildungsforschung an der Helmut-Schmidt-Universität Hamburg und Mercator-IPC-Fellow am Istanbul Policy Center der Sabancı University in Istanbul. In ihrer Forschung beschäftigt sie sich mit Bildungspolitik, Schulentwicklung und pädagogischer Professionalisierung im Kontext migrationsgesellschaftlicher Differenz- und Ungleichheitsverhältnisse, Rassismustheorien, neoliberalen Transformationen in Schule und Bildungssystem sowie mit der Rolle von Zivilgesellschaft bei der Gestaltung inklusiver Bildungssysteme und -räume in Deutschland und der Türkei.

Ellen Kollender

Eltern – Schule – Migrationsgesellschaft

Neuformation von rassistischen Ein- und Ausschlüssen
in Zeiten neoliberaler Staatlichkeit

[transcript]

Gedruckt mit Unterstützung der Helmut-Schmidt-Universität / Universität der Bundeswehr Hamburg sowie der Hans-Böckler-Stiftung

Mitbestimmung·Forschung·Stipendien

Bibliografische Information der Deutschen Nationalbibliothek
Die Deutsche Nationalbibliothek verzeichnet diese Publikation in der Deutschen Nationalbibliografie; detaillierte bibliografische Daten sind im Internet über http://dnb.d-nb.de abrufbar.

Umschlaggestaltung: Maria Arndt, Bielefeld
Umschlagabbildung: Ayşe Klinge
Druck: Majuskel Medienproduktion GmbH, Wetzlar
Print-ISBN 978-3-8376-5091-4
PDF-ISBN 978-3-8394-5091-8
https://doi.org/10.14361/9783839450918

Gedruckt auf alterungsbeständigem Papier mit chlorfrei gebleichtem Zellstoff.
Besuchen Sie uns im Internet: *https://www.transcript-verlag.de*
Unsere aktuelle Vorschau finden Sie unter
www.transcript-verlag.de/vorschau-download

Inhalt

TEIL II: ANALYSE

TEIL III: ABSCHLIESSENDE BETRACHTUNGEN

Dank

Die Zeit, in der diese Arbeit entstanden ist, war geprägt von vielen Bewegungen. Sowohl von eigenen Bewegungen zwischen unterschiedlichen Wohn-, Arbeits- und Lebensorten. Als auch von zahlreichen Bewegungen in der Welt, in der das Erstarken von Rassismus und Neoliberalismus sowie damit verbundene sog. Krisenphänomene Fragen nach dem Verbleib von Demokratie und sozialer Gerechtigkeit aufgeworfen haben, wie ich sie mir auch beim Schreiben dieser Arbeit immer wieder gestellt habe. Geprägt war diese Zeit auch von vielen Bewegungen in meinem Kopf, die das Sein in der Wissenschaft und das Schreiben einer Doktorarbeit als sogenanntes Arbeiterkind mit sich bringen. Dass ich bei all diesen Bewegungen dieses Projekt nicht aus den Augen verloren habe, verdanke ich vielen Menschen, die mich und dieses Projekt in den letzten Jahren begleitet haben.

Dies war vor allem Mechtild Gomolla, die mir von der Idee dieses Projektes bis zur Veröffentlichung beratend zur Seite stand und deren eigene Forschung mich inspiriert hat, meine Untersuchung zu Eltern und Schule als Ausdruck eines breiten gesellschaftlichen Wandels der Beziehung von Bürger_innen zu staatlichen Institutionen zu begreifen. Für diese Perspektive sowie den aufrichtigen Austausch möchte ich mich herzlich bedanken. Mein Dank gilt auch Uwe Hunger, der diese Studie mitbetreut hat, mir dabei Vertrauen geschenkt und den notwendigen Pragmatismus mit auf den Weg gegeben hat.

Wachsen konnten meine Arbeit und ich auch über den Austausch mit vielen engagierten Wissenschaftler_innen im Kolloquium von Mechtild Gomolla sowie über die freundschaftliche Zusammenarbeit mit meinen (ehemaligen) Kolleginnen an der Helmut-Schmidt-Universität Hamburg, hier vor allem Bettina Bello, Fallon Cabral, Sonja Langheinrich, Marlene Menk, Areso Qarizadah, Lisa M. Rosen und Dorothee Schwendowius.

Dass die Arbeit an diesem Projekt wenig von finanziellen Nöten geprägt war, verdanke ich der Unterstützung der Hans-Böckler-Stiftung (HBS), insbesondere in Person von Werner Fiedler und Iris Henkel. Das Promotionsstipendium hat mir auch Bekanntschaften zu ›Gleichgesinnten‹ ermöglicht. Zu diesen zähle ich vor allem Annette Maechtel, mit der ich in ihrem Büro am Alexanderplatz viele lange Abende über Foucaults Dispositivtheorie gebrütet habe und die nie lockergelassen hat, um das scheinbar

Undurchdringbare zu durchdringen. Ich danke auch Sonja Engel, Stefanie Kaygusuz-Schurmann, Gesa Köbberling und Lili Rebstock für die vielen kritischen Anstöße und den solidarischen Austausch im Rahmen unserer HBS-Mikro-AG.

Auch Serkan Demiral war Teil dieser Arbeitsgruppe – und einer meiner engsten Freunde, der im August 2016 den Kampf gegen den Krebs leider verloren hat. Serkans positive Energie, seinen kreativen Humor und seine Gegenwart habe ich nicht nur in schwierigen Schreibphasen sehr vermisst...

Große Teile dieser Arbeit sind in Istanbul entstanden, wohin es mich seit 2014 nicht nur wegen der besonderen Atmosphäre am Bosporus, sondern auch wegen vieler starker und mutiger Menschen immer wieder verschlagen hat. Zu diesen zähle ich vor allem Malik Ebhodaghe, Mat Nashed, Mostafa Qanbari und Ayşe Uzun. Diese Menschen haben mir während der Zeit meines Projekts in vielerlei Hinsicht Kraft geschenkt und mir zu neuen Perspektiven verholfen. Abdul Abbasi, den ich in diesem Zusammenhang auch kennenlernen durfte, hat mich als Freund und Mitbewohner immer wieder von meiner Arbeit abgelenkt – dies jedoch auf eine Art und Weise, die ich nicht missen möchte.

Herzlich bedanken möchte ich mich auch bei Fatma Bulut für ihre Hilfe bei der Interviewtranskription, Burak Korkmaz für seine geduldige Unterstützung bei der Umsetzung der Grafiken sowie Veronika Kourabas für das Feedback zu meiner Arbeit und die Gespräche. Auch Ulrich Grote danke ich sehr, der mich beim Schlusslektorat der Buchveröffentlichung besonders unterstützt hat.

Ein großer Dank geht auch an meine Familie, meine Freund_innen und Mitbewohner_innen, die sicher nicht immer nachvollziehen konnten, warum ich in den letzten Jahren so viel und lange am Schreibtisch saß, die aber immer für mich da waren und mir zwischendurch das wichtige Gefühl gegeben haben, noch von dieser Welt zu sein.

Ein ganz besonderer Dank gilt meinem Lebenspartner Janne Grote. Gäbe es ihn nicht, hätte ich diese Arbeit vermutlich nicht begonnen. Das gemeinsame Wachsen in unserer Beziehung hat mich auf den Weg zu diesem Projekt gebracht und dazu verholfen, mir dieses zuzutrauen. Besonders in der langen Abschlussphase haben mir sein Rückhalt und seine Unterstützung in allen Belangen so viel bedeutet, dass es sich hier nur schwer in Worte fassen lässt.

Schließlich und nicht zuletzt möchte ich den vielen engagierten Berliner Eltern, Pädagog_innen und Organisationen ganz herzlich danken, die mir ihr Vertrauen schenkten, mir von ihren Erfahrungen berichteten und damit dieses Buch erst möglich machten.

1. Einleitung: Familien und Schulen im Zentrum migrationsgesellschaftlicher Grenzproduktionen

»Für eine Forschung zu Migration in dieser Stadt brauchen wir keine Forschung über MigrantInnen, sondern eine Forschung, für die Gesellschaft ohne Migration nicht denkbar ist.« (Bojadžijev et al. 2015: 166)

Die folgende Studie spielt in Berlin. Wie auch in anderen Großstädten in Europa und der Welt ist die Entwicklung dieser Stadt wesentlich von Migration und den hier lebenden Menschen mit eigener oder familiärer Migrationsgeschichte geprägt. So wird aktuell knapp einem Drittel der Berliner_innen ein sog. Migrationshintergrund[1] statistisch zugewiesen (vgl. Statistisches Bundesamt 2019: 41). Migration ist nicht nur aufgrund des faktischen Zuzugs von Menschen konstitutiv für zahlreiche urbane Entwicklungen. Auch sich jenseits der Überschreitung nationalstaatlicher Grenzen abspielende Transformations-, Übergangs- und Vernetzungsprozesse sowie damit verbundene imaginative Bewegungen zwischen unterschiedlichen Zugehörigkeitskontexten bringen vielfältige Geschichten, Lebensstile sowie Arten und Weisen des Zusammenlebens hervor und formen innerstädtische Räume zu »transnationalen Stadtlandschaften« (Wildner 2012: 225).

Zentraler Schauplatz dieser Arbeit sind die Berliner Stadtteile Kreuzberg und Neukölln. Beide Orte gelten in ihrer historischen Entwicklung als besonders von Migration geprägt. Erzählungen über die Stadtteile beziehen sich häufig auf die in den 1960er Jahren insbesondere in der Türkei angeworbenen Arbeitsmigrant_innen, die in die maroden und vielfach auf ihren Abriss wartenden Altbauquartiere am Rande Westberlins zogen, da ihnen in anderen Bezirken der Zugang zu Wohnraum meist verwehrt wurde (vgl. Lanz 2007: 67). Mit Blick auf die Migrationsgeschichte Neuköllns wird zudem oft auf die hohe Anzahl von palästinensischen Geflüchteten verwiesen, die in den späten

---

1   Laut Definition des Statistischen Bundesamtes hat eine Person dann »einen Migrationshintergrund, wenn sie selbst oder mindestens ein Elternteil die deutsche Staatsangehörigkeit nicht durch Geburt besitzt« (Statistisches Bundesamt 2019: 4). Das statistische Konzept der ›Person mit Migrationshintergrund‹ wird in dieser Arbeit als ein soziales bzw. dispositives Konstrukt behandelt, dem eine zentrale Rolle in gesellschaftlichen Ein- und Ausschlussprozessen zukommt, wie ich im weiteren Verlauf dieser Arbeit noch näher ausführen werde.

1970er Jahren vor allem aus dem Libanon in den Bezirk kamen (vgl. Beauftragte des Berliner Senats für Integration und Migration 2010: 7ff.). Medial wird währenddessen aktuell besonders von syrischen Geflüchteten berichtet, die in Neukölln u.a. das Gast- und Dienstleistungsgewerbe prägen (vgl. Mayer 2018). Heutige soziale Entwicklungen in den Stadtteilen werden oft als Folgen dieser Migration beschrieben und analysiert. Dabei changieren aktuell um Kreuzberg und Neukölln vorherrschende Diskurse zwischen der Stilisierung dieser Orte als ›Multikulti-Kieze‹ einer ›vielfältigen Metropole‹ und ihrer Problematisierung als ›soziale Brennpunkte‹ und ›Angsträume‹ (vgl. Exkurs I). In raumbezogenen Erzählungen wie diesen verschmelzen die Berliner Stadtteile diskursiv mit einem vermeintlich überproportional hohen Anteil hier lebender ›migrantischer Gemeinschaften‹ zu einer scheinbar deckungsgleichen sozialräumlichen Einheit (vgl. Pott 2018; Wacquant 2007). Diese Erzählungen tendieren dazu, die vielfältigen (transnationalen) Lebenswirklichkeiten in Kreuzberg und Neukölln auszublenden.

Neben sozialräumlichen Diskursen nehmen aktuell auch solche Entwicklungen Einfluss auf das Leben vieler Bewohner_innen Neuköllns und Kreuzbergs, die häufig unter dem Stichwort der Gentrifizierung zusammengefasst werden. Hiermit wird die zunehmende politische und immobilienwirtschaftliche Inwertsetzung von bisher preiswerteren Wohnvierteln beschrieben, die mit Privatisierungen städtischen Eigentums und starken Mietsteigerungen einhergeht (vgl. Holm 2010). Dass diese Entwicklung (nicht nur) in Berlin eine räumliche Verdrängung und Marginalisierung breiter Bevölkerungsteile zeitigt, haben zahlreiche Studien dargelegt (vgl. Schulz 2017; Kronauer/Siebel 2013; Holm 2010). Hiervon betroffen sind insbesondere solche Personen, die die Effekte eines in den letzten Jahrzehnten im Zuge einer umfassenden De-Industrialisierung und Globalisierung sich abzeichnenden tiefgreifenden Strukturwandels besonders zu spüren bekommen – dies u.a. in Form prekärer Beschäftigungsverhältnisse auf dem Berliner Arbeitsmarkt. Die Statistik weist aus, dass hiervon überproportional häufig Personen mit sog. Migrationshintergrund betroffen sind (vgl. Amt für Statistik Berlin-Brandenburg 2017a: 18).[2]

> »Die Menschen der ›Gastarbeiter‹-Generation haben Kreuzberg attraktiv und lebenswert gemacht. Jetzt reicht die niedrige Rente nicht mehr, um ihren Lebensabend im angestammten Umfeld zu genießen. Sie haben aus dem Kiez ihr Zuhause gemacht, jetzt schlagen die Eigentümer und das Land Berlin Kapital aus dem ›kosmopolitischen‹ Flair‹.« (Hamann/Kaltenborn/Kotti & Co. 2015: 163)

Ausführungen wie die der Kreuzberger Mieter_innengemeinschaft *Kotti & Co.* machen deutlich, dass die Geschichten der Migration in Berlin – wie auch in anderen Großstädten – eng mit aktuellen städtischen (Verdrängungs-)Dynamiken verwoben sind. Die Einbettung des Zitats im Kontext von Forderungen nach einem »Recht auf Stadt«

---

2   In Berlin waren im Jahr 2016 unter der Bevölkerung mit statistisch zugewiesenem »Migrationshintergrund« etwa drei Mal so viele Personen von Armut gefährdet als unter den Berliner_innen ›ohne Migrationshintergrund‹ (30,9 Prozent zu 11,1 Prozent; Amt für Statistik Berlin-Brandenburg 2017: 18). Dabei fiel die Erwerbslosenquote unter den 15- bis 65-Jährigen Berliner_innen mit eigener »Zuwanderungserfahrung« mit 38,9 Prozent um 13,6 Prozent höher aus als bei in Berlin lebenden Personen »ohne Zuwanderungserfahrung« (25,3 Prozent; ebd.: 71).

(Lefebvre 2016) zeigt, dass die Bewohner_innen Berlins nicht allein als Spielbälle der beschriebenen Diskurse und Entwicklungen verstanden werden können. Im Rahmen von sich formierenden Kiezinitiativen, ›Migrant_innenorganisationen‹ und weiteren zivilgesellschaftlichen Bündnissen haben sie in den letzten Jahren auf zahlreiche Leerstellen in den skizzierten Diskursen hingewiesen, wie beispielsweise auf die Bedeutung von rassistischer Diskriminierung auf dem Berliner Wohnungsmarkt. Hierüber sowie über weitere Versuche, gegenhegemoniale Erzählungen zu entwerfen, gestalten sie – wenn auch unter teils prekären Bedingungen – urbane Ordnungen des Städtischen tagtäglich mit.

Innerstädtische Räume wie Kreuzberg und Neukölln erweisen sich als Kontexte, in denen unterschiedliche Kämpfe um Zugangsrechte, Partizipationschancen und materielle Ressourcen ausgetragen werden. Die Stadt ist nicht nur der geografische Ort, an dem soziale und politische Auseinandersetzungen stattfinden; sie steht nach Engin Isin in symbolischer Hinsicht auch für einen »battleground through which groups define their identities, stake their claims, wage their battles and articulate citizenship rights and obligations« (Isin 2002: 50, zitiert in Hess/Lebuhn 2014: 17). Somit geht es in urbanen Räumen stets auch um die Verhandlung von Grenzen der Zugehörigkeit und Nicht-Zugehörigkeit und damit verbundenen ungleichen gesellschaftlichen Machtverteilungen. Vor diesem Hintergrund verstehe ich Städte, in den Worten Saskia Sassens, als Grenzzonen (»Frontier Zones«, vgl. Sassen 2014), in denen räumlich-materielle und symbolische Grenzen nicht nur festgesetzt werden. Die »Komplexität und Unvollständigkeit« von Städten ermöglicht es darüber hinaus auch Akteur_innen, die über vergleichsweise wenig gesellschaftliche Macht verfügen, hier den ›Mächtigen‹ gegenüberzutreten und über Grenzverläufe mitzuverhandeln (Sassen 2016: o.S.).

Familien und Schulen im Zentrum migrationsgesellschaftlicher Grenzproduktionen Ein erster Blick auf aktuelle Entwicklungen in innerstädtischen Schulen Berlins zeigt, dass diese Schulen keine isolierten Räume darstellen, sondern auf vielfältige Weise in städtische Dynamiken und migrationsgesellschaftliche Diskurse eingebunden sind. Schulen sind zentrale Orte, an denen Kämpfe um gesellschaftliche Zugehörigkeit allgemein sowie speziell um Zugangsrechte zum Bildungssystem und um privilegierte Positionen in diesem ausgetragen werden. Diese Kämpfe ereignen sich aktuell zum einen vor dem Hintergrund einer verstärkten Fluchtmigration nach Berlin. In diesem Zusammenhang wird die Schule nicht nur als Raum beansprucht, um Aufenthaltsrechte und mehr Autonomie für Geflüchtete einzufordern – wie im Fall der von Geflüchteten über mehrere Jahre lang besetzten ehemaligen Gerhart-Hauptmann-Schule in Kreuzberg (vgl. Heine 2018). Im Kontext aktueller Debatten um die (Un)Möglichkeiten einer gemeinsamen Beschulung von geflüchteten und ›autochthonen‹ Schüler_innen treten Schulen auch als segregierende Orte medial und wissenschaftlich in Erscheinung, in denen für geflüchtete Kinder »in Regelklassen oft kein Platz« ist (Vieth-Entus 2017: o.S.; vgl. Karakayali et al. 2017).

Darüber hinaus sind neue Spannungsfelder vor dem Hintergrund einer sich im Zuge neoliberaler Stadtentwicklung verändernden Bevölkerungsstruktur im Umfeld Kreuzberger und Neuköllner Schulen entstanden. Angeheizt von Diskursen rund um die ›alte/neue soziale Mischung‹ in den Stadtvierteln nimmt der Wettbewerb zwischen

Eltern um ›attraktive Schulplätze‹ ebenso zu wie der Wettbewerb zwischen Schulen um ›attraktive Eltern‹ (vgl. Karakayali/zur Nieden 2013; Fincke/Lange 2012). Dynamiken wie diese fußen vielfach auf problematisierenden Sichtweisen von einer räumlichen Konzentration von Schüler_innen mit sog. nicht-deutscher Herkunftssprache (vgl. Exkurs II).

Neben den Schulen sind auch in Berlin lebende Familien – hier verstanden als heterogene mehrgenerationale Lebensgemeinschaften – in die beschriebenen Prozesse auf vielfältige Weise involviert. Dabei sind die Lebensverhältnisse der Familien von zahlreichen Ungleichheiten geprägt (vgl. BMFSFJ 2017). Diesbezüglich zeichnet sich statistisch eine systematische Schlechterstellung insbesondere von Familien ›mit Migrationshintergrund‹ ab[3]. Die unterschiedlichen Lebenslagen der Familien wirken sich u.a. auf ihre Beziehung zur Schule sowie auf die Schulbildungsprozesse ihrer Kinder aus – dies allerdings nicht hinsichtlich vergleichsweise geringerer Bildungsaspirationen von Familien ›mit Migrationshintergrund‹, wie die Ergebnisse von Schulleistungsuntersuchungen teilweise suggerieren. Zahlreiche Studien haben aufgezeigt, dass sich diesbezüglich keine signifikanten Unterschiede zwischen Familien mit und ohne ›Migrationshintergrund‹ feststellen lassen (vgl. Boos-Nünning et al. 2008: 54; Sachverständigenkommission 2000; Herwartz-Emden 2000: 19; vgl. Kapitel 2.1.3). Auch stellen die sog. sozialen und kulturellen Ressourcen der Familien keine hinlänglichen Erklärungsgrößen für die in Deutschland nachgewiesenen Bildungsungleichheiten dar (Stanat/Rauch/Segeritz 2010: 227). So merken u.a. die Autor_innen der PISA-Studie an, dass es häufig eine »mangelnde Wertschätzung und Akzeptanz« von bestimmten Gruppen sowie diesbezüglich »gesellschaftlich verbreitete Stereotype« sind, »wie sie etwa in aktuellen Debatten über Zuwanderung und Integration sehr deutlich zum Vorschein kommen«, die dazu beitragen, dass es Heranwachsende, die mit diesen Stereotypen belegt werden, »im deutschen Bildungssystem besonders schwer haben« (ebd.). Dies zeigen auch zahlreiche Untersuchungen der empirisch-qualitativen Bildungsforschung auf. Diese sind der Frage nachgegangen, welche Rolle soziale Konstruktionsprozesse von Gruppen(zugehörigkeiten) bei der (Re-)Produktion von schulischen Bildungsungleichheiten spielen. Gefragt wurde in diesem Zusammenhang, inwiefern gerade die »Unterscheidung Einheimische-MigrantInnen bzw. die Differenzierung zwischen unterschiedlichen Migrantengruppen im Schulkontext [...] als Ressource bei der Verteilung von Bildungschancen Verwendung findet« (Hormel 2010: 180). Diesbezüglich wurde dargelegt, dass bestimmte gesellschaftlich normalisierte Logiken des Unterscheidens durch die Institution Schule und das Handeln der hier tätigen Pädagog_innen miterzeugt werden und institutionelle Diskriminierungsprozesse im Sinne einer Sortierung nach Herkunft an-

---

3   Statistiken, die an die binäre Unterscheidung von Familien mit und ohne Migrationshintergrund anknüpfen, haben dargelegt, dass Familien ›mit Migrationshintergrund‹ mehr als doppelt so häufig von Armut gefährdet sind als ihre statistische Vergleichsgruppe (29 Prozent gegenüber 13 Prozent). Auch das durchschnittliche monatliche Nettoeinkommen von Familien mit statistisch zugeschriebenem Migrationshintergrund liegt weit unter dem von Familien ›ohne Migrationshintergrund‹ (2.981 Euro gegenüber 3.643 Euro; vgl. ebd.: 57). Insbesondere Mütter ›mit Migrationshintergrund‹ sind in Deutschland wesentlich häufiger erwerbslos als Mütter, die nicht in der genannten Kategorie erfasst werden (48 Prozent gegenüber 27 Prozent; vgl. BMFSFJ 2017).

leiten können (vgl. Jennessen/Kastirke/Kotthaus 2013; Gomolla/Radtke 2009; Kalpaka 2009; Krüger-Potratz 2005; vgl. Kapitel 2.1.3).

Diese Studie sucht die Hintergründe und Herstellungsweisen von migrationsgesellschaftlichen Ungleichheitsverhältnissen und Zuschreibungsprozessen im Herzen der Stadt weiter zu ergründen. Sie fragt insbesondere, welche Rolle die hier beschriebenen Dynamiken im Verhältnis von Schule und den Eltern von Schüler_innen spielen. Diese Untersuchung erscheint zentral, da sich in den vergangenen Jahren der verstärkte Einbezug von Eltern in schulische Bildungsprozesse zu einem wesentlichen Element bildungspolitischer Reformen herausentwickelt hat (vgl. Gomolla/Kollender 2019; Gomolla 2005: 23ff.). Dementsprechend wird seit Mitte der 00er Jahre »großer Wert«, so heißt es u.a. von Seiten des Berliner Senats, »auf eine intensive Kooperation mit den Elternhäusern« und ihre »aktive Einbeziehung in die Lernentwicklung ihrer Kinder« gelegt (Senatsverwaltung für Integration, Arbeit und Soziales 2007b: 38f.). Vor diesem Hintergrund haben Eltern in Berlin wie bundesweit mehr und mehr Mitspracherechte und Mitwirkungsmöglichkeiten an der Schule erhalten. Diese Entwicklungen haben zu einer enormen Vervielfältigung der Arenen, Akteur_innen und Praktiken der Elternadressierung[4] im Kontext von Schule geführt (vgl. Gomolla/Kollender 2019).

Vor allem in den USA und Großbritannien durchgeführte Studien haben in den letzten Jahren vermehrt darauf hingewiesen, dass der Ausbau von Maßnahmen des Einbezugs von Eltern ins Schulgeschehen sowie die sukzessive Erweiterung von Elternrechten nicht lediglich als Ausdruck einer stärkeren Beteiligung von Eltern und somit Demokratisierung des Schulsystems verstanden werden können. Der schulische und bildungspolitische Fokus auf Eltern schafft vielmehr auch neue Einfallstore für Diskriminierung. So zeigen die Untersuchungen auf, dass Reformen einer Erweiterung von Elternrechten und Partizipationsmöglichkeiten dazu führen können, bereits privilegierten Elterngruppen einer (mehrheits-)gesellschaftlichen Mittel- und Oberschicht zusätzliche Vorteile und Einflussmöglichkeiten in der Schule zu verschaffen. Demgegenüber erfahren vor allem Eltern aus sozioökonomisch deprivilegierten Verhältnissen und/oder aus rassifizierten Gruppen eine zunehmende Marginalisierung in Schule (vgl. Vincent 2017; Hartas 2015; Crozier/Reay 2005; Burgess/Wilson/Lupton 2005). So argumentiert u.a. Diane Reay, dass »[t]he current enthusiasm for yet more and more parental involvement among policy makers has failed to take into account the dangers some kinds of parental involvement pose to pupils' equal opportunities for educational resources« (2005: 26). Dabei würden insbesondere Aspekte von Rassismus, Klassismus und Sexismus, die die Zusammenarbeit zwischen Eltern und Schule nachhaltig strukturierten, im aktuellen Elternbeteiligungs-Diskurs ausgeblendet, so Reay: »We have a discourse of parenting in which gendered, racialised and classed notions of parents are not acknowledged, rendering inequalities which exist between parents invisible« (ebd.: 30).

---

4   Unter einer Adressierung verstehe ich nach Marion Ott und Daniel Wrana »soziale Zuschreibungen, die die Aufforderungen zu bestimmten Verhaltens- und (Be-)Handlungsweisen vermitteln«, die sich in institutionellen Settings wie der Schule vollziehen und die ebenso »in politischen Programmen« wie in »sozialen Konstellationen erhalten« sind (Ott/Wrana 2014: 19f.)

Die Analysen aus dem angelsächsischen Forschungsraum sensibilisieren für die Bedeutung, die neben geschlechter- und klassenspezifischen Zuschreibungen auch natio-ethno-kulturellen Differenzkonstruktionen hinsichtlich der Eltern von Schüler_innen bei der (Re-)Produktion von schulischen Bildungsungleichheiten zukommt. Ob und inwiefern solche Konstruktionen auch im deutschen Kontext und vor dem Hintergrund hier aktuell stattfindender gesellschaftlicher Verhandlungen von Migration, Integration, Bildung und Stadtentwicklung wirkmächtig sind, wurde bisher allerdings nicht systematisch erforscht. Diese Lücke möchte diese Studie schließen. Im Zentrum steht die Frage, wie migrationsgesellschaftliche Differenz- und Ungleichheitsverhältnisse auf die Beziehung von Eltern[5] und Schule Einfluss nehmen und welche Effekte insbesondere hinsichtlich institutioneller Ein- und Ausschlüsse von Eltern und ihren Kindern hiermit verbunden sind. Dieses, im Verlauf dieser Studie noch weiter auszudifferenzierende, Forschungsinteresse impliziert Fragen nach

- den zentralen politisch-behördlichen Diskursen, in denen Eltern aktuell thematisiert, adressiert und voneinander unterschieden werden;
- den schulischen Prozessen, in denen gesellschaftlich vorherrschende Annahmen um bestimmte ›Elterngruppen‹ in der Schule bestätigt, verworfen und/oder weiterentwickelt und in ein bestimmtes Handeln übersetzt werden;
- den Erfahrungen, Identifikationen und Umgangsweisen der Eltern von Schüler_innen mit ihren diskursiv vermittelten Rollen bzw. Subjektpositionen;
- dem Zusammenwirken von politischen Diskursen, schulisch-pädagogischen Wissensbeständen sowie elterlichen Selbstverständnissen und den sich hierüber vollziehenden (De-)Stabilisierungen von migrationsgesellschaftlichen Kategorien und Grenzen im Feld von Eltern und Schule.

Im Zentrum dieser Untersuchung stehen neben weiterführenden Schulen[6] in Kreuzberg und Neukölln sowie einzelnen Eltern von hier zur Schule gehenden Schüler_innen auch Elternkollektive, die in Elternvereinen und/oder von Eltern (mit)gegründeten sog. Migrant_innenorganisationen in Schule aktiv sind (vgl. Bundesregierung 2007:

---

5   Unter ›Eltern‹ fasse ich hier und im Folgenden alle erwachsenen Personen, die unabhängig eines direkten Verwandtschaftsverhältnisses in einer sozialen Beziehung zu ›ihrem‹ Kind stehen und für dieses erziehungsberechtigt sind. Ich gehe davon aus, dass es sich bei ›Eltern‹ bzw. ›Elternschaft‹ um einen sozial definierten Status handelt, der auf sich wandelnden gesellschaftlichen Diskursen und hiermit verbundenen Konventionen und Regelungen von Elternrechten und -pflichten basiert (zur sozio-historischen Entwicklung des Begriffs vgl. Waterstradt 2015: 83ff.). In dieser Studie verwende ich ›Eltern‹ als Sammelbegriff sowohl für einzelne Elternteile als auch für in und außerhalb einer Paarbeziehung lebende Personen, die für ein Kind erziehungsberechtigt sind.

6   Die weiterführende Schulform wurde in der Forschung zur Kooperation von Eltern und Schulen bisher weitgehend ausgeklammert, obwohl gezeigt werden konnte, dass eine Zusammenarbeit hier in der Regel von beiden Seiten als herausfordernder wahrgenommen wird als in Grundschulen (vgl. Gomolla 2009; Medvedev 2011). Zudem stellt der hier stattfindende Übergang von der Schule in den/die Beruf(sausbildung) bzw. auf die Hochschule eine besondere Schwelle dar, bei der Eltern ebenso als Instanz der Berufsorientierung eine zentrale Rolle zugeschrieben wird, wie sie als Legitimationskriterium für Übergangsentscheidungen vonseiten der Lehrkräfte herangezogen werden können (vgl. Gomolla/Kollender/Rose 2011).

173ff.).[7] Unter ›Migrant_innenorganisationen‹ verstehe ich freiwillige Zusammenschlüsse von Personen mit heterogenen Lebensgeschichten, »deren Ziele und Zwecke sich wesentlich aus der Situation und den Interessen von in Deutschland lebenden Menschen mit Migrationsgeschichte« ergeben (Pries 2013: o.S.). Dabei sind die Grenzen zwischen ›Migrant_innenorganisationen‹ und anderen Freiwilligenorganisationen fluide. So ist es »eine Frage des Selbstverständnisses der Organisationen« ebenso wie von »gesellschaftliche[n] Zuschreibungen«, »wie lange nach der Einwanderung die Differenzierung in Organisationen von ›Migrant/innen‹ und ›Einheimischen‹ gemacht wird« (Hunger/Metzger/Bostancı 2018: 403).

Im Bildungsbereich wird sog. Migrant_innenorganisationen aktuell eine »Schlüsselrolle« zugeschrieben (Hunger/Metzger/Bostancı 2018: 404) – sei es als »Motoren der Integrationsarbeit« (Weiss 2014: 93), als »außerfamiliäre und außerschulische Lern- und Bildungsorte« (Reifenröther/Ostrowski 2015: 140), als »wichtige [...] Kooperationspartner der Bildungsverwaltungen« (KMK 2013b: 1) oder als »Brücken« sowohl »zwischen Einwanderern [...] und der einheimischen Bevölkerung« (Beauftragte der Bundesregierung für Migration, Flüchtlinge und Integration 2012: 48) als auch »zwischen Familien und Institutionen« wie der Schule (Bundesregierung 2007: 55). In den unterschiedlichen Rollenbezeichnungen kommen vielfältige Erwartungen zum Ausdruck, mit denen die Vereine am Schnittfeld von Elternhaus und Schule belegt werden. Dabei zeigt ein erster Blick auf die Selbstverständnisse von in Berlin tätigen Organisationen, dass diese sich teilweise mit den von außen an sie herangetragenen Erwartungen decken, den politisch-gesellschaftlichen Rollenkonzeptionen zum Teil aber auch entgegenstehen. Dies wird etwa dann deutlich, wenn sich die Mitglieder der Organisationen gegen eine Migrantisierung ihres zivilgesellschaftlichen Engagements wenden und dieser ein Selbstverständnis als »neue deutsche Organisationen« entgegensetzen (vgl. Neue Deutsche Organisationen 2017).

In den letzten Jahren sind zahlreiche Kooperationen und projektbezogene Formen der Zusammenarbeit zwischen sog. Migrant_innenorganisationen und Schulen in Berlin entstanden, dies insbesondere am Schnittfeld von Schule und Elternhaus. Wie die Eltern- und ›Migrant_innenorganisationen‹ als solche konstituiert und positioniert werden sowie in welcher Rolle sich die Organisationen im hier beschriebenen Handlungsfeld selbst sehen, stellt ein weiteres Forschungsinteresse dieser Studie

---

7   Die Selbstorganisation von Eltern mit Migrationsgeschichte stellt kein neues Phänomen dar, sondern hat bereits im Zuge des Familiennachzugs von zuvor nach Deutschland migrierten Arbeitsmigrant_innen in den 1970er und 1980er Jahren stattgefunden. Anlass war vor allem die von den Eltern als unbefriedigend wahrgenommene schulische Situation ihrer Kinder. Zudem sahen die Eltern ihre Interessen »in den etablierten bildungspolitischen Vertretungsorganen der Mehrheitsbevölkerung [...] nicht ausreichend vertreten« (Schröder 2014: 7). Eine Vorreiterrolle nahm der 1973 gegründete Bund spanischer Elternvereine ein (Confederación de Asociaciones Españolas de Padres de Familia en la R. F. de Alemania). In Zusammenarbeit mit Wohlfahrtsverbänden und Kirchen war dieser maßgeblich daran beteiligt, dass das damals vorherrschende System der sog. Ausländerklassen in Deutschland vor allem für Kinder mit spanischer Migrationsgeschichte aufgelöst wurde und diese ab Anfang der 1980er Jahre in deutschen Regelklassen unterrichtet wurden (vgl. ebd.). Auf ein solches elterliches Engagement führt u.a. Dietrich Thränhardt zurück, dass Kinder mit spanischer Migrationsgeschichte heute vergleichsweise häufig erfolgreich das deutsche Bildungssystem für sich nutzen können (Thränhardt 2005: 99).

dar. Diesbezüglich interessiert nicht nur, inwiefern das Engagement der Organisationen an Rollenvorstellungen von Politik und Schule anschließt. Gefragt wird
auch nach kritischen Perspektiven, die die Organisationen im Hinblick auf aktuelle
Schulentwicklungs- und Elternbeteiligungsprozesse artikulieren sowie nach möglichen
›alternativen‹ Programmen und Aktivitäten, die sie vor dem Hintergrund einer solchen
Kritik entwickeln.

**Eltern und Schule im Kontext migrationsgesellschaftlicher Verhältnisse von Rassismus und Neoli-
beralismus** Den genannten Fragen gehe ich aus einer dispositivtheoretisch informierten Analyseperspektive im Anschluss an Michel Foucault nach (vgl. Kapitel 3). Ihm zufolge wird die soziale Welt erst über die Verwiesenheit unterschiedlicher Elemente aufeinander bedeutsam. Um die Mehrdimensionalität sozialer Wirklichkeitskonstitution zu
erfassen, entwirft Foucault den Begriff des *Dispositivs*. Dieses definiert er als »ein entschieden heterogenes Ensemble, das Diskurse, Institutionen, architekturale Einrichtungen, reglementierende Entscheidungen, Gesetze, administrative Maßnahmen, wissenschaftliche Aussagen, philosophische, moralische oder philanthropische Lehrsätze«
und weitere Elemente »umfasst« (Foucault 1978: 119f.). Diese erzeugen in ihrem machtvollen Zusammenwirken ein bestimmtes Wissen über einen sozialen Gegenstand. Auch
die Konstituierung und Positionierung von unterschiedlichen Elterngruppen verstehe ich als einen komplexen und machtvollen Prozess, an dem u.a. politische Diskurse, schulische-pädagogische Wissensbestände und Praktiken sowie elterliche *Subjektivationen* beteiligt sind. Über ihr Zusammenspiel entstehen »Kräfteverhältnisse«, die
bestimmte »Typen von Wissen« über Eltern »stützen« und von diesen wiederum »gestützt werden« (ebd.: 123). Die Art und Weise *wie* die verschiedenen Elemente sozialer
Wirklichkeitskonstitution ineinandergreifen bzw. *welches* Wissen hinsichtlich Eltern in
Schule (re-)produziert wird, geschieht nicht zufällig, sondern stets in Reaktion auf bestimmte gesellschaftliche Entwicklungen. Diese schaffen einen Handlungsdruck, auf
den die dispositiven Elemente reagieren, indem sie eine »Übereinkunft« miteinander
eingehen, um ein bestimmtes Wissen über Eltern (temporär) zu »stabilisieren« und in
Schule und Gesellschaft »nutzbar« zu machen (ebd.: 124). In dieser Arbeit nehme ich vor
allem zwei Entwicklungen in den Blick, die, so die hier verfolgte These, entscheidend
auf die Konfiguration des Verhältnisses von Eltern und Schule im migrationsgesellschaftlichen Kontext Einfluss nehmen: aktuelle (1.) Formationen von Rassismus sowie
(2.) neoliberale Prozesse eines (wohlfahrts-)staatlichen Wandels.

Den Begriff Rassismus verwende ich in dieser Arbeit entgegen gängiger Alltagsvor-
stellungen weder, um ein falsches Bewusstsein »moralisch ›schlechter‹ oder normab-
weichend sozialisierter Personen« zu kennzeichnen, noch meine ich damit eine »irr-
tümliche Ausnahme innerhalb gesellschaftlicher Strukturen« (Lanz 2007: 76). Vielmehr
beschreibe ich mit dem Begriff vielfältig normalisierte und institutionalisierte Logiken der Fremdmachung, die voneinander differente Gruppen hervorbringen, diese in
ihrer vermeintlichen Differenz essentialisieren und dichotomisieren und darüber unterschiedliche Praktiken des Ein- und Ausschlusses begründen können (vgl. Hall 1989:
913). Dabei gehören zum Ausgangspunkt für rassistische Unterscheidungen im Sinne eines in heutigen Migrationsgesellschaften weit verbreiteten »»Rassismus ohne Rassen«« (Balibar 1992a: 28) nicht nur biologische bzw. körperliche Merkmale, sondern auch

kulturelle und religiöse Aspekte, die diesbezüglich funktional werden (vgl. Kapitel 2.1). Rassistische Logiken realisieren sich vor allem im Zusammenwirken von rechtlichen Vorgaben, politischen Strategien, institutionellen Routinen und Praktiken sowie gesellschaftlich breit geteilten diskursiven Wissensbeständen (vgl. Gomolla/Kollender/Menk 2018a: 16). Die Logiken werden dabei über das Handeln von in Institutionen wie der Schule tätigen Individuen nicht nur gestützt, sondern auch beständig bearbeitet und aktualisiert. Zudem artikuliert sich Rassismus häufig nicht allein bzw. isoliert, sondern im Wechselspiel mit anderen gesellschaftlichen Logiken wie klassistischen und vergeschlechtlichten Formatierungen. Auch handelt es sich bei Rassismus um flexible Logiken, die sich im Wechselverhältnis zu sich verändernden gesellschaftlichen Kräfteverhältnissen herausbilden und sich hierbei immer neue Stützpunkte der Artikulation suchen. Ein zentrales Ziel dieser Arbeit stellt es dar, die heterogenen, flüchtigen und intersektionalen Ausdrucksformen von Rassismus in Schule und Migrationsgesellschaft zu analysieren und sichtbar zu machen.

Ein theoretisches Interesse liegt dabei auch auf der Untersuchung von Zusammenhängen zwischen aktuellen »Konjunkturen des Rassismus« (Demirović/Bojadžijev 2002) und Prozessen einer zunehmenden Neoliberalisierung, wie sie sich in Migrationsgesellschaften und speziell im Feld von Eltern und Schule beobachten lassen. So führen zahlreiche Studien die zunehmende politische Fokussierung von Eltern auf einen weitreichenden (wohlfahrts-)staatlichen Umbau zurück, der ausgehend von den angelsächsischen Staaten seit den 1990er Jahren auch in Deutschland verstärkt eingesetzt hat. Dieser ist vor allem dadurch gekennzeichnet, dass vielfältige, vormals nicht ökonomische Bereiche und Praktiken des sozialen Lebens »gemäß einem bestimmten Bild des Ökonomischen« verwandelt werden (Brown 2015: 38). Entstanden sind neue politische Programme, Techniken und Kooperationsformen, über die der Staat in erster Linie als eine steuernde bzw. managende Instanz (auch) von Bildungs-, Integrations- und Stadtentwicklungsprozessen in Erscheinung tritt (vgl. Kapitel 2.2). Im Kontext einer solchen Entwicklung, die ich im Folgenden unter dem Begriff des Neoliberalismus fasse, werden private und öffentliche Verantwortlichkeiten neu justiert (vgl. Brown 2015; Lessenich 2013). Der sich in diesem Zuge herausentwickelnde ›aktivierende‹ (Sozial-)Staat hält zwar »an einer umfassenden öffentlichen Verantwortung für gesellschaftliche Aufgaben fest«, sieht sich jedoch nicht (mehr) in der Position, die hierfür notwendigen Leistungen durchweg selbst zu erbringen (von Bandemer/Hilbert 1998, zitiert in Thieme 2013: 166). Seine Aufgabe ist es vielmehr, individuelle und kollektive Akteure einer Gesellschaft »zu fordern und zu fördern, sich selbst als Problemlöser zu engagieren« (ebd.). Auf diese Weise werden gesellschaftliche Risiken wie Arbeitslosigkeit, Armut oder Bildungsmisserfolg zunehmend in den Verantwortungsbereich der Individuen übertragen, während »[d]as Projekt des autonomen, partizipierenden, selbstreflexiven Individuums [...] neue ökonomische Funktionalität« gewinnt (Ricken/Lehmann-Rommel 2004: 20).

Auch das deutsche Schul- und Bildungssystem wurde in den letzten Jahrzehnten einer kritischen Bewertung anhand von Markt- und Effizienzkriterien unterzogen (Spring 2015). So wurden seit Anfang der 1990er Jahre zahlreiche tiefgreifende schulpolitische Reformen in Deutschland durchgeführt, die unter Schlagworten wie *Educational Governance, Schulautonomie, Qualitätsmanagement, Bildungsstandards* und

Output-Orientierung firmieren (vgl. Hartong/Hermstein/Höhner 2018). In diesem Zusammenhang, so legen vor allem Studien für den angelsächsischen Forschungsraum dar, sind auch die Eltern von Schüler_innen über neue bildungspolitische Steuerungsformen zunehmend dazu aufgefordert, als selbstverantwortliche Subjekte mit Staat und Schule in Beziehung zu treten (vgl. Vincent 2017; Vincent/Maxwell 2016; Olmedo/Wilkins 2016: 574f.; Gomolla 2009). Die aktuelle Ausweitung und Betonung von elterlichen Entscheidungs-, Mitsprache- und Wahlfreiheiten, so Carol Vincent und Claire Maxwell, reflektiere

> »[…] a neoliberal orthodoxy of ›responsibilisation‹, where individuals are responsible for developing their own biographies and life trajectories (Beck, 1992), with parents responsible for generating their children's biographies through the development of the children's intellectual, social, cultural, physical and emotional skills. Bringing up children within this paradigm becomes a risky process where children are positioned as investments for the future, needing to be nurtured and protected.« (2016: 274f.)

Vincent und Maxwell zeichnen nach, wie vor dem Hintergrund neoliberaler Transformation die Bildungs(miss-)erfolge von Schüler_innen vor allem auf das persönliche ›Engagement‹ ihrer Eltern zurückgeführt werden. Bildungschancen erschienen als ein Gut, das nicht allen Schüler_innen gleichermaßen zusteht, sondern sich erst über die elterliche Performance ›verdient‹ werden müsse. Hierbei werde vielfach ausgeblendet, dass Eltern die Möglichkeiten eines ›freien Bildungsmarktes‹ nicht immer in gleicher Weise wahrnehmen können oder wollen (vgl. ebd.).

Inwiefern sind auch Berliner Eltern und Schulen in die skizzierten Dynamiken von Rassismus und Neoliberalismus involviert? Welche Rolle spielen diese Dynamiken bei der Herstellung bestimmter migrationsgesellschaftlicher Selbstverständnisse über Eltern? Wie leiten diese das Handeln in der Institution Schule an? Und welche Erfahrungen verbinden sich hiermit wiederum auf Seiten der Eltern von Berliner Schüler_innen? In der Auseinandersetzung mit diesen Fragen behandle ich Rassismus und Neoliberalismus nicht als monolithische Phänomene, die immer nach dem gleichen Prinzip entstehen und wirken. Vielmehr gehe ich davon aus, dass diese stets kontextspezifisch miteinander interagieren. So untersuche ich, wie sich Rassismus und Neoliberalismus sowohl in ihrer jeweiligen Spezifik als auch in ihrer Brüchigkeit und Widersprüchlichkeit im Lokalen herausbilden und wie sich das Verhältnis von Politik bzw. politischen Diskursen, Schule und Eltern hierüber konkret (aus-)gestaltet.

Indem ich die Analyse des Verhältnisses von Eltern und Schule vor dem Hintergrund breiter historisch-gesellschaftlicher Entwicklungen und Veränderungsprozesse verorte, möchte ich ein Bewusstsein für die kontextgebundenen Entstehungs- und Wirkweisen eines gesellschaftlich sowie staatlich-institutionellen Wissens und Handelns um Eltern schaffen. Hierüber sollen die Verstricktheiten von Politik, Schule, Pädagog_innen und Eltern in globale und lokale Ungleichheitsverhältnisse sowie diesbezügliche Dynamiken deutlich werden und so ein Gegengewicht zu rein subjekt- und handlungstheoretischen bzw. -empirischen Betrachtungsweisen auf die Rolle von Eltern in der Institution Schule gebildet werden. Ein zentrales gesellschaftskritisches Moment dieser Studie liegt darin, bestimmten ›Selbstverständlichkeiten‹ und ›Wahrheiten‹ um Eltern den Anschein ihrer Objektivität zu nehmen und so versperrte Möglichkeiten des Handelns, der Identifikation und der Anerkennung insbesondere für minorisierte Schüler_innen und Eltern in Migrationsgesellschaften sichtbar zu machen. Indem ich neben normalisierenden und unterwerfenden Funktionen eines bestimmten Wissens auch dessen Fluidität und Diskontinuität berücksichtige, möchte ich auch Handlungsspielräume identifizieren, die es den Individuen und Gruppen ermöglichen, sich bestimmten Arten und Weisen eines ›Regiertwerdens‹ in Politik, Gesellschaft und Schule zu widersetzen. So gehe ich davon aus, dass die verstärkte Aufmerksamkeit, die Eltern in Gesellschaft, Politik und Schule heute zukommt, nicht nur Einfallstore für eine (Re-)Produktion schulischer und gesellschaftlicher Ungleichheiten schafft, sondern auch (neue) Handlungsräume und -möglichkeiten für eine demokratische und diskriminierungssensible Entwicklung von Schule und Stadtgesellschaft eröffnet.

Aufbau der Studie Um meine Analyse weiter zu rahmen, führe ich im folgenden Kapitel zunächst einige der oben skizzierten migrationsgesellschaftlichen Entwicklungen, Begriffe und Theorien weiter aus. Dabei entwickle ich zuerst (m)ein Verständnis von Rassismus als flexible Strukturierungslogik migrationsgesellschaftlicher Diskurse und gehe auf den Forschungsstand zur Rolle eines natio-ethno-religiös-kulturellen *Otherings* in Schule und Schulsystem näher ein (Kapitel 2.1). Anschließend erarbeite ich eine Definition von Neoliberalismus in Anlehnung an Wendy Brown und zeichne mit Blick auf vorliegende Studien zum Thema einige zentrale neoliberale Dynamiken im Kontext von Bildungs-, Integrations- und Stadtentwicklungspolitik nach (Kapitel 2.2). Hieran anknüpfend setze ich Rassismus und Neoliberalismus theoretisch ins Verhältnis und differenziere meine Forschungsfragen weiter aus (Kapitel 2.3).

In Kapitel 3 beschreibe ich in Anlehnung an Foucaults Theorien Dispositive als strategische MachtWissens-Formationen (Kapitel 3.1). Neben der Erläuterung von Foucaults Macht-Begriff sowie Ernesto Laclaus und Chantal Mouffes Ansatz von hegemonialen Schließungsprozessen in Diskursen schärfe ich (m)ein Verständnis für die dispositive Produktion und Stabilisierung eines bestimmten migrationsgesellschaftlichen MachtWissens. In diesem Zusammenhang thematisiere und diskutiere ich unter Bezug auf Judith Butler die Wirkmächtigkeit von Diskursen im Verhältnis zur Handlungsmacht der Subjekte (Kapitel 3.2) sowie (Un)Möglichkeiten eines individuellen und kollektiven Widerstands im Dispositiv (Kapitel 3.3).

Im anschließenden vierten Kapitel entwickle ich einen multiperspektivischen Ansatz für die Analyse dispositiver MachtWissens-Formationen um Eltern und Schule (Kapitel 4). Dabei stelle ich zunächst meinen Analysekorpus sowie das diesem vorgeschaltete Sampling von politischen Dokumenten und Interviewpersonen näher vor (Kapitel 4.2). Nach einer Darstellung der qualitativen Interviewform(en) und -durchführung (Kapitel 4.3) beschreibe ich den Datenauswertungsprozess hin zur Analyse dispositiver Verknüpfungsordnungen (Kapitel 4.4).

Das fünfte, sechste und siebte Kapitel, in welchen ich die zentralen Ergebnisse meiner Forschung präsentiere, stellen den Kern dieser Studie dar. In diesem rekonstruiere und analysiere ich unterschiedliche MachtWissens-Formationen um Eltern und Schule – vor allem im Rahmen von drei Dispositiven: dem Berliner Migrations-, Integrations- und Bildungsdispositiv. Für die Darstellung der Ergebnisse zerlege ich die Formationen zunächst in die hier näher betrachteten politisch-behördlichen Diskurspositionen über Eltern, hieran anschließende schulisch-pädagogische Wissensbestände sowie individuelle und kollektive Subjektivationsprozesse von Eltern und Organisationen. Die zentralen Ergebnisse der mehrdimensionalen Analyse fasse ich für jedes der Dispositive am Ende der Kapitel jeweils zusammen. Dabei arbeite ich insbesondere die Beziehungen, Hierarchisierungen, Überlagerungen sowie typischen und untypischen Verknüpfungen im Zusammenspiel der genannten Elemente heraus und frage, wie hierüber ein bestimmtes MachtWissen um Eltern in der Migrationsgesellschaft (re-)organisiert und (de-)stabilisiert wird.

Die abschließenden Ausführungen in Kapitel 8 zielen darauf ab, die Befunde dieser Studie zu resümieren und zu rekapitulieren. Diesbezüglich entwickle ich fünf Hypothesen zu Formationen eines *neoliberalen Rassismus* im Kontext von Schule und Elternhaus (Kapitel 8.1). Hieraus leite ich schließlich Implikationen sowohl für eine demokratische und rassismuskritische Schulentwicklung ab (Kapitel 8.2 und 8.3).

Zum Begriff Migrationshintergrund   Wie vorausgehend bereits angedeutet, behandle ich den Begriff *mit Migrationshintergrund* in dieser Arbeit – entgegen gängiger statistischer Definitionen – als ein dispositiv hergestelltes Konstrukt, »über welches Individuen mit sehr unterschiedlichen Erfahrungsgeschichten als homogene Gruppe konstruiert und auf einen Aspekt ihrer Geschichte reduziert werden, deren subjektive Relevanz nicht vorausgesetzt werden kann« (Schwendowius 2015: 17). Trotz des (de-)konstruktivistischen theoretischen und analytischen Zugangs, über den ich im Folgenden die Unterscheidung in Menschen mit und ohne ›Migrationshintergrund‹ aufzubrechen versuche, kann jedoch nicht gänzlich auf den Begriff verzichtet werden. Dies zum einen deshalb, um strukturelle Formen von Diskriminierung, von denen Personen mit tatsächlicher oder zugeschriebener Migrationsgeschichte in Deutschland besonders häufig betroffen sind, erfassen und benennen zu können; zum anderen, um die Wirkmächtigkeit, die soziale Kategorien wie die des ›Migrationshintergrundes‹ in staatlich-institutionellen Kontexten entfalten u.a. wenn es um die Verhandlung von gesellschaftlicher (Nicht-) Zugehörigkeit im politischen Diskurs geht, zu rekonstruieren bzw. nachvollziehbar zu machen. Zur Markierung des Konstruktionscharakters dominanter Gruppenbezeichnungen und anderer differenzsetzender Begriffe und Kategorien, zitiere ich diese entweder direkt oder setze sie in einfache An- und Abführungszeichen. Darüber hinaus verwende ich vereinzelt den Begriff ›mit Migrationsgeschichte‹, der mir weniger diskursiv aufgeladen erscheint – wohl wissend, dass es sich auch hier um eine Zuschreibung handeln kann, über die vielfach insbesondere solche (in Deutschland geborene) ›Deutsche‹ als Migrationsandere festlegt werden, die aufgrund ihres Aussehens oder ihres Namens »von einer bestimmten Vorstellung vom ›typischen‹ Deutschen abweichen« (Bednaschewsky/Supik 2018: 185), wie dies im Verlauf dieser Arbeit immer wieder Thema sein wird.

TEIL I: THEORETISCHE UND METHOD(OLOG)ISCHE ZUGRIFFE

2. Konstruktionen der_des Anderen im Kontext von Rassismus und Neoliberalismus

Die Konstituierung und Positionierung unterschiedlicher ›Elterngruppen‹ im Kontext der Schule untersuche ich vor dem Hintergrund aktueller migrationsgesellschaftlicher Verhältnisse in Deutschland. Unter einer Migrationsgesellschaft verstehe ich einen gesellschaftlichen Kontext, der von Phänomenen der Migration und damit verbundenen Wandlungsprozessen geprägt ist. Diese betreffen »nicht allein spezifische gesellschaftliche Bereiche«, sondern die »Strukturen und Prozesse der Gesellschaft im Ganzen« (Mecheril 2010: 9). Der Begriff der Migration verweist somit – anders als *Einwanderung* oder *Zuwanderung* – nicht lediglich auf die Wanderung von Menschen von A nach B, sondern auch auf hiermit verbundene gesellschaftliche, staatlich-institutionelle und individuelle (Veränderungs-)Prozesse im Kontext von Globalisierung, Internationalisierung und Transnationalisierung.

Aus einer analytischen Perspektive geht es unter dem Begriff der Migrationsgesellschaft auch um die Frage, wie gesellschaftliche und individuelle Wirklichkeiten unter Bedingungen von Migration hergestellt werden. So hat sich ›Migration‹ zum einen in den letzten Jahrzehnten in Deutschland zu einer zentralen Kategorie herausgebildet, über welche gesellschaftliche Phänomene – insbesondere Missstände wie Bildungsdisparitäten, Kriminalität und sozialstrukturelle Probleme – erklärt werden (vgl. Foroutan/İkiz 2016: 139). Zum anderen prägen gesellschaftliche Diskussionen über ›Migration‹ und in Deutschland lebende ›Migrant_innen‹ Normalitätsverständnisse davon, wer zur deutschen Gesellschaft selbstverständlich (nicht) dazu gehört. Dies zeigt sich etwa an der Debatte um Deutschland als Einwanderungsland und die bis Ende der 1990er Jahre andauernde hartnäckige Weigerung von politischen Akteur_innen, die Migrationsrealität anzuerkennen. Solche Normalitätsverständnisse spiegeln sich auch in unterschiedlichen Repräsentationen und Teilhabemöglichkeiten von ›Migrant_innen‹ und ›Nicht-Migrant_innen‹, beispielsweise im wohlfahrtsstaatlichen Sicherungssystem oder im schulischen Bildungssystem, wider (vgl. Mecheril 2010: 13).

Die Frage nach den Aushandlungen von Grenzen der Zugehörigkeit und Nicht-Zugehörigkeit im Kontext von Migration verweist auf das dieser Arbeit zu Grunde liegende sozialkonstruktivistische Verständnis. Diesem zufolge stellen ›der Migrant‹ bzw.

›die Migrantin‹ keine natürlichen, sondern sozial konstruierte Kategorien dar. Diese haben eine spezifische Entstehungsgeschichte, d.h. sie sind in besonderen zeitlichen, geographischen und gesellschaftlichen Konstellationen begründet. Soziale Kategorien und damit verbundene gesellschaftliche (Selbst-)Verständnisse, so die hier weiter verfolgte Annahme, werden über Diskurse vermittelt. Unter einem Diskurs verstehe ich, entgegen gängiger Alltagsverständnisse, nicht die Diskussion über ein bestimmtes Thema in zwischenmenschlichen Interaktionen. Orientiert am Diskursverständnis von Foucault, fasse ich unter einem Diskurs vielmehr institutionalisierte Redeweisen, über die ein bestimmtes Wissen prozessiert (vgl. Foucault 1981a). Die Gesamtheit der in einem Diskurs auftretenden Aussagen über ›den Migranten‹, die Form der Verkettung dieser Aussagen, die spezifische Organisation der darin vorkommenden Begrifflichkeiten sowie die möglichen Arten und Weisen, in denen ›der Migrant‹ hier thematisch wird, verweist auf ein dominantes Wissen, über welches ›der Migrant‹ als gesellschaftliches Phänomen zu einem bestimmten Zeitpunkt und in einem bestimmten Kontext in Erscheinung tritt. Die Wirkmächtigkeit von Diskursen zeigt sich somit vor allem darin, dass sie »*Wahrheit* im Sinne *geltenden Wissens über die Wirklichkeit*« herstellen (Bührmann/Schneider 2008: 26).[1] Demnach verstehe ich in dieser Arbeit, wie Foucault, Diskurse »als Praktiken [...], die systematisch die Gegenstände bilden, von denen sie sprechen« (Foucault 1981a: 74).[2]

Die diskursive Erzeugung von Wirklichkeit und die Frage, welches Wissen als wahr und legitim gelten kann, sind an Machtverhältnisse gebunden. Gesellschaftlich breit geteilte Wissensbestände sind nicht nur »mit spezifischen Machtwirkungen ausgestattet« (Foucault 1978: 53), d.h. sie *wirken* nicht nur machtvoll, sondern sie formieren sich als solche erst im Rahmen heterogener Machtbeziehungen (vgl. Kapitel 3.1). Diskurse werden dabei durch Individuen und soziale Gruppen vermittelt und realisiert (vgl. Keller 2005; vgl. Shooman 2014: 19f.). Diese verfügen »über unterschiedliche und ungleich verteilte Ressourcen der Artikulation und Resonanzerzeugung« (Keller 2005: 254) und finden in Diskursen somit unterschiedlich ›Gehör‹ (ebd.: 253; vgl. Kapitel 3.2).

Die Erforschung von und Auseinandersetzung mit Diskursen sowie den hierüber entstehenden Bildern und Kategorien ist insofern relevant, als dass es sich hierbei nicht nur um bloße Phantasiegebilde handelt, sondern um Konstruktionen mit realer Bedeutung. Diskurse beeinflussen nicht nur, wie wir Dinge wahrnehmen und interpretieren. Indem die hierin enthaltenen Bilder vielfach »in vereinfachender Weise Vorstellungen von Phänomenen und Zusammenhängen oder von sozialen Gruppen (Ethnien/Völkern, ›Rassen‹, Nationen, sozialen Klassen, Geschlechtergruppen) repräsentieren« (Leiprecht 2001: 13f.), tragen Diskurse auch zur (Re-)Produktion machtvoller Unterscheidungsordnungen bei. Über sie werden den Subjekten »unterschiedliche Werte der Anerkennung

---

1   Mit ›Wahrheit‹ bezeichnet Foucault somit nicht »die Gesamtheit der wahren Dinge [...], die es zu entdecken oder annehmbar zu machen gilt«, sondern »die Gesamtheit der Regeln, denen entsprechend man das Wahre vom Falschen scheidet« (2005: 106).

2   Dabei schließe ich an die Position von Laclau an, der das Diskursive als ein »Gemenge und eine Serie von unterschiedlichen diskursiven Praktiken« versteht (1981: 176). Somit unterscheide ich nicht zwischen diskursiven und außer-diskursiven Praktiken, sondern analysiere jede alltagsweltliche sowie institutionelle Praxis als diskursiv vermittelt. Die Begriffe *Praxis* und *Praktiken* verwende ich dabei synonym.

und Möglichkeiten des Handelns« zugewiesen (Mecheril 2010: 15), (Zugehörigkeits-)Erfahrungen strukturiert sowie gesellschaftliche Teilhabemöglichkeiten und materielle Lebensverhältnisse von Individuen und sozialen Gruppen geprägt.

Diskurse sind allerdings keine statischen Gebilde, die die Subjekte auf ewig in bestimmten Positionen festsetzen. Die darin zirkulierenden Bedeutungsgehalte sind vielmehr umkämpft und stets in Veränderung begriffen. Dies zum einen deshalb, weil Macht nach dem hier geteilten Verständnis von Foucault nicht von einem souveränen Zentrum ausgeht, sondern eine »komplexe strategische Situation in einer Gesellschaft« darstellt, in welcher das diskursive Wissen ständigen Deutungskämpfen unterliegt (Foucault 1983: 113f.; vgl. Kapitel 3.1). Machtverhältnisse tragen somit nicht nur zur Formung, Festsetzung und Einschränkung eines bestimmten diskursiven Wissens und damit verbundener sozialer Konstruktionen und Positionen bei; sie können auch zu deren Transformation, »Umordnung oder gar Neuordnung« führen (Bührmann/Schneider 2008: 27). Diskurse sind als ›Flüsse von Wissen durch die Zeit‹ (vgl. Jäger 2009: 129) in ihren Ausformungen zudem stets von unterschiedlichen Bezugssystemen beeinflusst. Sie entwickeln sich im dialektischen Verhältnis zu sich gleichsam verändernden sozialen, ökonomischen und politischen Bedingungen, Institutionen und Rationalitäten heraus. Für die Analyse der Entstehungs- und Wirkweisen eines gesellschaftlichen MachtWissens[3] sind vor diesem Hintergrund somit nicht nur die ›Inhalte‹ von Diskursen relevant, sondern auch die sozialen Bedingungen sowie die staatlich-institutionellen Gefüge, unter denen Diskurse entstehen und in denen sich ein spezifisches Wissen organisiert (vgl. Foucault 1983: 7).

In der folgenden Studie analysiere ich migrationsgesellschaftliche Diskurse vor allem in ihrem Zusammenwirken mit rassistischen Logiken sowie neoliberalen staatlichen Transformationsprozessen. Diese, so die hier verfolgte Annahme, strukturieren die in dieser Analyse fokussierten politischen und schulischen Diskurse, rationalisieren hier vorzufindende Machtverhältnisse, durchdringen individuelle und kollektive Sichtweisen und wirken sich so auf die Spezifizierung und Plausibilisierung von gesellschaftlichen Gegenständen und Grenzen aus (vgl. Lemke 2000: 32). Dem Zusammenspiel von Rassismus und Neoliberalismus in der Migrationsgesellschaft wende ich mich im Folgenden näher zu. Hierfür definiere ich zunächst Rassismus, bevor ich aus dieser Perspektive die wissenschaftliche Debatte in Deutschland um die Ursachen schulischer Bildungsungleichheiten skizziere (Kapitel 2.1). Anschließend konkretisiere ich mein Verständnis von Neoliberalismus und dessen Ausformungen im Kontext von Bildungs-, Integrations- und Stadtentwicklungspolitiken (Kapitel 2.2), bevor ich die beschriebenen migrationsgesellschaftlichen Dynamiken in ihrem Verhältnis zueinander diskutiere und meine Forschungsfragen ausdifferenziere (Kapitel 2.3).

---

3   Um das wechselseitige Bedingungsverhältnis von Macht und Wissen zu kennzeichnen, spreche ich hier und im Folgenden von *MachtWissen*.

2.1 Rassismus als flexible Strukturierungslogik migrationsgesellschaftlicher Verhältnisse

2.1.1 Othering und machtvolle Verschränkungen von Differenzkonstruktionen

»Man könnte die Geschichte der Grenzen schreiben – dieser obskuren Gesten, die, sobald sie ausgeführt, notwendigerweise schon vergessen sind –, mit denen eine Kultur etwas zurückweist, was für sie *außerhalb* liegt; und während ihrer ganzen Geschichte sagt diese geschaffene Leere, dieser freie Raum, durch den sie sich isoliert, ganz genau so viel über sie aus wie über ihre Werte; denn ihre Werte erhält und wahrt sie in der Kontinuität der Geschichte; aber in dem Gebiet, von dem wir reden wollen, trifft sie eine entscheidende Wahl. Sie vollzieht darin die Abgrenzung, die ihr den Ausdruck ihrer Positivität verleiht. Da liegt ihre entscheidende Dichte, aus der sie sich formt.« (Foucault 1969: 9)

Die Produktion, Bestätigung und Bearbeitung von Grenzen, wie sie von Foucault beschrieben werden, lassen sich auch im hiesigen migrationsgesellschaftlichen Kontext beobachten. Die Konstitution von Grenzen zwischen einem ›Innen‹ und einem ›Außen‹ bzw. zwischen dem ›Eigenen‹ und dem ›Anderen‹ basiert auf machtvollen diskursiven Vereinheitlichungsprozessen. In diesen werden unterschiedliche Bedeutungselemente entlang stabilisierender Referenzpunkte – wie der ›Nation‹, der ›Kultur‹ oder der ›Ethnizität‹ – auf grobe und vereinfachte Unterscheidungen reduziert und so komplexe Sinnzuschreibungen homogenisiert. Diese Prozesse zeichnen sich durch eine paradoxe Bewegung aus: Gerade dadurch, dass sie eine Einheit – beispielsweise in Form einer ›Kultur‹ oder ›nationalen Gemeinschaft‹ – zu totalisieren versuchen, muss eine Grenze konstituiert werden, welche die Gemeinschaft von der Nicht-Gemeinschaft als ein Nicht-zu-dieser-Einheit-Gehörendes abgrenzt. Demnach beruht die Definition eines gesellschaftlichen ›Innen‹ stets auf der Vorstellung von einem gesellschaftlichen ›Außen‹, was dieses ›Außen‹ zu einem *konstitutiven Außen*[4] macht (vgl. Laclau 1990: 168f.). Die Konstruktion eines (mehrheits-)gesellschaftlichen ›Wirs‹ geht mit einer unbemerkten bzw. »schon vergessen[en]« Zurückweisung dessen einher, was »außerhalb« liegt – einer »Leere«, die dem ›Wir‹ den Ausdruck seiner »Positivität« verleiht (Foucault 1969: 9). Dementsprechend sind das ›Wir‹ und das ›Ihr‹ »stets aneinander gekettet« (Terkessidis 2004: 108), d.h. das eine kann »ohne das andere weder benannt werden noch das sein […], was historisch, gesellschaftlich, sozial, kulturell aus ihm geworden ist« (Attia 2009: 47).

Mit der dialektischen Herausbildung binärer gesellschaftlicher Zugehörigkeits- bzw. Differenzkategorien wurde sich bereits in unterschiedlichen wissenschaftlichen Zusammenhängen beschäftigt. So zeichnet beispielsweise Foucault in »Wahnsinn und Gesellschaft« (1969) für die Diskursfigur des ›Irren‹ genealogisch nach, wie im Zuge einer im Spätmittelalter beginnenden Entwicklung die ›Vernunft‹ entsteht und sich

---

4   Mit dem Begriff des *konstitutiven Außen* verweist Laclau, wie auch Foucault, nicht auf ein prinzipiell undenkbares Außer-Diskursives, sondern auf ein denknotwendiges *Außen*, »verstanden als ein empirisch zu bestimmendes Außen/Innen von vorherrschenden, dominierenden oder konkurrierenden bzw. randständigen Diskursen« (Bührmann/Schneider 2008: 47).

darüber die konsequente Ausbürgerung des/der ›Irren‹ vollzieht. Foucault stellt dar, wie in dieser Zeit der Wahn als das ›Andere‹ der Vernunft konstruiert wird und sich die Kategorie der ›Irren‹ als Begleiterscheinung bzw. konstitutives Außen gesellschaftlich etabliert (vgl. ebd.; vgl. auch Foucault 2003a). In anderem Zusammenhang nimmt sich Foucault den dialektischen Konstitutionsbedingungen von ›Orient‹ und ›Abendland‹ an. Der »Orient«, so Foucault, bietet sich der »kolonisatorischen Vernunft des Abendlandes« insofern als »Grenze« an, als dass er »für das Abendland all das« ist, »was es selbst nicht ist, obwohl es im Orient das suchen muß, was seine ursprüngliche Wahrheit darstellt« (Foucault 2005: 10). Der »Geschichte dieser großen Trennung während der Entwicklung des Abendlandes« (ebd.) ist nicht nur Foucault, sondern sind auch solche Theoretiker_innen nachgegangen, die sich mit der diskursiven Herstellung eines sog. Orients und Okzidents im Zuge postkolonialer Theoriebildung beschäftigt haben. Ihre Analysen zeigen auf, wie mit dem ›Orient‹ und ›Okzident‹ verbundene Konzepte des ›Eigenen‹ und ›Fremden‹ als strukturierende Größen globalgesellschaftlicher Ein- und Ausschließungsprozesse historisch fungierten bzw. aktuell noch fungieren (vgl. Said 2009; Buruma/Margalit 2005; Al-Azm 2000). Die Analysen machen zudem deutlich, dass der Okzidentalismus immer schon als »stiller Teilhaber« des Orientalismus vorhanden war (Enderwitz 2014). Der Okzidentalismus stellt somit »not the reverse of Orientalism« dar, sondern »its condition of possibility, its dark side (as in a mirror)« (Coronil 1996).

Auch Stuart Hall beschreibt unter dem Titel »der Westen und der Rest« (1994), dass sich »das Bewusstsein des Westens von sich selbst – seiner Identität – nicht nur durch einen internen Prozess« herausentwickelt hat, »der die westeuropäischen Länder allmählich zu einem anderen Gesellschaftstyp formte, sondern auch durch Europas Bewusstsein seiner Verschiedenheit von anderen Welten« und »die Weise, wie es sich in Beziehung zu diesen ›anderen‹ repräsentierte« (ebd.: 141). Damit wurde »eine bestimmte Art von *Wissen*« (ebd.: 139) über den ›Westen‹ und ›den Rest‹ produziert, welches auch heute noch vorherrschende gesellschaftliche Differenzkonstruktionen erklärt und legitimiert. Vor diesem Hintergrund beschreibt Hall die Herausbildung nationaler Identitäten als ein *hegemoniales Projekt,* bei denen »heterogene ethnische, kulturelle, sprachliche, soziale und regionale Elemente zu einer widersprüchlichen Einheit« (ebd.: 13) zusammengeführt werden. Die nationale Zugehörigkeit muss dabei permanent »gegen die Unterschiede ausgehandelt« werden, d.h. sie muss nach Hall »die Unterschiede der Klassen, der Regionen und der Geschlechter absorbieren, um sich als eine homogene Einheit darzustellen« (ebd.: 46; aus ideologiekritischer Perspektive vgl. Anderson 1988; Fanon 1981).[5]

---

5   Gegenwärtige Konzepte von ›Nation‹ werden in Europa über durchaus unterschiedliche Diskurse und damit verbundene Narrative geprägt und können entsprechend verschiedene Formen annehmen (vgl. Terkessidis 2004: 106). So beziehen sie sich beispielsweise auf eine ›gemeinsam erlebte Geschichte‹, wie in Frankreich vor allem die Revolution als zentrales diskursives Ereignis die Herausbildung einer nationalen Identität prägte. Demgegenüber hat sich anderenorts ein Verständnis als dominant erwiesen, nach dem das ›Volk‹ eine ›ursprüngliche‹ Bluts- und Kulturgemeinschaft markiert (ebd.). Ein solches völkisch geprägtes Verständnis von ›Nation‹ lässt sich z.B. für Deutschland beobachten. Dieses hat sich insbesondere durch das sog. Abstammungsprinzip (ius sanguinis, Blutrecht) lange Zeit ins deutsche Staatsangehörigkeitsgesetz eingeschrieben. Mit

Die genannten Analysen knüpfen an das – vor allem auf Gayatri C. Spivak (1985) zurückgehende – Konzept des *Otherings* an. Dieses versteht »die Konstruktion der des Anderen als Prozess des ›Different-Machens‹ (Castro Varela/Dhawan 2005: 60) [...], der sowohl Elemente der Festschreibung, der Ausgrenzung als auch der Unterwerfung enthält« (Riegel 2016: 52). Dem Konzept zufolge gehen binäre Unterscheidungen über die bloße Konstruktion und Gegenüberstellung von Gruppen hinaus, indem sie stets auch mit der Zuschreibung bestimmter Eigenschaften zu diesen Gruppen sowie »ungleichen Positionierungen und Repräsentationsmöglichkeiten« einhergehen (ebd.: 53). So sind mit der *VerAnderung* einer heterogenen sozialen Gruppe als ›Okzident‹ – gegenüber dem ›Orient‹ – oder als ›Westen‹ – gegenüber dem ›Rest‹ – Bewertungen sowohl hinsichtlich des ›Eigenen‹ als auch des ›Anderen‹ verbunden. Während das ›Eigene‹ dabei meist als unsichtbarer Referenzpunkt dient, d.h. im Zuge eines solchen Otherings häufig unbenannt und unmarkiert bleibt, wird das ›Andere‹ als unnormal und defizitär gekennzeichnet und seine vermeintliche Andersartigkeit betont. Diese Bewertungen erfolgen im Kontext migrationsgesellschaftlicher Diskurse meist entlang eines binären Kategoriensystems, »das auf ungleich bewerteten Gegensatzpaaren wie ›modern-traditionell‹, ›zivilisiert-wild/gewalttätig‹, ›rational-irrational‹ usw. beruht« (ebd.: 52).

Dichotome Charakterisierungen und Bewertungen wie die beschriebenen haben nicht nur identitätsstiftende Effekte für das ›Eigene‹ zur Folge. Sie können auch die Funktion erfüllen, ungleiche gesellschaftliche Machtverhältnisse sowie Verteilungen von symbolischen und materiellen Ressourcen zu legitimieren bzw. zu sichern. Zudem kann das Festhalten an unterkomplexen Vorstellungen von ›Uns‹ und ›den Anderen‹ Ambivalenz- und Dissonanzerfahrungen, wie sie vor dem Hintergrund einer allgemeinen Verschiebung und Auflösung von Grenzen im Zuge von Globalisierung, Internationalisierung und Transnationalisierung zunehmend entstehen, ein Ventil bieten (vgl. Quent 2018). Über die »Abwehr der Anderen innerhalb einer Ordnung« wird eine einheitliche Nationalkultur suggeriert, obwohl diese sich »längst global fragmentiert hat« (Messerschmidt 2018: 92). Die soziale Wirkkraft des beschriebenen Otherings in ›Wir‹ und die ›(Migrations-)Anderen‹ wird teilweise auch darin deutlich, »dass diejenigen, die als Andere markiert wurden, sich auch selbst in diesen Diskurs einfügen und auf Konstruktionen und Zuschreibungen zurückgreifen, die sie zu Anderen machen« (Riegel 2016: 52). Dies werde ich unter dem Begriff der *Subjektivierung* in Kapitel 3.2 noch näher ausführen. Dabei ist es bereits an dieser Stelle wichtig zu betonen, dass Othering kein rein sozialpsychologisches Phänomen darstellt, bei dem Ein- und Ausgrenzungsprozesse allein auf das Kalkül einzelner Individuen oder sozialer Gruppen zurückgehen. Othering, so das hier vertretene Verständnis, ist vielmehr fest »in gesellschaftliche Ordnungen und Wissensdiskurse eingeschrieben«; es artikuliert sich vor allem über diskursiv vermittelte Normalitäts- und Selbstverständnisse, die von den Gesellschaftsmitgliedern »aufgegriffen und reproduziert« werden (ebd.: 55).

Weitere Analysen, die sich mit diskursiven Othering- und Relationierungsprozessen in Migrationsgesellschaften auseinandergesetzt haben, arbeiten heraus, dass die

---

dessen Ergänzung durch das sog. Geburtsortprinzip (ius soli, Bodenrecht) im Jahr 2000 sowie der Aufhebung der Optionspflicht im Jahr 2014, deutet sich eine Verschiebung völkischer Verständnisse von ›Nation‹ und ›nationaler Zugehörigkeit‹ zumindest auf rechtlicher Ebene an.

hier (konstruierten) Grenzen einen Nationalraum nicht nur nach außen abschließen; sie verlaufen auch durch dessen ›Innen‹ (vgl. Ha/Schmitz 2006: 247). Die Konstitution eines ›Außen‹ im ›Innen der Nation‹ erfolgt vor allem über die Etablierung bestimmter Wissensbestände bspw. hinsichtlich der ›eigenen mehrheitsgesellschaftlichen Kultur‹, die wiederum an ein bestimmtes Werte- und Moralsystem gekoppelt wird. ›Ausländer‹, ›Migranten‹ oder ›Personen mit Migrationshintergrund‹ werden vor diesem Hintergrund zu Bewohner_innen »einer bestimmten kulturellen Matrix, während sie im Innern dieser Matrix immer wieder auf symbolische Grenzposten stoßen« (Terkessidis 2004: 106), die von vermeintlich europäisch-abendländischen Ideen, Normen und Werten repräsentiert werden. Aufgrund der diesen Personen zugewiesenen »fiktiven Ethnizität« (Balibar 1998), die sich häufig mit bestimmten somatischen und physiologischen Zuordnungen verknüpft, werden diese Personen trotz ihres Lebensmittelpunktes in Deutschland nie ganz zum ›Innen‹ bzw. zur ›deutschen‹ Gesellschaft gezählt. In den Worten Alana Lentins und Gavan Titleys: »The border is everywhere, [...] the subjects [...] wear their passports on their faces, the border follows them« (Lentin/Titley 2011: 165f.).[6]

Wie sich hier bereits andeutet, sind die in Migrationsgesellschaften produzierten Grenzen in ihrem Ergebnis weitaus diffuser als es die oppositionären Kategorien suggerieren (vgl. Hall 1994: 75). Mecheril macht auf die »wechselseitige Verwiesenheit der Kategorien ›Nation‹, ›Ethnizität‹ und ›Kultur‹« aufmerksam (Mecheril 2010: 14). So basiere das Sprechen über ›Migrant_innen‹, ›Ausländer‹, ›Polen‹, ›Deutsche‹ etc. in der Regel auf unscharfen Imaginationen, die von einer »unbestimmten [...] ›Wir‹-Einheit strukturiert werden« (ebd.). Nach Mecheril stellt gerade diese »Verschwommenheit und Unklarheit« der genannten Kategorien die »Bedingung ihres politischen und sozialen Wirksamwerdens« dar: »Denn diese Unklarheit ist der Hintergrund, vor dem es möglich wird, Imaginationen, Unterstellungen und sehr grobe Zuschreibungen vorzunehmen, die dem Gebrauch« (ebd.) der Bezeichnungen zugrunde liegen. Um diese diffuse Mehrdeutigkeit von Kategorien und Kategorisierungsprozessen zum Ausdruck zu bringen, verwendet Mecheril den Begriff »natio-ethno-kulturell« (ebd.).

Zuschreibungen rund um die ›andere Nation‹, ›Ethnizität‹ und ›Kultur‹ verbinden sich aktuell zunehmend mit Verweisen auf die Kategorie der Religion. Diesbezüglich zeigen u.a. Iman Attia und Yasemin Shooman – ebenfalls aus diskursanalytischer Perspektive – auf, wie insbesondere seit dem 11. September 2001 in Deutschland sowie in vielen anderen ›westlichen‹ Staaten ›der Islam‹ als konstitutives Außen in Abgrenzung zum ›europäisch-abendländischen Eigenen‹ definiert wird (vgl. Shooman 2014; Attia 2009). Die diskursive Konstruktion ›des Muslims‹ bzw. ›der Muslimin‹ wird dabei ebenfalls in »einem antagonistischen Dualismus zum ›europäisch-abendländischen Selbstbild‹ entworfen« (ebd.: 48).[7] Die Kategorie der Religion wird im Rahmen medialer,

---

6   In diesem Sinn betonen Fragen nach der Herkunft, so Mark Terkessidis, wie *Wo kommen Sie eigentlich her?*, oder die Thematisierung der Sprachbeherrschung – *Sie sprechen aber gut Deutsch!* – unabhängig ihrer häufig gut gemeinten Intention eine Grenze: Sie markieren, wer zur ›eigentlichen Nation‹ gehört und verweisen die als ›Personen mit Migrationshintergrund‹ Adressierten in ein konstitutives Außen (vgl. Terkessidis 2004: 106).

7   Attia macht – unter Verweis auf Laclau und Mouffe – auf die Unmöglichkeit aufmerksam, ein so konstituiertes ›europäisch-abendländisches Wir‹ völlig zu vereinheitlichen (vgl. Attia 2009: 49). So lasse sich das ›Innen‹ vom ›Außen‹ nie radikal genug abgrenzen – nicht nur weil beide Seiten in

politischer sowie gesellschaftlicher Diskurse um ›den Islam‹ bzw. ›die Muslime‹ vielfach mit Zuschreibungen aufgeladen, die sich wiederum auf eine vermeintlich andere Kultur und Nation von ›Muslim_innen‹ beziehen. Dies wird z.B. dann deutlich, wenn das Erstarken eines antiwestlichen Islamismus hauptsächlich »als kulturelles Phänomen gedeutet« wird (Messerschmidt 2018: 85) oder »wenn unter dem Begriff der ›Leitkultur‹ darüber verhandelt wird, ob der Islam zu Deutschland gehört und damit »suggeriert [wird], dass ›Muslime‹ grundsätzlich keine ›Deutschen‹ seien« (Attia 2018: 105). In Anlehnung an Mecheril spreche ich im Folgenden von *natio-ethno-religiös-kulturellen* Formen des (diskursiven) Otherings, um der bedeutenden Rolle, die auch der Kategorie der Religion in aktuellen Zuschreibungsprozessen zukommt, Rechnung zu tragen.

Neben Verschränkungen mit kulturalistischen und völkisch-nationalistischen Zuschreibungen sind antimuslimische Diskurse vielfach mit genderspezifischen Zuschreibungen verwoben. Die Kategorie ›Geschlecht‹ wird u.a. dann herangezogen, wenn es darum geht, »das Fremdbild der muslimischen Frau als Ausdruck kultureller Rückständigkeit und religiöser Unterdrückung« zu zeichnen (Messerschmidt 2018: 85). In diesem Zusammenhang wird die ›muslimische Frau‹ »als defizitär, unemanzipiert und rückständig« (ebd.) konstruiert, wobei insbesondere das ›Kopftuch‹ mit solchen Zuschreibungen belegt wird. Der Verweis auf die Kategorie ›Geschlecht‹ dient in diesem Fall nicht nur dazu, »eine Grenze zwischen Muslim_innen und Nichtmuslim_innen zu ziehen« (ebd.). Er hat vielfach auch zur Funktion, »ein nationales Selbstbild aufgeklärter Fortschrittlichkeit zu behaupten« und darüber eine »allgemeine Kritik geschlechterbezogener Ausgrenzung und Gewalt« zu de-thematisieren (ebd.; vgl. Hark/Villa 2017; Shooman 2014: 83ff.). Die geschieht meist über egalitäre Argumentationen wie über den Verweis auf Menschen- bzw. Frauenrechte (vgl. Shooman 2014: 76ff.). Ungleichheitsverhältnisse ›zwischen den Geschlechtern‹ sowie familiäre Gewalt erscheinen so vor allem als Probleme von Muslim_innen.[8]

---

ihrer Konstitution voneinander abhängig sind, sondern auch weil Diskurse, die auf eine Homogenisierung natio-ethno-religiös-kultureller Zugehörigkeitsordnungen abzielen, immer wieder von Elementen des ›Außen‹ unterlaufen werden. Der Diskurs um das ›europäisch-abendländische Eigene‹ unterminiert sich nach Attia permanent selbst, »da ›der Islam‹ auch solche Elemente enthält, die ›westliche‹ Subjekte als ›eigene‹ definieren (z.B. Religiosität) und er mit anderen Diskursen in Konkurrenz gerät, die auf ähnliche (z.B. Judentum) oder auch andere (z.B. Geschlechterdiskurs) Weise als konstitutives Außen das ›Eigene‹ markieren« (ebd.). Dementsprechend müssen, so auch Urs Stäheli, diskursive Versuche, eine geschlossene Einheit zu konstituieren, unweigerlich scheitern: »Das Fehlschlagen dieser Totalisierungsversuche ist die Konsequenz aus der Paradoxie (und nicht der Tautologie), welche Gesellschaft ›begründet‹: Eine Differenz zu sein, die sich gleichzeitig als Identität zu totalisieren versucht und so ihr konstitutives Außen zu vergessen trachtet« (Stäheli 2000: 34). Diskursive Grenzziehungen sind somit nie fix, sondern stets instabil und umkämpft, wie dies auch die folgende Analyse zeigen wird.

8   Dies bedeutet nicht, wie an dieser Stelle häufig gegen eine solche Lesart antimuslimischer Diskurse angeführt wird, dass sich jegliche Kritik an religiösen Praktiken von Minderheitenangehörigen und bestimmten Auslegungsformen des Islams delegitimiert. So soll, wie auch Shooman anmerkt, über den Blick auf die komplexen Dynamiken migrationsgesellschaftlicher Grenzziehungen nicht negiert werden, dass »der Islam, wie andere patriarchal geprägte Religionen, durchaus repressiv ausgelegt werden kann« und nicht auch unter ›Muslim_innen‹ »sexistische und homophobe Denk- und Verhaltensmuster verbreitet sind« (2014: 76). Eine Kritik hieran läuft jedoch dann ins Leere, wenn sich diese generalisierend an ›den Islam‹ oder ›die Muslime‹ richtet und damit einer

Bei den hier beschriebenen Formen des Otherings handelt es sich um einen »multidimensionale[n] Prozess«, in dem sich die diskursive Konstitution von ›den Anderen‹ über »verschiedene Machtkonstellationen und Differenzordnungen« vollzieht (Riegel 2016: 57). Diese wirken nicht allein für sich, sondern durchdringen und überlagern sich gegenseitig, »wodurch Prozesse der Normierung einerseits sowie der Ausgrenzung und Unterwerfung andererseits«, so Riegel, »z.T. erst ermöglicht werden« (ebd.). Dabei werden Bilder über ›Migrationsandere‹ nicht nur mit Bezügen zu natio-ethno-religiös-kulturellen »Zugehörigkeitskontexten und Differenzordnungen konstruiert, sondern auch gegendert und mit bestimmten Vorstellungen über Klasse und Körper verbunden« (ebd.), was für die Betroffenen wiederum spezifische Ausgrenzungserfahrungen mit sich bringt.[9]

Das komplexe System migrationsgesellschaftlicher Kategorisierungen sowie ihre Effekte möchte ich auch hinsichtlich der Konstituierung und Positionierung von Eltern im Kontext Berliner Schulen näher in den Blick nehmen. Dabei verstehe ich die hier beschriebenen Prozesse, über welche ›Migrant_innen‹, ›Menschen mit Migrationshintergrund‹, ›Muslim_innen‹ etc. zu natio-ethno-religiös-kulturell Anderen gemacht, als minderwertig und/oder nicht-zugehörig bewertet und so dem ›Eigenen‹ gegenübergestellt werden, als Formen einer Rassialisierung (bzw. racialisation, nach Miles 1991: 100). Im Rahmen dieser Prozesse wird auf unterschiedliche Weise auf den »Code der ›Rassen‹«[10] Bezug genommen (Mecheril/Melter 2010: 150), wobei hier im Sinne eines breiten Verständnisses von Rassismus davon ausgegangen wird, dass »[n]icht allein körperliche Merkmale [...] den Ausgangspunkt für rassistische Unterscheidungen« darstellen, sondern hierfür »auch soziale und kulturelle [...] Aspekte« genutzt werden können (ebd.: 152). Mein Verständnis von Rassismus möchte ich im Folgenden weiter ausdifferenzieren und auf aktuelle Ausdrucksformen in Migrationsgesellschaften näher eingehen.

(Re-)Produktion sozial wirkmächtiger Differenzkonstruktionen Vorschub geleistet wird (vgl. ebd: 79). Um einer Instrumentalisierung von Menschenrechten im Namen einer ›Islamkritik‹ zu entgehen, erscheint es auch »wichtig, den Kontext zu betrachten«, d.h. *wer* im Rahmen islamkritischer Äußerungen zu *wem* und mit *welcher* Absicht spricht (ebd.: 76).

9   Ich knüpfe hier an die Theorie der Intersektionalität an, welche – zurückgehend auf den *Black Feminism* und die *Critical Race Theorie* (vgl. Crenshaw 1989; Chebout 2011) –, den Fokus auf die Überschneidungen von Kategorisierungsprozessen und Herrschaftsstrukturen legt (vgl. Walgenbach 2012a). Vielfach bezugnehmend auf die Analysen von Kimberlé Crenshaw betonen die Rezeptionen dieses Ansatzes im deutschsprachigen Raum, dass im Rahmen von Intersektionalitätsanalysen nicht allein »die Berücksichtigung mehrerer sozialer Kategorien« im Vordergrund steht, sondern vielmehr die »Analyse ihrer *Wechselwirkungen*« (Walgenbach 2012b: 81) sowie der hieraus hervorgehenden spezifischen Effekte (Walgenbach 2012a: 11). Crenshaw hat am Beispiel verschiedener Diskriminierungsklagen von Schwarzen Frauen in den USA offengelegt, dass ihre Diskriminierung sowohl gleich als auch unterschiedlich »zu den Erfahrungen weißer Frauen oder Schwarzer Männer verlaufen« können (1989: 16). So seien ›Schwarze Frauen‹ häufig einer Form von Diskriminierung ausgesetzt, die »mehr ist als die Summe rassistischer und sexistischer Diskriminierung« (ebd.; vgl. ebd.: 148ff.).

10   Entsprechend der vorherigen theoretischen Ausführungen verstehe ich ›Rasse‹ als eine »sozial imaginierte« und »keine biologische Realität« (Miles 1991: 355).

2.1.2   Kontinuitäten und Wandelbarkeiten von Rassismus

Rassismus als ein »konstitutives Element abendländischen Denkens« (Ralser 2013: 282) ist tief in der europäischen Geschichte verankert. Dabei bilden sowohl der im Zuge der kolonialen Expansion Europas sowie der europäischen Aufklärung entstandene Diskurs um eine ›moralische und zivilisatorische Überlegenheit der *weißen* Rasse‹ und eine daraus abgeleitete Legitimation für koloniale Gewalt als auch die rassistischen Strukturierungen des Antisemitismus und Antiromaismus im Nationalsozialismus zur Vermittlung eines Vernichtungsprogramms von Jüd_innen und Sinti und Roma den Kontext, in dem Rassismus in Deutschland heute wirkt (vgl. Messerschmidt 2018: 89). Der heutige Rassismus stellt jedoch weder eine reine Fortsetzung des kolonialistischen bzw. nationalsozialistischen Erbes dar, noch artikuliert sich dieser entsprechend der immer gleichen Muster. Vielmehr hat sich Rassismus mit seinen zeitlichen und gesellschaftspolitischen Kontexten gewandelt. Hall weist darauf hin, dass auch wenn »Merkmale herausgefunden werden können, die allen als ›rassistisch strukturiert‹ bezeichneten Gesellschaftssystemen gemeinsam sind«, es »keinen Rassismus als allgemeines Merkmal menschlicher Gesellschaften« gibt, sondern lediglich »historisch-spezifische Rassismen« (Hall 1994: 127). Dementsprechend sei jede Gesellschaft stets von Neuem gefordert, ihr eigenes Rassismus-Verständnis zu entwickeln. Die zentrale Frage laute weniger, »ob Menschen im Allgemeinen Unterschiede in der Wahrnehmung zwischen Gruppen mit verschiedenen ›rassischen‹ oder ethnischen Charakteristika machen« (ebd.: 130). Relevant sei vielmehr, »welches die spezifischen Bedingungen sind, die dieser Form der Unterscheidung soziale Bedeutung und historische Wirksamkeit verleihen« (ebd.). Hall schärft den analytischen Blick dieser Arbeit für die Notwendigkeit, ein im Kontext von Berliner Schule beobachtetes rassistisch codiertes MachtWissen nicht isoliert zu betrachten, sondern in sich verändernden Kontexten der Gesellschaft. Dabei gehe ich wie Robert Miles allerdings auch davon aus, dass sich rassistische Logiken nicht »zufällig« verändern, sondern stets auf »bestimmte[n] historischen Kontinuitäten« fußen, d.h. »[j]eder Fall von Rassismus [...] ein Produkt sowohl der Bearbeitung einiger historisch früherer als auch der Schaffung neuer Elemente ist« (Miles 1991: 362).

Dass sich Rassismus immer neue Stützpunkte der Artikulation sucht, sich beständig und wandelbar zugleich zeigt, beweist auch der Blick auf die Geschichte des Rassismus in Deutschland. Seit Ende des Zweiten Weltkriegs ist zu beobachten, dass ein biologisch-genetisches ›Rasse‹-Verständnis in der breiten Öffentlichkeit weitgehend in Misskredit geraten ist. Mit Verweis auf die Verbrechen des Nationalsozialismus wird aktuell neben dem *Rasse*-Begriff auch der Begriff *Rassismus*, sofern er auf gegenwärtige Zustände angewendet wird, vielfach als unpassend und emotional zu aufgeladen wahrgenommen und zurückgewiesen.[11] Verbunden mit der Vorstellung, man habe im Rah-

---

11   Häufig werden deshalb alternative Begriffe wie *Fremdenfeindlichkeit* oder *Ausländerfeindlichkeit* gewählt. Dabei blendet der Begriff *Ausländerfeindlichkeit* aus, dass sich die Feindlichkeit nicht nur gegen ›Ausländer‹ richtet, sondern auch gegen ›Inländer‹ bzw. deutsche Staatsbürger_innen, denen u.a. aufgrund bestimmter somatischer oder phänotypischer Merkmale ein Migrationshintergrund zugeschrieben wird. Mit dem Begriff *Fremdenfeindlichkeit* wird den Betroffenen hingegen unterstellt, sie seien Fremde. Ihre vermeintliche Andersheit erscheint dann als quasi-natürliche Ursache bzw. Voraussetzung der von ihnen erlebten Feindlichkeit. Diese wird über die genannten

men des ›Demokratisierungsprozesses‹ nach 1945 rassistische Weltbilder überwunden, lässt sich auch in Deutschland die Herausbildung eines gesellschaftlichen Selbstverständnisses als *post-racial society* beobachten (Goldberg 2009). Dieses zeichnet sich durch die weitgehende Negation eines in der ›Mitte‹ der Gesellschaft verankerten Rassismus aus (vgl. Pieper/Panagiotidis/Tsianos 2011).[12] Eine solche Distanzierung von Rassismus bedeutet allerdings nicht, dass es sich hierbei tatsächlich um ein vergangenes Problem handelt. Vielmehr hat sich Rassismus in seiner Logik teilweise verändert und ist auch deshalb zum Teil schwer zu greifen und zu adressieren. Diesbezüglich beobachtet u.a. Étienne Balibar die Herausentwicklung eines ›neuen‹ europäischen Rassismus, der sich vor allem »um den Komplex der Immigration herum ausgebildet« habe und sich hier vorwiegend »gegen die ›Gastarbeiter‹, ihre Familien und ihre Nachkommen« richte (Balibar 1992b: 10). Diese werden, so Balibar, weniger nach ihrer ›Rasse‹ als »nach ihrer *mehr oder minder großen Eignung bzw. nach ihrem mehr oder minder großen Widerstand gegen Assimilierung*« unterschieden und bewertet – eine Praxis, die eine »subtile als auch erdrückende Form einer Ausschließung in Gestalt der Einschließung« darstelle (Balibar 1992a: 28ff.). Mit einer solchen argumentativen Verschiebung assoziiert Balibar einen

> »›Rassismus ohne Rassen‹, […] dessen vorherrschendes Thema nicht mehr die biologische Vererbung, sondern die Unaufhebbarkeit der kulturellen Differenz ist; eines Rassismus, der – jedenfalls auf den ersten Blick – nicht mehr die Überlegenheit bestimmter Gruppen oder Völker über andere postuliert, sondern sich darauf ›beschränkt‹, die Schädlichkeit jeder Grenzverwischung und die Unvereinbarkeit der Lebensweisen und Traditionen zu behaupten.« (Ebd.: 28)

Doch auch wenn heute nicht mehr so sehr von ›Rasse‹ gesprochen wird, sondern vermehrt davon, dass die ›andere Kultur‹ die Unterschiedlichkeit der Menschen bewirke, wird nach Balibar nur vordergründig auf eine Naturalisierung von Unterschieden verzichtet. Vielmehr könne im Sprechen über die ›natio-ethno-religiös-kulturell Anderen‹ vielfach »eine ›allgemeine Verlagerung‹ – also kein Fallenlassen – der Biologie-Problematik« beobachtet werden (ebd., zitiert in Magiros 1995: 122f.). So wird anstatt

---

Begriffe zudem primär als ein individuelles Einstellungsphänomen gefasst, wodurch strukturelle, gesellschaftliche und historische Zusammenhänge als ›Nährboden‹ von Rassismus häufig ausgeblendet werden (vgl. Kollender 2015). Eine solche Nicht- und De-Thematisierung von Rassismus kann im Zusammenhang mit einer insgesamt geringen Bezugnahme auf den Begriff in Politik und staatlichen (Bildungs-)Institutionen gesehen werden sowie einer hier vorzufindenden u.a. von den Vereinten Nationen als unzureichend kritisierten Bereitschaft, Rassismus und rassistischer Diskriminierung in Deutschland zu begegnen (vgl. CERD 2015; Gomolla/Kollender/Menk 2018a). Dies hat auch Folgen für die wissenschaftliche Auseinandersetzung mit Rassismus. So problematisiert u.a. Leiprecht, dass mit der Tabuisierung des Wortes ›Rasse‹ »auch Rassismus aus Theorie und Forschung« vielfach »ausgeklammert« werde (vgl. Leiprecht 2016: 229).

12   Dieses Selbstverständnis deutet sich nach Kijan Espahangizi und Kolleg_innen aktuell nicht nur über die Konjunktur von »*Diversity*-Label[n] und *Say no to Racism*-Slogans« an, mit welchen sich »Staat, Städte, Gesellschaft und Unternehmen zunehmend ein ›modernes‹ Selbstbild« verschafften (Espahangizi et al. 2016: 16f.). Auch das im Zuge verstärkter Fluchtmigration aus Syrien im Sommer 2015 entstandene Bild der Bundesrepublik als ›humanitäre Kraft‹ bzw. Land der ›Willkommenskultur‹, erschwere es, »die fortlaufende (strukturelle) Existenz von Rassismus und die Notwendigkeit von wirksamen Mechanismen und Maßnahmen dagegen zu artikulieren« (ebd.).

der Zugehörigkeit zu einer anderen ›Rasse‹ nun primär das ›natio-ethno-religiös-kulturell andere Verhalten‹ von Personen bzw. vermeintlichen Gruppen zu einem quasi natürlichen Faktor erklärt. Die Träger_innen der ›anderen ›Kultur‹ werden so – ganz ähnlich, als wenn ihnen eine ›Rassezugehörigkeit‹ zugesprochen würde – »in ein unveränderliches und unberührbares Bestimmtsein durch den Ursprung« eingeschlossen (ebd.). Der Begriff ›Kultur‹ schließt somit vielfach »die Vorstellung einer ›biologischen Gemeinschaft‹« ein oder hat »diese gar zur Grundlage« (ebd.). Um eine solche Entwicklung zu fassen, entwirft Balibar den Begriff des *Neo-Rassismus* (1992a), während hierfür an anderer Stelle der Begriff des *Kulturrassismus* eingeführt wurde (vgl. Tsiakalos 1983).

In den letzten Jahren haben sich zahlreiche Analysen mit neuen Hervorbringungsformen von rassistischen Logiken insbesondere im Kontext politischer, gesellschaftlicher sowie medialer Diskurse um (Flucht-)Migration, Integration und Asyl beschäftigt und hierin ein auffallend häufiges Sprechen über die ›andere Kultur‹ von ›Migrant_innen‹ und ›Geflüchteten‹ in der Vorstellung einer natürlichen Eigenschaft festgestellt (vgl. Friese 2017; Hark/Villa 2017; Castro Varela 2013). Bei den hierbei zum Ausdruck kommenden rassistischen Konzeptionen handelt es sich nicht ausschließlich um »strategisch-taktische Einverleibung[en] des Kulturbegriffs« (Leiprecht 2001: 30). Vielmehr wird meist auf ein gesellschaftlich weit verbreitetes Verständnis von Kultur referiert, welches vor allem auf einer reduktionistisch-determinierenden Vorstellung von der ›eigenen‹ und ›anderen Kultur‹ basiert und diese meist als homogene und in sich abgeschlossene Nationalkulturen fasst (Leiprecht 2004: 9). Konstatierte Unterschiede zur ›eigenen Kultur‹ werden im öffentlichen Diskurs vielfach als Defizite markiert. Zudem wird davon ausgegangen, dass eine Sozialisation »unter Bedingungen divergierender kultureller Erwartungs- und Handlungssysteme« unweigerlich »zu Identitätsproblemen und Persönlichkeitsstörungen führe« (Mecheril 2001: 42). Die Fokussierung auf ›individuell-kulturelle Orientierungskrisen‹ und ›natio-ethno-religiös-kulturelle Defizite‹ hat vielfach zur Folge, dass in diesen die Gründe für die Realität gesellschaftlicher Ausgrenzung gesucht und gefunden werden, während dieser zu Grunde liegende strukturelle Ursachen kaum Erklärungskraft zugesprochen wird.[13] Dabei sind es nicht nur die genannten Implikationen aus einem in Deutschland gängigen Kulturverständnis, die sich zu einem ›Rassismus ohne Rassen‹ entwickeln können. Auch die Kategorie der ›Religion‹ bzw. des ›muslimischen Hintergrundes‹ fungiert aktuell vielfach als Stützpunkt, über den es gelingt, offen rassistische Inhalte zu ›eliminieren‹ (vgl. Biskamp 2016; Shoomann 2014; Attia 2009).

Die Fortschreibung rassistischer Verhältnisse lässt sich nicht begreifen, wenn Rassismus allein auf individuelle Vorurteile zurückgeführt oder als ein soziales ›Gruppenphänomen‹ gefasst wird. Die Funktions- und Wirkweisen von Rassismus sind meist

---

13   Dieser Perspektive leisten insbesondere solche (Integrations-)Politiken Vorschub, die darauf abzielen, den Zustand der ›Distanziertheit‹ und ›Andersartigkeit‹ von vermeintlichen Migrant_innen über Praktiken der sprachlichen, kulturellen und/oder sozialisatorischen Assimilation bzw. Integration zu überwinden. Auf diese Weise fundiert »das Distanztheorem […] einen Integrationsdruck, oktroyiert ethnische Entfremdung auf, macht daraus eine psychische Notwendigkeit, entschuldigt den Druck sogar noch damit« (Bukow/Llaryora 1988: 17ff.).

komplexer. So sind es insbesondere die Institutionen der gesellschaftlichen Funktions-
systeme, in sowie durch welche ein rassistisches MachtWissen (re)produziert und wirkmächtig wird. Dementsprechend geht der Ansatz des *institutionellen Rassismus* davon
aus, dass rassistische Logiken und ein damit verbundenes gesellschaftliches Macht-
Wissen Eingang in »rechtliche und politische Rahmenbedingungen, [...] Strukturen,
Programme, Normen, Regeln und Routinen sowie kollektive Wissensrepertoires« (Gomolla 2016: 77) staatlicher Institutionen finden. Ein institutioneller Rassismus manifestiert sich in unterschiedlichen Rechten, Aufenthaltstiteln sowie unterschiedlichen
Zugangsmöglichkeiten zu Bildungsinstitutionen, Wohnraum, zum Gesundheitswesen
oder zum Arbeitsmarkt (vgl. Gomolla/Radtke 2009; Jäger/Kauffmann 2002; Alvarez 1979;
Benokraitis/Feagin 1977). Dies geschieht »meist nicht nach dem Muster binär codierter Exklusion«, sondern häufig »mit Verfahren und Politiken einer [...] limitierten bzw.
selektiven Inklusion« (Pieper 2016: 96), indem beispielsweise bestimmten gesellschaftlichen ›Gruppen‹ Rechte und Zugänge partiell entzogen und/oder gewährt werden.

Eine Definition von institutionellem Rassismus, die in diesem Zusammenhang häufig angeführt wird, wurde Ende der 1990er Jahre während der juristischen Aufarbeitung
der Ermordung des Schwarzen Jugendlichen Stephen Lawrence durch einen *weißen* Polizisten von der von Sir Macpherson of Cluny geleiteten Untersuchungskommission
in Großbritannien erarbeitet (vgl. Macpherson 1999). Diese wies der britischen Polizei
nach, eine rassistische Tatmotivation in ihren Untersuchungen vernachlässigt und zum
Nachteil der Familie des Opfers ermittelt zu haben.[14] Der Kommission zufolge handelt es sich bei institutionellem Rassismus um das »[k]ollektive Versagen einer Organisation, für alle Menschen – unabhängig von ihrer Hautfarbe, Kultur oder ethnischen
Herkunft – angemessene und professionelle Dienstleistung zu erbringen« (Macpherson
1999: 6.34, zitiert in Gomolla/Kollender/Menk 2018b: 17). Institutioneller Rassismus könne entstehen, weil die »Prozesse, Einstellungen und Verhaltensweisen« in staatlichen
Institutionen »auf unbewussten Vorurteilen, Ignoranz, Gedankenlosigkeit und rassistischen Stereotypen beruhen« und sich in den »Ethos oder die Kultur der Organisation«
einschreiben, »wenn sie nicht erkannt und keine Maßnahmen ergriffen werden, um sie
abzustellen« (ebd.).[15]

---

14   Darauf, dass Polizeimorde und -gewalt an Schwarzen Menschen keine Einzelfälle darstellen, son-
      dern als Ausdruck eines strukturell verankerten staatlichen Rassismus verstanden werden kön-
      nen, macht u.a. die Bewegung *Black Lives Matter* aufmerksam, die sich nach der Ermordung des
      afroamerikanischen Teenagers Trayvon Martin durch einen Nachbarschaftswachmann im US-
      Bundesstaat Florida und dessen Freispruch im Jahr 2013 unter dem Hashtag #BlackLivesMatter
      formierte.
15   Parallelen zu den anfänglichen Ermittlungen im Mordfall Stephen Lawrence kamen in den letz-
      ten Jahren auch in Deutschland ans Tageslicht. Dies insbesondere hinsichtlich der politischen,
      polizeilichen und juristischen Aufarbeitung der zehn Morde des sog. Nationalsozialistischen Un-
      tergrundes (NSU) und einer hier zu beobachtenden Verharmlosung von Rassismus (vgl. Gomol-
      la/Kollender/Menk 2018a sowie 2018b; NSU Tribunal »NSU-Komplex auflösen« 2017). Anders als in
      Großbritannien mündete die Offenlegung des rassistischen Hintergrundes der NSU-Morde in Po-
      litik und Sicherheitsbehörden bisher jedoch kaum in eine tiefergehende Auseinandersetzung mit
      dem Phänomen des institutionellen Rassismus. So zeigte sich u.a. der Antirassismus-Ausschuss
      der Vereinten Nationen »besorgt« darüber, dass »selbst der Bericht des mit der Untersuchung des
      staatlichen Versagens beauftragten Parlamentarischen Untersuchungsausschusses weder spezi-

Den beschriebenen Dynamiken eines institutionellen Rassismus gehe ich in dieser Arbeit vor allem mit Blick auf die Prozesse und Diskurse in Politik, Behörden und Schulen näher nach. Dabei begreife ich die Schule als eine staatliche Institution, an der ein bestimmtes, (auch) durch rassistische Logiken strukturiertes MachtWissen anonymisiert, ritualisiert, imperativisiert sowie normalisiert und dabei fortlaufend jene sozialen Bedeutungen aktualisiert werden, mit denen bestimmte Schüler_innen und Eltern als Migrationsandere konstruiert und adressiert werden (vgl. Quehl 2005: 187; vgl. Wodak 1987: 801). Ein solches Wissen, so die im Weiteren verfolgte Annahme, leitet schulische Abläufe sowie das alltägliche Handeln von Pädagog_innen an und kann sich an den Schulen in Form von (rassistischer) Diskriminierung manifestieren.[16] Diskurse über ›die Anderen‹ sowie damit verbundene Normalitätsverständnisse werden in der Schule jedoch nicht nur bestätigt und festgeschrieben, sondern auch »Prozessen des Aushandelns zugänglich gemacht« (Quehl 2005: 187). Dies geschieht in der Regel »unter asymmetrischen Voraussetzungen« (ebd.). So ist für staatliche Institutionen wie der Schule auch charakteristisch, dass in ihnen »Wissens- und Machtgefälle zwischen den AgentInnen der Institution und ihren KlientInnen« vorherrschen (Reisigl 2014: 200).

Die Schule stellt somit keine Insel dar, auf der Rassismus losgelöst von ihrer Außenwelt (re)produziert und verhandelt wird. Vielmehr ist die Schule Teil einer komplexen Formation, über die im Zusammenwirken mit spezifischen Politiken, Gesetzen und gesellschaftlichen Diskursen sowie dem Handeln der in den Institutionen tätigen Professionellen rassistische Logiken sowohl gestützt als auch beständig bearbeitet, aktualisiert und verschoben werden. Wie sich diese Prozesse konkret vollziehen und welche Rolle dabei auf Eltern bezogene Zuschreibungen spielen, werde ich Rahmen dieser Studie näher analysieren. Dabei stütze ich mich auf vorliegende Untersuchungen, die sich mit der Bedeutung (rassistischer) Differenzkonstruktionen für die (Re)Produktion schulischer Bildungsungleichheiten in Deutschland beschäftigt haben. Auf diese und den hiermit verbundenen wissenschaftlichen Diskurs um Rassismus und Diskriminierung im deutschen Schulsystem gehe ich im Folgenden näher ein.

2.1.3   Verhandlung von (rassistischer) Diskriminierung im Post-PISA-Diskurs

Bildungsstatistiken haben ausgewiesen, dass in Berlin im Schuljahr 2017/18 mehr als doppelt so viele Kinder und Jugendliche mit statistisch zugewiesener »nicht-

---

fisch auf rassistische Diskriminierung« noch auf die Dimension des strukturellen Rassismus Bezug nimmt (CERD 2015, eigene Übersetzung).

16   Unter*Diskriminierung* verstehe ich nach Mechtild Gomolla individuelle, staatlich-institutionelle sowie gesellschaftlich-diskursive »Praktiken der Herabsetzung, Benachteiligung und Ausgrenzung« von bestimmten (konstruierten) Gruppen und/oder einzelnen Angehörigen dieser, wodurch wiederum »für dominante Gruppen Privilegien beim Zugang zu gesellschaftlichen Positionen und Möglichkeiten in der Gestaltung von Lebensbedingungen geschaffen oder erhalten werden« (Gomolla 2018: 248). Die sich sowohl indirekt als auch direkt artikulierende (ökonomische, politische, rechtliche und kulturelle) Schlechterstellung fußt auf wirkmächtigen und weitgehend normalisierten kategorialen Unterscheidungen. Hierüber werden im Falle einer Diskriminierung bestimmte soziale Gruppen nicht nur als ›anders‹ markiert, sondern auch ihr Status als gleichwertige und gleichberechtigte Gesellschaftsmitglieder bestritten und so eine (systematische) Benachteiligung begründet und gerechtfertigt (vgl. Scherr 2012: 9).

deutscher Herkunftssprache« (15,2 Prozent) die Schule ohne Berufsbildungsreife verließen als Schulabgänger_innen »mit deutscher Herkunftssprache« (6,7 Prozent; Abgeordnetenhaus von Berlin 2019a: 6). Demgegenüber gingen 52,2 Prozent der letztgenannten statistischen Gruppe von der Schule mit einer allgemeinen Hochschulreife ab, während dies unter den Schüler_innen mit »nicht-deutscher Herkunftssprache« lediglich 33,9 Prozent waren (ebd.). Die statistischen Daten stützen die Ergebnisse sog. Large-Scale-Assessment-Studien wie PISA (vgl. Gebhardt et al. 2013), IGLU (vgl. Schwippert/Wendt/Tarelli 2012) und TIMSS (vgl. Bonsen/Frey/Bos 2008), die wiederholt unterdurchschnittliche Schulerfolge von Kindern und Jugendlichen mit eigener oder familiärer Migrationsgeschichte in Deutschland nachgewiesen haben. In diesem Zusammenhang wurde deutlich, dass die Disparitäten zwischen Kindern »mit« und »ohne Migrationshintergrund« nur »[t]eilweise, aber keineswegs vollständig [...] durch die im Durchschnitt geringeren sozioökonomischen Ressourcen von Zuwandererfamilien erklärt werden« können (Autorengruppe Bildungsberichterstattung 2006: 138). So haben beispielsweise laut IGLU-Studie Kinder »mit Migrationshintergrund« im Vergleich zu ihren Mitschüler_innen »ohne Migrationshintergrund« bei gleichem sozialen Status und gleicher Lesekompetenz eine fünfmal geringere Chance, eine Gymnasialempfehlung zu erhalten (vgl. Bos et al. 2003; vgl. Statistisches Bundesamt 2016). Zwar ist seit dem Jahr 2000 die Bildungsbeteiligung von Schüler_innen mit sog. Migrationshintergrund allgemein gestiegen und ihre Kompetenzen haben sich insgesamt verbessert. Dennoch, so wird im Bildungsbericht betont, »haben sich die an den erworbenen Abschlüssen gemessenen Bildungserfolge« von Schüler_innen »mit Migrationshintergrund« zu denen von Jugendlichen »ohne Migrationshintergrund« »nicht in gleicher Weise angenähert« (Autorengruppe Bildungsberichterstattung 2016: 205).

Die Frage, ob die Bildungsdisparitäten zwischen Kindern und Jugendlichen mit und ohne statistisch zugewiesenem Migrationshintergrund durch unterschiedliche Formen der Diskriminierung im deutschen Schulsystem (mit)verursacht sind, wird in Bildungsforschung und -politik kontrovers diskutiert. Auffällig ist, dass in der Post-PISA-Diskussion die in Relation schlechteren Schulleistungsergebnisse von Schüler_innen mit Migrationsgeschichte meist weniger als Hinweise auf eine schulische Diskriminierung interpretiert werden. Die Ergebnisse werden vielmehr mit dem vermeintlichen oder tatsächlichen ›Migrationshintergrund‹ der Schüler_innen in Verbindung gebracht (vgl. kritisch Foroutan/Ikiz 2016: 144). Dabei wird von der in PISA und Co. festgestellten Korrelation von ›Migrationshintergrund‹ und ›Schulerfolg‹ vielfach auf eine Kausalität geschlossen. Der ›Migrationshintergrund‹ wird so von einer *zu* erklärenden Variablen in eine *erklärende* Größe (um)gedeutet. Schüler_innen mit Migrationsgeschichte sind »dieser Logik zufolge bildungsbenachteiligt, *weil* sie zu dieser Gruppe gehören, die durch bestimmte, von der schulischen Normalitätserwartung abweichende Merkmale – meist Sprache, Kultur, Migrationssituation – ausgestattet sind« (Geier 2016: 442).

Die Konzentration auf den ›Migrationshintergrund‹ in der Debatte um schulische Bildungsungleichheiten ist verbunden mit der seit PISA zunehmend wissenschaftlichen Bedeutendmachung sog. primärer und sekundärer familiärer Herkunftseffekte von Kindern und Jugendlichen im Bildungssystem. Als *primäre* Herkunftseffekte werden, in Anlehnung an Raymond Boudon (1974), die Auswirkungen »ungleicher familialer Ausgangsbedingungen auf die Schulleistung« von Schüler_innen gefasst (Gomolla 2018: 254). Hierzu werden z.B. der familiäre Anregungsgehalt sowie die Ausstattung der Familie mit ›sozialem‹ und ›ökonomischem Kapital‹ gezählt. *Sekundäre* Herkunftseffekte resultieren demgegenüber aus den elterlichen Bildungsaspirationen und ihren damit verbundenen »Bildungsentscheidungen bzw. Nutzenkalkulationen bei der Wahl einer schulischen Laufbahn« (ebd.). Diese werden nach Boudon insbesondere auch »auf schichten- und milieutypische Erfahrungen und Traditionen zurückgeführt« (ebd.). Die Theorie suggeriert, dass die ›Risikolagen‹ im Bildungs- und Schulsystem maßgeblich durch die Eltern bzw. den familiären Hintergrund von Schüler_innen verursacht sind. Dies hat zur Konsequenz, dass im Post-PISA-Diskurs vor allem solche Familien in den Fokus geraten, denen ein geringer Anregungshaushalt sowie geringe Bildungsaspirationen zugeschrieben werden. Hierzu werden häufig Familien aus deprivilegierten Lebenslagen gezählt, die aufgrund ihrer finanziellen Situation meist per se als ein ›Bildungsrisiko‹ identifiziert und so im Hinblick auf ihre Erziehungsfähigkeit »systematisch abgewertet« werden (Wiezorek/Pardo-Puhlmann 2013: 212). »Indem so Aspekte struktureller Benachteiligung individualisierend der Verantwortung der Eltern, ihrer Erwerbsarbeitsteilhabe und ihrer vermeintlich hierauf bezogenen Erziehung zugeschrieben werden«, so schlussfolgern die Autor_innen, zeigt sich eine »perspektivische Engführung des Zusammenhangs von sozialer Herkunft und Bildungsbeteiligung« (ebd.: 202). Diese trägt nach Christine Wiezorek und Margaret Pardo-Puhlmann »weniger zur Aufklärung von Bildungsungleichheit bei als zur Verfestigung von Ungleichheitsstrukturen, weil hier eher eine spezifische gesellschaftliche Wahrnehmung familialer Milieus in unterprivilegierten Lebenslagen befördert wird« (ebd.: 202). Dass im Fokus der genannten Zuschreibungen insbesondere auch Familien mit Migrationsgeschichte stehen, deutet sich über weitere Untersuchungen an (vgl. zusammenfassend Gomolla 2009). So ist in Bezug auf diese Familien häufig von einer mangelnden Passung zwischen ihrer ›Familienkultur‹ und einer hiesigen ›deutschen Schulkultur‹ die Rede (vgl. Rüesch 1999: 89). Ein solches Passungsproblem wird vorwiegend als eine Folge von Kompetenz- und Erziehungsdefiziten auf Seiten der Familien betrachtet, während Prozesse der Schule und die Frage, inwiefern (auch) hierüber Lern- und Leistungsentwicklungen von Schüler_innen geformt werden, kaum berücksichtigt wird (ebd.; vgl. Gomolla 2009).

Dass die problematisierende Betrachtung insbesondere von Eltern, denen eine ›ausländische Herkunft‹ oder ein sog. Migrationshintergrund zugeschrieben wird, den bildungspolitischen Diskurs nicht erst seit PISA prägt, konnte über eine dieser Studie vorausgehende Diskursanalyse auf Grundlage von bildungs- und integrationspolitischen Dokumenten gezeigt werden (vgl. Gomolla/Kollender 2019). So wurde mit Blick auf den Verlauf des politischen Diskurses um Eltern von 1948 bis 2018 deutlich, dass trotz sich wandelnder bildungs- und migrationspolitischer Rahmenbedingungen eine Konstante im Diskurs darin besteht, dass Eltern ›mit Migrationshintergrund‹ von politischer Seite nahezu durchweg aus der Perspektive mehrheits- und mittelstandsgesellschaftlicher Normalitätserwartungen als Sondergruppe kategorisiert und adressiert werden (vgl. ebd.). Dabei drückt sich eine Problemsicht auf die Familien vor allem hinsichtlich der ihnen zugeschriebenen anderen Lebens- und Erziehungsweisen aus, die gegenüber Eltern der ›Mehrheitsgesellschaft‹ per se als rückständig aufgefasst werden (vgl. ebd.). Vor diesem Hintergrund haben sich Eltern ›mit Migrationshintergrund‹ zu einer zentralen Zielgruppe von kompensatorischen Informations-, Sprach- und Integrationsmaßnahmen herausentwickelt. Diese sind vor allem darauf ausgerichtet, angenommene Defizite auf Seiten der Eltern auszugleichen (vgl. ebd.).[17] Über die Analyse des bundespolitischen Diskurses wurde deutlich, dass sich in der Figur der ›Eltern mit Migrationshintergrund‹ verschiedene Zuschreibungen im Hinblick auf eine Positionierung der Eltern als natio-ethno-religiös-kulturell Andere bündeln, die sich in politischen Maßnahmen und Forderungen manifestieren und so zu einer spezifischen Problemsicht auf die Eltern beitragen.

Über diese eigens durchgeführte Untersuchung hinaus sind in den letzten Jahren zahlreiche weitere Studien erschienen, die die verbreitete Annahme von einem unmittelbaren Zusammenhang von familiärem Hintergrund bzw. ›Migrationshintergrund‹ und Schul(miss)erfolg direkt wie indirekt in Frage gestellt haben. Diese zeichnen »ein komplexeres Bild der Wirklichkeit [...], in dem Diskriminierung durchaus eine Rolle spielt« (Gomolla 2015: 204). So wurde mit Blick auf strukturelle Einflussfaktoren auf Bildungsdisparitäten in Deutschland dargelegt, dass sich politische Rahmenbedingungen, und hier insbesondere bundeslandspezifische Regelungen, negativ auf die Bildungserfolge von Schüler_innen auswirken können. Demzufolge sehen Jürgen Baumert und Gundel Schümer eine in den Bundesländern unterschiedlich ausgeprägte Bildungsbenachteiligung von Schüler_innen in Zusammenhang mit hier vorherrschenden »Unterschiede[n] in der länderspezifischen Angebots- und Nutzungsstruktur, die auch die Bildungsbeteiligung der Jugendlichen aus Familien ohne Migrationshintergrund reguliert« (Baumert/Schümer 2002: 196; vgl. Kollender/Hunger 2018; Hunger/Thränhardt 2001: 60). Zu strukturellen Einflussfaktoren können neben einem selektiven und

---

17 Einer solchen Defizitperspektive auf Familien ›mit Migrationshintergrund‹ können zahlreiche Studien entgegengestellt werden, die die Annahmen von einer Differenz hinsichtlich der Einstellungen und Bildungsaspirationen zur Schule zwischen ›deutschen‹ und ›migrantischen‹ Eltern empirisch widerlegen. So hat bereits im Jahr 2000 die Sachverständigenkommission des 6. Familienberichts darauf hingewiesen, dass sich in Bezug auf die Bildungsaspirationen der Eltern von Jugendlichen ›mit und ohne Migrationshintergrund‹ keine signifikanten Unterschiede feststellen lassen (vgl. Sachverständigenkommission 2000: 106). Eine aktuelle Auswertung von quantitativen Befragungen von Eltern mit ›deutschem‹, ›türkischem‹ und ›russischem‹ Hintergrund macht zudem deutlich, dass »[s]owohl die Eltern mit als auch ohne Migrationshintergrund [...] das schulische Lernen ihrer Kinder in vielfältiger Weise« unterstützen, ›Eltern mit türkischem Migrationshintergrund‹ sogar »durchweg – vor allem in Gremien der Elternbeteiligung – ein höheres Engagement zeigen« (Gomolla/Rotter 2012: 113). Die Studien bringen zudem zum Ausdruck, dass zwischen den Eltern insgesamt »ein hoher Konsens [...] im Hinblick auf die Beurteilung schulpolitischer Ziele und Reformprojekte, ihren Kontakten zur Schule, ihrem Engagement für den Schulerfolg ihrer Kinder und in der Schule als Ganzes sowie ihren Wahrnehmungen und Erwartungen an die Lehrkräfte« besteht (ebd.: 138f.). Weitere Studien haben aufgezeigt, dass Eltern ›mit Migrationshintergrund‹ durchweg »zu einem nicht unerheblichen Teil bereit sind, in die Förderung ihrer Kinder materiell durch die Bezahlung von Nachhilfe und immateriell durch soziale und psychische Unterstützung zu investieren« (Boos-Nünning et al. 2008: 54); dies gilt nach einer Studie von Bernhard Nauck für Migrantenfamilien aller Herkunftsländer, wobei die Bildungsansprüche an die eigenen Kinder – entgegen gängiger Vorstellungen – in den Familien nicht geschlechterspezifisch differenziert werden können (vgl. Nauck 2000).

schlecht durchlässigen Schulsystem auch schulrechtliche Regelungen wie ein nicht-diskriminierungsfreier Zugang zur Regelschule für Kinder mit ungesichertem Aufenthaltsstatus sowie ein fehlendes Diskriminierungsverbot in den Schulgesetzen der Länder gezählt werden (vgl. Antidiskriminierungsstelle des Bundes 2013: 14f.). Eine Sozialstrukturanalyse von Janina Söhn zur »staatlichen Ungleichbehandlung von Migrantengruppen« legt zudem nahe, dass es vielfach auch allgemeine politische, rechtliche und ökonomische Rahmenbedingungen sind, die die außerschulische Lebenssituation und die Ressourcen von Familien bestimmen und auf die Bildungschancen von Schüler_innen (indirekt) Einfluss nehmen (Söhn 2012).

Dass diskriminierende Entscheidungen und Handlungsweisen in der Schule eng mit den strukturellen Rahmenbedingungen des schulischen Handelns verwoben sind, zeigt eine von Gomolla und Frank-Olaf Radtke in den 1990er Jahren durchgeführte Fallstudie zur »institutionellen Diskriminierung« von Kindern aus Familien mit Migrationsgeschichte im Grundschulbereich (2009). Die Studie führt vor Augen, dass es »vor allem *rechtliche und politische Rahmenbedingungen, organisatorische Strukturen, Programme, Normen, Regeln* und *Routinen* sowie *kollektive Wissensrepertoires*« sind (Gomolla 2015: 197), die für pädagogische Entscheidungen (wie die Aufnahme von Kindern an den Schulen, ihre Platzierung in Sonderklassen, Übergangsempfehlungen am Ende der Grundschulzeit) sowie deren (nachträgliche) Begründung konstitutiv sind (ebd.: 198f.). Am Beispiel von schulischen Entscheidungspraktiken in Bielefelder Grundschulen legt die Untersuchung dar, »wie ›soziale Typisierungs- und Klassifikationsschemata [...]‹ im *organisationalen Handeln* in Schulen aufgegriffen und entscheidungswirksam werden und wie dadurch ›eine Regelhaftigkeit des Denkens und Handelns mit benachteiligender Wirkung‹ (Gomolla/Radtke 2009: 266) für Angehörige marginalisierter Gruppen« entsteht (Gomolla 2015: 197). Die Autor_innen unterscheiden hier zwischen Mechanismen *direkter* sowie *indirekter Diskriminierung* (vgl. Gomolla/Radtke 2009: 278ff.). Beim direkten Typus benachteiligen bildungspolitische oder schulische Regelungen bestimmte Gruppen vorsätzlich (ebd.: 280). Beim indirekten Typus entsteht eine Diskriminierung, »obwohl die organisatorisch vorgeschriebenen Normen oder Verfahren ohne unmittelbare Vorurteile oder Schadensabsichten eingerichtet und ausgeführt werden« und die »Praktiken angemessen, gerecht oder zumindest neutral« erscheinen (ebd.: 44). Hierzu zählen die Autor_innen u.a. Übergangsentscheidungen, bei denen die »»häuslichen Lernbedingungen und Unterstützungsmöglichkeiten«« scheinbar selbstverständlich als »negativ-prognostisches Kriterium« dienen (ebd.: 283). Dieses wurde im Rahmen der Studie zwar für alle Kinder beobachtet, »bei Migrantenkindern aber zusätzlich mit askriptiven kulturellen Inhalten gefüllt« (ebd.). Die Untersuchung macht deutlich, dass sich askriptive Merkmale, d.h. den Schüler_innen und ihren Eltern als (unveränderlich) zugeschriebene Eigenschaften, als funktional für schulische Selektionsprozesse und -entscheidungen erweisen und einer institutionelle Diskriminierung von bestimmten Schüler_innen im deutschen Schulsystem Vorschub leisten können (vgl. ebd.; Jennessen/Kastirke/Kotthaus 2013; Weber 2003).

Dies zeigen auch Juliane Karakayali und Birgit zur Nieden (2013) im Rahmen einer Untersuchung an innerstädtischen Schulen Berlins auf. Von den Autor_innen hier u.a. beobachtete Bestrebungen einiger Schulen, nach Herkunft segregierte Klassen einzurichten, wurden vorwiegend »mit organisatorischen Abläufen legitimiert« (ebd.: 69).

Die schulische Segregation nach Herkunft wird laut der Autorinnen von einem allgemeinen Diskurs um ›Bildungsferne‹ gestützt, die an den Schulen vor allem Eltern und Kindern ›mit türkischem und arabischem Migrationshintergrund‹ zugeschrieben wird (vgl. ebd.: 69ff.). Die suggerierte Korrelation von ›Bildungsferne‹ und ›Migrationshintergrund‹ legitimiere eine »Ausgrenzung entlang rassistischer Kriterien«, ohne dass sich hierbei »einer explizit rassistischen Rhetorik« bedient werden müsse (ebd.). Dabei stelle die Kategorisierung bestimmter Kinder als ›bildungsfern‹ eine »flexible Ressource« dar, »entlang derer Klasseneinteilungen vorgenommen werden können, wenn sich die Schulleitungen [...] davon einen Vorteil versprechen« (ebd.: 72). Die Analyse stützt die Ergebnisse von Gomolla und Radtke, nach denen die Schule »nicht passiv [...] von äußeren Ordnungsmustern oder von den einverleibten Haltungen und Gewißheiten ihres Personals« durchdrungen ist, sondern »sich solche institutionellen Muster im Prozeß des Organisierens« an[eignet] (Gomolla/Radtke 2009: 268). So wird auf ein rassistisches MachtWissen in schulischen Prozessen vor allem dann zurückgegriffen, wenn es ›gebraucht‹ wird.

Alltagstheoretische stereotype Zuschreibungen leiten nicht nur schulische Selektions- und Segregationsprozesse an und führen so zu einer Diskriminierung von Schüler_innen. Migrationsgesellschaftliche Logiken des Unterscheidens prägen auch das pädagogische Handeln im Klassenraum und können so den Schulalltag von Schüler_innen maßgeblich prägen. Studien weisen aus, wie sich ein rassistisches Alltagswissen – z.B. darüber, dass muslimische Schüler_innen vermeintlich weniger bildungsorientiert sind als nicht-muslimische Schüler_innen (Lorenz/Gentrup 2017: 5) – in Form eines »heimlichen Lehrplans« in schulische Routinen einschreibt (Zinnecker 1975, zitiert in Quehl 2015: 187), sich in Unterrichtspraktiken manifestiert und so an die Schüler_innen herangetragen wird (vgl. Scharathow 2015).[18] Dies geschieht neben offenen Formen von Diskriminierung wie verbalen Angriffen und Beleidigungen durch die Lehrer_innen mit Bezugnahme auf die zugeschriebene oder tatsächliche Herkunft von Schüler_innen, vor allem über subtile Mechanismen der Ungleichbehandlung (Antidiskriminierungsstelle des Bundes 2013: 104). Diese äußern sich zum Beispiel darin, dass Schüler_innen mit Migrationsgeschichte gegenüber ihren nicht geanderten Klassenkamerad_innen insgesamt weniger Unterstützung durch die Lehrer_innen erhalten, seltener im Unterricht aufgerufen werden sowie häufiger Sanktionen in der Schule erfahren (vgl. Lorenz/Gentrup 2017; Dreke 2012).

Entsprechend der weiter oben beschriebenen gesellschaftlichen Tabuisierung eines Sprechens über Rassismus wurden auch in den Schulen Tendenzen einer »weitreichende[n] Nicht- und Dethematisierung von alltäglichen Manifestationen rassistischer Zu-

---

18   Darauf, dass sich ein solch *heimlicher Lehrplan* auch über schulische Curricula sowie Unterrichtsmaterialien und sich hierüber artikulierende stereotype Wissensbestände konstituiert, haben in der Vergangenheit gleich mehrere Studien hingewiesen (vgl. Marmer/Sow 2015; Ladson-Billings/Tate IV 2006; Höhne/Kunz/Radtke 2005). Aufgezeigt wurde u.a., dass der Islam in Schulbüchern meist vereinfacht als festes, rückständiges Regelsystem dargestellt wird, während Menschen muslimischen Glaubens vorwiegend »als vormodern und daher zu Europa nicht passfähige ›Andere‹« charakterisiert werden (Georg-Eckert-Institut für Schulbuchforschung 2011: 3). Ein breit geteiltes gesellschaftliches Bild über ›den Islam‹ und ›die Muslime‹, wird über Schulbücher in die Schule getragen.

schreibungen oder struktureller Benachteiligungen« analysiert (Scharathow 2015: 162; vgl. Melter 2006). Vor allem jene Pädagog_innen, »für die Erfahrungen der Abgrenzung, Ausgrenzung und Benachteiligung angesichts der Allgegenwärtigkeit rassistischen Unterscheidungswissens [...] nicht zum Alltag gehören«, so Wiebke Scharathow, reagierten »oftmals mit Abwehr und Bagatellisierung auf geschilderte Rassismuserfahrungen – selbst dann, wenn sie nicht persönlich angesprochen sind« (ebd.: 163). Dies erschwert es wiederum Schüler_innen, Erfahrungen von Rassismus und Diskriminierung in der Schule anzusprechen (vgl. Möller et al. 2016; Scharathow 2014; Melter 2006; Mecheril 1997). Diesbezüglich beobachtet die Antidiskriminierungsstelle des Bundes Formen der schulischen *Viktimisierung*, über welche Schüler_innen, die sich gegen Rassismuserfahrungen zur Wehr setzen, häufig »selbst zum Verursacher bzw. zur Verursacherin des Zwischenfalls oder Problems gemacht werden« (Antidiskriminierungsstelle des Bundes 2013: 105). Das »Zusammenspiel von gesellschaftlichen wie sozial-räumlichen Macht- und Wissensverhältnissen« macht »ein widerständiges Intervenieren und Sprechen für Schülerinnen und Schüler nicht nur zu einer subjektiv riskanten Unternehmung in prekären Zugehörigkeitsverhältnissen« (Scharathow 2015: 172). Es verringert sich hierüber auch die »Chance, dass Argumentationsbemühungen, die den als gültig geltenden Wissensbeständen entgegenstehen, ernsthaft Gehör finden oder gar sich durchsetzen können« (ebd.). Eine von Seiten der Schüler_innen initiierte Auseinandersetzung mit (rassistischer) Diskriminierung wird zum Teil auch dadurch erschwert, dass die Schüler_innen sich mit den ihnen entgegengebrachten natio-ethno-religiös-kulturellen Zuschreibungen identifizieren bzw. diese gar im Rahmen von *Selbstethnisierungsprozessen* reproduzieren (vgl. Velho 2015; Scharathow 2014; Merten 2013; Rose 2013). Eine solche Internalisierung (mehrheits-)gesellschaftlicher Rollenbilder, die ich in Kapitel 3.2 unter dem Begriff der *Subjektivierung* noch ausführlicher theoretisieren werde, kann im schulischen Kontext zur Konsequenz haben, dass diese im Sinne einer selbsterfüllenden Prophezeiung die Lern- und Leistungsentwicklung von Schüler_innen untergräbt (vgl. Schofield/Alexander 2012).[19]

Dass nicht nur Schüler_innen, sondern auch ihre Eltern Diskriminierung in der Schule erleben, haben insbesondere Studien für den angelsächsischen Forschungsraum dargelegt. Dies geschieht vor allem im Kontakt der Eltern mit den Lehrer_innen ihrer Kinder. Demnach spürten vor allem Eltern, die von den Pädagog_innen als Mus-

---

19   So wurde im Rahmen sozialpsychologischer Untersuchungen gezeigt, dass eine sog. Bedrohung durch Stereotype (*stereotype threat*) nicht nur das Selbstwertgefühl der hiervon Betroffenen, sondern auch ihre kognitiven Fähigkeiten beeinflussen kann. In diesem Zusammenhang wurde u.a. deutlich, dass »[w]enn Kinder mit Migrationshintergrund implizit oder explizit negative Leistungserwartungen für ihre Herkunftsgruppe erfahren«, ihnen beispielsweise »weniger zugetraut [wird], dass sie in Deutsch gute Leistungen erbringen«, ihre Leistungen tatsächlich schlechter sind (Müller/Lokhande 2017: 38). Die Schüler_innen zeigten sich zudem weniger motiviert und wendeten sich eher von der Schule ab als Schüler_innen, die sich nicht mit solchen Stereotypen konfrontiert sahen (ebd.). Effekte eines *stereotype threat* wurden in den USA insbesondere für Schwarze Schüler_innen nachgewiesen (vgl. ebd.; vgl. Schofield/Alexander 2012), während im europäischen Raum durchgeführte Studien zeigten, dass ein solches Phänomen auch die Testleistungen von Schüler_innen, denen ein Migrationshintergrund zugeschrieben wird, negativ beeinflusst (vgl. Appel/Weber/Kroneberger 2015; Martiny et al. 2014).

lim_innen identifiziert werden, eine »ihnen entgegengebrachte Skepsis, wenn nicht gar Ablehnung sehr genau« und erfuhren im Austausch mit der Schule vielfach, »dass sie vom pädagogischen Personal als rückständig, fundamentalistisch und bildungsfern eingestuft werden« (Uçan 2015: 69). Eltern mit (zugeschriebenem) muslimischem Hintergrund und/oder mit Migrationsgeschichte schilderten zudem den Eindruck, dass ihre Kinder von schulischer Seite »von vornherein ›als Außerirdische‹« (Lubig-Fohsel 2012: 7) und sie selbst »nicht als pädagogisch relevantes Umfeld ihrer Kinder wahrgenommen« werden (Hawighorst 2009: 63; vgl. Dietrich 1997; Boos-Nünning/Karakaşoğlu 2005). Wie für die Schüler_innen, stellt es sich auch für die betroffenen Eltern häufig als ein schwieriges Unterfangen heraus, Erfahrungen von (rassistischer) Diskriminierung in der Schule anzusprechen (Antidiskriminierungsstelle des Bundes 2013: 105f.). Stattdessen neigten die betroffenen Eltern dazu, sich möglichst konform zu den von ihnen antizipierten Idealen einer ›guten Elternschaft‹ zu verhalten. Um sich von negativen und stereotypen Wahrnehmungen abzugrenzen, achteten sie penibel darauf, wie sie sich in Gesprächen mit Lehrer_innen verhielten, kleideten und ihre Anliegen vortrugen (vgl. Vincent/Maxwell 2016). Die Zeit und Energie, die viele der interviewten Eltern zudem investierten, um die ›Schulkarriere‹ ihrer Kinder zu fördern, erklärten die Eltern vor allem damit, dass diese den Kindern erleichtern solle, sich von erlebten Rassismen zu emanzipieren (vgl. ebd.). Zudem mobilisierten die Eltern hohe emotionale Ressourcen, um Diskriminierungs- und Rassismuserfahrungen ihrer Kinder zu Hause zu bearbeiten bzw. auszugleichen (Crozier 2005: 55). Die Eltern, so Crozier,

> »[...] are motivated not only by their strong commitment to education and wanting their children to do well but also by the impact of institutional racism and the need to defend, rescue and protect their children. [...] Enduring endless criticisms of your child as ›bad‹, rude, troublesome, or seeing your child rejected by the school, is an emotional trial. [...] Many of the parents talked about having to protect their children in similar ways, providing them with ›emotional support‹.« (Ebd.: 55)

Carol Vincent beschreibt, dass gerade alleinerziehende Mütter mit Migrationsgeschichte Erfahrungen von struktureller und institutioneller Diskriminierung häufig auf sich selbst projizierten und diese als ein persönliches Scheitern interpretierten (vgl. Vincent 2017: 546f.).

Die hier skizzierten Untersuchungsergebnisse machen deutlich, dass die Schule auf vielfältige Weise in migrationsgesellschaftliche Diskurse und hier stattfindende Grenzziehungsprozesse eingebunden ist. Es ergeben sich darüber zahlreiche komplexe »Wechselbeziehungen«, im Rahmen derer sich rassistische Logiken des Unterscheidens »in den schulischen Alltag einschreiben«, während die schulischen Prozesse und das Handeln der dort tätigen Pädagog_innen dazu beitragen können, dass die »Alltäglichkeit« dieser Logiken »normal und tendenziell unsichtbar wird« (Quehl 2015: 190). Für die folgende Analyse ergibt sich die Notwendigkeit, hinter gesellschaftlich breit geteilte Selbstverständnisse hinsichtlich der Rolle von natio-ethno-religiös-kulturellen Grenzziehungen für bestehende Bildungsungleichheiten zurückzutreten und diese auf ihren Entstehungshintergrund und ihr Wirksamwerden im Schulkontext zu hinterfragen.

Während die Rolle gesellschaftlicher und schulischer Differenzkonstruktionen in Schul- und Unterrichtssituationen sowie hiermit verbundene Erfahrungen und Umgangsweisen von Schüler_innen bereits vielfach betrachtet wurde, ist die Bedeutung eines rassistischen MachtWissens für die Ausgestaltung des Verhältnisses von Eltern und Schulen im deutschsprachigen Forschungsraum bisher kaum Gegenstand wissenschaftlicher Untersuchungen gewesen. Dabei erscheint es wesentlich, die Dynamiken auf Struktur-, Institutions- und Subjektebene noch weiter zusammenzudenken, um so die vielfältigen und komplexen Ausdrucks- und Wirkweisen von rassistischen Logiken und Praktiken im Kontext der Schule zu analysieren. Bevor ich diesen Anspruch über die Erarbeitung eines dispositivtheoretisch informierten Forschungsdesigns versuche einzulösen (vgl. Kapitel 4 und 5), möchte ich zunächst auf eine weitere analyseleitende Perspektive meiner Studie eingehen und aktuelle Ausformungen eines neoliberalen staatlichen Wandels näher in den Blick nehmen. Dies halte ich u.a. deshalb für zentral, da verschiedene Studien aufgezeigt haben, dass marktförmige Logiken, die aktuell bei der Gestaltung von Bildungsprozessen wirksam werden, zu einer Verschärfung schulischer Selektion beitragen und sich zugleich auf die Konfiguration des Verhältnisses von Eltern und Schule entscheidend auswirken können (vgl. Jergus/Krüger/Roch 2018; Gomolla 2017; Vincent/Maxwell 2016; Richter 2008; Gillborn/Youdell 2000; Popkewitz 2000; Radtke/Weiß 2000). Um die Entwicklungen rund um eine Ökonomisierung unterschiedlicher gesellschaftlicher Sphären besser zu (be)greifen, wende ich mich im Folgenden dem Begriff des Neoliberalismus näher zu, hier insbesondere solchen Autor_innen, die sich mit Foucaults Verständnis von einer neoliberalen Gouvernementalität auseinandergesetzt haben.

2.2   Neoliberalismus als (migrations-)gesellschaftliche Vernunft

2.2.1   Neoliberale Konfigurationen von Staat und Subjekt

Die US-amerikanische Politologin Brown befasst sich in ihrem Buch zur »schleichenden Revolution« des Neoliberalismus (2015) nicht allein mit »einer Phase des Kapitalismus oder einer Ideologie, die den Markt entfesselt hat« (Brown 2015: 32). Unter dem Begriff des Neoliberalismus analysiert und diskutiert Brown vielmehr Prozesse einer Ökonomisierung, die aktuell »bislang nicht-ökonomische Bereiche und Praktiken« in Gesellschaften erfahren und die mit einer »Umgestaltung des Wissens, der Form, des Inhalts und des Verhaltens« einhergehen, »die diesen Bereichen und Praktiken eigentümlich sind« (ebd.: 32). Eine solche Übertragung von ökonomischen Prämissen auf bisher nicht genuin ökonomische Bereiche wie die Gestaltung von Bildungs- und Integrationsprozessen, des Gesundheitswesens oder städtischer Wohngegenden (vgl. ebd.) wirkt nicht eindimensional. Vielmehr nimmt der Neoliberalismus nach Brown

> »[…] in seinen unterschiedlichen Erscheinungsformen über Länder, Regionen und Sektoren hinweg, in seinen verschiedenen Überschneidungen mit existierenden Kulturen und politischen Traditionen und vor allem in seiner Konvergenz mit und seiner Aufnahme von anderen Diskursen und Entwicklungen […] unterschiedliche Formen an und erzeugt unterschiedliche Inhalte und normative Einzelheiten, sogar unterschiedliche

Idiome. Er ist zwar auf der ganzen Erde allgegenwärtig, doch uneinheitlich und nicht-identisch mit sich selbst im Raum und über die Zeit hinweg.« (Ebd.: 20)

Um die Spezifika neoliberaler Prozesse zu beschreiben, bezieht sich Brown, wie auch zahlreiche andere Autor_innen, auf Foucault und seine Vorlesungen zur Gouvernementalität, die er am Collège de France in Paris Ende der 1970er Jahre gehalten hat (vgl. Foucault 2006b; vgl. auch Zamora/Behrent 2015; Miller/Rose 2008; Bröckling/Krasmann/Lemke 2000; Barry/Osborne/Rose 1996). In diesen setzt er sich u.a. mit den politischen und ökonomischen Reaktionen auf Sozialismus und Keynesianismus auseinander, wie er sie im Zuge der Herausbildung eines Ordoliberalismus im Nachkriegsdeutschland sowie eines amerikanischen Neoliberalismus im Kontext der Chicagoer Schule im Laufe der 1970er Jahre beobachtete. Foucault bezog sich in seinen Vorlesungen somit auf Entwicklungen, die sowohl dem ›Marktfundamentalismus‹ der Thatcher- und Reagan-Ära vorausgingen als auch der Entstehung ›weicher‹ Formen des Neoliberalismus, wie sie u.a. in den sog. Hartz IV-Reformen in Deutschland zum Ausdruck kamen (siehe unten). Foucault konnte die Entfaltung des Neoliberalismus im letzten Teil des 20. Jahrhunderts in Europa und den USA zwar in gewisser Hinsicht antizipieren. Er konnte diese allerdings nicht vorwegnehmen, weswegen seine Ausführungen zum Teil an Interpretation bedürfen, um sie auf gegenwärtige Verhältnisse beziehen zu können. Im Folgenden knüpfe ich deshalb vor allem an Weiterentwicklungen von Foucaults Theorie durch Brown und andere Autor_innen an, die Foucaults Gedanken für die Analyse aktueller Entwicklungen anschlussfähig machen.

Wie Brown beobachtete bereits Foucault eine Ausdehnung von »Analyseschemata« und »Entscheidungskriterien« des Marktes auf Bereiche, »die nicht ausschließlich oder nicht in erster Linie ökonomisch sind wie die Familie und die Geburtenrate, die Kriminalität und die Strafrechtspolitik« (Foucault 2005: 187). Er erkannte darin die Herausbildung einer politischen Handlungsrationalität bzw. einer spezifischen Rationalität des Regierens. Unter einer *Regierung* versteht Foucault weniger »die Institution [der] ›Regierung‹« selbst als eine »Aktivität, die darin besteht, das Verhalten der Menschen innerhalb eines staatlichen Rahmens und mit staatlichen Instrumenten zu regieren« bzw. in ihrem Handeln zu führen und anzuleiten (ebd.: 181). Unter *neoliberaler Rationalität* fasst er ein bestimmtes »Prinzip« sowie eine bestimmte »Methode der Rationalisierung der Regierungsausübung« (ebd.). So rekonstruiert Foucault im Rahmen seiner Vorlesungen zur Gouvernementalität, wie Machtverhältnisse über historisch spezifische »Regierungskünste« – »von den antiken griechischen und römischen Führungskonzepten bis hin zu klassisch-liberalen und neoliberalen Regierungsformen« (Lemke 2005: 335) – stets so rationalisiert wurden, dass sie auf gesellschaftliche Akzeptanz stießen und die politische Souveränität des Staates stützten (vgl. Foucault 2006a). Diesbezüglich zeichnet Foucault »eine Verschiebung von disziplinarischen, direkten Regierungsformen zu eher indirekten und *neoliberalen* Machtpraktiken« nach (Lehmann-Rommel 2004: 265) und beschreibt, wie es über Formen der modernen Machtausübung gelingt, Bevölkerungsgruppen weitgehend ohne Befehl und Strafe in ihrem Handeln zu leiten.

Eine solche Form des Regierens lässt sich nach Foucault nicht allein auf das Tun bzw. die Absichten von einzelnen Regierenden bzw. Herrschenden zurückführen. Vielmehr geht die neoliberale Rationalität gewissermaßen dem politischen Handeln voraus und

bedingt dieses zugleich (vgl. Brown 2015: 135). Dabei operiert die neoliberale Rationalität jedoch nicht in Form einer Ideologie bzw. »transzendentale[n] Vernunft«, sondern
über ein bestimmtes Wissen und hiermit verbundene staatliche Programme, Technologien und »Praktiken, in deren Kontext Wahrnehmungs- und Beurteilungsstrategien
generiert werden« (Lemke/Krasmann/Bröckling 2015: 20). Entsprechend beschreibt es
Foucault als zentrale Eigenschaft der neoliberalen Rationalität, dass diese Argumente
und Begründungen bereitstellt, sich in Begriffen und Konzepten niederschlägt, sich so
auf die Spezifizierung von Gegenständen und Grenzen auswirkt und hierbei in einem
dialektischen Prozess zu Subjektivierungs- wie auch gesellschaftlichen Formierungs-
prozesse steht (vgl. Kapitel 3.2). Dabei bedient sich die neoliberale Rationalität vielfach
bestehender gesellschaftlicher Normen und damit verbundener Diskurse, artikuliert
sich durch sie hindurch und schreibt sich so in gesellschaftliche Normalitätsverständnisse und Verhältnisse ein.[20]

Auf welchem Wissen und welchen Praktiken basiert konkret ein neoliberales Regieren? Dieses unterscheidet sich von frühliberalen Regierungsformen zunächst dadurch,
dass das »Funktionieren des Marktes und des rationalen Handelns der Individuen [...]
nicht mehr als eine durch die menschliche Natur gegebene Voraussetzung« verstanden
wird (Eser 2005: 159). So geht es anders als im Liberalismus nicht darum, dass sich
der Staat aus den Angelegenheiten der Wirtschaft im Sinne eines Laissez-faires her-
auszieht, um dem ›natürlichen Wettbewerb‹ freien Lauf zu lassen. Stattdessen erscheinen staatliche Eingriffe als unerlässlich, um Wettbewerb zu produzieren und gesellschaftlichen Wohlstand herzustellen (Brown 2015: 70f.). Die Herstellung funktionieren-
der Märkte stellt somit ein zentrales Ziel staatlichen Regierens dar. Während sich das
Programm der Freiburger Schule in den 1930er Jahren noch auf die ›Ordnung der Wirtschaft‹ beschränkte und sich später mit der Idee der *Sozialen Marktwirtschaft* verband,
bestand das Programm der Chicagoer Schule in der zweiten Hälfte des 20. Jahrhunderts
»in der konsequenten Ausweitung ökonomischer Formen auf das Soziale, um die Differenz zwischen Ökonomie und Sozialem« zu überwinden (Lemke/Krasmann/Bröckling
2015: 16). Die Ökonomie wird hier, wie in dem bereits oben beschriebenen Verständnis
von Brown und Foucault, »nicht mehr als *ein* gesellschaftlicher Bereich mit spezifischer
Rationalität, Gesetzen und Instrumenten« definiert, sondern auf das gesamte menschliche Handeln bezogen, »insofern dieses durch die Allokation knapper Ressourcen zu

---

20   Alana Lentin und Gavin Titley machen in diesem Zusammenhang auf die Retorsionseffekte (vgl.
      Taguieff 1987) neoliberaler Rationalität aufmerksam, d.h. das scheinbar paradoxe Verhältnis zwi-
      schen Argumentationen und Begrifflichkeiten des Neoliberalismus und seiner diskursiven Be-
      zugsquellen: »State neoliberalism governmentalizes, but it does not always do so in consistent
      terms, borrowing instead from a range of discourses, histories and practices« (Lentin/Titley 2011:
      169). Hierüber werden beispielsweise neoliberale Prinzipien wie das Leistungsprinzip im Gewand
      eines freiheitlich-liberalen Diskurses um (Verteilungs-)Gerechtigkeit gesellschaftlich verankert.
      Auch wurden in den 1960er und 1970er Jahren geäußerte Forderungen nach mehr ›Autonomie‹,
      ›Selbstverantwortung‹ und ›Flexibilität‹, die sich ursprünglich gegen einen als anonym und pater-
      nalistisch kritisierten Wohlfahrtsstaat der Nachkriegszeit richteten, von der neoliberaler Rationa-
      lität in gewisser Hinsicht inkorporiert; die Forderungen erwiesen sich, ohne dies zu intendieren,
      gleichsam als konstitutiv für neoliberale Rationalisierungsprozesse.

konkurrierenden Zielen gekennzeichnet ist« (ebd.: 16). Patrick Eser spricht diesbezüglich im Anschluss an Lemke und Kolleg_innen von einer »Generalisierung der ökonomischen Form« (Eser 2005: 159). Diese fungiere zum einen

> »[...] als Analyseprinzip, das sämtliche gesellschaftliche Bereiche und Handlungen mit-
> tels ökonomischer Kategorien untersucht. Zum anderen hat das ökonomische Raster
> auch eine programmatische Funktion und zwar insofern, als es eine kritische Bewer-
> tung von Regierungsaufgaben anhand von Markt- und Effizienzkriterien ermöglicht.
> [...] Foucault spricht in diesem Zusammenhang von einem ›ökonomischen Tribunal mit
> der Absicht, das Handeln der Regierung in streng ökonomischen und marktbezogenen
> Begriffen zu beurteilen‹ (GdB, 342). Von dem Vertrauen in die Steuerungskapazität von
> Märkten geleitet, gilt in der politischen Rationalität des Neoliberalismus somit auch
> die Erzeugung von Märkten als das Regierungsinstrument schlechthin. Die Aufgabe
> der Regierung besteht demzufolge in der Erfindung marktförmiger Handlungssyste-
> me für Individuen, Gruppen und Institutionen.« (Ebd.: 159f.)

Diagnosen, die die beschriebenen Entwicklungen als einen Rückzug des Staates im Sinne von ›mehr Markt – weniger Staat‹ deuten (Lemke/Krasmann/Bröckling 2015: 25),
fassen die neoliberalen Dynamiken allerdings nur unzureichend. Vielmehr verschwim-
men im Zuge neoliberaler Gouvernementalität die Grenzen zwischen Staat und Markt.
So betonen Lemke und Kolleg_innen, »dass die Ökonomisierung der Politik selbst ein
politisches Programm ist, das nicht das Ende, sondern vielmehr eine Transformation
des Politischen bedeutet. [...] Nicht eine Abnahme staatlicher Souveränität und Pla-
nungskapazitäten, sondern eine Verschiebung von formellen zu informellen Formen
der Regierung lässt sich beobachten« (Bröckling/Krasmann/Lemke 2000: 26). Im Zuge
neoliberaler Gouvernementalität wird somit neu bestimmt, »was in die Zuständigkeit
des Staates gehört und was nicht [...], was öffentlich ist und was privat ist, was staatlich
ist und was nicht staatlich ist« (Foucault 2000: 66).

Die beschriebenen Prozesse haben sich in den letzten Jahrzehnten – in unterschiedlicher Ausprägung – auch deshalb weitgehend unsichtbar und unhinterfragt vollzogen,
da der vordergründige Abbau des (Sozial-)Staates parallel zur Konstituierung des *(selbst-)
verantwortlichen Subjekts* verlaufen ist (vgl. Bröckling 2007; Miller/Rose 1994; Barry/Os-
borne/Rose 1996). So bestimmt die »Art und Weise, wie das Ökonomische konstruiert
und vorgestellt wird« nach Brown, »wie die Subjekte darin vorgestellt werden« und sich
selbst vorstellen (Brown 2015: 96). Dabei ist für die neoliberale Rationalität charakteristisch, dass »jedes Subjekt als unternehmerisch verstanden [wird], gleichgültig wie klein,
arm und ressourcenlos es ist« (ebd.: 73). Laut Foucault ist hiermit nicht gemeint, dass
Individuen und Kollektive heute in jeglichen Lebensbereichen nach einem (monetären)
Gewinn streben. Vielmehr beschreibt er eine Entwicklung, bei der das Individuum »aus
ihm und seinem Leben so etwas wie ein ständiges und vielgestaltiges Unternehmen«
macht – sei es hinsichtlich seines Verhältnisses »zu seiner Familie, zu seinem Haushalt, [...], zu seinen Versicherungen, zu seiner Rente« etc. (Foucault 2006b: 334). Da
im Zuge neoliberaler Transformation nahezu jegliche Form der Abhängigkeit »diskursiv verunglimpft und die kollektive Fürsorge für die Existenz praktisch verneint wird«,
erscheint das Individuum als »einzig relevante[r] und völlig rechenschaftspflichtige[r]
Akteur« (Brown 2015: 157). Dabei bestimmt sich die »moralische Qualität« des Individu-

ums, in den Worten Lemkes, vor allem darüber, dass es »die Kosten und Nutzen eines bestimmten Handelns in Abgrenzung zu möglichen Handlungsalternativen rational« kalkuliert (Lemke 2000: 39) und die ›richtigen‹ Strategien der Investition in sich selbst erkennt und befolgt. Der Mensch wird somit im Zuge neoliberaler gesellschaftlicher Transformationen zum »Unternehmer seiner selbst« erklärt (Bröckling 2007).[21]

Ein solches Selbstverständnis wird an die Individuen nicht über Zwang, Sanktionen oder Verbote vermittelt, sondern durch indirekte Techniken der *Führung zur Selbstführung*. Suggeriert wird den Individuen die Freiheit, sich selbstbestimmt verwirklichen und zwischen unterschiedlichen Handlungsoptionen bei der Gestaltung ihres Lebens wählen zu können. Dies bedeutet im Umkehrschluss, dass die Folgen der vermeintlich freiwilligen Handlungen und Entscheidungen auf die Individuen zurückgeführt werden und entsprechend von ihnen selbst zu verantworten sind. Dies gilt auch für »gesellschaftliche Risiken wie Krankheit, Arbeitslosigkeit, Armut«, Bildungsmisserfolg etc., die durch ein neoliberales Regieren nach Lemke zunehmend »in den Zuständigkeitsbereich von kollektiven und individuellen Subjekten (Individuen, Familien, Vereine etc.) [...] übertragen« werden (Lemke 2000: 39). Die genannten Risiken werden so »zu einem Problem der Selbstsorge« transformiert (ebd.). Somit verschiebt sich »der Ansatzpunkt möglicher politischer und sozialer Interventionen«: »Nicht gesellschaftlich-strukturelle, sondern individuell-subjektive Faktoren« erscheinen nun für die Lösung der genannten sozio-strukturellen Problemlagen maßgeblich (ebd.: 41).

Eine Bindung der Subjekte an die neoliberale Rationalität erfolgt auch dadurch, dass die Individuen in einem primär auf Wettbewerb ausgelegten System ständig befürchten müssen, »arbeitslos und im Stich gelassen zu werden« (Brown 2015: 130). Sie werden entsprechend permanent daran erinnert, individuell vorsorgen zu müssen. Indem die Individuen vor diesem Hintergrund – quasi aus eigenem Antrieb – verantwortlichen und produktiven Gebrauch von den ihnen vermittelten ›Freiheiten‹ machen, wird ein neoliberales Regieren nicht nur von den Individuen getragen (vgl. Biebricher 2008: 313). Es schwindet nach Brown auch der Wunsch bzw. das Bedürfnis nach politischer Emanzipation (Brown 2015: 44).[22]

---

21   Dies bedeutet nicht, dass die neoliberale Rationalität nur *homines oeconomici* produziert, die sich stets rational und verantwortlich verhalten. So weist Thomas Biebricher in Anlehnung an Benjamin Barber (2008) darauf hin, dass die neoliberale Rationalität auch eine »systematische Entverantwortlichung« auf Seiten der Individuen zur Konsequenz haben könne, die »in offensichtlichem Gegensatz« zu einer »protestantischen Arbeitsethik« stehe (Biebricher 2008: 316). Die »dramatisch steigende Zahl von überschuldeten Haushalten vor allem, aber nicht nur in den USA« zeige, dass sich die Individuen im Neoliberalismus auch zu einem »dezidiert irrationale[n] und unverantwortliche[n] Verhalten« ermutigt fühlen können (ebd.). Ein solches Verhalten interpretiert Biebricher jedoch nicht als einen bewusst gelebten Gegenentwurf der ›Unternehmerin ihrer selbst‹, sondern gleichsam im Sinne neoliberaler Rationalität. »Schließlich«, so Biebricher, »würden die kapitalistischen Wirtschaftssysteme akut in ihrer Existenz bedroht, falls der rational-verantwortungsbewusste Akteur als Modell des Selbstverhältnisses sich tatsächlich durchsetzen sollte und nicht durch das hedonistisch-irrationale Gegenmodell komplementiert würde, welcher die Gefahr von massiven Überproduktionskrisen in Schach hält« (ebd.: 317).

22   In diesem Zusammenhang ist es wichtig zu betonen, dass es nicht nur die Identifikation der Individuen mit den ihnen vermittelten neoliberalen Werten ist, die sie dazu veranlassen, sich als *Homo oeconomicus* zu verstehen und nach wirtschaftlichen Maßstäben zu agieren (Marti 2008: 299f.).

Der neoliberale staatliche Wandel und damit verbundene politische Steuerungstechniken sind somit eng verwoben mit neoliberalen Individualisierungsstrategien.[23] Damit unterläuft die Foucaultsche Konzeption eines neoliberalen Regierens die »Unterscheidung von Mikro- und Makroebene, um so gleichermaßen Prozesse der Individualisierung wie solche der Institutionalisierung und Organisation als Regierungstechniken zu beschreiben« (ebd.). Diese Konzeption regt die folgende Analyse an, neoliberale staatliche Politiken und Maßnahmen des Regierens in engem Wechselverhältnis sowohl zu institutionellen Prozessen der Schule als auch zu elterlicher Subjektivitäten zu betrachten (vgl. Kapitel 3.2). Dabei erscheint es wichtig, die spezifischen geographischen und historischen Kontexte zu berücksichtigen, in denen sich die neoliberale Rationalität realisiert. So muss für den deutschen Kontext beachtet werden, dass sich Neoliberalisierungsprozesse hier vor allem über einen ›sanften‹ wohlfahrtsstaatlichen Umbau in Form einer schrittweisen Implementierung des Konzepts des *aktivierenden Sozialstaats* vollzogen hat. Diese Entwicklung orientierte sich in den 1990er Jahren u.a. an der Clintonschen Sozialreform und dem Credo *to move people from welfare to work* und dem von Tony Blair eingeschlagenen *Dritten Weg* zwischen *Wohlfahrtsstaat* und *schlankem Staat*. Anlass gaben zudem neue beschäftigungspolitische Leitlinien der Europäischen Union, die sich vor allem gegenüber dem Gedanken der *employability*, d.h. der Fähigkeit des Individuums zur Herstellung der eigenen Beschäftigungsfähigkeit, verpflichteten (vgl. zusammenfassend Lanz 2007 sowie Trube 2003). Das Konzept des aktivierenden Sozialstaats wurde befördert von medialen und politischen Debatten, in welchen Transferhilfeempfänger_innen per se unter einen ›Faulheitsverdacht‹ gestellt wurden (Gerhard Schröder: »Es gibt kein Recht auf Faulheit in unserer Gesellschaft«, zitiert in Oschmiansky 2003: 10) und ihnen vorgeworfen wurde, »das geschaffene Netz sozialer Sicherung ohne Rücksicht auf die Solidargemeinschaft aus egoistischen Gründen für sich auszunutzen« (Heinz Westphal, SPD, zitiert in ebd.). Vor diesem Hintergrund wurde mit dem Modell des aktivierenden Sozialstaats »eine ‚neue‘ Verantwortungspartnerschaft zwischen Staat und Gesellschaft« angestrebt (Mezger/West 2000: 8).

Dieser Ansatz findet seinen Ausdruck vor allem in der sich seit Mitte der 1990er Jahre im Rahmen von Arbeitsmarkt- und Sozialpolitik verbreitenden Formel des *Förderns und Forderns*. Dabei meint *Fördern*, in den Worten des damaligen Beraters der rot-

---

Auch ist es »die ungleiche Verteilung ökonomischer Ressourcen, die den Betroffenen entweder keine andere Wahl lässt, als mitzuspielen, oder ihnen zumindest den Ausstieg aus dem Spiel als unratsam erscheinen lässt« (ebd.). So sind die Prozesse eines ›harten Kapitalismus‹ – die Arbeit zu verbilligen und Märkte zu erweitern, Kapital zu akkumulieren und Gewinne zu generieren, die Produktion, und heute insbesondere die Finanzinstrumente, laufend zu erneuern etc. – zwar meist eng mit der neoliberalen Rationalität verwoben, sie können jedoch nicht auf diese reduziert werden (vgl. Brown 2015: 85ff.). Dabei sind es allerdings gerade die unterschiedlichen Möglichkeitsräume und Ausgangsbedingungen, die u.a. aufgrund ungleicher Kaufkraft sowie dem Kapitalismus eigener Herrschafts- und Ausbeutungsverhältnisse entstehen, die wiederum von der neoliberalen Rationalität tendenziell ausgeblendet werden und Widerstand erschweren (zur Vermittlung der Theorien von Foucault und Marx vgl. Bidet 2016; Prokla-Redaktion 2008).

23   Dabei muss betont werden, dass die Neuverhandlung und Neujustierung von privaten und öffentlichen Verantwortlichkeiten nicht nur individuelle, sondern auch kollektive Akteur_innen wie Verwaltungen, Universitäten, Behörden und Vereine betrifft (vgl. Lemke/Krasmann/Bröckling 2015: 31f.). Dies wird in dieser Arbeit am Beispiel der Schule noch genauer beschrieben.

grünen Bundesregierung, Rolf Heinze, »Hemmnisse für gesellschaftliche Eigentätigkeit abzubauen« und *Fordern*, »dass Bürger sich ihrer Verantwortung für das Gemeinwesen klar werden und von staatlicher Politik aufgefordert werden, sich zu engagieren« (Heinze/Strünck 2001: 164). Der Ansatz des Förderns und Forderns materialisierte sich zunächst u.a. in dem 2002 in Kraft getretenen sog. Job-AQTIV-Gesetz (AQTIV = Aktivieren, Qualifizieren, Trainieren, Investieren, Vermitteln) sowie in der nachfolgenden, unter dem Begriff Hartz IV bekannt gewordenen Zusammenlegung von Sozial- und Arbeitslosenhilfe. Über beide Regelungen sehen sich die Arbeitnehmer_innen in der Pflicht, »eigenverantwortlich« »eine zumutbare Beschäftigung« zu suchen und »aufzunehmen« (§ 2 Abs. 5 SGB III). Da somit nahezu jegliche Erwerbsarbeit für besser gehalten wird als keine, stellt die »Eingliederungsbilanz« (§ 11 SGB III) von Personen in den Arbeitsmarkt den primären Maßstab dar, an welchem der Erfolg der Arbeitsförderung bewertet wird. Transferleistungsbezieher_innen erscheinen vor diesem Hintergrund als für ihre Eingliederung in den Arbeitsmarkt vorwiegend selbst verantwortlich. Als ›autonome Subjekte‹ sind sie über »Kontrollformen mit freiheitlichem Aussehen« (Deleuze 1993: 254) – wie beispielsweise »schriftliche Eingliederungsvereinbarungen« (§37 SGB III) – dazu angehalten, sich flexibel und engagiert auf dem Arbeitsmarkt zu präsentieren, während die »Verweigerung einer – nach nunmehr wiederholt verschärften Kriterien – ›zumutbaren‹ Arbeit mit dem [...] Verlust jeglichen Anspruchs auf Geldleistungen« sanktioniert wird (Lessenich 2003: 215).[24]

Nach Stephan Lessenich handelt es sich bei den genannten Maßnahmen und Regelungen nicht lediglich um die Einführung einzelner neuer politischer Steuerungselemente. Die Maßnahmen stellen für ihn vielmehr Ausdruck einer grundlegenden Veränderung des »Beziehungsverhältnisses zwischen Individuum und Gesellschaft« dar (ebd.: 216). Lessenich spricht von einer »autoritativen Gemeinwohlinterpretation« (ebd.: 218), bei der das Individuum, in den Worten Georg Simmels, als ein »»zu formende[r] Stoff‹ einer *sozialen Fürsorgepflicht* erscheint, die einer selbstbezüglichen Logik folgt, also erkennbar ›nicht um des Armen willen, sondern um der Gesellschaft willen‹« (Simmel 1992: 546, zitiert in ebd.: 217). D.h. nach dieser Logik ist es nicht in erster Linie die Gesellschaft, die für das Wohl der Individuen da ist, sondern die Individuen werden dem Wohl der Gesellschaft gegenüber verantwortet. Ein solch eindimensionaler Gemeinwohlbegriff ist nach Lessenich nicht nur für Ressentiments instrumentalisierbar, sondern auch dafür, bestehende Ansprüche auf Teilhabe und Rechte moralisch in Frage zu stellen und so diskriminierende Regelungen zu veranlassen und zu legitimieren (vgl. ebd.: 217f.). Dies geschieht laut Trube u.a. dadurch, dass über die beschriebenen Praktiken der Aktivierung eine Einteilung in »würdige und unwürdige Arme« vorgenommen und das Prinzip zementiert werde, dass sich staatliche Unterstützung erst verdient werden muss (Trube 2003: 199f.).

---

24   Wie Achim Trube darlegt, ignoriert eine solche Auslegung des Aktivierungskonzepts »basale Erkenntnisse der Human- und Sozialwissenschaft«, welchem zufolge »negative Sanktionen allenfalls zur kurzfristigen Verdeckung unerwünschter Verhaltensmuster führen können, aber in der Regel nicht zu nachhaltiger Verhaltensänderung« (Trube 2003: 179). Trube verweist in diesem Zusammenhang auf empirische Studien, die nachwiesen, dass dauerhafte Verhaltensänderungen »viel eher durch positiv verstärktes Lernen« erreicht werden könne, also dem »Gegenteil von Abstrafungen und sozialem Ausschluss« (ebd.: 181).

Die ›neoliberale Wende‹ hat somit auch in Deutschland nicht einfach zu einer Verlagerung von Handlungskompetenzen vom Staat auf die Individuen geführt. Vielmehr kommen dem Staat aktuell neue Aufgaben zu. Hierzu zählt u.a. die Implementierung von Maßnahmen der Aktivierung und Responsibilisierung, die die Individuen und Kollektive anleiten, sich verantwortlich und rational auf dem freien und umkämpften Markt der scheinbar unbegrenzten Möglichkeiten zu bewegen und hier entsprechend in sich selbst bzw. ihre soziale Sicherheit zu investieren (vgl. Lemke 2000; 2007).

Mit Blick auf neoliberale Dynamiken in Deutschland wird zudem deutlich, dass diese sich kaum auf eine homogene Konzeption von Neoliberalismus zurückführen lassen. Gerade vor dem Hintergrund eines in Deutschland aktuell zu beobachtenden Wiedererstarkens des Staates bzw. direkter staatlicher Regierungstechniken, die sich in einzelnen Politikfeldern wie der Asylpolitik gegenwärtig beobachten lassen, plädiert u.a. Biebricher für die Bezeichnung aktueller Verhältnisse als *post-neoliberal*, auch um hierüber neue wie interne, temporale Differenzierungen des Neoliberalismus erfassen zu können (vgl. Biebricher 2008: 317f.). Hierzu gehörten insbesondere Momente eines sog. Roll-Out-Neoliberalismus, die darauf abzielen, den beobachteten negativen Konsequenzen eines neoliberalen Regierens in gewisser Hinsicht entgegenzuwirken; so zum Beispiel über die Stärkung von Institutionen wie der Familie, von Nachbarschaften oder Glaubensgemeinschaften, um auf eine zunehmende gesellschaftliche Vereinzelung im Kontext neoliberaler Individualisierung zu reagieren (vgl. ebd.: 319). Auch Lanz beobachtet, dass das neoliberale Politikmodell, freien Wettbewerb zu unterstützen und öffentliche Infrastrukturen zu privatisieren, in Deutschland vor allem auf lokaler Ebene zum Teil durch neokommunitaristische Technologien (z.B. die Stärkung von Selbstverantwortlichkeit, *Empowerment* und Nachbarschaften) sowie neokorporatistische Elemente, z.B. in Form öffentlich-privater Partnerschaften, erweitert wird (vgl. Lanz 2007: 253). Die neokommunitaristischen und neokorporatistischen Politikmodelle laufen einer neoliberalen Transformation nach Lanz jedoch nicht unweigerlich entgegen. Vielmehr kommen sie in Kommunen meist dann zum Einsatz, wenn es darum geht, soziale Brüche zu bearbeiten, die aus dem Neoliberalismus resultieren (ebd.: 320; vgl. Jessop 2002: 114ff.). Über Maßnahmen eines lokalpolitischen *Regierens durch Community* werden ganze Nachbarschaften bzw. Communities dazu angeleitet, Verantwortung für lokalräumliche Entwicklungen zu übernehmen und sich mit dem Prinzip der Hilfe zur Selbsthilfe zu identifizieren (vgl. Lanz 2007: 182; vgl. Rose 2000 und Kapitel 2.2.2). So können schließlich auch kommunitaristische und korporatistische Elemente langfristig zum Umbau des Sozialstaats in ein aktivierendes *Workfare*-Regime beitragen.

Die hier beschriebenen Effekte einer neoliberalen Rationalisierung politischer Souveränität für das Soziale bzw. den Sozialstaat sind vor allem für Postwohlfahrtstaaten in Europa und die USA charakteristisch. Mit Blick auf aktuelle Entwicklungen in Deutschland frage ich, wie ein neoliberales Regieren insbesondere im Feld von Schule und Elternhaus zum Ausdruck kommt. Wie artikuliert sich also die abstrakte politische Rationalität des Neoliberalismus in den Mikrotechniken des (schulischen) Alltags? Inwiefern sind Berliner Politik, Schulen und Eltern in ein neoliberales Regieren involviert? Und wie werden hierüber möglicherweise (neue) migrationsgesellschaftliche Othering- und Diskriminierungsprozesse begründet und/oder verstärkt? Bevor ich diesen Fragen weiter nachgehe, möchte ich das politisch-diskursive Schnittfeld näher skizzieren, in welchem ich aktuelle Neukonfigurationen des Verhältnisses von Eltern und Schule beobachte.

2.2.2 Neoliberale Regierensweisen im Rahmen von Bildungs-, Integrations- und Stadtentwicklungspolitik

Die neoliberale Rationalität hat sich in den letzten Jahrzehnten auf vielfältige Weise in soziale Prozesse eingeschrieben – so auch bei der Gestaltung von Schul- und Bildungssystemen, von gesellschaftlichen und institutionellen Integrationsprozessen sowie von städtischen Räumen des Zusammenlebens. Dies zeigt sich insbesondere in der Etablierung (neuer) politischer Instrumente, Terminologien und Akteur_innen, über die sich in den genannten Bereichen unterschiedliche quasi-ökonomische Modelle des Handelns herausgebildet haben. Einige grundlegende Aspekte dieser Entwicklungen möchte ich im Folgenden skizzieren, um die diesbezüglich für Berlin spezifischen Dynamiken und Diskurse, die ich in Kapitel 5, 6 und 7 näher analysiere, weiter zu kontextualisieren.

Bildungs- und Schulpolitik Seit den 1990er Jahren wurde das deutsche Schul- und Bildungssystem unter Schlagworten wie *Educational Governance, Schulautonomie, Qualitätsmanagement, Bildungsstandards* und *Output-Orientierung* tiefgreifend umgestaltet (vgl. Hartong/Hermstein/Höhne 2018). Diese Prozesse sind nach Johannes Bellmann und Manfred Weiß vor allem durch zwei Entwicklungen gekennzeichnet:

Zum einen wurde über einer sog. standards-based reform eine stärkere *Output-Steuerung* von Schule und Bildungssystem angestrebt (vgl. Bellmann/Weiß 2009: 287). Gegenüber einer zentralen Steuerung von Bildungsprozessen »durch Inputs wie ökonomische Ressourcen, detaillierte Lehrpläne und die Professionalisierung der Lehrerschaft [...] rücken im neuen Steuerungsmodell das Setzen von Zielen und das Überprüfen von Ergebnissen in den Mittelpunkt« (ebd.). So sollen Ziele und Ergebnisse nun nicht mehr nur behauptet, sondern auch nach außen ausgewiesen werden. Hierfür entwickelte bildungspolitische Indikatoren und Bewertungssysteme orientieren sich vor allem an der »Effizienz (Aufwand-Ertrags- bzw. Kosten-Nutzen-Relation)« und »Effektivität (Zweck-Mittel-Relation)« schulischer Prozesse (Höhne 2015: 23). Diese basieren auf der Annahme, dass Bildungsqualität objektiv gemessen werden kann bzw. sich in Form von Werten, Indikatoren und Kennzahlen repräsentieren lässt und so wirksam auf eine Leistungssteigerung in und von Schule hingesteuert werden kann (vgl. ebd.: 27f.). Zudem werden über die Kopplung des Kriteriums der Effizienz an das Kriterium der Effektivität die Ziele und das Handeln von und in Schule in ihrem Verhältnis neu relationiert bzw. rationalisiert: »Ein bestimmtes Ziel zu verfolgen und danach die Mittel auszuwählen, ist notwendig, aber nicht mehr hinreichend, wenn dieses Ziel auf einem (kosten-)günstigeren oder optimierbaren Weg [...] erreicht werden kann« (Höhne 2015: 21). Die Qualität pädagogischer und schulischer Prozesse wird somit vor allem anhand ihrer Effektivität gemessen und bewertet.[25]

---

25 Wie Gomolla rekonstruiert, etablierte sich bereits in den 1970er Jahren in den USA sowie in Großbritannien eine sog. Schuleffektivitätsforschung. Während diese zu Beginn allerdings vor allem »[u]nter Konzepten wie ›Schulethos‹, ›Schulklima‹ oder ›Schulkultur‹« das »Zusammenwirken un-

Zum anderen wurden im Zuge neoliberaler Umgestaltungen von Schule zahlreiche Wettbewerbspolitiken im Bildungs- und Schulsystem implementiert (Bellmann/Weiß 2009: 288), die vor allem die Nachfrageseite adressieren. Dies geschieht beispielsweise über die Einführung sog. choice policies, z.b. in Form der Ermöglichung freier elterlicher Schulwahl, mittels welcher ein Wettbewerb – hier: um die ›beste Schule‹ – forciert werden soll. Ein weiteres zentrales Element einer schulischen Wettbewerbssteuerung stellt die erweiterte Selbstständigkeit bzw. ›Autonomie‹ von Schulen dar, die diesen z.b. bei der Gestaltung ihrer Curricula, Schulprogramme sowie Finanz- und Personalpolitiken zugesprochen wird. Die Schulen sind dementsprechend angehalten, ihr Profil selbstständig zu »schärfen, um mit ihrem ›Potenzial‹ am Markt der Möglichkeiten gegenüber anderen Schulen/Konkurrenten aufzutreten« (Höhne 2015: 26). Eine solche Entwicklung basiert auf einem (reformulierten) Leitbild von Schule als *lernender Organisation* (ebd.: 29), das erstmals in den 1950er Jahren im Rahmen einer allgemeinen »Bürokratiekritik (Stichwort: ›Verwaltete Schule‹)« formuliert wurde und auf die Lernfähigkeit der einzelnen Schule als pädagogischer Handlungseinheit verwies (ebd.: 29). Im Zuge neoliberaler Transformationen im Schul- und Bildungssystem wurde der Ansatz neu konzeptualisiert. So sind es nun vor allem die »unternehmerisch-managerialen Tugenden organisationalen Handelns« – Kooperieren, Planen, Innovieren, Evaluieren und Leiten –, die mit dem Ziel einer Autonomisierung von Schule verbunden und als »›neue Professionalität‹ postuliert« werden (Tacke 2005: 185, zitiert in Höhne 2015: 29).[26]

Die beschriebene Output-Steuerung vollzieht sich, ebenso wie die Wettbewerbssteuerung, nicht stets auf gleiche Weise. Vielmehr sind in den letzten Jahrzehnten vielfältige »Formen der Hybridbildung« entstanden, in denen »alte und neue Steuerungsinstrumente« miteinander kombiniert und so z.T. »widersprüchliche Reformanreize« gesetzt werden (vgl. Bellmann/Weiß 2009: 288). Zudem bestehen zwischen der beschriebenen Output- und Wettbewerbs-Steuerung enge Wechselbeziehung. So macht die Outputsteuerung beispielsweise Unterschiede erst sichtbar und schafft damit »nicht nur die Voraussetzungen für Wettbewerb«, sondern bestärkt auf Seiten der Eltern von

---

terschiedlicher Faktoren der Schulsituation auf Bildungsresultate zu fassen« suchte und so »anspruchsvollen Konzepten von Chancengleichheit […] Plausibilität« verlieh, wurde sie im Zuge des *neoliberal turns* als »politisch nutzbares Konzept« für staatliche Deregulierungsziele entdeckt und entwickelte sich unter dieser Verwendung zu einem »neue[n] Rechenschaftsregime« heraus (Gomolla 2017: 66).

26 Dass nicht nur neue Steuerungsformen im Schul- und Bildungssystem, sondern auch die Konzeption und Bewertung von Bildungsinhalten sowie eines schulischen Outputs in Form der Schulleistungen von Schüler_innen vielfach neoliberal gefärbt sind, haben in der Vergangenheit zahlreiche Studien dargelegt (vgl. Scherr 2006; Winkler 2004; Fuhrmann 2004). Manfred Fuhrmann hat beispielsweise anhand einer Analyse des Fragenkatalogs der PISA-Studie gezeigt, dass das hier abgefragte Wissen insbesondere auf die *employability* der Schüler_innen sowie die Verwertbarkeit des Gelernten ausgerichtet ist. So werde in den PISA-Tests z.B. reflexiven Denkformen gegenüber funktional-operativen Denkformen weitaus weniger Bedeutung zugesprochen (vgl. Fuhrmann 2004: 221f.). Hier sowie in nationalen und internationalen Bildungsprogrammen, so merken auch Albert Scherr und Manfred Winkler an, kommt häufig ein »technokratisches Verständnis von Bildung als herstellbare Qualität von Individuen« zum Ausdruck, nach dem Bildungsprozesse vor allem »auf die Erzeugung ökonomisch erforderlicher Dispositionen und Fähigkeiten« abzielen sollen (Scherr 2006: 55).

Schüler_innen auch die Auffassung, dass sie »von der Wahl der ›besseren Angebote‹ auch tatsächlich Gebrauch machen [...] können« (ebd.: 289).

In den kurzen Ausführungen deutet sich an, dass den Schulen im Zuge einer Verschränkung von Output- und Wettbewerbssteuerung zahlreiche (neue) Aufgaben auferlegt wurden bzw. werden, die sich vor allem auf eine verstärkte interne Kontrolle sowie eine kontinuierliche schulische Berichterstattungspflicht beziehen. Hierin und im damit verbundenen »Aufstieg des evaluativen Staates« (Neave 1986) zeigt sich eine Verschiebung von einem direkten zu einem eher indirekten staatlichen Regieren von Bildungsinstitutionen. So werden auch die Schulen »nun nicht mehr qua Repression und Disziplinierung« regiert, »sondern durch (Ergebnis-)Kontrolle und Evaluation dem Selbstzwang zu kontinuierlicher Fortbildung und permanenter Kommunikation« unterworfen (Lehmann-Rommel 2004: 261). Die ›Freisetzung‹ der schulischen Arbeit im Rahmen der beschriebenen Autonomisierung von Schule geht also auch hier nicht mit einem Rückzug des Staates einher, sondern mit einer Transformation staatlicher Einflussnahme und -kontrolle.[27]

Hinsichtlich der Effekte neoliberaler Reformen im Schul- und Bildungssystem haben verschiedene Studien gezeigt, dass die Reformen zu einer Verschärfung der Selektion in staatlichen Bildungsinstitutionen beitragen und die Zugänge zu diesen zum Teil massiv erschweren (vgl. Gomolla 2017, 2005; Thrupp/Hursh 2006; Gillborn/Youdell 2000; Radtke/Weiß 2000). Vor allem in den USA und in Großbritannien durchgeführte Studien haben verschiedene schulische Praktiken nachgezeichnet, die darauf ausgerichtet sind, besonders ›leistungsstarke‹ Schüler_innen zu gewinnen (*cream skimming*), während ›leistungsschwache‹ Schüler_innen zum Teil gar nicht erst an den Schulen aufgenommen werden (vgl. Thrupp/Hursh 2006). Auch wurden schulische Versuche nachgewiesen, bestimmte Schüler_innen »durch Rückschulungen oder die dauerhafte Überweisung in eine Förderschule« von der eigenen Schule fern zu halten (Bellmann/Weiß 2009: 295ff.; vgl. Gillborn/Youdell 2000). Die genannten Praktiken zielen darauf ab, die Leistungsbilanz der Schulen zu verbessern bzw. das Risiko als ›failing school‹ eingestuft zu werden, zu verringern, ohne dabei die pädagogische und schulische Arbeit verbessern zu müssen (Bellmann/Weiß 2009: 295ff.). Diesbezüglich resümiert Gomolla mit Verweis auf eine Untersuchung des Schuleffektivitätsdiskurses in Australien,

> »[...] dass durch Wissensformen und Praktiken, die sich mit dem Paradigma der Schuleffektivität verbinden, Schülerinnen und Schüler aus sozial marginalisierten bzw. sogenannten ›Risikogruppen/-gemeinden‹ auf historisch neue Weise als ›Belastung‹ der Schulen positioniert werden: entweder indem sie primär als Gefährdung der schulischen Gesamtschulleistung, der Position in Schulrankings oder einer guten Reputation

---

27   Die genannten Entwicklungen sind seit den 1990er Jahren eng verwoben mit Dynamiken auf internationaler Ebene und sich hier herausbildender neuer Akteur_innen (internationale Organisationen wie die OECD, Stiftungen und Unternehmen), Institutionen (wie PISA) und Kooperationsformen (sog. Public-Private-Partnerships). Ökonomisierungstendenzen zeichnen sich hier u.a. darin ab, dass international vergleichende Schulleistungsstudien wie PISA von privatwirtschaftlichen Bildungsdienstleistern im Auftrag der OECD realisiert wurden. Entwicklungen wie diese werden aktuell vielfach unter dem Begriff der *Bildungsregime* gefasst (vgl. Parreira do Amaral 2011; Amos/Radtke 2007).

der Schule bei Eltern in der breiteren Öffentlichkeit gesehen würden oder indem sie zum Ansatzpunkt für finanzielle Zuschüsse auf der Basis eines ›Sozialindex‹ werden.« (2017: 76f.; vgl. Lingard/Ladwig/Luke 1998: 87)

Weitere Untersuchungen der (nicht-intendierten) Effekte aktueller Schulreformen haben aufgezeigt, dass die Einführung von Instrumenten schulischer Output-Steuerung zwar zu einem allgemeinen Anstieg von Testleistungen geführt hat, hiervon allerdings nicht alle Schüler_innen gleichermaßen profitieren (vgl. ebd.). Gerade Instrumente der Wettbewerbssteuerung, so zeigen Studien insbesondere für den angelsächsischen Forschungsraum, haben eher negative Effekte auf die Leistungsstreuung von Schüler_innen sowie schulische Integrationsprozesse. So werde die Möglichkeit der aktiven Schulwahl sowie die »Exit-Option bei unzureichenden Leistungen einer Schule« insbesondere von bildungsbürgerlichen Eltern wahrgenommen, was zur Folge hat, »dass eine Segregation entlang bestimmter Sozialmilieus zunimmt und die Optionen aktiv wählender Eltern überproportional von Anbietern berücksichtigt werden« (Bellmann/Weiß 2009: 292). Mit Blick auf elterliche Schulwahlprozesse in Deutschland hat sich gezeigt, dass Eltern, die von ihrem Schulwahlrecht Gebrauch machen, oft keine Kenntnisse über die tatsächliche Qualität der Schulen haben. Sie neigten vielmehr dazu, den »Zuwandereranteil einer Schule als Indiz für das Lernumfeld und das Leistungsniveau« zu interpretieren (Fincke/Lange 2012: 12; vgl. Karakayali/zur Nieden 2013).[28]

An die genannten Untersuchungsergebnisse knüpfen Studien an, die sich mit der zugeschriebenen Rolle von Eltern im Kontext neoliberaler Transformationen im Schul- und Bildungssystem auseinandersetzen (vgl. Jergus/Krüger/Roch 2018). Diesen zufolge werden Eltern – parallel zur aktuellen Konzeption von Bildungssystemen als ›Quasi-Märkte‹ – vor allem in der Rolle der Konsument_innen von Bildungsdienstleistungen adressiert. Sie werden mit der Aufgabe betraut, sich als rationale Nutzenmaximierer_innen im Bildungssystem zu verhalten und die ihnen angebotenen (neuen) Wahl- und Entscheidungsoptionen im Hinblick auf die Schulbildung ihrer Kinder verantwortungsvoll zu nutzen (vgl. Olmedo/Wilkins 2016: 577f.). Tun die Eltern dies nicht, ist oftmals von einer Vernachlässigung elterlicher Pflichten die Rede (vgl. ebd.). Über eine solche Aktivierung von Eltern zeichnet sich eine staatliche Steuerung von Bildungs- und Erziehungsprozessen *aus der Ferne* ab, während Bildungsrisiken, die von einem deregulierten Bildungsmarkt ausgehen, verstärkt auf die Eltern übertragen werden (vgl. ebd.; Vincent 2017: 542ff.). Eine solche Individualisierung von Bildungsrisiken setzt

---

28   Eine zentrale Orientierungsgröße spielen dabei Online-Schulportale, die in zahlreichen Bundesländern u.a. über die Mittelausstattung, programmatische Schwerpunktsetzungen und die soziale Zusammensetzung der Schüler_innenschaft einzelner Schulen informieren. Eine vom SVR durchgeführte Auswertung der getätigten Zugriffe auf die Schulportraits auf der Internetseite der Berliner Senatsverwaltung ergab, dass »die Zusammensetzung der Schülerschaft das am meisten abgefragte Schulmerkmal darstellt« (Fincke/Lange 2012: 13), darunter auch der Anteil von Schüler_innen mit sog. nicht-deutscher Herkunftssprache (ndH). Die Veröffentlichung der Zahlen zu mehrsprachigen Schüler_innen, so beobachten Karakayali und zur Nieden, gehe auf Seiten der Eltern mit einer Identifikation dieser Schüler_innen als ›Migrant_innen‹ einher (vgl. 2013: 69). Dies führe in einem zweiten Schritt oft dazu, dass Schulen mit einem hohen ›ndH-Anteil‹ als ›schlechte‹ Schulen bewertet und von den Eltern gemieden würden.

Eltern unter einen besonderen Handlungsdruck. Ihnen wird vermittelt, dass sie verstärkt persönliche und materielle Ressourcen in die intellektuelle, soziale, kulturelle und emotionale Entwicklung ihrer Kinder investieren müssen, um diesen einen als notwendig erachteten ›Positionsvorteil‹ im Bildungssystem sowie auf dem Arbeitsmarkt zu verschaffen (vgl. Vincent/Maxwell 2016). Wie Untersuchungen für den angelsächsischen Raum zeigen, versuchen die Eltern diesen Anforderungen u.a. über die Mobilisierung und Finanzierung privater Bildungs- und Nachhilfeangebote nachzukommen (vgl. ebd.). Da jedoch mit solchen Aktivitäten meist hohe Kosten und Ressourcen verbunden sind, sind es vor allem Kinder aus sozio-ökonomisch deprivilegierten Familien, die im Bildungssystem vielfach ›auf der Strecke‹ bleiben (Vincent/Maxwell 2016: 278). Indem gleichzeitig unterschiedliche materielle bzw. sozio-ökonomische Bedingungen in den Elternhäusern der Schüler_innen im Zuge neoliberaler Transformationen tendenziell eher ausgeblendet werden (vgl. Hartas 2015: 22), werden gerade solche klassistischen Sichtweisen zementiert, nach denen Eltern, die sich nicht auf gewünschte Weise an schulischen Aktivitäten beteiligen, als ›schlechte Eltern‹ in Schule positioniert und adressiert werden (vgl. Vincent 2017).

Migrations- und Integrationspolitik Dass auch die politische Steuerung von Migrations- und Integrationsprozessen zunehmend von einer neoliberalen Rationalität geprägt ist, macht u.a. eine Untersuchung von Jürgen Gerdes und Uwe H. Bittlingmayer deutlich (2011). Die Autoren rekonstruieren einen arbeitsmarktpolitischen Paradigmenwechsel seit der Diskussion um das im Jahr 2005 eingeführte Zuwanderungsgesetz in Deutschland (ebd.: 116). Entlang von Parlamentsdebatten zeichnen sie nach, wie Migration und ›Migrant_innen‹ vor dem Hintergrund einer »globalisierte[n] Ökonomie« sowie einer demographischen »Alterung der deutschen Gesellschaft« (ebd.: 108) verstärkt Bedeutung von politischer Seite zugesprochen wird. Die Autor_innen schließen hiervon auf eine einseitige »Verschiebung des Rechtfertigungshorizonts« (ebd.: 117) von Migration zugunsten nationaler ökonomischer Interessen.

Der Topos von der ›Ressource Migration‹ hat im Verlauf des politischen Diskurses der Nachkriegszeit wiederholt an Konjunktur gewonnen. So wurde nicht nur die Anwerbung von sog. Gastarbeitern in den 1950er und 1960er Jahre mit dem ökonomischen Interesse des ›deutschen Wiederaufbaus‹ gerechtfertigt (vgl. Altenried 2011: 155f.). Auch im Zuge der zunehmenden Fluchtmigration nach Deutschland in den Jahren 2015 und 2016 fußte die deutsche Regierungsstrategie einer partiellen Grenzöffnung auf dem Zuspruch »entscheidender Kapitalakteure und neoliberaler ›ExpertInnen‹ aus Medien und Wissenschaft« (Georgi 2016: 191). Wie u.a. Fabian Georgi rekonstruiert, erhofften sich die Akteur_innen, die Fluchtbewegung für arbeitsmarktpolitische und demografische Strategien nutzbar machen zu können. Vor diesem Hintergrund interpretiert Georgi die flüchtlingspolitische Reaktion der Bundesregierung auch »als Teil eines breiteren migrationspolitischen Strategiewechsels transnational vernetzter neoliberaler Kräfte in den 2010er Jahren« (ebd.: 192). Die sich seitdem aufrechterhaltende ökonomistische Argumentationslinie hinsichtlich in Deutschland lebender ›Geflüchteter‹ und ›Migrant_innen‹ ging einher mit einer weitreichenden Verschränkung von integrations- und arbeitsmarktpolitischen Zielsetzungen. So wurden in den letzten Jahren u.a. verschiedene Regelungen verabschiedet, die den Zugang zum Arbeitsmarkt für (bestimmte) ›Migrant_innen‹ liberalisierten. Hierzu zählen nicht nur Einreise- und Aufenthaltserleichterungen für Hochqualifizierte aus Drittstaaten bzw. für sog. ausländische Fachkräfte aus in Deutschland besonders nachgefragten Berufszweigen. Auch für Asylsuchende sowie Geflüchtete mit Duldungsstatus wurde der Arbeitsmarkt in den letzten Jahren partiell geöffnet (für einen Überblick der Regelungen im Einzelnen vgl. OECD 2017) – eine Entwicklung, die jedoch mit einer fortschreitenden Prekarisierung von neu zugewanderten Menschen auf dem Arbeitsmarkt einherging (vgl. Scherschel 2016).[29]

Im Kontext von Globalisierung und ökonomischem Standortwettbewerb zeichnet sich nicht nur eine verstärkte Fokussierung auf arbeitsmarktrelevante Kompetenzen von in Deutschland lebenden ›Migrant_innen‹ ab. Eine im ökonomischen Sinne positive Aufladung von ›migrationsbedingter Heterogenität"[30] zeigt sich auch mit Blick auf Ansätze eines sog. Diversity-Managements, wie sie schon seit Längerem u.a. in Unternehmen und Behörden implementiert werden. Der Begriff Diversity hat seinen Ursprung in der US-amerikanischen Frauen- und Bürger_innenrechts-Bewegung der 1960er Jahre. Diese kämpfte unter Bezugnahme auf ›Diversity‹ für umfassende Gleichstellungs- und Antidiskriminierungsrechte sowie deren Umsetzung auf staatlich-institutioneller Ebene (vgl. Bendl 2007: 19). Das primäre Ziel des Abbaus von Diskriminierung wird zwar auch heute noch in Teilen mit dem Diversity-Begriff verbunden. So heißt es bspw. in der 2006 von deutschen Konzernen unter der Schirmherrschaft von Bundeskanzlerin Merkel initiierten »Charta der Vielfalt«, dass es bei ihrer Umsetzung darum gehen soll, »ein Arbeitsumfeld zu schaffen, das frei von Vorurteilen ist« (Charta der Vielfalt e.V. 2017: o.S.). Allerdings wird dieses Ziel hier und an anderer Stelle von einem Verständnis von ›Diversity‹ überlagert, das darauf abzielt, Differenz in Unternehmen und Behörden möglichst gewinnbringend einzusetzen und entsprechend zu ›managen‹ (vgl. Faist 2009; Bendl 2007; Späte/Tuider 2004). ›Diversity‹ wird so von einem Ziel zu einem Mittel zum Zweck. Dieser liegt u.a. in der Steigerung interkultureller Kompetenz und Innovation, der Erschließung neuer Märkte, einer verbesserten Kund_innenorientierung und/oder der Aufwertung des Außen-Images von Unternehmen und staatlichen Institutionen (vgl. Späte/Tuider 2004: 360).[31] Eine solche Auslegung von ›Diversity‹ hebt insofern vom ursprünglichen Entstehungskontext des Begriffs ab, als dass diese vor allem »an den kulturell differenten Merkmalen von Individuen und ihren vermuteten Kompetenzpotentialen« anknüpft und weniger an institutionellen (Mitbestimmungs-)

---

29 So gehen politische Bestrebungen einer Arbeitsmarktöffnung vielfach mit Forderungen einher, den Mindestlohn für Asylsuchende auszusetzen bzw. diese in die Leiharbeit zu bringen (Scherschel 2016: 259).

30 'Heterogenität‹ (von griechisch *héteros*: ›andersartig‹, ›verschieden‹) verstehe ich als eine soziale Konstruktion, die von expliziten oder impliziten Maßstäben für eine konstruierte Einheitlichkeit bzw. Homogenität abhängt und stets eine Differenz zu einer bestimmten Norm impliziert (vgl. Wenning 2007). Um den Konstruktionscharakter von ›Heterogenität‹ zu betonen, setze ich auch diesen Begriff hier und im Folgenden in einfache An- und Abführung.

31 Entsprechend heißt es auf der Homepage der »Charta der Vielfalt« hinsichtlich der zentralen Vorteile eines *Diversity-Managements*: »Vielfalt hilft Fachkräftemangel auszugleichen«; »mit einer vielfältigen Belegschaft« lassen sich »neue Zielgruppen und Märkte« erschließen; »[g]emischte Teams bringen bessere Lösungen und innovativere Produkte« (Charta der Vielfalt e.V. 2017: o.S.).

Rechten von Minderheiten (Gerdes/Bittlingmayer 2011: 128). Dementsprechend werden
grundrechtliche Ansprüche auf Nicht-Diskriminierung in betrieblichen und institutionellen Kontexten – wenn überhaupt – nur dann konsequent verfolgt, wenn sie als »pro-
duktivitätsfördernd und effektivitätssteigernd wahrgenommen werden« (vgl. ebd.).[32]

    Parallel zu einer solchen Form der Anerkennung von ›Vielfalt‹ bzw. ›Diversity‹
werden bestimmte Personen mit Migrationsgeschichte, die (vermeintlich) nicht willens
oder in der Lage sind, sich entsprechend (mehrheits-)gesellschaftlicher Vorstellungen
(in den Arbeitsmarkt) zu integrieren, zunehmend unter besondere staatliche Beobachtung gestellt. So werden eine vermeintlich mangelnde Qualifikation und hohe
Arbeitslosigkeit von in Deutschland lebenden ›Migrant_innen‹ im aktuellen politischen
und gesellschaftlichen Diskurs oft stark problematisiert. Der Sozialleistungsbezug von
Menschen mit Migrationsgeschichte wird dabei nicht nur mit einem (individuellen)
Integrationsmisserfolg gleichgesetzt. Auch geraten ›Geflüchtete‹ und ›Migrant_innen‹
zunehmend in den Fokus staatlicher Praktiken der Aktivierung (vgl. ebd.; Scherschel 2016; Castro Varela 2013, 2006). Eine Verschiebung aktivierungspolitischer
Prämissen vom Bereich der Sozial- und Arbeitsmarktpolitik auf den asyl- und integrationspolitischen Bereich zeigt sich zum Beispiel im 2016 von der Bundesregierung
verabschiedeten »neuen Integrationsgesetz« (Bundesregierung 2016). In diesem wurde
»das Prinzip des Förderns und Forderns« zum »Kern [...] integrationspolitischen[r]
Maßnahmen« ernannt (ebd.: o.S.). Die hier und an anderer Stelle mit der Formel
des Förderns und Forderns »suggerierte Reziprozität« scheint dabei »hauptsächlich
von einem symbolisch-strategischen Gebrauchswert« zu sein (Gerdes/Bittlingmayer
2011: 117). Dieser besteht in den Worten Gerdes und Bittlingmayer vor allem darin,
»den Aspekt des Forderns stärker zu akzentuieren und damit Integrationsleistungen
seitens der Immigranten umso plausibler zu rechtfertigen und nachhaltiger einkla-
gen zu können« (ebd.). Dies äußert sich konkret z.B. darin, dass die im Zuge des
Zuwanderungsgesetzes eingeführten staatlich organisierten und geförderten Sprach-
und Integrationskurse in den letzten Jahren sukzessive mit restriktiven Maßnahmen
wie aufenthaltsrechtlichen und sozialleistungsbezogenen Sanktionen und Einbürge-
rungstests verbunden wurden (vgl. ebd.: 104). So wurde beispielsweise über das »neue
Integrationsgesetz« geregelt, dass »die Teilnahme an FIM [Flüchtlingsintegrations-
maßnahmen, E.K.] und an Integrationskursen verpflichtend ist« (BMAS o.J.: 4). »Wird
diese Pflicht verletzt«, so heißt es weiter, »führt dies zu einer Leistungsabsenkung
im Asylbewerberleistungsgesetz« (ebd.). Bestandteil dieser Entwicklung ist auch, dass
berufliche Ausbildung, Erwerbsarbeit sowie Sprachkompetenzen in mancher Hinsicht

---

32   Eine solche Perspektive korrespondiert mit einem in der Konsum-, Kultur- und Unterhaltungs-
      industrie vielfach zu beobachtenden »Hype um Hybridität« (Ha 2005), im Rahmen dessen die
      bzw. das ›Migrationsandere(n)‹ auf unterschiedliche Weise in den Markt (re)integriert werden –
      sei es »als Material der Verfeinerung und des Genusses« einer »wesentlich okzidentalen und an
      bestimmte Milieus gebundenen Yuppie-Kultur«, als »privilegierter Ort der modernen Kunst« oder
      »als exotische Formen der Küche, der Sprache, des Lebensstils« (Hall 1994: 10f.). In diesem Zu-
      sammenhang sind ›Migrant_innen‹ (indirekt) dazu aufgefordert, ihre ›Andersheit‹ authentisch zu
      bestätigen und in verschiedener Hinsicht produktiv zu machen (vgl. Ha 2005: 176).

zur Voraussetzung werden, um Aufenthaltschancen zu verbessern (vgl. ebd.).[33] Damit wird die nationalstaatliche Mitgliedschaft und eine damit verbundene soziale Teilhabe insbesondere bei in Deutschland lebenden ›Migrant_innen‹ und ›Geflüchteten‹ »an das Bemühen geknüpft, die eigene *employability* zu steigern« (Scherschel 2016: 261).

Parallel hierzu lässt sich, wie auf bildungspolitischer Ebene auch im migrations- und integrationspolitischen Bereich, die Herausbildung von Instrumenten, Techniken und Kooperationsformen beobachten, über die der Staat in erster Linie als eine steuernde bzw. managende Instanz von Migrations- und Integrationsprozessen in Erscheinung tritt. Ein solches Steuerungsprinzip offenbart sich aktuell vor allem in Programmen eines sog. Migrations- und Integrationsmanagements. Der Begriff des Migrationsmanagements hat sich seit den 1990er Jahren auf internationaler Ebene vor allem in Programmen zur ›Regulierung‹ von Migrations-, Flucht- und Asylprozessen eingeschrieben (vgl. Scherschel 2016). Demgegenüber ist aktuell von einem *Integrationsmanagement* besonders dann die Rede, wenn es darum geht, die ›Integrationsarbeit‹ von unterschiedlichen Akteur_innen auf lokaler bzw. kommunaler Ebene zu organisieren und zu koordinieren. In beiden Zusammenhängen sind in den vergangenen Jahren zahlreiche sog. public-private-partnerships entstanden. Im Rahmen dieser sind privatwirtschaftliche Organisationen, Agenturen und Beratungsunternehmen von Regierungen und Behörden u.a. damit beauftragt, praktische ebenso wie pragmatische Konzepte und Lösungen für migrations- und integrationspolitische ›Herausforderungen‹ zu entwickeln.[34] Den so ernannten ›Partner_innen‹ wird eine staatlich-politische Unabhängigkeit zugeschrieben, die positiv bewertet wird, wenn es darum geht – wie es beispielsweise im Bericht zum »Kommunalen Integrationsmanagement« eines Kölner Beratungsunternehmens heißt –, »neutrale« Ansätze zu entwickeln und eine pragmatische bzw. »systematische Betrachtung von Wirkungen und Kosten des Flüchtlings- und

---

33 Folglich heißt es zum »neuen Integrationsgesetz«: »Wer sich anstrengt und durch Spracherwerb und den Einstieg in Arbeit seinen Teil zur Integration beiträgt, der hat alle Chancen, den Neuanfang in Deutschland zu schaffen« (BMAS o.J.: 1).

34 Ein Beispiel hierfür stellt die Kooperation des Bundesamtes für Migration und Flüchtlinge (BAMF) mit verschiedenen Beratungsunternehmen, darunter McKinsey, dar. Diese erlangte 2017 verstärkt mediale Aufmerksamkeit, vor allem aufgrund der hohen Kosten, die die Unternehmensberatung dem Bundesamt für ihre Arbeit in Rechnung stellte (vgl. Becker/Wiedmann-Schmidt 2016). Aus den Medienberichten ging hervor, dass die Beratungsfirmen in behördliche Umstrukturierungsprozesse sowie asylpolitische Verfahren des BAMF stark involviert waren. So wurde das Unternehmen beispielsweise mit der Entwicklung eines Maßnahmenkatalogs für das ›Rückkehrmanagement‹ von ausreisepflichtigen Geflüchteten beauftragt (vgl. Lutz/Bewarder 2016). Ein im März 2017 in der ZEIT veröffentlichter Artikel beschreibt zudem, dass die Implementierung eines ›Integrierten Flüchtlingsmanagements‹ im BAMF durch McKinsey mit einer starken Rationalisierung der Arbeitsprozesse im Bundesamt, insbesondere im Bereich der Asylverfahren einherging (vgl. Lobenstein 2017). Neben dem Effekt, dass Asylentscheidungen hierüber wesentlich beschleunigt werden konnten, beschreiben interviewte (ehemalige) BAMF-Mitarbeiter_innen, dass die Entwicklung ihrer Behörde hin zu einer »zahlenfixierte[n] Hochleistungsmaschine« zu vermehrten, teils bewussten, Rechtsbrüchen sowie fehlerhaften Asylentscheiden geführt habe (ebd.: o.S.). Darüber hinaus kamen klassische Instrumente eines New Public Managements im BAMF neu zum Tragen, wie etwa das *Führen über Ziele* (Zielvorgaben zur durchschnittlichen Asylantragsbearbeitung pro Tag und Woche), die Etablierung von *Performance Dialogen* sowie der Etablierung eines flächendeckenden *Controllings* (vgl. Grote 2018: 40; Smoltczyk/Wiedmann-Schmidt 2016).

Integrationsmanagements« zu betreiben (Kommunale Gemeinschaftsstelle für Verwaltungsmanagement 2017: 9).

Aktuelle Integrationsprogramme wie das genannte zeichnen sich durch einen starken Bezug auf betriebswirtschaftliche Begriffe und Methoden sowie eine hohe Effizienzorientierung aus. Sie heben zudem darauf ab, Integrationsprozesse »flexibel« zu steuern und umfassend auf ihre »Wirksamkeit« hin zu überprüfen (ebd.: 57; vgl. Bundesagentur für Arbeit 2016: 1). Die Konzeption von Integrationspolitik als *Integrationsmanagement* geht darüber hinaus häufig mit einer Fokussierung und Einbindung von gemeinschaftlichen Ressourcen einher. So wird es als »erfolgsentscheidend« angesehen, »das bürgerschaftliche Engagement zu nutzen, zu koordinieren und durch Wertschätzung sowie Partizipation zu erhalten« (ebd.: 4). In den zitierten Formulierungen deutet sich eine gezielte Indienstnahme der ›Ressource‹ Gemeinschaft an. Aus gouvernementalitätstheoretischer Perspektive liegt die Interpretation nahe, dass es hier auch darum geht, integrationspolitische Aufgaben auf die Gemeinschaft zu übertragen und in ein bürgerschaftliches Engagement zu übersetzen – auch, um so die »Akzeptanz von Maßnahmen« (ebd.: 3) des *Integrationsmanagements* zu steigern.

Stadtentwicklungs- und Sozialraumpolitik Auch mit Blick auf sozialräumliche Stadtentwicklungspolitiken lassen sich gegenwärtig unterschiedliche Tendenzen eines neoliberalen Regierens beobachten. Diese vollziehen sich meist im Kontext eines zunehmenden Standort- und Städte-Wettbewerbs, der sich seit den 1980er Jahren zwischen Städten in Deutschland – sei es um die Position als Produktionsort, Konsumzentrum, um »Kontroll- und Befehlsfunktionen« oder um öffentliche Fördermittel – verstärkt abzeichnet (Heeg/Rosol 2007: 493; vgl. auch Harvey 1989). Um in der beschriebenen Konkurrenzsituation das Profil des städtischen Standortes zu schärfen, werden »Differenzen betont, Imagepolitiken betrieben« sowie »natur- und kulturräumliche Eigenschaften des jeweiligen Ortes« hervorgehoben (Mayer 1990, zitiert in Heeg/Rosol 2007: 493).[35]

Während den Städten und Kommunen »im Fordismus vor allem die Ausführung und Verwaltung nationalstaatlicher Politik« oblag, d.h. sie sich insbesondere um »sozialstaatliche und infrastrukturelle Maßnahmen« wie den Wohnungsbau, Flächensanierungen oder den Ausbau von Verkehrswegen kümmerten, wurden in den letzten Jahrzehnten mehr und mehr (national)staatliche Entscheidungskompetenzen und Aufgabenbereiche auf die kommunale und sozialräumliche Ebene verlagert (ebd.). Ein solches *down-scaling* von Verantwortlichkeiten verbindet sich mit neuen arbeitsteiligen Formen des Regierens (vgl. ebd.: 496). Im Mittelpunkt steht die ›strategische Steuerung‹

---

35   Wichtige Bedeutung erhält in diesem Zusammenhang u.a. eine *Festivalisierung* von Stadtpolitik (vgl. Häußermann/Siebel 1993). Hierunter sind von stadtpolitischer Seite unternommene Versuche zu verstehen, über medial aufbereitete Großereignisse sowie Großprojekte auf die eigene Stadt aufmerksam zu machen, um so die Attraktivität des Standortes für private Investor_innen und öffentliche Gelder zu erhöhen (Heeg/Rosol 2007: 495). Darüber hinaus besteht ein wichtiger Bestandteil einer unternehmerischen Stadtpolitik darin, den Erwerb von Eigentum zu fördern, dies meist parallel zu Kürzungen des öffentlich-geförderten Wohnungsbaus, um so eine besitzende Mittelschicht sowie hochqualifizierte Bevölkerungsgruppen in den Städten zu halten bzw. diese zum Zuzug zu motivieren (ebd.: 495f.).

von Prozessen der Stadt- und Sozialraumentwicklung, die »als pluralistische, horizontale und netzwerkförmige Abläufe konzipiert werden« (ebd.: 494). Auch in diese Prozesse werden seit den 1990er Jahren zivilgesellschaftliche und privatwirtschaftliche Akteur_innen verstärkt eingebunden und unternehmerische Stadtpolitiken zunehmend um selektive sozial-integrative Programme auf Quartiersebene ergänzt. Dabei werden, so beobachten u.a. Susanne Heeg und Martin Rosol, »ehemals eher mit Protestbewegungen in Verbindung gebrachte Elemente wie Selbsthilfe, [...] neue soziale Dienste des Dritten Sektors sowie [...] allgemein freiwilliges Engagement von unternehmerisch orientierten Stadtverwaltungen aufgegriffen« und – meist unter den Begriffen Empowerment und Partnerschaft – »für das Standortmarketing und das Outsourcing vormals städtisch-staatlicher Aufgaben genutzt« (ebd.). Der britische Soziologe Niklas Rose beschreibt diese Strategie des Regierens als ein »governing through community« (Rose 2000: 85f.). Die ›Community‹ stellt für Rose nicht nur einen (neuen) »Ort der Verbindung und Identifikation« dar, sondern auch einen Raum gouvernementalen Regierens (Lanz 2007: 314). Dabei habe sich der Begriff Community – ebenfalls einst mit einem (linken) Aktivismus gegen (wohlfahrts-)staatliche Entmündigung und für lokale Autonomie assoziiert – zum »Komplementär« des eigenverantwortlichen Subjekts herausentwickelt (ebd.). Fabian Kessl und Hans-Uwe Otto sprechen in diesem Zusammenhang von einer »(Re-)Territorialisierung des Sozialen«, bei der die »bisherige wohlfahrtsstaatliche Regierung des Sozialen als Regierung einer nationalstaatlich verfassten Bevölkerungsgruppe [...] in eine Regierung über soziale Nahräume überführt« und »das Soziale [...] in dieser Form territorialisiert« wird (Kessl/Otto 2007: 10).

Um ›Communities‹ in die Gestaltung städtischer Nahräume einzubinden, wurden in den letzten Jahrzehnten von staatlicher Seite eine Reihe von Programmen und Maßnahmen implementiert. Ein Beispiel stellen das im Jahr 1999 initiierte Bund-Länder-Programm »Soziale Stadt« und die in diesem Zusammenhang gegründeten Quartiersmanagements dar. Das Programm wurde bundesweit in über 533 Städten und Gemeinden mit »komplexen Problemlagen« implementiert (Stand: 2018; BMI 2019: 7ff.) – darunter auch die Berliner (Teil-)Bezirke Neukölln und Kreuzberg. Um in den so problematisierten Gebieten eine »städtebauliche Aufwertung und die Stärkung des gesellschaftlichen Zusammenlebens« zu erreichen, sollen mit dem Programm »Instrumente, Initiativen und Maßnahmen vor Ort besser aufeinander abgestimmt, gebündelt und effizienter gestaltet werden« (ebd.). Dazu sollen »Partner aus Wirtschaft und Gesellschaft wie z.B. (Bürger-)Stiftungen, Ehrenamt, Freiwilligendienste und Unternehmen verstärkt eingebunden« werden (ebd.). Dem »vor Ort eingesetzte[n] Quartiersmanagement« kommt dabei vor allem die Aufgabe der »Aktivierung der Bewohnerschaft« zu (ebd.). Das Programm der »Sozialen Stadt« bindet so die Repräsentant_innen von lokalen Initiativen, Nachbarschaften oder soziokulturellen Projekte in staatliche sowie stadtpolitische Verfahren ein und delegiert »Reformvorhaben in kontrollierter Form an sie« – ohne dabei allerdings, wie Lanz analysiert, »in relevanter Höhe Ressourcen umzuverteilen« und materielle Armut zu verringern (Lanz 2007: 31f.). Die Mobilisierung lokaler Gemeinschaften im Rahmen des Programms der Sozialen Stadt leistet somit einer Übertragung wohlfahrtsstaatlicher Aufgaben auf die lokale Ebene und die hier verorteten Akteur_innen Vorschub.[36]

Verschiedene Analysen haben nachgezeichnet, dass einer ›migrationsbedingten städtischen Heterogenität‹ in neoliberalen stadtentwicklungspolitischen Programmen eine besondere Rolle zukommt. So zeigen u.a. Frank Gesemann und Roland Roth auf, dass sich in Stadtentwicklungspolitiken vielfach ein Leitbild von *Diversity* eingeschrieben hat, nach welchem »Merkmale wie Offenheit, Toleranz und kulturelle Vielfalt [...] als Schlüsselfaktoren für die Attraktivität und Konkurrenzfähigkeit von Kommunen« gelten und das somit zu einem wesentlichen Bestandteil städtischen Standortwettbewerbs geworden ist (Gesemann/Roth 2009: 12). Mathias Rodatz spricht in diesem Zusammenhang von »einer potentialorientierten, migrationsbezogenen Stadtpolitik«, bei der »das (transnationale) Leben in der Stadt« zunehmend »als Ressource des Regierens konzipiert« wird (Rodatz 2012: 71). Dies geschieht vor allem in zweierlei Hinsicht: zum einen, indem ›kulturelle Vielfalt‹ als eine Ressource verstanden wird, deren politische In-Wert-Setzung zu einer ›Aufwertung‹ sowie Attraktivitätssteigerung städtischer Räume insbesondere für eine sog. creative class beitragen soll (ebd.: 108). ›Migrant_innen‹ fungieren in diesem Fall »als ›multikulturelles Ornament‹, die einer Stadt [...] kosmopolitisches Flair verleihen« (Hess/Lebuhn 2014: 25). Zum anderen sind es sog. Migrant_innenökonomien bzw. ›ethnische Unternehmen‹, die von stadtpolitischer Seite als eine wichtige ökonomische Nische entdeckt wurden und als solche gefördert werden (vgl. ebd.: 25; Ha 2016). Diesen wird, wie es in einer Expertise zum Programm »Soziale Stadt« heißt, »[g]erade in Gebieten mit besonderem Entwicklungsbedarf« eine wichtige »Integrationsfunktion« zugeschrieben, die »nicht nur dem ethnischen Unternehmer selbst, sondern auch den Auszubildenden und Angestellten die Teilnahme am Erwerbsleben« erleichtert und »sie von staatlichen Transferleistungen unabhängig« macht (Reimann/Schuleri-Hartje 2005: 4, zitiert in Rodatz 2012: 82). »Die Potenziale der ethnischen Ökonomie«, so die Expertise weiter, gelte es »gezielt [...] unter anderem durch kommunale Wirtschaftsförderung« auszuschöpfen (ebd.).

Die Fokussierung des Lokalen im Zuge neoliberaler Transformationen des Städtischen hat auch zum Effekt, dass vor allem »territorial bedingte Ursachen« ins Zentrum politisch-behördlicher Aufmerksamkeit rücken, wenn es darum geht, soziale Problemlagen, Konflikte und Delinquenz vor Ort zu erklären und zu bearbeiten (Jessop 2007: 41). So verbindet sich der aktuell vielfach geforderte Ausbau städtischer Sicherheitsarchitekturen oft mit Erzählungen über bestimmte urbane Räume als ›soziale Brennpunkte‹, ›Angsträume‹ und ›No-Go-Areas‹. In diesen Erzählungen verschmelzen die so bezeichneten Orte meist diskursiv mit einem vermeintlich überproportional hohen Anteil hier lebender ›migrantischer Gemeinschaften‹ zu einer scheinbar deckungsgleichen sozialräumlichen Einheit (vgl. Pott 2018). Vor diesem Hintergrund

---

36   Eine solche Interpretation wird innerhalb der Gouvernementalitätsforschung kontrovers diskutiert. So sehen verschiedene Forscher_innen diese Entwicklung weniger als zentralen Bestandteil einer ›neoliberalen Wende‹, sondern vielmehr (auch) als Antwort auf innere Widersprüche und Krisentendenzen des neoliberalen Projekts selbst, weshalb sie im Hinblick auf aktuelle Formen der Einbindung von Bürger_innen in lokale städtische Projekte eher die Tendenz eines »rolling out neoliberalism« als eines »rolling in neoliberalism« sehen (Peck/Tickell 2002: 12).

werden vor allem migrantisierte Personen, insbesondere ›muslimische Männer aus dem arabischen Kulturkreis‹ als Sicherheitsrisiko für ein ›nationales Wir‹ konstruiert (vgl. Hark/Villa 2017). Klaus Ronneberger und Vassilis Tsianos sprechen in diesem Zusammenhang von einer »Etikettierung von Quartieren als gefährliche Räume«, die auf die Vorstellung eines ›Containers‹ reduziert werden, in denen bestimmte ›Merkmalsausprägungen‹ eingeschrieben sind (Ronneberger/Tsianos 2009: 145f.). Von einer solchen Annahme leiten sich wiederum besondere, meist ordnungspolitische Praktiken ab, die in ›sozialen Brennpunkten‹ vermeintlich ›normale Bedingungen‹ herzustellen suchen (vgl. Clarke 2007: 65f.; Kessl/Landhäußer/Ziegler 2006). Hierzu zählen u.a. Praktiken wie die behördliche Identifikation bestimmter urbaner Räume als ›gefährliche Orte‹ und einer hierüber legitimierten Ausweitung selektiver und proaktiver Polizeipraxen (vgl. Ullrich/Tullney 2012). Auch (neue) lokale ›Sicherheitspartnerschaften‹[37] (vgl. Kunstreich/Lindenberg 2007), die Quotierung von sozialem Wohnraum, die auf eine ausgewogene ›soziale Durchmischung‹ abzielt sowie Praktiken der »Aktivierung« der Anwohner_innen zur ökonomischen und sozialen »Selbst-Eingliederung« gehen aus der Verschränkung aktueller stadt- und sicherheitspolitischer Diskurse hervor (vgl. Ronneberger/Tsianos 2009: 145f.). Die Praktiken sind zudem Ausdruck eines »Mikro-Management[s] sozialer Probleme« (Jessop 2007: 38f.). Dies basiere auf der Annahme, dass lediglich »der richtige Maßstab gefunden werden« müsse, um soziale Probleme zu bearbeiten (ebd.). Dabei betrifft der Ausbau disziplinierender und aktivierender Praktiken nicht alle Gesellschaftsmitglieder gleichermaßen. Er verläuft vielmehr asymmetrisch »entlang scharf gezogener Klassen-, Ethnizitäts- und Raumgrenzen« (Wacquant 2011: 89). Ein Wissen über ›die Anderen‹ und hiermit verbundene klassistische und rassistische Selbstverständnisse leiten die genannten Praktiken nicht nur an. Dieses kann sich auch als funktional erweisen, um den Ausbau städtischer Ordnungs- und Sicherheitsarchitekturen zu legitimieren. Hierfür wird sich nach Loïc Wacquant diffuser (mehrheits-)gesellschaftlicher Ängste sowie latenter ethnischer Ressentiments bedient, diese auf den »(dunkelhäutigen) Straßenkriminellen« und »verschwenderischen Sozialhilfeempfänger« gelenkt und ihnen so »die Schuld an der sich ausbreitenden sozialen und moralischen städtischen Unordnung überantwortet« (ebd.: 91f.). Wacquant versteht den Ausbau städtischer Sicherheitsarchitekturen somit nicht primär als eine »Antwort auf kriminalitätsbedingte, sondern auf soziale Unsicherheit« (ebd.: 92).

---

37   Nach Timm Kunstreich und Michael Lindenberg wird die Zunahme kommunaler Sicherheitspraktiken von Konstruktionen des kommunalen Raums als ein von »Risikogruppen« bevölkerter »Risikoraum« gestützt (Kunstreich/Lindenberg 2007: 157f.). Vor dem Hintergrund einer solchen Raum-Konstruktion beziehen sich Praktiken zur Gewährleistung von ›Sicherheit‹ vor allem auf die Unverletzlichkeit des Körpers und des Eigentums der in diesen Räumen lebenden (Mehrheits-)Bevölkerung. ›Sicherheit‹ wird in diesem Zusammenhang primär mit einem »Kriminalitäts- und Sauberkeitsproblem« assoziiert (ebd.: 169). Ein solch verkürztes Sicherheitsverständnis führe dazu, dass soziale Risiken und existenzbedrohliche Lebenslagen der Bewohner_innen sowie Fragen nach einer staatlichen Sicherung dieser »in den toten Winkel abgedrängt« werden (ebd.: 157f.).

2.3   Figurationen von Rassismus und Neoliberalismus im Feld von Schule und Elternhaus – Implikationen für die Analyse

Rekonstruktion neoliberaler Transformationen über Mikroprozesse des schulischen und städtischen Alltags In den vorangegangenen Abschnitten wurde deutlich, dass sich in aktuellen Bildungs-, Integrations- und Stadtentwicklungsprozessen ein neoliberaler staatlicher Wandel auf unterschiedliche Weise abzeichnet. Gemeinsam ist den beschriebenen Entwicklungen, dass sich in allen der genannten Bereiche Steuerungsformen eines *New Public Managements* herausgebildet haben, über die das hier stattfindende staatlich-institutionelle Handeln auf eine Effizienz- und Effektivitätssteigerung hin ausgerichtet bzw. rationalisiert wird. Im Zuge einer solchen Rationalisierung wurden zahlreiche einst (wohlfahrts)staatliche Verantwortungs- und Aufgabenbereiche auf andere Akteur_innen und Handlungsebenen übertragen. Hierzu zählen neben Gemeinden, Nachbarschaften und gemeinnützigen Trägern auch Schulen und Eltern. Diese werden im Zuge neoliberaler Transformation diskursiv sowie über bestimmte »Techniken, Arrangements und Taktiken« als »selbstregulierende und autonome Agenten« positioniert und zu einem bestimmten Handeln aktiviert (Lehmann-Rommel 2004: 266). Auf diese Weise können Regierungspolitiken und -ziele im Sinne eines Regierens »am langen Arm« (Clarke 2007: 73) verfolgt werden, ohne auf hierarchische Steuerungskapazitäten und Führungsstrukturen zurückzugreifen.

Vor diesem Hintergrund interessiert mich nun, inwiefern Berliner Eltern und Schulen in aktuelle Prozesse einer Ökonomisierung des Sozialen konkret eingebunden sind. Die Fokussierung des Verhältnisses von Eltern und Schule sowie das Forschungsfeld Berlin sollen es ermöglichen, genau in den Blick zu nehmen, wie im Rahmen des schulischen und städtischen Alltags ein bestimmtes Sprechen, Denken und Handeln so gebündelt, systematisiert und homogenisiert wird, dass sich hierüber die neoliberale Rationalität zu erkennen gibt. Eine solche ›kleinräumliche‹ Rekonstruktion neoliberaler Transformationsprozesse erscheint auch deshalb wichtig, da dem Begriff des Neoliberalismus im gesellschaftlichen Diskurs vielfach der Ruf eines *Kampfbegriffes* anhaftet – auch da sich im gesellschaftlichen Sprechen zum Teil die Tendenz abzeichnet, heterogene gesellschaftliche Entwicklungen unter dem Begriff vorschnell zu subsummieren. Im Folgenden soll sich dieser Kritik angenommen werden, ohne dabei jedoch die zentrale Bedeutung einer Ökonomisierung des Sozialen für aktuelle gesellschaftliche und staatlich-institutionelle Prozesse zurückzuweisen. Vielmehr erscheint es hinsichtlich der beschriebenen Entwicklungen und Analysen zentral, neoliberale Prozesse in ihrem geographischen und zeitlichen Kontext sowie in ihrem Wechselverhältnis zu politischen Rahmenbedingungen und anderen lokalen Begebenheiten sowohl in ihrer Spezifik als auch in ihrer Ambivalenz und Brüchigkeit nachzuvollziehen. Die gouvernementalitätstheoretische Perspektive, nach der die Herausbildung des neoliberalen (Wohlfahrts-)Staats in engem Wechselverhältnis zum Handeln und den Selbstverständnissen der hier agierenden Subjekte steht, sensibilisiert zudem darauf, die Perspektive der Eltern und Pädagog_innen in die Analyse miteinzubeziehen (siehe näher hierzu Kapitel 3).

Analyse von Verschränkungen unterschiedlicher migrationsgesellschaftlicher Dynamiken Die sich im Feld von Schule und Elternhaus abzeichnenden neoliberalen Prozesse möchte ich mit migrationsgesellschaftlichen Grenzziehungen in Beziehung setzen. Dabei frage ich, ob und wenn ja inwiefern der aktuelle staatliche Wandel mit einer Stärkung und Vervielfältigung natio-ethno-kultureller Grenzziehungen im ›Innern‹ der Migrationsgesellschaft ebenso wie in staatlichen Institutionen wie der Schule einhergeht.

Der hier eingenommene Fokus auf das Zusammenwirken der in diesem Kapitel beschriebenen gesellschaftlichen Phänomene basiert auf einem Forschungsstand, nach dem es insbesondere ›Migrant_innen‹ sind, die im Zentrum eines neoliberalen Regierens stehen. Dass sich vor allem der Umgang mit Migration bzw. ›Migrant_innen‹ in eine ökonomische Zweckrationalität einordnet, haben bisherige Analysen vor allem hinsichtlich des politischen Schlüsselkonzepts der ›Integration‹ dargestellt. Dieses hat sich in den letzten Jahren zu einem zentralen Bestandteil gouvernementalen Regierens herausentwickelt (vgl. Castro Varela 2013). Hierüber sind ›Migrant_innen‹, die mit dem Verdacht konfrontiert sind, nicht genug für ihre eigene Integration ›zu leisten‹, in den Fokus aktivierungspolitischer Maßnahmen geraten (vgl. Stehr 2007: 37).

Auf Formen einer Verschränkung von rassistischen Logiken und neoliberalen Regierungstechniken verweisen auch Studien, die sich mit aktuellen Stadtentwicklungspolitiken vor dem Hintergrund (post)kolonialer Kontinuitäten beschäftigen (vgl. Ha 2014; Clarke 2007; Cross/Keith 1993; King 1990). So werden nach John Clarke die imperial bzw. anthropologisch geprägten Kategorien von ›Kultur‹ und ›Community‹ über aktuelle neoliberale Stadtpolitiken reformuliert (vgl. Clarke 2007). Dies zeigt sich insbesondere im Rahmen der oben skizzierten »Governancestrategien mit Bezug auf multikulturelle, moderne Metropolen« (ebd.: 64). Eine hier zu beobachtende »Wiederverräumlichung‹« von ›Communities‹ leistet einer »territorialisierten Stadt- und Sozialpolitik Vorschub« (Ha 2014: 35) – sei es unter dem Begriff der ›Ghettos‹, der ›Parallelgesellschaft‹ oder in (positiv konnotierter) Form der sog. ethnic businesses.

Diese und weitere Formen eines (staatlichen) Zugriffs auf Teile einer ›migrantischen‹ Bevölkerung erinnern an Foucaults theoretische Ausführungen zur *Biopolitik* (vgl. Foucault 2006b). Im Rahmen dieser wird die Bevölkerung primär als eine »ökonomische Einheit« gefasst, die hinsichtlich ihrer Gesundheit, ihrer demographischen Entwicklung, ihrer ökonomischen Produktivität etc. der »Regulierung, Disziplinierung und Normalisierung bedarf« (Altenried 2011: 148). Rassismus wird in diesem Zusammenhang als eine Form des ›Managements‹ von Bevölkerung entlang biologistischer Nützlichkeitskriterien verstanden (vgl. ebd.). Hierüber werden die ›Andersrassigen‹ hinsichtlich ihrer Stärke, Nützlichkeit und Leistungsfähigkeit als ›minderwertig‹ und ›bedrohlich‹ bewertet, worüber sich wiederum Abwertungs-, Ausschließungs-, Unterdrückungs- oder gar Vernichtungsprozesse im Rahmen biopolitischer Bevölkerungspolitik legitimieren lassen (vgl. ebd.: 111). »In einer Gesellschaft«, so interpretiert Angelika Magiros im Anschluss an Foucault, »in der sich die Position, der Status ihrer Mitglieder nicht mehr so sehr danach bestimmt, ob sie gehorsam/ungehorsam, gut/böse sind [...], sondern danach, ob sie ›nützlich‹, ›wertvoll‹, ›gesund‹ und ›lebenstüchtig‹ sind, [...] bildet der Rassismus quasi die Spitze des Eisbergs« (Magiros 1995: 100).

Wie u.a. Encarnación Gutiérrez Rodríguez herausarbeitet, werden biopolitische Diskurse und Praktiken im Rahmen nationaler und internationaler Politiken zum Teil reaktualisiert. So partialisiere der Staat die (›migrantische‹) Bevölkerung aktuell auf verschiedene Weise hinsichtlich ihrer Nützlichkeit und Nicht-Nützlichkeit und stelle diese gegenüber der ›Mehrheitsgesellschaft‹ als eine »zu verwaltende Bevölkerungsgruppe« dar (Gutiérrez Rodríguez 2003: 168f.). Dies zeige sich vor allem im Kontext der Ausgestaltung von Ausländer-, Asyl- und Migrationspolitiken, über welche ›Geflüchtete‹ und ›Migrant_innen‹ zu »*ethnisierten Anderen*« gemacht und über kontrollierende, entwertende, aussondernde und partikularisierende Regierungstechniken stigmatisiert werden (ebd.: 170f.). Eine biopolitische Logik kommt auch dann zum Ausdruck, wenn ›Migrant_innen‹ dazu angehalten sind, als ›Unternehmer ihrer selbst‹ aktiv zu werden und die ihnen zugeschriebene partikuläre Ressource ihrer ›anderen Kultur‹ »als vielversprechende Marktanlage einzusetzen« (ebd.: 176). Die Fokussierung auf das ›kulturelle Potenzial‹ führt nach Kien Nghi Ha zwar zu einer verstärkten gesellschaftlichen Sichtbarkeit von bestimmten ›Migrant_innen‹, diese ist allerdings immer auch »mit einer Unsichtbarmachung marginalisierter *Otherness* verknüpft« (vgl. Ha 2005: 83).

In diesem Zusammenhang muss betont werden, dass nicht nur ›Migrant_innen‹ und ›Geflüchtete‹ von neoliberalen Transformationen des Sozialen und damit verbundenen Regierungspraktiken auf besondere Weise betroffen sind. Der Neoliberalismus operiert auch entlang weiterer Differenzkategorien. So tragen die beschriebenen Entwicklungen u.a. zu einer Verstärkung geschlechterspezifischer Diskriminierung bei. Dies nicht nur deshalb, weil Frauen den gegenwärtigen Rückbau sozialstaatlicher Sicherungssysteme besonders zu spüren bekommen, da sie auch heute noch überwiegend für alle Arten von Betreuungsarbeiten verantwortlich sind (vgl. Hobler et al. 2017). In einer vom Neoliberalismus geprägten Gesellschaft von vermeintlich in sich selbst investierenden Individuen und – vorwiegend als männlich und maskulin definierten – »Humankapitalien« schwindet nach Brown auch die Arbeit des Haushalts sowie die ehrenamtliche Arbeit in Schule und Gemeinden, die gleichsam meist von Frauen und Müttern übernommen werden, »visuell und diskursiv im öffentlichen Bewußtsein« (Brown 2015: 124f.). Die Kategorie ›Geschlecht‹ strukturiert auch die soziale Positionierung von ›Migrant_innen‹ und Geflüchteten auf dem Arbeitsmarkt (Scherschel 2016: 257). So sind es insbesondere ›weibliche Asylsuchende‹, die aktuell »in den Niedriglohnsektor oder in einschlägige frauenspezifische Berufsfelder mit hoher Nachfrage (etwa Altenpflege, Erzieher*innen)« einmündeten (ebd.: 259). Es deutet sich hier ein komplexes Zusammenwirken unterschiedlicher -Ismen (Rassismus, Klassismus, Sexismus usw.) im Zuge neoliberaler Transformation an. Demgegenüber, so u.a. Lisa Duggan, neige der Neoliberalismus dazu, Differenzkonstruktionen als statische und voneinander losgelöste Kategorien zu präsentieren. Darüber werden Beziehungen zwischen unterschiedlichen Diskriminierungsverhältnissen sowie damit verbundene spezifische Diskriminierungserfahrungen vernebelt (Duggan 2003: 3). Es erscheint deshalb von besonderer Bedeutung, das Ineinandergreifen von neoliberalen Transformationen und migrationsgesellschaftlichen Grenzziehungen in ihren Intersektionen mit anderen ungleichheitsgenerierenden Kategorisierungsprozessen in den Blick zu nehmen und diese als solche zu benennen.

Die hier beispielhaft beschriebenen Verschränkungen von neoliberaler Rationalität und rassistischen Logiken zeigen, dass sich die Annahme, in einem ›freien‹ neoliberalen System würde sich »unter Absehung von allen anderen sozialen Partikularitäten nur an Effizienz und Leistungsfähigkeit orientiert«, bei genauerer Analyse als unhaltbar erweist (Wallerstein 1990: 42f.). Folglich müssen die Funktions- und Wirkweisen neoliberaler Rationalität als etwas verstanden werden, das (auch) in rassistische gesellschaftliche Verhältnisse und Diskurse eingebunden und gleichsam von diesen beeinflusst ist (vgl. Kollender 2016). Dieser Beobachtung möchte ich im Rahmen der Analyse weiter nachgehen. So frage ich im Folgenden auch nach den spezifischen Arten und Weisen des Ineinandergreifens der beschriebenen gesellschaftlichen Phänomene im Feld von Elternhaus und Schule sowie den hiermit verbundenen Effekten.

Untersuchung von Neuen bzw. veränderten Formen staatlich-institutioneller Ein- und Ausschlüsse Hinsichtlich der Effekte der beschriebenen migrationsgesellschaftlichen Dynamiken möchte ich neben spezifischen Wissensformen über Eltern und hiermit verbundenen Regierungspraktiken auch fragen, wie sich ein solches Wissen in Form staatlich-institutioneller Ein- und Ausschlüsse von unterschiedlichen Eltern(gruppen) im Kontext der Schule manifestiert. So deutet sich in den bisherigen Ausführungen sowohl ein komplexer werdendes System von Grenzen als auch von (Un)Möglichkeiten der gesellschaftlichen Teilhabe an. Diesbezüglich weisen Marianne Pieper und Kolleg_innen darauf hin, dass sich im Zuge eines »postliberalen Rassismus« gesellschaftliche Grenzziehungsprozesse vervielfältigen und flexibilisieren (vgl. Pieper/Panagiotidis/Tsianos 2011: 195). Hieraus resultierten nicht mehr nur »binäre Differenzziehung[en] und Prozesse der Exklusion«, sondern auch »neuartige Prozesse einer limitierten Inklusion bzw. einer egalitären Exklusion« (ebd.: 195f.). Auch weitere Analysen zeigen, wie sich insbesondere im Bildungs- und Sozialsystem eine abgestufte Verweigerung von Anerkennung vollzieht, die wiederum mit unterschiedlichen (Un)Möglichkeiten institutioneller Behandlung einhergeht (vgl. Anhorn/Bettinger/Stehr 2007). Helga Cremer-Schäfer und Heinz Steinert weisen diesbezüglich auf ein »Kontinuum von Maßnahmen der Sozialpolitik« hin, die »bei Schutz-Maßnahmen gegen den Verschleiß der Arbeitskraft« beginnt, sich bei »Maßnahmen der (Um-)Qualifikation und Rehabilitation« fortsetzt und »bei der Verwendung als abschreckendes Beispiel für Nutzlosigkeit und Unbrauchbarkeit« endet (Cremer-Schäfer/Steinert 2000: 46f.). So haben sich im Zuge der oben geschilderten bildungspolitischen Reformen und einer sich hier tendenziell abzeichnenden »Verengung von Bildungsgerechtigkeit auf das meritokratische Prinzip der Leistungsgerechtigkeit« neue institutionelle Schwellen sowie Praktiken des Verwaltens von Zugangschancen herausgebildet (Gomolla 2017: 73; vgl. Gomolla 2005). Diese Beobachtungen möchte ich im Folgenden auf meinen Forschungsgegenstand beziehen und der Frage nach einer Vervielfältigung von symbolischen und materiellen Ausschlüssen von bestimmten Eltern in Schule, Sozialraum und Gesellschaft weiter nachgehen.

Über die verschiedenen theoretischen Perspektiven und Fragestellungen, die ich im Laufe dieses Kapitels entwickelt habe, ergibt sich eine multidimensionale Perspektive auf den Untersuchungsgegenstand, die wiederum ein mehrdimensionales Forschungsdesign erforderlich macht. Hierfür konzeptualisiere ich in den folgenden zwei Kapiteln eine dispositivanalytische Heuristik zur Untersuchung der Konstitutions- und Regierungsweisen von Eltern im Kontext innerstädtischer Schulen. Bevor ich die methodisch-analytischen Aspekte meiner Forschung näher darstelle, kläre ich zunächst, erneut mit Bezug auf Foucault, was ich unter einem Dispositiv verstehe (vgl. Kapitel 3.1).

In diesem Zusammenhang möchte ich auch näher darauf eingehen, welche Rolle den Subjekten bzw. den Eltern und Pädagog_innen zukommt, wenn es darum geht, ein bestimmtes MachtWissen über sie nicht nur zu reproduzieren, sondern auch zu kritisieren und zu reorganisieren (Kapitel 3.2).

3. Dispositive als Produzenten und Stabilisatoren migrationsgesellschaftlicher Grenzen

3.1 Strategische Formationen von Macht und Wissen

Wie in Kapitel 2 bereits kurz beschrieben wurde, basiert die folgende Analyse auf dem theoretischen Verständnis, dass migrationsgesellschaftliche Differenz- und Zugehörigkeitsordnungen über Diskurse hergestellt und vermittelt sind. Ich schließe damit an die Position von Laclau an, für den das Diskursive nicht lediglich eine »Ebene oder eine Dimension des Sozialen« darstellt, sondern »das ganze Ensemble gesellschaftlicher Sinnproduktion« umfasst (Laclau 1981: 176). Dabei gehe ich nicht von der Annahme eines »ontologischen Primats des Diskurses« (d.h. *alles ist Diskurs*) aus, sondern von einem »methodologischen Primat«, demzufolge jegliche Erfahrbarkeit der sozialen Welt über Diskurse transportiert wird (vgl. Denninger et al. 2014: 29).[1] Wie ich oben ebenfalls bereits angesprochen habe, ist das über Diskurse vermittelte Wissen stets in Aushandlung begriffen. So ist die Zirkulation und Verbreitung von Wissen über die soziale Welt nach Foucault »an Machtsysteme gebunden« (Foucault 1978: 54). Dabei ist das in einer Gesellschaft kursierende Wissen nach Foucault nicht nur »mit spezifischen Machtwirkungen ausgestattet« (vgl. Foucault 1978: 53), d.h. es *wirkt* nicht nur machtvoll. Vielmehr konsti-

---

1   Bührmann und Schneider veranschaulichen eine solche diskursive Vermittlung des Sozialen am Beispiel des Fußballs wie folgt: »Wird irgendwo ein rundes Ding mit dem Fuß herumgetreten, dann handelt es sich bei diesem Tun zunächst einfach um eine physische Tatsache, ohne dass der fragliche Gegenstand deswegen bereits ein Fußball wäre. Zu einem solchen wird das runde Ding jedoch in jenem Moment, in dem es ein System mit anderen Gegenständen (mit einer Spielfläche, Toren etc.) bildet. Deren Relationen lassen sich nicht aus der bloßen materialen Existenz der Dinge ableiten, sondern aus den jeweiligen, in und durch die Praxis und entlang jeweiliger Differenz- und Äquivalenzketten sozial konstruierten Bedeutungen. Diese wiederum beruhen auf regelgeleiteten Praktiken (dem Fußballspiel) sowie auf dem Vorhandensein entsprechender Akteure als Spielende oder auch Zuschauende etc. [...]. Der Fußball ›ist‹ folglich [ohne seine diskursive Vermittlung, E.K.] kein Fußball, sondern wird zum Fußball, indem mit ihm – den diskursiven ›Bedeutungs-Regeln‹ gemäß – Fußball gespielt wird, was diejenigen, die dieses vollziehen, erst zu Fußballspielenden macht« (Bührmann/Schneider 2008: 45).

tuiert sich ein solches Wissen im Rahmen diskursiver Machtbeziehungen erst, in den
Worten Foucaults:

> »Wir sollten zugeben, dass [...] Macht und Wissen einander direkt implizieren; dass es
> weder eine Machtbeziehung ohne den korrelierenden Aufbau eines Wissensgebiets
> gibt, noch irgendein Wissen, das nicht Machtbeziehungen voraussetzt und aufbaut.«
> (1980: 27, aus dem Englischen übersetzt in Hall 1994: 152)

Wichtig ist in diesem Zusammenhang zu betonen, dass sich Foucaults Verständnis von
Macht von gängigen Macht-Theorien und Alltagsverständnissen unterscheidet. So ist
Macht ihm zufolge nicht (nur) etwas, was einzelne oder mehrere Akteur_innen in einer Gesellschaft besitzen und/oder was sich in bestimmten Interaktionsbeziehungen
ausdrückt. Foucault wendet sich im Laufe seiner Arbeiten vielmehr dem von der So-
zialtheorie im 19. Jahrhundert erstmals thematisierten »sozialen oder kollektiven Charakter der Macht« zu (Saar 2007: 244). Macht wird hier als ein System verstanden, das
die gesellschaftliche »Zustimmung zu den sozialen Verhältnissen« herstellt und organisiert (ebd.). Damit fasst Foucault Macht, in den Worten Lemkes, als etwas, das einer Gesellschaft »nicht äußerlich« ist und »keinen parasitären Fremdkörper« bildet,
»der von dem sozialen Ensemble Besitz ergriffen hat, den man isolieren und entfernen
könnte« (Lemke 2001: 118). Vielmehr stellt Macht für ihn etwas dar, was sich innerhalb
der gesamten Gesellschaft entfaltet und so gesellschaftliche Verhältnisse definiert. Im
Zentrum von Foucaults Analysen stehen somit die heterogenen Herstellungsweisen von
gesellschaftlichen ›Wahrheiten‹ im Rahmen von Machtbeziehungen. Diesen wendet er
sich vor allem in ihrer Positivität bzw. Produktivität zu – denn, so Foucault,

> »[...] wenn die Macht nur die Funktion hätte zu unterdrücken, wenn sie nur im Mo-
> dus der Zensur, der Ausschließung, der Absperrung, der Verdrängung nach Art eines
> mächtigen Über-Ichs arbeiten, wenn sie sich nur auf negative Weise ausüben würde,
> wäre sie sehr zerbrechlich. Stark aber ist sie, weil sie positive Wirkungen auf der Ebe-
> ne des Begehrens [...] und auch auf der Ebene des Wissens hervorbringt. Die Macht ist
> weit davon entfernt, das Wissen zu verhindern, sie bringt es vielmehr hervor. [...] Die
> Verwurzelung der Macht und die Schwierigkeiten, die man verspürt, wenn man sich
> davon befreien will, rühren von allen diesen Bindungen her. Deshalb erscheint mir die
> Annahme einer Repression, auf die man die Mechanismen der Macht allgemein zu-
> rückführt, sehr unzulänglich und vielleicht auch gefährlich.« (2005: 78)

Über eine solche ›produktive Wendung‹ des Macht-Begriffs nimmt Foucault die subtilen und komplexen Formen gesellschaftlicher Machtverhältnisse in den Blick, die sich
fernab ausgeprägter Hierarchien, sichtbarer Herrschaftsverhältnisse und/oder explizit
ausgesprochener Ausschlüsse abspielen. Erklärt werden kann über eine solche Perspektive beispielsweise, wie Individuen und Kollektive auf subtile Weise in ihrem Handeln
angeleitet werden, ohne dass ihnen für den Fall eines ›abweichenden Verhaltens‹ Konsequenzen in Form von expliziten Verboten, Repressionen und Sanktionen vor Augen
geführt werden müssen (vgl. Foucault 1981b). So habe ich im Kapitel zur Wirkmächtigkeit neoliberalen Regierens bereits darauf hingewiesen, dass sich Macht auch hier
vor allem über bestimmte »Normen der Anerkennung« entfaltet, denen Individuen in
einer Gesellschaft fortwährend ausgesetzt sind und an die sie sich »gebunden fühlen«

(Lehmann-Rommel 2004: 263; vgl. Kapitel 2.2). Normen können somit als Ausdruck eines breit verankerten gesellschaftlichen MachtWissens verstanden werden, das bestimmte Identitäten sowie Verhaltensweisen produziert bzw. hervorbringt und dabei als »unbefragte und unbefragbare Bedingung der Anerkennung« fungiert (ebd.: 263f.). Über ein solch normierendes MachtWissen werden Handlungsspielräume zugleich immer auch limitiert; denn werden bestimmte Normen nicht befolgt, gefährdet dies zwar nicht gleich die eigene Existenz, so Butler, jedoch die »Fähigkeit [...], sich einen Sinn für den eigenen fortwährenden Status als Subjekt zu erhalten« (Butler 2003: 63). Somit ermöglichen gesellschaftliche Machtverhältnisse eine Reihe von Verhaltens-, Reaktions- und Handlungsweisen, strukturieren diese jedoch in gewisser Hinsicht vor und schränken individuelles und kollektives Handeln damit zugleich (unbemerkt) ein.

Die Frage danach, wie und weshalb bestimmte Wahrheiten über einen sozialen Gegenstand her- und stillgestellt werden, lenkt den Blick auf den zeitlichen und geographischen Raum sowie die institutionellen und gesellschaftlichen Gefüge, in denen sich Machtverhältnisse auf je bestimmte Weise realisieren. So hat sich Foucault im Laufe seiner Arbeit zunehmd damit beschäftigt, wie sich beispielsweise »in den religiösen Institutionen, in den pädagogischen Maßnahmen, in den medizinischen Praktiken, in den Familienstrukturen« usw. ein Wissen im Rahmen von Machtverhältnissen zu spezifischen Erkenntnisbereichen organisiert (Foucault 1983: 7). Diese Forschungsperspektive basiert auf der Annahme, dass sich ein bestimmtes gesellschaftliches MachtWissen stets in gesellschaftlichen Praxisfeldern herausbildet. Wenn sich Foucault in seinen späteren Arbeiten also für die Institutionen, die Verhaltensmuster, die pädagogischen Formen etc. interessiert, nimmt er nicht nur das dominante gesellschaftliche Wissen im ›Modus seines Vollzugs‹ in den Blick (vgl. Ott/Wrana 2010), d.h. er fragt nicht nur, wie ein bestimmtes MachtWissen in den verschiedenen gesellschaftlichen Bereichen *wirkt*. Vielmehr geht es ihm auch um die Frage, wie dieses Wissen über das machtvolle Zusammenspiel unterschiedlicher Elemente des Sozialen (re)produziert sowie (re)organisiert wird.

Um einer solchen Perspektive auf die Verwiesenheit unterschiedlicher Elemente bei der Herstellung eines bestimmten MachtWissens Rechnung zu tragen, wendet sich Foucault zunehmend vom Diskursbegriff ab und dem Begriff des Dispositivs zu. Ein Dispositiv definiert er als »ein entschieden heterogenes Ensemble, das Diskurse, Institutionen, architekturale Einrichtungen, reglementierende Entscheidungen, Gesetze, administrative Maßnahmen, wissenschaftliche Aussagen, philosophische, moralische oder philanthropische Lehrsätze, kurz: Gesagtes ebenso wie Ungesagtes umfaßt« (Foucault 1978: 119f.).[2] Damit erweitert Foucault seine Analyse von – vorwiegend sprachli-

---

2   Die Trennung, die Foucault hier zwischen Diskursen und anderen Elementen des Dispositivs aufmacht, welche er damit scheinbar außerhalb des Diskurses bzw. als nicht-diskursive Elemente im Dispositiv verortet, hat in der Diskurs- und Dispositivforschung zahlreiche Kontroversen über unterschiedliche Grade und Ebenen der Diskursiviertheit sowie die Frage nach der (Un)Möglichkeit des Nicht-Diskursiven ausgelöst und sich auf analytischer Ebene in unterschiedlichen Umgangsweisen mit dem Begriff niedergeschlagen (vgl. van Dyk et al. 2014; Bührmann/Schneider 2008: 47ff.; Reckwitz 2008a: 138f.; Truschkat 2007: 23; Jäger 2006: 83ff.; Keller 2005: 250ff.). Foucault spricht der Trennung zwischen ›diskursiv‹ und ›nicht-diskursiv‹ demgegenüber keine größere Relevanz zu. Er verwirft diese in seinen weiteren Ausführungen zum Dispositiv sogar wieder, wenn

chen bzw. textlich verfassten – Aussagesystemen um Institutionen, hier stattfindende Handlungen und Interaktionen sowie unterschiedliche Materialisationen des Diskursiven und betrachtet diese in ihrer Formierung zu dispositiven Netzen mit strategischer Funktion.

Wie Foucault in seinen Ausführungen zum Dispositiv deutlich macht, resultiert dieses nicht primär aus der Summe seiner Teile. Stattdessen nimmt er mit dem Begriff des Dispositivs »die Natur der Verbindung« in den Blick, »die [sich] zwischen diesen heterogenen Elementen [...] herstellen kann« (ebd.: 120). Damit fokussiert Foucault die Machtbeziehungen, die sich als eine Art Verbindungslinien zwischen den Elementen des Dispositivs aufspannen und diese »zu einem gegebenen historischen Zeitpunkt« (ebd.) in eine spezifische Anordnung zueinander bringen. Dabei verlaufen, in den Worten Deleuzes, unterschiedliche »Kräftelinien [...] von einem singulären Punkt zu einem anderen«, richten »die vorangehenden Kurven gewissermaßen ›neu aus‹«, gehen quasi »durch alle Orte eines Dispositivs hindurch« und bilden zusammen ein »mehr oder weniger koordiniertes Bündel von Relationen« (Deleuze 1991: 154f.). Hierüber werden bestimmte Typen von Wissen gestützt, Instabilitäten in Schach gehalten, Widersprüche isoliert und Bedeutungen stabilisiert (vgl. Agamben 2008: 9). In den Worten Foucaults ist

> »[d]as Dispositiv [...] also immer in ein Machtspiel eingeschrieben, doch immer auch an eine oder an mehrere Wissensgrenzen gebunden, die daraus hervorgehen, es aber genauso auch bedingen. Das eben ist das Dispositiv: Strategien von Kräfteverhältnissen, die Arten von Wissen unterstützen und von diesen unterstützt werden.« (2003b: 392f.)

Eine solch dispositive Organisation gesellschaftlicher Machtverhältnisse geschieht nicht rein zufällig, sondern stets in Reaktion auf bestimmte soziale Entwicklungen und Ereignisse. Dispositive haben nach Foucault somit vor allem die Funktion, spezifischen gesellschaftlichen Anforderungen zu einem bestimmten historischen Zeitpunkt nachzukommen (Foucault 1978: 120). Dabei beugt das Dispositiv »einem ›problematischen‹ Phänomen weder vor, noch ändert es seinen Verlauf; seine Aufgabe ist es vielmehr, ›auf eine Realität zu antworten‹« (Foucault 2006a: 76). Unterschiedliche gesellschaftliche Problemlagen und Transformationsprozesse rufen bestimmte Dispositive immer wieder aufs Neue ins Leben und halten diese zugleich in Bewegung.

Dispositive (Re-)Formierungsanlässe können vielfältig sein. So scheint der ›Druck‹, auf den beispielsweise ein *Migrationsdispositiv* antwortet und sich formiert, vor allem

---

er angibt, dass »es kaum von Bedeutung [ist], zu sagen: das hier ist diskursiv und das nicht« (Foucault 1978: 125). Auch ich nehme im Folgenden keine dezidierte Unterscheidung vom Diskursiven und Nicht-Diskursiven vor. Eine Abkehr vom Begriff des Nicht-Diskursiven halte ich u.a. deshalb für sinnvoll, um soziale Praktiken oder Subjektpositionen, deren Analyse im Zentrum dieser Arbeit steht, nicht über ihre vermeintliche Auslagerung ins Nicht-Diskursive zu naturalisieren bzw. ihnen damit »eine Aura des Nicht-Kontingenten und damit Nicht-Hinterfragbaren« zu verleihen (Becker in: van Dyk et al. 2014: 354). So nutze ich den Dispositiv-Begriff hier vor allem, um eine Erweiterung des diskursanalytischen Blicks auf einen umfassenderen Analyseraum zu markieren sowie die folgende Analyse auf die machtvollen Verknüpfungsordnungen unterschiedlicher dispositiver Elemente hin zu sensibilisieren (siehe unten).

durch Veränderungen ausgelöst, die in einer Gesellschaft mit bestimmten Migrations-phänomenen verbunden werden – sei es im Hinblick auf die ›sozialen Kosten‹ von Mi-gration, die vermeintliche Gefährdung der inneren Sicherheit durch Migration, die ›Be-lastung des Bildungs- und Erziehungssystems‹, die ›Multikulturalisierung innerstädti-scher Wohnbezirke‹, die ›Beeinträchtigung des Leistungsniveaus‹ für sog. ›autochtho-ne‹ Kinder und Jugendliche in Kita, Schule und Ausbildungssystem usw. (vgl. Jäger/Jä-ger 2002: 218). In diesem Zusammenhang beschreibt Paul Mecheril, wie über die Her-ausbildung und spezifische Formierung eines sog. Integrationsdispositivs, auf die Krise der »imaginierten Einheit ›Nation‹« reagiert wird (vgl. Mecheril 2011: 52). So werden vor dem Hintergrund aktueller Globalisierungs-, Transnationalisierungs- und (Flucht-)Mi-grationsprozesse nationale Grenzen in Frage gestellt und damit eine Bedrohung für ein mehrheitsgesellschaftliches ›Wir‹ assoziiert (vgl. ebd.). Die Formierung des Integrati-onsdispositivs versteht Mecheril als Reaktion auf die ›Krisenhaftigkeit des Wirs‹. So sei das Integrationsdispositiv gefordert, Symboliken, die ein nationales ›Wir‹ bestäti-gen, ständig aufs Neue in Umlauf zu bringen, um so bestimmte »Unterscheidungen zwischen einem natio-ethno-kulturellen ›Wir‹ und ›Nicht-Wir‹ plausibel, akzeptabel, selbstverständlich und legitim« erscheinen zu lassen (ebd.: 52f.).

Ein Dispositiv reagiert auf den an es gestellten gesellschaftlichen ›Druck‹, indem es ständig damit befasst ist, eine »Wiederaufnahme« und »Readjustierung« (Foucault 1978: 121) der dispositiven Elemente vorzunehmen, dabei kontinuierlich neue Elemen-te in das Dispositiv miteinzubeziehen und sich entsprechend der gegebenen Umstän-de immer wieder neu auszurichten. Foucault spricht diesbezüglich vom Prozess einer »funktionellen Überdeterminierung« sowie »einer ständigen strategischen Wiederauf-füllung« (ebd.). Wie dieser Prozess konkret vonstattengeht, bleibt bei ihm jedoch vage. Um genauer zu verstehen, wie es zur Stabilisierung eines bestimmten gesellschaftli-chen MachtWissens kommt, beziehe ich mich im Folgenden auf die Ausführungen von Laclau und Mouffe sowie ihr theoretisches Konzept vom leeren Signifikanten (vgl. La-clau/Mouffe 1991; Laclau 1990). Laclau und Mouffe interessieren sich wie Foucault ausge-hend von Diskursen[3] für den »sozialen Konflikt und Kampfcharakter[s] der modernen Gesellschaft« (Reckwitz 2006: 341). Bezugnehmend auf Gramscis Hegemonie-Theorie analysieren sie, wie auf dem »unsteten Terrain des Sozialen Versuche der Konstrukti-on von Gesellschaft stattfinden, indem Bedeutungen fixiert werden« (Stäheli 2000: 35) und Hegemonien entstehen. Unter einer Hegemonie verstehen die Autor_innen nicht »die Vorherrschaft eines einzelnen Hegemons über andere«, sondern ein »komplexes, diskursiv-materielles Geflecht« (ebd.: 38) – eine Definition, die auf Parallelen zu Fou-caults Dispositiv-Verständnis hinweist und sich deshalb als anschlussfähig für die wei-tere Theorieentwicklung erweist.

Den Versuch, eine bestimmte gesellschaftliche Ordnung (temporär) zu fixieren, be-schreiben Laclau und Mouffe als ein hegemoniales Projekt. Bei diesem geht es vor allem darum, die Produktion von Bedeutungsüberschüssen und Mehrdeutigkeiten, »die aus

---

3   Mouffes und Laclaus Theorie hegemonialer Diskurse orientiert sich neben Foucault und dem von
     Antonio Gramsci beeinflussten Post-Marxismus primär an (post)strukturalistischen Ansätzen von
     Ferdinand des Saussure und Jacques Derrida. Für eine umfassenden Überblick über die Theorie
     von Laclau und Mouffe vgl. Nonhoff 2007, Reckwitz 2006 und Stäheli 2000.

der Offenheit des Sozialen« (Laclau/Mouffe 1991: 151) hervorgehen, stillzustellen und dadurch einen bestimmten Diskurs »(vorübergehend) als alternativlos, notwendig und universal zu verankern« (Denninger et al. 2014: 40). Dies geschieht nach Laclau und Mouffe mit Hilfe sog. *leerer Signifikanten*. Hiermit sind solche semantisch-diskursiven ›Knotenpunkte‹ gemeint, die sich durch eine gewisse Deutungsoffenheit auszeichnen und deshalb stets neu und entsprechend sich wandelnder gesellschaftlicher Verhältnisse mit Inhalt gefüllt werden (vgl. ebd.). *Leere Signifikanten* stellen beispielsweise das ›Kopftuch‹ im Islamdiskurs, aber auch die Kategorie des ›Migrationshintergrundes‹ dar, die durch ihre Bedeutungsoffenheit prädestiniert dafür sind, einen »Knotenpunkt« (Laclau/Mouffe 1991: 150) für imaginäre diskursive Einheiten zu bilden. Der Prozess der Bedeutungsfixierung bzw. *hegemonialen Schließung* erfolgt nach Laclau und Mouffe schließlich dadurch, dass sich in diskursiven Knotenpunkte bzw. leeren Signifikanten unterschiedliche bedeutungskonstituierende Elemente und Ebenen auf vereinheitlichende Weise miteinander verknüpfen und zu einer imaginären Einheit zusammenfügen (vgl. ebd.: 150ff.). Die Herstellung solcher Universalitäten verläuft notwendiger Weise komplexitätsreduzierend. So verarbeiten *hegemoniale Projekte* »partikulare‹, das heißt historisch-regional spezifische« Bedeutungssysteme und Identitäten, indem sie diese über bestimmte »rhetorische Strategien als einen universalen Horizont« präsentieren (Reckwitz 2006: 346). Darüber gelingt es zum Beispiel, wie ich im Analysekapitel noch genauer darstellen werde, Eltern unterschiedlichster Hintergründe, sozialer Verortungen und Biographien über ihren als übergreifende Gemeinsamkeit angenommenen ›Migrationshintergrund‹ sowie weitere homogenisierende Zuschreibungen als imaginäre bzw. diskursive Einheit der ›Eltern mit Migrationshintergrund‹ herzustellen (vgl. Kapitel 5.1). Über den Prozess der *hegemonialen Schließung* wird es beispielsweise auch möglich, Elternbeteiligungsprojekte gemeinsam mit Integrationspolitiken zu artikulieren und sie thematisch (logisch) zusammenzuführen, obwohl kein notwendiger Zusammenhang zwischen beiden Elementen besteht (vgl. Kapitel 6.1).

Der hier skizzierte Ansatz von Laclau und Mouffe kann die Analyse auf unterschiedliche dispositive Verknüpfungsordnungen im Hinblick auf die Frage, wie hierüber ein bestimmtes Wissen universalisiert und »als vernünftigerweise alternativlos präsentiert« wird, weiter schärfen (Reckwitz 2008b: 86). Übertragen auf den Dispositiv-Ansatz lässt sich so beschreiben, wie das Dispositiv den an es gestellten gesellschaftlichen Anforderungen nachkommt. Der Hegemonie-Begriff sensibilisiert dafür, dass eine gewisse Vereindeutigung des Sinns bzw. eine Verfestigung von Machtverhältnissen stattgefunden haben muss, nicht nur um die soziale Welt überhaupt als solche begreifen zu können, sondern auch um beispielsweise bestimmte Zugehörigkeits- und Differenzordnungen gesellschaftlich zu normalisieren.

Wie im Verlauf dieses Kapitels immer wieder angeklungen ist, sind Dispositive keine statischen Gebilde, die ein bestimmtes MachtWissen lediglich festsetzen. So erinnern Dispositive auch deshalb an die von Laclau und Mouffe beschriebenen hegemonialen Projekte, da ihre Versuche, soziale Wirklichkeit auf eine bestimmte Art und Weise her- und stillzustellen, stets umkämpft sind. Folglich ist es im Dispositiv – in den Worten Bröcklings und Krasmanns – »stets mehr als nur eine Strömung, die zieht oder bremst« (2010: 28). Vielmehr sind die dispositiv erzeugten Stabilisierungen immer »prekär, brüchig und von Irritationen durchzogen« (Denninger et al. 2014: 34). Tina Den-

ninger und Kolleg_innen definieren Dispositive deshalb »als regelmäßige, durch partielle Bedeutungsfixierungen stabilisierte Formationen einerseits sowie als stets unab-
geschlossene, brüchige und Fixierungen aufsprengende ›Wucherungen‹« andererseits
(ebd.: 44f.). Dies impliziert auch, dass die verschiedenen Elemente eines Dispositives
ihre Funktionsweisen und Positionen im ›dispositiven Spiel‹ immer wieder verändern
können bzw. müssen, um so flexibel auf einen gegebenen gesellschaftlichen Formie-
rungsdruck zu reagieren. So kann nach Foucault

> »[…] dieser oder jener Diskurs bald als Programm einer Institution erscheinen, bald im
> Gegenteil als ein Element, das es erlaubt, eine Praktik zu rechtfertigen und zu maskie-
> ren, die ihrerseits stumm bleibt, oder er kann auch als sekundäre Reinterpretation die-
> ser Praktik funktionieren, ihr Zugang zu einem neuen Feld der Rationalität verschaf-
> fen. Kurz gesagt gibt es zwischen diesen Elementen […] ein Spiel von Positionswech-
> seln und Funktionsveränderungen, die ihrerseits wiederum sehr unterschiedlich sein
> können.« (1978: 123)

Der Dispositivansatz ermöglicht es, genauer in den Blick zu nehmen, wie über das Ineinandergreifen verschiedener Elemente des sozialen Feldes unterschiedliche Elterngruppen hergestellt werden und wie hierbei ein jeweils spezifisches MachtWissen über
sie plausibel, selbstverständlich und legitim gemacht wird. Dabei legt der Dispositiv-
ansatz nahe, die Konstituierung und Positionierung von unterschiedlichen Elterngruppen im Kontext der Schule als einen unilinearen Prozess zu verstehen, bei dem sich ein
spezifisches Wissen erst im Zusammenspiel unterschiedlicher dispositiver Elemente
realisiert. Die Subjekte, d.h. hier die Eltern und Elternkollektive, sind dem dispositiven
›Spiel‹ nicht einfach unterworfen. Vielmehr wirken sie an der Gestaltung dispositiver
MachtWissens-Ordnungen aktiv mit. Wie sich ihre Eingebundenheit in das dispositive
Netz fassen lässt, möchte ich im Folgenden näher theoretisieren.

3.2 Subjektivationsprozesse von Eltern und Pädagog_innen, oder: Zu den (Un)Möglichkeiten von Widerstand im Dispositiv

Mit Foucaults Diskurstheorie wird teilweise die Kritik verbunden, dass die Theorie dazu
neige, der Rolle des Subjekts bei der Konstruktion gesellschaftlicher Wirklichkeit kaum
Berücksichtigung zu schenken (vgl. Bührmann/Schneider 2008: 53f.). Tatsächlich bleibt
Foucault insbesondere im Rahmen seiner archäologischen Diskursanalyse, die er in der
»Ordnung des Diskurses« (Foucault 1993) formuliert, einer strukturalistischen Perspektive weitgehend verhaftet. Indem er sich im Laufe seiner Arbeiten zunehmend von der
Analyse der statischen Aussageordnungen ab- und der genealogischen Machtanalytik
zuwendet, gerät das Subjekt jedoch mehr und mehr in den Fokus seiner Betrachtung
(vgl. Kapitel 2.2.1). Dieses erscheint dem diskursiven MachtWissen nicht (mehr) einfach
unterworfen, sondern vielmehr als Teil eines »Raum[s] differenzierter Positionen und
Funktionen« (Foucault 2001: 867). Im Zentrum von Foucaults Analysen stehen allerdings
auch hier vor allem diskursiv vermittelte Subjektivitäten bzw. Subjektpositionen und
deren Aneignung durch die Subjekte. Er interessiert sich insbesondere für die Frage,
wie ein den Individuen über Dispositive vermitteltes alltagsweltliches Wissen sie dazu

veranlasst, »sich auf ›normale‹ und ›nützliche‹ Weise [...] zu sich selbst und zur Welt um sie herum zu verhalten« (Bührmann/Schneider 2008: 71). Foucault wendet sich dieser Frage vor allem mit Blick auf die Herausbildung moderner Macht- und Regierungstechniken zu. Wie in Kapitel 2.2.1 bereits skizziert, wirken diese primär als »ein auf Handeln gerichtetes Handeln«, das »in einem Feld von Möglichkeiten« operiert, dabei Anreize setzt, »verleitet, verführt, erleichtert«, Handlungsmöglichkeiten »erweitert oder einschränkt«, so die Wahrscheinlichkeit bestimmter Handlungen »erhöht oder senkt« und nur im Grenzfall Handlungen »erzwingt oder verhindert« (Foucault 2005: 256).

Eine solche *Führung zur Selbstführung* von Individuen und Kollektiven setzt nach Foucault voraus, dass diese ihr Handeln als ein freiwilliges und autonomes Tun begreifen (vgl. ebd.: 274ff.). So sind das gesellschaftliche MachtWissen und die darüber vermittelten Rollen- und Selbstverständnisse, um sich als solche durchzusetzen bzw. zu etablieren, auf eine aktive Aneignung, Übernahme und Interpretation durch die Individuen angewiesen. Mit Blick auf den Forschungsgegenstand dieser Arbeit bedeutet dies, dass Eltern sich in dem, wie sie von Politik und Schule adressiert werden, in gewisser Hinsicht wiederfinden und den ihnen vorgegebenen Handlungsrahmen als einen Möglichkeitsraum verstehen müssen, in dem sie sich als handelnde Individuen begreifen. Somit sind sie gefordert, ihre Selbstbilder so zu entwerfen, dass diese sowohl ihren Vorstellungen als auch den an sie gestellten gesellschaftlichen Erwartungen gerecht werden. Über ein solches Wechselspiel von Selbst- und Fremdführung beschreibt Foucault, wie aus Individuen Subjekte werden. Somit hat der Begriff ›Subjekt‹ für ihn »zwei Bedeutungen: Er bezeichnet (1.) »das Subjekt, das der Herrschaft eines anderen unterworfen ist und in seiner Abhängigkeit steht« und (2.) »das Subjekt, das durch Bewusstsein und Selbsterkenntnis an seine eigene Identität gebunden ist‹« (ebd.: 275). Zur Beschreibung eines so verstandenen wechselseitigen Prozesses der Subjektwerdung verwendet Foucault den Begriff der *Subjektivierung* (ebd.).

Wie zahlreiche weitere Forscher_innen haben sich im letzten Jahrzehnt auch Mecheril und Bernhard Rigelsky mit spezifischen Subjektivierungsweisen in Migrationsgesellschaften beschäftigt (Mecheril/Rigelsky 2010: 67). Sie legen dar, wie das »Ausländerdispositiv« nicht nur ein bestimmtes Wissen darüber erzeugt, »wer wohin gehört« (ebd.), sondern auch »ein bestimmtes Verständnis der eigenen Zugehörigkeit« konstruiert und so die Subjektwerdung von als Migrationsanderen positionierten Individuen und Gruppen auf spezifische Weise anleitet (ebd.). Dabei werden den als ›Migrant_innen‹ adressierten Personen, so Nadine Rose, »gerade solche Identifizierungen, Verkörperungen und Biografisierungen« nahegelegt, die das Dispositiv »stützen, es bestätigen und seine Unterscheidungslogik plausibel machen« (Rose 2013: 117) und so zu dessen gesellschaftlicher Aufrechterhaltung beitragen. Die sich hier abzeichnenden Formen der Subjektivierung durch ›Selbstethnisierung‹ im Kontext dominanter migrationsgesellschaftlicher Zugehörigkeitsordnungen sind »von einer Paradoxie durchzogen« (Çiçek/Heinemann/Mecheril 2014: 325). Vor dem Hintergrund, dass das Individuum – in Butlers Worten – »nach Anerkennung seiner eigenen Existenz in Kategorien, Begriffen und Namen« trachtet, »die es nicht selbst hervorgebracht hat« (vgl. Butler 2001: 25, zitiert in ebd.: 326), sieht es sich immer wieder aufs Neue dazu veranlasst, sich auf seine diskursiv vermittelte Position zu beziehen – selbst dann, wenn es durch diese entwürdigt oder unterdrückt wird (vgl. ebd.).[4]

Auch im Rahmen der Analyse dieser Arbeit nehme ich an, dass die hier in den Blick genommenen Dispositive – als ein Konglomerat von Strategien der Lenkung – spezifische Formen der Subjektivierung bewirken. So gehe ich davon aus, dass Dispositive dazu beitragen, Individuen und gesellschaftliche Gruppen »durch eine komplexe Form der Ermöglichung und Reglementierung« (vgl. Mecheril/Hoffarth 2009: 252) als Migrationsandere zu subjektivieren und so ihre Handlungsmöglichkeiten zu strukturieren. In welchem Zusammenhang stehen also die Selbstverständnisse von Eltern mit den ihnen von staatlich-institutioneller Seite zugeschriebenen Rollen in sowie im Kontext der Schule? Wie stützen sich diese möglicherweise gegenseitig? Und inwiefern wird im Rahmen moderner Gouvernementalität auf Techniken des ›Sich-selbst-Regierens‹ von Eltern zurückgegriffen?

In der Beantwortung dieser Fragen möchte ich im Folgenden nicht nur die Kongruenzen, sondern auch die Ambivalenzen in den Blick nehmen, die zwischen elterlichen Selbstverständnissen und dem von staatlich-institutioneller Seite hervorgebrachten MachtWissen existieren. So nehme ich an, dass es den Eltern im Rahmen von Dispositiven auch möglich ist, »sich gegen die ihnen zugeschriebenen Positionierungen und normativen Skripts der Normalität und Eingepasstheit zu wenden« (Bührmann/Schneider 2008: 71) und so in gewisser Hinsicht auch ein ›widerständiges‹ Selbstverständnis und Verhalten in Schule zu entwickeln. Dabei stellt sich die Frage, wie innerhalb der durch Dispositive (vor-)strukturierten Bedingungen des Sag-, Denk- und Tubaren Formen des individuellen und eigensinnigen Handelns entstehen können. Mit dieser Frage hat sich auch Butler beschäftigt. In Anlehnung an Derrida (vgl. Derrida 1988) hat sie eine Theorie des subjektiven Handlungsvermögens entwickelt (vgl. Butler 1998; 1997). In dieser versteht Butler das Subjekt nicht als autonomes, in sich kohärentes Subjekt mit einem präexistenziellen, wesenhaften Kern (vgl. ebd. 2001: 15). Dabei geht sie wie Foucault davon aus, dass »[d]ie Macht [...] nicht nur auf ein Subjekt ein[wirkt], sondern [...] im transitiven Sinn auch die Entstehung des Subjekts« bewirkt (ebd.: 18). Butler bezeichnet diesen Prozess nicht als Subjektivierung, sondern spricht von *Subjektivation* (ebd.: 8). Anders als Foucault interessiert sie sich nun vor allem dafür, wie »Handlungsfähigkeit in der Unterordnung ermöglicht« wird und »sich in einem Spielfeld von nicht-identischen Wiederholungen von Normen – in ihrer Verschiebung und Resignifikation« zeigen kann (Jäckle 2015: 110). Was Butler hiermit konkret meint, veranschaulichen Marion Ott und Daniel Wrana (2010) am Beispiel der von Louis Althusser

---

4   Ein solches *double-bind* beschreiben Arzu Çiçek und Kolleg_innen weiter wie folgt: »Wenn wir uns bewusst machen, dass es zuweilen vorzuziehen ist, mit einem verletzenden Namen bezeichnet zu werden, als überhaupt keine anerkennbare soziale Existenz zu erlangen, dann zeigt sich die Misere, in der sich rassistisch Markierte befinden: [...] Einmal in spezifischer Weise erkannt, besteht eine Tendenz in diesem Erkennen zu verharren, ohne dass damit ein bewusster Prozess verbunden sein muss; das Erkannt-Werden und Erkennen sind zu einem Selbst-Erkennen und einer Selbst-Vertrautheit geworden. Die Beschämung und Verletzung durch rassistische Rede sind nicht nur Ausdruck der Gewalt einer sozialen Ordnung, die sich gegen Diskreditierbare wendet, sondern auch Bestätigung dessen, dass sie Teil dieser Ordnung sind« (ebd.: 325).

geschilderten Szene des *Rufs des Polizisten* (vgl. Althusser: 1977), die ich hier kurz skizzieren möchte:

In der genannten Szene beschreibt Althusser, wie ein Polizist einem Passanten auf der Straße nachruft: »He, Sie da!«, woraufhin sich das so angerufene Individuum umdreht, »in dem Glauben, der Ahnung, dem Wissen, es sei gemeint« (ebd.: 143). Damit erkennt der Passant »die Ordnung des bürgerlichen Gesetzes, für die der Polizist steht, als Wissensordnung« an (Ott/Wrana 2010: 164) und konstituiert sich in diesem Moment als Subjekt. Die Subjektivierung bzw. Subjektivation geschieht nach Althusser und Butler hier nicht allein über die Adressierung, »sondern erst mit dem Akt des Umdrehens, in dem sich das Individuum innerhalb der wiedererkannten und anerkannten diskursiven Ordnung als Subjekt positioniert« (ebd.). Bis zu diesem Punkt gleichen sich Foucaults und Butlers Verständnis von Subjektivierung und Subjektivation. Anders als Foucault, wendet Butler ihre Aufmerksamkeit nun jedoch vor allem dem zweiten, antwortenden Akt auf den Ruf des Polizisten zu. Wenn »alle Akte dieser Kette als diskursive Akte gelten«, wie dies auch in dieser Arbeit angenommen wird, dann schließt dies nach Butler sowohl ein, dass die Adressierung zurückgewiesen werden kann als auch, »dass die wiedererkannte diskursive Ordnung, mit der der Passant den Ruf des Polizisten dekodiert und die er anerkennt, nicht unbedingt genau dieselbe Ordnung ist, mit der der Polizist seinen Zuruf kodiert« (ebd.: 165). Der Akt der Reaktion auf die Anrufung durch das Individuum stellt damit für Butler eine potenzielle Bruchstelle bestehender dispositiver MachtWissens-Ordnungen dar. Denn wenn es sich bei dieser Reaktion lediglich um eine identische Wiederholung derselben Szene handeln würde, wäre die anzuerkennende Wissensordnung nicht mehr als ein »festgefügtes strukturales Raster« (ebd.). Folgt man jedoch den Argumentationen von Butler in der Darstellung von Ott und Wrana, »so wiederholen sich die Szenen nicht identisch, sondern zitieren einander im Modus der Iterabilität« (ebd.; vgl. Derrida 2001: 24; Butler 1998: 209ff.):

> »Die durch die Heterogenität des Diskursiven produzierte Differenz von *encoding/decoding* bringt ein Machtfeld hervor, innerhalb dessen die Möglichkeit eines anderen Anschlusses [...] erfolgt: Die Anrufung vollzieht sich nicht mit der Adressierung selbst, sondern erst dann, wenn der zweite Akt auf die Adressierung folgt. Und da dieser Akt nicht durch die Adressierung determiniert wird, wird die Anrufung durch dieselbe Adressierung je nach Art und Weise ihrer Beantwortung nicht dieselbe sein.« (Ott/Wrana 2010: 165)

Die performative Kraft eines jeden Sprechens und Handelns liegt nach Butler somit darin, dass deren Wiederholung zu einem gewissen Bruch mit dem vormaligen Kontext und damit zur Bedeutungsverschiebung führen kann. Mit diesem Verständnis appelliert Butler für eine Perspektive auf die in Dispositiven handelnden Individuen als Subjekte, die in ihrer Identität aufgrund hier miteinander konkurrierender Subjektpositionen sowie »uneindeutige[r] Normen und praktische[r] Interpretationsspielräume« (vgl. ebd.) zu keinem Zeitpunkt vollständig fixiert sind, in den Worten Judith Baxters:

> »Individuals are therefore shaped by the possibility of multiple (although not limitless) subject positions within and across different and competing discourses. Furthermore, the formation and reformation of identity is a continuous process, accomplished

through actions and words rather through some fundamental essence of character.«
(2003: 26)

Die vorangegangenen Ausführungen sensibilisieren die Analyse darauf, »das Schwan-
kende, Ambivalente und Widersprüchliche« (ebd.) sowie die Inkonsistenzen im Sprechen und Handeln der Subjekte auch als Ausdruck einer durch Dispositive konstituier-
ten Subjektivität in den Blick zu nehmen. Um diese Perspektive zu betonen, verwende
ich im Folgenden Butlers Begriff der Subjektivation.

In diesem Zusammenhang interessiert mich einerseits, wie Eltern (indirekt) über
ihr alltägliches Sprechen und Handeln zu Verschiebungen von dispositiven Wissens-
ordnungen beitragen. Andererseits frage ich, ob und wenn ja, wie die Eltern zum Teil
auch ganz bewusst dominante staatlich-institutionelle Formen ihrer Adressierung und
hiermit verbundene Rollenverständnisse reflektieren und welche Strategien sie anwenden, um – in den Worten Foucaults –, sich in ihren alltäglichen Kontexten »gegen die
verschiedenen Formen von Macht« zu stellen (Foucault 1983: 273). Hiermit sind vor allem
solche Formen der Macht gemeint, »die die Individuen in Kategorien einteilt, ihnen ihre
Individualität zuweist, sie an ihre Identität bindet und ihnen das Gesetz der Wahrheit
auferlegt, die sie in sich selbst und die anderen in ihnen zu erkennen haben« (ebd.). So
fasst Foucault unter dem Begriff der ›Kritik‹ bzw. des ›Widerstands‹ vor allem »Kämpfe
gegen die Subjektivierung« (ebd.: 212). Diese umfassen nicht nur die Ablehnung bzw.
kritische Aneignung von bestimmten Subjekttypen, sondern auch die Suche nach neu-
en Formen von Subjektivität (vgl. Foucault 1992). Solche *Subjektivierungskämpfe* setzen
nicht nur ein gewisses Maß an Freiheit voraus, sich bestimmten Subjektpositionen zu
widersetzen. Sie implizieren auch den »Willen«, »nicht dermaßen regiert zu werden«
(ebd.: 52). Kritik wird nach Foucault dann zu einer

> »Bewegung, in welcher sich das Subjekt das Recht herausnimmt, die Wahrheit auf ihre
> Machteffekte hin zu befragen und die Macht auf ihre Wahrheitsdiskurse hin. Dann ist
> die Kritik die Kunst der freiwilligen Unknechtschaft, der reflektierten Unfügsamkeit.
> In dem Spiel, das man die Politik der Wahrheit nennen könnte, hätte die Kritik die
> Funktion der Entunterwerfung.« (Ebd.: 15)

Indem Foucault betont, dass es sich bei der ›Kunst, nicht dermaßen regiert zu werden‹ im Wesentlichen um eine Veränderung der Haltung handelt, wird deutlich, dass
es nach ihm keine konkreten »Methoden oder Anleitungen« gibt, »die sicherstellen, wie
eine Tätigkeit unterwerfende oder befreiende […] Qualität gewinnt« (Lehmann-Rommel
2004: 280). Somit erweist sich das hier entworfene Verständnis von Kritik bzw. Widerstand als eine äußerst voraussetzungsvolle Tätigkeit für die Subjekte, die stets mit der
Gefahr des gesellschaftlichen Anerkennungsentzugs sowie des Sinn- und Identitäts-
verlusts verbunden ist. Soll Foucaults Verständnis von Kritik bzw. Widerstand für die
Analyse fruchtbar gemacht werden, gilt es diesen sowie die folgenden drei weiteren
Aspekte zu berücksichtigen:

Erstens ist eine Fokussierung der Analyse auf das widerständige Potenzial der
Subjekte mit dem Risiko verbunden, die Handlungsmacht von Individuen und
gesellschaftlichen Gruppierungen gegenüber kontextspezifischen Faktoren zu über-
akzentuieren und so bestimmte Formen der Selbstführung vorschnell subversiv

aufzuladen. Eine Fokussierung auf ›das Widerständige‹ kann nach John Solomos dazu führen, die »enormen Kosten« zu verharmlosen, »die sich aus Situationen ungleicher Macht, des Ausschlusses und der Diskriminierung ergeben« (Solomos 2002: 164). Auch Nghi Ha und Markus Schmitz merken an, dass insbesondere im Kontext struktureller Diskriminierung für bestimmte Individuen und Gruppen meist nur wenig Raum für »ungeahndete Subversionspraktiken« existiert (Ha/Schmitz 2006: 251). Die oben beschriebene Perspektive auf die komplexe Eingebundenheit der Subjekte in dispositive MachtWissens-Formationen erscheint in diesem Zusammenhang zentral, um (Un)Möglichkeiten widerständiger Praktiken der Subjekte stets im Kontext herrschender Diskurse, Institutionen sowie (migrations)gesellschaftlicher Ungleichheitsverhältnisse zu untersuchen. In diesem Zusammenhang gilt es die Analyse auch darauf zu sensibilisieren, dass zwar die institutionellen und strukturellen Barrieren für Migrant_innen bzw. als solche positionierte Individuen und Kollektive vielfach spezifische sind. Dies bedeutet jedoch nicht, dass die diesbezüglich entwickelten Strategien und widerständigen Positionen unweigerlich auch spezifisch ›migrantische‹ sind bzw. im Sinne eines *methodologischen Nationalismus* als solche analysiert und interpretiert werden sollten (vgl. Çağlar/Glick Schiller 2011).

Zweitens erscheint ein sensibler Umgang mit dem Begriff des Widerstandes auch vor dem Hintergrund alltagssprachlicher Assoziationen sinnvoll. Widerstand ist hier in der Regel positiv konnotiert und scheint vor allem darauf ausgerichtet, bestimmte politische Programme, Regierungsweisen und Obrigkeiten zurückzuweisen, abzulehnen oder zu Fall zu bringen. Eine solche Perspektive blendet allerdings die von Foucault betonte *Relationalität* von Macht aus, die eine »eindimensionale Gegenüberstellung von Macht und Ohnmacht« erschwert (Saar 2007: 210). Für Foucault ist keine Trennung möglich, die auf der einen Seite die »Macht schlechthin als eine gleichsam überirdische Instanz und auf der anderen Seite die Widerstände der unglücklichen Menschen, die sich dieser Macht fügen müssen«, lokalisiert (Foucault 2003c: 791). So können Widerstands- und Emanzipationsbewegungen in gewisser Hinsicht gleichsam »Subjektivierungsregime« herstellen (vgl. ebd.; vgl. Cruikshank 1999). Dies geschieht z.B. dann, wenn die ›widerständigen Subjekte‹ »nicht nur bestehende Wahrheitsordnungen in Frage« stellen, sondern »selbst Gegen-Wahrheiten« produzieren, »die davon handeln, wie ein befreites, emanzipiertes Subjekt sich selbst zu begreifen und wie es zu handeln hat« (Bröckling/Krasmann 2010: 30).

Eine vorsichtige Analyse von aktuellen Subjektivierungskämpfen erscheint gerade vor dem Hintergrund neoliberaler Retorsionseffekte angebracht. Diesbezüglich beobachtet beispielsweise Nancy Fraser aktuell sich vielfältig formierende Allianzen von Emanzipationsbewegungen mit neoliberalen Programmen und Akteur_innen. Sie versteht diese als Formen eines »progressiven Neoliberalismus« (Fraser 2017: 71). Am Beispiel des US-Wahlkampfes von Hilary Clinton im Jahr 2016 zeigt Fraser auf, wie sich die Präsidentschaftskandidatin bestimmte Emanzipations- und Identitätspolitiken zu Nutzen machte, um ein insgesamt neoliberales politisches Programm zu ›verkaufen‹ (vgl. ebd.: 72f.). Dies habe nach Fraser nicht nur die Etablierung eines verkürzten

Emanzipationsverständnisses im öffentlichen Diskurs befördert.[5] Die Einverleibung linker Identitätspolitiken in das neoliberale Programm habe es Clintons Gegner_innen auch erleichtert, eine Kapitalismuskritik mit einer Kritik an (linken) Identitätspolitiken gleichzusetzen (vgl. ebd.: 75f.). Frasers Beispiele zeigen, dass sich Subjekt und Objekt von Macht und Widerstand nicht einfach voneinander trennen lassen. Ihr Ineinandergreifen, so die im Folgenden weiter zu untersuchende Annahme, kommt im Dispositiv häufig über Widersprüche, Ambivalenzen und neue Machtgefüge zum Ausdruck. Ob es sich hierbei um Prozesse der Transformation dispositiver Ordnungen im Sinne einer Verschiebung »innerhalb der Grenzen des ›Normal(isiert)en«« handelt (Rose 2013: 118) oder um den Ausdruck neoliberaler Rationalität im Gewand vermeintlicher Entscheidungs- und Gestaltungsfreiheiten handelt, muss entsprechend kontextspezifisch analysiert und beantwortet werden.

Drittens muss die Analyse von Subjektivierungskämpfen der aktuell zunehmend von unterschiedlicher Seite geäußerten Kritik begegnen, nach der über eine Analyse von Widerstand als ein symbolisches Gegenverhalten ungleiche Verteilungen von (materiellen) Ressourcen sowie die Notwendigkeit darauf bezogener ›Klassenkämpfe‹ ausgeblendet werden (vgl. Marti 2008: 302). Indem sich (zu) einseitig mit Identitätskämpfen beschäftigt werde, so die Kritik, werde die ökonomische Frage vernachlässigt. Diesbezüglich erscheint es wichtig zu betonen, dass es bei Repräsentations- und Anerkennungskämpfen marginalisierter gesellschaftlicher Gruppen fast immer auch um materielle Kämpfe geht, d.h. »Praktiken der Subjektivierung stets eingelassen sind in eine Sozialordnung, die von Gewalt und Ungerechtigkeit, von Ressourcenknappheit und Verteilungskämpfen geprägt ist« (Rieger-Ladich 2012: 67). Die theoretische und analytische Kategorie der Subjektivation verweist immer auch »auf hochbrisante politische, juristische und ökonomische Fragen« (ebd. 2012: 67) und damit auf die Mehrdimensionalität von Benachteiligung. So sind, wie in der Einleitung dieser Arbeit dargestellt, beispielsweise ›Migrant_innen‹ einerseits überdurchschnittlich häufig von einer ökonomischen Ungerechtigkeit betroffen, wie sich z.B. mit Blick auf die vergleichsweise hohe Arbeitslosigkeit sowie hohen Armutsraten von ›Migrant_innen‹ in Deutschland abzeichnet. Gleichzeitig werden ›Migrant_innen‹ vielfach als gleichberechtigte Gesellschaftsmitglieder nicht anerkannt, dies vor allem vor dem Hintergrund völkisch-nationalistischer sowie eurozentrischer Normen und Anerkennungsverhältnisse. Nach Fraser wirken diese Benachteiligungsformen auf Ebene der ökonomischen Umverteilung und Anerkennung sowohl unabhängig voneinander als auch wechselseitig, was die Notwendigkeit verdeutlicht, Barrieren auf unterschiedlichen Ebenen abzubauen, um soziale Gerechtigkeit herzustellen (vgl. Fraser 2003). Identitäts- und Klassenkämpfe lassen sich dementsprechend nicht gegenüberstellen. Dies gilt es im Rahmen der Analyse zu berücksichtigen.

---

5   Ein solches Emanzipationsverständnis werde laut Fraser nicht mit dem Ziel einer Abschaffung kapitalistischer Hierarchien verbunden, sondern vielmehr mit dessen Diversifizierung. Eine zentrale Maßnahme stelle es diesbezüglich z.B. dar, Frauen sowie ethnischen und sexuellen Minderheiten zu *empowern*, in wirtschaftliche Spitzenpositionen zu gelangen. Als typische Vertreter_innen eines progressiven Neoliberalismus benennt Fraser neben der ›wirtschaftlich erfolgreichen Frau‹ auch ›grüne Kapitalist_innen‹ sowie ›meritokratische Antirassist_innen‹ (vgl. Fraser 2017).

Die hier nach Butler und Foucault dargestellten Konzeptionen von Kritik und Widerstand sollen die folgende Untersuchung inspirieren, die Subjekte beispielsweise in Form von Eltern und Pädagog_innen als mitgestaltende Agent_innen von Dispositiven in den Blick zu nehmen. Dabei ist von besonderem Interesse, wie die Subjekte mit der »Spannung von Affirmation und Kritik« konkret umgehen und mittels welcher konkreter Strategien sich im Rahmen alltäglicher Ereignisse abzeichnende »Routinen des Normierens, [...], Identifizierens, Bewertens und Ausgrenzens« von den Eltern aufgegriffen, kritisiert, unterbrochen oder sich gegen den ›Strich‹ angeeignet werden (Lehmann-Rommel 2004: 279). Die in den vorausgegangenen Kapiteln aufgeworfenen unterschiedlichen analyseleitenden Fragen möchte ich im Folgenden in einem qualitativen Forschungsdesign zusammenführen. Im Fokus steht dabei die Analyse des Zusammenspiels von politischen Diskurspositionen, schulisch-pädagogischen Wissensbeständen und (kollektiven) Subjektivationen der Eltern von Schüler_innen vor dem Hintergrund der in den vorausgegangenen Kapiteln beschriebenen migrationsgesellschaftlichen Verhältnisse.

4. Analyse dispositiver Verknüpfungen. Von politischen Diskursen, schulisch-pädagogischen Wissensbeständen und elterlichen Subjektivationen

4.1 Dispositivanalyse als Bricolage

»Es ist zunächst ein Durcheinander, ein multilineares Ensemble. [...] Will man die Linien eines Dispositivs entwirren, so muß man in jedem Fall eine Karte anfertigen, man muß kartographieren, unbekannte Länder ausmessen – eben das, was er [Foucault] als ›Arbeit im Gelände‹ bezeichnet.« (Deleuze 1991: 153)

Die Anforderungen, die Deleuze hier mit der Dispositivanalyse verbindet, »Vermischungen« verschiedener Elemente innerhalb des dispositiven Netzes zu »entmischen« (ebd.: 157), um darüber die spezifischen Verknüpfungen dieser Elemente offenzulegen, möchte ich in diesem Kapitel auf meine Forschung übertragen und darüber meine »»Arbeit im Gelände«« näher darlegen.

Die Frage, wie sich Foucaults Dispositivansatz methodisch umsetzen sowie an Verfahren der empirischen Sozialforschung anbinden lässt, wird von Vertreter_innen der Diskurs- und Dispositivforschung kontrovers diskutiert. Im Mittelpunkt steht die Auseinandersetzung mit dem notwendigen Grad der Methodisierung von Diskurs- sowie Dispositivanalysen. Während diesbezüglich auf der einen Seite versucht wird, konkrete methodisch-analytische Umsetzungsvorschläge zu entwickeln, die beispielsweise an hermeneutische Methoden der empirischen Sozialforschung anknüpfen (vgl. Keller 2007), werden auf der anderen Seite Positionen formuliert, die einer methodischen Ausbuchstabierung von Diskurs- und Dispositivanalysen eher skeptisch gegenüberstehen und u.a. auf die Gefahr einer »methodischen ›Schließung‹« hinweisen (vgl. van Dyk 2014). In meiner Arbeit teile ich die Annahme, dass es für die Dispositivanalyse kein Schema F gibt, das unabhängig vom Forschungsgegenstand entwickelt werden kann. Dennoch halte ich es im Sinne eines transparenten Forschungs- und Analyseprozesses für wichtig und notwendig, auszuweisen, wie ich ein dispositiv hergestelltes Macht-Wissen um Eltern im Kontext von Schule konkret rekonstruiere und analysiere. Dabei sehe ich diese Arbeit auch als eine Möglichkeit, (neue) Wege zur methodischen Umsetzung der Dispositivanalyse zu erproben und einen Beitrag zur Methodendiskussion im Kontext poststrukturalistischer Theorie zu leisten.

Wie unterschiedliche dispositive Elemente bei der Konstituierung und Positionierung von Eltern im Kontext der Schule zusammenwirken, versuche ich in dieser Arbeit über ein triangulatives Forschungsdesign, d.h. über die Verbindung unterschiedlicher qualitativer Datenerhebungs- und Auswertungsmethoden zu erfassen (vgl. Flick 2011; Denzin 1989). Abgeleitet aus der oben dargestellten theoretischen Auseinandersetzung mit Eltern und Schule in der Migrationsgesellschaft, stehen im Zentrum dieser Studie die Rekonstruktion

1. der zentralen politisch-behördlichen Diskurspositionen um Eltern von Berliner Schüler_innen. Diese rekonstruiere ich über die Analyse von politischen Aussagen, Gesetzen, administrativen Regelungen sowie politisch-behördlichen Praktiken der Elternadressierung auf Bundesland und sozialräumlicher Ebene. Als Analysematerial dienen mir hier politische Beschlüsse, Debatten, Handreichungen und Gesetzestexte, die insbesondere vom Berliner Senat und von den Berliner Behörden seit der Jahrtausendwende veröffentlicht wurden (vgl. Kapitel 4.2.1);
2. der dominanten schulisch-pädagogischen Wissensbestände über Eltern in innerstädtischen Schulen Berlins. Diese analysiere ich über teilstrukturierte qualitative Interviews mit Pädagog_innen aus weiterführenden Schulen in Berlin-Kreuzberg und -Neukölln und sich hierin artikulierenden Wahrnehmungen sowie schulischpädagogischen Praktiken im Umgang mit den Eltern der Schüler_innen (vgl. Kapitel 4.2.2);
3. der Subjektivationsprozesse von Berliner Eltern und (Eltern-)Vereinen, die sich als ›mit Migrationsgeschichte‹ im Kontext von Schule positionieren und/oder von Politik und Schule als solche positioniert werden. Analysegrundlage bilden hier stärker narrativ geführte, leitfadengestützte Interviews mit Eltern sowie Vertreter_innen von Berliner (Eltern-)Vereinen (vgl. Kapitel 4.2.2). Der Fokus der Analyse lag dabei sowohl auf den Identifikationen der Eltern und Vereine mit den über sie vorherrschenden politisch-schulischen Wissensbeständen als auch auf impliziten und expliziten Formen der Zurückweisung eines solchen Wissens.

Die politischen Diskurspositionen, schulisch-pädagogischen Wissensbestände und Subjektivationen verstehe ich als Kondensate des Zusammenwirkens unterschiedlicher, in Abbildung 1 dargestellter, dispositiver Elemente. Dabei ließe sich die Analyse der Diskurspositionen, Wissensbestände und Subjektivationsprozesse noch durch weitere diese konstituierende Elemente ergänzen, wie z.B. Statistiken, Schulprogramme oder Interaktionen zwischen Eltern und Pädagog_innen in der Schule. Mit Blick auf das oben vorgestellte Dispositivverständnis, nach dem es weniger entscheidend ist zu definieren, *welche* Elemente das Dispositiv insgesamt ausmachen, als zu analysieren, *wie* die Elemente sich konkret miteinander verbinden und wirken (vgl. Foucault 1978: 120), wird sich die folgende Untersuchung auf die hier eingezeichneten Elemente konzentrieren. Im Fokus steht die Frage, wie sich die aus dem Zusammenwirken der Elemente hervorgehenden Diskurspositionen, schulisch-pädagogischen Wissensbestände und Subjektivationsprozesse vor dem Hintergrund migrationsgesellschaftlicher

Verhältnisse zueinander formieren und so ein bestimmtes Wissen um Eltern und unterschiedliche ›Elterngruppen‹ in der Schule sowohl stabilisieren als auch in Bewegung halten. So stellt es ein zentrales Ziel dieser multiperspektivischen Analyse dar, dispositive MachtWissens-Formationen um Eltern und Schule sowohl im Hinblick auf ihre sinnstabilisierenden Funktionen zu rekonstruieren als auch mehrdeutige und/oder widersprüchliche Positionen und damit verbundene Widerstände gegen die ›Vereinheitlichung des Sinns‹ über die Entwicklung dekonstruktiver Lesarten auf das Material zu Tage zu befördern. Dabei kann an dieser Stelle bereits vorweggenommen werden, dass sich im Rahmen der Analyse gleich mehrere dispositive Knotenpunkte um Eltern und Schule herauskristallisieren, die wiederum in größere thematische Dispositive eingebunden sind und die jeweils spezifische Diskurs- und Subjektpositionen hervorbringen. Als besonders zentrale erweisen sich in diesem Zusammenhang das Berliner Integrations-, Migrations- und Bildungsdispositiv (vgl. Kapitel 4.4).

Die dispositivanalytische Vorgehensweise dieser Arbeit verstehe ich nach Adele Clarke als eine Art »Bastelarbeit für ›Bricoleure‹« (frz. für Bastler/Heimwerker; Clarke 2012: 184). Ich bin davon ausgegangen, dass Dispositivanalysen ihr analytisches Potenzial vor allem dann entfalten, »wenn sie an sozialwissenschaftlichen Theorien parasitieren und diese zugleich irritieren, mit anderen Worten: wenn sie ein Korrektiv und keine neue Schule bilden« (Bröckling/Krasmann 2010: 32). Diesem Verständnis entsprechend habe ich für die Datenerhebung und -analyse einen projektspezifischen ›Werkzeugkasten‹ entwickelt.[1] Wichtig erschien mir hierbei ein reflektierter Umgang mit unterschiedlichen wissenschaftstheoretischen Vorannahmen und Subjektverständnissen, die sich mit den Verfahren der qualitativen Sozialforschung verbinden und die sich zum Teil nicht mit der dispositivtheoretischen Anlage dieser Studie decken. So galt es die hier verwendeten Methoden der qualitativen Sozialforschung zunächst vor dem dispositivtheoretischen Hintergrund dieser Arbeit neu zu entfalten (vgl. Denninger et al. 2014: 48). Dies geschah insbesondere im Umgang mit dem Ansatz der Grounded Theory, bei der mir unter anderem das von Barney Glaser und Anselm Strauss (2008) entwickelte theoretische Sampling sowie das Kodierparadigma als wichtige Orientierungspunkte für den Forschungs- und Auswertungsprozess dienten. Dabei habe ich mich von dem handlungstheoretischen Bezug, die die Grounded Theory hinsichtlich der Deutungsarbeit von Akteur_innen aufweist, in meiner Arbeit distanziert und diesen in eine dispositivanalytische Kodierpraxis übersetzt. Das hier entwickelte Kodierverfahren ist somit vielmehr an der Vorgehensweise der Grounded Theory »gewachsen« (vgl. Denninger et al. 2014: 48), als dass es dieser in ihrer Gänze, d.h. auch in theoretisch-methodologischer Hinsicht, gefolgt ist.[2] Ähnliches galt für den Umgang mit den Interpretationstechniken der Dokumentarischen Methode. Diese habe

---

1   Die gegenstandsorientierte Konzeption und Ausrichtung des Forschungsprozesses tragen auch
      der Vorgehensweise Foucaults Rechnung, die er wie folgt beschreibt: »Ich habe keine Methode,
      die ich unterschiedslos auf verschiedene Bereiche anwende. [...] Ich habe keine allgemeine Theo-
      rie und auch kein sicheres Instrument. [...] Ich versuche meine Instrumente über die Objekte zu
      korrigieren, die ich damit zu entdecken glaube, und dann zeigt das korrigierte Instrument, dass
      die von mir definierten Objekte nicht ganz so sind, wie ich gedacht hatte« (Foucault 2003d: 512f.).
2   Als Orientierung dienten mir hier vor allem solche Weiterentwicklungen der Grounded Theory,
      die sich von einer positivistischen und interaktionistischen Auslegung dieser abgrenzen und ne-

*Abbildung 1: Dispositive MachtWissens-Formation um Eltern und Schule im dispositiven Netz
(eigene Darstellung)*

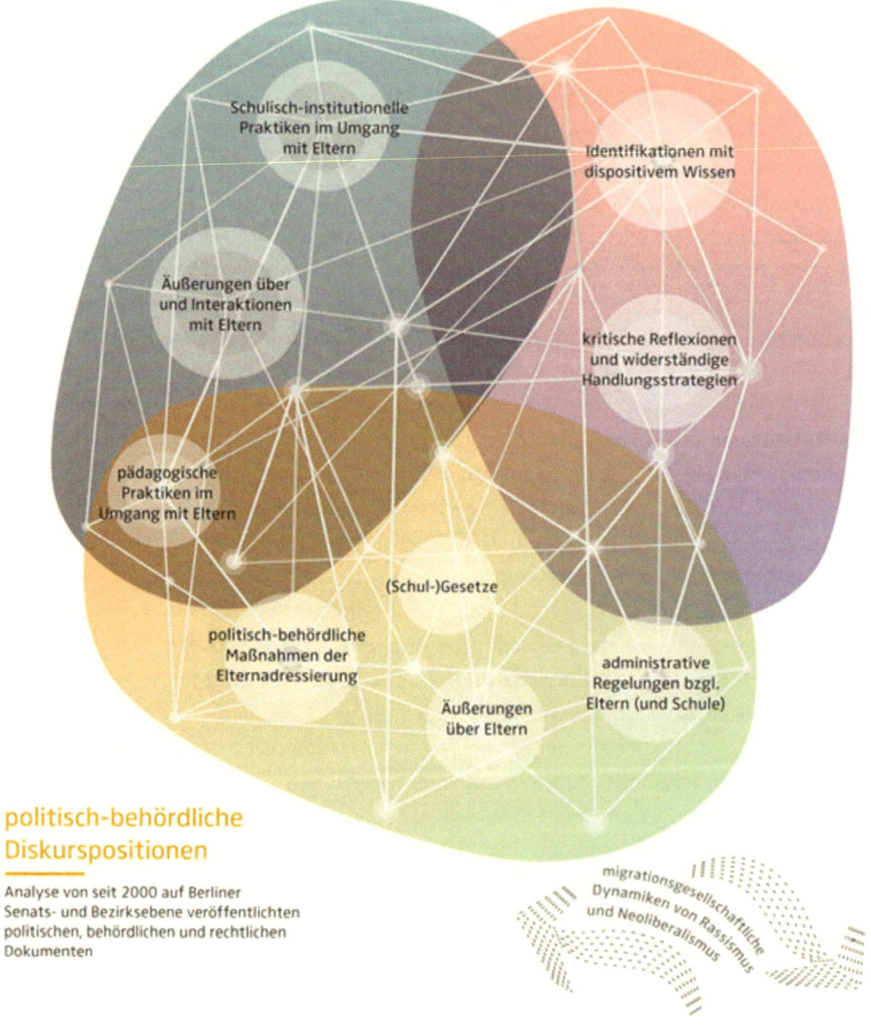

schulisch-pädagogische Wissensbestände

Analyse qualitativer Interviews
mit Pädagog_innen aus
weiterführenden Schulen Berlins

Subjektivationen von Eltern

Analyse qualitativer Interviews mit Berliner
Eltern von Schüler_innen sowie Vertreter_innen
von Berliner (Eltern-)Vereinen

Schulisch-institutionelle
Praktiken im Umgang
mit Eltern

Identifikationen mit
dispositivem Wissen

Äußerungen über
und Interaktionen
mit Eltern

kritische Reflexionen
und widerständige
Handlungsstrategien

pädagogische
Praktiken im
Umgang mit Eltern

(Schul-)Gesetze

politisch-behördliche
Maßnahmen der
Elternadressierung

administrative
Regelungen bzgl.
Eltern (und Schule)

Äußerungen
über Eltern

politisch-behördliche Diskurspositionen

Analyse von seit 2000 auf Berliner
Senats- und Bezirksebene veröffentlichten
politischen, behördlichen und rechtlichen
Dokumenten

migrationsgesellschaftliche
Dynamiken von Rassismus
und Neoliberalismus

ben der Bedeutung der Konstruktionsleistungen der Forschenden (vgl. Charmaz 2011) auch die
diskursive Situiertheit aller Formen der Wissensproduktion betonen (vgl. Clarke 2012).

ich – angelehnt an Arnd-Michael Nohls Reflexionen zur Anwendung der Methode für die Interpretation öffentlicher Diskurse (vgl. Nohl 2016) – vor allem dazu genutzt, um die Analyse der Interviews weiter zu systematisieren und auf das »handlungsleitende, inkorporierte (Orientierungs-)Wissen der Akteure« zu fokussieren (Denninger et al. 2014: 59).

Im Folgenden möchte ich mein Vorgehen zunächst hinsichtlich der Erstellung des Analysekorpusses näher darlegen (vgl. Kapitel 4.2). Im Anschluss gehe ich auf die Form und Durchführung der dieser Arbeit zu Grunde liegenden Interviews ein (vgl. Kapitel 4.3), bevor ich mich der Beschreibung meines analytischen Vorgehens zuwende (vgl. Kapitel 4.4).[3]

4.2   Analysekorpus

Den zentralen Ausgangspunkt dieser Studie stellten ausschließlich geschriebene und gesprochene Texte dar. Dies waren zum einen öffentlich zugängliche politische, behördliche und juristische Dokumente und zum anderen in transkribierter Textform vorliegende Erzählungen und Argumentationen von Pädagog_innen, Eltern und (Eltern-)Vereinen. Die Zusammenstellung des Analysekorpus fand im Sinne des *theoretischen Samplings* (vgl. Strauss 1998: 70ff.) schrittweise im Wechsel von Datenerhebung und -analyse statt. Dabei stand stets die Frage im Vordergrund, wie aus der Hinzuziehung weiterer Interviewpersonen bzw. Dokumente zugleich weitere analytische und theoretische Erkenntnisse im Hinblick auf die Forschungsfragen gewonnen werden können. Wie sich das Sampling der verschiedenen Textformen jeweils konkret gestaltete, möchte ich hier kurz skizzieren.

4.2.1   Politische, behördliche und rechtliche Dokumente

Der Textkorpus für die Analyse politischer Diskurspositionen um Eltern und Schule umfasst vor allem von Berliner Senatsbehörden herausgebrachte migrations-, integrations- und bildungspolitische Grundsatzdokumente – darunter insbesondere politische Konzepte, Beschlüsse und Handreichungen, Plenarprotokolle, parlamentarische Anfragen, von Senat und Behörden veröffentlichte Pressemitteilungen sowie Artikel aus verschiedenen Tageszeitungen, in denen Äußerungen von Berliner Politiker_innen zitiert bzw. veröffentlicht wurden (vgl. Dokumentenverzeichnis). Die genannten Dokumente verstehe ich als Fragmente eines »Interdiskurses« (Link 1986), der nach Jürgen Link eine »aggregierte Gesamtheit« verschiedener Spezialdiskurse darstellt, zugleich mit »selektierten ›Allgemein-Wissens‹-Beständen« arbeitet und dadurch eine zentrale Diskursebene bildet, über die »Wissen in die Alltagswelten der

---

3   Bei dem im Folgenden beschriebenen Vorgehen handelte es sich um einen zirkulären Forschungs- und Analyseprozess, bei dem das Sampling, die Erhebung und Auswertung des Analysematerials sowohl innerhalb als auch zwischen den Untersuchungsebenen weitgehend parallel zueinander verlief. Die folgende chronologische Darstellung der Analyseschritte stellt somit eine nachträgliche (Re-)Konstruktion des Forschungsprozesses dar, um so eine bessere Nachvollziehbarkeit meiner methodisch-analytischen Vorgehensweise zu gewährleisten.

Subjekte« diffundiert (Bührmann/Schneider 2008: 66 mit Verweis auf Link 1986: 5). So gehe ich davon aus, dass sich in den genannten Dokumenten ein politisch-behörd-liches Wissen über Eltern entfaltet, das auch das Denken und Handeln in Berliner Schulen und Behörden auf spezifische Weise orientiert. Dafür erschien es wesentlich, ausschließlich frei zugängliche Dokumente für die Analyse auszuwählen, d.h. solche Texte, die von einer breiten Öffentlichkeit ebenso wie von den Mitarbeiter_innen in Bildungsbehörden und Schulen rezipiert werden können.

Die Auswahl und Sammlung der Dokumente erfolgten schrittweise nach theorie-geleiteten Kriterien. Der Fokus der Recherche lag zunächst auf Dokumenten, die sich allgemein mit Schul- und Bildungsprozessen in der Migrationsgesellschaft befassten. Über das Studium einschlägiger Sekundärliteratur sowie eine offene Internetrecherche wurden politische Schlüsseltexte gesucht und identifiziert, die im genannten themati-schen Kontext veröffentlicht wurden. Da die Analyse nicht nur zum Ziel hatte, aktuelle diskursive Dynamiken zu rekonstruieren, sondern auch ihre diskursive ›Vorgeschich-te‹ freizulegen, konzentrierte sich meine Recherche auf Dokumente, die seit dem Jahr 2000 (bis 2018) veröffentlicht wurden. Anlass hierfür gaben gleich mehrere auf Bundes- und Bundeslandebene zu verzeichnende rechtliche sowie politische Entwicklungen, die um die Jahrtausendwende stattgefunden haben. So wurde mit der Liberalisierung des Staatsangehörigkeitsrechts im Jahr 1999 Deutschland als ›Einwanderungsland‹ erstmals politisch anerkannt und der Übergang zu einer ›aktiven Integrationspolitik‹ vollzogen. Im gleichen Zeitraum haben die im Jahr 2000 erstmals veröffentlichten Ergebnisse der PISA-Studie intensive Debatten über die Qualität schulischer Bildung in Deutschland angestoßen, insbesondere über den unterdurchschnittlichen Schulerfolg vieler Kinder und Jugendlicher mit einem – wie es seitdem auch in der Berliner Bevölkerungs- und Bildungsstatistik heißt – ›Migrationshintergrund‹. Parallel hierzu wurde im Jahr 2001 »interkulturelle Bildung und Erziehung« erstmals zu einem »fächerübergreifende[n] Unterrichtsprinzip« für »alle Fächer, [...] Stufen und Schulformen« in Berlin erklärt (Se-natsverwaltung für Schule, Jugend und Sport 2001). Dass in diesem Zeitraum auch For-derungen nach einer Zusammenarbeit zwischen Eltern und Schule verstärkt von poli-tischer Seite formuliert wurden, hat die dieser Arbeit vorgelagerte Analyse des bun-despolitischen Diskurses um ›Eltern mit Migrationshintergrund‹ gezeigt (vgl. Gomol-la/Kollender 2019; vgl. Kapitel 2.2.3). Als wichtig für die Wahl des genannten Analyse-zeitraums erschien zudem, dass dieser weitestgehend dem Erfahrungs- und Erzählho-rizont der interviewten Pädagog_innen und Eltern entsprach, um so die im Rahmen der Dokumentenanalyse rekonstruierten diskursiven Ereignisse und Aussagen mit den Erzählungen der Interviewpersonen später in Beziehung setzen zu können.

Zunächst konnten folgende Dokumente als politische Schlüsseldokumente für die Analyse identifiziert werden: (1.) Die im Jahr 2001 vom Berliner Bildungssenat veröffent-lichte Handreichung »Interkulturelle Bildung und Erziehung«, (2.) das Berliner Schul-gesetz in seiner im Jahr 2004 aktualisierten Fassung, (3.) das erste und zweite »Berliner Integrationskonzept« (2005, 2007), (4.) das 2006 veröffentlichte Konzept »Integration durch Bildung«, (5.) die 2009 vom Berliner Beauftragten für Integration und Migration herausgegebene Handreichung »Arbeit, Bildung, Chancengleichheit«, (6.) die Handrei-chung »Islam und Schule« (2010a) der Senatsverwaltung für Bildung, Wissenschaft und Forschung sowie (7.) der 2016 vom Senat verabschiedete »Masterplan Integration und

Sicherheit« (Senatsverwaltung für Arbeit, Integration und Frauen 2016a). Die Schlüsselfunktion dieser Dokumente zeigte sich insbesondere in ihrer Bedeutung für die politische, schulische und öffentliche Diskussion in Berlin. In dieser wurde sich häufig auf die genannten Dokumente bezogen und dabei vielfach auf ihre dezidiert inhaltliche Profilierung in der Berliner Bildungs- und Migrationspolitik verwiesen.

Im Verlauf der Analyse wurden sukzessive weitere Dokumente in den Datenkorpus mitaufgenommen, nachdem bei der vergleichenden Analyse der genannten Grundsatzdokumente eine gewisse Sättigung eingetreten war. Dabei habe ich vor allem solche Dokumente herangezogen, die den bisherigen Datenkorpus in verschiedener Hinsicht ergänzten bzw. mit diesem kontrastierten, um so weitere ›Stimmen‹ in die Diskursanalyse miteinzubinden. Konkret handelte es sich vor allem um Texte, die von den Berliner Bezirksbehörden in Neukölln und Friedrichshain-Kreuzberg herausgegeben wurden und stärker auf lokale Dynamiken im Forschungsfeld Bezug nahmen. Im weiteren Verlauf der Analyse wurden zudem Dokumente hinzugezogen, die die interviewten Pädagog_innen als zentrale Quellen in ihrer (theoretischen) Auseinandersetzung mit dem Thema ›Elternarbeit‹ angaben. Hierzu zählten u.a. die seit März 2008 von der Berliner Bildungsbehörde herausgegebenen Fachbriefe zur »Kooperation von Schule und Eltern mit Migrationshintergrund«.

Die sukzessive Erweiterung des Dokumentenkorpus war zum anderen der Beobachtung geschuldet, dass der politisch-behördliche Kontext, in welchem Eltern (mit Migrationsgeschichte) thematisch werden, zum Teil weit über das zunächst für die Analyse abgesteckte Themenfeld hinausgeht. So wird Eltern nicht nur im Zusammenhang einer zunehmend für notwendig erachteten schulischen Auseinandersetzung mit ›migrationsbedingter Heterogenität‹ Bedeutung zugeschrieben. Eltern treten in den politischen Dokumenten auch als zentrale Adressat_innen einer Berliner Integrationspolitik in Erscheinung und werden ebenso im Kontext sicherheitspolitischer und sozialräumlicher Debatten sowie aktueller bildungspolitischer Reformen hinsichtlich einer Verbesserung von ›Schulerfolg‹ und ›Schulqualität‹ thematisch. Das Dokumentensampling habe ich entsprechend auf diese Themenfelder ausgeweitet.

4.2.2 Interviewtexte aus qualitativen leitfadengestützten Interviews mit Pädagog_innen, Eltern und (Eltern-)Vereinen

Der Analyse von schulisch-pädagogischen Wissensbeständen sowie der Subjektivationsprozesse von Eltern und Vereinen liegen 25 qualitative leitfadengestützte Interviews zu Grunde, die ich in den Jahren 2014 und 2015 mit insgesamt 28 Pädagog_innen, Eltern und Vertreter_innen von (Eltern-)Vereinen geführt habe. Das Sampling für die verschiedenen Interviewgruppen möchte ich im Folgenden jeweils kurz erläutern.

Pädagog_innen aus weiterführenden Schulen Berlins Um die Sicht- und Handlungsweisen der in den Schulen wirkenden Pädagog_innen und die sich aus dem Gesamt dieser realisierenden schulisch-pädagogischen Wissensbestände hinsichtlich des Umgangs mit ›migrationsbedingter Heterogenität‹ im Generellen und speziell mit den Eltern der Schüler_innen zu erfassen, habe ich an sieben innerstädtischen Schulen Berlins insgesamt zehn Pädagog_innen interviewt. Das Sampling konzentrierte sich dabei auf die zwei weiterführenden Schulformen im heute zweigliedrig organisierten Berliner Schul-system: das Gymnasium bzw. die Berliner Oberschule sowie die Integrierte Sekundar-schule.[4]

In das Sampling wurden zunächst ausschließlich Klassenlehrer_innen sowie Schul-leiter_innen einbezogen. Bei den Klassenlehrer_innen bin ich davon ausgegangen, dass diese über die Leitung einer Schulklasse und die damit verbundenen Aufgaben, wie die Organisation von Elternabenden und -sprechtagen, in einem potenziell direkten Kon-takt zu den Eltern ihrer Schüler_innen stehen. Die Sicht der Schulleiter_innen erschien für die Analyse interessant, da angenommen wurde, dass diese sozusagen über eine übergeordnete Perspektive auf das Handeln der Institution Schule als Ganzes verfü-gen. Im weiteren Forschungsprozess stellte sich heraus, dass mit dem beschriebenen Sampling die Heterogenität des an der Schule arbeitenden pädagogischen Personals nicht ausreichend berücksichtigt wurde. So kam in den ersten Interviews mit Eltern sowie Lehrer_innen zum Ausdruck, dass auch die an den jeweiligen Schulen tätigen Schulsozialarbeiter_innen eine zentrale Rolle im Rahmen einer Zusammenarbeit mit Eltern und (Eltern-)Vereinen spielten. Die Sozialpädagog_innen wurden häufig als ›Ex-pert_innen‹ in Sachen ›Elternarbeit‹ bezeichnet. Vor diesem Hintergrund habe ich mich entschieden, auch sie in die Interviewstudie miteinzubeziehen.[5]

Die finale Zusammensetzung der Interviewgruppe gestaltete sich schließlich wie folgt: Unter den zehn interviewten Pädagog_innen befinden sich drei Schulleiter_in-nen, vier Klassenlehrer_innen sowie drei Schulsozialarbeiter_innen. Diese sind unter-schiedlichen Alters und zwischen 1973 und 2010 in den Schuldienst eingetreten. Zwei der Pädagog_innen gaben im Interview an, einen ›türkischen Migrationshintergrund‹ zu haben, während eine Pädagogin ihre Migration nach Deutschland aus dem Irak the-matisierte. Fünf der Pädagog_innen arbeiten an einem Gymnasium, fünf an einer inte-grierten Sekundarschule, dies jeweils in gleichen Teilen in Berlin-Kreuzberg und Neu-kölln.

Berliner Eltern mit Migrationsgeschichte Neben den genannten Pädagog_innen habe ich insgesamt zwölf Eltern mit (zugeschriebener) Migrationsgeschichte interviewt, deren Kinder eine weiterführende Schule in Berlin-Kreuzberg oder Neukölln besuchen. Die

---

4   Im Rahmen der Berliner Schulreform im Schuljahr 2010/11 wurden die bisherigen Haupt-, Real-
      und Gesamtschulen in einer Schulart, der Integrierten Sekundarschule, zusammengefasst. Sowohl
      die Integrierte Sekundarschule als auch das Gymnasium können mit dem Abitur abgeschlossen
      werden. Seit dem Schuljahr 2008/09 können sich allgemeinbildende Schulen zudem zu Gemein-
      schaftsschulen zusammenschließen, die einen durchgehenden Bildungsgang von der Grundstufe
      zur Sekundarstufe anbieten (vgl. Senatsverwaltung für Bildung, Jugend und Wissenschaft 2015a).
      Zum Zeitpunkt der Interviews befanden sich zwei der insgesamt sieben Schulen, an denen Ge-
      spräche mit Pädagog_innen stattfanden, gerade im ›Umbau‹ zu Gemeinschaftsschulen.
5   Für die Interviews musste entsprechend des Berliner Schulgesetzes (§ 65 (2)) ein schriftliches Ein-
      verständnis der Schulleitungen eingeholt werden. Dieses musste mit einer Erklärung der Leitun-
      gen einhergehen, dass sie die Schulkonferenz über mein Forschungsvorhaben informieren. Auf
      Grundlage der Einverständnisse von sieben Schulen wurde schließlich die Durchführung und an-
      onymisierte Veröffentlichung der Interviews vom Berliner Datenschutzbeauftragen genehmigt.

Auswahl der interviewten Eltern habe ich ausschließlich über die interviewten Pädagog_innen vorgenommen. Hierüber sollte gewährleistet werden, dass mindestens eines der Kinder der interviewten Eltern eine der weiterführenden Schulen besuchte, die bereits über das hier zuvor stattgefundene Interview mit den Pädagog_innen in den Blick genommen wurde. Das Sampling dieser Interviewgruppe war von der Annahme geleitet, dass es sich bei der Kategorie ›mit Migrationshintergrund‹ um eine wirkmächtige dispositive Konstruktion handelt, welche auf Seiten der so adressierten Eltern wiederum mit spezifischen Erfahrungen verbunden ist. Diese wollte ich im Rahmen der Analyse genauer in den Blick nehmen, allerdings ohne die Eltern bereits in der ersten Ansprache als ›Eltern mit Migrationshintergrund‹ zu positionieren und ihre Erzählperspektive so möglicherweise auf ihre (vermeintliche) Migrationsgeschichte zu verengen. So habe ich bei der Kontaktaufnahme eine Adressierung der Eltern als ›Eltern mit Migrationshintergrund‹ stets vermieden.[6] Interessant war es jedoch zu beobachten, dass die Eltern, zu denen mir von den Pädagog_innen ein Kontakt vermittelt wurde, sich ausnahmslos als Personen mit ›offensichtlichem Migrationshintergrund‹ erwiesen. D.h. es handelte sich hier ausschließlich um nicht-*weiße* Väter und Mütter, die selbst oder deren Eltern aus der Türkei oder aus Syrien nach Deutschland migriert waren. Es bestätigte sich hier die in vorangegangenen Analysen bereits häufig angestellte Beobachtung, dass die Positionierung von Menschen als Personen mit oder ohne Migrationsgeschichte sich vorwiegend an äußerlichen und/oder sprachlichen Merkmalen orientiert, die vermeintlich auf ein natio-ethno-religiös-kulturell ›Eigenes‹ oder ›Anderes‹ verweisen. Dass auch in Schule vorgenommene Positionierungen von Eltern als Eltern ›mit Migrationshintergrund‹ vorwiegend mit den Zuschreibungen ›muslimisch‹, ›türkisch‹, ›arabisch‹ verbunden sind, Eltern ›mit Migrationshintergrund‹ damit somit meist in einem ›nicht-deutschen‹ sowie ›außer-europäischen Anderswo‹ verortet werden, deutete sich somit bereits im Rahmen des Samplings an und wurde im Verlauf der Analyse weiter bestätigt.

Die Interviewgruppe der Eltern setzte sich schließlich wie folgt zusammen: Unter den insgesamt zwölf interviewten Elternteilen befanden sich insgesamt sechs Mütter und sechs Väter im Alter von 32 bis 62 Jahren. Vier der Mütter und Väter gehören der zweiten Migrant_innen-Generation an, d.h. sie sind in Deutschland geboren, während acht der interviewten Eltern im Zeitraum von 1961 bis 1987 mit ihren Eltern nach Deutschland migriert sind. Von ihnen verbrachte ein Großteil die Schulzeit in Deutschland. Fünf der interviewten Eltern haben die deutsche Staatsbürgerschaft, vier die türkische Staatsangehörigkeit, zwei Personen haben einen syrischen Pass, während eine Person eine doppelte, deutsch-syrische Staatsbürgerschaft besitzt. Im Sample sind Väter und Mütter ohne Schulabschluss und Ausbildung ebenso vertreten wie Hochschulabsolvent_innen. Ein Großteil der interviewten Eltern war zum Zeitpunkt des Inter-

---

6   Im vorherigen Kontakt mit den Pädagog_innen habe ich stets von Eltern mit Migrationsgeschichte gesprochen. Ich bin davon ausgegangen, dass es sich bei diesem Begriff um einen weniger vom öffentlichen und politischen Diskurs geprägten bzw. ›belasteten‹ Begriff handelt als der Terminus ›mit Migrationshintergrund‹. Es ist jedoch fraglich, ob die sprachliche Differenzierung – auch aufgrund der lautsprachlichen Ähnlichkeit – von den interviewten Personen wahrgenommen wurde.

views erwerbstätig.[7] Zwei Väter und eine Mutter waren erwerbslos und befanden sich in einer Beschäftigungsmaßnahme des örtlichen Jobcenters.

Vertreter_innen von Berliner (Eltern-)Vereinen Im Laufe der Untersuchung habe ich zudem Kontakt zu verschiedenen (Eltern-)Vereinen aufgenommen, die in den Gesprächen mit den Eltern und/oder Pädagog_innen als wichtige ›Partner_innen‹ der Schule bzw. als zentrale Akteur_innen im Umfeld der Schule erwähnt wurden. Die sich im Sampling befindenden Vereine weisen somit alle in ihrer Arbeit und Ausrichtung einen Bezug zur Schule und zum Berliner Bildungssystem auf, indem sie entweder mit einer oder mehreren Schulen im Forschungsfeld kooperieren und über eigene bildungsbezogene Projekte im Kontext Neuköllner und/oder Kreuzberger Schulen tätig sind.

Insgesamt habe ich fünf Mitglieder von vier (Eltern-)Vereinen interviewt. Die Interviewpersonen waren Teil des Vorstands der Vereine und/oder für das Arbeitsfeld ›Eltern und Schule‹ innerhalb ihres Vereins (mit)verantwortlich. Gemeinsam ist allen Vereinsvertreter_innen, dass sie im Bezirk und/oder berlinweit seit vielen Jahren aktiv, mit anderen lokalen Bildungsakteuren vernetzt sind und über einen breiten Erfahrungshorizont in der Kooperation mit einzelnen oder mehreren Schulen verfügen. Demgegenüber unterscheiden sich die Vereine der interviewten Vertreter_innen hinsichtlich ihrer eigenen natio-ethno-religiös-kulturellen Verortung. So präsentieren sich diese in ihren Vereinsprofilen u.a. als ›arabisch‹, ›türkisch‹, ›deutsch-arabisch‹, ›deutsch-türkisch‹ und/oder ›kurdisch‹ sowie als ›sunnitisch-muslimisch‹, ›liberal-islamisch‹, ›alevitisch‹ oder ›ohne religiösen Bezug‹. Die Organisationen unterscheiden sich zudem hinsichtlich ihrer Vereinsgröße sowie ihres Wirkungskreises.

Vor bzw. in den Interviews mit den Eltern stellte sich heraus, dass vier von ihnen sich ebenfalls in lokalen (Eltern)Vereinen engagierten. So habe ich mich entschieden, diese in ihrer ›Doppelrolle‹ sowohl als Eltern von in Kreuzberg/Neukölln zur Schule gehenden Schüler_innen als auch in ihrer Funktion als Vertreter_innen von Elternvereinen bzw. ›Migrant_innenorganisationen‹ zu interviewen. Das Sampling der Vereinsvertreter_innen erweiterte sich somit von fünf auf neun Interviewpersonen.

4.3   Interviewform(en) und -durchführung

Die mit den drei genannten Gruppen geführten qualitativen, leitfadengestützten Interviews unterschieden sich nicht nur in ihrer inhaltlichen Ausrichtung, sondern auch hinsichtlich ihres Strukturierungsgrades. Während es in den Gesprächen mit den Eltern über eine teilweise biographische und stärker narrative Ausrichtung der Interviews vor allem darum ging, möglichst freie Erzählungen zu generieren, sollte das Sprechen und Handeln sowohl der Pädagog_innen als auch der Vereinsvertreter_innen in den Interviews primär in ihren institutionellen Zusammenhängen in den Blick genommen

---

7   Die meisten der genannten soziodemographischen Merkmale wurden über einen Kurzfragebogen im Anschluss an das Interview erfasst. In diesem wurde u.a. auch die Möglichkeit einer Positionierung ›zwischen den Geschlechtern‹ berücksichtigt, die jedoch keine der Interviewpersonen wahrnahm.

werden. Hier habe ich mich an der Form des Expert_innen-Interviews orientiert (vgl. Meuser/Nagel 2005). Dies hatte nicht zum Zweck, die Deutungen der Eltern von denen der Pädagog_innen und Vereins-Vertreter_innen insofern abzugrenzen, als dass das hier zum Ausdruck gebrachte Wissen als qualifizierter oder kompetenter aufgefasst wurde. Vielmehr bin ich davon ausgegangen, dass die Pädagog_innen und Vereinsmitarbeiter_innen als Vertreter_innen ihrer Institutionen über ein (diskursiv vermitteltes) »Praxis- und Handlungswissen« verfügen (Przyborski/Wohlrab-Sahr 2010: 133), welches mit den politisch-institutionellen Handlungskontexten der Schulen bzw. Vereine stark verwoben ist (Bogner/Menz 2002: 46). Über ihre institutionelle Einbindung kommt diesen Interviewpersonen zudem eine besondere Sprecher_innenposition zu, die es ihnen auch ermöglicht, so die hier verfolgte Annahme, auf die Gestaltung und Ausrichtung von Dispositiven in besonderem Maße Einfluss zu nehmen.

Für die Interviews habe ich drei unterschiedliche Interviewleitfäden auf Grundlage der oben dargelegten theoretischen Auseinandersetzung sowie erster Beobachtungen im Rahmen der Diskursanalyse entwickelt. Die Leitfäden waren so aufgebaut, dass sie weniger ein striktes Frage-Antwort-Schema darstellten als ein thematisches Tableau, das flexibel eingesetzt werden konnte und dadurch offen für unerwartete Themendimensionierungen der Interviewten war (vgl. Meuser/Nagel 2009: 54). Der Interviewaufbau bewegte sich stets vom Allgemeinen zum Spezifischen, d.h. alle Interviews begannen mit einer offenen Erzählaufforderung, die die Befragten in die Lage versetzen sollte, ihre Perspektiven auf das interessierende Phänomen möglichst frei zu entfalten. So wurden die Pädagog_innen zunächst gebeten, bestehende Formen der Zusammenarbeit mit Eltern an ihrer Schule darzulegen, während die Vertreter_innen der (Eltern-)Vereine zentrale Aufgaben und Ziele ihres Vereins im Bildungsbereich ausführen und die Eltern über die Schule ihrer Kinder erzählen sollten. In Abhängigkeit von der Ausführlichkeit der Erzählungen wurden Nachfragen gestellt, die sich unmittelbar auf das bisher Gesagte bezogen. Daran anschließende thematische Fragekomplexe wurden in der Regel ihrerseits mit einer offenen Frage eingeleitet. Die Interviewten wurden dabei u.a. aufgefordert, konkrete Handlungsabläufe und alltägliche Interaktionen im Umgang miteinander näher zu beschreiben sowie Erfahrungen im Kontext der Schule ausführlich zu schildern.

Die Interviews gingen schließlich in einen stärker problemzentrierten Gesprächsteil über. In diesem wurden Argumentationen und Stellungnahmen auf Seiten der Interviewpartner_innen zu solchen thematischen Aspekten angeregt, die sich unmittelbar auf mein Erkenntnisinteresse bezogen. Diese Form der Interviewausrichtung orientierte sich am *problemzentrierten Interview* nach Andreas Witzel (2000), welches darauf abzielt, die im bisherigen Analyseprozess gewonnenen Erkenntnisse und Beobachtungen in Form sensibilisierender Konzepte direkt sowie indirekt im Interview anzusprechen. Die Interviewten wurden dadurch in die Lage versetzt, zu diesen Konzeptionen ›Stellung‹ zu beziehen, sie zu bestätigen oder zu verwerfen (vgl. ebd. 2000).[8] So habe ich einige der Eltern im späteren Verlauf der Interviews beispielsweise danach gefragt,

---

8   Ich bin nach Guenter Mey davon ausgegangen, dass eine solche, stärker interaktiv und durch vermehrte Nachfragen strukturierte Gesprächsführung keine Störung oder (unwissenschaftliche) Einflussnahme auf die Interviewsituation darstellt, sondern vielmehr eine hohe ›Freisetzungs-

wie sie zu der Bezeichnung ›mit Migrationshintergrund‹ stehen und welche persönlichen Erfahrungen sie mit dieser Adressierung verbinden, während ich die Pädagog_innen u.a. auf die von den Eltern häufig geäußerten Diskriminierungserfahrungen in der Schule angesprochen habe. Es ging an dieser Stelle auch darum, in der bisherigen Analyse sich abzeichnende widersprüchliche Diskurspositionen in das Gespräch einzubringen. Darüber hinaus sollten bestimmte Verständnisse der Interviewten beispielsweise hinsichtlich ›Interkulturalität‹, ›Diskriminierung‹ und ›Integration‹ sowie konkretes Hintergrundwissen über politische und institutionelle Entwicklungen und Gegebenheiten erfragt werden. Dabei wurde darauf geachtet, die Erzählsituation nicht auf meine Problemsicht zu verengen und eine möglichst ›weiche‹ Gesprächsführung beizubehalten (vgl. Mey 2000: 10; vgl. Przyborski/Wohlrab-Sahr 2010: 87).[9]

Die Gespräche wurden auf Wunsch der Interviewpersonen überwiegend an ihren Arbeits- und Wohnorten geführt, d.h. in den Wohnungen der Eltern, im Klassen-, Lehrer_innenzimmer oder auf dem Schulgelände sowie in den Räumlichkeiten der Vereine. Alle Gespräche wurden überwiegend auf Deutsch geführt und mit dem Einverständnis der Interviewten digital aufgezeichnet. Die Interviews waren von unterschiedlichen, situationsspezifischen Dynamiken geprägt, die u.a. durch unerwartete Gesprächskonstellationen entstanden. So brachte ein Vater seine Tochter spontan mit zum Interview, während die Vertreterin einer ›Migrant_innenorganisation‹ später eine Kollegin zum Gespräch dazu holte. Ein Interview mit einem deutsch-syrischen Vater nahm eine emotionale Wendung als er begann über die aktuelle politische Situation in Syrien und seine in Damaskus lebende Verwandtschaft zu sprechen. Wir unterbrachen daraufhin das Gespräch und recherchierten gemeinsam Möglichkeiten für einen Familiennachzug. In anderen Interviews war es mitunter schwierig, eine zurückhaltende (Gesprächs-)Haltung zu wahren. Dies war z.B. der Fall, wenn Interviewpartner_innen von gewaltvollen Rassismuserfahrungen berichteten, aber auch wenn eine ausgesprochene Gastfreundschaft in einigen Familien an den Tag gelegt wurde, bei denen extra für meinen Besuch gebacken und gekocht wurde. Ereignisse wie diese wurden auch hier nicht als Störungen aufgefasst, sondern als natürliche Interaktionseffekte begriffen, die später zum Teil in die Analyse miteinbezogen wurden (vgl. Bogner/Menz 2009: 94).[10]

Auch meine Positioniertheit als junge weibliche deutsch-deutsche Forscherin hat das Interviewsetting in mehrfacher Hinsicht beeinflusst. Dies lässt sich an einem Beispiel im Hinblick auf meine Positioniertheit als *weiße* Forscherin im Interview aufzeigen: So schien die Tatsache, dass ich selbst keinen ›Migrationshintergrund‹ habe, auf Seiten der Eltern und Vereinsvertreter_innen mit Migrationsgeschichte teilweise dazu zu führen, dass vor allem Diskriminierungserfahrungen, von denen angenommen

---

funktion‹ besitzt, die die interviewten Personen beim Erinnern und Erzählen unterstützt (vgl. Mey 2000: 6).

9   Am Ende des Interviews wurde den Interviewpersonen über eine offene Abschlussfrage Raum für Ergänzungen, Anmerkungen und Nachfragen gegeben. Im Anschluss daran wurden die Befragten gebeten, eine Einverständniserklärung zu unterzeichnen und in die anonymisierte Verarbeitung und Nutzung ihrer Aussagen einzuwilligen (zu Ethik und Datenschutzbestimmungen in der qualitativen Forschung vgl. Helfferich 2005).

10   Hierzu diente ein unmittelbar im Anschluss an das Interview verfasstes Gesprächsprotokoll, in dem gesprächsspezifische, außersprachliche und situative Auffälligkeiten festgehalten wurden.

wurde, dass ich diese selbst nicht erlebt habe, besonders ausführlich und mit Nachdruck erläutert wurden. Demgegenüber war es auffällig, dass einige meiner Interviewpartner_innen ›ohne Migrationshintergrund‹ sich recht frei darin fühlten, stereotype Sichtweisen und Einstellungen vor mir zu äußern. Sie schienen mich hier als *weiße* Gleichgesinnte zu verstehen und die Interviewsituation als einen Raum, in welchem unter den Anwesenden scheinbar ein unausgesprochener Konsens besteht, teils rassistische Ansichten offen formulieren zu können.

Im Rahmen der Analyse ging es nun weniger darum, meinen persönlichen Einfluss auf die individuelle Interaktionssituation zu hinterfragen. Vielmehr sollte die Interviewsituation als »diskursive Produktionspraxis reflexiv« werden (Denninger et al. 2014: 54). Dies implizierte, bezogen auf das hier genannte Beispiel u.a. folgende Fragen: Inwiefern spiegeln sich in den beobachteten Argumentationen migrationsgesellschaftliche Machtverhältnisse wider? Was ›macht‹ diese Situation mit Angehörigen migrantisierter Minderheiten, z.B. im Hinblick auf einen gefühlten gesellschaftlichen Rechtfertigungs- und Erklärungsdruck bezüglich eigener Rassismuserfahrungen? Und inwiefern drücken sich in der Interviewsituation *weiße* Selbstverständnisse hinsichtlich eines rassistischen Sprechens aus, die sich auch auf migrationsgesellschaftlicher Ebene wiederfinden lassen? Fragen wie diese habe ich im Laufe der Interviewauswertung immer wieder aufgegriffen und in die Analyse einfließen lassen.

4.4   Der Datenauswertungsprozess hin zur Analyse dispositiver MachtWissens-Formationen

Im Rahmen der an Foucault anschließenden Diskurs- und Dispositivforschung wird häufig auf die Notwendigkeit eines »epistemologischen Bruchs« verwiesen (vgl. Diaz-Bone 2006): Um neue Perspektiven auf die soziale Herstellung von Wirklichkeit zu gewinnen, sei es für die Forschenden wichtig, so u.a. Rainer Diaz-Bone, mit normalisierten Zusammenhängen und Alltagskonzepten zu ›brechen‹ (ebd.). Dies stellt sich in der Praxis häufig als ein schwieriges Unterfangen heraus, da die Diskurs-Forscherin kein »starkes epistemologisches Subjekt« darstellt, dem die Diskurse bzw. Dispositive »verstehend, introspektiv oder auf andere Weise intuitiv zugänglich« sind (Pêcheux 1988: 8). Vielmehr bewegt sich die Forscherin – trotz ihres wahrheitskritischen bzw. de-ontologisierenden Anspruchs –, selbst in bestimmten Dispositiven und ist in soziale Konstruktionsprozesse involviert. Um sich von der Empirie (zumindest teilweise) zu lösen, gelte es – neben dem Bewusstsein für die eigene diskursive Situiertheit – das »unmittelbare, evidente Verstehen« durch bestimmte methodische Techniken im Sinne »strukturale[r] Operationen«, die mit dem Material vollzogen werden, ständig neu zu irritieren und zu verunsichern (Wrana in Feustel et al. 2014: 495). Dieser Anforderung habe ich versucht, über einen drei-schrittigen Analyseprozess Rechnung zu tragen. Dieser umfasst (1.) die thematische Kodierung des Materials, (2.) die Rekonstruktion von politischen Diskurspositionen, schulisch-pädagogischen Wissensbeständen und Subjektivationen sowie (3.) die Analyse dispositiver MachtWissens-Formationen vor dem Hintergrund migrationsgesellschaftlicher Dynamiken von Rassismus und Neoliberalismus. Die einzelnen Analyseschritte möchte ich kurz näher erläutern.

Thematische Kodierung des Materials   Nach der vollständigen Transkription[11] sowie Anonymisierung und Pseudonymisierung der Interviews habe ich die Interviewtexte gemeinsam mit den politisch-behördlichen Dokumenten im Datenauswertungsprogramm MAXQDA für die Analyse zusammengeführt. Die Software erleichterte die Übersicht über die Fülle des Materials sowie dessen Aufbereitung für die weitere Analyse (vgl. Kuckartz 2005). So habe ich die Interviewtexte und Dokumente mit Hilfe von MAXQDA thematisch kodiert. Es ging bei diesem Schritt vor allem darum, das Material ›aufzubrechen‹, d.h. die staatlich-institutionellen sowie die Äußerungen der Eltern und Pädagog_innen aus ihren (normalisierten) Zusammenhägen herauszulösen, um darüber neue Lesarten des Materials zu ermöglichen. So sollte es bei der Analyse der politischen Diskurse und schulischen Wissensbestände primär darum gehen, (Un)Regelmäßigkeiten des Auftretens bestimmter Aussagen über Eltern textübergreifend und abhebend von den Textproduzent_innen zu analysieren. Über die Kategorisierung sollte zugleich eine thematische Induzierung von für die Analyse relevanter Textpassagen vorgenommen werden, d.h. primär solcher dispositiver Fragmente, in denen sich im engeren und weiteren Sinne auf Eltern im Kontext der Schule bezogen wurde. Da es sich insbesondere bei den politischen Dokumenten teilweise um sehr umfangreiche Texte handelte, die inhaltlich mitunter weit über den Forschungsgegenstand hinausreichten, half diese Induzierung, das Analysematerial einzugrenzen und für die weitere Untersuchung handhabbar zu machen.[12]

Der Kodierprozess begann mit einer intensiven Lektüre der in Kapitel 4.2.1 genannten politischen Schlüsseltexte, von welcher ausgehend erste inhaltliche Codes erarbeitet und schrittweise ein Kodiersystem entwickelt wurde. Die thematische Kodierung orientierte sich am Kodierparadigma der Grounded Theory (vgl. Glaser/Strauss 2008), wobei die Schritte des offenen und axialen Kodierens miteinander verbunden wurden. Zudem war die Erarbeitung thematischer Codes z.T. von der theoretischen Auseinandersetzung mit dem Analysegegenstand angeleitet.

In der ersten offenen Kodierphase der politisch-behördlichen Schlüsseldokumente zeigte sich, dass Eltern vorwiegend in fünf Bereichen thematisch werden, d.h. im Rahmen eines politisch-behördlichen Sprechens über

---

11   Sprachliche Eigenheiten wie Dialekte, Versprecher, grammatikalische Fehler und Wortwiederholungen sowie Umgangssprache habe ich über eine lautgetreue Abbildung (z.B. ›pascho‹ für ›passt schon‹) und literarische Umschrift (z.B. ›nö‹ anstatt ›nein‹ oder ›nich‹ anstatt ›nicht‹) bei der Transkription weitgehend berücksichtigt. Diese habe ich in der Darstellung der Analyseergebnisse allerdings aus Gründen der Anonymisierung und Lesbarkeit zum Teil geglättet. Redegeleitetes nichtsprachliches Verhalten wie Lachen, Stöhnen oder längere Pausen wurde nur dann transkribiert, wenn es Einfluss auf die Bedeutung der Äußerungen der Interviewpersonen zu nehmen schien. Phonetische und prosodische Merkmale (Rhythmen, Tonhöhen, Betonungen etc.) wurden aus forschungspragmatischen Gründen nicht mittranskribiert. Schließlich sollte es im Rahmen der Analyse – entsprechend der dieser zugrunde liegenden methodologischen Prämissen – nicht darum gehen, von diesen lautsprachlichen Merkmalen auf einen ›latenten Sinn‹ zu schließen.

12   Die Textpassagen wurden stets relativ breit codiert, um diese später in ihrem Kontext analysieren zu können.

1. *Migration*, insbesondere hinsichtlich eines Umgangs mit ›migrationsbedingter Heterogenität‹ in Schule und Schulsystem;
2. *Integration*, insbesondere hinsichtlich der Integration von in Berlin lebenden Personen mit Flucht- und Migrationsgeschichte;
3. *Sicherheit*, insbesondere hinsichtlich sozialräumlicher Konflikte und Bedrohungslagen für die Berliner (Mehrheits-)Bevölkerung;
4. *Bildung*, insbesondere hinsichtlich der Bildungs(miss)erfolge von Berliner Schüler_innen und hierauf bezogener bildungspolitischer Reformen;
5. *Stadtentwicklung*, insbesondere hinsichtlich Prozessen von Gentrifizierung und ›sozialräumlicher Mischung‹ in innerstädtischen Bezirken Berlins.

Die genannten Bereiche kristallisierten sich im weiteren Verlauf der Analyse als zentrale thematische Dispositive heraus, innerhalb derer ein jeweils spezifisches MachtWissen um Eltern zirkuliert und aus denen jeweils spezifische politische Diskurspositionen, schulisch-pädagogische Wissensbestände und Subjektivationen um Elternschaft und Schule hervorgehen. Der Kodierprozess konzentrierte sich entsprechend der so identifizierten zentralen Dispositive auf die Themenbereiche *Migration, Integration, Sicherheit, Bildung und Stadtentwicklung*. Diese bildeten im Kodiersystem übergeordnete Codes, unter welchen ich die politisch-behördlichen Dokumente und Interviewtexte jeweils mit Blick auf folgende heuristische Fragen kodiert habe:

- Welche sozialen Kategorien bzw. Differenzkonstruktionen werden bei der (Selbst-)Thematisierung von Eltern thematisch?[13] Übergeordneter Code: *Thematisierung von Differenz und Zugehörigkeit;*
- Welche Problemdimensionen politisch-schulisch-pädagogischen ›Herausforderungen‹ hinsichtlich (einer schulischen Zusammenarbeit mit) Eltern werden im jeweiligen dispositiven Kontext benannt? Übergeordneter Code: *Problematisierungen von Elternschaft;*
- Welche pädagogisch-individuellen, schulisch-institutionellen und politisch-strukturellen Praktiken der Adressierung von Eltern werden im Material thematisiert? Übergeordneter Code: *Praktiken;*
- Welche Akteur_innen werden in welchem Verhältnis zueinander thematisch (z.B. Eltern zu Pädagog_innen; Eltern mit Migrationsgeschichte zu Eltern ohne Migrationsgeschichte; Elternvereine zur Schule etc.)? Übergeordneter Code: *Akteurskonstellationen;*
- Über welche politischen und schulischen Reformen, Entwicklungen und Ereignisse wird die Thematisierung von Eltern und Schule in den jeweiligen dispositiven Kontexten gerahmt? Übergeordneter Code: *politische und schulische Rahmenbedingungen;*
- Was sind im Kontext der einzelnen Themenfelder sich wiederholende zentrale Schlagwörter und wie werden diese inhaltlich gefüllt (beispielsweise im Hinblick

---

13   Wenn mehrere Differenzkonstruktionen in einer Textstelle thematisch wurden, wurden diese entsprechend mehrfach codiert und konnten später in ihren Verschränkungen über den sog. Code-Relations-Browser von MaxQDA angezeigt und nachvollzogen werden.

auf ›Partnerschaft‹, ›Empowerment‹, ›Integration‹, ›Bildungsferne‹, ›Kopftuch‹, ›Diskriminierung‹ etc.)? Übergeordneter Code: *Schlüsselbegriffe und Verständnisse;*

- Was rückt ins Zentrum kritischer Reflexionen auf Seiten von Politik/Behörden, Schulen/Pädagog_innen, Eltern bzw. (Eltern-)Vereinen? Übergeordneter Code: *kritische Reflexionen;*
- Welche Strategien wenden die Eltern und (Eltern-)Vereine im Umgang mit politisch-behördlichen und schulisch-pädagogischen Zuschreibungen und damit verbundenen Praktiken an? Übergeordneter Code: *Strategien im Umgang mit Othering.*

Über diese Frageheuristik hinaus wurde das Kategoriensystem über eine In-Vivo-Kodierung, d.h. die Übernahme von in den Einzeltexten vorkommenden besonders aussagekräftigen Begriffen als Codes, sukzessive erweitert. Das hieraus resultierende Kodiersystem, bestehend aus 746 Ober- und Untercodes und circa 3400 codierten Textstellen, bildete die dispositivanalytische Klammer, welche sowohl die unterschiedlichen Textsorten und Analyseebenen miteinander verband als auch den Eigenheiten des Materials Rechnung trug. Im Rahmen dieses Analyseschrittes konnten zudem bereits erste dominante Relevanzsetzungen bei der Thematisierung von Eltern wie auch thematische Leerstellen bzw. Auslassungen identifiziert werden.

Rekonstruktion politischer Diskurspositionen, schulisch-pädagogischer Wissensbestände und elterlicher Subjektivationen Im Anschluss an die Codierung ging es darum, die Analyse von der Oberfläche der Texte weiter zu lösen und das jeweils produzierte Macht-Wissen um Eltern in seiner spezifischen dispositiven Einbindung zu rekonstruieren und zu analysieren. Somit verschob sich der Fokus der Untersuchung sukzessive von der thematischen Sortierung verstreuter Äußerungen hin zur Analyse dispositiver Knotenpunkte. Bei der Untersuchung der politisch-behördlichen Diskurspositionen, schulisch-pädagogischen Wissensbestände und elterlichen Subjektivationen handelte es sich zunächst um eine weitgehend *rekonstruktive Analyse*, wobei ich mit dieser Bezeichnung keinen hermeneutischen Anspruch auf die Rekonstruktion vermeintlich latenter und objektiver Sinn- und Handlungsstrukturen erhebe (vgl. Höhne 2010: 446). *Rekonstruktion* meint hier vielmehr die Darlegung und Beschreibung »diskurstragender Elemente und Verknüpfungen« (ebd.), die sich im Rahmen von dispositiven Prozessen der Bedeutungs- und Sinngenese herstellen. Eine solche Rekonstruktion setzte zugleich eine dekonstruktive Analysehaltung voraus, wie im weiteren Verlauf dieses Kapitels noch deutlich wird.

Zur Analyse politisch-behördlicher Diskurspositionen um Eltern Bei der Analyse politisch-behördlicher Diskurspositionen um Eltern habe ich mich insbesondere an der Methode der *thematischen Diskursanalyse* nach Höhne orientiert. Diese fragt nach »semantisch-thematische[n][14] Verknüpfungen«, die ein Thema innerhalb bestimmter sozialer und historischer Kontexte »in selektiver und damit in spezifischer Weise dominieren« (ebd.:

---

14   Wie bei Höhne wird in dieser Arbeit »kein linguistischer, sondern ein an soziale Praktiken orientierter Semantikbegriff vorausgesetzt, durch den die Themengenerierung erfasst werden kann« (Höhne 2010: 427).

424). Grundlegend für diese Form der Diskursanalyse war die Annahme, dass in den genannten thematischen Dispositiven jeweils (mehr oder weniger) unterschiedliche politische Diskurse (um Migration, Integration, Sicherheit, Bildung und Stadtentwicklung) wirken, in denen sich wiederum unterschiedliche Diskurspositionen um Eltern formieren. Diese Annahme speiste sich aus den weiter oben beschriebenen empirischen und theoretischen Vorarbeiten und dem hieraus gewonnenen (Vor-)Wissen, dass insbesondere Eltern mit Migrationsgeschichte über gleich mehrere Diskurse hervorgebracht werden. Diese galt es zunächst u.a. über die Lektüre von Sekundäranalysen[15] zu identifizieren und zu beschreiben, bevor ich gefragt habe, welche spezifischen Diskurspositionen um Eltern sich innerhalb der thematischen Diskurse formieren. Die Analyse bewegte sich dabei stets zwischen der Feinanalyse einzelner Diskursfragmente, dem *axialen* In-Beziehung-Setzen dieser und dem sekundäranalytischen Studium des diskursiven Kontextes und war folglich von einer ständigen Reflexion der konkreten Verknüpfungen von Text und Kontext begleitet.

Im Rahmen der Identifikation politisch-behördlicher Diskurspositionen ging es vor allem darum, spezifische »Dominanz[en], Hierarchie[n] und Relevanzsetzung[en]« bei der Thematisierung von Eltern innerhalb der verschiedenen Diskurse herauszuarbeiten (ebd.: 428). Dabei sollte zugleich Diskontinuitäten, Inkonsistenzen und Brüchen im politisch-behördlichen Sprechen über Eltern Rechnung getragen werden. So habe ich konkret danach gefragt, wie Eltern im Kontext der jeweiligen politischen Diskurse als ›Migrationsandere‹ thematisch werden; welche expliziten wie impliziten Bilder, Zuweisungen, Differenzsetzungen und Erwartungen dabei zum Ausdruck kommen; welche konkreten Handlungsperspektiven bzw. politisch-administrativen Maßnahmen sowie rechtlichen Regelungen sich mit den spezifischen Adressierungen verbinden; welche Implikationen für die Positionierung der Eltern zu Berliner Schulen, zu Pädagog_innen und anderen Eltern sich darüber zu erkennen geben und welche Ambiguitäten, Widersprüche, Leerstellen sowie Rollen- und Bedeutungs-Verschiebungen sich im Hinblick auf die diskursive Konstituierung und Positionierung von Eltern als ›migrationsandere‹ Eltern beobachten lassen.

Ausgangspunkt der Diskursanalyse stellten die thematisch codierten Textstellen zu Eltern aus den politisch-behördlichen Dokumenten dar, die nun als potenzielle Diskursfragmente behandelt und als solche näher in den Blick genommen wurden. Die Fragmente galt es zunächst »dekontextualisiert« im Hinblick auf die genannten heuristischen Fragen und diesbezüglich in den Dokumenten zum Einsatz kommenden »semantische[n] Elemente und [innertextlichen] Verknüpfungen« hin zu untersuchen (ebd.: 448). Über eine solche Feinanalyse sollten spezifische Aussagenverknüpfungen und Argumentationsweisen herausgearbeitet werden. In einem zweiten Schritt wurden die Diskursfragmente »rekontextualisiert« (ebd.), d.h. in ihrer thematisch-semantischen Verbindung zu anderen Diskursfragmenten als auch vor dem Hintergrund ihrer Verankerung in den jeweiligen Dispositiven untersucht. Über einen solchen bottom-

---

15   Diese sind auch in die Darstellung zentraler historischer und gesellschafts-politischer Hintergründe zu den verschiedenen dispositiven Formationen im folgenden Analysekapitel eingeflossen (vgl. Kapitel 5).

up-Prozess kristallisierten sich allmählich bestimmte diskursive Muster bzw. Regelhaf-
tigkeiten heraus, die den Blick auf ein jeweils spezifisches diskursives MachtWissen um
Eltern (mit Migrationsgeschichte) freigaben (vgl. ebd.: 431).

Im Rahmen des ersten (dekontextualisierenden) Analyseschrittes habe ich mich vor
allem an dem von der Wiener Diskurs-Forscher_innengruppe erarbeiteten Katalog zu
sprachlich-rhetorischen Realisierungsmitteln von diskursiven Strategien (Differenzsetzungen, Prädikationen, implizite Merkmalszuweisungen etc.) orientiert (vgl. Wodak
et al. 1998: 79ff.). Zudem haben sich solche textanalytischen Konzepte als hilfreich für
meine Analyse erwiesen, die der *präsuppositionalen Struktur* des im Diskurs artikulierten Wissens auf den Grund gehen. Diesbezüglich sensibilisierten die von Höhne und
Kollegen beschriebenen textlinguistischen Konzepte der Präsuppositions- und Argu-
mentationsanalyse, und hier insbesondere die Analyse impliziter Schlussregeln[16], die
Untersuchung auf bestimmte »Merkmale, Eigenschaften, Sachverhalten usw.«, die in
einzelnen Diskursfragmenten »mitbehauptet, aber ›selbst nicht explizit thematisiert‹«
werden (Höhne/Kunz/Radtke 2005: 233). Es konnten darüber zugleich bestimmte diskursive Äußerungs- und Argumentationszusammenhänge auf darin möglicherweise
implizit vorausgesetzte Prämissen hin untersucht werden. Zudem sensibilisierte die
Topoi-Analyse nach Martin Wengeler für die Rekonstruktion zentraler (Vorstellungs-)
Bilder, die einen argumentativen Zusammenhang beschreiben und so auf ein spezifisches politisch-behördliches MachtWissen über Eltern verweisen (vgl. Wengeler 2003).
Die Analyse der genannten *diskurssemantischen Figuren* wurde nicht für alle Diskursfrag-
mente kanonisch durchlaufen. Vielmehr habe ich diese exemplarisch entlang einzelner
Fragmente so lange vorgenommen bis eine gewisse theoretische Sättigung erreicht war.
Die Ergebnisse dieses Analyseschrittes, hierbei angestellte Überlegungen, Ideen und
Hypothesen wurden in Form von Memos festgehalten und in einer synoptischen Über-
sicht zusammengeführt.

An die textimmanente Feinanalyse schloss sich ein Vergleich mit weiteren Diskursfragmenten aus dem Dokumenten-Korpus an. »Denn erst im Vergleich mehrerer Fälle«, so die hier nach Nohl verfolgte Annahme, »kristallisiert sich allmählich der fall-
übergreifende Diskurs [bzw. hier: die Diskursposition, E.K.] heraus« (Nohl 2016: 126).
So habe ich Diskursfragmente innerhalb einzelner Codes sowie zwischen bestimmten
Codes hinsichtlich ähnlicher und unterschiedlicher Thematisierungsweisen von Eltern

---

16   Bei der Analyse von impliziten Schlussregeln geht es darum, »Argumente (im Sinne einer voraus-
gesetzten Aussage) von Konklusionen (im Sinne behaupteter Aussagen) zu unterscheiden und zu
analysieren, gemäß welcher [meist impliziter] Schlussregel(n) Argument und Konklusion miteinander verbunden werden« (vgl. Denninger et al. 2014: 57). Höhne veranschaulicht dies an folgender Beispielsequenz aus einem Schulbuch: »Sie (Ausländer) alle haben – zum Teil sehr große –
Schwierigkeiten, im fremden Land Bundesrepublik Deutschland heimisch zu werden. Sie haben
Schwierigkeiten mit uns, wir haben Schwierigkeiten mit ihnen« (Höhne 2010: 435). Die hier vorgenommene Kausalverknüpfung (›Sie leben in einem fremden Land [Argument] und daher gibt
es Schwierigkeiten mit uns [Konklusion]‹) basiert auf die implizite Schlussfolgerung, »dass Fremdheit und Heimatlosigkeit per se (!) zu Problemen mit Einheimischen führen« (ebd.). Die so indirekt
formulierte Prämisse wird von Höhne als ein konsensueller Wissensbestand bzw. ein »notwendi-
ges Minimalwissen« verstanden, auf dem der Diskurs um ›ausländische Schüler_innen‹ basiert und
auf Grundlage dessen der Hörer bzw. die Leserin den notwendigen Zusammenhang konstruiert,
der im Text formal nicht zum Ausdruck kommt (ebd.).

vergleichend analysiert. So gelang es, sukzessive »gemeinsame Grundmuster« bzw. das
›Typische‹ der Diskursposition(en) über Eltern in den jeweiligen Dispositiven zu erfassen und zu beschreiben (Keller 2011: 110, zitiert in Nohl 2016: 128).[17]

Zur Analyse schulisch-pädagogischer Wissensbestände und elterlicher Subjektivationen Im Be-
streben, die Verschränkungen des Erfahrungs- und Handlungswissens der interviewten Pädagog_innen und Eltern mit den politisch-behördlichen Diskursen zu analysieren, bin ich im weiteren Verlauf der Analyse der Frage nachgegangen, in welcher Weise
die zuvor identifizierten Diskurspositionen von den Subjekten in den Interviews aufgegriffen und verarbeitet werden. In den Blick genommen werden sollten sowohl die
Anschlussfähigkeit der Diskurse an die Sicht- und Handlungsweisen der Eltern und
Pädagog_innen als auch solche Perspektiven, die mit den Diskursen brechen, diese
durchkreuzen und/oder Anschlüsse an andere Diskurse vornehmen (vgl. Denninger et
al. 2014: 58). Vor diesem Hintergrund galt es zunächst, das Sprechen und Handeln der
Pädagog_innen und die daraus hervorgehenden schulisch-pädagogischen Wissensbestände sowie spezifischen Subjektivationsprozesse der Eltern und (Eltern-)Vereine im
Kontext der Schule zu rekonstruieren.

Wie in Kapitel 3.2 dargestellt, bin ich davon ausgegangen, dass das, was sich als
individuelles Wissen im Interview zeigt, stets als sozial bzw. diskursiv Vermitteltes
zu denken ist. Diese Annahme hatte u.a. auch Auswirkungen darauf, wie im Rahmen
der Analyse mit der Frage nach der ›Authentizität‹ des Erzählten umgegangen wurde. So sollte es nicht darum gehen, die Erzählungen der Interviewten »entsprechend
bestimmter unbewusster generativer Strukturen (als authentisch oder auch nicht) zu
erforschen« (Bührmann/Schneider 2008: 102). Vielmehr wurde ›Authentizität‹ selbst als
diskursives Konstrukt verstanden und als solches für die Analyse relevant.[18] Im Rahmen
der Interviewanalyse bin ich zudem von einer zirkulären Verschränktheit der Interview-
narration mit ihrem diskursiven Kontext ausgegangen (vgl. Denninger et al. 2014: 58f.).
Demnach müssen die Erzählungen der Subjekte zwar stets vor dem Hintergrund ihrer
diskursiv ausgewiesenen Sprecher_innenposition betrachtet werden. Über das *restorying* der eigenen Erfahrung und/oder Lebensgeschichte[19] in der Interviewsituation, er-

---

17   Die computergestützte Auswertung des Materials mit MAXQDA und die sich hierbei herauskris-
      tallisierenden textübergreifenden Codes und Bündelungen von Textfragmenten erleichterte die
      Identifikation und Analyse von typischen und untypischen diskursiven Verknüpfungen.

18   So war beispielsweise in den Gesprächen mit den Pädagog_innen nahezu durchweg zu beobach-
      ten, dass die Themen Diskriminierung und Rassismus im Kontext schulischer Elternbeteiligung
      nicht zur Sprache gebracht wurden (vgl. Kapitel 5.2). Hiervon wurde im Rahmen der Analyse nun
      nicht darauf geschlossen, dass es entsprechend der Äußerungen der Pädagog_innen keine Diskri-
      minierung bzw. keinen Rassismus an den jeweiligen Schulen gibt. Auch wurde den Pädagog_innen
      keine bewusste Unaufrichtigkeit bzw. kein bewusstes Ausblenden dieser Themen unterstellt. Viel-
      mehr habe ich gefragt, mit welchen potenziellen gesellschaftlichen Selbstverständnissen, aber
      auch Tabuzonen solche Auslassungen bzw. De-Thematisierungen verbunden sind und in welchem
      Verhältnis diese zur diskursiven Situiertheit der Sprecher_innen stehen.

19   *Erfahrung* wird vor diesem Hintergrund nach Denninger und Kolleg_innen »als immer wieder neu
      hervorzubringendes Produkt und weniger als in der Vergangenheit erzeugtes Material aktueller
      Narrationen« begriffen (Denninger et al. 2014: 202). Damit, so die hier verfolgte Annahme, werden
      Erfahrungen stets »in der Gegenwart bzw. in Bezug auf die Gegenwart erzeugt« (ebd.).

folgt jedoch immer auch eine gewisse Verschiebung und Modifizierung dieser Positionen (vgl. Butler 1998: 46ff.). Dabei wird im Zusammenwirken von Interviewerin und Interviewten in gewisser Hinsicht ein Rechtfertigungskontext geschaffen, der ein solches restorying anregt und ermöglicht.

Die Auswertung der Interviews erfolgte, ähnlich wie bei den politisch-behördlichen Dokumenten, zunächst über eine dekontextualisierende Analyse einzelner codierter Interviewfragmente, um so die spezifischen Themendimensionierungen, Argumentationen und Relevanzsetzungen auf Seiten der Pädagog_innen und Eltern genauer in den Blick zu nehmen, ohne diese Aspekte jedoch an einzelne Individuen unmittelbar zurückzubinden. Mit Blick auf das Gesamt der interviewten Pädagog_innen interessierte vor allem, welche dominanten Perspektiven auf ›migrationsbedingte Heterogenität‹ im Allgemeinen und speziell auf Eltern (mit Migrationsgeschichte) an den Schulen artikuliert werden; welche Rolle dabei sowohl natio-ethno-religiös-kulturelle Differenzkonstruktionen spielen als auch Verweise auf das ›Geschlecht‹ und den ›sozialen Hintergrund‹ der Eltern. Zudem war von Interesse, mit welchen schulisch-pädagogischen Praktiken sich die von den Pädagog_innen geäußerten Selbstverständnisse um Eltern mit Migrationsgeschichte verbinden und welche Zusammenhänge mit vorherrschenden politisch-behördlichen Diskursen sich dabei zu erkennen gaben. Hinsichtlich der Analyse der Interviews mit den Eltern und Vereinen ging es vor allem darum, die spezifischen Subjektivationen im Kontext der verschiedenen Dispositive nachzuvollziehen. In diesem Zusammenhang sollten mit Blick auf die Erfahrungen der Eltern und Vereine im Kontakt mit Schule dominante elterliche Praktiken der Selbstführung und Selbstnormierung rekonstruiert und gefragt werden, inwieweit die Subjekte ein bestimmtes, über sie dispositiv vorherrschendes MachtWissen nicht nur verkörpern bzw. in ihre Selbstbezüge aufnehmen, sondern dieses auch hinterfragen, irritieren und/oder zurückweisen.

Die Analyse der Interviewausschnitte fand ebenfalls im Rahmen der zuvor identifizierten Dispositive statt. Die Auswahl der Textausschnitte, die einer Feinanalyse unterzogen wurden, erfolgte vor allem entlang von zwei Kriterien: *Erstens* wurden solche Textstellen ausgewählt, die sich thematisch mit den politischen Dokumenten überschnitten und mit diesen im zuvor erarbeiteten Kodiersystem gemeinsame Codes aufwiesen. Eine solche Bündelung von dispositiven Fragmenten unterschiedlicher Textsorten in einzelnen Codes gab Hinweise auf mögliche dispositive Knotenpunkte, die es auf ihr konkretes Zusammenwirken näher zu untersuchen galt. *Zweitens* wurden solche Interview-Fragmente ausgewählt, die im Kodiersystem weitgehend eigenständige Codes füllten und über welche sich Momente eines Hinzufügens und Hinterfragens diskursiver Ordnungen andeuteten.

Hinsichtlich der Feinanalyse der Interviewfragmente habe ich mich an der Vorgehensweise von Denninger und Kolleg_innen orientiert, die in ihrer Arbeit zur »Neuverhandlung des Alters in der Aktivgesellschaft« (Denninger et al. 2014) vor dem Hintergrund ähnlicher methodologischer Prämissen einen durchdachten Versuch unternommen haben, dispositive Verschränkungsordnungen zu untersuchen. So habe ich mich, wie die genannten Forscher_innen, im Rahmen der Interviewanalyse an der dokumentarischen Methode orientiert (vgl. Bohnsack/Nentwig-Gesemann/Nohl 2013). Für meine Dispositivanalyse anschlussfähig erwies sich insbesondere die der dokumentarischen

Methode zu Grunde liegende Annahme, dass die »Analyse über den wörtlichen und expliziten Gehalt des Gesagten – den intentionalen Ausdruckssinn – hinausgehen und die Aufmerksamkeit auf die implizite Sinnstruktur – den Dokumentsinn – richten muss, die die im Interview verstreuten Äußerungen zusammenhält« (Denninger et al. 2014: 59). Im Zentrum meiner Analyse stand dementsprechend »das handlungsleitende, inkorporierte (Orientierungs-)Wissen der Akteure, das unabhängig vom subjektiv gemeinten Sinn ist und dessen Bedeutung sich nur kontextspezifisch erschließen lässt« (ebd.).

Entsprechend der dokumentarischen Methode bestand die Feinanalyse der ausgewählten Interviewausschnitte im ersten Schritt aus einer *formulierenden Interpretation*, auf die im zweiten Schritt eine *reflektierende Interpretation* des Textes folgte (vgl. Nohl 2016). Die formulierende Interpretation setzt »bei den (thematisch sortierten) expliziten Äußerungen der Interviewten« an und fasst ihren Sinngehalt zunächst in eigenen Worten zusammen (Denninger et al. 2014: 60). Sie bleibt möglichst nahe am Text, benutzt »zentrale (metaphorisch und symbolisch wichtige) Begriffe als Zitate« und segmentiert »den Textabschnitt mit (Ober- und Unter-)Titeln« (Nohl 2016: 127). Ziel dieses ersten Interpretationsschrittes war es das, was gesagt wurde, in der »Wörtlichkeit« der Forscherin zu fassen, ohne sich bereits zu weit vom »Relevanzsystem« der Interviewten zu entfernen (ebd.). In der anschließenden reflektierenden Interpretation galt die Aufmerksamkeit der »Denkweise« (Mannheim 1984: 87), die dem bzw. der Interviewten »implizit vorschwebt, wenn er [bzw. sie] denkend an die Bewältigung eines Gegenstandes herantritt« (ebd.: 236). Interpretationsleitend ist hier, in den Worten Martin Bittners, »die Frage: Was dokumentiert sich in dem, wie etwas zur Aussage gebracht wird? Welche Regeln und Mechanismen zeigen sich in dem, wie etwas zum Ausdruck gebracht wird?« (Bittner 2010: 67). Die Analyse von impliziten Schlussregeln sowie von zentralen sprachlichen Mitteln der Relevanz- und Differenzsetzung konnte helfen, Implizites analytisch zu öffnen. Da die Analyse stets im Lichte der herausgearbeiteten Diskurspositionen erfolgte, war der Übergang von der formulierenden zur reflektierenden Interpretation fließend. So sensibilisierte die Analyse einflussreicher Diskurspositionen um Eltern (mit Migrationsgeschichte) von Beginn an für (mögliche) habitualisierte Bilder und Praktiken, die von den Pädagog_innen und Eltern selbst im Interview nicht expliziert und reflektiert wurden.

Auf die einzeltextliche Analyse der Interviewausschnitte folgte wie schon bei der Analyse der politisch-behördlichen Dokumente eine komparative Analyse. Im Rahmen dieser wurden die von den Interviewten formulierten Sichtweisen und Praktiken hinsichtlich ihrer Ähnlichkeiten und Unterschiede innerhalb der verschiedenen Dispositive analysiert. Auch hier lag der Fokus stets auf der Rekonstruktion dominanter schulisch-pädagogischer Wissensbestände sowie zentraler Subjektivationen auf Seiten der interviewten Eltern und Vereine sowie ihrer Verschränkungen mit den zuvor rekonstruierten Diskurspositionen. Dabei sensibilisierte die theoretische Auseinandersetzung mit Subjektivationen als Prozess der Fremd- und Selbstführung, der auch performatives (Veränderungs-)Potenzial birgt, die Analyse darauf, die subjektivierende Macht der Diskurse nicht »zu Lasten der subjektiven Disruptionen überzubewerten« (Denninger et al. 2014: 62). So habe ich die rekonstruktive Analyse der Eltern-Interviews mit einer dekonstruktiven Lektüre der Interviewtexte verschränkt. Diese war vor allem darauf ausgerichtet, »interferierende Kontexte, Spuren des Anderen sowie durch Re-Kontextualisierungen erzeugte Bedeutungsverschiebungen« zu berücksichtigen, um im weiteren Verlauf der Analyse nach deren »mitstrukturierenden Bewegungen« von Dispositiven zu fragen (ebd.).

Identifizierung strategischer MachtWissens-Formationen um Eltern und Schule im Kontext migrationsgesellschaftlicher Dynamiken von Rassismus und Neoliberalismus In einem letzten Analyseschritt habe ich die einzelnen Ergebnisse der multiperspektivischen Analyse weiter aufeinander bezogen und die rekonstruierten politisch-behördlichen Diskurspositionen, schulisch-pädagogischen Wissensbestände sowie Subjektivationen hinsichtlich ihres spezifischen Zusammenwirkens näher in den Blick genommen. Im Zentrum stand die Frage, wie sich die genannten dispositiven ›Produkte‹ innerhalb des Berliner Migrations-, Integrations-, Sicherheits-, Bildungs- und Stadtentwicklungsdispositiv zueinander formieren, hier bündeln und so miteinander verknoten, dass darüber ein jeweils spezifisches MachtWissen um Eltern (mit Migrationsgeschichte) (re)produziert und (re)organisiert wird. Ein weiterer Fokus lag auf der Untersuchung dessen, welche Rolle migrationsgesellschaftliche Dynamiken von Rassismus und Neoliberalismus bei der strategischen Ausrichtung der dispositiven Formationen spielen. Konkret ging es zum einen darum, die Bedeutung neoliberaler Transformationsprozesse für die Konstituierung, Positionierung und Regierung von bestimmten Eltern und ›Elterngruppen‹ im Kontext der Schule zu ergründen. Zum anderen war von Interesse, wie sich über das Zusammenwirken von Diskursen, institutionellen Wissensbeständen und Subjektivationen neoliberale Rationalität sowie rassistische Logiken sowohl unabhängig voneinander als auch gemeinsam in den unterschiedlichen dispositiven Knotenpunkten in ihrer jeweiligen Spezifik realisieren. In diesem Zusammenhang rückten dispositive Brüche, Verschiebungen und Spannungsverhältnisse ebenso wie ein- und ausschließende Effekte der dispositiven MachtWissens-Formationen ins Zentrum der Analyse.

TEIL II: ANALYSE

5. Verhandlung von Pluralität, Differenz und Elternschaft im *Migrationsdispositiv*

Eltern und Schule sind ins dispositive Netz eng verstrickt. So werden Eltern und ›unterschiedliche Elterngruppen‹ gleich an mehreren Orten des dispositiven Netzes konstruiert, positioniert und regiert (siehe Abbildung 2). An diesen Orten greifen unterschiedliche politische Diskurspositionen, schulisch-pädagogische Wissensbestände sowie (kollektive) Subjektivationsprozesse von Eltern auf jeweils spezifische Weise ineinander. In ihrem Zusammenspiel produzieren sie ein bestimmtes MachtWissen über Eltern, das in unterschiedlicher Hinsicht mit den oben beschriebenen migrationsgesellschaftlichen Dynamiken von Rassismus und Neoliberalismus interferiert. In diesem Zusammenwirken werden unterschiedliche Kategorien und Grenzziehungen bedeutend gemacht, während sich staatlich-institutionelle Ein- und Ausschlüsse von Eltern und ihren Kindern im Kontext der Schule auf vielfältige Weise formieren.

Um diese Dynamiken freizulegen, gilt es das ›Wuchern der Dispositive‹ in den folgenden Kapiteln ein Stück weit zu entwirren. Mein Fokus liegt dabei auf der Rekonstruktion und Analyse spezifischer MachtWissens-Formationen bzw. dispositiver Knotenpunkte um Eltern und Schule im Berliner Migrations-, Integrations- und Bildungsdispositiv (Kapitel 5, 6 und 7). Hierfür tauche ich in die dispositiven Formationen ein, lege die hier jeweils wirkmächtigen Diskurspositionen um Eltern, hiermit verwobene schulisch-pädagogische Wissensbestände sowie elterliche Subjektivationen frei, beschreibe hier vorzufindende typische und untypische MachtWissens-Verknüpfungen, frage nach den konkreten Entstehungs- und Wirkweisen von neoliberaler Rationalität und rassistischen Logiken und lote die Möglichkeitsräume für ein widerständiges Handeln in den jeweiligen Dispositiven aus.[1] Im Rahmen zweier Exkurse zeige ich zudem

---

1   Meine Positioniertheit als ›Mitspielerin‹ des im Folgenden analysierten ›dispositiven Spiels‹ mache ich im Laufe der Analyse u.a. durch ›intervenierende Fußnoten‹ deutlich. In diesen setze ich verschiedentlich dispositiv produzierten Wahrheiten wissenschaftliche Erkenntnisse und Statistiken entgegen, welche einige der hier beschriebenen ›Selbstverständnisse‹ irritieren, wenn dies nicht selbst bereits von Seiten der Pädagog_innen und Eltern geschieht. Eine solche Intervention erfolgt allerdings nicht systematisch und wohl wissend, dass sich dominante dispositive Konstruktionen von Wirklichkeit und ihre Effekte nicht allein durch ›Fakten‹ aufbrechen lassen.

Verschränkungen der genannten Dispositive mit dem Berliner Sicherheits- und Stadt-entwicklungsdispositiv auf und zeichne hieraus resultierende sozialräumliche Dynamiken im Kontext innerstädtischer Schulen in Berlin-Kreuzberg und Neukölln nach.

Abbildung 2: Die Verhandlung von Eltern und Schule in unterschiedlichen Knotenpunkten des dispositiven Netzes (eigene Darstellung)

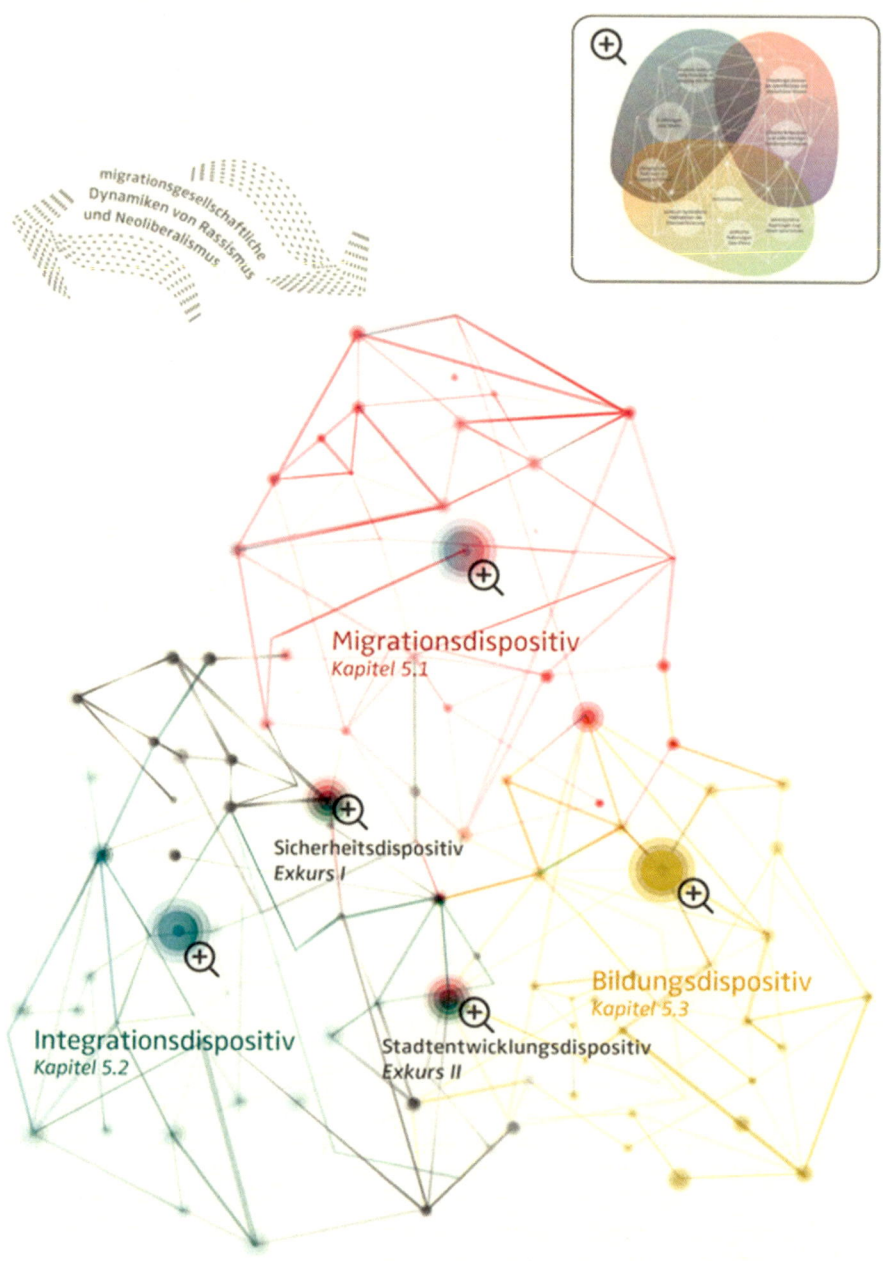

Die politische Auseinandersetzung mit Pluralität im Berliner Schulsystem reicht historisch weit zurück. In diesem Zusammenhang wurden Eltern im Kontext der Schule über verschiedene Bezeichnungen thematisch – sei es als ›ausländische Arbeitnehmer‹, ›Eltern nicht-deutsche Herkunft‹, ›Eltern mit Migrationshintergrund‹, ›muslimische Eltern (mit Migrationshintergrund)‹ oder als ›Flüchtlingseltern‹. Mit den Bezeichnungen verbinden sich unterschiedliche Perspektiven auf sowie politische Programme zum Umgang mit ›migrationsbedingte(r) Heterogenität‹ im Berliner Schulsystem, die ich im Folgenden nachzeichne. Dabei konzentriere ich mich auf die Entwicklungen des Diskurses um Pluralität, Differenz und Elternschaft im Berliner Schulsystem seit Beginn der Jahrtausendwende, und gehe zuvor kurz auf dessen diskursive ›Vorgeschichte‹ seit Mitte der 1960er Jahre[2] ein. Den Diskurs skizziere ich entlang verschiedener politischer Grundsatzdokumente (vgl. Kapitel 4.2.1), um so eine Orientierung über zentrale politische Dynamiken zu geben, die sich in Berlin im Feld von Migration und Schule in den letzten Jahrzehnten ereignet haben sowie Schnittstellen mit anderen Diskursen zu identifizieren. Der Fokus liegt dabei auf der Herausarbeitung eines historisch sich wandelnden und umkämpften Wissens um Eltern im Berliner Migrationsdispositiv.

5.1 Der politische Diskurs um ›migrationsbedingte Heterogenität‹ im Berliner Schulsystem und darin stattfindende Konstruktionen von Eltern als…

5.1.1 »Ausländische Arbeitnehmer«

Der Umgang mit Migration im Berliner Schulsystem war seit Beginn der Anwerbung von Arbeitsmigrant_innen Ende der 1960er Jahre lange Zeit von politischen Modellen einer schulischen Segregation geprägt.[3] Diese vollzog sich in Berlin bis Mitte der 1990er Jahre vor allem entlang der Unterscheidung von Schüler_innen mit ›deutscher‹ und ›ausländischer‹ bzw. ›nicht-deutscher‹ Herkunft. Die Kultusministerkonferenz wies 1964 zwar eine Ausweitung der allgemeinen Schulpflicht auf ›ausländische‹ Schüler_innen und deren gemeinsame Beschulung mit ›deutschen‹ Kindern in den westdeutschen Bundesländern an (KMK 1964; 1971). Diese Anweisung wurde in Berlin allerdings von

---

2   Heutige Diskurspositionen hinsichtlich des Umgangs mit migrationsbedingter Heterogenität im Schulsystem wurden bereits weit vor 1960 geprägt u.a. über Maßnahmen, die im Kontext von Kolonialismus und Nationalsozialismus darauf ausgerichtet waren, »Heterogenität zum Verschwinden zu bringen« (Lamparter 1999). Diese können aus forschungspragmatischen Gründen hier jedoch nicht weiter ausgeführt werden (siehe näher hierzu u.a. Gogolin/Krüger-Potratz 2010: 79ff.).

3   Die Anwerbung von ›ausländischen Arbeitnehmer_innen‹ erfolgte in West-Berlin, im Vergleich zu den anderen Bundesländern der Bundesrepublik, vergleichsweise spät im Zuge der wirtschaftlichen Rezession von 1966/67. Da zu dieser Zeit in den ersten Vertragsländern Italien, Spanien und Griechenland nur noch wenige Arbeiter_innen zu einer Ausreise nach Deutschland bereit waren, konzentrierten sich die zuständigen Berliner Behörden auf die Türkei und Jugoslawien, mit denen die Bundesregierung 1961 bzw. 1968 entsprechende Abkommen geschlossen hatte (Lanz 2007: 60). Folglich stellten türkische Staatsangehörige in Berlin fast die Hälfte der sog. Gastarbeiter dar (ebd.: 60f.; für einen umfassenden Überblick zur Berliner Migrationsgeschichte seit dem 17. Jahrhundert vgl. Lanz 2007: 21ff.; zur Migration in die DDR vgl. Elsner/Elsner 1994).

einer ›Quotenregelung‹ unterlaufen. Dieser zufolge sollten Schüler_innen ›nicht-deutscher‹ Herkunft in separaten Klassen untergebracht werden, wenn ihr Anteil 25 Prozent in einer Klasse überstieg (vgl. Engin 2003: 21). Die zunächst als vorübergehend gedachte Maßnahme, die mit einem besonderen Förderbedarf von ›ausländischen‹ Kindern und Jugendlichen gerechtfertigt wurde, wurde später im Berliner Schulgesetz verankert und 1984 in den »Ausführungsvorschriften über den Unterricht für ausländische Kinder und Jugendliche« ausdefiniert (vgl. Seipp/Werner 1996: 9). Den Vorschriften zufolge sollten an Grund-, Haupt- und Berufsschulen ›Ausländerklassen‹ gegründet werden, wenn der Anteil ›nicht-deutscher‹ Kinder mit unzureichenden Deutschkenntnissen in einer Klasse über 30 Prozent lag. Die sog. Ausländerregelklassen wurden zwar – anders als ihr Name suggeriert – als Ausnahme von der Regel definiert. Gerade in Berliner Innenstadtbezirken, in denen viele Familien von Arbeitsmigrant_innen lebten, entwickelte sich jedoch eine nach nationaler Herkunft getrennte Beschulung zu einer gängigen Praxis – auch dann, wenn bereits hinreichende Deutschkenntnisse bei den Schüler_innen vorhanden waren (vgl. Engin 2003: 17). Besonders Kinder, deren Eltern als Arbeitsmigrant_innen aus der Türkei nach Berlin kamen, waren von der Regelung betroffen, da sie in Berlin »die größte Gruppe ›ausländischer‹ Kinder darstellten und die Einrichtung von ›Ausländerregelklassen‹ möglichst Kinder einer Herkunftssprache bündeln sollte« (Karakayali/zur Nieden 2013: 66).

Von den genannten Regelungen waren solche Schüler_innen ausgenommen, die als ›Aussiedler_innen‹ mit ihren Familien in die Bundesrepublik neu hinzugezogen waren. Ihre Kategorisierung als ›deutschstämmig‹ hatte zur Folge, dass sie in Berlin, wie in allen anderen Bundesländern, auch dann in Regelklassen aufgenommen werden sollten, wenn sie über geringe oder gar keine Deutschkenntnisse verfügten (vgl. Gogolin 2001: 59). Die auf einem völkischen Verständnis von ›Deutschsein‹ basierende Unterscheidung von Kindern ›ausländischer Arbeitnehmer‹ und Kindern ›deutschstämmiger Aussiedler‹[4] erwies sich somit als ein wirkmächtiges Konstrukt bei der Verteilung von Zugangsmöglichkeiten zum Berliner (Regel-)Schulsystem.

Wie in den anderen Bundesländern war der Berliner Migrationsdiskurs bis in die 1980er Jahre von einem *double bind* geprägt. So wurden die hier lebenden Arbeitsmigrant_innen sowohl mit der Aufforderung belegt, sich in die deutsche Mehrheitsgesellschaft zu integrieren als auch in ihre Herkunftsländer nach Beendigung ihres Arbeitsverhältnisses zurückzukehren (vgl. Lanz 2007: 66). Dies bedeutete für die schulische Ebene, dass ›ausländische‹ Kinder im Sinne ihrer Integration ins ›deutsche‹ Schulsystem an Deutschfördermaßnahmen teilnehmen sollten, während der obligatorische Besuch eines ›Heimatunterrichts‹ die »nationale Entfremdung der ausländischen Kinder und Jugendlichen« verhindern und eine Rückkehr der Familien in ihre Herkunftsländer erleichtern sollte (Der Regierende Bürgermeister von Berlin 1972: 41).

Die sog. Quotenregelung wurde in der Berliner Bildungspolitik seit Anfang der 1990er Jahre zunehmend kritisiert. Auf Seiten der Oppositionsparteien wurden Stim-

---

4   Diese Unterscheidung wurde gestützt von einem in dieser Zeit noch geltenden sog. Abstammungsprinzip. Diesem zufolge konnte die deutsche Staatsangehörigkeit nur erhalten, wer mindestens ein Elternteil mit deutscher Staatsangehörigkeit besaß, während in Deutschland geborene Kinder von Arbeitsmigrant_innen automatisch die ›ausländische Staatsbürgerschaft‹ erhielten.

men laut, nach denen die Regelung »durch die Veränderung der Zusammensetzung der Berliner Schülerschaft überholt« sei (Antrag der Fraktion B'90/Die Grünen v. 1.3.1994, zitiert nach Vasilyeva 2013: 9). In der Debatte wurde darauf hingewiesen, dass die »Frage des Passes« nicht identisch sei »mit der Sprachkompetenz der Schülerinnen und Schüler oder ihrer Fähigkeit, dem Unterricht folgen zu können« (ebd.). Die Diskussion mündete 1995 im Wegfall der Quotenregelung durch eine Änderung des Schulgesetzes sowie in der Einführung des Terminus der ›nichtdeutschen Herkunftssprache‹ (ndH). Als Schüler_innen mit ›nicht-deutscher Herkunftssprache‹ wurden fortan Kinder und Jugendliche gezählt, deren »Kommunikationssprache innerhalb der Familie nicht Deutsch ist« (Berliner Grundschulverordnung §17(1)). Mit dem Aufbrechen der staatsbürgerschaftlichen Kategorie sollte die sprachliche Pluralität im Berliner Bildungswesen betont und anerkannt werden. Zugleich wurde mit der Kategorie der nicht-deutschen Herkunftssprache jedoch eine neue Differenzlinie im Berliner Schulsystem markiert, wie sich im Verlauf dieses Kapitels noch konkreter zeigen wird.[5]

Forderungen, das Prinzip einer ›interkulturellen Schulentwicklung‹ in Berlin zu verankern, wie sie zunehmend auf Bundesebene u.a. in der 1996 veröffentlichten KMK-Erklärung »Interkulturelle Bildung und Erziehung« laut wurden (vgl. KMK 1996), ging der Berliner Senat nur äußerst zögerlich nach. Die Landesregierung aus CDU und SPD widmete sich 1998 auf Drängen der Opposition zwar dem Thema der »interkulturellen Bildung und Erziehung« (vgl. Engin 2003: 160). Die Berliner CDU weigerte sich jedoch, den Terminus in ihr bildungspolitisches Programm aufzunehmen. Sie beantragte stattdessen, den Begriff der »Interkulturellen Erziehung« durch die Formulierung »Weiterentwicklung der Sprache von Schülern nichtdeutscher Herkunftssprache als Mittel der Integration« zu ersetzen (vgl. ebd.). Der Antrag entsprach der politisch breit geteilten Auffassung, nach der der Schule primär »die Aufgabe einer kulturellen Homogenisierung« zukommt (Baumert et al. 1999: 42). So wurde auch im Rahmen des SPD-nahen ›Berliner Bildungsdialogs‹ argumentiert, dass die »gleichberechtigte Teilhabe am gesellschaftlichen Leben« nur in einer Schule gelingen könne, »deren Unterrichtssprache *Deutsch* ist und in der die kulturellen Gehalte im Wesentlichen aus einer *westeuropäischen* Tradition stammen« (ebd.).[6] Die hier vertretene Vorstellung von der Notwendigkeit ei-

---

5   Die Einführung der statistischen Kategorie ging nicht mit einer Erhebung der von den Berliner Schüler_innen gesprochenen unterschiedlichen ›Herkunftssprachen‹ einher; erfasst wurde lediglich die Anzahl der Schüler_innen, deren Herkunftssprache ›nicht deutsch‹ ist. Der mit einem hohen ndH-Anteil einhergehende Anspruch einer Schule auf eine verstärkte Deutsch-Förderung der Schüler_innen wurde dementsprechend nicht mit einer Förderung von Mehrsprachigkeit verbunden (vgl. Gogolin 2001: 57).

6   Diese Sichtweise deckt sich mit den Bildern von Migration, wie sie zu dieser Zeit in deutschen Schulbüchern gezeichnet wurden. Im Rahmen einer Ende der 1990er Jahre durchgeführten Analyse von Berliner Schulbüchern zeigen Sabine Mannitz und Werner Schiffauer auf, dass Migration, wenn sie thematisiert wird, in den Büchern fast ausschließlich »in Form von ›Armutszuwanderung‹« Erwähnung findet (Mannitz/Schiffauer 2002: 90f.). Während die »*push*-Faktoren der Emigration (schlechte Lebensbedingungen und Verfolgung in der Türkei) ausführlich besprochen« werden, würden »die *pull*-Faktoren (der Mangel an Arbeitskräften in Deutschland)« in den Schulbüchern »vollständig ignoriert« (ebd.). Mit dieser Darstellung verbinde sich die Vorstellung von einem »Ungleichgewicht der Reziprozität« (ebd.). Folglich seien es nicht »›wir‹ Deutsche[n]«, die

ner ›Assimilation‹ der als ›ausländisch‹ gelabelten Schüler_innen in Form einer einseitigen Anpassung dieser an die Verhältnisse und Bedingungen der ›deutschen‹ Schule, ließ
eine tiefergehende Auseinandersetzung mit alten/neuen migrationsgesellschaftlichen
Realitäten und Herausforderungen für viele bildungspolitische Akteur_innen überflüs-
sig erscheinen. Dementsprechend fanden in den 1990er Jahren Aspekte eines migrationsgesellschaftlichen Wandels sowohl in den Ausbildungsverordnungen für die Lehr-
amtsstudiengänge als auch auf Ebene der Material- und Curriculumsentwicklung in
Berlin keine Verankerung. Zwar schließen nach Heike Niedrig die Mitte der 1990er Jahre in den Berliner Rahmenlehrplänen »thematisierte[n] Vorstellungen und Vorschläge
[...] ein interkulturelles Arbeiten nicht aus«; sie legten dieses allerdings »auch nicht nahe« (Niedrig 2001: 84).[7]

5.1.2 »Eltern nicht-deutscher Herkunft«

Im Zuge des migrationspolitischen Paradigmenwechsels um die Jahrtausendwende, der
auf Bundesebene u.a. mit der Anerkennung Deutschlands als Einwanderungsland sowie der Liberalisierung des Staatsangehörigkeitsrechts einherging, wurde sich in der
Berliner Bildungspolitik mit Fragen rund um die ›migrationsbedingte Heterogenität‹
im Schulsystem verstärkt auseinandergesetzt. Angeschoben wurden u.a. verschiedene institutionelle Maßnahmen, die sich insbesondere auf den Umgang mit Mehrsprachigkeit an Berliner Schulen bezogen. Nachdem die Bildungsbehörde in einem an die
Schulen gerichteten Schreiben zu ›Deutsch als Zweitsprache‹ (DaZ) die Mehrsprachigkeit von Schüler_innen an Berliner Schulen offiziell anerkannte und den Lehrkräften
nahelegte, ihren Unterricht durchgehend als DaZ-Unterricht zu gestalten, wurde im
Jahr 2000 ein DaZ-Weiterbildungslehrgang für Berliner Lehrkräfte eingerichtet.

Auf die genannten Maßnahmen folgte im Jahr 2001 die Herausgabe der **Handreichung »Interkulturelle Bildung und Erziehung«** (Senatsverwaltung für Schule, Jugend
und Sport 2001). In dem 252-Seiten umfassenden Dokument wird »interkulturelle Bildung und Erziehung« erstmals »als fächerübergreifendes Unterrichtsprinzip in allen
Fächern, allen Stufen und Schulformen« definiert (ebd.: 6). Es wird gefordert, das Prinzip der interkulturellen Bildung »in den schulinternen Plänen [...] als Teil des Schulprogramms, als Instrument zur Verbesserung von Unterricht und Erziehung« sowie »als
Qualitätsmerkmal von Unterricht« zu verankern (ebd.: 6f.). Neben diesen im Vorwort

---

von der Arbeitsmigration profitierten, sondern allein die Arbeitsmigrant_innen, die »aus dem Leben ›bei uns‹ einen Vorteil« zögen (ebd.). Diese und weitere stereotype Sichtweisen wurden vielfach von den Berliner Pädagog_innen geteilt, wie eine Studie zur Orientierung von Berliner Grund-
schullehrer_innen auf ›migrationsbedingte Heterogenität‹ in den 1990er Jahren zeigte (vgl. Heintze et al. 1997).

7   Demgegenüber, so Mannitz und Schiffauer in einer in den 1990er Jahren durchgeführten Analyse Berliner Rahmenlehrpläne, hat das Ereignis der deutschen Wiedervereinigung »zu einer un-
gemein zügigen Überarbeitung der Lehrpläne geführt« und wurde dort u.a. als »›vorrangige und
deshalb obligatorische‹« Themensequenz vorgeschrieben (Mannitz/Schiffauer 2002: 90). Hierfür
»haben also fünf Jahre ausgereicht«, so schlussfolgern die Autor_innen, »während die Geschichte
von mehreren Jahrzehnten der Arbeitsimmigration in die Bundesrepublik« bis zu diesem Zeitpunkt »zu keiner Reformulierung« der Lehrpläne geführt habe (ebd.).

der Handreichung formulierten institutionellen Anforderungen an eine ›interkulturelle
Ausrichtung‹ der Berliner Schule, richten sich die weiteren inhaltlichen Ausführungen
in erster Linie an Berliner Lehrkräfte, mit dem Ziel ihre »interkulturelle Kompetenz« zu
verbessern (ebd.: 7). Das hier zum Ausdruck kommende Verständnis von einer »interkulturellen Bildung und Erziehung« setzt primär bei der Kommunikations- und Handlungsfähigkeit der einzelnen Lehrkraft an und wird vor allem als ein »auf das Individuum bezogene[r] Entwicklungsprozess« verstanden (ebd.).

In den weiteren Ausführungen zu »Interkultureller Bildung und Erziehung« grenzen sich die Autor_innen der Handreichung zunächst explizit vom »Konzept der Ausländerpädagogik« ab, da diese eine »einseitige Anpassungsleistung [...] nur von den
ausländischen Kindern« erwarte (ebd.: 29). Basierend auf der Annahme, »dass eine
Rückkehr« von Arbeitsmigrant_innen »in ihr Heimatland zunehmend unrealistisch geworden ist und ihre in Deutschland geborenen Kinder hier zu Hause sind« (ebd.), wird
›migrationsbedingte Heterogenität‹ im Bildungsbereich als (neue) Normalität aufgefasst und eine Abkehr vom »Sondergruppenmodus« gefordert (ebd.: 28). Vor diesem
Hintergrund wird »Interkulturelles Lernen« als ein »beidseitige[r] Lernprozess zwischen Personen unterschiedlicher Kulturen« definiert (ebd.: 29). Diesbezüglich wird es
als zentrale Herausforderung für die Berliner Lehrkräfte verstanden, zu »[l]ernen, mit
anderen Kulturen erfolgreich umzugehen«, d.h. »mit anderen (Kulturen) erfolgreich
zu kommunizieren und in interkulturellen Situationen die Kluft zwischen verschiedenen Deutungsmodellen überbrücken zu können« (ebd.: 98). Das hier zum Ausdruck
kommende Verständnis von ›interkultureller Kompetenz‹ setzt die Existenz ›kultureller Differenz‹ voraus, welche hier unmittelbar mit Migration in Verbindung gebracht
wird. Dabei wird im Verlauf des Dokumentes immer wieder auf nationalräumliche
Konstruktionen und ein hierauf bezogenes Kulturverständnis referiert. So wird von
»kulturspezifischen Unterschieden« zwischen verschiedenen »Ländern« ausgegangen
und die Annahme verfolgt, dass »[d]urch die unterschiedliche Herkunft der Schüler
und Lehrkräfte« ein »kulturelle[r] Konsens in Frage gestellt« werde (ebd.: 34). Kulturalisierende Sichtweisen wie diese werden im Dokument durch zahlreiche stereotype
Bebilderungen und Beschreibungen gestützt. Charakterisierungen wie »Menschen des
westlichen Kulturkreises denken eher induktiv und abstrakt, Lateinamerikaner vorwiegend deduktiv und konkret« (ebd.: 45), zielen vorgeblich auf ein besseres Verständnis
von ›der anderen Kultur‹ ab, während hierüber zugleich essentialisierende Sichtweisen
auf Schüler_innen mit Migrationsgeschichte transportiert und diese auf bestimmte kulturelle Eigenschaften festgelegt werden. Diese Eigenschaften werden zum Teil als quasi
natürliche Eigenschaften der migrantisierten Schüler_innen und Familien konstruiert,
die zwar als von den Pädagog_innen ›verstehbar‹, jedoch nicht als veränderbar aufgefasst werden.

Von einem solchen Kulturverständnis ausgehend, werden im Dokument pädagogische Handlungsansätze und »Leitlinien für den Unterricht« (ebd.: 98ff.) abgeleitet.
Diese zielen einerseits auf Seiten der Lehrer_innen darauf abzielen, »kulturelle Vielfalt und die Begegnung mit anderen« positiv im Sinne »eine[r] Bereicherung für jeden«
wahrzunehmen sowie »Neugier« und »Empathie« für ›andere Kulturen‹ zu entwickeln
(ebd.: 19). Andererseits wird aus einer konfliktpädagogischen Perspektive an die Lehrkräfte appelliert, »interkulturelle Konflikte als natürlich zu akzeptieren« (ebd.: 35) und

zu ihrer Bewältigung vor allem über einen verständnisvollen und wertschätzenden Umgang mit »fremdkulturellem Verhalten« beizutragen (ebd.: 100).

Gegenüber einer solch intensiven Auseinandersetzung mit ›kultureller Differenz‹, werden Aspekte von Rassismus und Diskriminierung in der Handreichung kaum thematisch. Vereinzelt wird lediglich auf »rechte [...] Einstellungen« auf Seiten der Berliner Schüler_innen abgehoben (ebd.: 50). »Rechtsextremismus« und »Fremdenfeindlichkeit« werden dabei ausschließlich als Einstellungsphänomene behandelt, die in der Handreichung auf »emotionale und gruppenpsychologische« (ebd.: 52) Ursachen zurückgeführt werden. Diesbezüglich formulierte Handlungsvorschläge beziehen sich entsprechend vor allem auf Maßnahmen, die die »Empathie« und das »Selbstwertgefühl« der Schüler_innen stärken sollen (ebd.: 54).[8]

Vor dem Hintergrund einer solchen Konzeption von »Interkultureller Bildung und Erziehung« werden in der Handreichung unterschiedliche Implikationen für eine schulische »Elternarbeit« abgeleitet (ebd.: 193ff.). Diesbezüglich heißt es, dass auf die Mitarbeit von Eltern, die im Dokument vorwiegend als »Eltern nichtdeutscher Herkunft« (ebd.: 195) bezeichnet werden, »Wert« gelegt wird. So könnten diese »motivierend auf ihren Nachwuchs« wirken sowie in »kulturbedingten Konflikten« in der Schule »Hilfestellung leisten und als Moderatoren« Einfluss nehmen (ebd.: 194). In der Handreichung kommt zum Ausdruck, dass mit dem Migrationsprozess von Familien unweigerlich eine Wanderung zwischen unterschiedlichen Kulturen verbunden wird. Hieraus resultiere ein erhöhtes »Konfliktpotential« (ebd.: 195) innerhalb der Familien, das im Dokument u.a. wie folgt problematisiert wird:

> »Bedenken Sie, dass nicht nur kulturell bedingte unterschiedliche Werte und Normen die Zusammenarbeit beeinflussen. Die veränderte Lebenssituation, z.B. Veränderungen des Rollenverständnisses von Frau und Mann in der Migration, hat auch das Konfliktpotential in den Familien erhöht. Familienkonflikte bekommen die Kinder zu spüren und Sie bemerken negative Veränderungen bei einem Kind schnell. Der konstruktive Umgang mit Familienproblemen und -konflikten hat sich in unserer Kultur erst in den letzten Jahrzehnten entwickelt. Nur ein Vertrauensverhältnis und Ermutigung hilft, dass Eltern sich Hilfe durch Beratungseinrichtungen holen, wenn sie nicht mehr weiter wissen.« (Ebd.)

---

8   Ende der 1990er Jahre wurden parallel zu dem in der Handreichung eingenommenen Fokus auf rechtsextreme Einstellungen unter Schüler_innen auch an anderer Stelle von politischer Seite unterschiedliche Maßnahmen gegen Rechtsextremismus in Berlin ergriffen. So legte der Berliner Senat im Jahr 2000 dem Abgeordnetenhaus ein »strategisches Landesprogramm [...] in Form eines umfangreichen Maßnahmenpakets gegen Rechtsextremismus, Fremdenfeindlichkeit und Antisemitismus vor«; diesem folgten weiter Strategiepapiere, die auf Ebene des Berliner Bildungssenats, des Integrationsbeauftragten sowie einzelner Berliner Bezirksverwaltungen formuliert wurden (vgl. für einen detaillierten Überblick, Beauftragte des Berliner Senats für Integration und Migration 2008: 9ff.). Sie stellten die Grundlage für die Förderung verschiedener zivilgesellschaftlicher Maßnahmen und Projekte dar, die in den Folgejahren insbesondere auf die Prävention von Rechtsextremismus sowie die Demokratieförderung ausgerichtet waren (u.a. Einrichtung von Mobilen Beratungsteams; Hilfe für Opfer rechtsextremistischer Gewalt; Maßnahmen für gefährdete bzw. gewaltbereite Jugendliche, vgl. ebd.). Rassismus und Diskriminierung im Schulkontext spielen in den geförderten Projekten jedoch keine bzw. nur eine untergeordnete Rolle (vgl. ebd.).

Unterschiedliche »Rollenverständnisse von Frau und Mann« zwischen »unserer Kultur« und einer den migrierten Familien zugeschriebenen ›anderen Kultur‹ erscheinen hier als selbstverständlich. Hinter der Verständnis suggerierenden Formulierung, nach der sich auch »in unserer Kultur erst in den letzten Jahrzehnten« ein »konstruktive[r] Umgang mit Familienproblemen« entwickelt habe, verbirgt sich die implizite Schlussfolgerung, dass die Entwicklung von Familien mit Migrationsgeschichte noch nicht so weit fortgeschritten ist, als dass die Familien (bereits) in der Lage wären, innerfamiliäre Probleme »konstruktiv« zu lösen. Über eine solch indirekte Positionierung der Familien als ›rückständig‹, erhält die zuvor noch neutral erscheinende Beschreibung von unterschiedlichen Rollenverständnissen eine negative Konnotation. Im genannten Diskursfragment wird somit nicht nur eine Unterscheidung zwischen ›unserer Kultur‹ und einer ›migrantischen Familienkultur‹ vorgenommen. Hiermit einher gehen auch eine Bewertung und Problematisierung der ›anderen‹ Kultur. Dabei scheint die vermeintliche Tatsache, dass sich das »Konfliktpotential« innerhalb der Familien in »negativen Veränderungen« bei den Kindern niederschlage, Interventionen von Seiten der Lehrer_innen und »Beratungseinrichtungen« zu legitimieren. Indem »Migration«, »Familienprobleme« und »negative Veränderungen bei einem Kind« in einen Kausalzusammenhang gestellt werden, wird ein (neues) pädagogisches Handlungsfeld konstruiert, in dessen Zentrum die ›andere Kultur‹ der Familien steht.

Neben der zentralen Bedeutung, die den Pädagog_innen bei der Bearbeitung von vermeintlich migrationsbedingten Konflikten in den Familien zugesprochen wird, werden im Bereich der »Elternarbeit« auch zahlreiche begegnungspädagogische Ansätze in der Handreichung vorgeschlagen. Beispielsweise wird angeregt, »kulturelle Veranstaltungen und Feste« zu organisieren, um so »ein interkulturelles Klima unter Eltern« zu schaffen und »die Eltern neugierig aufeinander und offener füreinander werden« zu lassen (ebd.: 196). Zudem sind die Lehrer_innen angehalten, »Informationen über die Herkunftsländer [i]hrer Schüler« zu sammeln, »damit sie sich besser auf [i]hre SchülerInnen und Eltern einstellen können« (ebd.: 195). Mit Ansätzen wie diesen verbindet sich ein Verständnis, nach dem über die »persönliche Begegnung« mit ›migrationsanderen‹ Familien, »Vorurteile« und »Fremdenfeindlichkeit« abgebaut werden können und so der »Umgang mit Fremdheit [...] zur Normalität« wird (ebd.: 19). Soziale Ungleichheitsverhältnisse und Formen einer (rassistischen) Diskriminierung, die auf die schulische »Elternarbeit« potenziell Einfluss nehmen können, werden hingegen an keiner Stelle im Dokument thematisch.[9]

Den unterschiedlichen Ansätzen, die mit Blick auf die Eltern von Schüler_innen in der Berliner Handreichung formuliert werden, ist gemeinsam, dass sie auf einem reduktionistisch-deterministischen Kulturverständnis basieren, durch welches die Eltern als ›kulturell Andere‹ konstituiert und der Schule sowie den Eltern der ›hiesigen Kultur‹ gegenübergestellt werden. Die Differenzsetzung und Kulturalisierung erfolgt nahezu

---

9   Lediglich im Kontext einer schulischen Auseinandersetzung mit Rechtsextremismus werden Eltern erwähnt. Auf sie wird dann verwiesen, wenn es darum geht, die »Eltern rechter Jugendlicher in die schulischen Strategien gegen Fremdenfeindlichkeit« einzubinden (ebd.: 54) oder den Pädagog_innen vor Augen zu führen, dass auch Eltern potenziell rechtsextreme Einstellungen ihrer Kinder teilen können (Senatsverwaltung für Schule, Jugend und Sport 2001: 51).

durchweg mit Bezug auf die andere ›nationale Herkunft‹ und die vermeintliche Migrationserfahrung der Eltern. Suggeriert wird, dass es besonderer Umgangsweisen und schulischen Maßnahmen sowie eines spezifischen Wissens über ›migrantische‹ Eltern bedarf, um ›interkulturell sensibel‹ auf sie einzugehen und als kulturell bedingt markierte Konflikte in den Elternhäusern, die über ihre Kinder in den Schulalltag hineinragten, zu bearbeiten.

5.1.3   »Eltern mit Migrationshintergrund«

Nach Beginn der 2000er Jahre erhielt die Diskussion um ›migrationsbedingte Heterogenität‹ in der Berliner Schule durch verschiedene integrations- und bildungspolitische Entwicklungen auf Bundesebene einen neuen Rahmen. So wurde mit dem im Jahr 2005 in Kraft getretenen neuen Zuwanderungsgesetz der Übergang von einer reaktiven zu einer ›aktiven Integrationspolitik‹ vollzogen, der sich u.a. in der gesetzlichen Implementierung unterschiedlicher Integrationsmaßnahmen ausdrückte. Im gleichen Zeitraum haben die PISA-2000-Studie und weitere internationale wie nationale Schulleistungsvergleichsstudien intensive Debatten über die Qualität schulischer Bildung in Deutschland angestoßen. Diese Entwicklungen, auf die ich in Kapitel 6 und 7 noch näher eingehen werde, veranlassten den Berliner Bildungssenat dazu, das Konzept **»Integration durch Bildung«** zu erarbeiten (Senatsverwaltung für Bildung, Jugend und Sport 2006: 19). Bereits im Titel des im Jahr 2006 veröffentlichten Konzepts spiegelt sich die politisch-programmatische Verschränkung von Integration und Bildung wider. Diese drückt sich im Dokument selbst zunächst darin aus, dass die Bezeichnung ›interkulturelle Bildung und Erziehung‹ nun weitgehend durch den Terminus ›Integration‹ ersetzt wurde. Als Anlass für die Verbindung integrations- und bildungspolitischer Ansätze und Maßnahmen wird das vergleichsweise schlechte Abschneiden von (Berliner) Schüler_innen mit sog. Migrationshintergrund in nationalen sowie internationalen Schulleistungsuntersuchen angeführt (vgl. ebd.: 19). Aus den Ergebnissen wird die Schlussfolgerung gezogen, dass die bisher in Berlin unternommenen »Integrationsbemühungen nicht zum erwarteten Erfolg geführt haben« (ebd.). Hieraus wird die Notwendigkeit geschlussfolgert, »Integrationsmaßnahmen« insbesondere im schulischen Bereich zu »stärken« (ebd.: 2). So werden die Berliner »Bildungseinrichtungen« als »wichtigste Instrumente« bezeichnet, um »die Integration von Menschen unterschiedlicher […] Herkunft« in die »aufnehmende Gesellschaft« zu »fördern« (ebd.). Trotz der wiederholten Betonung, dass »Integration […] kein[en] einseitige[n] Prozess« darstellt (ebd.: 1), kommt insgesamt ein Verständnis von ›Integration‹ zum Ausdruck, das vor allem bei den in Berlin lebenden »Migranten« ansetzt (ebd.: 3). Diese werden entsprechend als zentrale »Zielgruppe« der Berliner Integrationspolitik benannt (vgl. ebd.).

Vor diesem Hintergrund wird die schulische »Einbeziehung« von Eltern im Dokument als eine zentrale integrations- bzw. bildungspolitische »Leitidee« formuliert (ebd.: 19). Deren »Ziel« ist

»[…] die Förderung positiver Integrationserfahrungen und Handlungsfähigkeit. Durch eine wirkungsvolle Beratung und mehrsprachige Informationen werden Eltern in die

Lage versetzt, das Berliner Bildungssystem zu verstehen und daran teilzunehmen. Veranstaltungen wie Theater- und Musikaufführungen, Schulfeste und andere Aktionen wecken und stabilisieren bei Eltern und Erziehungsberechtigten nichtdeutscher Herkunft Interesse an den Aktivitäten der Kinder und Jugendlichen. Einzel- und Gruppengespräche können dieses Interesse vertiefen mit dem Ziel, die Eltern und Erziehungsberechtigten für die Einrichtung oder das Projekt zu gewinnen.« (Ebd.: 22)

In der zitierten Formulierung kommt implizit eine Defizitperspektive auf »Eltern und Erziehungsberechtigte nichtdeutscher Herkunft« zum Ausdruck. So legt die Aneinanderreihung der den Eltern zu vermittelnden Fähigkeiten die Interpretation nahe, dass die Eltern diese Fähigkeiten (noch) nicht besitzen. Darüber wird den Eltern im Umkehrschluss eine fehlende »Handlungsfähigkeit« zugeschrieben sowie Schwierigkeiten, »das Berliner Bildungssystem zu verstehen und daran teilzunehmen«; zudem wird von einem generell geringen »Interesse an den Aktivitäten der Kinder« und einer allgemeinen elterlichen Distanz zur Schule ausgegangen. Es entsteht der Eindruck, dass die hier im Integrationskontext thematisierten Eltern sich die genannten Einstellungen und Kompetenzen zunächst aneignen müssen, um in der »Lage« zu sein, mit der Schule ihrer Kinder zu kooperieren. Vor diesem Hintergrund werden die Schulen »auch für die Eltern« als »Lern- und Begegnungsorte« konzipiert (ebd.: 20, in denen sie primär über Maßnahmen der Information, Beratung, Sprach- und Wissensvermittlung adressiert werden. Diesbezüglich werden u.a. »eine wirkungsvolle Beratung«, eine »Informationsoffensive«, »Deutsch- und Integrationskurse«, »Mütterkurse« sowie »die Vermittlung von Kenntnissen über grundlegende Strukturen und Normen der Aufnahmegesellschaft« im Dokument aufgezählt (18ff.).

Welche weiteren spezifischen Wissensproduktionen sich mit der integrationspolitischen Adressierung von Eltern in Berlin verbinden, möchte ich in Kapitel 6.1 näher analysieren. An dieser Stelle kann jedoch bereits festgehalten werden, dass es im Konzept »Integration durch Bildung«, anders als im zuvor analysierten Senatsdokument, nicht mehr in erster Linie die Pädagog_innen und ihre ›interkulturellen Kompetenzen‹ sind, die im Zentrum einer Auseinandersetzung mit ›migrationsbedingter Heterogenität‹ in Berliner Schulen stehen. Vielmehr sind es die Integrationskompetenzen bzw. angenommenen Integrationsdefizite von Schüler_innen und ihrer »Eltern mit Migrationshintergrund« (ebd.: 20), welche nun maßgeblich von politischer Seite fokussiert und adressiert werden. Dabei wird eine vermeintlich mangelnde Integration vorwiegend am Individuum bzw. den Eltern ›mit Migrationshintergrund‹ festgemacht. Diese werden so als Zielgruppe von integrationspolitischen Maßnahmen markiert und einer ›deutschen‹ »Aufnahmegesellschaft« (ebd.: 3) gegenübergestellt. Die den Eltern allgemein zugeschriebenen Erziehungs-, Kompetenz- und Interessensdefizite werden hierbei als zentrale Ursachen für ein mögliches Ausbleiben einer elterlichen Kooperation und Partizipation in der Schule identifiziert.

Nahezu zeitgleich zur Erarbeitung des Konzepts »Integration durch Bildung« durch den Berliner Bildungssenat befasste sich der Beauftragte für Integration und Migration mit der Ausarbeitung eines ersten »**Integrationskonzept[s] für Berlin**« (2005). Basierend auf dem »Konsens«, »dass die Stadt eine offensive Zuwanderungspolitik braucht, um den Austausch mit der Welt zu aktivieren, um Kultur, Wissenschaft und Wirtschaft der Stadt, um die Erfahrung anderer zu bereichern und um Menschen und Standort interkulturell kompetent zu machen«, werden im Dokument verschiedene »Rahmenbedingungen und Grundsätze« (ebd.: 4) für eine Berliner Integrationspolitik formuliert. Um den auf Migration zurückgeführten »kulturellen Schatz« (ebd.: 5) zu nutzen, sei es auf städtischer und institutioneller Ebene wichtig, »Unterschiede zu akzeptieren und zu respektieren« und eine »Haltung gelassener Offenheit für das Andere und Neue« zu entwickeln (ebd.). Darüber hinaus werden einleitend im Dokument auch einige »krisenhafte Entwicklungen« skizziert, welche die »Integrationskraft« der Stadt »gefährden« (ebd.). Zu diesen Entwicklungen wird – neben einer »hohen Arbeitslosenquote unter den Ausländer/innen« und »erkennbare[n] Abgrenzungen und Abschottungstendenzen gegenüber der Aufnahmegesellschaft« – eine »wachsende Kluft zwischen den Bildungsabschlüssen von Kindern mit Migrationshintergrund und der Vergleichsgruppe« gezählt (ebd.). Damit drückt sich auch im Berliner Integrationskonzept zunächst ein problematisierender Zugriff auf »Migranten/innen« aus, die durch eine ›Wir-Sie-Differenz‹ gekennzeichnet ist.

Anders jedoch als im Konzept »Integration durch Bildung« werden die im Integrationskonzept konstatierten »krisenhaften Entwicklungen« auf einen »Ursachenkomplex« (ebd.: 5) zurückgeführt, der weitgehend jenseits ›individueller Defizite‹, d.h. vor allem bei politisch-strukturellen Rahmenbedingungen verortet wird. Zu diesen werden u.a. die »jahrzehntelange Unentschiedenheit in der bundespolitischen Migrations- und Integrationspolitik« gezählt, welche mit »Versäumnisse[n] insbesondere im Bildungssystem einher[gingen]«, ebenso wie eine »tiefgreifende Deindustrialisierung« in Berlin, von der »Migranten/innen […] überproportional betroffen« sind (ebd.: 5f.). Vor diesem Hintergrund wird ein Verständnis von ›Integration‹ formuliert, welches sich – anders als im zuvor analysierten Konzept – nicht in erster Linie auf die »Bereitschaft« der »Migranten« bezieht, »Deutsch zu erlernen und die Grundwerte einer demokratisch verfassten Gesellschaft anzuerkennen« (Senatsverwaltung für Bildung, Jugend und Sport 2006: 2). Vielmehr wird ›Integration‹ hier als »Herstellung von Chancengleichheit«, Schaffung »gleichberechtigte[r] Möglichkeiten der Teilhabe am gesellschaftlichen Leben« sowie Schutz »vor individueller und kollektiver Ausgrenzung« definiert (Beauftragte des Berliner Senats für Integration und Migration 2005: 7). Als zentraler Bestandteil eines solchen Integrationsverständnisses wird im Dokument auch die Bekämpfung von »Diskriminierungen« genannt (ebd.: 11). Diese Notwendigkeit wird sowohl auf »rechtsextreme und antisemitische Gewalt« als auch auf Formen von »strukturelle[r] Benachteiligung bis zu Diskriminierung in der Aufnahmegesellschaft« bezogen (ebd.: 31). So kommt im Dokument ein umfassendes Verständnis eines staatlich-institutionellen Diskriminierungsschutzes zum Ausdruck. Hiermit verbunden wird eine »staatliche Verantwortung«, die über die Herstellung einer »formale[n] Gleichberechtigung« hinausgeht (ebd.: 65). So heißt es: »War es vor Jahrzehnten noch ausreichend, formale Gleichberechtigung gesetzlich festzuschreiben, so geht es heute um mehr, nämlich um staatliche Verantwortung für den Schutz vor Diskriminierungen auch durch Private und um dessen institutionelle Absicherung« (ebd.: 65).

Mit einem solchen Integrationsverständnis verbundene ›Integrationsmaßnahmen‹ beziehen sich im Integrationskonzept vor allem auf die Frage, wie »Chancengleichheit« auf sozialer, wirtschaftlicher und rechtlicher Ebene sowie über eine »[i]nterkulturelle

Öffnung der Aufnahmegesellschaft« von staatlicher bzw. politischer Seite hergestellt werden kann (ebd.: 7). Dementsprechend wird ›interkulturelle Kompetenz‹ nicht primär als »zusätzliche Kompetenz«, sondern als »Strukturelement institutioneller Veränderung« verstanden (ebd.: 36). Das Berliner Integrationskonzept weicht somit deutlich von Diskurspositionen ab, wie sie im zuvor verabschiedeten Konzept »Integration durch Bildung« zum Ausdruck kommen.[10]

Vor dem Hintergrund einer solchen integrationspolitischen Haltung wird das Ziel formuliert, auch »den Bildungsauftrag von Kita und Schule« »neu« zu »definier[en]« (ebd.: 9). So wird sich im Konzept mit »der Entwicklung einer Schulkultur« befasst, »die die Heterogenität der Schülerschaft wahrnimmt und fördert und den sozialen Zusammenhalt in der ganzen Schule stärkt« (ebd.). Die Schulen werden aufgefordert, ihre gesetzlich neu verankerte Schulautonomie für die Gestaltung eines »interkulturellen Schulprofils zu nutzen« (ebd.: 33ff.). Dieses soll neben einem schulischen »Leitbild, das Heterogenität und Chancengerechtigkeit umfasst« u.a. auch eine »intensive Pflege des Schulklimas, das an demokratischen Prinzipien ausgerichtet ist« sowie »Kooperationen mit außerschulischen Partnern« einschließen (ebd.).

In diesem Zusammenhang wird eine »verstärkte Einbindung von Eltern mit Migrationshintergrund in den Bildungsprozess ihrer Kinder« bedeutend gemacht (ebd.: 9). Es wird eine »intensive Elternarbeit« gefordert, »die mit neuen Formen der Ansprache und Einbeziehung experimentiert und sich explizit an Familien mit Migrationshintergrund wendet« (ebd.: 33). Zudem sei es »entscheidend«, dass die vom Senat »angestrebte Beteiligung von Migranten/innen an den Schulgremien gelingt und dass – insbesondere die Eltern der Schüler/innen – ihre Vorschläge zum Beispiel in der Gestaltung des jeweiligen Schulprogramms einbringen« können (ebd.: 36). Dem im Konzept »Integration durch Bildung« artikulierten Verständnis von »Eltern mit Migrationshintergrund« als primär defizitäre *Lernsubjekte* steht hier nun ein Ansatz gegenüber, der auf eine demokratische »Teilhabe« von Eltern »mit Migrationshintergrund« am schulischen Geschehen setzt und diesbezüglich institutionelle Reformen einfordert.

Allerdings wird im Dokument nicht weiter ausgeführt, *wie* die hier geforderten »neuen Formen der Ansprache und Einbeziehung« von Eltern konkret aussehen und umgesetzt werden sollen. Zwar werden einige Maßnahmen einer schulischen »Elternarbeit« im Dokument genannt. Diese heben allerdings weniger auf eine Neukonzeption von Elternbeteiligung ab. Vielmehr schließen die Maßnahmen an die bereits im Konzept »Integration durch Bildung« formulierten Ansätze einer zielgruppenspezifischen Förderung, Unterstützung und Information von Eltern ›mit Migrationshintergrund‹ an. So dominiert, wenn es um die praktische Ausgestaltung einer ›interkulturellen Elternbeteiligung‹ geht, auch im Integrationskonzept eine Defizitperspektive auf die hier

---

10   Die begrifflichen und inhaltlichen Unterschiede, die sich im Berliner Integrationskonzept zu vorausgegangenen und anschließenden bildungs- und integrationspolitischen Veröffentlichungen des Berliner Senats zeigen, lassen sich u.a. durch den Einfluss des Berliner Landesbeirat für Integrations- und Migrationsfragen erklären, der in die Ausarbeitung des Integrationskonzepts miteinbezogen wurde (vgl. ebd.: 3). Dessen Einfluss auf die inhaltliche Ausrichtung des Integrationskonzepts zeigt sich u.a. in zahlreichen Parallelen zu den zuvor vom Landesbeirat veröffentlichten »Empfehlungen zu den Handlungsfeldern Arbeit und Erwerbstätigkeit, Bildung und Interkulturelle Öffnung« (Landesbeirat für Integrations- und Migrationsfragen 2005).

adressierten Eltern. Diese kommt u.a. in folgender Formulierung zum Ausdruck: »Mit zielgruppenspezifischen Sprachkursen für Migranteneltern mit Schulkindern und Kindern im Vorschulalter unterstützen die Volkshochschulen die schulische Integration dieses häufig bildungsfernen Elternkreises« (ebd.: 9). Wie sich im Verlauf dieser Analyse noch genauer zeigen wird, stellt der hier konstatierte Kausalzusammenhang zwischen ›elterlichen Sprachdefiziten‹, ›Bildungsferne‹ und einer mangelnden ›schulische[n] Integration‹ eine zentrale und zugleich wirkmächtige Form des *Otherings* von Eltern im Berliner Schulsystem dar. Ein solches Elternbild steht in Diskrepanz zu Forderungen nach einer Demokratisierung schulischer Elternbeteiligung, was im Dokument jedoch nicht weiter reflektiert wird. Vielmehr bleiben die unterschiedlichen Ansätze weitgehend unvermittelt nebeneinanderstehen.

Trotz ihrer Ambivalenz, blieb die im Hinblick auf eine diskriminierungssensible Schulentwicklung formulierte Haltung nicht ohne Folgen. So wurden Mitte der ooer Jahre einige schulstrukturelle Veränderungen im Berliner Bildungssystem auf den Weg gebracht. Hierzu zählen u.a. die flächendeckende Umsetzung der Ganztagsschule (2005) sowie die sog. Berliner Schulstrukturreform (2008). Diese zielte auf eine Auflösung des vielgliedrigen Schulsystems in Berlin ab. So wurden Haupt-, Real- und Gesamtschulen in der sog. Integrierten Sekundarschule zusammengefasst. Die Schulstrukturreform ging mit der Einführung der Berliner »Gemeinschaftsschule« einher.[11] Diese, erstmals im Schuljahr 2008/09 als Pilotprojekt implementierte und 2018 als schulstufenübergreifende Schulart im Schulgesetz verankerte Schulform mit dem Ziel eines binnendifferenzierten gemeinsamen Lernens von der ersten bis zum Ende der zehnten Klasse bzw. bis zum Abitur, sollte »zu mehr Chancengleichheit und -gerechtigkeit unabhängig von den Voraussetzungen der Kinder und Jugendlichen« im Berliner Schulsystem führen (Senatsverwaltung für Bildung, Jugend und Wissenschaft 2016a). Mit der Einführung der Gemeinschaftsschule ging zudem das politische Ziel einher, über eine »enge Zusammenarbeit« von »Lehrkräfte[n], schulischen Mitarbeiter[n], Schülerinnen und Schüler[n]« sowie »Eltern und außerschulischen Partner[n]« die Berliner Schule in einen »demokratischen Lern- und Lebensraum« zu transformieren (ebd.).

Das zweite »**Berliner Integrationskonzept**« (Senatsverwaltung für Integration, Arbeit und Soziales 2007a) sowie die Broschüre »**Arbeit, Bildung, Chancengleichheit – Das ABC der Berliner Integrationspolitik**« (Beauftragte des Berliner Senats für Integration und Migration 2009) knüpfen überwiegend an die Ziele und Handlungsempfehlungen der zuvor analysierten Konzepte an. Im erstgenannten Dokument wird erneut der Zusammenhang von »Chancengleichheit«, »Integration« und der Bekämpfung von »Diskriminierungen« betont, nun mit Verweis auf das 2006 auf Bundesebene in Kraft getretene Allgemeine Gleichbehandlungsgesetz (AGG) sowie die hieran im Anschluss gegründete Berliner »Landesstelle für Gleichbehandlung – gegen Diskriminierung« (Senatsverwaltung für Integration, Arbeit und Soziales 2007a: 69). Diese, so heißt es, soll »die Verwaltungen bei der Umsetzung des AGG beraten« »sowie präventive Maß-

---

11   Zum Schuljahr 2018/19 gab es in Berlin insgesamt 24 Gemeinschaftsschulen (Senatsverwaltung
      für Bildung, Jugend und Familie 2017b: 18ff.).

nahmen in Schulen, bei der Polizei und in Wohnungsbaugesellschaften durchführen« (ebd.: 74).[12]

Neben recht unterschiedlichen integrationspolitischen Konzeptionen des Verhältnisses von Eltern und Schule in den zwei Dokumenten, auf die ich in den folgenden Kapiteln noch näher eingehe, nehmen beide Konzepte vielfach auf ›Migrant_innenorganisationen‹ explizit Bezug. Während die Organisationen in den vorausgehend analysierten Konzepten keinerlei Erwähnung finden, werden sie in ihrer Bedeutung für den Bildungsbereich und die Schule nun erstmals thematisch. Den Vereinen wird dabei vor allem in dreierlei Hinsicht Bedeutung zugesprochen. *Erstens* wird ein schulischer Einbezug der Organisationen als Teil einer ›interkulturellen Schulentwicklung‹ betrachtet. Die »Migrantenorganisationen« werden diesbezüglich als »Expertinnen und Experten« bezeichnet, die »eine wichtige Ressource« bei der »Entwicklung interkultureller Schulprofile« darstellen (Senatsverwaltung für Integration, Arbeit und Soziales 2007a: 37). Aufgrund der den Organisationen zugeschriebenen Erfahrungen, »Ideen und wichtige[n] Kompetenzen« wird den Schulen nahegelegt, diese vor allem in die »Weiterentwicklung« ihrer »interkulturellen Schulprofile« einzubeziehen (ebd.: 41). *Zweitens* wird den Organisationen eine zentrale Rolle im Hinblick auf eine stärkere Vernetzung der Schulen mit »Lernorten« im Sozialraum zugeschrieben (ebd.). Diesbezüglich werden die Organisationen vielfach als »Kooperationspartner« für eine »Öffnung der Schulen in die Nachbarschaft« positioniert (Beauftragte des Berliner Senats für Integration und Migration 2007: o.S.).

Drittens werden die Organisationen als »bedeutsame Bindeglied[er] zwischen Schule und Eltern« (Senatsverwaltung für Integration, Arbeit und Soziales 2007a: 41) sowie als »starke und kenntnisreiche Partner« im Bereich der schulischen »Elternarbeit« benannt (Beauftragte des Berliner Senats für Integration und Migration 2007: o.S.). Die Organisationen werden diesbezüglich von bildungspolitischer Seite mit zahlreichen Aufgaben belegt, die sich vor allem im Bereich der Information, Beratung und Unterstützung der Eltern im Kontext der Schulen abspielen. So sollen die Organisationen »bei mehrsprachigen Elternabenden« helfen, »Beratungs-, Informations- und Vermittlungsangebote für Eltern« anzubieten, ihre »Fragen zu Schule und Bildung« klären sowie »regelmäßige Sprechstunden« und »Nachhilfeunterricht« für Eltern bzw. ihre Kinder in der Schule organisieren (ebd.). Zudem, so kommt zum Ausdruck, sollen die »Migrantenorganisationen« in als ›interkulturell‹ markierten »Konfliktfällen« zwischen Eltern und Schulen als »Vermittler zur Verfügung« stehen (ebd.). Das letztgenannte Verständnis von der Rolle der Organisationen im Feld von Eltern und Schule knüpft sowohl an kulturkonfliktpädagogische Diskurspositionen als auch an eine defizitorientierte Perspektive auf Eltern ›mit Migrationshintergrund‹ als zu beratende und zu

---

12   Die Berliner Landesstelle war neben dem Ausbau eines Beratungsnetzwerks gegen Diskriminierung auch für die Erstellung eines 2011 vom Berliner Senat beschlossenen »Landesaktionsplan[s] gegen Rassismus und ethnische Diskriminierung« verantwortlich (Landesstelle für Gleichbehandlung – gegen Diskriminierung 2011). In dem primär auf Maßnahmen »in den Arbeits- und Handlungsfeldern der Senatsverwaltungen« abzielenden Programm wird auch die Schule als ein »wichtiger Ort« verstanden, »um Akzeptanz und den Umgang mit Unterschieden nachhaltig zu erlernen« (ebd.: 14). Diesbezüglich wird »eine schulische Haltung der Nichtakzeptanz von Diskriminierung und Rassismus« als wesentliche »Grundlage« bezeichnet (ebd.).

informierende Subjekte in Schule an. Die politische Positionierung von ›Migrant_innenorganisationen‹ bewegt sich somit zwischen dem Ziel einer schulischen Öffnung sowie dem Ziel einer Kompensation elterlicher ›Integrations- und Erziehungsdefizite‹. Dass die Rolle der Organisationen vor allem hinsichtlich des letztgenannten Aufgabenbereichs weiter von politischer Seite spezifiziert und fokussiert wird, werde ich in Kapitel 6.1 noch näher darlegen.

5.1.4   »Muslimische Eltern (mit Migrationshintergrund)«

Neben dem verstärkten Einbezug von außerschulischen Akteur_innen, ist auch die Frage nach dem schulischen »Umgang mit der Vielfalt der Religionen«, insbesondere mit »Schüler/innen muslimischer Religion« im Laufe der ooer Jahre zunehmend auf die politische Agenda gerückt (Beauftragte des Berliner Senats für Integration und Migration 2005: 34). Anlass stellten v.a. Berlin- wie bundesweit kontrovers geführten Diskussionen über das »Zusammenleben zwischen Muslimen/innen und der Mehrheitsbevölkerung« dar (ebd.: 60), die in Berlin vor allem um den Topos des ›Kopftuchs‹ sowie das im Jahr 2005 eingeführte sog. Berliner Neutralitätsgesetz kreisten.[13] Im selben Jahr wurde vom Berliner Senat ein Arbeitskreis zu »Islam und Schule« unter Besetzung von »pädagogische[n] und islamwissenschaftliche[n] Fachkräfte[n] der Berliner Universitäten und anderer wissenschaftlicher, kultureller und beratender Einrichtungen sowie Vertreter[n] muslimischer Organisationen« eingerichtet (Senatsverwaltung für Integration, Arbeit und Soziales 2007a: 42). Der Arbeitskreis wurde vor allem mit der Erstellung einer »Handreichung für Schulen, Lehrkräfte, Eltern und Schüler« beauftragt, in der »praktikable Lösungswege bei interreligiösen Konflikten« formuliert werden sollten (Mitglieder der Fraktionen aus SPD und PDS 2004: o.S.). Hierunter wurden vor allem Konflikte »im Zusammenhang mit der Nichtteilnahme von Muslima am Sport-

---

[13]   Dem Gesetz zufolge dürfen »Lehrkräfte und andere Beschäftigte mit pädagogischem Auftrag in den öffentlichen Schulen […] innerhalb des Dienstes keine sichtbaren religiösen oder weltanschaulichen Symbole« tragen, »die für die Betrachterin oder den Betrachter eine Zugehörigkeit zu einer bestimmten Religions-oder Weltanschauungsgemeinschaft demonstrieren« (§ 2 Gesetz zu Artikel 29 der Verfassung von Berlin, i.d.F. vom 27.1.2005). Trotz des Beschlusses des Bundesverfassungsgerichts im Januar 2015, nach dem ein pauschales Verbot religiöser Bekundungen in öffentlichen Schulen mit der Glaubens- und Bekenntnisfreiheit von Pädagog_innen in der Regel nicht zu vereinbaren ist (vgl. Bundesverfassungsgericht 2015) sowie mehrerer für rechtmäßig entschiedener Entschädigungsklagen von Lehramtsbewerber_innen, die zuvor aufgrund ihres Kopftuchs nicht im Berliner Schuldienst eingestellt wurden (vgl. Keilani 2017), hält der Senat nach wie vor an einem (eingeschränkten) Verbot religiöser Kleidungsstücke für Berliner Lehrkräfte fest. Dass dieses vor allem kopftuchtragende muslimische Frauen betrifft, wird u.a. in einem Schreiben zur »Anwendung des Neutralitätsgesetzes« deutlich (Senatsverwaltung für Bildung, Jugend und Familie 2017a), welches die Berliner Bildungsverwaltung im September 2017 an alle öffentlichen Berliner Schulen schickte. In diesem beruft sich die Behörde auf die Gleichbehandlung aller Religions- und Weltanschauungen, grenzt das Kopftuch allerdings klar von anderen religiösen Symbolen ab, da dieses »stets« eine bestimmte Religions- und Weltanschauungsgemeinschaft demonstriere und »[a]us Sicht eines objektiven Betrachters […] auf Grund der entsprechend starken religiösen Bekundung« und der hiermit verbundenen »kontroversen Positionen« zu einer »Störung des Schulfriedens führen und damit den Erziehungsauftrag« der Schule gefährden könne (ebd.: 1f.).

und Schwimmunterricht, an der Sexualerziehung, an Klassenfahrten, an Freizeitaktivitäten und Arbeitsgemeinschaften, sowie zum Frauenbild, zum Kontrolldruck auf muslimische Schülerinnen und zu Konflikten unter Schülerinnen und Schülern« gefasst (ebd.). In den so umrissenen Aufgaben des Arbeitskreises deutet sich eine allgemein problematisierende Perspektive auf muslimische Schüler_innen und ihre Familien an, die schließlich auch in der 2010 vom Arbeitskreis veröffentlichten **Handreichung »Islam und Schule«** zum Ausdruck kommt (Senatsverwaltung für Bildung, Wissenschaft und Forschung 2010a).

Die Handreichung hebt einleitend zunächst auf eine Differenzierung gesellschaftlich dominanter Bilder über »den Islam« und in Deutschland lebende »Muslime« ab (ebd.). So betonen die Autor_innen, dass »Muslime insgesamt eine sehr heterogene gesellschaftliche Gruppe« darstellen und der Islam bei ›muslimischen‹ Schüler_innen »nie die einzige und nur selten die dominante Zugehörigkeitskategorie« bilde (ebd.: 3). Letztlich gingen »[n]ur einige der Probleme, die sich an Schulen mit muslimischen Schülerinnen und Schülern stellen, [...] tatsächlich auf religiöse oder kulturelle Ursachen« zurück, wohingegen »zu beobachtende soziale, sprachliche, ökonomische und religiöse Abschottung von muslimischen Einwanderern [...] oft auch mit negativen Erfahrungen und Barrieren der Aufnahmegesellschaft« zusammenhingen (ebd.: 4). »Pädagogen und Pädagoginnen sollten daher«, so die in der Handreichung ausdrücklich formulierte Empfehlung, »keinesfalls Schüler und auftauchende Konflikte primär durch eine ›islamische Brille‹« sehen (ebd.: 3).

In der Handreichung geschieht letztlich in weiten Teilen jedoch genau dies. Dementsprechend konzentrieren sich die weiteren Ausführungen – entsprechend des an die Autor_innen formulierten Auftrags – primär auf »Antworten und Lösungswege« rund um »alltägliche [...] Probleme«, die vermeintlich dann auftreten, »wenn islamische – oder als islamisch verstandene – Normen und Wertvorstellungen im Schulalltag kollidieren« (ebd.). Auf diese Weise gerahmte »Probleme« in der Schule werden entlang der Kapitelüberschriften »Islamische Feiertage«, »das Gebet«, »das Kopftuch«, »Sexualerziehung«, »religiös begründete Homophobie«, »Antisemitismus und Nahostkonflikt«, »Islamismus« weiter ausgeführt (ebd.). Dabei werden auch unterschiedliche Formen von Diskriminierung in der Handreichung als Probleme benannt. Diese werden hier jedoch ausschließlich auf Seiten der muslimischen Schüler_innen und ihrer Familien verortet. Thematisch wird dementsprechend eine »Diskriminierung von Frauen«, die durch »traditionelle Rollenbilder« entsteht und vor allem von muslimischen »Jungen und Männern« vertreten wird (ebd.: 17). Verwiesen wird auch auf »Fälle, in denen das Kopftuch Ausdruck von familiärer Unterdrückung ist«, die hier gleichsam als »Diskriminierung« bezeichnet wird (ebd.: 12). Zudem wird das Thema »Homophobie« unter »Jugendlichen muslimischer Herkunft« (ebd.: 18f.) problematisiert ebenso wie ein unter »Jugendlichen vor allem arabischer aber auch türkischer und muslimischer Herkunft« verbreiteter »Israelhass und Antisemitismus« (ebd.: 21). Die genannten Aspekte werden als in der Schule breit existierende »Probleme« markiert (ebd.), die eine Intervention von Seiten der Pädagog_innen erforderlich mache.

In dem hier skizzierten Kontext werden auch Eltern, vorwiegend unter der Bezeichnung der »muslimischen Eltern« thematisch (ebd.: 8). Über sie werden im Dokument vor allem stereotype Bilder gezeichnet. So wird u.a. auf »traditionalistische und patriarchale Kulturen« in den Familien verwiesen, bei denen die »Familienehre« wesentlich »von der sexuellen Integrität der Mädchen und Frauen« abhinge (ebd.: 17). Zudem wird davon ausgegangen, dass »muslimische Eltern« befürchteten, dass ihre Kinder in der Schule »der westlichen Welt ohne religiöse Orientierungsmaßstäbe verloren« gingen (ebd.: 23). Über einen häufig parallelen argumentativen Zugriff auf die Kategorien des »muslimischen« Hintergrundes und der »migrantischen Herkunft«, werden ›muslimische‹ Eltern mit Eltern ›mit Migrationshintergrund‹ vielfach gleichgesetzt. Dabei verschränken sich in der Figur der ›muslimischen Eltern mit Migrationshintergrund‹ verschiedene pauschalisierende Zuschreibungen hinsichtlich der ›anderen Kultur‹, der ›anderen Religion‹ sowie der ›anderen Herkunft‹ der Eltern. Somit werden die zuvor noch hauptsächlich natio-ethno-kulturell geanderten Eltern nun als ›natio-ethno-*religiös*-kulturell Andere‹ konstruiert und im politischen Diskurs sichtbar.

Beschreibungen der Beziehung zwischen Berliner Lehrkräften und Eltern fallen in der Handreichung durchaus unterschiedlich aus. Auf der einen Seite geht die Positionierung von Eltern als »muslimische Eltern« mit der Zuschreibung eines vermeintlich typischen Verhaltens dieser gegenüber der Schule einher. Im Dokument ist von elterlichen »Ängste[n] vor Kontrollverlust« (ebd.) sowie von einem befürchteten »Wertechaos‹« (ebd.: 23) in Bezug auf den nicht-muslimischen Einfluss der Berliner Schule auf die Kinder der Eltern die Rede. Zudem werden »muslimische Eltern« im Kontakt mit der Schule allgemein als ›impulsiv‹, ›emotional‹ und ›autoritär‹ charakterisiert. So heißt es in der Handreichung u.a., dass die Eltern in Konfliktsituationen gegenüber den Lehrkräften »Abwehrhaltung[en]« und »Trotzreaktionen« zeigten (ebd.: 9). Demgegenüber suchten die Lehrkräfte stets »pragmatische Kompromisse« und gingen ›verständnisvoll‹ auf die »muslimischen Eltern« ein (ebd.: 17). Das als ›emotional‹ beschriebene Verhalten der Eltern wird dabei implizit auf ihr ›Muslimischsein‹ und auf ein hiermit assoziiertes ›Nicht-Deutschsein‹ zurückgeführt, während die Lehrkräfte als Repräsentant_innen der »deutsche Schule« sowie eines ›demokratischen Wertesystem‹ positioniert werden. Diesbezüglich heißt es in der Handreichung:

> »Es geht darum, mehr über diese Bedingungen zu erfahren, und Eltern über die deutsche Schule zu informieren, um schulische und familiäre Erziehungsziele aufeinander abstimmen und ggf. konkrete Unterstützungsangebote formulieren zu können. Das heißt auch, die Rolle der Lehrkräfte in ihrer Funktion als Repräsentanten der deutschen Schule und als Vermittler demokratischer Grundwerte zu reflektieren.« (Ebd.: 23)

Für die hier erwähnte ›Abstimmung‹ »schulische[r] und familiäre[r] Erziehungsziele« werden den Pädagog_innen in der Handreichung verschiedene rechtliche Argumente an die Hand gegeben. So werden im Dokument zahlreiche richterliche Beschlüsse zitiert, über die – meist mit dem Verweis auf die Sicherung eines »weltanschaulich neutralen Rahmen[s]« sowie des »Schulfrieden[s]« (ebd.: 7) – verschiedene islamische Symbole und Praktiken in Berliner Schulen verboten wurden.[14] Die Ausführung dieser

---

14   So wird in der Handreichung beispielsweise ein Gerichtsurteil aus dem Jahr 2010 zitiert, das ›muslimischen‹ Schüler_innen verbietet, das »islamische rituelle Mittagsgebet während der Schulpause auf dem Schulgelände zu verrichten« (vgl. Senatsverwaltung für Bildung, Wissenschaft und Forschung 2010a: 10). In dem Urteil wird den Schüler_innen auch die Einrichtung eines Gebetsraums

Gerichtsurteile im Kontext der primär an Lehrkräften gerichteten Handreichung legt die Interpretation nahe, dass den Pädagog_innen hierüber ein Wissen vermittelt werden soll, welches ihnen in der Praxis vor allem dazu dient, einen ›zu starken‹ Einfluss ›des Islams‹ auf den Berliner Schulalltag zu unterbinden. Für diesen Zweck wird den Lehrkräften geraten, sich Unterstützung durch außerschulische Akteur_innen zu suchen. In diesem Zusammenhang werden auch »Migrantenorganisationen«, wie folgt, thematisch:

> »In all diesen Bereichen empfiehlt es sich wenn möglich, Migrantenorganisationen und Beratungseinrichtungen als Partner einzubeziehen. So hat die Zusammenarbeit mit arabischen Migrantenorganisationen, des Quartiermanagements und von Beratungseinrichtungen in Berliner sozialen Brennpunkten gezeigt, dass eine als ›schwierig‹ geltende Klientel, angesprochen in ihrer Muttersprache von Menschen mit vergleichbarem Migrationshintergrund, bereit ist, sich auf die Kooperationsangebote von Schule nachhaltig einzulassen.« (Ebd.: 24)

Die Organisationen werden hier als »Partner« der Schulen bezeichnet, die vor allem im Kontakt zwischen der Schule und einer als »›schwierig‹ geltenden Klientel« in »sozialen Brennpunkten« vermittelnd tätig werden sollen. In Bezug auf die im Dokument vorwiegend als »muslimisch« positionierten Eltern gibt sich im zitierten Diskursfragment erneut eine Gleichsetzung dieser Eltern als ›nicht-deutsch‹ bzw. ›mit Migrationshintergrund‹ zu erkennen. Dabei wird hier vor allem von einem »arabischen« Hintergrund der Eltern ausgegangen, wie über den Verweis auf »arabische Migrantenorganisationen« deutlich wird. Die sich so vollziehende Positionierung von Eltern als ›muslimische Eltern mit arabischem Hintergrund aus sozialen Brennpunkten‹ geht mit der impliziten Schlussfolgerung einher, dass sich diese »Klientel« nur schwer auf »Kooperationsangebote« der Schule einlasse (vgl. Exkurs I). Ein solches Othering der Eltern geht einer Definition von »Migrantenorganisationen« als »Partnern« von Schule voraus und stellt somit den Kontext dar, in dem die angenommene gleiche »Muttersprache« und der »vergleichbare Migrationshintergrund« der Organisationen relevant gemacht wird. Erst über eine so konstruierte ›schwere Erreichbarkeit‹ der Eltern erscheint der Einsatz der gleichsam als ›migrantisch‹ positionierten Organisationen sinnvoll und notwendig.

Einer solch asymmetrische Konzeption des Verhältnisses von »muslimischen Eltern« und ›deutscher Schule‹ stehen in der Handreichung auf der anderen Seite allerdings auch Formulierungen gegenüber, die auf eine selbstkritische Auseinandersetzung der Pädagog_innen mit ihrem Verhalten im Kontakt mit muslimischen Schüler_innen

---

verwehrt, da über die »Duldung« des »islamischen Gebets hinaus [...] kein Anspruch« auf ein solches Gebet »flankierende Maßnahmen seitens der Schulleitung« bestehe (Az OVG 3 B 29.09.2010, zit. in ebd.). Auch hinsichtlich der Teilnahme am Sexual-, Sport- und Schwimmunterricht wird sich in der Handreichung auf das Schulgesetz bzw. die Ausführungsvorschrift über Beurlaubung und Befreiung vom Unterricht berufen (AV Schulpflicht), in dem es heißt, dass »Schülerinnen und Schüler [...] auf vorherigen schriftlichen Antrag ihrer Erziehungsberechtigten von der Teilnahme am Unterricht oder an sonstigen verbindlichen Veranstaltungen der Schule« zwar befreit werden können, allerdings nur »wenn ein wichtiger Grund vorliegt«. Diesbezüglich wird betont, dass ein »religiöses oder weltanschauliches Bekenntnis allein kein wichtiger Grund« sei, der eine Befreiung rechtfertige (Abschnitt I Nr. 5 Abs. 1 und 2 AV Schulpflicht in Bezug auf § 46 Abs. 5 Satz 1 SchulG).

und ihrer Eltern abzielen. So wird vor der Gefahr eines »Kommunikationsgefälles« hinsichtlich einer häufig »dominante[n] Rolle der Lehrkräfte« (ebd.: 23) gegenüber den Eltern gewarnt. In diesem Zusammenhang sind die Lehrkräfte angehalten, »Kooperation mit Eltern« insofern »neu [zu] denken«, als dass es hierüber gelingen müsse, »die Entwicklung von Vertrauen und Respekt [zu] ermöglichen« sowie einer »Erweiterung der Entscheidungs- und Handlungsspielräume aller am Bildungs- und Erziehungsprozess Beteiligten« zu realisieren (ebd.). Hierzu, so heißt es, seien »neue Kooperationsformen« zwischen Schule und Elternhaus notwendig, die jedoch auch in diesem Dokument nicht weiter konkretisiert werden (ebd.).

In der Handreichung »Islam und Schule« stehen sich somit unterschiedliche Rollen- und Partizipationsverständnisse hinsichtlich ›muslimischer Eltern (mit Migrationshintergrund)‹ gegenüber. Die hieraus resultierenden, teils stark ambivalenten Perspektiven auf ›den Islam‹ und ›die muslimischen Eltern‹, verweisen auf diesbezüglich heterogene und miteinander konkurrierende Diskurspositionen, über die sich wiederum die im Dokument ausgeführten und gleichsam ambivalenten Handlungsansätze einer schulischen Elternbeteiligung erklären lassen.

5.1.5 »Flüchtlingseltern«

Zu Beginn der 2010er Jahre wurde im Berliner Bildungssystem sowohl auf schulrechtlicher Ebene als auch im Rahmen der Lehrer_innenausbildung und Curriculums-Entwicklung weiter auf ›migrationsbedingte Heterogenität‹ im Berliner Schulsystem Bezug genommen. Seit 2010 sind Berliner Schulen zu einer »interkulturelle[n] Ausrichtung« im Rahmen ihrer »Schulgestaltung« schulgesetzlich verpflichtet (§ 4(2) Berliner Schulgesetz). Diese Regelung, so heißt es an anderer Stelle kommentierend, setzt »ein ernsthaftes Umdenken der Lehrkräfte« voraus sowie eine Weiterentwicklung der »professionellen Kompetenzen des pädagogischen Personals«, insbesondere in den Bereichen der »Sprachförderung in allen Fächern« und der »interkulturelle[n] Ausrichtung von Unterricht und Schulleben« (Senatsverwaltung für Bildung, Wissenschaft und Forschung 2010b: 3).[15]

Im Zuge verstärkter Fluchtmigration, insbesondere in Folge des Syrien-Krieges, der seit dem Jahr 2014 zu einem erhöhten Zuzug von Familien mit schulpflichtigen Kindern sowie unbegleiteten minderjährigen Geflüchteten nach Berlin führte, ist erneut Bewegung in den hier betrachteten politischen Diskurs gekommen. In dessen Zentrum stehen nun nicht mehr die Kinder und Enkelkinder von Arbeitsmigrant_innen sowie die im Zuge der deutschen Wiedervereinigung und EU-Osterweiterung nach Deutschland migrierten Personen und ihre Nachkommen. Vielmehr hat sich mit den sog. Flüchtlingskindern, ›Flüchtlingsfamilien‹ und ›Flüchtlingseltern‹ eine neue Zielgruppe von

---

15   Während der Aspekt der »Sprachförderung« im Rahmen der universitären Lehrer_innenausbildung in Berlin über die obligatorische Teilnahme am Modul ›Deutsch als Zweitsprache‹ für alle Lehramtsstudierenden im Lehrkräftebildungsgesetz zum Wintersemester 2015/16 verankert wurde, hat die im Fachbrief geforderte Sensibilisierung von Lehrkräften hinsichtlich »einer interkulturellen Ausrichtung von Unterricht und Schulleben« (ebd.) bisher nicht durch ähnlich obligatorische Module Eingang in die Lehramtsausbildung gefunden.

integrations- und bildungspolitischen Ansätzen und Maßnahmen im Berliner Schulsystem herausentwickelt.

In Reaktion auf die neuen Migrationsbewegungen hat der Berliner Bildungssenat
im Herbst 2015 einen »Leitfaden zur Integration von neu zugewanderten Kindern und
Jugendlichen in die Kindertagesförderung und die Schule« beschlossen, dem der vom
Senat für Arbeit, Integration und Frauen im Mai 2016 verabschiedete »**Masterplan In-
tegration und Sicherheit**« folgte. Dieser umfasst verschiedene »Erfolgsfaktoren und
Maßnahmenbündel« für die »Versorgung« und »Integration« von in Berlin lebenden
»Asylbegehrenden und Geflüchteten« (Senatsverwaltung für Arbeit, Integration und
Frauen 2016a: 7).[16] Zu den im Masterplan zentral benannten Handlungsfeldern wird
neben der »gesundheitlichen Versorgung«, der »Unterbringung«, der »Arbeitsmarkt-
migration« sowie weiteren Bereichen auch die »Bildung« (ebd.: 33ff.) von geflüchteten
Kindern und Jugendlichen gezählt. Diesbezüglich heißt es, dass »[a]llen Geflüchteten«
ein »frühestmögliche[r] Zugang zu Sprachförderung und Bildung ermöglicht« werden
soll (ebd.: 33). Eine Maßnahme, auf die sich im Masterplan vielfach bezogen wird, stellen die im Schuljahr 2011/12 eingerichteten sog. Willkommensklassen für schulpflich-
tige »Flüchtlingskinder« mit keinen bis wenig Deutschkenntnissen dar. Auch wenn die
»Willkommensklasse« auf eine »vorübergehend[e]« Beschulung und »einen schnellen
Übergang« (Senatsverwaltung für Bildung, Jugend und Wissenschaft 2015b: 18) der Kinder und Jugendlichen in die Regelklassen ausgerichtet ist, erinnert diese Form des
räumlich getrennten Unterrichts an das bis in die 1990er Jahre hinein existierende
Modell der sog. Ausländerregelklasse (siehe oben). So ist auch die ›Willkommensklasse‹ Ausdruck einer nicht-inklusiven Form der Beschulung, die auf der Unterscheidung
von Schüler_innen in ›Regelschüler‹ und ›Flüchtlingsschüler‹ basiert. Hinsichtlich letzt-
genannter Kategorie wird im Masterplan weiter zwischen ›minderjährigen Flüchtlingen‹ und ›volljährigen Flüchtlingen‹ sowie zwischen innerhalb und außerhalb von Sam-
melunterkünften lebenden ›Flüchtlingskindern‹ unterschieden, für die je spezifische
Förder- und Bildungsmöglichkeiten vorgesehen sind.[17]

Die im Masterplan ausgeführten Bildungskonzepte konzentrieren sich vor allem
auf Maßnahmen zur Sicherstellung einer Beschulung und »Integration der geflüchteten Menschen in Schulen, Kitas, Hochschulen und Ausbildung« (ebd.: 36). Hierzu wird,
neben der genannten Einrichtung von ›Willkommensklassen‹, vor allem der Ausbau der

---

16   Die hier bereits im Titel vorgegebene enge semantische Verknüpfung von ›Integration‹ und ›Si-
     cherheit‹ suggeriert eine erhöhte Gefährdung der »Berlinerinnen und Berliner« (ebd.: 55) durch
     die jüngsten Migrationsentwicklungen und leistet einem Sicherheitsdiskurs Vorschub, auf den ich
     in *Exkurs I* noch näher eingehe.

17   So sind beispielsweise volljährige Jugendliche in Berlin grundsätzlich von der Schulpflicht ausge-
     nommen. Bis zum Jahr 2014 galt zudem die Regelung, dass Jugendliche, »die mit 14 oder 15 Jahren
     zuwandern und ›nach ihrem Bildungsstand den Hauptschulabschluss innerhalb von zwei Jahren
     nicht erreichen können‹, anstatt einer Schule lediglich »Eingliederungslehrgänge« besuchen, in
     denen ihnen Kenntnisse in »der deutschen Sprache und Umweltkunde« vermittelt werden (Se-
     natsverwaltung für Bildung, Jugend und Wissenschaft 2015b: 7). Für Jugendliche in diesem Alter
     konnte die Schulpflicht zudem »mit dem Hinweis auf eine wünschenswerte altershomogene Zu-
     sammensetzung der Klassen« (ebd.) von Seiten der Schulleitung als vorzeitig beendet angesehen
     werden.

Deutschförderung für geflüchtete Schüler_innen gezählt. In diesem Zusammenhang ist von »Druck« im Hinblick auf einen »zügigen [...] Ausbau der sozialen Infrastruktur« die Rede (ebd.: 36), von einer »erheblichen Integrationsaufgabe« (ebd.: 7) sowie einer »gro-ßen Herausforderung« (ebd.: 42), vor der die Berliner Schulen aufgrund der Fluchtmi-gration stehen. Es wird hier eine ›Ausnahmesituation‹ suggeriert, auf die von politi-scher Seite schnell und pragmatisch reagiert werden müsse. Darüber entsteht der Ein-druck, dass der Masterplan nicht der angemessene Ort für eine tiefgreifende Ausein-andersetzung mit notwendigen strukturellen und institutionellen Reformen im Sinne einer nachhaltigen inklusiven und diskriminierungssensiblen Beschulung von geflüch-teten Schüler_innen darstellt. Eine solche Auseinandersetzung findet im Masterplan entsprechend nicht statt.

»Flüchtlingseltern« werden im Masterplan unter dem Kapitel »Familienförderung ausbauen« explizit adressiert (Senatsverwaltung für Arbeit, Integration und Frauen 2016a: 36). Diesbezüglich wird das Ziel formuliert, die

> »Elternkompetenz frühzeitig im Integrationsprozess zu stärken. Der entsprechende Ausbau der Familienförderung für Geflüchtete leistet einen wichtigen Beitrag zur lang-fristigen Integration. Die aufsuchende Elternhilfe [...] richtet sich insbesondere an die Zielgruppe der werdenden Eltern in prekären Lebenslagen, die aus Mangel an Kennt-nissen und Erfahrungen nicht in der Lage sind, sich die notwendige Unterstützung zu organisieren. Die Chancen für Kinder und Jugendliche sind eng mit dem Wissen, den Entscheidungen und der Förderung durch ihre Eltern verbunden. Der Einsatz von El-ternbegleiter/innen in Flüchtlingsunterkünften ist notwendig, damit die Eltern fach-kompetente Ansprechpartner/innen zum Thema Bildung und eine umfassende Bera-tung zur Entwicklung [...] ihrer Kinder erhalten.« (Ebd.)

Als Ziel der »Familienförderung für Geflüchtete« wird die »langfristige Integration« der Familien genannt. Um diese zu erreichen, sollen Eltern vor allem über die Informati-on, Beratung und Unterstützung in grundlegenden Fragen rund um die Bildung und Erziehung ihrer Kinder gefördert werden. Eine solche Konzeption von ›Integrations-förderung‹ als individuelle ›Familienförderung‹ basiert auf der implizit formulierten Annahme, dass es vor allem ein »Mangel an Kenntnissen und Erfahrungen« auf Sei-ten der Eltern ist, der diese daran hindert, sich die für ihre sowie die »Integration« ihrer Kinder »notwendige Unterstützung zu organisieren«. Indem die »Flüchtlingsfa-milien« somit vor allem mit Blick auf ihre Erziehungs- und Bildungskompetenzen als ›hilfsbedürftig‹ charakterisiert werden, erscheint eine politisch angestrebte Verbindung von Familien- und Integrationsförderung als sinnvoll und notwendig. Aus dieser Logik erscheint es nachvollziehbar, dass die von politischer Seite formulierten Maßnahmen im Hinblick auf eine »langfristige Integration« der Familien weniger bei den »prekä-ren Lebenslagen« dieser ansetzen als bei der Förderung ihres »Wissen[s]« sowie ihrer ›Entscheidungs- und Förderkompetenzen‹ im Hinblick auf die Bildung und Entwick-lung ihrer Kinder.

Entsprechend des Ziels einer ›Integrationsförderung‹ von »Flüchtlingsfamilien« hat der Berliner Bildungssenat im Jahr 2014 eine Kurzfilmreihe unter dem Titel »Die Berliner Schule« auf seiner Homepage veröffentlicht.[18] Diese, so heißt es in einem später herausgegebenen »Integrationsleitfaden«, soll »neu zugewanderte Eltern über das Berliner Schulsystem [...] informieren« (Senatsverwaltung für Bildung, Jugend und Wissenschaft 2015: 8). Die circa 25-minütige Filmreihe hebt vor allem darauf ab, Einblicke in die Gewohnheiten, Abläufe und Regeln der Berliner Schule zu geben. Dabei wird bei genauerer Betrachtung deutlich, dass die Filme neben einem Wissen über hiesige schulische ›Traditionen‹ auch zahlreiche Erwartungen vermitteln, die von Politik und Behörden an die Eltern im Hinblick auf ihr Verhalten im Berliner Schulsystem gerichtet werden. So finden sich in den Filmen viele Sequenzen, die Handlungsimperative im Sinne eines ›guten‹ bzw. ›richtigen Verhaltens‹ von Eltern in Berliner Schulen transportieren. Demnach sollen die Eltern...

- ihre Kinder positiv bestärken und mit anderen Eltern im Austausch stehen (»Die Eltern schauen stolz auf ihre Kinder oder reden mit anderen Eltern«, ebd.: 7);
- die Schule finanziell sowie ideell unterstützen (»Sie [die Eltern, E.K.] haben auch Geld und das Essen gespendet zum [Schul]Fest. Ein schönes Schulfest und alle haben dazu beigetragen: die Kinder, die Lehrer und Lehrerinnen, die Eltern«, ebd.);
- den Kontakt zur Schule suchen und sich regelmäßig über ihre Kinder informieren (»Wie es in der Schule läuft und wie ihre Kinder lernen [...] erfahren die Eltern auch, weil [sie] regelmäßig in die Schule gehen, zu den Elternversammlungen«, ebd.: 8);
- mit ihren Kindern zu Hause lesen und Bücher spenden (»Die Mütter kommen in die Schule, um mit den Kindern zu lesen. Lesen können die Eltern auch zu Hause mit ihren Kindern. [...| Viele Bücher haben auch die Eltern gespendet, ebd.);
- sich an vereinbarte Regeln der Schule halten (»An dieser Schule haben alle gemeinsam diese Regeln vereinbart: die Kinder, die Lehrkräfte und die Eltern. [...] Regeln sind gut, aber man muss sie auch einhalten«, ebd.: 9).

Über die durchgehende Verwendung der Aktiv-Form und die bildliche Veranschaulichung des Gesprochenen, gibt der Film einen Soll-Zustand als Ist-Zustand an den Berliner Schulen aus. Dabei scheint es weniger darum zu gehen, den Eltern über die Filmreihe ein organisatorisches und rechtliches Wissen beispielsweise über behördlich-formale Einschulungs-Voraussetzungen, das gegliederte Schulsystem sowie Elternrechte und Möglichkeiten der Beteiligung und Mitsprache in der Schule zu vermitteln. Solche Informationen werden in den Filmen nahezu gänzlich ausgespart. Vielmehr konzentrieren sie sich auf die implizite sowie explizite Vermittlung von bestimmten Handlungsimperativen, die vor allem auf die Herstellung eines erwartungskonformen Verhaltens zu schulischen und bildungsbehördlichen Ansprüchen abzuzielen scheinen.

Darüber hinaus wird in den Filmen unter dem Begriff der »Vielfalt« ein Verständnis von ›migrationsbedingter Heterogenität‹ in Berliner Schulen im Sinne eines friedlichen Miteinanders unterschiedlicher ›Kulturen‹ im Klassenraum vermittelt. Wiederholt wird

---

18   Die Filmreihe wurde zum Teil auch aktiv im Rahmen von Informationsveranstaltungen für geflüchtete Familien in Berliner Erstaufnahmeunterkünften eingesetzt (Senatsverwaltung für Bildung, Jugend und Wissenschaft 2014).

auf die – stets positiv konnotierten – ›Besonderheiten‹ und ›Unterschiede‹ der ›anderen (National-)Kulturen‹ im Klassenzimmer referiert. In solchen Szenen werden Schüler_innen auf ihre vermeintlich nicht-deutschen »Wurzeln« festgelegt (»Der erste Tag in der neuen Schule. Zeit zum Kennenlernen. Woher kommst Du? Wo sind Deine Wurzeln. Bald hat die Weltkarte viele bunte Punkte«, ebd.: 4), während an anderer Stelle rassifizierende Bilder ›des/der Anderen‹ regelrecht besungen werden. Dies geschieht z.B., wenn es in einem von Schulkindern im ersten Film eingangs gesungenen Liedes heißt: »Braun ist anders als weiß ist anders als schwarz ist anders als gelb. Gelb ist anders als schwarz ist anders als weiß ist anders als braun. Wir, wir, wir, sind anders als ihr, ihr, ihr seid anders als wir. Na und!« (Senatsverwaltung für Bildung, Jugend und Wissenschaft 2015a). Der hier suggerierten ›Toleranz‹ gegenüber einer ›bunten‹ Schüler_innenschaft wird im Dokument dann Grenzen gesetzt, wenn es um die Infragestellung eines ›monolingualen Habitus‹ an Berliner Schulen geht. So heißt es diesbezüglich im ersten Film: »In ihren Familien reden die Kinder viel in ihrer Muttersprache [...]. Doch in der Schule reden sie alle Deutsch. Weil sie nun in Deutschland leben, weil sie in einer deutschen Schule lernen und weil sich so alle verstehen« (ebd.: 6). Das ›Primat der deutschen Sprache‹ wird im Film damit begründet, dass es sich bei der Berliner Schule um eine »deutsche Schule« handelt. Dass sich die damit scheinbar selbstverständlich verbundene Handlungsaufforderung, an einer deutschen Schule, Deutsch zu sprechen, nur an eine bestimmte Schüler_innen- und Elternschaft richtet, wird dadurch offenkundig, dass der Film lediglich in den Sprachen Rumänisch, Bulgarisch, Türkisch und Arabisch übersetzt wurde – und nicht etwa in Englisch, Französisch oder Spanisch. In den Filmen der Bildungsbehörde wird zudem weder die Möglichkeit angesprochen, von institutioneller und/oder individueller Diskriminierung in Berliner Schulen betroffen zu sein noch werden die adressierten Eltern darüber informiert, was sie in Diskriminierungsfällen tun können bzw. welche Beschwerderechte sie haben. Entsprechend der in der Filmreihe vorgenommenen Konzeption von Schule als weitgehend macht- und diskriminierungsfreiem Raum erscheinen Rassismus und Diskriminierung als nicht existent in der »Berliner Schule« und stellen somit keine relevanten Aspekte dar, über die es »neu zugewanderte Eltern« zu »informieren« gilt (Senatsverwaltung für Bildung, Jugend und Wissenschaft 2015b: 8).

Die hier beschriebene Adressierung und Information von geflüchteten Eltern im Berliner Schulsystem stehen in deutlicher Diskrepanz zu verschiedenen Antidiskriminierungs-Maßnahmen, die von Seiten der Berliner Bildungsbehörde seit dem Schuljahr 2016/17 unternommen wurden (vgl. Abgeordnetenhaus von Berlin 2018). Hierzu zählt insbesondere die Einrichtung einer Stelle der_des Antidiskriminierungsbeauftragten für Schulen bei der Senatsverwaltung für Bildung, Jugend und Familie. Die Stelle wird als »Teil einer sich entwickelnden [...] Antidiskriminierungsstrategie der Senatsverwaltung für Bildung, Jugend und Familie« verstanden und soll auch »zur Umsetzung einer Diversity-Strategie (Diversity-Mainstreaming) mit dem Ziel einer inklusiven Bildung« beitragen (ebd.: 8). Mit der Stelleneinrichtung ging u.a. einher, dass seit dem Schuljahr 2016/17 erstmals Diskriminierungsfälle direkt bei der Berliner

Bildungsbehörde gemeldet und erfasst werden können (vgl. ebd.).[19] Es deutet sich hier die Stärkung einer diskriminierungssensiblen Diskursposition an[20], die auch als Reaktion auf jahrzehntelange Forderungen und Kritik unterschiedlicher zivilgesellschaftlicher Akteur_innen und Initiativen, darunter auch Berliner Elternvereine, verstanden werden kann (vgl. Berliner Netzwerk gegen Diskriminierung in Schule und Kita 2016; Migrationsrat Berlin & Brandenburg o.J.), auf die ich im Verlauf dieser Analyse noch weiter Bezug nehmen werde.

5.1.6   Zusammenfassende Analyse

Wie in diesem Kapitel dargestellt, lässt sich seit Ende der 1990er Jahre eine zunehmende politische Auseinandersetzung mit ›migrationsbedingter Heterogenität‹ im Berliner Schulsystem beobachten. Diese hat unter Bezugnahme auf verschiedene programmatische Leitbegriffe – von ›interkultureller Bildung und Erziehung‹ über ›Integration‹ bis hin zum ›Umgang mit religiöser Vielfalt‹ und ›inklusiver Bildung in Schule‹ – stattgefunden. Die Begriffe stehen für sich wandelnde Diskurspositionen hinsichtlich einer heterogenen Schüler_innenschaft im Berliner Schulsystem. Sich diesbezüglich abzeichnende Dynamiken korrespondieren mit politischen Entwicklungen auf Bundesebene, wie sie sich seit der Jahrtausendwende vor allem im Kontext eines einwanderungspolitischen Paradigmenwechsels, der Veröffentlichung der PISA-Ergebnisse, des Inkrafttretens des allgemeinen Gleichbehandlungsgesetzes, der bundesweit geführten Diskussionen über die Rolle ›des Islams‹ in Deutschland sowie neuer Formen der (Flucht-)Migration nach Deutschland ereignet haben. Vor diesem Hintergrund wurden auch die Eltern der Schüler_innen im Laufe der letzten Jahrzehnte in Berlin, wie auf Bundesebene (vgl. Gomolla/Kollender 2019), von politischer Seite über verschiedene politisch-administrative Bezeichnungen und Maßnahmen adressiert:

Mit Blick auf den Verlauf des Diskursstranges seit den 1960er Jahren zeigt die Analyse, dass die Pluralisierung im Schulsystem zunächst lange Zeit nicht von bildungspolitischer Seite berücksichtigt wurde. Dies galt auch für eine im Zuge der Arbeitsmigration nach Deutschland sich zunehmend herausentwickelnde heterogene Elternschaft. *Wenn* diese in den politischen Dokumenten der 1960er bis 1990er Jahren referiert wurde, dann meist unter der Bezeichnung der ›**ausländischen Arbeitnehmer**‹, d.h. stets unter Betonung des elterlichen Aufenthaltszwecks. Entsprechend der Annahme, dass die sog. Gastarbeiterfamilien nach Erfüllung des genannten Zwecks die Bundesrepublik wieder

---

19   Der plötzliche Rücktritt der Antidiskriminierungsbeauftragten Saraya Gomis im Sommer 2019 löste eine breite öffentliche Diskussion über die Gründe ihres Rücktritts aus. Während sich Gomis hierzu selbst nicht öffentlich äußerte, wurde spekuliert, dass sie sich zum Rücktritt gezwungen sah, da sie nicht die hinreichenden Befugnisse und den notwendig Rückhalt in der Berliner Bildungsbehörde erhielt, um umfassende Veränderungsprozesse hinsichtlich einer nachhaltigen rassismus- und diskriminierungssensiblen Entwicklung der Berliner Schule zu bewirken (vgl. u.a. Luig 2019).

20   Ein zentrales diskursives Ereignis stellte dabei auch der Beschluss eines Landesantidiskriminierungsgesetzes durch den rot-rot-grünen Berliner Senat im Juni 2019 dar (vgl. Abgeordnetenhaus von Berlin 2019b).

verlassen, wurden in Berlin wie auf Bundesebene bis in die 1990er Jahre hinein kaum Bemühungen einer inklusiven Elternpartizipation unternommen.

Erstmals von einer Mehrheit der bildungspolitischen Akteur_innen als Faktum anerkannt wurde die ›migrationsbedingte Heterogenität‹ im Berliner Schulsystem Ende der 1990er Jahre. Die seitdem stattfindende politische Auseinandersetzung ging mit einer stärkeren Betonung und besonder(nd)en Berücksichtigung einer ›kulturell vielfältigen‹ Schüler_innen- und Elternschaft im Schulsystem einher. Während mit dem Begriff der ›kulturellen Vielfalt‹ vorwiegend Aspekte von Migration im Schulsystem thematisch wurden, ging die zu dieser Zeit dominante Kategorisierung von Eltern als ›**Eltern nicht-deutscher Herkunft**‹ per se mit Zuschreibungen rund um eine vermeintlich ›andere (National-)Kultur‹ der Eltern einher. An der ›anderen Kultur‹ der Eltern wurden unterschiedliche Potenziale und Konflikte im Kontakt mit den Pädagog_innen in Berliner Schulen festgemacht. Ein ›interkulturell sensibler‹ Umgang definierte sich somit vor allem über ein essentialistisches Kulturverständnis von in Schule aufeinandertreffenden ›Eigen-‹ und ›Fremdkulturen‹.

Seit 2005 ist der politische Diskurs von einer weitreichenden Verschränkung der Berliner Bildungspolitik mit integrationspolitischen Zielsetzungen geprägt. Die Schule wird seitdem als zentraler Ort der ›Integration‹ nicht nur für Schüler_innen mit sog. Migrationshintergrund, sondern auch für ihre Eltern verstanden (vgl. Kapitel 6.1). In den Fokus des neuen Politikfeldes von ›Integration und Bildung‹ rückten vor allem ›sprachliche und kulturelle Integrationsdefizite‹ der Schüler_innen und Eltern. Über die Bezeichnung der ›**Eltern mit Migrationshintergrund**‹ wird eine hiermit assoziierte Elternschaft nun nicht mehr per se in einem ›nicht-deutschen‹ Anderswo verortet; vielmehr tritt sie über diese Kategorisierung als zentrale Zielgruppe von Integrationsmaßnahmen – nun auch im bildungspolitischen Kontext – in Erscheinung. Einer solch vorwiegend individualisierenden Perspektive auf die Integration von Eltern und Schüler_innen im Schulsystem steht an anderer Stelle im politischen Diskurs ein Integrationsverständnis gegenüber, welches eine ›mangelnde Integration‹ auf einen Ursachenkomplex jenseits individueller Defizite zurückführt. Diesbezüglich werden auch strukturelle Formen der Diskriminierung benannt sowie auf die Notwendigkeit neuer Ansätze der Ansprache und Einbeziehung von Eltern verwiesen, dies mit dem Ziel einer Demokratisierung schulischer Elternbeteiligung. Somit kristallisieren sich in dieser Diskursphase ambivalente Perspektiven auf das Verhältnis von Eltern und Schule heraus, die in den politischen Dokumenten unvermittelt nebeneinanderstehen.

Als zentrale Konstante im politischen Diskurs erweist sich ein reduktionistisch-deterministisches Kulturverständnis. Diesem zufolge werden bestimmte Eltern in einem vermeintlich mangelnden natio-ethno-religiös-kulturellen Passungsverhältnis zur Schule und einer mehrheitsgesellschaftlich positionierten Elternschaft verortet. Dies offenbart auch die Auseinandersetzung mit konkreten Maßnahmen einer Elternadressierung und -beteiligung, wie sie – fernab teils differenzierter Eingangsbeschreibungen im Hinblick auf den Umgang mit ›migrationsbedingter Heterogenität‹ – in den Dokumenten hauptsächlich in Form von affirmativen Maßnahmen formuliert werden. Die Dominanz der Kulturdifferenz- und Kulturkonflikthypothese zeigt sich auch hinsichtlich der Rolle, die ›**Migrantenvereinen**‹ im politischen Diskurs zugeschrieben wird. Diese werden vorwiegend in der Funktion der ›Kulturmittler‹ bzw. ›Brückenbauer‹ zwischen Schule und Elternhaus positioniert. Dieser Positionierung liegt ein Verständnis zu Grunde, nach dem das Verhältnis zwischen Schulen und Schüler_innen ›mit Migrationshintergrund‹ sowie ihren Eltern von einem schwer überbrückbaren ›natio-ethno-religiös-kulturellen Graben‹ durchzogen ist. Diesen, so die hier vermittelte Annahme, können (nur) solche Akteur_innen überbrücken, die zwar sozusagen aus den Reihen der ›Migranteneltern‹ kommen, sich jedoch zu den natio-ethno-kulturellen Werten und Normen der ›anderen Seite‹ bekennen und sich dieser gegenüber in der Rolle der ›Brückenbauer‹ verpflichten. Darüber werden Individuen ›mit Migrationshintergrund‹ unabhängig ihrer persönlichen Migrationsgeschichte, ihres Migrationsstatus und dem tatsächlichen Ort ihrer Sozialisation in einem gemeinsamen natio-ethno-kulturellen Erfahrungsraum verortet und den ›Migrantenvereinen‹ per se eine besondere Nähe zu Eltern mit Migrationsgeschichte attestiert.

Parallel zu den beschriebenen Entwicklungen zeigt sich im aktuellen Diskursverlauf eine Verschiebung politischer Problematisierungsweisen in Richtung des ›muslimischen‹ Hintergrundes von Eltern. So hat die Kategorie der **muslimischen Eltern** in den letzten Jahren starke Konjunktur erfahren. Auch in Bezug auf diese Diskursfigur steht eine kritische Auseinandersetzung mit Stereotypen über ›muslimische‹ Schüler_innen und Eltern in den Diskursfragmenten meist unvermittelt neben Positionen, bei denen in Schule wahrgenommene Probleme und Konflikte vor dem Hintergrund pauschalisierender Vorstellungen über ›muslimische‹ Eltern als ›traditionell verhaftet‹, ›patriarchal‹ und ›dogmatisch‹ zu erklären versucht werden. Das ›Kopftuch‹ von muslimischen Schüler_innen und ihren Müttern steht dabei im Zentrum problematisierender Zuschreibungen, in denen sich vielfach ein religiöses Othering mit einem natio-ethno-kulturellen Othering der Eltern als ›nicht-deutsch‹ verschränkt. Eine solche Fremdpositionierung kommt auch dann zum Ausdruck, wenn die Berliner Pädagog_innen als Repräsentant_innen einer ›deutschen‹ Schule in den Dokumenten thematisch und den ›muslimischen‹ Eltern als Instanzen gegenüberübergestellt werden, deren Aufgabe sich vor allem darauf bezieht, einen befürchteten ›zu starken‹ Einfluss des Islams in den Schulen zu unterbinden.

Aktuell erfährt der politische Diskurs um Eltern eine Erweiterung über Zuschreibungen mit Bezug auf den Fluchthintergrund von Familien. Der mit Verweis auf aktuelle Fluchtmigrationen von politischer Seite konstruierte ›Ausnahmezustand‹ im Berliner Schulsystem, hat in den letzten Jahren vor allem ›pragmatische‹ Ansätze hervorgebracht, die eine schnelle Beschulung von ›Flüchtlingskindern‹ zur Priorität haben. Ihre Eltern finden in diesem Zusammenhang nur wenig Berücksichtigung. Mit ihnen wird vor allem verbunden, dass sie den Einstieg ihrer Kinder ins ›deutsche‹ Schulsystem kaum unterstützen können. Dies zeigt die diskursive Konzeption von ›**Flüchtlingseltern**‹, nach der diese vor allem als ›unwissend‹ und ›hilfsbedürftig‹ gegenüber dem Berliner Schulsystem positioniert werden. Auf sie bezogene politische Maßnahmen zielen insbesondere darauf ab, den Eltern eine bestimmte ›hiesige‹ Schul- und Bildungskultur zu vermitteln, um sie in die Lage zu versetzen, sich in die Berliner Schule einzufügen bzw. sich entsprechend der an sie herangetragenen Erwartungen zu verhalten. Ansätze einer demokratischen und diskriminierungssensiblen Elternbeteiligung, werden in diesem Zusammenhang nun nicht mehr thematisch.

Hier sowie in den vorausgehenden Diskursphasen kommt vor allem ein Verständnis von Schule als macht- und diskriminierungsfreier Raum zum Ausdruck. So werden Rassismus und Diskriminierung sowohl im Hinblick auf einen pädagogischen und schulischen Umgang mit ›migrationsbedingter Heterogenität‹ als auch hinsichtlich einer Adressierung von und Zusammenarbeit mit Eltern in den Schulen nur in seltenen Fällen thematisch. Werden Maßnahmen einer Auseinandersetzung mit Rassismus und Diskriminierung in der Schule benannt, bleiben diese meist auf einem temporären und außerhalb des Unterrichts angesiedelten Projektcharakter festgeschrieben.

Dass die hier analysierten dominanten politischen Diskurspositionen zum Teil instabil und umkämpft sind, deutet sich insbesondere über neueste politische Dynamiken in Berlin an. So entwickeln sich hier aktuell – parallel zu bundespolitischen Diskursentwicklungen (vgl. Gomolla/Kollender 2019), einem wachsenden Einfluss des internationalen Menschenrechtsdiskurses sowie zahlreichen zivilgesellschaftlichen Interventionen im Feld von Migration und Schule – vereinzelt auch Perspektiven einer diskriminierungssensiblen Schulentwicklung heraus. Diese manifestieren sich seit einigen Jahren in konkreten Maßnahmen auf Ebene von Berliner Politik und Behörden, worüber eine zentrale Leerstelle im politischen Diskurs gefüllt wird – ohne dabei allerdings kulturalistische und defizitorientierte Perspektiven auf bestimmte Schüler_innen und ihre Eltern in Schule gänzlich zu überwinden. Maßnahmen einer diskriminierungssensiblen bzw. ›inklusiven‹ Transformation von Schule bleiben vielmehr aktuell noch weitgehend unvermittelt neben oben beschriebenen additiven und affirmativen Maßnahmen für (›muslimische‹) Eltern ›mit Migrationshintergrund‹ stehen.

5.2   »Das ist eine ganz andere Bildungswelt« – Positionierungen von Eltern als ›migrantische und muslimische Andere‹ in Berliner Schulen

Welches Wissen über Eltern kommt nun in den Schulen zum Ausdruck, wenn über ›migrationsbedingte Heterogenität‹ gesprochen wird? Und wie verbindet sich ein solches Wissen mit dem oben analysierten politischen Diskurs und den hier nachvollzogenen unterschiedlichen Arten und Weisen der Konstituierung und Positionierung von Eltern im migrationsgesellschaftlichen Kontext?[21] Mit Blick auf diese Fragen geht aus der analytischen Gesamtschau der Interviews mit den Pädagog_innen aus weiterführenden Schulen in Berlin-Kreuzberg und -Neukölln zunächst hervor, dass den Eltern

---

21   Im Folgenden konzentriere ich mich vor allem auf die Herausarbeitung typischer Verschränkungen schulischer Wissensbestände mit dem oben beschriebenen politischen Diskurs. Diese analysiere und veranschauliche ich hier durch einzelne Interviewausschnitte, die für eine Fülle von vergleichbaren Äußerungen stehen, die sich sowohl innerhalb wie auch zwischen den Interviewtexten finden und über deren Gesamt sich spezifische Aussagen über Eltern in den Schulen artikulieren. Es geht mir somit nicht darum, einzelne Pädagog_innen über ein mehr oder weniger häufiges Zitieren ihrer Äußerungen in dieser Arbeit ›vorzuführen‹. Ihr Sprechen deute ich vielmehr als Ausdruck eines weitgehend normalisierten bzw. institutionalisierten Wissens über Eltern an den Schulen (vgl. Kapitel 3.2 sowie 4.4). Die in diesem Zusammenhang beschriebenen schulisch-pädagogischen Praktiken sollen gleichsam beispielhaft einen in den Schulen ›typischen‹ Umgang mit den Eltern von Schüler_innen illustrieren.

der Schüler_innen, ähnlich wie in den politischen Dokumenten, allgemein große Bedeutung zugesprochen wird. So betonen nahezu alle Pädagog_innen im Interview ausdrücklich, dass die Eltern »wichtig« seien (vgl. Krug[22] 92) bzw. die »Elternarbeit« für die Schule »von existenzieller Bedeutung« sei (vgl. Solga 8) und die Eltern »mit ins Boot geholt werden« müssten (vgl. Bieker 6). Diese Überzeugung wird von den Pädagog_innen zunächst meist nicht weiter begründet. Sie erscheint vielmehr als ein breit geteiltes Selbstverständnis in den Schulen, nach welchem die Begegnung und Zusammenarbeit mit Eltern einen ebenso ›normalen‹ wie unausweichlichen Bestandteil des schulischen Alltags darstellt.

Die von mir eingangs gestellte offene Frage nach der Rolle, die die Eltern der Schüler_innen an den jeweiligen Schulen einnehmen, wird von den meisten der interviewten Pädagog_innen nicht nur genutzt, um die hohe Bedeutung einer schulischen Zusammenarbeit mit den Eltern zu betonen. Die Pädagog_innen drücken in diesem Zusammenhang auch nahezu durchweg eine persönliche Unzufriedenheit mit dem bestehenden bzw. nicht bestehenden Verhältnis zu den Eltern ihrer Schüler_innen aus. So thematisieren die Pädagog_innen im Interview bereits früh verschiedene ›Probleme‹ mit den Eltern, die sich vor allem auf eine Missachtung bestimmter elterlicher ›Pflichten‹ in bzw. gegenüber der Schule beziehen. Diesbezüglich wird von den Pädagog_innen z.B. kritisiert, dass »die Eltern« nicht »dafür sorgen«, dass ihre Kinder pünktlich in der Schule erscheinen (Bostancı 19), sie nicht darauf achteten, »dass die Kinder ihre Arbeitsmittel dabeihaben« (Westheimer 48) oder sie diese im Krankheitsfall nicht persönlich abmeldeten (»[...] ja genau, die müssen halt mal jeden Morgen anrufen und sagen, ›mein Kind ist bis Mittwoch krank‹«, Nolte 72). Die Kritik der Pädagog_innen bezieht sich in vielen Fällen auch darauf, dass die Eltern ihrer Schüler_innen insgesamt nicht bzw. nur schwer ›erreichbar‹ seien. »Viele Eltern«, so heißt es, kämen »gar ((!)) nicht in die Schule« (Solga 8), was insbesondere auf Elternabenden sowie Elternsprechtagen negativ auffalle. So ärgert sich z.B. die Lehrerin[23] Heike Sommer darüber, dass sie in ihrer »Klasse mit 24 Schülern« »von einem gut ((!)) besuchten Elternabend« sprechen könne, »wenn acht Kinder vertreten sind« (Sommer 4). »[A]uch bei Elternsprechtagen«, so die Lehrerin weiter, sei »trotz Terminvereinbarung [...] einfach niemand da« (ebd. 33). Die Lehrerin meint hier in den letzten Jahren eine Veränderung wahrgenommen zu haben, nach der sich das »Interesse« von Eltern an einem Kontakt und Austausch mit der Schule allgemein verringert habe (ebd. 9). Sommer, die »selber eine Tochter« hat, während deren Schulzeit sie über viele Jahre lang »Klassensprecherin« war, vergleicht dabei ihre Erfahrung als Mutter mit ihren Beobachtungen als Lehrerin an ihrer Schule wie folgt:

22　Alle hier und im Folgenden genannten Namen und Personenangaben wurden, wie auch bei den Eltern und Vereinsvertreter_innen, pseudonymisiert.

23　Die interviewten Pädagog_innen haben sich in den Interviews eindeutig als männlich oder weiblich vor mir positioniert. Diese Positionierung greife ich hier und im Folgenden über die zweigeschlechtliche Schreibweise auf, ohne davon auszugehen, dass sich die Pädagog_innen außerhalb der Interviewsituation nicht (auch) mit anderen Geschlechtsidentitäten positionieren, weswegen ich hier nach wie vor die Bezeichnung der ›Pädagog_innen‹ wähle, wenn ich in meiner Analyse vom konkreten Einzelfall abhebe.

»Und da war das anders, da haben wir ((!)) uns drum gekümmert, wenn Elternabende waren und haben eingeladen. Und es war selbstverständlich ((!)), dass man dahin
geht, weil man doch wissen wollte: Was ist los in der Klasse, was ist mit dem eigenen
Kind, ja? Und dieses Interesse gibt es nicht. Ich bin mir ganz sicher, dass ganz ((!)) viele Eltern sich die Zeugnisse nicht mal angucken, wenn die Kinder mit den Zeugnissen
nach Hause kommen. Das ist einfach, es wird gar nicht – Arbeitsmaterialien, die nicht
vorhanden sind, ja? Wo, ich hab' jetzt eine siebte Klasse, die sind ja noch die Frischlinge
hier an der Schule, wo es wirklich unglaublich ist, was die alles nicht haben ((!)). Das
heißt, es gibt keine Eltern, die mal sagen ((!)): ›Hier, was hast du denn morgen? Lass
uns mal gucken. Hast du denn deine, ist deine Federmappe vollständig? Oder packst
du deinen Ranzen, ja?‹ Dann haben sie ja nicht mal Ranzen – ›deine Schultasche‹, ja?
Dass die überhaupt mal da rein ((!)) gucken, sich dafür engagieren, interessieren. Das
läuft nicht. Oder: ›Hast ((!)) du Hausaufgaben?‹ Oder: ›Schreibt ihr 'ne Arbeit, wo wir
mal für üben können?‹ Also von alleine läuft da – ich denk' das ist die absolute ((!)) Majorität der Elternschaft – gar nichts. Also ist keine Anteilnahme, keine Unterstützung,
ja?« (Ebd. 9)

Die Lehrerin beschreibt hier ihr Selbstverständnis, sich als Mutter dafür zu interessieren, was »in der Klasse, was mit dem eigenen Kind« in der Schule »los« ist. Während sie
das von ihr in der Schule ihrer Tochter gelebte Verständnis einer ›engagierten Elternschaft‹ als Norm setzt, erklärt Sommer direkt wie indirekt gleich mehrere Aufgaben
von Eltern hinsichtlich des Schulbesuchs ihrer Kinder für selbstverständlich. Hierzu
zählt, dass die Eltern sich neben dem regelmäßigen Besuch von Elternabenden und
Elternsprechtagen, die Zeugnisse ihrer Kinder ansehen sowie sich um die Arbeitsmaterialien der Schüler_innen kümmern, den Schulranzen auch in der weiterführenden
Schule noch täglich überprüfen, Hausaufgaben kontrollieren, den Stundenplan im Blick
behalten und gemeinsam mit ihren Kindern für Schularbeiten üben. Sommers Beobachtung, dass »keine Eltern« diesen Aufgaben an ihrer Schule aktuell nachkommen,
führt sie auf ein allgemeines Desinteresse sowie eine mangelnde »Anteilnahme« der
Eltern an der Schulbildung ihrer Kinder zurück. Vor diesem Hintergrund erscheint es
für die Lehrerin legitim, das Verhalten der Eltern als persönliches ›Fehlverhalten‹ zu
kritisieren.

Auch die SozialpädagogInnen Alya Musa und Thomas Krug sowie die SchulleiterIn-
nen Erika Solga und Michael Westheimer ziehen aus ihrer Wahrnehmung, dass sich
viele Eltern nicht in der Schule ihrer Kinder ›engagierten‹, die Schlussfolgerung, dass
die Eltern »kein Interesse für die Schule« haben (Musa 102) bzw. die Eltern »sich eben
nur bedingt für ihre Kinder interessieren« (Krug 19). Neben der Zuschreibung eines allgemeinen Desinteresses auf Seiten der Eltern, führen die Pädagog_innen einen ausbleibenden Kontakt zudem auf elterliche »Schwellen- und Berührungsängste mit Lehrern«
(Sommer 71), ein elterliches Laissez-faire-Verhalten (»Also es gibt so einen permissiven
Umgang mit Jugend, also es gibt diese Idee: [...] ›wir lassen euch mal‹ und ›macht mal‹«,
Krug 19) sowie auf eine allgemeine Überforderung und Ratlosigkeit der Eltern darüber
zurück, wie sie sich in der Schule einbringen können (»Wir arbeiten mit überforder-
ten und ratlosen Eltern zusammen«, Solga 8). Auffällig ist, dass als Ursachen für einen
ausbleibenden Kontakt mit den Eltern ihrer Schüler_innen von den Pädagog_innen na-

hezu ausschließlich individuelle Gründe genannt werden, die sich auf die persönlichen Einstellungen der Eltern zur Schule und Schulbildung ihrer Kinder beziehen.[24]

Die von den Pädagog_innen vorgenommenen Problematisierungen, dies erweist sich im Rahmen der Analyse als besonders auffällig, gehen vielfach direkt sowie indirekt mit dem Verweis auf die vermeintlich andere Herkunft der Eltern einher. Diesbezüglich wird in den meisten Interviews bereits zu Beginn auf den besonders hohen ›Migrantenanteil‹ an den Schulen hingewiesen. So auch vom Schulleiter Georg Dahlmann. Dieser kommt im Interview wiederholt auf den Anteil der »Migranten« an seiner Schule zu sprechen, der ihm zufolge bei »93 Prozent« liegt (Dahlmann 128). Dahlmann macht den ›Migrantenanteil‹ auch im Sprechen über ein ›fehlendes Engagement‹ der Eltern an seiner Schule relevant. In diesem Zusammenhang betont er, dass es zum Zeitpunkt des Interviews lediglich eine Mutter gewesen sei, die sich als Elternvertreterin an seiner Schule habe aufstellen lassen. Bei dieser Mutter handle es sich, so hebt der Schulleiter hervor, um eine »deutsche Mutter« (ebd.): »Also bei 93 Prozent Migranten an der Schule war die Einzige, die tatsächlich gesagt hat ›Ich hab jetzt Interesse und Lust daran‹, war eben eine deutsche Mutter« (ebd.). In der Argumentation wird die nationale Zugehörigkeit der Mutter vom Schulleiter insofern funktional gemacht, als dass diese den Schulleiter darin zu bestätigen scheint, dass der von ihm wahrgenommene allgemein geringe Einsatz der Eltern vor allem über den hohen ›Migrantenanteil‹ an der Schule erklärt werden könne. Die hier implizit artikulierte Zusammenhangsannahme von ›geringem elterlichen Engagement‹ und ›hohem Migrantenanteil‹ basiert auf einem unter vielen Pädagog_innen breit geteilten Verständnis, nach dem der Großteil der Elternschaft an Schulen in Kreuzberg und Neukölln nicht nur eine Migrationsgeschichte aufweist, sondern auch ›nicht deutsch‹ ist. Eine solche Kategorisierung scheint unabhängig von der Tatsache zu erfolgen, dass ein Großteil der Schüler_innen und Eltern mit Migrationsgeschichte an den Schulen der interviewten Pädagog_innen in Deutschland geboren ist sowie die Mehrheit der in Kreuzberg und Neukölln lebenden Schüler_innen und Eltern die deutsche Staatsangehörigkeit besitzt.[25] Somit wird außer Acht gelassen,

---

24   In diesem Zusammenhang wird von den Pädagog_innen im Verlauf des Interviews zum Teil betont, dass die von ihnen problematisierten Beobachtungen nicht auf alle Eltern der Schule verallgemeinert werden können. Diesbezüglich vorgenommene Differenzierungen werden allerdings meist im gleichen Atemzug wieder relativiert, indem ›interessierte‹ und in Schule ›engagierte‹ Eltern eher als Ausnahme von der Regel dargestellt werden. So argumentiert z.B. die Lehrerin Sommer: »Es gilt natürlich nicht für alle, es gibt immer auch Ausnahmen, aber für das Gros der Elternschaft. [...] – ich denk', das ist die absolute ((!)) Majorität der Eltern [...]. Also keine Anteilnahme, keine Unterstützung« (Sommer 6ff.), während der Schulleiter Dahlmann betont: »Es gibt immer wieder so Highlightsausreißer, wo wir sagen: ›Da sind interessierte Eltern, die auch kommen, die auch die Arbeit der Klassenlehrerinnen und -lehrer unterstützen.‹ Das sind aber leider rühmliche Ausnahmen« (Dahlmann 73).

25   Laut amtlicher Statistik besaßen im Schuljahr 2017/18 insgesamt 86 Prozent aller Schüler_innen an öffentlichen Schulen in Kreuzberg die deutsche Staatsangehörigkeit, in Neukölln waren es 78 Prozent (vgl. Senatsverwaltung für Bildung, Jugend und Familie 2018: 6, eigene Berechnung). Unter den in Kreuzberg lebenden erwachsenen Personen im Alter von 25 bis 45 Jahren haben 68 Prozent die deutsche Staatsangehörigkeit, in Neukölln sind es 64 Prozent (Stand: Ende Juni 2017, vgl. Amt für Statistik Berlin-Brandenburg 2017b: 8f., eigene Berechnung).

dass die Eltern zumeist *auch* Deutsche sind bzw. sich – auch gänzlich unabhängig ihrer Staatsangehörigkeit – als ›(auch) deutsch‹ verstehen können. [26]

In den Interviews wird zudem deutlich, dass die Zuschreibung eines ›Migrationshintergrundes‹ durch die Pädagog_innen meist wiederum mit Blick auf ganz bestimmte Schüler_innen und Eltern mit Migrationsgeschichte an den Schulen geschieht. So gibt die Lehrerin Sommer zu verstehen, dass an ihrer Schule »nur türkisch-stämmige und arabisch-stämmige Eltern in den Klassen« vertreten seien (Sommer 95). Die Sozialpädagogin Musa gibt an, dass zu »99 Prozent« »türkische Schüler […] in der Schule« sind (Musa 80), während die Sozialpädagogin Susan Nolte betont, dass das »Türkische oder Arabische« an ihrer Schule »besonders auffällt« (Nolte: 9). In den mit Lehrkräften und Schulleitungen geführten Interviews werden die nationalen Kategorien »Türkisch« und »Arabisch« insgesamt 233 Mal von den Pädagog_innen selbst eingebracht. Anderen nationalen Zugehörigkeitskategorien wird demgegenüber in den Interviews kaum Bedeutung zugeschrieben. Der ›Migrationshintergrund‹ der Schüler_innen und Eltern wird somit von den Pädagog_innen in erster Linie dann relevant gemacht, wenn es sich um ›türkische‹ oder ›arabische‹ Schüler_innen und Eltern handelt. So sind es primär die so positionierten Eltern, die gemeint sind, wenn eine mangelnde elterliche Beteiligung(sbereitschaft) in Schule problematisiert und kritisiert wird. Diese Problematisierungsweisen verbinden sich in den Interviews mit unterschiedlichen Formen eines natio-ethno-religiös-kulturellen Otherings der Eltern. Diese möchte ich im Folgenden näher darlegen und dabei auch auf einige zentrale schulisch-pädagogische Praktiken eingehen, die in den Schulen mit Blick auf die Eltern der Schüler_innen verfolgt werden.

5.2.1 Othering von Eltern im schulischen Sprechen und Handeln

Othering von Eltern mit Verweis auf die ›andere Schul- und Bildungskultur‹ Die oben skizzierten Erfahrungen und Probleme, welche die Pädagog_innen in den Interviews mit Blick auf Eltern an ihrer Schule beschreiben und vielfach als ›migrationsspezifisch‹ labeln, basieren unter anderem auf der Annahme, dass die Eltern in ihren ›anderen Herkunftsländern‹ eine schulische Sozialisation erfahren haben, die sich deutlich von der ›hiesigen Schulkultur‹ unterscheidet. Der Sozialpädagoge Krug referiert in diesem Zusammenhang auf »ganz unterschiedliche Sichtweise[n] auf Schule«, die in der »Türkei« sowie in »anderen arabischen Staaten« im Vergleich zu Deutschland vorherrschten (Krug 3). Auch Solga geht davon aus, dass in »anderen Kulturen der Stellenwert von Schule einfach auch ein anderer« sei (Solga 40). Krug und Solga sind sich zudem darin einig, dass die Schulkultur »viel autoritärer dort ist« (Krug 3) und »der Lehrer zuhauen darf« (Solga 40). Diesbezüglich beschreibt der Schulleiter Westheimer das Schulsystem in der Türkei als eines, in welchem der Schulleiter »das Maß aller Dinge« sei: »Also der

---

[26] Dass die Argumentation des Schulleiters vielmehr auf seiner gefühlten als auf der tatsächlichen bzw. der selbst gewählten Zugehörigkeit der Eltern- und Schüler_innenschaft an seiner Schule basiert, belegen auch die im »Schulportrait« auf der Internetseite des Berliner Senats für Dahlmanns Schule aufgeführten Anteile von Schüler_innen mit »nicht-deutscher Staatsangehörigkeit« sowie mit »nicht-deutscher Herkunftssprache«, die weit unter dem von ihm genannten Wert von »93 Prozent« liegen.

kommt gleich nach Atatürk ist mein Eindruck gewesen und der hat einfach mal das Sagen und dann ist es gut: Papa locuta, causa finita ((lacht))« (Westheimer 35). Westheimer wandelt hier eine lateinische Redewendung (»Roma locuta causa finita«/'Rom bzw. der Papst hat entschieden, die Sache ist erledigt‹) um, indem er den ›türkischen Schulleiter‹ metaphorisch zum Papst erklärt, der in der türkischen Schule nach Westheimer die höchste Entscheidungsinstanz darstellt und das ›Machtwort‹ ausspricht. Die Metapher dient damit zur Beschreibung einer paternalistischen Weise, in der Schulen in der Türkei vermeintlich allgemein ›regiert‹ werden.

Die Lehrerin Simone Fischer spricht im Interview von »einer ganz anderen Bildungswelt als die, die wir hier haben« (Fischer 35). Ihr zufolge sind es Welten, die ›unser Bildungssystem hier‹ vom Bildungssystem ›der Anderen dort‹ trennen. Die Lehrerin verbindet mit der ›anderen Bildungswelt‹ vor allem andere Lehrmethoden, wie eine durch Frontalunterricht geprägte Unterrichtskultur, welche die Kinder zu einem passiv-reproduktiven Lernen anleiteten. Diesbezüglich führt Fischer aus: »Das bedeutet dann, dass also das Kind morgens in die Schule gegeben wird und dass das Kind dann dasitzt und lernt und das so mehr oder weniger trichterartig vermittelt bekommt, überwiegend reproduktiv lernt: ›Ich sage dir etwas und du reproduzierst es und dann bekommst du dafür eine gute Note‹« (ebd.). Die Lehrerin glaubt, dass eine so von vielen Eltern ihrer Schüler_innen erfahrene »Schulbildung in den Herkunftsländern« dazu geführt habe, dass diese heute »weniger auf die Entwicklung des Kindes« schauten »oder auf die besonderen Begabungen bzw. Schwächen, als vielmehr darauf, dass die Noten stimmen« (ebd.).

Krug, Westheimer und Dahlmann erklären sich über die ›andere schulische Sozialisation‹ wiederum eine wahrgenommene Zurückhaltung von Eltern ›mit Migrationshintergrund‹ gegenüber der Schule. So glauben die Pädagogen, dass die Eltern zu einer ›Passivität‹ in ihren Herkunftsländern regelrecht erzogen wurden, da das Schulsystem dort eine klare Rollenverteilung vorsehe, wobei »die Aufgaben viel klarer bei der Schule« liegen (Krug 3) und »die Eltern schlicht außen vor« (Westheimer 3) gehalten würden. Das mit einer solchen Rollenverteilung einhergehende elterliche Selbstverständnis formuliert der Schulleiter Dahlmann wie folgt: »Wir geben das Kind ab und damit ist gut. Und wenn das Kind fertig ist mit der Schule, dann kommt's zu uns und das ist es‹« (Dahlmann 4). Ein solches Wissen über die ›andere Schul- und Bildungskultur‹ der Eltern erklärt Dahlmann als ein für seine pädagogische Arbeit relevantes Wissen, da es ihm helfe, das Verhalten der Eltern seiner Schule besser nachzuvollziehen. Er führt diesbezüglich aus:

> »Erst sehr viel später ist mir klar geworden, als ich mal mit einem arabischen Ehepaar guten Kontakt hatte, also die waren tatsächlich nicht ((!)) bildungsfern. Die haben mir gesagt, es ist in ihrer Kultur so. Man gibt das Kind dem Lehrer ab in der Grundschule und holt's beim Abitur ab und dazwischen hat die Schule was zu tun und die Eltern haben eigentlich in ihrer Kultur weder Interesse noch in irgendeiner Form einen Anreiz, sich in Schule einzumischen.« (Ebd.)

Die Begegnung »mit einem arabischen Ehepaar« beschreibt der Schulleiter als einen erhellenden Moment, der ihn dazu brachte, eigene stereotype Sichtweisen über eine den Eltern seiner Schule allgemein unterstellte ›Bildungsferne‹ zu hinterfragen. Dass die so wahrgenommene Erweiterung seines pädagogischen Horizonts nun auf einer pauschalen Kulturalisierung elterlichen Verhaltens basiert, reflektiert er dabei nicht weiter. Vielmehr scheint Dahlmann davon auszugehen, zum Kern der Ursache für die fehlende elterliche Präsenz an seiner Schule vorgedrungen zu sein.

Über Argumentationen im Sinne von ›weil ihre Schulkultur nun mal so ist‹ werden »die Eltern« von den hier zitierten Pädagog_innen auf ihre ›andere Schul- und Bildungskultur‹ festgelegt und ihr Verhalten vor diesem Hintergrund beschrieben. Dass davon ausgegangen wird, dass das Verhalten der Eltern regelrecht von ihrer ›migrantischen‹ Schul- und Bildungskultur determiniert wird, zeigt sich darin, dass die Pädagog_innen den Eltern nahezu jegliche Fähigkeit absprechen, tatsächlich oder vermeintlich erfahrene unterschiedliche Bildungskontexte, Diskurse sowie darin vorgenommene Konstellierungen des Verhältnisses von Eltern und Schule als solche wahrzunehmen, zu reflektieren und sich bewusst hierzu zu verhalten. Auf diesem Weg werden mögliche alternative Begründungen für das von den Lehrkräften beobachtete ›andere Verhalten‹ der Eltern ausgeklammert. Mit der spiegelbildlichen Sicht auf die angenommene andere Schul- und Bildungskultur der Eltern geht auch eine wertende Komponente einher. So erscheint die Schulkultur der Eltern hier als autoritär, patriarchal, wenig innovativ bzw. fortschrittlich und undemokratisch, während die dabei imaginierte ›hiesige Schulkultur‹ stets als (positives) Gegenmodell zur Ersteren erscheint.

Die Positionierung der Eltern in einer »ganz andere[n] Bildungswelt« hat auch zur Konsequenz, dass die Kinder der hierin verorteten Eltern häufig »zwischen den Stühlen« (Musa 35) verstanden werden. Eine solche Positioniertheit geht, so die Annahme vieler Pädagog_innen, unweigerlich mit Identitätskonflikten auf Seiten der Schüler_innen einher. Diese Vorstellung teilt beispielsweise die Schulleiterin Solga, wenn sie wie folgt argumentiert:

> »Weil ich glaube, dass so lange in den Köpfen der Kinder zwei Welten existieren, nämlich das zu Hause und die Schule, kann das eine wie das andere eigentlich nicht erfolgreich sein. Also gerade ((!)), wenn es sich um Haushalte handelt, die anders schulisch sozialisiert sind und wo Eltern bekennend keine Ahnung vom deutschen Schulsystem haben, ist das wie 'ne Kluft. Also da ist der Schüler wirklich der Grenzgänger, der von einem System ins andere wandert [...].« (10)

Auch hier kommt zunächst zum Ausdruck, dass sie das ›migrantische Elternhaus‹ als ein gänzlich anderes, dem »deutschen Schulsystem« per se gegenüberstehendes »System« verstanden wird. Solga verdeutlicht diese Sichtweise mit der Bezeichnung »zwei Welten«. Die Schulleiterin schreibt dabei den »anders schulisch sozialisiert[en]« Eltern zu, dass diese »keine Ahnung vom deutschen Schulsystem haben« und positioniert sie so als Unwissende gegenüber diesem. Da die Schulleiterin davon ausgeht, dass es weder Überschneidungen noch Ähnlichkeiten zwischen den von ihr als ›unterschiedlich‹ konstruierten Sozialisationsorten gibt, stellt das ›Wandern zwischen den Systemen‹ für die Kinder, die sie in der Rolle der »Grenzgänger« positioniert, eine große Herausforderung dar. Dieser Zustand ist nach Solga vor allem deshalb problematisch, da die Gegensätzlichkeit der »System[e]« dazu führe, dass weder das eine noch das andere »System« »erfolgreich sein kann«. Hieraus zielt Solga die implizite Schlussfolgerung, dass eine

Anpassung des einen ›Systems‹ an das anderen notwendig sei. Dabei wird hier scheinbar selbstverständlich davon ausgegangen, dass es vor allem die Eltern sind, die sich
entsprechend anpassen sollen bzw. bei denen angesetzt werden muss, um die »Kluft«
zwischen den »zwei Welten« zu schließen.

Über die sich hier artikulierende Kulturdifferenz- und Kulturkonflikthypothese
werden nicht nur von Solga, sondern auch von anderen Pädagog_innen Praktiken
begründet, die primär das Ziel einer Information, Beratung und Unterstützung von
Eltern verfolgen. Schulische Angebote wie »Elterninfoabende« (Nolte 9), »Elterncoa-
chings« (Musa 82), »Elterntrainings« sowie »Erziehungstrainings« (Krug 48) sollen sich
grundsätzlich an alle Eltern der Schule richten. In den weiteren Ausführungen der
Pädagog_innen hierzu wird jedoch deutlich, dass diese Praktiken besonders auf Eltern
›mit Migrationshintergrund‹ zugeschnitten sind und primär bei einem vermeintlich
mangelnden kulturellen Passungsverhältnis zwischen ›migrantischem Elternhaus‹ und
›deutscher Schulkultur‹ ansetzen. Dementsprechend hält es u.a. der Sozialarbeiter
Krug für notwendig, dass sich die (Eltern-)Arbeit an seiner Schule an den »kulturellen
Begebenheiten der Eltern« ausrichtet (»Na ja, also wenn wir [...] Dinge planen als Schule, dann müssen wir sozusagen einfach die mit auf dem Schirm haben«, Krug 116). Auch
die Sozialpädagogin Nolte berichtet von themenspezifischen »Elterninfoabenden« an
ihrer Schule zur »Pubertät« und zur »Erziehung«, die sich speziell an »türkische
oder arabische Eltern« richten (Nolte 9). Nolte hält Veranstaltungen wie diese für
notwendig, um »diese beiden Kulturen in der Mitte so zu vereinen, dass die Eltern
sich nicht aufgeben in Ihrem und trotzdem, ja, mit der Schulkultur wie sie ist, einfach
an der Schule hier, eine deutsche Schule [...]«, lernten umzugehen (ebd.). Nolte fasst
die Elterninformationsabende somit als eine Möglichkeit auf, Eltern darauf hinzuwei-
sen, dass es sich bei der Schule ihrer Kinder um eine »deutsche Schule« handelt. So
verbindet sich mit der von ihr angesprochenen Veranstaltung auch eine ›Aufklärungs-
komponente‹. Die Eltern sollen demnach über das beschriebene Beratungsangebot
nicht nur hinsichtlich allgemeiner Erziehungsfragen informiert, sondern auch über
die vermeintlich spezifische Kultur der ›deutschen Schule‹ unterrichtet werden.

Othering mit Verweis auf den ›anderen Erziehungsstil‹ von Eltern In vielen der Interviews wird
von den Pädagog_innen auch auf ein Wissen referiert, nach dem in Familien ›mit Migrationshintergrund‹ eine eher autoritäre sowie gewaltvolle Erziehungskultur gelebt
wird. So geht die hier zuletzt zitierte Schulsozialpädagogin Nolte beispielsweise davon
aus, dass Gewalterfahrungen von Schüler_innen aus »Migrantenfamilien noch gängiger« seien: »Was weiß ich, das Kind sagt mir, es wird geschlagen, was ja einfach in diesen Migrantenfamilien noch gängiger ist« (Nolte 2). Die Pädagogin begründet den hier
aufgestellten Zusammenhang von ›Migrationshintergrund‹ und ›elterlicher Gewalt‹ mit
der Vermutung, dass die Eltern dem ›Freiheitsdrang‹ ihrer Kinder, den sie in Deutschland »vorgelebt« bekämen, versuchten Einhalt zu gewähren: »Vielleicht ist es auch dieses ›mein Kind möchte eine gewisse Freiheit, die es in der Türkei vielleicht nicht so
einfordern würde, weil er es hier aber vorgelebt bekommt und mit allen anderen auch
mitbekommt, von Freunden, und es sieht‹« (ebd. 31). Das den Eltern zugeschriebene
gewaltvolle Verhalten erscheint vor diesem Hintergrund als Ausdruck einer gewissen

Hilflosigkeit der Eltern, mit der sie die von Nolte beschriebene Entwicklung auf Seiten ihrer Kinder beobachten (vgl. ebd.).

Um ihre These weiter zu bekräftigen, referiert Nolte auf ihren eigenen »türkischen Migrationshintergrund«, den sie in diesem Zusammenhang im Interview erstmals relevant macht. Diesbezüglich führt sie aus: »Was ich mitbekomme hab', wie gesagt, von meiner eigenen Vergangenheit, von den türkischen Familien, mit denen wir zu tun hatten, die haben alle ((!)) was abgekriegt« (ebd.). Ihre persönliche Erfahrung nutzt Nolte hier als Beleg für die Verallgemeinerbarkeit ihrer Beobachtung, d.h. dass es sich bei familiärer Gewalt um ein speziell ›türkisches‹ Phänomen handelt. Die Pädagogin zieht aus ihrer Erfahrung die Schlussfolgerung: »Also ja, dauert wohl noch 'ne Weile, bis das da weitergeht« (ebd.). Nolte verweist mit dem Zeigewort »da« auf eine Situation ›andernorts‹, d.h. hier wohl die Türkei als angenommenes Herkunftsland der Eltern ihrer Schüler_innen. Die Schulsozialpädagogin spricht diesem ›Da‹ eine Entwicklung zu, die sie als (ver)langsam(t) wahrnimmt und welche sie mit der Situation in Bangladesch vergleicht – einem Land, in dem sie sich in ihrer Jugend für längere Zeit aufgehalten hat: »Ich hab' in Bangladesch gelebt. Da ist das auch total gängig, dass die Kinder geschlagen werden« (ebd.). Erneut referiert Nolte aus ihrer individuellen Erfahrungsperspektive auf ein ›Da‹. Sie scheint auch in diesem Fall nicht nur auf einen geographischen Ort, sondern auch auf einen Entwicklungsstand zu verweisen, den sie – wie bei der Türkei – gleichsam als rückständig auffasst. So sei es auch dort »total gängig, dass die Kinder geschlagen werden«. Die Problematisierung der Verhältnisse ›dort‹ verbindet sich mit der Konstruktion von einem ›Hier‹, welches sie indirekt in Opposition zum ›Dort‹ charakterisiert. So suggeriert die Opposition, in der das ›Hier‹ in den Äußerungen der Pädagogin zu einem ›Dort‹ gebracht wird, ein Selbstverständnis, nach dem Kinder ›hier‹ nicht geschlagen werden. Dies hat zur Folge, dass das problematisierte Verhalten im ›Hier‹ von Nolte wiederum per se als ein von ›dort‹ kommendes Verhalten verstanden und behandelt wird. Indem die Pädagogin die von ihr wahrgenommenen Unterschiede über zivilisatorische Prozesse ›anderenorts‹ erklärt, begründet sie zugleich ein Nicht-Einschreiten in die von ihr ›hier‹ beobachteten familiären Verhältnisse ihrer Schüler_innen (siehe unten).

Auch in den Interviews mit Westheimer, Sommer und Solga werden die Verhältnisse in ›Migrantenfamilien‹ wiederholt als besonders gewaltvoll beschrieben. Dies habe für die Arbeit der Pädagog_innen, so Solga, erschwerend zur Folge, dass die Schüler_innen ihrer Schule, die sie im Interview mehrheitlich als »Schüler mit Migrationshintergrund« positioniert, die »Schule oft als Freigelände betrachten, weil der Druck, der hier, weil es hier keinen körperlichen Druck gibt« (Solga 10). Die Schulleiterin wiederholt ihre Auffassung in anderen Worten wie folgt: »Zu Hause kriegen sie eine Ohrfeige, wenn sie nicht spuren, hier kriegen sie die nicht. Also denken sie, hier gibt es keine Regeln« (ebd.). Auch Solga zeichnet das Bild von einer gewaltvollen Familienkultur, die sie einer gewaltfreien Schulkultur gegenüberstellt. Die Konsequenz der so miteinander ›konfligierenden Kulturen‹ sieht sie darin, dass die Schüler_innen die Regeln der Schule nicht anerkennen, da diese den Kindern – anders als in ihren Familien – hier nicht über »eine Ohrfeige« vermittelt würden.

Ein sich so über bestimmte Eltern an den Berliner Schulen formierendes Wissen schlägt sich auch auf die alltäglichen Interaktionsweisen der Pädagog_innen mit den

Eltern nieder. Dies zeigt sich unter anderem im Interview mit der Sozialpädagogin Nolte. Ihr zufolge sei im Umgang mit »Familien mit Migrationshintergrund« (Nolte 2) ein besonderes Einfühlungsvermögen von Nöten. Dies gelte vor allem dann, wenn es in Elterngesprächen um die Thematisierung von »problematischen Fällen« (ebd.) wie innerfamiliären Konflikten geht, welche die Pädagogin über ihre Schüler_innen beobachtet:

> »[...] und dann ist natürlich, ist es auch oft, – keine Familie möchte, dass man sich in ihre Angelegenheiten einmischt –, bei diesen, bei den Familien mit Migrationshintergrund ist es noch mehr so, man klärt das miteinander, man klärt das vielleicht noch in der Familie, also in der weiteren Familie, aber man geht damit nicht nach außen. Und deswegen, bei diesem Hintergrund, das muss man sich halt auch bei den Gesprächen klarmachen.« (Ebd.)

Nolte hebt es als eine Besonderheit von »Familien mit Migrationshintergrund« hervor, dass sie Konflikte »nicht nach außen« tragen wollten, sondern stets darauf bedacht seien, diese innerhalb der Familie zu klären. Die Sozialpädagogin stellt es vor diesem Hintergrund als ein besonders schwieriges Unterfangen dar, als ›Außenstehende‹ in beobachtete Konflikte von »Familien mit Migrationshintergrund« zu intervenieren. Sie geht davon aus, dass hier eine besondere (›kulturelle‹) Sensibilität von Nöten sei, die »man sich halt auch bei den Gesprächen klarmachen« müsse.

Am Beispiel der Sozialpädagogin zeigt sich zudem, dass das zur Erklärung einer beobachteten familiären Gewalt herangezogene Kulturdifferenzparadigma nicht nur unterschiedliche ›interkulturell sensible‹ Praktiken hervorbringt, sondern auch in ein bewusstes Nicht-Handeln übersetzt werden kann. Dies wird unter anderem dann deutlich, wenn Nolte auf »Kinderschutzmeldungen« beim Jugendamt zu sprechen kommt, die an der Schule in ihrem Aufgabenbereich liegen (ebd.). Zu diesem führt Nolte aus:

> »Das eine ist, wenn wir jetzt mit diesen Einzelfällen zum Beispiel anfangen, wenn es Probleme gibt, keine Ahnung bis hin zu Kinderschutzmeldungen, Jugendamtsmeldungen [...] Also das höre ich auch immer wieder in den Schulsozialarbeitertreffen: Wenn man bei jeder Ohrfeige, von der man mitkriegt oder so, eine Kinderschutzmeldung macht, da hätten wir viel zu tun. Wenn gerade in diesen Schulen mit, wo es viel Migrationshintergründe gibt, weil es da einfach, auch wenn's pauschalisiert klingt, immer noch gängiger ist.« (Ebd.: 3)

Über den Zustand, dass sie an einer Schule arbeite, »wo es viele Migrationshintergründe« gebe, erklärt (sich) Nolte, dass die von ihr hier beobachtete familiäre Gewalt ein »gängiges« Phänomen darstellt. Die Sozialpädagogin ist sich bewusst, dass ihre Annahme »pauschalisiert klingt«, sie hält jedoch an ihr fest, auch weil sie sich in dieser von den Wahrnehmungen ihrer Kolleg_innen bestätigt fühlt (»das höre ich auch immer wieder auf den Schulsozialarbeitertreffen«). Vor diesem Hintergrund deutet Nolte an, dass von ihr als vergleichsweise harmlos eingestuften Vorkommnissen von familiärer Gewalt, wie einer »Ohrfeige [...] oder so«, an ihrer Schule nicht oder nur teilweise nachgegangen werde. Nolte begründet dies mit einer daraus resultierenden erhöhten Arbeitsbelastung. Ihre Argumentation vermittelt den Eindruck, dass aufgrund der Häufigkeit solcher Vorfälle an einer Schule mit ›hohem Migrantenanteil‹ wie ihrer, »eine

Kinderschutzmeldung« »bei jeder Ohrfeige, von der man mitkriegt«, ihre Kapazitäten übersteigen würde (»da hätten wir viel zu tun«). Ein solches (Nicht-)Handeln macht Nolte neben dieser Argumentation auch durch die zuvor ausgeführte Annahme plausibel, dass »Familien mit Migrationshintergrund« nicht möchten, dass man sich in ihre »Angelegenheiten« einmischt.

Othering mit Verweis auf die ›anderen Geschlechterverhältnisse‹ in Familien mit Migrationsgeschichte Eine weitere Form des Otherings von Eltern artikuliert sich über ein in den Schulen breit geteiltes Wissen hinsichtlich ›traditioneller Geschlechterverhältnisse‹ in Familien mit Migrationsgeschichte. Diesbezüglich ist in den Interviews häufig von patriarchalen Familienstrukturen die Rede, die sich, so u.a. der Schulleiter Westheimer, vor allem in einer besonderen Stellung von Jungen in den Familien ausdrücke:

> »Dann sind es besonders die Jungen, die Goldjungen ((!)), mit denen man besonders liebevoll und vorsichtig umgehen muss. Von Mama her. Mädchen kann man schon mal in die Schule schicken, das ist nicht so tragisch, das sind ja bloß Mädchen ((leicht abfällig)). Aber gerade die Erstgeborenen sind ganz ((!)) besondere Menschen ((sarkastisch)). […] Also wenn Papa nicht da ist, dann ist das mit den Jungs problematisch. Und Jungs haben ohnehin dann einfach mal gewisse Rechte in dieser türkisch-arabischen Community, die den Jungs selber nicht gut bekommen, letztlich sind sie die Opfer der ganzen Geschichte. Mama entschuldigt dann, ›Kind kann nicht zur Schule kommen, Kind hat Kopfschmerzen‹ und, also, böse formuliert: Manchmal frag' ich mich, warum es überhaupt noch Türken gibt, so krank wie die sind. Das ist also schon ein deutlicher Unterschied, und da muss man immer wieder versuchen den Eltern klarzumachen, dass regelmäßiger Schulbesuch einfach notwendig ist.« (17ff.)

In den Ausführungen des Schulleiters kommt die Annahme zum Ausdruck, dass Jungen vor allem mütterlicherseits in der »türkisch-arabischen Community« eine »besondere« Behandlung erfahren. Dabei werden die Familien hier zunächst über eine in den Interviews typische Kopplung der nationalen Kategorien ›türkisch‹ und ›arabisch‹ in einer vermeintlich homogenen »Community« verortet. Zu den besonderen Rechten, die Jungen in dieser »Community« genießen, gehöre nach Westheimer, dass ein Fernbleiben der Jungen vom Schulunterricht vielfach von ihren Müttern entschuldigt werde. Die häufigen Krankschreibungen der Jungen nimmt der Schulleiter als extrem wahr, was er in der rhetorischen Frage ausdrückt »Manchmal frag' ich mich, warum es überhaupt noch Türken gibt, so krank wie die sind«. Das beobachtete häufige Fehlen der Jungen im Unterricht führt Westheimer auf ihre ›türkischen‹ Eltern bzw. Mütter zurück und die geringe Bedeutung, die sie dem Schulbesuch ihrer Söhne beimessen würden. Westheimer bezeichnet diese Einstellung als einen »deutlichen Unterschied«, wobei er zunächst nicht explizit macht, auf welche Vergleichsgruppe er sich hier bezieht. Im weiteren Verlauf des Interviews wird jedoch deutlich, dass er von den »deutschen Eltern« spricht, bei denen »das anders« sei (ebd.).

Die Lehrerin Sommer macht demgegenüber patriarchale Geschlechterverhältnisse vor allem an einer Benachteiligung von »Mädchen« in Familien mit Migrationsgeschichte fest. Aus einer (imaginierten) Eltern-Perspektive argumentiert Sommer wie folgt:

»Also Mädchen sollen in der Regel jetzt gar nicht so viel lernen. Das ist, da hat sich nichts geändert – im Gegenteil, ich denke, das hat sich verschlimmert in den letzten Jahrzehnten. Verheiratet werden, darum geht es. Nach wie vor nicht selten mit – es hört sich jetzt sehr böse an – Frischfleisch aus Anatolien ((lacht leicht)), wie auch immer. [...] Und da ist eine zu hohe Bildung gar nicht gewünscht oder gefragt.« (6)

Die Vorstellung, dass einige Schülerinnen die Jahre bis zur (Fremd-)Verheiratung in der Schule regelrecht aussitzen würden, drückt sich in der hier zitierten Äußerung auf besonders drastische Weise aus, findet sich aber in impliziter Form auch in den Erzählungen anderer Pädagog_innen wieder. Selbstverständnisse wie diese implizieren eine starke Problemsicht auf die als ›traditionell verhaftet‹ und ›rückständig‹ aufgefassten familiären Verhältnisse der Schülerinnen, da diese, so die Auffassung, mit einer Unterdrückung, Fremdbestimmung und geschlechterspezifischen Ungleichbehandlung der Schülerinnen einhergingen.

Auch Dahlmann geht davon aus, dass »viele Elternhäuser« an seiner Schule »sehr traditionell« seien und beschreibt diesen Eindruck wie folgt: »›Die Frau geht nicht aus dem Haus. Punkt‹. [...] Die Väter haben eh nix mit der Schule zu tun – ›das ist Frauensache‹« (Dahlmann 51ff.). Die so interpretierten Geschlechterordnungen in Familien mit Migrationsgeschichte haben laut des Schulleiters zur Konsequenz, dass letztlich keiner der Elternteile in seiner Schule erschiene. Demgegenüber berichtet die Lehrerin Fischer davon, dass sich die von ihr gleichsam beobachtete »Geschlechterdifferenz« »häufig« auf den Kontakt zwischen weiblichen Lehrkräften und den »männlichen Vertretern des Kindes« auswirke, die Fischer im Interview per se als Väter »mit Migrationsgeschichte« labelt (Fischer 85). So seien es insbesondere bzw. ausschließlich diese Väter, die ihre Kolleginnen nicht »ernst nehmen« und »missachten« würden (ebd. 86).

Dass sich die so verstandenen autoritären und patriarchalen Geschlechterverhältnisse in Familien ›mit Migrationshintergrund‹ auch auf die Einstellung des schulischen Personals niederschlagen können, zeigt das Beispiel der Schule Westheimer. Dieser berichtet im Interview zunächst, dass er vor einigen Jahren eine mehrsprachige Sozialarbeiterin mit türkisch-kurdischer Migrationsgeschichte eingestellt habe. Diese versteht er als »Allzweckwaffe«, die »besser den Kontakt zu Eltern herstellen« könne, da sie »sich in dem kulturellen Milieu« auskenne und für die überwiegend ›migrantisch‹ bzw. ›türkisch‹ positionierten Eltern an seiner Schule »nicht irgendein fremder Deutscher« sei (Westheimer 5). Die Einstellungsentscheidung des Schulleiters stützte sich somit zunächst auf ein differentialistisches Wissen und eine damit verbundene Verortung der Eltern seiner Schule in einem anderen »kulturellen Milieu«. Das Potenzial der Pädagogin mit Migrationsgeschichte wird von Westheimer vor allem darin gesehen, dass diese sich in die so geanderten ›Eltern‹ besser hineinversetzen könne. Dabei geht der Schulleiter von einem gemeinsamen natio-ethno-kulturellen Erfahrungsraum aus, in dem er hier zugleich alle Eltern sowie Pädagog_innen mit Migrationsgeschichte zu verorten scheint. In diesem Zusammenhang betont Westheimer, dass er sich aktuell um die Einstellung eines männlichen Sozialarbeiters mit Migrationsgeschichte an seiner Schule bemühe – um so, wie er meint, »auch an die Väter ranzukommen« (ebd. 13). Westheimer gibt diesbezüglich zu verstehen: »Ich bin jetzt dabei mich um einen weiteren Sozialarbeiter zu bemühen. Und der muss männlich ((!)) sein. Weil [Name der

Sozialarbeiterin] ist zwar eine resolute Person, aber sie ist eine Frau. Und die Akzeptanz von Frauen bei einer gewissen Sorte türkischer Männer ist doch nur reduziert« (ebd. 11ff.). Die Bedeutung einer männlichen Repräsentanz unter den Sozialarbeiter_innen an seiner Schule begründet der Schulleiter hier damit, dass selbst durchsetzungsstarke Frauen bei »einer gewissen Sorte türkischer Männer« nicht akzeptiert würden. Mit Verweis auf ein solches ›Akzeptanzproblem‹ macht Westheimer den ›türkischen‹ Hintergrund der Väter bedeutsam und suggeriert damit, dass es sich hier vor allem um ein problematisches Verhalten von nicht-deutschen Vätern handelt.

Othering mit Verweis auf den ›muslimischen Glauben‹ der Eltern Wie in den analysierten Berliner Senatsdokumenten wird sich auch in den Interviews immer wieder auf den Islam bzw. den muslimischen Glauben von Schüler_innen und ihren Eltern bezogen. Ein diesbezügliches Sprechen der Pädagog_innen ist auch hier mit zahlreichen Problematisierungen verwoben. Diese beziehen sich vor allem auf ›muslimische‹ Schülerinnen und Mütter, die in den Schulen häufig mit einem viktimisierenden Blick belegt werden. Dabei wird insbesondere dem Kopftuch der Mädchen und Frauen von einigen der interviewten Pädagog_innen mit Irritation und Unverständnis begegnet. Dies beobachtet auch die muslimisch (selbst-)positionierte Sozialpädagogin Musa, die im Interview schildert: »[...] wir haben wirklich so viele Probleme mit dem Kopftuch. Zum Beispiel die Lehrer verstehen manchmal nicht, sagen mir: ›Warum trägt sie Kopftuch? Und warum? ((!)) Wozu? ((!))‹« (Musa 31). Musa assoziiert mit »dem Kopftuch« »viele Probleme« an ihrer Schule und gibt an, dass die Lehrer_innen in ihrem Kollegium die Gründe für das Tragen des Kopftuchs ihr gegenüber vielfach hinterfragten.

Auch der Schulsozialarbeiter Krug äußert diesbezüglich ein Unverständnis und beschreibt es als ein überraschendes Erlebnis, als er in einem Elterngespräch feststellte, dass die Entscheidung für das Kopftuch von einer seiner Schüler_innen selbst und gegen den Willen ihrer Eltern getroffen wurde:

> »[I]ch hatte vor Jahren ein Mädchen, die auf einmal, die wollte ihr Kopftuch anziehen, und das hat sie auch ab dem Augenblick getragen. Und dann hab' ich die Eltern irgendwann getroffen und hab' sie darauf angesprochen: ›Oh mein Gott, ja, sprechen Sie mich ja nicht darauf an‹, hat er gesagt. ›Ich will ((!)) nicht, dass sie das anzieht, und sie macht es trotzdem‹. Also es gibt ganz unterschiedliche Sachen. Es gibt solche fortschrittlichen Eltern und die Kids sind das nicht, es sind beide fortschrittlich, beide nicht fortschrittlich oder, ja.« (124)

Im Elterngespräch wird die Annahme des Schulsozialarbeiters irritiert, dass das Kopftuch seiner Schüler_innen vor allem Ausdruck des elterlichen Willens ist. In seiner Reflexion hierüber, erkennt Krug einerseits das Kopftuch als Ausdruck der Entscheidungsfreiheit seiner Schülerin an. Indem er andererseits solche Eltern als »fortschrittlich« bezeichnet, die sich gegen das Kopftuch aussprechen, bewertet Krug die an seiner Schule Kopftuch tragenden Schüler_innen indirekt als ›rückständig‹. Während Krug dementsprechend die Eltern im hier zitierten Fall von einer ›Rückschrittlichkeit‹ freispricht, schreibt er diese ihrer Tochter wiederum zu.

Die Sozialpädagogin Nolte und die Lehrerin Sabine Bieker vertreten im Interview die Ansicht, dass muslimische Eltern ihren Kindern häufig eine dogmatische Auslegung des Islams vorlebten. Nolte kritisiert dies wie folgt: »Also ich finde schon, die Einstellung hier von vielen Schülern ein bisschen strikt, was sie halt vorgeredet bekommen, ob nun in der Moschee oder von ihren Eltern« (Nolte 25). Auch Bieker führt ihre Beobachtung, dass sich einige muslimische Schüler_innen in der Schule »liberaler« und andere wiederum »religiöser« verhalten, auf die Erziehung bzw. den »Druck« im Elternhaus der Schüler_innen zurück (»Und das kommt sicherlich auch von den Eltern so«, Bieker 54). Es artikuliert sich hier die Annahme, dass es sich bei den in Schule sichtbaren muslimisch-religiösen Lebensweisen von Schüler_innen und ihren Eltern um eine konservative, wenig fortschrittliche und vielfach dogmatische Form der Religionsauslegung handelt. Daraus resultiert die Auffassung, dass bestimmte religiöse Praktiken und Symbole eigentlich nicht in die Schule gehören.

Diese Auffassung wird meist über explizite wie implizite Verweise auf das Neutralitätsprinzip von Schule – »Religion ist Privatsache« (Nolte 17) – begründet und geht an vielen Schulen mit einem Verbot bestimmter muslimischer Symbole und Praktiken einher. So verweist der Westheimer im Interview explizit auf das an seiner Schule verhängte Kopftuchverbot für Lehrerinnen (»Lehrkräfte mit Kopftuch? So. Sag' ich ganz klipp und klar: Ist bei mir nicht!«, Westheimer 130), während sich Nolte unter anderem für ein Verbot von Gebetsräumen an ihrer Schule ausspricht: »[E]s wird keinen Gebetsraum geben, auch wenn der sich gewünscht wird« (Nolte 9). Ein solches Verbot begründet Nolte wie folgt: »Eine deutsche Schule kann keinen Gebetsraum haben« (ebd. 11). Die Pädagogin verweist in diesem Zusammenhang auf eine Diskussion über die Einrichtung eines Gebetsraums an ihrer Schule im Rahmen der Gesamtelternvertretung. In dieser gab es laut Nolte zahlreiche »Stimmen dafür«, jedoch auch viele Eltern, die sagten: »Ja, es geht einfach nicht, wir können hier nicht irgendwie eine muslimische Schule machen'« (ebd. 13). Nolte führt diesbezüglich aus: »Das war wirklich eine gemischte Diskussion, aber das waren dann schon zum großen Teil die Stimmen dagegen, die Angst davor hatten, dass das jetzt hier überhandnimmt« (ebd.). Bei Nolte sowie auf Seiten der von ihr zitierten Eltern drückt sich die »Angst« aus, dass die Einrichtung eines Gebetsraums eine Toleranz gegenüber muslimischen Schüler_innen und ihren Eltern signalisiere, die einer schrittweisen ›Islamisierung‹ der Schule Vorschub leisten könne. Damit einher geht der Verweis auf die Schule als »deutsche Schule«, die von Nolte scheinbar unweigerlich als eine Schule ohne Gebetsraum verstanden wird. Erneut werden die Zugehörigkeitskategorien »muslimisch« und »deutsch« in Opposition zueinander gebracht. Erst über ein solches Verständnis von ›muslimisch‹ gleich ›nichtdeutsch‹ wird es möglich, die Argumentation für einen Gebetsraum als eine Infragestellung der »deutschen Schule« darzustellen und diesbezügliche Ängste als legitime Argumente in die Debatte einzubringen sowie hier durchzusetzen.

Auch die Sozialpädagogin Musa bezieht hinsichtlich der Präsenz von muslimischen Symbolen und Praktiken an ihrer Schule Position. Musa positioniert sich im Interview selbst als gläubige Muslima, die allerdings entschieden kein Kopftuch trägt (»Ich bin auch eine muslimische Frau, aber ich hab' kein Kopftuch«, Musa 33). Ihre Aufgabe an der Schule sieht sie unter anderem darin, die Schüler_innen hinsichtlich der Praktizierung ihres ›muslimischen Glaubens‹ zu beobachten und mit ihnen diesbezüglich ins Gespräch zu kommen. Dies geht in Teilen so weit, dass Musa versucht, ihren Schülerin-

nen vom Tragen eines Kopftuchs abzuraten. Die Schulsozialarbeiterin schildert diese
Form der Intervention wie folgt:

> »Letztes Mal hatten wir eine Schülerin bei uns. Sie saß bei mir, normale Unterhaltung,
> und sagte dann: ›Frau Musa, vielleicht komme ich nächstes Jahr auch mit Kopftuch
> her.‹ Habe ich gefragt: ›Warum?‹ – ›Ja, weil viele haben ein Kopftuch und ich will auch.‹
> Ich habe dann aber zu ihr gesagt: ›Guck, bevor du ein Kopftuch trägst, könntest du
> viele andere Sachen machen. Zum Beispiel musst du nicht lügen, musst du nicht hinter
> deiner Freundin lästern, musst du nicht klauen, musst du nicht deine Eltern ärgern.
> Und wenn du dann kein Kopftuch trägst, da verzeiht Gott dir bestimmt. Das brauchst
> du nicht.‹ Und dann sage ich zu den Kindern: ›Ich bin auch eine muslimische Frau. Ich
> bete auch fünf Mal am Tag. Ich lese auch meinen Koran, bevor ich in die Schule komme.
> Aber ich bin eine normale Person.« (Ebd.)

Musa hinterfragt das Vorhaben ihrer Schülerin kritisch, ab dem nächsten Jahr »vielleicht« ein Kopftuch zu tragen. Die Pädagogin führt der Schülerin vor Augen, dass es
neben dem Tragen des Kopftuchs viele Möglichkeiten gebe, sich zum muslimischen
Glauben zu bekennen. Sie vermittelt der Schülerin damit, dass es, um sich als »muslimische Frau« zu definieren, nicht notwendig sei, ein Kopftuch zu tragen (»[...] bestimmt
Gott verzeiht dir. Das brauchst du nicht«) und legt ihr über diese Argumentation nahe, hierauf zu verzichten. Um ihre Argumentation zu stärken, verweist Musa auf sich
selbst. So sei sie zwar »auch eine muslimische Frau«, dadurch, dass sie kein Kopftuch
trägt, jedoch »eine normale Person«. Die Sozialpädagogin stellt das Tragen des Kopftuchs im Umkehrschluss als etwas dar, das nicht »normal« ist und wertet dieses als eine
›übertriebene‹ Form der Religionsauslegung ab. Dass es sich hier um eine typische Ar-
gumentationsstrategie der Pädagogin handelt, die sie nicht nur im Fall der genannten
Schülerin anwendet, macht Musa dadurch deutlich, dass sie am Ende ihrer Schilderungen vom Einzelfall abhebt und verallgemeinernd beschreibt, was sie »zu den Kindern«
sagt (»Und dann sage ich zu den Kindern [...]«). Die Schulsozialarbeiterin scheint die
Gesprächssituation fernab des Elternhauses auch deshalb zu nutzen, weil sie davon
ausgeht, dass das Tragen des Kopftuchs vor allem durch den Wunsch der Eltern der
Schülerinnen motiviert ist. So merkt Musa im Interview zuvor an, dass Mütter, die
selbst ein Kopftuch tragen, dies allgemein auch von ihren Töchtern verlangten: »Wenn
die Mütter hierherkommen, tragen sie auch Kopftuch. Und sie wollen gerne unbedingt,
dass ihre Kinder das auch tun« (ebd. 31).
    Es ist fraglich, ob sich Musa hier einer (mehrheits-)gesellschaftlichen Position an-
nimmt, um ihre Schülerinnen vor stigmatisierenden und diskriminierenden Erfahrungen in der Öffentlichkeit zu bewahren oder ob es ihr darum geht, ihre eigene religions-
spezifische Auslegung hinsichtlich des Tragens eines Kopftuchs gegenüber der Schülerin durchzusetzen. Musas Verhalten könnte auch als Ausdruck der Positionierung ihrer
Schule interpretiert werden, die sich, wie aus einem Interview mit Musas Kollegin hervorgeht, vor allem als ›deutsche‹ und ›religiös-neutrale‹ Schule versteht. Vorhergehende
Äußerungen der Pädagogin legen die Interpretation nahe, dass Musa die ihr vom Kollegium zugeschriebene Rolle der ›interkulturellen Mittlerin‹ (siehe unten) in der Schule
internalisiert hat und es entsprechend als primär ihre Aufgabe versteht, das genann-

te Selbstverständnis ihrer Schule als ›deutsche Schule‹ im Rahmen der beschriebenen Vermittlungsarbeit an die Schülerinnen weiterzutragen.

›Migrant_innenorganisationen‹ und Pädagog_innen mit Migrationsgeschichte als »Kulturmittler«

In Musas' Selbstverständnis sowie der weiter oben beschriebenen Einstellungspraxis des Schulleiters Westheimer deutet sich bereits an, dass Pädagog_innen mit eigener Migrationsgeschichte in den Berliner Schulen vielfach eine besondere Rolle im Verhältnis zwischen Schulen und ›migrantischem‹ Elternhaus zugeschrieben wird. Die Schulsozialarbeiterin Nolte bezeichnet die Pädagog_innen als »Dolmetscher« (Nolte 61), die sowohl »sprachliche Probleme bei Bedarf« lösen als auch ein besseres »Verständnis für die Kultur« (ebd.) der Eltern herstellen könnten. Auch die Schulleiterin Solga erhofft sich mit Hilfe des »anderen kulturellen Hintergrund[es]« (Solga 110), den sie ihrem »türkischen« Lehrer-Kollegen zuschreibt, das Verhalten von bestimmten Schüler_innen und ihren Eltern besser verstehen zu können. Sie führt diesbezüglich aus:

> »[...] der bringt aber den anderen kulturellen Hintergrund mit und der bringt einfach auch mal die Sicht mit, die dann auf mich zukommt. Also ich steh' ja als so 'ne Deutsche da und denk' immer: Kann mir mal irgendjemand erklären ((!)), warum das jetzt hier gerade so ist? Ob das stimmt? Wo das herkommt? [...] – also ist das jetzt wirklich türkisch, was ich denke oder ist das was ganz Individuelles, was ich da gerade wahrnehme? Dafür sind so andere kulturelle Hintergründe, finde ich, ganz existenziell wichtig.« (Ebd.)

Die Schulleiterin äußert hier Unsicherheit im Umgang mit ›nicht-deutschen‹ Schüler_innen und Eltern sowie das Bedürfnis, irritierende Erfahrungen im Kontakt mit diesen ›kulturell‹ einordnen zu können. Ein Wissen über »andere kulturelle Hintergründe« bezeichnet sie als »existenziell wichtig.« Der »türkische« Kollege wird dabei auch hier in der Funktion des ›kulturellen Dolmetschers‹ thematisch, der über seinen »anderen kulturellen Hintergrund« als in der Lage verstanden wird, Solga das gewünschte Wissen zu vermitteln und sie zu unterstützen, wenn sie im Klassenraum als »Deutsche« mit vermeintlich nicht-deutschen Sichtweisen konfrontiert wird.

Von Pädagog_innen mit Migrationsgeschichte wird sich nicht nur eine Unterstützung in sprachlicher und kultureller Hinsicht versprochen. Es wird sich auch erhofft, mithilfe der Pädagog_innen Eltern zentrale Standpunkte und Erwartungen der Schule besser kommunizieren zu können. So glaubt Nolte, »dass man das, was man sagen möchte« durch die Unterstützung der sog. sprachlichen und kulturellen Dolmetscher »auch vermittelt bekommt« (Nolte 60), während Westheimer mit den Pädagog_innen das Ziel verbindet, dass er bei den Eltern etwas »bewirkt« (Westheimer 5). Oder wie dies der Schulleiter Dahlmann formuliert: »Also ich könnte mir schon vorstellen, einen rumänischen Kollegen oder einen arabischen Kollegen hier zu haben, der dann eben den Eltern tatsächlich mal sagt, wo es lang geht« (Dahlmann 147).

Eine ähnliche Funktion wird auch den Vertreter_innen von ›Migrant_innenorganisationen‹ im Kontakt zwischen Schule und Elternhaus zugesprochen. In den Interviews berichten fast alle Pädagog_innen von Kooperationen, die zwischen ihren Schulen und lokalen ›Migrant_innenorganisationen‹ bestehen. Diese sind beispielsweise an der Schule Noltes unter anderem für die Organisation von »Elterninfoabenden« zuständig

(Nolte 63), während die Vertreter_innen einer ›Migrant_innenorganisation‹ an Solgas Schule als »Dolmetscher« bzw. »türkische oder arabische Übersetzer« im Einsatz sind (Solga 95). Auch die Lehrerin Fischer berichtet davon, dass ein »Migrantenverein« an ihrer Schule regelmäßige Elterninformationsveranstaltungen organisiert (Fischer 78). Fischer bezeichnet den Verein als hilfreichen »Multiplikator«, wenn es darum geht, ein von der Schule als wichtig erachtetes Wissen – beispielsweise zu »Übergängen auf die weiterführende Schule« – an die Eltern zu vermitteln (ebd.). Vertreter_innen von ›Migrant_innenorganisationen‹ sind zudem an gleich mehreren Schulen maßgeblich für die Organisation einer nachmittäglichen Nachhilfe- und Hausaufgabenbetreuung für ›förderbedürftige‹ Schüler_innen verantwortlich (vgl. Musa 142).

An der Schule des Lehrers Ahmet Bostancı wird eine lokale ›Migrant_innenorganisationen‹ vor allem dann um Unterstützung angefragt, wenn es darum geht, »Kontakt herzustellen zwischen Lehrern und Eltern, wenn sprachliche Probleme, wenn es auf der Beziehungsebene Probleme gibt, da was zu glätten« (Bostancı 72). Als zentrales Einsatzgebiet der Organisationen definiert der Lehrer somit vor allem »Probleme« im Kontakt mit Eltern; an anderer Stelle spricht Bostancı von »schwierigen Fällen«, in denen primär von seiner Schule auf die Unterstützung der Vereine zurückgegriffen werde (ebd. 8). Der Lehrer geht hier von Kommunikationsschwierigkeiten mit Eltern nicht nur in sprachlicher Hinsicht, sondern auch auf der »Beziehungsebene« aus (ebd.). Was er hiermit konkret meint, erläutert er am Beispiel eines »Falls, wo der Vater massiv die Klassenlehrerin beleidigt [...] und so massiv Ausdrücke, Beleidigungen« (ebd.) benutzt habe. Die Schule kontaktierte daraufhin die ›Migrant_innenorganisation‹ und bat diese in der schulischen Kommunikation mit dem Vater vermittelnd tätig zu werden (vgl. ebd.). Dem schulischen Einbezug der Organisation ging somit eine Kulturalisierung des Konfliktes mit dem Vater voraus, über die der Bedarf einer ›kulturell sensiblen Vermittlung‹ in der Schule entstand und die Unterstützung des migrantisch positionierten Vereins sinnvoll und notwendig erschien.

Auch der Schulleiter Westheimer geht davon aus, dass die »türkischen und arabischen Eltern« an seiner Schule vor allem über Personen mit dem gleichen »Kulturhorizont« erreicht werden können. Diesbezüglich führt er aus: »Und ich steh' so unter dem Eindruck, dass man, wenn man mit türkischen und arabischen Eltern wirklich ins Gespräch kommen will, [...] dann müssen das Leute sein aus ihrem Kulturhorizont, mit denen man sich mal im Ernst unterhalten kann« (Westheimer 44). Am vermeintlich »türkischen« und »arabischen« Hintergrund wird hier ein ›anderer kultureller Horizont‹ der Eltern festgemacht, der keine ›ernsthafte‹ Unterhaltung mit den hier indirekt als deutsch positionierten Pädagog_innen der Schule zulasse. Die Kooperation mit Vereinen, die gleichsam als nicht-deutsch verstanden werden, trägt hier somit dazu bei, bestimmte Eltern in der Position der ›Migrationsanderen‹ festzusetzen.

5.2.2   Latente schulische Ausschlüsse von migrantisierten Eltern

Wie dargestellt, realisieren sich im Sprechen der Pädagog_innen vielfältige Formen des natio-ethno-religiös-kulturellen Otherings von Eltern, über die zugleich ein spezifisches Handeln im Umgang mit Eltern in der Schule begründet wird. Ein dabei insbesondere über ›türkisch-arabisch-muslimische‹ Eltern transportiertes Wissen stützt eine individualisierende Perspektive auf die Ursachen für Probleme und Konflikte im Kontakt mit Eltern in der Schule. Diese Perspektive hat teilweise zur Folge, dass Aktivitäten einer Elternbeteiligung an den Schulen stark zurückgefahren oder gänzlich eingestellt werden; so zum Beispiel im Fall der Schule Dahlmanns. Der Schulleiter erklärt die hier von ihm beobachtete fehlende Aktivität der Eltern seiner Schüler_innen zunächst erneut über ihren vermeintlich anderen kulturellen Hintergrund. Diesbezüglich verweist Dahlmann auf ein Gespräch mit einer Kollegin mit eigener Migrationsgeschichte, der zufolge es in der ›Kultur‹ der Eltern begründet liege, dass diese zumeist nicht auf Elternversammlungen erschienen. So habe die Kollegin Dahlmann darüber unterrichtet, dass es für ›türkisch-arabisch-muslimische‹ Eltern zwar »unhöflich« sei, »eine Einladung zur Elternversammlung abzusagen. Nicht hinzugehen« sei jedoch »nicht weiter schlimm«: »Aber eine Einladung abzusagen, abzulehnen, das wäre also unhöflich. Also sagt man zu. Und wenn man nicht hinkommt, ist man eben anderweitig verhindert gewesen« (ebd. 21). Das Gespräch mit seiner Kollegin bezeichnet der Schulleiter als »Schlüsselerlebnis«, welches für ihn nachhaltig zur Aufklärung der von ihm beobachteten Situation auf Elternabenden und -versammlungen beigetragen habe: »Und das ((!)) war für mich in der Tat ein Schlüsselerlebnis, wo ich gesagt hab': ›Was kann man jetzt eigentlich noch machen, also ein Taxi vorbeischicken und die Leute aus der Wohnung zerren?‹ Geht eigentlich nicht« (ebd.). Die geringe Beteiligung der Eltern an schulischen Veranstaltungen wird hier erneut als ein kulturell begründetes und dementsprechend ein vom Schulleiter nicht veränderbares Phänomen erklärt. Vor diesem Hintergrund erscheint es nachvollziehbar, dass der Schulleiter die Elternarbeit an seiner Schule in weiten Teilen aufgibt und seine Frustration in Resignation überführt (»›Was kann man da eigentlich noch machen?‹«).

Zu einer ähnlichen Schlussfolgerung kommt auch die Lehrerin Sommer, wenn sie wie folgt argumentiert: »Wenn das Interesse fehlt, da können wir reden mit Dolmetschern [...] – das werden, das können wir nicht wecken, wir wecken es nicht« (Sommer 71). Ausgehend von der Annahme, dass es am fehlenden Interesse der Eltern liege, dass ein Austausch mit diesen nicht zustande kommt, erscheint es auch aus der Perspektive Sommers plausibel, dass sie ihre Bemühungen, die überwiegend als migrantisch gelabelten Eltern ihrer Schule zu erreichen, weitgehend aufgibt.

Dass viele der interviewten Pädagog_innen aktuell wenig Ressourcen in Elternbeteiligungsprojekte an ihrer Schule ›investieren‹, wird allerdings nicht nur auf ein vermeintlich kulturell-bedingt geringes Interesse auf Seiten der Eltern zurückgeführt. Auch merken viele der Pädagog_innen mangelnde zeitliche Ressourcen sowie eine unzureichende finanzielle Honorierung von Maßnahmen der schulischen Elternbeteiligung an, wie ich weiter unten noch ausführen werde. Der Verweis auf die fehlenden Ressourcen verbindet sich in den Argumentationen der Pädagog_innen teilweise mit kulturalisierenden Sichtweisen, wenn begründet wird, warum an der Schule aktuell keine bzw. kaum Zeit und Energie in eine schulische Elternbeteiligung gesteckt werde. So erscheint eine Beteiligung von »türkischen Eltern« an der Schulprogrammentwicklung der Schule Westheimers aufgrund des hohen Aufwands, den er meint hierfür betreiben zu müssen, als ein für ihn nicht lohnenswertes Projekt:

»Was muss ich Eltern, die eigentlich ja nicht wissen, wie das überhaupt funktioniert und was muss ich denen erst mal alles erklären ((!)), damit sie wissen, wozu sie da sind und was sie denn eigentlich wollen? Also der Aufwand-Nutzen-Effekt ist für mich nicht akzeptabel. […] Türkischen Eltern überhaupt mal zu erklären, was ein Schulprogramm ist und wozu das gebraucht wird – die Akzeptanz an meiner Schule ist ja schon denkbar gering in dieser Sache. Gut, meine eigene Haltung ist natürlich auch eine der Ursachen dafür, das gebe ich zu.« (80ff.)

Eine Beteiligung von Eltern an der Schulprogrammentwicklung fand entsprechend der Argumentation des Schulleiters zum Zeitpunkt des Interviews an der Schule nicht satt, obwohl sich Westheimer bewusst ist, dass er schulrechtlich zu einer solchen Beteiligung angehalten ist: »Na klar weiß ich, ich muss ›n Schulprogramm eigentlich mit der Elternvertretung entwickeln und da müssen die in den Arbeitsgruppen drin sein« (ebd. 78). Dass Wissen des Schulleiters hierüber unterliegt allerdings dem Aufwand-Nutzen-Argument und hat deshalb für sein Handeln keine Konsequenz.

Auch die Schulleiterin Solga verweist auf eine (zu) hohe Belastung ihrer zeitlichen Kapazitäten, wenn es in der Gesamtelternkonferenz (GEV) darum geht, »sprachliche Grenzen« zu überwinden:

»Auch da stoßen wir an sprachliche Grenzen. Ich kann nicht in jeder GEV noch mal neu erklären, welche Worte ich benutze und ((lacht leicht)), was wir als Schule insgesamt sind und wie deutsche Schule und Berliner Schule und [Name der Schule, E.K.] im Einzelnen funktionieren. Also wir stoßen da wirklich an sprachliche Grenzen.« (68)

Mit dem Argument, dass eine detaillierte Elterninformation auf der GEV die Ressourcen Solgas sowie ihrer Kolleg_innen übersteige, rechtfertigt sie, dass auf unterschiedliche sprachliche Voraussetzungen von Eltern im Rahmen des Elterngremiums nicht eingegangen wird. Somit sind es hier vor allem Eltern mit keinen bzw. geringen Deutsch-Kenntnissen, die, wie auch an Westheimers Schule, vom Informationsfluss abgeschnitten und von einer Beteiligung an schulischen Mitbestimmungsprozessen tendenziell ausgeschlossen werden.

Der partielle Ausschluss von Eltern an schulischen Mitsprache- und Mitgestaltungsprozessen kann sich auch dadurch einstellen, so zeigt das Beispiel der Schule Krugs, dass vermeintlich unterschiedlichen Elterngruppen an den Schulen unterschiedliche Räume der Interaktion sowohl mit als auch in der Schule zugesprochen werden. So berichtet der Schulsozialarbeiter von der Einrichtung einer schulübergreifenden Schulentwicklungsgruppe an seiner Schule, zu der auch die Eltern aus den benachbarten Grundschulen eingeladen sind. Bezugnehmend auf die Zusammensetzung der Schulentwicklungsgruppe führt Krug aus: »[…] wir haben ja diese Schulentwicklungsgruppe gerade, ja, wo dann natürlich die ganzen interessierten deutschen Eltern aus den Grundschulen […] mit dabei sind« (Krug 86). Während der Schulsozialarbeiter angibt, dass es vor allem die »interessierten deutschen Eltern aus den Grundschulen« seien, die sich in der Schulentwicklungsgruppe engagierten, betont er kurz darauf, dass die als überwiegend migrantisch positionierten Eltern seiner Schule in der genannten Gruppe hingegen »kaum« vertreten seien: »In der neuen Schulentwicklungsgeschichte da kommen eh, da kommen kaum Eltern von uns« (ebd. 88). Krug macht hier eine Unterscheidung zwischen »den interessierten deutschen Eltern« der nahegelegenen Grundschulen und den (›migrantischen‹) Eltern seiner Sekundarschule auf. Die ungleiche Repräsentanz der so konstruierten ›Elterngruppen‹ im Schulentwicklungsgremium reflektiert Krug dabei nicht weiter – auch weil er meint, dass die Eltern dafür andernorts, d.h. konkret über Praxis des Elternfrühstücks adressiert und ins Schulgeschehen einbezogen werden. Hierzu führt Krug aus:

> »Und bei unserem Frühstück, [d]as ist was, eine Herzlichkeit auch über Essen sozusagen, ne: ›Wir bringen alle was mit.‹ So und dann redet man darüber wie lecker die Köfte oder die Kısır oder was weiß ich, ist. Das läuft auf einer anderen Ebene ab, die sehr angenehm ist, sehr schön, aber die natürlich die Schule programmatisch nicht voranbringt.« (Ebd. 88)

Wie der Schulsozialarbeiter hier deutlich macht, konzentriert sich das Elternfrühstück seiner Schule primär auf die Vermittlung einer schulischen ›Willkommenskultur‹. Er versteht diese Praxis als einen niedrigschwelligen Ansatz, um Eltern untereinander in Kontakt zu bringen, in seinen Worten: »Also ich verbinde generell mit dem Eltern-Café und dem Elternfrühstück schon das Ziel einer warmen und herzlichen Einladung aller Eltern, ne so, sich hier auch wohl zu fühlen« (ebd. 92). Dazu gehöre »essen, trinken, gemütlich machen« und auf dem »Weihnachts-Eltern-Café« das »Bingo-Spiel« (ebd.: 56). Schulische Aushandlungs- und Mitgestaltungsprozesse, die über die genannten Formen hinausgehen, spielen im Elterncafé demgegenüber keine Rolle. Dies ist dem Schulsozialarbeiter Krug bewusst, wenn er sagt, dass eine solche Form der Elternbeteiligung die »Schule programmatisch nicht voranbringt« (ebd. 88).

Auch die Schulsozialarbeiterin Musa hat an ihrer Schule ein »Elterncafé« initiiert. Musa versteht dieses als ein Angebot für eine als ›schwer erreichbar‹ gelabelte Elternschaft, die sie mit »arabischen Eltern« gleichgesetzt, wie folgenden Ausführungen verdeutlichen:

> »Ich hab' damals [...] mit dem Schulleiter, wir haben überlegt, [...], viel Araber sind da. Aber Schulleiter konnte nicht die Eltern erreichen. Und ich und Schulleiter wir haben ein Elterncafé da gemacht. Einmal ((!)) in die Woche die Eltern kommen zu mir, die arabischen Eltern. Und wenn der Schulleiter hatte was oder hatte Problem oder wollte gerne was von den Elternsprechern: ›Ihr kommt ja zum unsere Elterncafé.‹ Und dort spricht er mit den Eltern.« (86)

Für Musa hat das Elterncafé vor allem die Funktion, die »arabischen Eltern« der Schule mit den Anliegen der Schulleitung zu erreichen. Über eine ähnliche Ausrichtung der an ihrer Schule organisierten Elterncafés berichten auch die Pädagog_innen Bieker, Bostancı und Nolte.

Die Beispiele zeigen, dass sich über unterschiedliche schulische Praktiken der Elternbeteiligung eine Zweiteilung dieser in ›deutsche‹ und ›migrantische‹ Eltern institutionell einschreiben kann. Dabei können sog. niedrigschwellige Angebote des schulischen Einbezugs von Eltern auch dazu dienen, dass eine fehlende Repräsentanz von bestimmten Eltern in schulischen Mitsprachegremien nicht hinterfragt und aufgebrochen wird, sondern sich weiter normalisiert.

5.2.3 De-Thematisierung von Rassismus und Diskriminierung

Das hier beschriebene schulisch-pädagogische Wissen über Eltern stellt ein in den Schulen breit geteiltes Wissen dar, auf das die Pädagog_innen in ihren Erzählungen immer wieder zurückgreifen. So ist auffällig, dass über die individuell bei den Eltern verorteten Gründe für eine mangelnde schulische Sichtbarkeit und Beteiligung hinaus, kaum weitere Erklärungen hierfür gefunden bzw. in der Interviewsituation reflektiert werden. Dementsprechend werden auch unterschiedliche Dimensionen und Formen von (rassistischer) Diskriminierung von den Pädagog_innen kaum selbst ins Gespräch eingebracht.

Um die Sichtweisen der Pädagog_innen zu diesen Themen dennoch zu erfassen, habe ich sie im späteren Verlauf der Interviews auf die mir von den Eltern berichteten vielfältigen Diskriminierungserfahrungen in Schule explizit angesprochen. Ein Großteil der Pädagog_innen reagierte daraufhin erstaunt bis skeptisch. So wiesen die Pädagog_innen Sommer, Westheimer, Nolte, Musa und Fischer die Erfahrungen der Eltern unter unterschiedlichen Argumentationen vehement zurück. Westheimer und Sommer argumentierten, dass ›türkische‹ und ›arabische‹ Eltern allein aufgrund ihrer vermeintlich quantitativen Überzahl an ihren Schulen keine Diskriminierung erfahren könnten. So schlussfolgert Westheimer: »Also hier an der Schule ist es schwer Türken zu mobben, weil Sie haben ja keine andern. Das passiert ja nicht« (Westheimer 114). Der Schulleiter führt weiter aus: »Ja geht ja nicht, also wenn Sie ((...)), diskriminieren heißt doch trennen, also irgendwie sonderbehandeln. Wenn sie nur Türken in der Klasse haben, welche Türken wollen sie denn da sonderbehandeln? Also mal im Ernst« (ebd. 118). Westheimer definiert hier Diskriminierung als eine Trennung unterschiedlicher Gruppen voneinander, die mit der ›Sonderbehandlung‹ einer Gruppe einhergeht. Da es sich Westheimer zu Folge bei den Schüler_innen seiner Schule »nur« um »Türken« handelt, erscheint eine solche Trennung und Sonderbehandlung nicht möglich.

Auch die Lehrerin Sommer ist davon überzeugt, dass eine Diskriminierung gesellschaftlich minorisierter Gruppen an ihrer Schule nicht stattfinden kann, da es sich bei der Mehrheit der Eltern an ihrer Schule um »türkisch-stämmige und arabisch-stämmige Eltern« handle:

> »Sommer: An dieser Schule, aufgrund der Zahlenverhältnisse ((lacht leicht)) findet es überhaupt nicht statt. Auf Elternabenden genau dasselbe: Es sind nur türkisch-stämmige und arabisch-stämmige Eltern in den Klassen. Wer soll denn da wen diskriminieren, also an unserer Schule? ((empört)) Also das ist für unsere Schule garantiert nicht ((!)) zutreffend.
> Interviewerin: Also Diskriminierung ist nicht das Thema?
> Sommer: Also kann ich mir beim besten Willen hier nicht vorstellen, nein.« (95ff.)

Sommer und Westheimer konzipieren ihre Schulen hier als von gesellschaftlichen Macht- und Ungleichheitsverhältnissen weitgehend abgeschlossene Räume. Die Pädagog_innen stützen sich zudem auf ein Verständnis von Diskriminierung als ein sich allein auf individuell-interaktionaler Ebene vollziehendes Phänomen, das sich in Form von konkreten individuellen Einstellungen und/oder Verhaltensweisen äußert und lediglich unter den Eltern oder Schüler_innen der Schule zu beobachten sei (Sommer

95). Ihr eigenes Handeln als Pädagog_innen sowie das institutionelle Handeln der Schule bleiben dabei als mögliche Ausgangspunkte von (rassistischer) Diskriminierung außen vor. Auch Aspekte einer politisch-strukturellen Benachteiligung werden in den Interviews nur im Einzelfall thematisch und hinsichtlich ihres möglichen Einflusses auf das Verhältnis von Eltern und Schule nicht weiter reflektiert. Dies verdeutlicht u.a. die folgende Gesprächssequenz mit der Schulsozialpädagogin Nolte:

> »Interviewerin: Und haben Sie das Gefühl, dass irgendwie von politischer Seite eine Benachteiligung besteht von bestimmten Eltern auch, was Sie so vielleicht auch in Ihrer Arbeit mitbekommen?
> Nolte: Ne, eigentlich nicht, kann ich nicht sagen.« (58f.)

Von mir auf Diskriminierung in der Schule angesprochen, gehen einige der Pädagog_innen zudem auf Erfahrungen ein, in welchen sie selbst von Schüler_innen oder Eltern auf diskriminierende bzw. rassistische Situationen aufmerksam gemacht wurden. So berichtet die Lehrerin Bieker von einer Situation, in der sie von ihren Schüler_innen im Unterricht damit konfrontiert wurde, dass sie diesen gegenüber rassistisch gehandelt habe. Einen so verstandenen ›Rassismusvorwurf‹ weist die Lehrerin allerdings entschieden zurück:

> »[...] dann wird auch gesagt: ›Ja, immer auf die Araber und das ist ja rassistisch‹ und so was. Aber so was nehm' ich, um ehrlich zu sein, nicht ernst, das nehm' ich, das finde ich dann funktionalisiert von den Schülern. Das sind genauso gut türkische Schüler, die, die dann das machen. Das sind halt oft Jungs und wenn's dann halt fast nur Kinder mit Migrationshintergrund, dann sind's halt Araber oder Türken oder so ((schmunzelt)).« (Bieker 64)

Bieker gibt an, dass sie die von ihren Schüler_innen vorgenommene Wertung eines bestimmten, von ihr ausgehenden Verhaltens als »rassistisch« grundsätzlich »nicht ernst« nimmt. Sie wertet diese Kritik stattdessen als eine ›Funktionalisierung‹ der »Kinder mit Migrationshintergrund«. In diesem Zusammenhang betont sie, dass es sich hierbei »oft« bzw. »fast nur« um »Kinder« bzw. »Jungs« sowie »Araber oder Türken« handelt, von denen ein solcher Vorwurf ausgehe. Über diese Betonung wird die Aussagekraft der Kritik der »Kinder mit Migrationshintergrund« am Verhalten der Lehrerin indirekt relativiert.

Auch Westheimer geht davon aus, dass es sich bei den an ihn von Eltern herangetragenen Diskriminierungsbeschwerden, von denen es in seiner Laufbahn bereits mehrere gab, ›nicht wirklich‹ um Diskriminierung gehandelt habe. Vielmehr wertet der Schulleiter diese Situationen als strategischen Versuch der Eltern, über einen solchen ›Vorwurf‹ wiederum bestimmte Ziele in der Schule für ihre Kinder zu erreichen. Dies meint er am Beispiel eines Gesprächs mit einem Vater belegen zu können, der es als eine Form der institutionellen Diskriminierung wertet, dass an der Schule Westheimers »so viele Migranten durch's Abitur fallen«:

> »Also ich hatte schon mal, das war auch in meiner ersten Zeit, einen Vater hier, dessen Tochter durchs Abi gefallen ist. Und der wollte dagegen vorgehen und hat mir angeboten, er würde wohl in der Presse veröffentlichen, dass hier so viele Migranten durch's

Abitur fallen. Hab' ich gesagt: ›Ist ja prima, machen Sie das, sagen Sie aber auch, den Anteil der Migranten hier an der Schule. So. Und ansonsten: Da ist die Tür‹. Also geht nicht mit dem Diskriminieren von Migranten.« (119)

Der Schulleiter versteht die Ankündigung des Vaters, die von ihm wahrgenommene Diskriminierung der Presse zu melden, als Reaktion auf die Enttäuschung, dass »dessen Tochter durch's Abi gefallen« ist. Westheimer gibt vor, dass er sich von der Androhung des Vaters nicht habe beeindrucken lassen. Er weist dabei erneut auf seine These hin, dass eine Diskriminierung von »Migranten« an seiner Schule grundsätzlich nicht möglich sei: »Also geht nicht mit dem Diskriminieren von Migranten bei uns« (ebd.).

Auffällig ist im Interview mit Westheimer sowie mit den meisten anderen Pädagog_innen, dass von diesen zwar die Möglichkeit weitgehend negiert wird, dass ›Migrant_innen‹ von Diskriminierung an den Schulen betroffen sind; demgegenüber nicht verneint wird jedoch die Existenz einer Diskriminierung von ›deutschen‹ Schüler_innen an den Schulen. So führten das spezifische Mehrheits-Minderheits-Verhältnis an ihren Schulen laut Westheimer, Sommer, Fischer, Musa, Bieker und Nolte dazu, dass das »Problem« nicht die Diskriminierung der ›migrantischen‹ Schüler_innen sei, sondern eine zu beobachtende Ablehnung und Diskriminierung der ›deutschen‹ Schüler_innen. Diesbezüglich führt beispielsweise Bieker aus: »Also ich glaube an dieser Schule ist das tatsächlich eher, dass die deutschen Kinder in der Minderheit sind. Und dass es, wenn dann eher, also dann tatsächliche Diskriminierung von, oder was heißt Diskriminierung – also ich glaub', deutsche Kinder, die hier auf der Schule sind, die müssen stark sein« (Bieker 58). Während Bieker die Diskriminierung von »deutschen Kindern« hier lediglich vermutet (»also ich glaub'«), erscheint das »Problem« für Nolte eindeutig definierbar: »Aber ansonsten haben wir ja halt das Problem, dass die Deutschen diskriminiert werden. Also wir machen hier, bei uns geht das in die andere Richtung« (Nolte 53). Nolte verweist in diesem Zusammenhang darauf, dass es an ihrer Schule »schon einige Deutsche« gebe, »die hier dann einfach als Kartoffel bezeichnet werden und das nicht witzig finden« (ebd. 55). Auch Sommer gibt zu verstehen, dass wenn man »überhaupt« an ihrer Schule von Diskriminierung sprechen könne, dann in Bezug auf die »deutsch-stämmigen Kinder«: »Also diskriminiert ((!)) werden hier Schüler überhaupt nicht, wenn überhaupt umgekehrt, werden deutsche ((!)) Kinder diskriminiert von türkisch-stämmigen und arabisch-stämmigen ((vehement)). Das kennen wir: Mobbing gegenüber deutsch-stämmigen Kindern« (Sommer 93). Erneut kommt hier ein Verständnis von Diskriminierung zum Ausdruck, nach dem diese sich allein auf individueller Ebene unter Schüler_innen abspielt, während institutionelle und strukturelle Ausformungen von Diskriminierung, von denen vor allem Schüler_innen und Eltern mit zugeschriebener Migrationsgeschichte im deutschen Schulsystem betroffen sind (vgl. Kapitel 2.1.3), hier für die Pädagog_innen unsichtbar bzw. nicht existent sind.

Gefragt danach, wie an den Schulen mit dem so beschriebenen Problem der ›Feindlichkeit‹ gegenüber ›deutschen‹ Schüler_innen umgegangen wird, geben die Pädagog_innen durchweg an, hiergegen entschieden vorzugehen. So erzählt Nolte: »Na ja, wenn wir da halt was mitkriegen, dann schreiten wir ein, reden mit den Kindern, reden mit den Eltern, mit den Lehrern, also mit der Klasse bei Bedarf, je nachdem, je nach Vorfall« (Nolte 55). Ähnlich spricht sich auch Westheimer gegen die

›Deutschenfeindlichkeit‹ an seiner Schule aus: »Hatt' ich vor drei, vier Jahren auch so etwas. Bin ich sofort gegen vorgegangen, haben wir sofort die Eltern vorgeladen, hat's sofort richtig Ärger gegeben« (Westheimer 122). Auffällig ist die Entschlossenheit, mit der hier vorgegeben wird, gegen das beschriebene Phänomen an den Schulen vorzugehen. Dabei wird die Diskriminierung von ›deutschen‹ Schüler_innen explizit von den Pädagog_innen als Problem benannt, während in den Gesprächen eine deutliche Tendenz der De-Thematisierung von rassistischer oder anderweitig begründeter Diskriminierung an den Schulen gegenüber Schüler_innen und ihren Eltern mit Migrationsgeschichte zum Ausdruck kommt.

5.2.4 Kritische Reflexionen dominanter Wissensbestände

Das hier beschriebene Wissen über migrationsandere Eltern artikuliert sich in den Schulen nicht widerspruchsfrei. So werden in den Interviews mit den Pädagog_innen zum Teil auch Stimmen laut, die von den dargestellten kulturalisierenden und teils rassifizierenden Sicht- und Handlungsweisen abweichen und diese kritisch reflektieren. Besonders explizit wird eine solche Kritik im Interview mit dem Schulsozialarbeiter Krug. Dieser formuliert zum Teil deutliche Gegenpositionen zu dominanten schulischen Perspektiven und hinterfragt diese in ihrer scheinbaren Selbstverständlichkeit. Um auch kritische Positionen und sich ein diesbezüglich in Aushandlung befindendes Wissen über Eltern in Schule sichtbar zu machen, sollen Krugs Ausführungen sowie auch von anderen Pädagog_innen vereinzelt vorgetragene kritische Reflexionen hier kurz beschrieben werden.

Krug, der ebenfalls Kommunikationsschwierigkeiten mit Eltern sowie eine geringe Präsenz dieser an seiner Schule wahrnimmt, weist im Interview darauf hin, dass er die Ursachen hierfür weniger bei den Eltern der Schüler_innen als vielmehr auf Seiten seiner Schule verortet. Der Schulsozialarbeiter vertritt die Ansicht, dass viele seiner Kolleg_innen wenig daran interessiert seien, mit den Eltern ihrer Schüler_innen in Kontakt zu treten. Krug verweist in diesem Zusammenhang kritisch auf Kolleg_innen, die denken, »dass Eltern eine Belästigung sind, die kommen und stören« (Krug 92). Diese Einstellungen interpretiert Krug als Ausdruck einer Schulkultur, die grundsätzlich nicht auf eine schulische Beteiligung von Eltern ausgerichtet sei. So geht Krug davon aus, dass es sowohl im Sinne seiner Kolleg_innen als auch der Schule sei, dass letztlich nur wenige Eltern den Kontakt zu dieser suchten: »Und wenn man 'ne Schule ist, die sich schon so ein bisschen eingerichtet hat in die Richtung, dass es ohne Eltern ja irgendwie auch geht, dann will man gar nicht, dass sie kommen« (ebd. 96).

Neben einem allgemein geringen Interesse seiner »Schule« an einer stärkeren Beteiligung von Eltern, reflektiert der Schulsozialarbeiter zahlreiche stereotype Vorstellungen hinsichtlich ›muslimischer‹ sowie ›migrantischer‹ Familien, die er im Kollegium beobachtet. So würden die Familien von den Pädagog_innen auf bestimmte, ihnen zugeschriebene kulturelle Eigenschaften festgelegt (»[...] die reduzieren halt die Kultur auf das Kısır oder den Döner«, ebd. 104) und ein schulisches »Scheitern des Kindes« »am migrantischen Elternhaus festgemacht« (ebd. 148). Ebenso würden »pubertäre Verhaltensweisen«, die den Pädagog_innen in der Schule negativ auffielen, oftmals pauschalisierend »über den Migrationshintergrund« (ebd.) der Kinder erklärt, wohingegen ein ähnlich auffälliges Verhalten von ›deutschen‹ Schüler_innen stets als individuelles (Fehl-) Verhalten interpretiert und an ihrem Alter festgemacht werde. Diesbezüglich führt Krug aus: »Na ja, wenn die Deutschen, die fünf deutschen Schüler die Toilette eintreten würden und die Scheibe einwerfen, dann wäre das [...] ein Verhalten von Jugendlichen, die irgendwie fünfzehn sind oder vierzehn oder so – ›ist halt typisch‹« (ebd. 152). Wenn es sich allerdings um eine Aktion von Schüler_innen mit Migrationsgeschichte handle, sei die Argumentation hingegen eine andere: »[...] dann sind's auf einmal nicht mehr die Fünfzehn- oder Vierzehnjährigen, sondern es sind die Migranten. Ist doch klar – es sind doch hier lauter Migranten: ›Die Türken-Kids und die Araber, die machen immer alles kaputt‹ ((sarkastisch))« (ebd.). Krug verweist hier auf – auch oben zitierte – Argumentationen, nach denen die Annahme, dass an der Schule »lauter Migranten« seien, zu kulturalisierenden und essentialisierenden Schlussfolgerungen auf Seiten seiner Kolleg_innen führe. Im Interview problematisiert Krug solche argumentativen Verknüpfungen und damit verbundene Benennungspraktiken wie folgt:

> »Und wenn ich sozusagen das immer benenne und wenn ich über Generalisierungen arbeite, dann hab' ich natürlich das. Und das erleben ganz viele Eltern und das erleben viele Schüler. [...] Der Schüler erfährt das als aller erstes: ›Du bist blöd.‹ Wenn er das jeden Tag hört, dann ist ja jemand blöd. Ja, kann ich ihm auch sagen: ›Du bist blöd und Muslim.‹ Wird er irgendwann in diesem Zusammenhang sehen, ja so, also ›die Muslime scheinen immer blöd zu sein.‹ Ja. Und wenn man lauter Kopftuch-Mädchen hier hat, und die sind auf unserer Schule und die sind deswegen irgendwie vielleicht erst einmal mit Haupt- oder Realschule-Niveau hierhergekommen, dann kann ich natürlich auch diese Sachen miteinander verknüpfen. Und da muss man immer, glaube ich, ganz genau gucken. Also: ›Warum verknüpfe ich Dinge? Warum benenne ich Dinge? Für was benenne ich sie?‹ Und darunter leiden Kinder und Eltern. Keine Frage.« (Ebd. 156)

Krug beschreibt hier, wie die Ableitung eines bei den Schüler_innen beobachteten Verhaltens auf ihren ›muslimischen‹ Hintergrund zu »Generalisierungen« führe, die wiederum die Selbstwahrnehmung der Schüler_innen und ihrer Eltern beeinflussten. Zudem, so ist sich Krug sicher, »leiden Kinder und Eltern« unter solchen Zuschreibungen.

Krug merkt im Gespräch zudem an, dass die von ihm beschriebenen Zuschreibungen nicht immer auf ein bewusst-intendiertes Verhalten seiner Kolleg_innen zurückzuführen seien. So gibt er zu verstehen: »Manche Kollegen machen das bewusst, manche Kollegen machen das und sind sich dessen überhaupt nicht bewusst« (ebd. 160). In diesem Zusammenhang geht der Schulsozialarbeiter im Interview auch auf einen strukturell verankerten Rassismus ein und fügt diesbezüglich an: »Also generell denk' ich schon, dass wir eine sehr alltagsrassistische Gesellschaft sind und das ist irgendwie, die Schule ist nur ein Spiegelbild davon« (ebd. 148). Krug führt die geschilderten Sichtweisen seiner Kolleg_innen hier auf einen gesellschaftlichen Zustand zurück, den er als ›rassistisch‹ beschreibt. Die Schule stellt dabei für ihn Ausdruck der so beschriebenen Verhältnisse dar. Anders als seine im vorausgegangenen Kapitel zitierten Kolleg_innen versteht der Schulsozialarbeiter somit die Schule nicht als einen von gesellschaftlichen Dynamiken weitgehend entkoppelten Raum, sondern als ein »Spiegelbild« der Gesellschaft. Krug problematisiert vor diesem Hintergrund, dass es an seiner Schule »kein antirassistisches Programm« gebe, betont jedoch, wie wichtig eine diesbezügliche »Haltung« sei (»Also es braucht schon 'ne Haltung dazu, ja«, ebd. 191). Diesbezüglich sei es essentiell, dass an den Schulen »vorurteilsbewusste Arbeit« geleistet (ebd. 160) sowie langfristig »die Systemfrage« gestellt werde. Krug führt diesbezüglich aus:

> »Ja, und glaube, dass Schule sich viel mehr öffnen müsste und auch viel mehr Angebote letztendlich auch für die Eltern machen müsste. Schule müsste eigentlich ein Stadtteilzentrum werden. Also das ist das, was ich glaube, was einzig und allein hilft und dazu muss man als aller Erstes die Gymnasien abschaffen. Also das ist, glaube ich, das große Problem im deutschen Schulsystem. [...] Ja, und na ja, glaub' schon, dass man hier die Systemfrage stellen muss, also, die einfach nicht gestellt wird.« (Ebd. 29)

Im Sinne einer Öffnung von Schule spricht sich Krug hier für die Implementierung von »viel mehr Angebote[n]« – »auch für die Eltern« der Schule – aus. Darüber hinaus hält Krug eine Auflösung der Schulform des Gymnasiums für notwendig. Diese müsse, wie er im Anschluss an die oben zitierte Passage zum Ausdruck bringt, durch ein flächendeckendes Netz von »Gemeinschaftsschulen« ersetzt werden, um so »durchgängige Bildungsbiographien« (ebd.) zu ermöglichen.

Neben den hier dargelegten kritisch-reflexiven Äußerungen Krugs finden sich auch in einigen anderen Interviews, wenn auch wesentlich partieller, Momente einer kritischen Auseinandersetzung mit bestehenden Sicht- und Umgangsweisen auf und mit den Eltern ihrer Schüler_innen. So merkt auch der Lehrer Bostancı an, dass es an »diesen Haltungen der Lehrer« liege (Bostancı 29), dass Elternbeteiligung an seiner Schule kaum gelebt werde. Bostancı kritisiert diesbezüglich eine »Demotivation« seiner Kolleg_innen im Umgang mit den Eltern der Schüler_innen: »Die andere Sache ist, dass natürlich vielen Kollegen es schwer fällt, weil sie davon ausgehen: ›Mensch, wie soll ich mit denen reden? Verstehen sie mich überhaupt? Muss ich jedes Mal irgendwie was organisieren?‹ Das heißt, da ist schon eine Demotivation von Vornherein gegeben, um da was aufzubauen« (ebd. 22).

Auch die Schulleiterin Solga hebt im Interview vereinzelt vom ›Migrationshintergrund‹ als Erklärungsgröße für die von ihr beschriebene geringe Beteiligung von Eltern insbesondere an den Elterngremien ihrer Schule ab. So lässt sich diese Solga zufolge auch darüber erklären, dass »grundsätzlich die Teilnahme an so Ehrenämtern gesellschaftlich zurückgeht«, was »auch ((!)) für Eltern, die dann in der GEV sind« gelte (Solga 65). Solga glaubt, »dass das wirklich ein gesellschaftliches [...] Phänomen« sei und erklärt dieses weiter mit einer allgemein stärkeren beruflichen Belastung, die auch Eltern zunehmend von einer ehrenamtlichen Mitarbeit in der Schule ihrer Kinder abhalte: »Menschen, die beruflich glaube ich echt ((!)) eingespannter sind als vor 20 Jahren, sollten sich auch wirklich gut überlegen, wo kann ich ganz kontinuierlich im Ehrenamt mitarbeiten?« (ebd.). Die Schulleiterin bezieht hier ihre individuellen Erfahrungen und Beobachtungen auf allgemeine gesellschaftliche Veränderungen, vor deren Hintergrund ihr das elterliche Verhalten nun – anders als an anderer Stelle im Interview – nachvollziehbar erscheint.

Gleich mehrere der interviewten Pädagog_innen verweisen im Interview zudem kritisch auf die begrenzten zeitlichen und finanziellen Ressourcen, die ihnen für die ›Elternarbeit‹ an ihren Schulen zur Verfügung stehen. Diese Situation erklärt die Schulleiterin Solga damit, dass die ›Elternarbeit‹ im Aufgabenprofil der Pädagog_innen als »Faktor [...] in den Berechnungen schlicht nicht bedacht« werde (Solga 24). Sie führt diesbezüglich aus:

> »[A]lso Schule ist so organisiert, dass sie nach Unterrichtsstunden ausgerichtet wird. Das sind 26 Wochenstunden für Lehrkräfte und dann gilt: [...] Der Rest rechnet sich dann irgendwie mit. [...] also da sind noch Aufsichten dann mit dabei, da ist noch Mitarbeit in Gremien dabei, da sind Klassenfahrten, Wandertage – so was wird immer alles auch ausgewiesen, dass das irgendwie ein Faktor ist, der mitgedacht ist. Das Wort Elternarbeit hab' ich in diesen Zusammenhängen noch nie ernsthaft mitgedacht gehört. Und ich glaub' auch nicht, dass das eine typische Sache für Brennpunktschulen ist oder so.« (Ebd. 28)

Solga kritisiert, dass die Bemühungen, Eltern zu erreichen, mit diesen in Kontakt zu stehen und zu kooperieren, weitgehend auf dem zusätzlichen Engagement der Pädagog_innen basiere. Bostancı reflektiert die Folgen fehlender zeitlicher Ressourcen für die Kommunikation mit Eltern insofern kritisch, als dass dieser Ressourcenmangel einen »Defizitansatz« in Elterngesprächen fördere, den er wie folgt beschreibt:

> »Leider haben wir so diesen Ansatz, diesen Defizitansatz und sagen, ›okay, Ihr Kind hat das nicht, das oder das oder...‹. [...] Und die Kommunikation geht eigentlich mehr über diese Grundfertigkeiten, als dass man überhaupt noch Zeit hätte zu sagen: ›Mensch, wissen Sie was, Ihr Kind hat sich seit den zwei Jahren so gut entwickelt, also im Klassenrat bringt Ihr Kind sich ein oder übernimmt Sachen zum Organisieren‹. Das fällt immer hinten weg.« (5)

Auch Solga weiß, dass die Eltern »echt sehr dankbar« sind, »wenn sie mal hören, ›man, toll, wie sich ihr Kind entwickelt hat‹« (Solga 26). Die Schulleiterin gibt zu verstehen, dass sie »solche Gespräche super gern auch im positiven Fall öfter führen« würde, sie und ihre Kolleg_innen die »Zeit« hierfür allerdings »echt nicht mehr haben« (ebd.). Bostancı bezeichnet dies als ein »strukturelles Problem« (Bostancı 4).

Die hier angeführten kritischen Reflexionen stehen in einem auffallend ambivalenten Verhältnis zu den gleichsam von den Pädagog_innen im Gespräch vielfach (re)produzierten kulturalisierenden Sichtweisen auf bestimmte Eltern von Schüler_innen. So fällt auch der Sozialarbeiter Krug im Interview immer wieder auf kulturalisierende Argumentationen zurück bzw. bedient sich im Gespräch selbst wiederholt Logiken, die er an anderer Stelle in Bezug auf seine Kolleg_innen als undifferenziert kritisiert. Auch die weiteren hier zitierten kritischen Sichtweisen ordnen sich letztlich einer Gesamtargumentation unter, in der eine fehlende Elternbeteiligung an den Schulen primär auf den vermeintlich anderen natio-ethno-religiös-kulturellen Hintergrund der Eltern zurückgeführt wird. Ambivalente Argumentationen wie diese werden von den Pädagog_innen im Interview allerdings nicht weiter reflektiert.

5.2.5 Zusammenfassende Analyse

Wie deutlich wurde, werden Eltern in innerstädtischen Schulen Berlins vor allem im Rahmen unterschiedlicher Problematisierungen thematisch. Verwiesen wird in diesem

Zusammenhang vor allem auf eine fehlende Sichtbarkeit von Eltern in der Schule ihrer Kinder, auf Verständigungs- und Kommunikationsschwierigkeiten sowie in Schule und Unterricht hineinragende familiäre Konflikte und Erziehungsprobleme. In diesem Zusammenhang wird vielfach auf den ›türkischen‹, ›arabischen‹ und/oder ›muslimischen‹ Hintergrund der Eltern verwiesen – ausgehend von dem Selbstverständnis, dass die Mehrheit der Schüler_innen und Eltern an den Schulen ›nicht Deutsch‹ ist. Während dadurch den mittlerweile mehrheitlich in der zweiten, dritten und vierten Generation in Berlin zur Schule gehenden Kindern und ihren Eltern eine Zugehörigkeit zur ›deutschen‹ Gesellschaft allgemein abgesprochen wird, bleiben ›deutsch-deutsche‹ Eltern in den Gesprächen meist unmarkiert. Sie stellen vielmehr die unsichtbare Norm dar, an der die ›Andersheit‹ von ›(muslimischen) Eltern mit Migrationshintergrund‹ gemessen und bewertet wird. Eine solche Sichtweise legt den Pädagog_innen eine ›Migrantisierung‹ von in Schule erlebten Konflikten nahe, während sie – weitgehend unabhängig von der eigenen Migrationsgeschichte, mit der sich die Pädagog_innen zum Teil im Interview positionieren – die Rolle der Repräsentant_innen eines (mehrheits)gesellschaftlichen ›Wirs‹ einnehmen.

Wie im zuvor rekonstruierten politischen Diskurs erweist sich auch in den Berliner Schulen ein kulturalistisches Wissen über Eltern als besonders argumentations- und handlungsanleitend. So wird die in den Schulen vielfach vertretene Kulturdifferenz- und Kulturkonflikthypothese auf zahlreiche Erfahrungen mit den Eltern der Schüler_innen angewendet. Über die ›natio-ethno-religiös-kulturelle Andersheit‹ der Eltern hinausgehende Erklärungsansätze, wie unterschiedliche (Bildungs-)Biographien sowie familiäre und sozio-ökonomische Lebensumstände, werden demgegenüber in den Interviews kaum reflektiert. Neben der vielfach kollektiven Verortung der Eltern in einer ›anderen (National-)Kultur‹, zeigen sich weitere Parallelen zum oben beschriebenen politischen Diskurs sowohl in der Problematisierung von muslimischen Praktiken von Schüler_innen und Eltern als auch im Verständnis von ›migrationsbedingter Heterogenität‹ als besondere Herausforderung bzw. Belastung für die schulisch-pädagogische Arbeit. Ähnlichkeiten zum politischen Diskurs geben sich auch in der dominanten Nennung von kompensatorischen Maßnahmen zu erkennen, die sich primär auf ›(muslimische) Eltern mit Migrationshintergrund‹ und bei diesen verorteten Erziehungsdefizite fokussieren und gegenüber umfassenden Ansätzen einer inklusiven Schulentwicklung privilegiert werden. Auf der Annahme eines mangelnden Passungsverhältnisses zwischen ›migrantisch-muslimischem‹ Elternhaus und ›deutscher‹ Schule basiert maßgeblich auch der Einbezug von ›Migrant_innenorganisationen‹ in Prozesse der schulischen ›Elternarbeit‹. So wird den Vereinsvertreter_innen, wie im politischen Diskurs, hier primär die Rolle als Mittlersubjekte ›zwischen den Kulturen‹ zugeschrieben. Aus dieser Position heraus sollen die Vereine vor allem in als ›interkulturell‹ definierten Konflikten mit den Eltern der Schüler_innen vermittelnd wirken.

Das beschriebene Sprechen und Handeln der Pädagog_innen bildet den politischen Diskurs jedoch nicht lediglich ab. Vielmehr wird deutlich, dass die Pädagog_innen auf die im politischen Diskurs vorherrschenden Begriffe und Kategorien durchaus unterschiedlich Bezug nehmen. Beispielsweise wird die im politisch-behördlichen Diskurs dominante Kategorie des ›Migrationshintergrundes‹ von den Pädagog_innen selbst kaum aufgegriffen. Stattdessen ist vielfach konkret von ›türkischen‹ und ›arabischen‹ Eltern die Rede. Indem die Pädagog_innen ein im politischen Diskurs kursierendes MachtWissen so auf ihre Erfahrungen im schulischen Kontext anwenden und konkretisieren, tragen sie zu einer Flexibilisierung eines solchen Wissens bei.

Dabei steht das beschriebene Wissen um ›migrationsandere‹ Eltern in einem wechselseitigen Konstitutionsverhältnis zu den schulisch-pädagogischen Praktiken einer Elternadressierung und -beteiligung. So veranlasst beispielsweise das Bild der ›schwer erreichbaren (muslimischen) Eltern mit Migrationshintergrund‹ die Schulen einerseits dazu, ›interkulturell sensible‹ Maßnahmen zu entwickeln, die in Form von Elterninformations-, Beratungs- und Unterstützungsmaßnahmen bei einem den Eltern zugeschriebenen besonderen Informationsbedarf ansetzen. Auf der anderen Seite werden das in Politik und Schule vorherrschende Wissen über Eltern und damit verbundene stereotype Bilder von den Pädagog_innen teilweise rückwirkend aktiviert. Dies geschieht zum Beispiel dann, wenn es darum geht, irritierende Erfahrungen im Austausch mit den Eltern ihrer Schüler_innen zu erklären und diesen einen Sinn zuzuschreiben. Zudem wird ein stereotypes Wissen über die Eltern in der Interviewsituation quasi nachträglich herangezogen, um restriktive Entscheidungen wie z.B. ein Kopftuchverbot, an den Schulen zu begründen.

Über die beschriebenen Weisen der Wissens(re)produktion über Eltern in den Schulen, kristallisieren sich verschiedene (subtile) Ausschlüsse sowie Formen der Marginalisierung von bestimmten Eltern heraus. Dies zeigt sich zum Beispiel mit Blick auf die (Nicht-)Teilhabe von Eltern in schulischen Mitbestimmungsgremien. Diesbezüglich kommt in den Interviews u.a. zum Ausdruck, dass niedrigschwellige Beteiligungspraktiken von Eltern zugleich einem Ausschluss dieser von schulischen Mitbestimmungsprozessen Vorschub leisten können. Dies geschieht zum Beispiel dann, wenn sich die Schulen damit zufriedengeben, die vorwiegend ›migrantisch‹ positionierten Eltern über den Ansatz des Elterncafés erreicht zu haben, während die Dominanz *weißer* Eltern in schulischen Mitsprachegremien nicht weiter hinterfragt wird. So schreiben sich ungleiche Mitbestimmungsmöglichkeiten ebenso wie eine Zweiteilung von Eltern in ›deutsche‹ und ›migrantische‹ Eltern weiter in Schule ein – im (zugespitzten) Sinne von: Die ›migrantischen‹ Eltern spielen Bingo im Elterncafé, während die ›deutschen‹ Eltern über die programmatische Entwicklung der Schule mitbestimmen.

Die dominanten schulisch-pädagogischen Wissensbestände über Eltern werden in einigen Interviews durch differenzierende Einschübe sowie kritische Reflexionen im Hinblick auf in Schule vorherrschende stereotype und defizitorientierte Sichtweisen von den Pädagog_innen hinterfragt. Die Kritik bezieht sich auf struktureller Ebene vorwiegend auf mangelnde zeitliche und finanzielle Ressourcen, die den Schulen und Pädagog_innen für die ›Elternarbeit‹ (nicht) zur Verfügung stehen. Hieraus geht hervor, dass für die Berücksichtigung unterschiedlicher Bedürfnisse, Ressourcen und Interessen innerhalb der heterogenen Elternschaft sowie für damit verbundene Aushandlungsprozesse schulorganisatorisch kaum Zeit und Räume vorhanden sind. Im konkreten Fall eines Pädagogen werden zudem Forderungen nach einem antirassistischen Programm bzw. einer diesbezüglichen Haltung im Umgang mit den Eltern der Schule laut. Kritische Reflexionen wie diese verweisen darauf, dass sich das in Schule vorherrschende Wissen über Eltern zum Teil in Aushandlung befindet. Demgegenüber erweisen sich andere Wissensbestände wiederum als vergleichsweise stabiler als im politischen Diskurs. Dies kann mit dem zum Teil hohen Grad der Institutionalisierung insbesondere eines kulturalistischen Wissens durch unterschiedliche Praktiken und Routinen im Umgang mit migrantisierten Eltern in den Schulen erklärt werden. Entsprechend befinden sich kritische und (selbst-)reflexive Positionen gegenüber Formen einer De-Thematisierung von Rassismus und Diskriminierung in den Schulen, wenn es um die Erfahrungen von ›nicht-deutsch‹ positionierten Schüler_innen und ihren Eltern geht, in der Minderzahl.

5.3 »Dann ist man wieder die mit dem Migrationshintergrund« – Subjektivationsprozesse von Berliner Eltern und Vereinen

Wie nehmen Eltern und Vertreter_innen von ›Migrant_innenorganisationen‹ ihr Verhältnis zur Schule und den hier tätigen Pädagog_innen wahr? Welche Rolle schreiben sie sich in diesem Verhältnis zu? Und von welchen Erfahrungen im Kontakt mit der Schule berichten die Eltern und Vereine?

Wie aus der Analyse der Interviews mit Berliner Eltern und Vereinsvertreter_innen hervorgeht, sind ihre Sichtweisen auf das Verhältnis von Eltern und Schule ähnlich heterogen wie die der Pädagog_innen. Einerseits haben die Eltern natio-ethno-religiös-kulturelle Fremdzuschreibungen, die die sie in Schule, Politik und Gesellschaft erfahren, zum Teil stark verinnerlicht. Andererseits lassen sich in den Interviews zahlreiche kritische Reflexionen und Distanzierungen der Eltern und Vereine von einem über sie vorherrschenden Wissen als ›Migrationsandere‹ beobachten. Hiermit verbunden sind unterschiedliche Strategien der Eltern und Vereine, die sie in der Schule (ihrer Kinder) anwenden, um unterschiedlichen Formen einer potenziellen Diskriminierung zu entgegnen. Beide Perspektiven möchte ich im Folgenden näher nachzeichnen. Die Analyse bewegt sich dabei zwischen der beispielhaften Darstellung ›typischer‹ Subjektivationen und der Beschreibung von für die weitere Untersuchung und Theoriebildung relevanten Einzelfällen.

5.3.1 Identifikationen mit kulturalistischen Fremdzuschreibungen

Eltern Im Rahmen der Interviews mit Eltern von in Berlin-Kreuzberg und -Neukölln zur Schule gehenden Schüler_innen lassen sich zunächst unterschiedliche Formen der Internalisierung oben beschriebener Zuschreibungen beobachten. Dies kommt u.a. im Gespräch mit der Mutter Canan Sezer zum Ausdruck, deren vier Kinder in Kreuzberg zur Schule gehen. Sezer formuliert im Interview beispielsweise die These, dass »die deutschen Kinder« gegenüber »den anderen ausländischen Kindern« »pünktlich, ordentlich, lernbereit« und damit »nicht so chaotisch sind wie *wir*« (Sezer 344, Kursivsetzung E.K.). Sezer identifiziert sich und ihre Töchter hier mit der Gruppe der ›Ausländer‹, die sie den »[D]eutschen« über die Zuschreibung binärer Eigenschaften gegenüberstellt. Sie bedient sich dabei bestimmter Stereotype um ›typisch deutsche‹ Tugenden, die sie den ›Ausländern‹ allgemein abspricht und sich und ihre Kinder darüber als Migrationsandere positioniert.

Im weiteren Verlauf des Interviews führt Sezer, die sich hier als »Muslimin« (ebd.: 5) und »Mutter mit Migrationshintergrund« (ebd.: 35) bezeichnet, bestimmte elterliche Interessen und Sichtweisen auf die ›andere Herkunft‹ dieser zurück. Vor diesem Hintergrund hinterfragt sie ihre Einstellungen zur Schule als ›nicht authentisch‹, da sich diese von den Einstellungen ›ausländischer‹ und ›muslimischer‹ Eltern unterschieden. Nach ihren Wünschen an die Schule und das deutsche Bildungssystem gefragt, gibt Sezer an, »halt ein bisschen komisch« zu sein:

> »Sezer: Ich bin halt ein bisschen komisch, ja ((lacht leicht)).
> Interviewerin: Sie sind komisch? Das Gefühl hatte ich jetzt nicht ((lacht)).
> Sezer: Ja, ich habe komische Ansichten und komische Meinungen ((schmunzelt)).
> Interviewerin: Dann erzählen Sie doch mal – was für komische Ansichten meinen Sie?
> Sezer: Sie sind in dem Sinne komisch halt, weil sie mit meiner Identität nicht vergleichbar sind. [...]
> Interviewerin: Warum glauben Sie das?
> Sezer: Ja, ich denke mal, vielleicht würden andere muslimische Frauen sagen: ›Ja, das Kopftuch sollte doch vielleicht, oder sie sollen einen Gebetsraum aufmachen oder [...]. Es wird ja immer wieder in der Presse mitgeteilt: Ja ein muslimisches Kind hat geklagt [...]. Und ich denke mal, wenn ich beten will in der Schule und das mit der Schule ausmache, sollte es auch von Seiten der Schule einfach kein Problem sein. Ich brauch nicht unbedingt einen richtigen Gebetsraum, der die ganze Zeit nur leer steht. [...] viele würden da glaube ich sagen: ›Ja, wir wünschen uns dieses und jenes‹. Und ich geh‹ da ein bisschen anders mit um. Oder viele würden sagen: ›Ja es soll, der Islamunterricht soll ganz groß in der Schule sein, oder, ja, [...].‹« (Ebd. 408ff.)

Sezer geht hier davon aus, dass ihre »Ansichten« deswegen »komisch« seien, weil sie beispielsweise nicht – wie vermeintlich andere »muslimische Frauen« – auf der Einrichtung eines Gebetsraums in der Schule ihrer Kinder bestehe oder die Einführung bzw. Ausweitung eines Islamunterrichts fordere. Wenn sie in diesem Kontext davon spricht, dass ihre Ansichten mit ihrer »Identität nicht vergleichbar« sind, nimmt sie einen Widerspruch zwischen ihrer Einstellung und den Anliegen wahr, die »muslimischen Frauen« im öffentlichen Diskurs als ›typische Einstellungen‹ zugeschrieben werden und auf denen wiederum die Selbstperzeption der Mutter in Teilen aufbaut. Sezer scheint sich hier mit einer (mehrheits-)gesellschaftlichen – und vermutlich auch in der Interviewsituation antizipierten – Erwartungshaltung konfrontiert, in der Rolle der ›natio-ethno-religiös-kulturell anderen Mutter‹ sowohl Einblicke in ›ihre Welt‹ zu geben als auch einem dominanten Wissen über ›die Anderen‹ zu entsprechen und dieses ›authentisch‹ zu bestätigen. Dass ihre persönlichen Ansichten nun vermeintlich nicht der über ihre (Selbst-)Positionierung als »muslimische Frau« vorherrschenden ›Wahrheit‹ entsprechen, bringt Sezer in eine Rechtfertigungssituation, die wiederum von einer gefühlten bzw. ihr vermittelten Notwendigkeit, sich ›eindeutig‹ zu positionieren, strukturiert wird.

In anderen Interviews werden bestimmte, diskursiv verbreitete Fremdzuschreibungen von den Eltern nicht nur auf sich selbst angewendet, sondern vielfach auch auf andere Eltern mit Migrationsgeschichte projiziert. So referieren einige Eltern im Interview auf zusätzliche, im zuvor analysierten politischen und schulischen Sprechen nicht weiter bedeutend gemachte Differenzlinien, die das vermeintliche Kollektiv der Eltern ›mit Migrationshintergrund‹ weiter einteilen und klassifizieren. Eine solche Differenzierung wird von der interviewten Mutter Melek Turgut beispielsweise zwischen der ersten und zweiten Migrant_innengeneration bzw. zwischen ihrer und der Generation ihrer Eltern vorgenommen. So erklärt (sich) Turgut die ›Schuldistanz‹ ihrer Eltern primär über die ›türkische‹ Herkunft dieser:

> »Interviewerin: Und wie erklären Sie sich das, dass Ihre Eltern da ›nicht geguckt haben‹, wie Sie sagen?
>
> Turgut: Ich sag' mal ›typisch Türkisch‹. Die haben sich noch mehr um, wie soll ich sagen, ums Geldverdienen gekümmert ((vorwurfsvoll)). Und die Eltern waren erst dann da, wenn sie Schwänzerin war, so wie ich damals. Dann waren auf einmal meine Eltern da. Aber davor ((!)), die waren nicht auf einem einzigen Elternabend dabei ((entsetzt)). Also ich kann mir es momentan natürlich nicht [erklären, E.K.], aber es war so. Die wussten gar nicht mal, wann ich in der Schule oder wann ich Schulschluss hatte, wann ich Ferien hatte. Die wussten von gar nichts.« (21f.)

Turgut beschreibt das hier geschilderte Verhalten ihrer Eltern als »typisch Türkisch«. Ein solches steht für sie repräsentativ für alle ›türkischen‹ Eltern der ersten Generation, die sie im zitierten Interviewausschnitt unter einem verallgemeinernden »die Eltern« subsummiert. Turgut macht dabei ihren zuvor im Interview als schwierig beschriebenen eigenen Bildungsweg an ihren Eltern bzw. einem nachlässigen Verhalten dieser fest. Dass die Eltern sich »ums Geldverdienen gekümmert haben« bzw. kümmern mussten, äußert Turgut in vorwurfsvollem Ton. Es kommt hier indirekt zum Ausdruck, dass sie vor allem ihre Eltern für die erlebte schwierige Schulzeit verantwortlich macht.

Auch İnci Soysal fasst ein als nachlässig wahrgenommenes Verhalten von Eltern der ersten Migrant_innengeneration gegenüber der Schule als »kulturelle Eigenschaft« dieser auf (Soysal 45). Eine solche »Mentalität«, so Soysal, welche die Eltern aus ihren vermeintlichen Herkunftsländern »vor 30, 40 Jahren nach Deutschland« mitgenommen haben, habe sich bei vielen der heute in Deutschland lebenden Familien »konserviert« (ebd.). In diesem Zusammenhang verweist Soysal wie auch andere Eltern in den Interviews auf ein »türkisches Sprichwort« (ebd.), welches sie als ein handlungsleitendes Prinzip für ein vermeintliches Kollektiv ›türkischer‹ Eltern in Deutschland darstellen. Dieses beschreibt der Vater Cem Demircan wie folgt: »›Die Knochen gehören mir, das Fleisch ist Ihrs‹. Das bedeutet so viel wie, ›Sie können ihn züchtigen so viel Sie wollen, aber lassen Sie die Knochen ganz‹« (Demircan 86). Die genannte Redewendung illustriert hier das vermeintlich ›typische Verhalten‹ der ersten Elterngeneration, ihre Verantwortung für die Erziehung ihrer Kinder an die Schulen abzugeben. Die interviewten Eltern verorten somit die Ursachen eines solchen Verhaltens gleichsam in einem ›natio-ethno-kulturellen Anderswo‹ und bestätigen damit indirekt ein in Schule und Politik vorherrschendes Wissen über Eltern ›mit Migrationshintergrund‹. Indem die interviewten Eltern das hier beschriebene Verhalten ihrer und anderer Eltern indirekt als ›antiquiert‹ und ›nicht hierher passend‹ bewerteten und so ›Fehler‹ dieser im Interview kritisch reflektieren, distanzieren sie sich explizit von den Eltern der ersten Generation. Sie greifen auf diese Weise auch einer, vermutlich in der Interviewsituation befürchteten, pauschalen Kritik vor, mit der sie sich in der Position der ›Migranteneltern‹ vielfach konfrontiert sehen.

Neben der Unterscheidung zwischen der ersten und zweiten Migrant_innengeneration wird eine Differenzierung des vermeintlichen Kollektivs der ›Migranteneltern‹ von einigen der interviewten Eltern auch im Hinblick auf unterschiedliche Herkunftshintergründe der Eltern vorgenommen. So unterscheiden beispielsweise die Väter Önder Gürse und Serkan Kılıç im Gespräch vielfach explizit zwischen ›türkischen‹ und ›arabischen‹ Eltern. Diesbezüglich führt Gürse aus:

> »Interviewerin: Um noch mal auf die Schulen zu sprechen zu kommen. Sie haben gesagt, dass Sie das Gefühl haben, dass heute Eltern öfter auch zu Elternabenden und so gehen?
> Gürse: Ja, wir, unsere türkischen ((!)) Familien, gehen. Also arabisch sehr ((!)) selten, weil die kümmern sich nicht um ihre Kinder. […] Es gibt auch türkische Familien, die sich noch nicht mal um ihre Kinder kümmern. Aber es sind weniger als arabische natürlich.« (63f.)

Gürse meint, dass sich »arabische« Eltern im Vergleich zu »türkischen Familien« weniger um ihre Kinder kümmerten und seltener Elternabende besuchten. Der Vater, der sich im Interview selbst als ›türkisch‹ positioniert, nutzt den Topos der ›sich nicht kümmernden Eltern‹, um darüber die »türkischen« von den »arabischen« Eltern zu unterscheiden und ein sich angeblich weniger kümmerndes Verhalten Letzterer abzuwerten. Gürses Vorstellung von »arabischen« Eltern erscheint dabei konstitutiv für sein eigenes elterliches Selbstbild und kann als ein Versuch gedeutet werden, negative Zuschreibungen, die er über eine Fremdpositionierung als ›Vater mit (türkischem) Migrationshintergrund‹ erfahren hat und möglicherweise auch in der Interviewsituation befürchtet, zurückzuweisen und sich so als gutes bzw. sich kümmerndes Elternteil auszuweisen. Diese Formen der Distanzierung und Selbstpositionierung geschehen auf Kosten ›arabischer Eltern‹, die hier mit dem Vorurteil der sich nicht kümmernden Eltern belegt werden.

(Eltern-)Vereine Auch die Ausführungen der Vertreter_innen der Berliner Elternvereine und ›Migrant_innenorganisationen‹ schließen im Interview vielfach an die beschriebenen staatlich-institutionellen Rollenkonzeptionen an. Als besonders zentral erweist sich das Selbstverständnis der Vereine als sog. Kulturmittler zwischen Schule und Elternhaus. So referieren die Vereinsvertreter_innen in ihren Erzählungen über bestehende Kooperationen mit Berliner Schulen zum Teil gleichsam auf ein essentialistisches Kulturverständnis, nach welchem »Deutschland« als »Monokultur« der »anderen Kultur« gegenüberstehe (Gümüş 64). Daraus abgeleitet wird auch hier die Annahme von einer Kulturdifferenz zwischen ›deutscher‹ Schule und ›migrantischem‹ Elternhaus. Diese Kluft, so die Sicht vieler Vereine, gelte es über ihr Engagement in den Schulen zu überbrücken. Dementsprechend bezeichnen sich die Vereine in den Interviews vielfach selbst als »kulturelle Mittler« (z.B. Essa 126), »Brücke« (z.B. Turgut 8) oder »Bindeglieder« (z.B. Akgün 170) zwischen Schule und ›migrantischem‹ Elternhaus. So auch im Fall der Mutter und Vereinsvertreterin Ayla Kaplan, die angibt, durch ihre Migrationsgeschichte und ihre damit verbundene Sozialisation sowohl in der Türkei als auch in

Deutschland die »Kulturen beider Gesellschaften« zu kennen (Kaplan 2). Dieses besondere ›kulturelle Wissen‹, so glaubt Kaplan, befähige sie in besonderem Maße für eine
interkulturelle Vermittlungsarbeit in den Berliner Schulen. So betont Kaplan bereits zu
Beginn des Gesprächs:

> »Erst mal ganz kurz zu meiner Funktion. Also mein Name ist Ayla Kaplan, ich bin eine
> gebürtige Türkin, komme aus Istanbul, bin mit fünf Jahren hergekommen und war in
> der Zwischenzeit noch mal drei Jahre in Istanbul. Deshalb kenn' ich die Kulturen beider
> Gesellschaften, die Sprache, Kultur, und was alles dazu gehört, sehr ((!)) gut.« (Ebd.)

Die ›kulturelle Nähe‹ zu »beide[n] Gesellschaften«, die Kaplan hier auf Basis eines essentialistischen Verständnisses von einer deutschen und türkischen (National-)Kultur
darlegt, beschreibt auch die Vereinsvertreterin Hilal Gümüş. Ihre besondere Qualifikation für eine vermittelnde Tätigkeit zwischen Elternhaus und Schule sieht sie darin,
dass sie »türkische Eltern« – ebenfalls aufgrund ihrer eigenen Migrationsgeschichte –
»besser spüren« bzw. »verstehen« könne:

> »Manchmal, sie [die ›deutschen‹ Pädagog_innen der Schule, E.K.] spüren das nicht. Ich
> kann türkische Eltern besser ((!)) spüren, besser verstehen als, ich glaube, eine Deut-
> sche. Und eine Deutsche kann aber besser als ich die deutschen Eltern verstehen. Und
> das können wir, ich glaube, also kann man so sagen, für die Zukunft der Kinder könnte
> man zusammenbringen.« (Gümüş 61)

Das beschriebene Selbstverständnis hat viele der interviewten Vereinsvertreter_innen
dazu veranlasst, an Kreuzberger und Neuköllner Schulen heranzutreten und dort ihre
besondere Expertise bzw. Mittler_innenkompetenz anzubieten. Dabei übernehmen die
Vereine teilweise eine Defizitperspektive auf ›migrantische‹ Eltern, indem sie ›interkulturelle Probleme‹ mit bestimmten Eltern antizipieren, diese in der Schule explizit ansprechen und sich diesbezüglich als ›Konfliktlöser‹ anbieten. So erzählt beispielsweise
Kurban: »Wir haben sogar bei einigen Schulen auch gesagt: Wenn die Probleme haben
sollten mit den Eltern, sie können uns einladen. Dass wir dann aus unseren ((!)) Erfahrungen mit diesen Eltern reden können« (Kurban 110). Auch Merzhat Essa präsentiert
sich und seine Vereinsmitarbeiter_innen im Interview immer wieder in der Funktion
der vielfältig einsetzbaren ›Problemlöser‹ im Kontakt zwischen Schule und Elternhaus.
Dies geht u.a. aus folgender Interviewsequenz hervor:

> »Auch Lehrer haben Probleme, viele Probleme, da müssen wir uns einschalten und
> versuchen, zu vermitteln: Einige Eltern kommen zum Elternabend nicht oder, das ist
> ein Problem natürlich. Oder Mutter kommt mit Kind und übersetzt, das geht natürlich
> nicht. Oder einige Eltern kümmern sich nicht um ihre Kinder wie gewünscht natürlich,
> es gibt solche Probleme. [...] Ja, wir kommen in die Schulen, und diese Vermittlungsver-
> suche immer. Also wir sprechen in unseren Elterngruppen die Sachen an, diskutieren,
> warum gehen die Väter nicht zum Elternabend? Oder warum kümmern sie sich nicht?
> Solche Sachen. [...] Und dann diese ambulante Hilfe, zum Beispiel wenn Elternabend
> gibt oder Problem auftaucht, dann rufen sie uns, eine Elternlotsin oder Kollegin, und
> die versucht einzuwirken auf die Eltern, zum Beispiel, wenn die nicht zu Elternabend
> kommt, oder wenn sie Probleme machen, geht nicht.« (Essa 29f.)

Essa konstatiert hier »viele Probleme« der »Lehrer« mit den Eltern ihrer Schule. Um diese zu lösen, so glaubt er, bedarf es einer »Vermittlung«, die vor allem bei den Eltern und einem bei diesen verorteten ›Fehlverhalten‹ ansetzt. Dabei stellen das Nichterscheinen von Eltern auf Elternabenden sowie ein antizipiertes ›Nichtkümmern‹ der Eltern um ihre Kinder Anlässe für den Verein dar, auf die Eltern »einzuwirken«. Essa positioniert seinen Verein dabei als »[a]mbulante Hilfe« für die Schulen, deren Aufgabe es ist, die Eltern aufzusuchen und darin anzuleiten, ihr als problematisch bewertetes Verhalten selbstkritisch zu reflektieren und zu verändern.

Der Vater Kılıç, der auch Mitarbeiter in einem Väterverein ist, sieht seine Funktion vor allem darin, als »Brücke zwischen den Menschen« zu fungieren: »Also wie eine Brücke. So sehe ich uns, unsere Arbeit« (Kılıç 43). Der Vater, der sich im Interview selbst mehrfach als »Ausländer« positioniert (ebd. 210), versteht sich im Rahmen seiner Tätigkeit in erster Linie als Ansprechpartner für »Problemfamilien« (»Wenn die mal Rat brauchen, wir geben guten Rat«, ebd.). Wie aus Kılıçs Erzählung hervorgeht, bezieht sich sein Aufgabengebiet am Schnittfeld von Schule und Elternhaus vorwiegend auf »Probleme« in der Interaktion zwischen Pädagog_innen und Eltern mit zugeschriebenem muslimischem und/oder migrantischem Hintergrund, die von der Schule als ›interkulturelle Probleme‹ gedeutet werden und zu deren Lösung Kılıç bereits häufiger hinzugezogen wurde. Kılıç beschreibt seine ›Mittlerrolle‹ am Beispiel eines »arabischen Jungen«, der in der Schule »frech« war, woraufhin der Lehrer die Mutter des Jungen – nach Kılıç eine »strenge Muslima mit Kopftuch« – zu einem Gespräch in die Schule rief (ebd. 37). Anstatt dem Lehrer zur Begrüßung die Hand zu geben, legte die Mutter ihre »Hand auf ihr Herz«. Es kam dadurch nach Kılıç zur »Eskalation« (ebd.). Der Lehrer habe geschimpft: »Ihr habt immer noch nicht gelernt in Europa zu leben, ihr besitzt immer noch eure eigenen Kulturen‹« (ebd.). Kılıç, der anschließend mit dem »Fall« betraut wurde, glaubt, dass er diesen »lösen« konnte, indem er dem Lehrer die ›kulturellen‹ Unterschiede zwischen ihm und der Mutter näher erklärte: »Mit dem Lehrer habe ich gesprochen, die Lage geschildert: ›Es gibt ausländische Migranten, es gibt Migrantenfrauen, die geben ihre Hand, es gibt welche, die geben sie nicht. Das sind nun solche Kulturen‹, habe ich gesagt, so bisschen erzählt« (ebd.). Dies habe Verständnis auf Seiten des Lehrers für das Verhalten der Mutter ausgelöst, woraufhin er, so Kılıç, der Mutter »verziehen« habe (ebd.). Indem Kılıç versucht den Lehrer mit dem Verweis zu beschwichtigen, dass es sich »nun [um] solche Kulturen« handle, bewegt er sich gleichsam in kulturalisierenden Erklärungsmustern. Während Kılıç es als einen Erfolg seiner Arbeit verbucht, dass der Lehrer »Verständnis« für das von beiden als ›kulturell anders‹ verstandene Verhalten der Mutter zeigt, wird ihre Perspektive auf den ›Konflikt‹ im Interview nicht weiter reflektiert.

Wie Kılıç sieht auch der im gleichen Verein engagierte Vater Ettin seine Aufgabe primär darin, »eine Brücke aufzubauen«, damit »das Kind in der Mitte nicht leidet« (Ettin 65). Seine Tätigkeit setzt dabei primär bei den Eltern der Schüler_innen an. »Interkulturell« sensibel, so Ettin, gelte es diese »Eltern zu erreichen«, um ihnen bestimmte Vorstellungen einer guten Bildung und Erziehung zu vermitteln (»Also, dass die Kinder Motivation brauchen, dass Sprache sehr wichtig ist, dass wir die Ziele im Auge halten sollten [...]«, ebd. 53). Auf die Frage, was er unter einer solchen interkulturellen Herangehensweise versteht, antwortet Ettin: »Interkulturell? Das heißt erst, wir wissen wie wir uns annähern gegenüber der Familie. Da ist eine ganz andere Mentalität da, und Kulturbereich, Mentalitätsbereich, und mit der Sprache halt« (ebd. 73). Somit scheint auch die Arbeit Ettins auf der Annahme zu basieren, dass in bestimmten Familien »eine ganz andere Mentalität« vorherrscht. Diese mache wiederum eine besondere ›interkulturelle‹ Sensibilität notwendig, um sich den Familien »an[zu]nähern«. Die ›Andersheit‹ von bestimmten Eltern in der Schule stellt entsprechend auch hier den zentralen Ansatzpunkt der ›interkulturellen‹ Vereinsarbeit dar.

Entsprechend dieser Rollenkonzeption berichten die Vereinsvertreter_innen von unterschiedlichen »Veranstaltungen« und »Seminaren« (Essa 41), die sie an den Schulen für die Eltern der Schüler_innen organisieren und durchführen. Diese zielten vor allem auf die Thematisierung und »Reflexion« von Fragen ab wie »Was habe ich in meinen Erziehungsmethoden vielleicht falsch gemacht? Wie sollte ich das denn richtig machen?« (Akgün 186), »Wie sollen eigentlich Eltern mit dem Kind klarkommen?« (Kurban 157), »Wie kann ich mein Kind unterstützen?«, »Wo kann ich Hilfe holen?« oder »Wie können sie [die Eltern, E.K.] eine ruhige Atmosphäre zu Hause schaffen?« (Gümüş 16). Dabei haben die von den Berliner Elternvereinen initiierten Elternseminare u.a. zum Ziel, zu einem »respektvollen, friedlichen Lernen in der Schule, in der Familie« zu verhelfen (Akgün 186), Eheproblemen zwischen »Mann und Frau« vorzubeugen (Kurban 157) sowie die Eltern auf eine »gewaltfreie Erziehung« hin zu sensibilisieren (Gümüş 16). Über die thematischen Foki und Zielsetzungen der Veranstaltungen wird deutlich, dass diese ausschließlich an Erziehungsdefiziten sowie innerfamiliären Konflikten ansetzen, die primär Familien mit Migrationsgeschichte zugeschrieben werden. Die genannten Praktiken stützen damit ein staatlich-institutionelles MachtWissen um Eltern ›mit Migrationshintergrund‹ und diesbezügliche Problematisierungsweisen bestimmter familiärer Lebenslagen, wie sie oben für den politischen Diskurs und die Schule beschrieben wurden.

5.3.2   Kritische Reflexionen und Handlungsstrategien

Eltern Die individuellen und kollektiven Subjektivationsprozesse der Eltern beschränken sich nicht allein auf die Internalisierung dominanter politisch-schulischer Diskurse und Wissensbestände sowie hieraus hervorgehender natio-ethno-religiös-kultureller Fremdzuschreibungen. Die hier analysierten Subjektivationen basieren auch auf kritischen Reflexionen, Umdeutungen und Zurückweisungen der Eltern eines über sie und ihre Kinder vorherrschenden staatlich-institutionellen Wissens. Mit den kritischen Reflexionen verbinden sich auf Seiten der Eltern unterschiedliche Strategien im Umgang mit einem staatlich-institutionellen Othering, wie ich im Folgenden näher analysieren möchte.

In den Interviews finden sich zunächst zahlreiche Momente einer kritischen Auseinandersetzung der Eltern mit Erfahrungen einer Besonderung ihrer Kinder als ›Migrationsandere‹ im Schulalltag. Diesbezüglich schildert z.B. die Mutter Soysal verschiedene Situationen, in denen ihr Sohn Cem in der Schule auf eine ›nicht-deutsche Herkunft‹ festgelegt wurde. Soysal veranschaulicht dies u.a. am Beispiel folgender Unterrichtssituation: »[...] ja er sollte irgendwie die Heimatflagge malen und er hatte dann die deutsche Flagge gemalt und dann hieß es: ›Du hast die Hausaufgabe nicht richtig verstanden!‹ Und da war er auch total irritiert, weil Deutschland ist seine Heimat« (Soysal 5). Soysals Sohn wird in der beschriebenen Unterrichtssituation »Deutschland« als die von ihm empfundene »Heimat« abgesprochen, worüber er gegenüber der Lehrerin in eine Rechtfertigungssituation gerät. Die erfährt Soysals Sohn auch im Rahmen eines Konflikts mit seiner Lehrerin, die ihn aufgrund eines Zuspätkommens im Unterricht aus dem Klassenraum verweisen will. Soysal beschreibt, dass sich ihr Sohn daraufhin bei der Lehrerin entschuldigte, sich jedoch weigerte, ihrer Aufforderung nachzukommen. In einem späteren Gespräch zwischen Soysal, ihrem Sohn und einer »andere[n] Lehrerin« wird der Konflikt von dieser erneut zur Sprache gebracht. Soysal gibt das Gespräch wie folgt wieder:

> »Und da meinte dann die Lehrerin: ›Fühlst du dich in deiner Ehre verletzt?‹ Und dann ist Cem ausgerastet. Und ich hab' dann in dem Moment nichts gesagt, weil ich ihn nicht noch dazu bewegen wollte, dass er noch mehr ausrastet – was hat das denn mit Ehre zu tun immer? [...] Und da hat dann Cem gesagt, mein Sohn: ›Was hat das denn mit Ehre zu tun?‹ Dass sie jetzt gleich ihn auf diese Schiene packen – ›Türkische oder arabische Jugendliche fühlen sich in ihrer Ehre verletzt‹ [...].« (Ebd. 12)

Soysal ärgert sich über die Interpretation der Lehrerin, nach der sich Cem in der oben beschriebenen Situation in seiner »Ehre verletzt« gefühlt habe. Soysal und ihr Sohn reflektieren an dieser Stelle die Kulturalisierung seines Verhaltens durch die Lehrerin und eine damit einhergehende Positionierung als ›türkisch‹ oder ›arabisch‹ kritisch. Während sich Cem im Gespräch massiv gegen die Zuschreibung wehrt, hält sich Soysal bewusst zurück, um die Situation, wie sie angibt, nicht weiter eskalieren zu lassen. Andere Situationen jedoch, in denen sie von einer Positionierung ihres Sohnes sowie seiner Mitschüler_innen als »Türken« oder »Ausländer« erfährt, nimmt sie wiederum zum Anlass, um das Gespräch mit den Pädagog_innen zu suchen und deutlich Position zu beziehen:

> »Und ich war da mehrmals in der Schule. Immer bei solchen ›ausländische Kindern‹, oder ›hej ihr Türken da‹ oder ›die ausländischen Kinder sind aggressiver‹, immer bei solchen Äußerungen. Ich bin dann immer mit dem Duden hingerannt, immer wenn ich das gehört habe von meinem Sohn: ›Ausländer heißt ›nicht im Inland Lebende‹ – mein Sohn ist kein Ausländer, er lebt hier‹.« (Ebd. 6)

Um gegen die schulische Adressierung ihres Sohnes und seiner Mitschüler_innen als ›Ausländer‹ vorzugehen, greift die Mutter auf eine Definition im Duden zurück, die belegen soll, dass ihr Sohn »kein Ausländer« ist. Soysal führt diese Definition den Pädagog_innen im wahrsten Sinne des Wortes vor Augen. Sie sucht damit ihre Kritik am Othering ihres Sohnes mit Hilfe eines vermeintlich universalen Wissens zu fundieren, vermutlich um so ein weiteres Hinterfragen ihrer Position von Seiten der Schule zu erschweren.

Von einer häufigen Positionierung seines Sohnes sowie seiner Mitschüler_innen als ›nicht-deutsch‹ berichtet auch der Vater Demircan. Es führt diesbezüglich aus:

> »Ja, zum Beispiel, es gab eine Schlägerei. Mein Sohn und zwei weitere Schüler haben sich in den Haaren gehabt, [...] war nichts Schlimmes, die haben sich ein bisschen ge-

prügelt und da war auch ein bisschen Blut an ihren T-Shirts und so weiter. Und die Schüler sind dann zur Schulleitung, sie hat sie dann zu sich zitiert. Und das erste, was sie gefragt hat, war: ›Welche Nationalität habt ihr?‹. Ich würde erst mal, wenn ich sehe, da ist ein bisschen Blut dran – ›Was ist passiert, geht's euch gut?‹, würd' ich fragen. Aber wenn man fragt, ›welche Nationalität habt ihr?‹, dann hinterfrag' ich so etwas. Und dann haben alle drei gesagt: ›Wir sind Deutsche‹. Hat sie dann drei Mal noch mal nachgefragt: ›Nein, so mein ich das nicht, welche Nationalität habt ihr?‹. Und dann wieder ›Deutsche‹. Und beim dritten Mal hat mein Sohn gesagt: ›Na, wenn Sie es unbedingt haben wollen, okay, ich bin Türke‹. Und der andere hat gesagt: ›Ich bin Bosnier.‹ Und der Dritte hat gesagt: ›Ich bin Ukrainer‹.« (Demircan 19)

Demircan zeigt sich empört darüber, dass sein Sohn und seine Mitschüler_innen – anstatt nach ihrem Befinden gefragt zu werden – von der Schulleiterin auf ihre »Nationalität« angesprochen werden. Dabei habe sich die Schulleiterin mit der Antwort der Jugendlichen, ›deutsch‹ zu sein, nicht zufriedengegeben, sondern diese so lange hinterfragt, bis die Schüler sich als »Türke«, »Bosnier« und »Ukrainer« vor ihr positionierten. Die wiederholte Festlegung seines Sohnes auf eine ›nicht-deutsche‹ Zugehörigkeit hat nach Demircan diskriminierende Konsequenzen. So geht er davon aus, dass die genannte Zuschreibung und damit verbundene Vorurteile auf Seiten der Pädagog_innen sich in Form »schlechter Notengebung« auf die Schullaufbahn seines Sohnes ausgewirkt haben (ebd. 83). Erfahrungen wie diese stellten für den Vater einen »Beweggrund« dar, sich als Elternvertreter für die Mitarbeit in der Schulinspektion zu bewerben. Hierüber glaubt Demircan, »solchen Sachen eventuell ein bisschen entgegenwirken zu können«:

»Man hat zwar nicht so viel Einfluss, aber zumindest kann man dann ein Stück weit dazu beitragen, dass man dann die Schulleiter honoriert, die dann halt besser sind, oder auch die dann ein bisschen besser herausstellt. Auch wenn es nur ein kleiner Anteil ist, den ich beitragen kann, dass man die auch dann ein bisschen herauskristallisieren kann, obwohl man nicht so viel Macht hat, da jetzt etwas durchzusetzen.« (Ebd. 19)

Durch die Mitarbeit in der Schulinspektion verspricht sich Demircan, die Schulleitungen in ihrer Arbeit zu beobachten und auf diese Weise dazu »bei[zu]tragen«, die von ihm kritisierten Diskriminierungsverhältnisse an den Schulen zu verändern. Der Vater reflektiert in diesem Zusammenhang seine begrenzten Einflussmöglichkeiten, verbindet mit seinem Engagement jedoch die Hoffnung, mit diesem »etwas durchzusetzen«.

Während Demircan auf Ebene der Schulinspektion versucht, einem Othering von Schüler_innen als ›nicht-deutsch‹ sowie damit verbundenen diskriminierenden Effekten entgegenzuwirken, verleiht der Vater Kemal Ettin seiner Kritik vor allem im Gespräch mit seinem Sohn und anderen als ›Ausländer‹ adressierten Jugendlichen seines Umfelds Ausdruck. So versucht er die Jugendlichen zu *empowern*, sich gegen festlegende Zuschreibungen als ›Ausländer‹ zu wehren und diese durch eine Selbstpositionierung als ›Berliner‹ zu durchbrechen:

»Ettin: Erste Generation hat man ›Ausländer‹ gesagt. Danach ›Fremde‹. Jetzt haben sie uns ›mit Migrationshintergrund‹ abgestempelt. Also und ich motiviere meinen Sohn, ich habe damit angefangen, ich sage meinem Sohn: ›Du bist ein Berliner. Und du bist ein Deutsch-Türke. Und niemand hat das Recht, dich als ›Migrantenkind‹ zu bezeich-

nen oder ›Ausländer‹ oder ›Fremder‹. Das bist du nicht. Du bist hier geboren. Du gehst hier in die Schule. Du wirst später hier arbeiten und deine Leistung hier abgeben. Und du muss hier auch Steuern zahlen.‹ […]. Und so müssen wir natürlich anfangen mit unseren Kindern umzugehen. Ich betreue auch 'ne Schulmannschaft nebenbei, eine Migranten-Schulmannschaft. Hauptsächlich, wo arabische Spieler in der Mannschaft sind. Und die bezeichnen sich wie vor 40 Jahren als ›Ausländer‹. […]
Interviewerin: Wie kommt das?
Ettin: Keine Anerkennung und, genau: Sie fühlen sich ausgegrenzt.
Interviewerin: Sprechen Sie mit denen über diese Bezeichnung?
Ettin: Natürlich, jedes Mal. Ich sage: ›Jungs, also ihr seid hier geboren, ihr seid gebürtige, waschechte Berliner. Hört damit auf, euch selbst zu verurteilen, abzustempeln.‹«
(146ff.)

Ettin beschreibt hier zunächst die diskursive Entwicklung eines auf ihn, seinen Sohn und ein (unbestimmtes) »Uns« bezogenes natio-ethno-kulturelles Othering. Dessen historische Kontinuität rekonstruiert er anhand der Bezeichnungen bzw. diskursiven Kategorien der ›Ausländer‹, ›Fremden‹ und ›mit Migrationshintergrund‹. Ettin verbindet mit den genannten Bezeichnungen eine Aberkennung der Zugehörigkeit zur ›deutschen‹ Gesellschaft. Vor diesem Hintergrund vermittelt der Vater seinem Sohn mit Vehemenz, sich selbstverständlich als »Berliner« und »Deutsch-Türke« zu verstehen. Ein solches Selbstverständnis legitimiert Ettin dadurch, dass sein Sohn »hier geboren«, »hier in die Schule« geht und später »hier auch Steuern zahlen« wird. Der Vater findet es wichtig, auch anderen Kindern, die sich über eine gesellschaftliche Markierung als ›Ausländer‹ ausgegrenzt sehen, das (Selbst-)Bewusstsein zu vermitteln, sich als »waschechte Berliner« zu verstehen und als solche offensiv in der Öffentlichkeit zu positionieren. Er sieht eine solche Form des *Empowerments* nicht nur in seiner individuellen, sondern auch in einer kollektiven Verantwortung und appelliert hier an ein ›Wir‹, welches den Jugendlichen zu einem neuen Zugehörigkeits- und Selbstwertgefühl verhelfen müsse. Der Vater verfällt dabei zunächst selbst in eine Kategorisierung der Jugendlichen als »Migranten« und »arabische Spieler« und erkennt ihnen in diesem Moment ihr ›Deutschsein‹ gleichsam sprachlich ab – eine Ambivalenz, die auf die Verwobenheit von Ettins Sprechen in den oben analysierten und von ihm zugleich kritisierten Diskurs verweist.

Die Mütter Kurban und Sezer thematisieren und kritisieren im Interview zudem zahlreiche Vorurteile, mit denen verschiedene Pädagog_innen dem Kopftuch ihrer Töchter in der Schule begegnen. Kurban merkt an, dass nicht nur die Toleranz gegenüber dem Kopftuch an der Schule insgesamt gering sei. Auch würden konkrete Versuche unternommen, die Tochter und ihre Mitschülerinnen vom Tragen des Kopftuchs sowie von bestimmten muslimischen Praktiken abzubringen. Diesbezüglich erzählt Kurban, dass ihre Tochter schon mehrmals von »ihrer Klassenlehrerin angemotzt« wurde und es hieß: »›Du sollst nicht mehr zur Moschee gehen‹, so und, ›weil du da falsch rum liest ((!)) und hier in der Schule kannst du nicht lernen‹« (Kurban: 64). Kurbans Tochter sei daraufhin wiederholt »sehr traurig« (ebd.) von der Schule nach Hause gekommen und habe der Mutter von dem Gespräch mit der Lehrerin erzählt. Kurban gibt an, daraufhin das Gespräch mit der Lehrerin gesucht zu haben.

In diesem bringt sie ihren Unmut über die Situation wie folgt zum Ausdruck: »Ich sag': ›Das können Sie doch nicht einem Kind ((!)) [...] sagen: ›Du sollst nicht mehr zu Moschee gehen.‹ Das dürfen Sie doch gar nicht sagen!‹« (ebd.). Im Gespräch kritisiert Kurban das Vorgehen der Lehrerin nicht nur, sondern führt dieser auch alternative Möglichkeiten vor, wie sie das von ihr wahrgenommene Problem frühzeitig hätte aus dem Weg räumen können: »Hab' ich dann auch mit der Lehrerin gesprochen, ich sag': ›Sie könnten das mit mir besprechen. Ich hätte Sie aufklären können ((!)). Oder wenn Sie Interesse haben, kommen Sie einfach zur Gemeinde und gucken sich an, was hier alles passiert‹« (ebd.). Kurban bietet der Lehrerin an, sich über einen Besuch der Moscheegemeinde hinsichtlich ihrer Vorurteile »aufklären« zu lassen. Das Angebot Kurbans kann als eine aktive Bemühung interpretiert werden, mit der Pädagogin in den Austausch zu treten, auch um so einer diskriminierenden Behandlung ihrer Tochter in der Schule vorwegzugreifen. Die Einladung in die Moscheegemeinde Kurbans, so erzählt Kurban später, wurde von der Lehrerin jedoch nicht angenommen.

Auch Sezer berichtet, dass eine diskriminierende Adressierung hinsichtlich des Kopftuchs ihrer Tochter durch einzelne Pädagog_innen in ihrem familiären Alltag immer wieder Thema sei. So auch in der folgenden, von Sezer geschilderten Situation:

> »Ich war vor Kurzem mit meiner großen Tochter [...] auf der Bildungsmesse. Und da haben wir gefragt wegen Immobilienkauffrau. Und da hat sie gesagt: ›Ne unsere Berufslehrerin hat gesagt, mit Kopftuch kannst du keine Immobilienkauffrau werden.‹ Habe ich gesagt: ›Wie? Das ist eine Diskriminierung. Das kann ja gar nicht sein. Das geht ja auch gar nicht, das ist ja auch nicht so. Nein, nein, das muss ich erst fragen.‹ Dann sind wir halt zu dem Stand gegangen und dann haben wir auch gefragt, und dann meinte sie: ›Ja, kann ich denn mit meinem Kopftuch?‹ und so. Meinte die Frau: ›Na ja, Sie sollen ja mit Ihrem Kopf arbeiten und nicht mit dem Kopftuch ((lacht)).‹ ›Ja aber meine Lehrerin hat mir gesagt...‹ Meinte: ›Ja, dann hat sie dir was Falsches gesagt.‹ Meinte ich: ›Ja, wie kommt die überhaupt auf solche Ideen. Warum sagt sie ihr so was? Das darf sie gar nicht machen.‹ [...] Das darf's eigentlich nicht geben. Aber gut, es ist einfach so.« (260)

Als Sezer während des gemeinsamen Besuchs der Bildungsmesse erfährt, dass die Berufslehrerin gesagt habe, die Tochter könne aufgrund ihres Kopftuchs keine Immobilienkauffrau werden, reagiert Sezer zunächst ungläubig, da es sich dabei um »eine Diskriminierung« handeln würde. Sezer fragt daraufhin am entsprechenden Messestand gemeinsam mit ihrer Tochter nach. Dort erfahren sie, dass – entgegen der Aussage der Lehrerin – ein Kopftuch kein (offizielles) Ausschlusskriterium von einer Ausbildung zur Immobilienkauffrau darstellt. Sezer hinterfragt die Aussage der Lehrerin hinsichtlich ihrer Intention. Dabei schlägt die anfängliche Empörung Sezers schnell in Ernüchterung und Resignation um, worauf die abschließende Feststellung der Mutter – »es ist einfach so« – hinweist.

Während Sezer angibt, gegen die von ihr und ihrer Tochter erlebten Adressierungen innerhalb der Schule nicht weiter vorzugehen, versucht Kurban durch verschiedene kritische Interventionen auf einen (potenziell) diskriminierenden Umgang mit muslimischen Schüler_innen an ihrer Schule immer wieder aufmerksam zu machen. Sie schildert dies am Beispiel einer Diskussion in der Gesamtelternvertretung ihrer Schule, deren Mitglied Kurban seit einigen Jahren ist. Die Mutter betont, dort »die Einzige« zu sein, »die in der Gruppe Kopftuch hat« (Kurban 72). Im Gespräch geht sie auf eine Sitzung der Elternvertretung näher ein, in der die »Schulregeln« gemeinsam mit der Leitung der Schule überarbeitet werden sollten. Kurban erzählt, dass sie dabei auf eine neu hinzugefügte Regelung gestoßen sei, die sich auf ein Kopftuchverbot an der Schule bezog: »Da stand: ›Es dürfen keine Kinder mit Kopftuch in den Klassenraum kommen; wenn, dann müssen die Eltern unterschreiben‹« (ebd. 73). Kurban interveniert, indem sie die Schulleitung fragt: »Was soll denn das?«. Die daran anschließende Diskussion schildert sie wie folgt:

> »Kurban: Und dann meinten die so: ›Ne, wir meinten Cappy.‹ Und dann hab' ich gesagt: ›Aber da steht kein Cappy. Da steht Kopftuch.‹
> Interviewerin: Da stand Kopftuch?
> Kurban: Ja. Da können sie nicht sagen ›Cappy oder Kapuze‹ – steht nicht drauf. […] Und ich hab' dann gesagt: ›Das ist ((!)) 'ne offizielle ((!)) Diskriminierung ((!)). Was soll denn das ((!))?‹ ((aufgebracht)) […] Dann hab ich den Schulleiter gefragt: ›Können Sie diesen Satz bitte ((!)), bitte ((!)) richtig lesen ((!)) und mir sagen, was Sie darunter verstehen?‹ ((ruhiger)). Und dann meinte er: ›Ja, Sie haben Recht. Das hört sich wirklich nach Diskriminierung an.‹
> Interviewerin: Was ist dann damit passiert, mit der Formulierung?
> Kurban: Dann hat sich das erledigt, die wurde rausgenommen.« (Ebd. 74ff.)

Mit der Aussage der Schulleitung, dass es sich bei der Neuregelung um ein Verbot jeglicher Kopfbedeckungen an der Schule handelt, fühlt sich Kurban absichtlich in die Irre geführt (»[…] ich habe mich irgendwie so verarscht gefühlt«, ebd. 82). Dieses Gefühl wird bei ihr durch den Verdacht gestärkt, dass die Schulleitung zunächst nicht intendierte, die Implementierung des Kopftuchverbots auf der Gesamtelternvertretung näher zu diskutieren:

> »Und dann hab' ich mal auf die Tagesordnung geguckt ((lacht leicht)) […]. Die haben immer Schritt für Schritt gemacht, bis zu dem Thema, und dann haben sie es übersprungen. Also dann war dieses Thema, eigentlich hatten sie es schon im Kopf, aber sie haben es anscheinend nicht gedacht: ›Die werden das wirklich beachten und darüber diskutieren.‹ Weil ich dann einzige Kopftuchträgerin da in der Gruppe bin.« (Ebd. 80)

Kurban geht davon aus, dass die Schulleitung auf der Elternversammlung bewusst versucht habe, die Thematisierung des Kopftuchverbots zu übergehen. So glaubt sie, dass die Schulleitung die Möglichkeit eines elterlichen Widerstands gegen die Neuregelung zwar antizipierte, jedoch hoffte, diese – auch aufgrund des geringen Anteils von betroffenen Eltern bzw. »Kopftuchträgerin[nen]« – im Elterngremium ohne weitere Diskussion durchwinken zu können. Durch die Intervention Kurbans fühlt sich die Schulleitung in gewisser Hinsicht ertappt und gibt – wohl wissend, dass sie keine Argumente gegen Kurbans Einwände anbringen kann, ohne sich direkt für eine Diskriminierung von Schülerinnen mit Kopftuch auszusprechen – die genannte Formulierung auf.

In den Interviews berichten die Eltern nicht nur von Situationen eines (diskriminierenden) Otherings, welches ihre Kinder im Schulalltag erleben. Sie thematisieren auch zahlreiche Vorurteile, mit denen ihnen selbst sowie anderen Eltern in den Schulen ihrer Kinder begegnet wird. So reflektieren gleich mehrere Eltern im Gespräch stereotype Zuschreibungen, die sich auf ihren ›muslimischen‹ und/oder ›migrantischen‹ Hintergrund beziehen und die beispielsweise von Soysal wie folgt beschrieben werden:

> »[…] wenn eine Mutter mit Kopftuch ankommt, wird ihr dann unterstellt, sie hat keine Ahnung, sie weiß eh nicht, worum es geht. Oder ich merke das an Cems Freunden auch, wenn die Frauen, die Mütter Kopftücher tragen, dass es dann immer heißt, die wissen nicht, wie der Leistungsstand ist, wie das Bildungssystem in Deutschland ist. […]. Man spürt das, man kann das nicht genau fassen und definieren, aber man spürt einfach diese Vorbehalte und diese Diskriminierung.« (12)

Soysal beobachtet, dass Frauen mit Kopftuch an der Schule ihres Sohnes meist per se ein Unwissen über den »Leistungsstand« ihrer Kinder sowie das »Bildungssystem in Deutschland« zugeschrieben wird. Die Mutter spricht hier von »Vorbehalten« und »Diskriminierung«, die allerdings »nicht genau [zu] fassen« seien bzw. sich eher implizit artikulierten und die sich somit von Soysal und den betroffenen Frauen nur schwer offenlegen bzw. beweisen ließen.

Kurban, die anders als Soysal selbst ein Kopftuch trägt, macht Vorurteile, mit denen ihr in der Schule ihrer Tochter begegnet wird, vor allem an »Blicken« fest: »Na ja, viele, wirklich viele ((!)) denken, wenn man so mit ersten Blick steht man da: ›Sie hat Kopftuch, sie kann bestimmt kein Deutsch, sie hat bestimmt keine Kenntnis von was weiß ich was‹. Da wird im ersten Moment so geguckt, das kann man ja auch an den Blicken sehen« (Kurban 40). Auch in Bezug auf ihre Teilnahme an verschiedenen »Elternseminaren« äußert Kurban das Gefühl, von »vielen Lehrern« aufgrund ihres Kopftuchs schnell vorverurteilt zu werden, im Sinne von: »›Ach, Kopftuchträgerin, Muslimin, kann sowieso nichts‹« (ebd. 44). Die von Kurban beschriebenen pauschalisierenden Zuschreibungen, die mit ihrer Positionierung als »Muslimin« und »Kopftuchträgerin« einhergehen, scheinen auch für sie nur schwer zu greifen. So artikulierten sich diese meist nicht explizit und verbal, sind für sie jedoch deutlich zu spüren.

Die Mutter Turgut teilt diesen Eindruck und schildert ihre persönlichen Erfahrungen am Beispiel eines »Elterngespräch[s]« mit dem »Mathe- und Französisch-Lehrer« ihrer Tochter. Da sich die Matheleistung der Tochter im Laufe des Schuljahres verschlechtert habe, konfrontiert der Lehrer die Mutter zu Beginn des Gesprächs mit der Frage: »›Was ist denn da bei Ihnen zu Hause los?‹ ((vorwurfsvoll))« (Turgut 252). Turgut fasst diese Frage als eine »Unterstellung« des Lehrers auf, »dass wir uns nicht um unsere Kinder kümmern, oder unseren Pflichten nachkommen und so weiter« (ebd.). Sie spricht hier verallgemeinernd von »uns«, unter welchem sie neben ihrer Familie weitere »türkische Familien« subsummiert bzw. Familien, die wie Turguts als solche in der Schule ihrer Kinder positioniert werden. So führt sie an anderer Stelle im Interview aus: »Für viele Lehrer ist es ungewöhnlich, dass mal auch türkische Familien ein schön eingerichtetes Kinderzimmer haben, oder Schreibtische haben, dass die Kinder mal ihre Hausaufgaben erledigen können« (ebd. 41). Demgegenüber geschehe es »sehr oft«, »[d]ass die Lehrer einfach mal so einen auf dem Kieker haben und dann ist man abgestempelt, […] da hat man keine Chance mehr« (ebd. 243). Auch hier bezieht sich das Indefinitpronomen »man« auf die von Turgut in der Schule verallgemeinernd zugeschriebene Identität als »türkisch-stämmige« Mutter (ebd.). Dabei führt Turgut zwar an anderer Stelle im Interview relativierend an, dass sich die von ihr beobachteten Zuschreibungen »jetzt nicht nur auf den Migrationshintergrund« beziehen (ebd. 244). Sie stellt im Interview allerdings die Frage: »Aber warum ist das mehr Anteil immer mit dem Migrationshintergrund? Da beschuldigen die Lehrer sofort dann die Eltern, ja, viele Lehrer denken wirklich so: ›Türkischer oder arabischer Hintergrund – zu Hause: Mama vor dem Herd, Papa vor der Glotze ((lacht)). Das ist dieses Bild von den Eltern« (ebd.).

Turgut schildert, wie sie die im Gespräch mit dem Lehrer zum Ausdruck kommenden Vorurteile in ihrer Entgegnung aufgreift und »ein bisschen anders dreht« (ebd. 254):

> »Sag' ich: ›Was ich mit meiner Tochter mache? Wenn sie von der Schule kommt, schmeißt sie ihre Schulsachen irgendwo zur Seite und dann sitzt sie vor der Glotze, neben Papa. Und dann essen wir vor der Glotze‹. Ich sage: ›Wir machen gar nichts, keine Ausflüge – um Gottes Willen‹, sag' ich, ›wozu eigentlich? Und ich koche ja auch den ganzen Tag‹ ((in ironisch und gleichzeitig empörten Ton)).« (Ebd. 252)

Über das Mittel der Ironie überspitzt Turgut die vom Lehrer implizit vermittelten stereotypen Zuschreibungen ins Groteske. Sie kann dem Lehrer so die Unangemessenheit seiner Unterstellung vor Augen führen und eine Kritik an seinem Verhalten kommunizieren, ohne ihn dabei direkt anzugreifen. Turgut versucht schließlich die Gesprächssituation pragmatisch zu wenden, indem sie auf die eingangs gestellte Frage des Lehrers (»Was ist denn da bei Ihnen zu Hause los?«) nüchtern antwortet: »Zu Hause ist nichts vorgefallen, ist keine Verwandte gestorben, Eltern sind noch zusammen. Es ist nichts vorgefallen‹, sag' ich, ›da muss ja was hier an der Schule liegen‹« (ebd.). Turgut spricht die (Mit-)Verantwortung des Lehrers bzw. »der Schule« für den Notenabfall ihrer Tochter deutlich an, um daraufhin in versöhnlichem Ton auf den Lehrer einzugehen und diesem »einen Mittelweg« vorzuschlagen:

> »Sag' ich: ›Herr [Name des Lehrers], [...] können wir doch irgendwie einen Mittelweg finden. Deshalb sitz' ich ja auch vor Ihnen, hab' ja halbe Stunde auf Sie gewartet.‹ Sag' ich: ›Ich kann ja was als Elternteil dazu beitragen und Sie als Lehrer, ne?‹ ((bestimmt)) – Und jetzt steht sie auf einer Drei plus bis Zwei, Mathe und Französisch. Hat also doch was gebracht.« (Ebd. 256)

Turgut führt hier die Verbesserung der Schulnoten ihrer Tochter nicht auf eine tatsächliche Leistungsverbesserung dieser zurück, sondern auf ihr Gespräch mit dem Lehrer. Dass sie sich in der Unterhaltung diplomatisch zeigt und ihr Bemühen betont, mit dem Lehrer im Austausch zu bleiben, stellt sie als eine Form der strategischen Kommunikation dar. So ist sich Turgut bewusst:

> »Aber wenn ich an dem Tag nicht da gewesen wäre zum Beispiel [...], sie hätte bestimmt eine Fünf oder was weiß ich bekommen. Und dann hätte Herr [Name des Lehrers, E.K.] gesagt: ›Ja, ist ja kein Wunder, was sucht sie denn hier? Im Gymnasium hat sie doch nichts zu suchen, so eine Schülerin.‹ Dann ist man wieder die mit dem Migrationshintergrund.« (Ebd. 260)

Turgut beschreibt es als für den Schulerfolg der Tochter besonders wichtig, dass sie in deren Schule stets präsent ist und dort gegen die Vorurteile hinsichtlich des ›Migrationshintergrundes‹ ihrer Tochter arbeitet, um so eine hiermit möglicherweise verbundene Diskriminierung ihrer Tochter in der Schule abzuwenden.

Im Zusammenhang ihrer Kritik an essentialisierenden Zuschreibungen in der Schule ihrer Kinder nehmen Demircan, Turgut, Soysal und Kurban wahr, dass sie als Migrationsandere positionierte Eltern aufgrund ihres starken Engagements in der Schule vielfach eine Besonderung als ›Ausnahmen von der Regel‹ erfahren. Diese beschreibt Turgut, die sich neben ihrem Engagement als Mutter auch als Mitarbeiterin einer ›Migrant_innenorganisation‹ aus beruflichen Gründen viel an der Schule ihrer Tochter aufhält, wie folgt

> »Viele deutsche Mütter haben mich gefragt, ob ich wirklich Türkin bin. In der ersten Zeit habe ich das so als Kompliment entgegengenommen – ha, mhm, ja ((spielt geschmeichelt)). Und später habe ich das als Beleidigung empfunden, weil die wollten einfach nicht wahrhaben, dass ich wirklich eine Türkin bin, weil ich so engagiert und so, [...] mich immer so intensiv gekümmert habe. Das wollten sie einfach nicht wahrhaben.« (Ebd. 43)

Dass ihr türkischer Hintergrund von vielen ›deutschen‹ Müttern hinterfragt wird, nimmt Turgut zunächst »als Kompliment« auf. Turgut scheint sich der den ›türkischen‹ Eltern allgemein zugeschriebenen negativen Eigenschaften bewusst und sich über die Ausnahme von diesen als ›gute Mutter‹, die sich »engagiert« und »intensiv kümmert«, (an)erkannt zu fühlen. Turgut realisiert jedoch »später«, dass das Hinterfragen ihrer nationalen Zugehörigkeit vor dem Hintergrund ihres Engagements in der Schule mit einer verallgemeinernden Aberkennung des Engagements von ›türkischen‹ Eltern einhergeht. Ihre Empörung hierüber stärkt die Mutter zum einen in ihrer Identität als »Türkin«. So positioniert sich Turgut an dieser Stelle im Interview nun explizit als solche. Die beschriebene Adressierungserfahrung führt bei Turgut zu der Einstellung, dass »[m]an« gegen die hiermit verbundene Fremdzuschreibung »[an]kämpfen« muss: »Man muss dann immer dagegen kämpfen und sagen: ›Ne, hallo, es gibt auch so viele von meiner Sorte!‹ ((laut)) Aber die wollen das nicht wahrhaben, das ist unser Problem« (ebd.). Für Turgut erscheint es vor diesem Hintergrund wichtig, sich mit anderen Eltern ihrer »Generation« zu verbünden:

> »Deshalb müssen wir ja unsere ((!)), meine Generation, deshalb sag' ich ja, – ich bin aber auch nicht Einzelfall, also alle ((!)) meine Freunde sind so wie ich, alle ((!)), wir unterstützen wirklich mit allem Drum und Dran – es ist auch nicht wenig von unserem Sortiment, sind wirklich viele, und wir geben uns auch wirklich immer Tipps und wir geben das auch immer weiter. Und wir sind nicht so eigensinnig und sagen: ›Ach, meinem Kind geht's hier gut‹ – ganz im Gegenteil, ich gebe halt die Erfahrung, die ich hier selber gemacht habe, auch hier an die Eltern weiter.« (Ebd. 25)

Wie Turgut beschreibt, führt ihre besondere Adressierungserfahrung sowie die damit verbundene (Selbst-)Identifizierung als »türkische Mutter« zu einem Verantwortungsgefühl, sich gegenüber gleichsam als ›türkisch‹ gelabelten Eltern und Schüler_innen solidarisch zu verhalten und »Tipps« und »Erfahrungen« (ebd. 25) weiterzugeben, um bestehende stereotype Bilder über ›türkische Familien‹ in der Schule zu ›bekämpfen‹.

Auch Kurban berichtet im Gespräch, dass auf ihr Engagement in der Schule zunächst mit Überraschung reagiert wurde: »Die haben das von mir am Anfang gar nicht erwartet. [...] na ja, bedeckte Person, geht in die Schule, meldet sich: ›Da will ich rein, dort will ich rein.‹ Haben sie erst mal bei mir gar nicht erwartet« (Kurban 86). Kurban spielt hier erneut auf die Vorurteile an, mit denen ihr und anderen Frauen mit Kopftuch von Seiten der Schule begegnet werde. So werde von einer »bedeckten Person«, wie sich Kurban im Interview bezeichnet, beispielsweise nicht »erwartet«, dass sie sich für die Wahl zur Elternvertreterin aufstellen lasse. Das gegenteilige Verhalten Kurbans löst dementsprechend Verwunderung in der Schule aus.

Soysal erzählt ebenfalls von einer häufig erlebten Besonderung in der Schule und führt diesbezüglich aus: »[...] weil ich mit meinem Minirock da ankomme in der Schule, dann in dem Moment, wo sie mich sehen, denken sie ›Oh‹, und dann sind sie auch Cem gegenüber anders: ›Du kommst ja aus einer ganz anderen Familie‹ – nach dem Motto: ›Ja, Sie sind ja anders‹ – hab' ich mal von einem Spanisch-Lehrer gehört« (Soysal 41). Das Auftreten und der Kleidungsstil Soysals scheinen die Pädagog_innen in ihrem dominanten Bild von ›(muslimischen) Müttern mit Migrationshintergrund‹ zu irritieren. In der Folge erfahren Soysal und ihr Sohn eine Adressierung als ›andere Andere‹ in der Schule. Eine solche Positionierung, so schildert Soysal weiter, führe im Kontakt mit den Pädagog_innen zu Situationen, in denen diese sich Soysal gegenüber ›anvertrauen‹ und ihre Vorurteile gegenüber ›muslimischen‹ Jugendlichen und ihren Eltern vor Soysal offen äußerten. So berichtet sie davon, wie ein Lehrer mit den Worten an sie herangetreten sei: »›Aber wir haben ja auch schon Probleme mit muslimischen Jugendlichen. Die Eltern zu Hause kümmern sich nicht um die Kinder‹« (ebd.). Soysal nutzt ihr Vertrauensverhältnis zum Lehrer nun nicht, um sich der Sichtweise des Lehrers anzuschließen, sondern um deutliche Kritik an dieser zu äußern. So entgegnet sie dem Lehrer:

> »Und ich meinte: ›Warum gehen Sie davon aus, dass eine muslimische oder eine arabische Familie sich nicht um die Kinder kümmert? Warum?‹ [...] Und dann: ›Na ja, das sind die Erfahrungen.‹ ›Na ja, vielleicht gehen Sie mal in die Familie und besuchen Sie mal die Familie. Oder reden Sie mal mit der Familie. Okay, dann holen Sie sich einen Dolmetscher dazu. Ist nicht immer so.‹« (Ebd.)

Soysal hinterfragt die Ansichten und Erfahrungen des Lehrers explizit. Sie geht davon aus, dass es sich hier um vorurteilsbehaftete Ansichten handelt, denen der Lehrer seine Erfahrungen mit bestimmten Eltern und Schüler_innen seiner Schule unterordnet. Vor diesem Hintergrund fordert Soysal ihn auf, sein bestehendes Bild von »muslimische[n]« sowie »arabische[n] Familien[n]« mit der Realität abzugleichen. Ihre Schilderungen geben erneut den Blick auf einen kritisch-reflexiven Moment in der Interviewsituation frei, in dem sie sich und anderen die komplexen Positionierungs- und Zuschreibungsverhältnisse in der Schule bewusst macht. Soysal reflektiert ihre Involviertheit in diese und leitet daraus wie Kurban und Turgut ein Handeln ab, über welches sie versucht, ihre Position als ›andere Andere‹ zu nutzen, um ein bestimmtes über sie und andere Familien vorherrschendes Wissen in der Schule zu hinterfragen und zu irritieren.

Der Vater Demircan reflektiert im Interview, dass er das, was er und seine Familie in Schule und Gesellschaft zum Teil erlebten, »auf jeden Fall nur mit Rassismus bezeichnen« könne (Demircan 72). Dabei geht Demircan nicht nur von seiner individuellen, sondern von einer kollektiven Erfahrung aus: »Ja, also [...] wir können hier ((zeigt auf verschiedene Spieler_innen auf dem Fußballfeld und Eltern am Seitenrand)) irgendeinen ((!)) holen und fragen: ›Hast du den Eindruck, dass du diskriminiert wirst?‹ Jeder wird das sagen!« (ebd. 143). Demircan nimmt an, dass »faktisch [...] auf allen Ebenen der Gesellschaft in Deutschland diskriminiert wird«, diese Tatsache gesellschaftlich allerdings »ein Tabu darstellt« (ebd. 81). Demircan versteht es als wesentliche Verantwortung der »Gesellschaft«, »sich bewusst« zu werden, »dass bestimmte Bereiche von Migrantencommunities auf jeden Fall diskriminiert werden« und es wichtig ist, »dagegen zu wirken« (ebd. 141).

Die Kritik, die Demircan und andere Eltern hinsichtlich Diskriminierung in der Schule im Interview äußern, bezieht sich vorwiegend auf Erfahrungen in individuellen Interaktionen mit einzelnen Pädagog_innen. Vereinzelt heben die Eltern im Interview jedoch auch auf institutionelle und politisch-strukturelle Faktoren ab, die sie im Zusammenhang mit ihren Othering-Erfahrungen in der Schule reflektieren. So verstehen einige Eltern ihre spezifischen Adressierungserfahrungen im schulischen Alltag auch als Ausdruck gesellschaftlich vorherrschender Perspektiven auf ›die Migranten‹ und ›die Muslime‹ in Deutschland. Soysal und Demircan sprechen in diesem Zusammenhang einen (mehrheits-)gesellschaftlichen anti-muslimischen Diskurs an, der von Seiten der Medien und Politik befördert werde und gegen den »man« auch in der Schule »ständig [...] ankämpfen« und sich »verteidigen« müsse (Soysal 98). Demircan und Kurban kritisieren diesbezüglich, dass ›Muslime‹ in den Nachrichten vielfach mit »Extremisten« gleichgesetzt werden (Demircan 86) bzw. so dargestellt werden, als wären »alle muslimischen Personen wirklich Terroristen« (Kurban 179). Soysal verweist zudem auf die »anti-muslimische Hetze« Thilo Sarrazins, die »Vermisst-Kampagne« des damaligen Innenministers Hans-Peter Friedrich, die Verwehrung der doppelten Staatsbürgerschaft »zum Beispiel für die erste Generation« von Personen mit türkischem Pass sowie veröffentlichte »Studien, wo Jugendliche mit Migrationshintergrund kriminell sind« (Soysal 98). Soysal versteht diese als diskursive Ereignisse, die dazu führten, dass sie sich »noch nie so muslimisch gefühlt« habe »wie in den letzten Jahren«: »Ich bin in so eine Situation geraten, wo ich Muslime ständig verteidige« (ebd. 99).

Im Kontext einer so formulierten Kritik begründen einige Eltern ihr Engagement in sowie im Kontext der Schule. Diesbezüglich berichten sie beispielsweise von Aktivitäten in ›Migrantenorganisationen‹, Elterngremien sowie in unterschiedlichen Initiativen im Sozialraum, in denen sie sich (auch) gegen Diskriminierung und sich mit anderen Eltern und zivilgesellschaftlichen Akteur_innen verbünden. Neben einer solch ›emanzipatorischen Energie‹, welche die Adressierungs- und Diskriminierungserfahrungen bei einigen der Eltern freisetzen, wird in den Interviews allerdings auch deutlich, dass die Bemühungen, gegen (rassistische) Diskriminierung in der Schule vorzugehen, die Eltern »viel Kraft« kosten (Turgut 190). So beschreibt Turgut, dass sie sich durch die diskriminierungskritischen Interventionen an der Schule ihrer Tochter einerseits zwar »erleichtert« fühle, sie sich jedoch andererseits »manchmal« sage: »Mensch ich schaff das nicht, das kostet einen so viel Kraft‹« (ebd.). Turgut empfindet es als besonders anstrengend, dass die von ihr erlebte Diskriminierung von den »deutschen Pädagogen« häufig als ›persönliches Empfinden‹ ausgelegt und ihr auf diese Weise abgesprochen werde: »Und wenn ich es so dann erzähle, dann sagen die deutschen Pädagogen so zu mir: ›Du empfindest das sehr persönlich‹« (ebd. 96). Turgut schlussfolgert hieraus für sich:

> »Ich sage immer: ›Als Elternteil in Deutschland muss man einen Buckel haben, aber als Elternteil mit Migrationshintergrund in Deutschland braucht man einen Doppel-buckel‹. Das ist ja auch klar, also wir lesen das ja auch überall. Die Kinder sind ja in Deutschland nicht beliebt.« (Ebd. 98)

Soysal teilt die Erfahrung und Perspektive Turguts. Bezüglich pauschalisierender Zuschreibungs- und Adressierungsweisen in sowie im Kontext der Schule führt sie aus, dass

> »man […] als Mutter tagtäglich gegen solche Erfahrungen ankämpft, die die Kinder machen und versucht, das irgendwie auch zu relativieren, auszugleichen und zu kom-pensieren […]. Aber es ist eben eine Erfahrung, die man macht und die einen wirklich als Mutter insbesondere auch sehr, sehr beeinflusst, auch emotional: ›Warum muss dieses Kind...‹, ne? Ich denke, ich kann gut damit umgehen. Ich erleb' das ja auch, diese Diskriminierungserfahrungen. Ich freu' mich, wenn ich irgendwie als Zeugin aussagen möchte und bei der Polizei war und dann rauskomme und sage: ›Ich wurde nett behan-delt.‹ Obwohl das eigentlich das Normalste sein sollte, dass man nett behandelt wird. Aber als Mutter denkt man dann: ›Warum muss mein Kind das auch durchmachen‹, ne?« (16)

Soysal spricht hier von Diskriminierung als einer Erfahrung, die sie und ihr Sohn tag-täglich machten. Sie meint mit dieser ›Normalität‹ »gut […] umgehen« zu können, sorgt sich diesbezüglich jedoch um ihren Sohn. Es belastet Soysal »auch emotional«, dass dieser ähnliche Erfahrungen machen müsse wie sie. »[S]olche Erfahrungen […] zu rela-tivieren, auszugleichen und zu kompensieren« beschreibt sie als einen fortwährenden Kraftakt. Während Soysal den ›Kampf‹ gegen Diskriminierung in Schule und Gesell-schaft immer wieder entschlossen aufnimmt, macht sie an anderer Stelle im Interview deutlich, dass sie sich nicht vorstellen könne, einen solchen Kampf bis an ihr Lebens-ende zu führen. Diesbezüglich gibt sie an:

> »[…] also, Frau Kollender, ganz ganz ehrlich: Ich werde in Deutschland nicht alt wer-den. Also ich werde nicht hier leben, und ich hätte gerne meinem Sohn erspart, das zu erleben, was er erlebt, in der Schule, im Alltag. Aber Tatsache ist, ich kann es nicht rück-gängig machen, er ist hier geboren, er geht hier zur Schule. Ich hoffe, dass er irgendwo mal seinen Weg findet und dann auch so gestärkt aus diesen schlechten Erfahrungen, die er gemacht hat, dann selbst entscheidet, ob man hier lebt. Aber ich werde definitiv nicht in Deutschland alt. Also ich werde dieses Land auf jeden Fall verlassen, denn wir erleben es tagtäglich.« (Ebd. 96)

Trotz ihres eigenen kontinuierlichen Einsatzes, zeigt sich Soysal hoffnungslos hinsicht-lich einer Veränderung der von ihr beschriebenen Diskriminierungsverhältnisse. Sie zieht daraus den Entschluss, »in Deutschland nicht alt« zu werden und »dieses Land auf jeden Fall [zu] verlassen«. Es spricht hier aus Soysal eine gewisse Resignation, an den bestehenden Verhältnissen nachhaltig etwas verändern zu können sowie das Bedürfnis, der alltäglichen Konfrontation mit Rassismus und Diskriminierung in Deutschland über die Migration in ein anderes Land zu entkommen.

(Eltern-)Vereine Auch die Vertreter_innen der Berliner (Eltern-)Vereine setzen sich in den Interviews vielfach kritisch mit dominanten natio-ethno-religiös-kulturellen Grenzziehungs- und Diskriminierungsprozessen in den Schulen auseinander. Vor allem die Vereinsvertreter Can Akgün und Mehmet Güler, die beide im selben Elternverein engagiert sind, problematisieren im Interview immer wieder »Verallgemeinerungen im täglichen Miteinander«, die »die Zusammenarbeit vor Ort erschweren« (Güler 109). Wie sich dies konkret auf das Verhältnis von Eltern und Schule auswirkt, konkretisiert Güler wie folgt:

> »Es erstaunt mich immer noch, wie wenig Lehrerinnen und Lehrer, obwohl wir über
> sechzigjährige Einwanderung haben mittlerweile – also nach dem 2. Weltkrieg, die
> neuere –, von anderen Kulturen oder über die Herkunft ihrer Schülerinnen und Schüler
> und deren Eltern wissen. Was teilweise auch zu Selbsthemmnissen führt, also: ›Wie
> verhalte ich mich, wenn ich Herr Akgün gegenüberstehe?‹, so also, ›darf ich ihm als Frau
> die Hand geben oder als Mann ihnen die Hand geben?‹ Oder so diese Vorstellung: ›Ich
> werde als Lehrerin nicht ernst genommen, weil ich eine Frau bin.‹ Das habe ich auch
> öfters gehört […]. Dass sich das so manchmal vielfach als Vorurteil in den Kopf gesetzt
> hat, was ja auch eine Art Verallgemeinerung der Menschen mit Migrationshintergrund
> ist, […] und dann wird gesagt: ›Alle Türken und Araber sind Moslems und alle Moslems
> sind gleich. Ein Moslem, eine Muslimin verhält sich dann so oder so‹.« (Ebd.)

Güler problematisiert verallgemeinernde, auf den ›Migrationshintergrund‹ von Schüler_innen und Eltern bezogene Sichtweisen der Pädagog_innen, die in verkürzten Schlussfolgerungen mündeten und sich so auf den Kontakt mit Eltern auswirkten. Güler geht von einer allgemeinen Unsicherheit der Lehrer_innen im Umgang mit einer heterogenen Schüler_innen und Elternschaft aus. Über diese zeigt sich der Vereinsvertreter »erstaunt«, stelle der institutionelle Kontakt »mit anderen Kulturen« schließlich kein neues Phänomen dar. In seiner Äußerung kommt die Vorstellung zum Ausdruck, dass ein erweitertes Wissen über die »anderen [Herkunfts-]Kulturen« von Schüler_innen und Eltern zum Abbau der von ihm beobachteten Vorurteile und Unsicherheiten beitragen könne. Damit bestätigt der Vereinsvertreter eine Sichtweise, nach der es sich bei den Schüler_innen und Eltern größtenteils um ›Nicht-Deutsche‹ aus »anderen Kulturen« handelt. Gülers Kritik, so wird im weiteren Verlauf des Interviews deutlich, bezieht sich allerdings auch auf eine fehlende Selbstreflexivität der Lehrer_innen hinsichtlich eines vorurteilsbehafteten Umgangs mit bestimmten Schüler_innen und Eltern. So führt er aus:

> »Ich erlebe es auch jetzt aktuell […], dass auch sehr oft diese Selbstreflexion [fehlt],
> also beziehungsweise Fragen an sich selber: ›Könnte ich in meinem Umgang als Leh
> rerin und Lehrer mit den Schülerinnen und Schüler oder mit den Eltern auch ((!)) ein
> Fehler gemacht haben?‹ Diese Frage wird vielfach nicht gestellt, stattdessen wird eine

pauschale Schuldzuweisung gemacht. [...] Also das heißt, dass wir hier dann auch uns selber fragen müssen: ›Wie gehe ich, wie öffne ich mich und wie stark bin ich bereit, dazu zu lernen? Und wie gehe ich mit meinen Vorurteilen um?‹ Das sind so Punkte, also Herausforderungen, die dann vor Ort da sind.« (Ebd.)

Anstatt eigenes Fehlverhalten über »pauschale Schuldzuweisungen« auf die Schüler_innen und ihre Eltern zu projizieren, fordert Güler eine selbstkritische Auseinandersetzung der Lehrer_innen mit eigenen »Vorurteilen«. Dies erfordere eine Offenheit und Lernbereitschaft auf Seiten der Pädagog_innen, an der es allerdings »sehr oft« fehle. Über vorurteilige Sicht- und Verhaltensweisen der Pädagog_innen hinaus beschreibt Akgün manifeste Formen von Diskriminierung, die er an den Schulen erlebt. Von »unmittelbarer Diskriminierung« spricht er z.B. dann, »wenn zu den Eltern gesagt wird [...]: ›Redet hier Deutsch. Das Kind braucht Deutsch, wieso redest du in so einer Sprache oder in Türkisch oder in Arabisch‹« (ebd. 153). Solche, den Eltern auferlegte »Sprachverbote« (ebd.), so Akgün, werden an den Schulen teilweise im Rahmen schulischer Gremien erlassen und über diese legitimiert. Dies ändert für Akgün jedoch nichts daran, dass es sich bei dem genannten ›Sprachverbot‹ um eine rassistisch-diskriminierende Praxis handelt, in den Worten Akgüns: »Obwohl die Sprachverbote auf den Schulhöfen und in der Schule, in den Pausen auch durch bestimmte Gremien rausgebracht werden, das ist eindeutig Diskriminierung und Rassismus für mich« (ebd.).

Einige der Vereinsmitarbeiter_innen reflektieren in den Interviews zudem Vorurteile, die sie als Vertreter_innen von ›migrantisch‹ (selbst-)positionierten (Eltern-)Vereinen von Seiten der Schulen häufig selbst erlebten. Fast alle Vereinsvertreter_innen berichten von einer reservierten und skeptischen Haltung, mit der ihnen von Seiten Berliner Schulen begegnet werde. Diesbezüglich erzählt beispielsweise Güler, dass es schon »immer so gewesen ist«, dass sein Verein »erst mal so eine Art abwartende Haltung zu spüren« bekomme und sich die Schulen misstrauisch fragten: »›Wer sind die, was wollen die? Haben sie diese Kompetenz, die sie vorgeben, machen zu können [...]?‹ Und dann natürlich mit dem Titel ›arabisch‹, also: ›Haben sie nur Angebote für arabischstämmige Eltern? Und was nützt das mir oder den anderen Eltern?‹« (Güler 45). Güler beschreibt das Gefühl, sich vor den Schulen »beweisen« zu müssen, wobei es immer »eine Weile« brauche, »die Beteiligten zu überzeugen« (ebd.). Das Misstrauen, welches er von Seiten der Schulen spüre, macht Güler vor allem an der Positionierung seines Vereins als ›arabischer‹ Verein fest sowie der damit verbundenen Vermutung, dieser würde an der Schule eine ›Klientelpolitik‹ betreiben wollen.

Der Vereinsmitarbeiter Eralp spricht in ähnlichem Zusammenhang von »Ängsten«, mit denen die Schulen auch seinem Verein begegneten und die sich rational für ihn nicht begründen lassen (»[...] die man nicht verstehen kann«, Eralp 190). Eralp erzählt, dass sein Verein schon vor einiger Zeit an eine Kreuzberger Oberschule mit dem »Vorschlag« herangetreten sei, dort am Nachmittag eine »Arabisch-AG« zu organisieren, damit die Kinder »richtig Hocharabisch« lernen (ebd. 147). Obwohl der Verein »mehrfach gefragt« und um ein »Kooperationsgespräch« (ebd.) gebeten habe, sei es nicht möglich gewesen, mit der Schule über die Idee einer Arabisch-AG ins Gespräch zu kommen. Eralp berichtet:

»Eralp: [...] das können Sie nicht mal diskutieren mit denen. Das ist nicht...
Interviewerin: Wo ist das Problem, also woran ist das letztlich gescheitert?
Eralp: Ja, das ist sehr festgefahren. Also sie denken nicht klientenbezogen, sondern sie
denken auf die Schule bezogen. Also unsere Schule ist so, wie eine Burg. Die haben sich
wirklich wie eine Burg abgeschottet, ja? Also da kommt man nicht rein, wenn man nicht
Mitglied ist oder irgendwie dazu gehört. Und sie haben dann dort ihr eigenes System,
auch mit ihren AGs und so weiter, alles gut und schön, aber von außen lassen sie nix
zu. [...] Und sie haben bestimmte Vorstellungen, die Direktorinnen, die eigentlich mit
der Realität meiner Meinung nach nix zu tun haben. Das ist wie ein Kolonialding eben:
›Also wir haben eine bestimmte Art zu Verhalten, zu Lernen, zu Wissen, und das wird
dann durchgedrückt.« (Ebd. 147ff.)

Eralp beschreibt die Schule hier metaphorisch als eine »Burg«, die sich gegenüber
außerschulischen Akteur_innen weitgehend »abgeschottet« habe. Entsprechend dieser
Metapher geht Eralp davon aus, dass die Schule mit der von seinem Verein vorge-
schlagenen Zusammenarbeit eine bedrohliche ›Intervention‹ von ›Außen‹ verbindet. So
ließe sie in ihre »Burg« nur diejenigen »rein«, die »Mitglied« sind oder »dazu« gehören.
Als ein solches »Mitglied« werde Eralps Verein jedoch nicht verstanden. Dass sich die
Schule weigert, mit seinem Verein zu kooperieren, interpretiert Eralp auch damit,
dass diese die Augen vor der (migrations-)gesellschaftlichen »Realität« im Schulbezirk
verschließe. Ein solches Agieren bezeichnet Eralp als ein »Kolonialding«, bei dem es
der Schule darum gehe, ausschließlich nach »ihr[em] eigene[n] System« zu arbeiten.
Dass der Abschottungsgedanke der Schule gegenüber seinem Verein insbesondere mit
(medial geschürten) Ängsten vor einer »Islamisierung« verbunden ist, mutmaßt Eralp
später im Interview wie folgt: »Die haben auch Angst: Islamisierung und diese ganzen
Ängste, die in den Medien auch sind. Obwohl wir sagen: ›Wir sind keine parteiische,
keine ideologische, keine religiöse Einrichtung.‹ Aber die Ängste sind größer als unsere
Worte ((lacht leicht))« (ebd. 190ff.). Eralp spricht dem beschriebenen Diskurs eine
große Macht zu. Er glaubt, dass die mit seinem ›muslimischen‹ Verein verbundenen
»Ängste« der Schule »größer als [seine] Worte« seien und hat keine Hoffnung, die
Schule noch zu einer Kooperation zu bewegen.

Die beschriebenen »Ängste« der Schule wirken sich im Fall von Eralps Verein auch
auf die diesem zur Verfügung stehenden finanziellen Mittel für die Organisation und
Durchführung von Bildungsprojekten aus. Eralp geht in diesem Zusammenhang auf
das sog. Berliner Brennpunktschulen-Programm ein, welches eine stärkere Kooperation zwischen Schulen und außerschulischen Akteur_innen im Sozialraum anregen will
und gemeinsame Projekte finanziell bezuschusst. Der Vereinsmitarbeiter führt diesbezüglich aus:

»Auf einmal haben die Brennpunktschulen Geld bekommen. Das Geld, diese Finanzierung ist dafür da, dass sie Projekte entwickeln, damit sie eben sich öffnen, und dann
Stadtteil und Schule zusammenbringen. Am Anfang, als sie dieses Budget bekommen
haben, haben wir gefragt, ob wir nicht gemeinsam etwas machen können. Die Schule
reagierte darauf mit großem Entfremden ((lacht leicht)). Und die haben gesagt: ›Na,
wir wissen überhaupt nicht, wo wir das Geld bezahlen sollen, welche Anträge.‹ Natürlich wussten sie das, sie sind doch nicht dumm, das steht ja alles in den Papieren. Und

wovor haben Sie Angst? Sie haben Angst, dass viele Probleme von den Brennpunkten in die Schule übertragen werden.« (Ebd. 182)

Eralp spricht der Schule die Bereitschaft ab, sich in den Stadtteil zu öffnen und mit außerschulischen Akteur_innen zu kooperieren. Er führt dies vor allem auf die »Angst« der Schule zurück, dass sich »Probleme von den Brennpunkten in die Schule übertragen« (vgl. *Exkurs I*). Dabei macht Eralp das Zögern der Schule, die vom Senat zur Verfügung gestellten Mittel zu nutzen, erneut an der Positionierung seines Vereins als ›arabischer‹ Verein fest. So finde eine finanzielle Beteiligung ihm zufolge auch deshalb nicht statt, weil die Schule die Befürchtung habe, wie er mit leicht ironischem Unterton formuliert, »[d]ass die Araber dann die Schule in die Hand nehmen« (ebd.).

Auch andere Vereinsvertreter_innen beschreiben, dass es sich auf Grund unterschiedlicher Vorbehalte auf staatlich-institutioneller Seite teilweise schwierig gestalte, eine finanzielle Unterstützung für ihre Projekte zu erhalten. So berichtet auch die Vereinsmitarbeiterin Gümüş, dass ihr Antrag auf eine_n kurdisch-sprachige_n Betreuer_in für die von ihrem Verein organisierte Nachmittagsbetreuung mit der Begründung abgelehnt wurde, dass es andernorts bereits eine türkisch-sprachige Betreuung gebe, zu welcher die Kinder wechseln könnten. Die Vorstellung der Behörde, dass es sich bei Kurdisch und Türkisch um dieselbe Sprache handelt, hatte in diesem Fall zur Konsequenz, dass eine Förderung der vom Verein betreuten Kinder in ihrer Erstsprache zunächst abgelehnt wurde. Gümüş führt aus:

> »Die Jugendamtsmitarbeiterin sagte so: ›Also die Kinder können einfach diese Gruppe mit deutsch-türkischsprachiger Betreuung besuchen‹ ((lacht leicht)). Ich hab' gesagt: ›Das sind aber zwei verschiedene Sprachen eigentlich. Also Kurdisch und Türkisch sind wie Französisch und Deutsch.‹ Und die kannten diese Unterschiede nicht. Und das war schwierig für diese Gruppe eine finanzielle Förderung zu bekommen« (130).

Aus ihrer Kritik leiten viele der interviewten Vereinsvertreter_innen institutionelle sowie strukturelle Schritte ab, die es ihrer Ansicht nach im Umgang mit ›migrationsbedingter Heterogenität‹ in innerstädtischen Schulen Berlins zu verfolgen gelte. So spricht Akgün im Interview die Notwendigkeit an, Schulen stärker als öffentliche Orte zu begreifen, an denen unterschiedliche Akteur_innen – und hierzu zählt Akgün auch Eltern und Vereine wie seinen – zusammenkommen. Zurzeit, so Akgün, werde dieser Ansatz von den Schulen allerdings noch nicht gelebt. Wenn Eltern sich heute »in Korridoren« oder in »Eltern-Cafés« der Schule aufhielten, werde damit meist assoziiert: »Aha [...], hier gibt es Probleme, weil sehr viele Eltern in der Schule sind« ((lacht leicht))« (Akgün 119). Der Vereinsvertreter findet diesen Gedankengang falsch (»Das darf nicht sein«, ebd.). Ihm zufolge dürfe die Schule nicht als »isolierter Raum« betrachtet werden, sondern müsse als »Lebensort, Lebensraum« (ebd.) auch für die Eltern der Schüler_innen konzipiert werden, denn, so Akgün: »»Nichts ist öffentlicher‹, hat ein schlauer Mensch gesagt, ›als die öffentliche Schule‹ – man muss das erst mal in Gedanken durchlaufen lassen. Also [...], man muss bereit sein als Schule sich auch zu ändern« (ebd.).

Mit Verweis auf »institutionelle Hindernisse und Diskriminierung« betont der Vereinsvertreter, dass Diskriminierung nicht immer auf die Intention einzelner Lehrer_innen in der Schule zurückzuführen seien (»Und einige Lehrer und Lehrerinnen machen das unbewusst«, ebd. 151). Die Bearbeitung von Diskriminierung im schulischen Bereich muss laut Akgün auf mehreren Ebenen ansetzen. Der Vereinsvertreter problematisiert entsprechend einen fehlenden rechtlichen Diskriminierungsschutz an Berliner Schulen. Er kommt darauf zu sprechen, dass das Allgemeine Gleichbehandlungsgesetz (AGG) und ein hierin (indirekt) verankertes Diskriminierungsverbot im Falle einer Diskriminierung von Eltern und Schüler_innen an Berliner Schulen nicht greife:

> »[...], weil die Schule ist ja immer noch Ländersache und Gleichstellungsgesetze greifen in der Schule nicht gleich ein. Und das ist auch ein Problem, wo wir sagen: ›Gleichstellungsgesetze sollen auch in das Schulleben rein.‹ [...] Die Länder müssen das sofort übernehmen. Die Gesetzes-Aussagen sind ganz klar, wie in den einzelnen Schulen damit umgegangen werden soll. Ich ((!)) muss als Betrieb, als Träger alle meine Mitarbeiter in diesen Sachen dann schulen, [...] dass alle erst mal das wissen, was Diskriminierung bedeutet, und die Grenzen – wo hört es auf? Womit fängt es an?« (Ebd. 157)

Akgün spricht hier an, dass das AGG nur bedingt in die schulpolitischen Kompetenzen der Länder eingreift, da es sich um ein Bundesgesetz handelt, Bildungspolitik jedoch Ländersache ist. Vor diesem Hintergrund kritisiert Akgün, dass ein Diskriminierungsverbot bisher nicht ins Berliner Schulgesetz aufgenommen wurde und die Schulen somit nicht rechtlich verbindlich angehalten seien, sich zu Diskriminierung an ihrer Schule zu verhalten sowie ihre »Mitarbeiter« hierin zu »schulen«. Das Fehlen einer klaren Definition von Diskriminierung sowie die fehlende Verankerung eines Diskriminierungsverbots im Schulgesetz trügen dazu bei, dass an den Schulen vielfach ein konkretes Verständnis von Diskriminierung in den Schulen fehle. Erschwert werde darüber laut Akgün auch ein angemessener Umgang mit unterschiedlichen Formen der Diskriminierung von Eltern und Schüler_innen an den Berliner Schulen.

Akgüns und Gülers Kritik bezieht sich im Interview zudem wiederholt auf die fehlende Realisierung allgemeiner Elternrechte in den Berlin Schulen. Diese seien im Schulgesetz »relativ weitgehend formuliert« worden, so dass die Eltern aus Sicht der Vereinsmitarbeiter »auf dem Papier sehr gute Mitwirkungsmöglichkeiten« in den Schulen haben. Allerdings, so die Kritik, gebe es vielfach »keine institutionalisierte Hilfe für Eltern« (Güler 39), die sie darin unterstützt, von ihren Elternrechten auch Gebrauch zu machen. So sei es auf der einen Seite zwar »erwünscht«, dass sich die Eltern in die Schule einbringen, an Elternversammlungen teilnehmen und sich als Schulelternsprecher_innen aufstellen lassen. Auf der anderen Seite, so die »Beobachtung« Gülers und Akgüns, gebe es jedoch keine »Instrumentarien« sowie »keine institutionalisierte Form der Heranführung« (ebd.) der Eltern an eine solche Form der schulischen Mitbestimmung. Dass es letztlich den Schulen überlassen ist, ob und wie sie die Eltern ihrer Schüler_innen mit ihren Mitwirkungsrechten vertraut machen, wirke sich insgesamt, so Güler, negativ auf eine demokratische Schulentwicklung aus:

> »[E]inerseits ist Elternmitarbeit erwünscht und vorgesehen, auf der anderen Seite gibt es eben keine Instrumentarien. Außer dass es eben vorgeschrieben ist: Es gibt eine Klassen-Elternversammlung, es werden Klassen-Elternsprecher gewählt, es gibt die Schulelternversammlung und es werden Elternsprecher, also Schulelternsprecher ge-

wählt. Die Eltern sind paritätisch und stimmberechtigt in der Schulkonferenz beteiligt, was sehr wichtig ist, [...] dass sie mit abstimmen können über wirklich entscheidende Angelegenheiten für die Schule teilweise. [...] Aber es gibt, das ist unsere Beobachtung, es gibt [...] keine institutionalisierten Formen der Heranführung von Eltern an eine solche demokratische Beteiligung.« (Ebd.)

Darüber hinaus beschreiben die Vereinsmitarbeiter_innen auch vereinzelt konkrete Projekte und Aktivitäten ihrer Vereine, die als Versuche verstanden werden können, auf die kritisierten Umstände in den Berliner Schulen zu reagieren. Güler erzählt beispielsweise, dass sein Verein zahlreiche Aktivitäten unternommen habe, um auf bildungspolitischer Ebene schulstrukturelle Veränderungen zu bewirken. Sein Verein, der sich als »Beteiligter oder Akteur der Bildungspolitik in Berlin« (ebd. 3) versteht, habe sich in der Vergangenheit insbesondere dann in die politische Diskussion eingemischt, »wenn es Entwicklungen gab, wo wir als Verein dachten: ›Das ist jetzt nicht im Sinne der immer wieder besprochenen Integration und der Partizipation von Eltern mit Migrationshintergrund, oder es benachteiligt die arabischstämmigen Schülerinnen und Schüler‹« (ebd. 29). Die Mitarbeiter_innen des Vereins hätten dann »immer auch lautstark eine Stellung eingenommen« und dagegen »protestiert« (ebd.).

Über ein solch politisches Engagement hinaus berichten Akgün und Güler, dass ihr Elternverein in den letzten Jahren versucht habe, »die Lücke« (ebd. 39) hinsichtlich der von ihnen kritisierten fehlenden institutionellen Vermittlung von Elternrechten in den Schulen durch das eigene, meist ehrenamtliche Engagement zu schließen. So habe der Verein rechtliche und behördliche Dokumente, wie beispielsweise »das Berliner Schulgesetz«, für Eltern auf Türkisch und Arabisch übersetzt und biete heute zahlreiche Seminare an, in denen die Eltern über ihre »Rechte« und »Beteiligungsmöglichkeiten informiert werden« (ebd.). Diese richteten sich, so betont Güler, »durchweg« an »alle Eltern, unabhängig von ihrer Herkunft« (ebd. 43).

Die Vereinsmitarbeiterin Kurban erzählt im Interview von offenen Dialogrunden, zu der ihr Verein sowohl Pädagog_innen der nahe gelegenen Grund- und Oberschulen als auch die Eltern des Schulbezirks in den vergangenen Jahren bereits häufiger in seine Räumlichkeiten eingeladen habe. Ziel dieser Treffen, so Kurban, sei ein offener Austausch zwischen den Mitarbeiter_innen ihres Vereins sowie den Eltern und Pädagog_innen, um »Missverständnisse« sowie »Diskriminierungen« abzubauen (Kurban 157). Kurban berichtet, dass die teilnehmenden Lehrer_innen stets von der hohen Anzahl der anwesenden Eltern auf den Dialogveranstaltungen überrascht seien. Sie erzählt von einer Schulleiterin, die

»anscheinend nicht ((lacht leicht)) erwartet [hat], dass so viele Eltern da sein werden. [...] Weil ((!)) da gab's eine Dolmetscherin und dann war's, wir hatten den Eltern angeboten, sie sollen sich ihre Fragen auf einen Zettel schreiben, so dass wir die dann halt übersetzen [...]. Und ja, dann hat die Schulleiterin gesagt, dass sie das toll fand mit so vielen Eltern, die sie sich eigentlich nicht vorstellen konnte, weil bei vielen Elternabende wären relativ wenige Eltern anwesend.« (Ebd. 48)

Die vergleichsweise hohe Teilnehmer_innenzahl auf den Dialogveranstaltungen erklärt Kurban u.a. damit, dass es auf diesen stets »eine Dolmetscherin« gab und sich die Eltern mit ihren Fragen nicht direkt und auf Deutsch an die Lehrerin wenden mussten. Kurban berichtet, dass die Treffen »wirklich ((!)) geholfen« hätten, Vorurteile auf Seiten der Lehrer_innen abzubauen (ebd.). So habe der Verein in den Gesprächen u.a. den Sorgen vieler Pädagog_innen hinsichtlich eines möglichen negativen Einflusses der Moscheegemeinde auf die Schüler_innen ihrer Schule begegnen können (»Da gab's diese Fragen: ›Wir wissen nicht, was in der Moschee passiert. Wir wissen nicht, ob die Moschee wirklich die Schüler unterstützen in der Schule zu lernen. Das wissen wir nicht‹, haben sie gesagt«, ebd. 157).

Die Vereinsmitarbeiterin Gümüş erzählt zudem vom positiven Erfolg einer von ihrem Verein wiederholt organisierten Veranstaltung, in welcher es um »Diskriminierungssituationen zwischen Eltern« (Gümüş 76) an einer Kooperationsschule ging. Gümüş führt diesbezüglich aus:

> »Es gibt auch zwischen Eltern diese Diskriminierungssituation. Und wir haben zweimal da eine, also zwei Veranstaltungen angeboten. Ja, das war schön. Da haben sie, ich glaube, viel mitbekommen. Wir haben einmal gemacht […] gegen Diskriminierung, und der Referent hat wirklich das sehr gut gemacht. Ich war auch dabei, beim ersten Mal. […] und danach, ein paar Monate später, sie wollten noch mal. […] Eine Mutter hat gesagt, sie haben viel gelernt. Eigentlich manchmal man diskriminiert andere – aber man merkt das nicht.« (Ebd. 83)

Neben einer teilnehmenden Mutter, die Gümüş spiegelt, dass sie auf der Veranstaltung »viel gelernt« habe, berichtet auch Gümüş selbst von Lerneffekten. So habe sie aus dem Seminar mitgenommen, dass sich Diskriminierung oft unbewusst abspiele bzw. »man« »manchmal« nicht merke, dass »man« andere »diskriminiert« (ebd.).

5.3.3   Zusammenfassende Analyse

Die in den vorangegangenen Kapiteln analysierten individuellen und kollektiven Subjektivationen von Eltern und (Eltern-)Vereinen verweisen auf ein spannungsreiches Verhältnis zwischen Internalisierung von und kritischer Auseinandersetzung mit der in Schule, Politik und Gesellschaft vorherrschenden Subjektposition der ›(muslimischen) Eltern(vereine) mit Migrationshintergrund‹. So lassen sich, wenn auch in unterschiedlicher Gewichtung und Ausprägung, bei durchweg allen der interviewten Eltern und Vereine sowohl Formen der Identifikation mit bestimmten staatlich-institutionellen Adressierungen als auch der kritischen Reflexion eines hiermit verbundenen Kategorisiertwerdens sowie hierauf bezogene widerständige Strategien beobachten.

Dass sich die Eltern im Spiegel dominanter dispositiver Zuschreibungs- und Anerkennungsverhältnisse immer wieder dazu veranlasst sehen, sich auf ihre hier vermittelte Position als ›migrationsandere‹ Eltern zu beziehen, äußert sich vor allem darin, dass die Eltern ihre Erfahrungen und Beobachtungen in der Schule sowie im Kontakt mit den Lehrer_innen ihrer Kinder zum Teil gleichsam in kulturalistische Begründungsmuster einordnen. Dabei erscheint der (eigene) ›andere natio-ethno-religiös-kulturelle‹ Hintergrund auch für die Eltern häufig als eine natürliche Erklärungsgröße für wahrgenommene Differenzen und Konflikte in der Schule ihrer Kinder. Die den Eltern im Migrationsdispositiv zugewiesene Position der ›Migrationsanderen‹ bringt im diskursiven Raum der Interviewsituation zudem Momente hervor, in denen sich die Eltern dazu aufgefordert fühlen, sich als ›authentische Andere‹ zu beweisen. Demgegenüber wird in einigen Fällen auch ein Bedürfnis der Eltern deutlich, sich von einem bestimmten, über sie vorherrschenden Wissen explizit auszunehmen, wobei wiederum auf spezifische Differenzkategorien referiert wird. Dies geschieht insbesondere über die Unterscheidung zwischen der ersten und zweiten Migrant_innengeneration sowie zwischen dem ›arabischen‹ und ›türkischen‹ Herkunftshintergrund von Eltern. Über argumentative Versuche, natio-ethno-religiös-kulturelle Fremdzuschreibungen auf die jeweils andere ›Gruppe‹ zu projizieren, münden Bestrebungen der Eltern, sich von bestimmten Zuschreibungen abzugrenzen, in der (Re-)Produktion eines (neuen) ›Außen‹ im ›Innen‹ eines ›migrantischen Kollektivs‹.

In den Erzählungen der interviewten Vereinsvertreter_innen kommt zum Ausdruck, dass diese sich vielfach mit der ihnen von staatlich-institutioneller Seite zugewiesenen Rolle der ›Kulturmittel‹ identifizieren. So basiert das Engagement der Vereine in den Berliner Schulen oft gleichsam auf der Annahme eines vermeintlich mangelnden kulturellen Passungsverhältnisses zwischen ›deutscher‹ Schule und ›migrantischem‹ Elternhaus. Diesem wird auch von den Vereinen teilweise ein besonderes Konfliktpotenzial zugeschrieben, aus dem wiederum die Notwendigkeit Instanz abgeleitet wird, die ›zwischen den Kulturen‹ vermittelt. Um ihre diesbezügliche Expertise den Schulen zu vermitteln, verwandeln die Vereine ihren ›Migrations*hintergrund*‹ in einen Migrations*vordergrund*. Sie positionieren sich dabei gegenüber den Schulen häufig mit einem ›Angebot‹, das sich neben der ›interkulturellen‹ Vermittlungsarbeit primär auf eine Information, Beratung und Unterstützung von Eltern mit Migrationsgeschichte bezieht und somit von einer kulturalistischen Defizitperspektive ausgeht.

Die Eltern und Vereine nehmen in den Interviews auf ein staatlich-institutionelles Klassifiziert- und Identifiziertwerden allerdings auch insofern Bezug, als dass sie die Begriffe und Kategorien, die hierbei auf sie und ihre Kinder angewendet werden, zum Teil kritisch hinterfragen und subversiv wenden. Dabei scheint vor allem die Erfahrung, dass das eigene Selbstverständnis – ›deutsch‹ bzw. ›auch deutsch‹ sowie ›muslimisch‹ *und* ›deutsch‹ zu sein – von Schule weitgehend nicht geteilt bzw. anerkannt wird, dazu zu führen, dass einige Eltern die schulische ›Normalität‹ hinterfragen. In diesem Zusammenhang problematisieren die Eltern zahlreiche Formen der Kategorisierung, Adressierung und Bewertung ihrer Kinder als ›nicht-deutsch‹ und damit verbundene diskriminierende Behandlungen im Schulalltag. Viele der Eltern reflektieren zudem pauschale negative Zuschreibungen, die im Hinblick auf ihre Erziehungskompetenzen sowie ihr Wissen über das ›deutsche‹ Schul- und Bildungssystem vorgenommen werden und die sie vielfach unterschwellig in den Schulen zu spüren bekommen.

Die interviewten Vereinsvertreter_innen reflektieren vor allem Berührungsängste und Skepsis kritisch, mit denen ihnen von Seiten der Schulen begegnet wird und bringen diese mit ihrer Positioniertheit als ›muslimische‹ und/oder ›migrantische‹ Vereine in Verbindung. Ihnen von Schulen vermittelte Ängste vor einer ›Islamisierung‹ oder ›türkisch-arabischen‹ Interessenpolitik, führen teilweise zu einer Distanzierung bzw. nur geringen Bereitschaft der Schulen, mit den Vereinen zu kooperieren. Dies ist insbesondere dann der Fall, so die Kritik einiger Vereinsvertreter_innen, wenn die Vereine sich in ihrer Arbeit nicht von den Schulen »kolonisieren« (Eralp 147f.) bzw. in den Dienst dieser stellen lassen, sondern eigene Kooperationsvorstellungen an die Schulen herantragen.

Indem die interviewten Eltern die Logiken und Effekte, die sie und ihre Kinder mit ihrer Positionierung als ›muslimische Andere‹ bzw. ›Migrationsandere‹ in der Schule verbinden, vielfach explizit als Rassismus und/oder Diskriminierung bezeichnen, gehen ihre Reflexionen deutlich über dominante staatlich-institutionelle Deutungen hinaus. Was für Politik und Schule wenig sichtbar zu sein scheint, haben die Eltern deutlich zu spüren bekommen und können diese Erfahrungen meist klar benennen. Sie identifizieren die von ihnen und ihren Kindern erlebten Formen von Diskriminierung und Rassismus nicht nur auf individueller Ebene, sondern führen diese auch auf institutionelle und politisch-strukturelle Umstände zurück, wie antimuslimische Diskurse, eingeschränkte staatsbürgerliche Rechte für Migrant_innen, eine fehlende schulrechtliche Verankerung eines Diskriminierungsverbots sowie eine mangelnde inklusive und vorurteilsbewusste Schulentwicklung und Lehrer_innenbildung.

Das (Selbst-)Bewusstsein der Eltern, in der Schule vielfach ungerecht behandelt zu werden, führt bei einigen Eltern dazu, dass sie Strategien gegen eine Festlegung als ›nicht-deutsch‹ und damit verbundene diskriminierende Effekte in der Schule entwickeln. Eine Adressierung von rassistischen Zuschreibungen und Diskriminierungen an den Schulen wird von den Eltern vor allem im Hinblick auf mögliche negative Folgen für die Kinder als sensibel eingestuft. So wenden die Eltern neben der vereinzelt expliziten Ansprache von Vorurteilen und Diskriminierung vielfach subtil-subversive Strategien an, um in den Schulen vorherrschende Stereotype zu irritieren und zu kritisieren. Ein diesbezüglich betont humorvolles und vertraulich-versöhnliches Verhalten gegenüber den Lehrer_innen ihrer Kinder kann als eine Strategie der Eltern gedeutet werden, um aus einer so hergestellten persönlichen Nähe ein Hinterfragen von Vorurteilen bei den Pädagog_innen anzuregen und darüber diskriminierende Konsequenzen für ihre und andere Kinder in der Schule abzuwenden. Dabei finden elterliche Versuche, dominante staatlich-institutionelle Grenzziehungen zu hinterfragen, nicht nur im alltäglichen Kontakt mit den Pädagog_innen statt, sondern auch über ein Engagement der Eltern in schulischen Gremien, der Schulinspektion sowie in ›Migrant_innenorganisationen‹, Moscheenvereinen und anderen außerschulischen zivilgesellschaftlichen Bündnissen.

Auch die interviewten Vereinsvertreter_innen versuchen diskriminierungssensible Schulentwicklungsprozesse zu stärken, indem sie beispielsweise im Rahmen ihres ehrenamtlichen Engagements unterschiedliche Räume einrichten, um einen Austausch zwischen Eltern und Pädagog_innen über Vorurteile und Diskriminierung zu ermöglichen sowie die Eltern zu *empowern*, ihre Mitwirkungsrechte in der Schule wahrzunehmen. Zudem berichten die Vereine von Versuchen, ihre Diskriminierungskritik sowie Forderungen nach einer Öffnung von Schule in die Politik hineinzutragen und somit in den politischen Diskurs direkt zu intervenieren.

Entsprechend politisch-institutioneller Tendenzen einer De-Thematisierung von (rassistischer) Diskriminierung in der Schule sowie aufgrund der häufig subtilen Ausdrucksformen eines zugrunde liegenden Otherings, erweist es sich für die Eltern und Vereine häufig als äußerst schwierig, sich hierzu zu verhalten. Die beschriebenen ›Kämpfe‹ der Vereine und Eltern, die letztere insbesondere hinsichtlich eines

Empowerments der (eigenen) Kinder vor dem Hintergrund ihrer Rassismus- und Diskriminierungserfahrungen in Schule und Gesellschaft beschreiben, werden zudem als
äußerst kräfte- und zeitraubend beschrieben. Frustration schildern die Eltern zudem
aufgrund der vielfach als begrenzt wahrgenommenen Veränderungsmöglichkeiten,
wenn es darum geht institutionell und strukturell verankerte Formen von (rassistischer)
Diskriminierung zu adressieren und zu bearbeiten.

5.4   Zwischenfazit: Zur Rolle von Rassismus bei der Verhandlung von Elternschaft im Migrationsdispositiv

In diesem Kapitel habe ich u.a. gezeigt, wie der politische Diskurs um ›migrationsbedingte Heterogenität‹ in Berliner Schulen, schulisch-pädagogische Wissensbestände
hinsichtlich der Eltern von Schüler_innen sowie elterliche Subjektivationsprozesse im
Migrationsdispositiv so ineinandergreifen, dass sie ein bestimmtes Wissen im Sinne
anerkannter Wahrheiten über ›(muslimische) Eltern mit Migrationsgeschichte‹ hervorbringen und normalisieren, und darüber ein spezifisches Handeln in den Schulen ebenso anleiten wie bestimmte Identitäten von Eltern. Die bisherigen Analysen möchte ich
nun hinsichtlich der Frage weiter zusammenführen, welche Rolle rassistische Logiken
bei der beschriebenen Positionierung und Adressierung von Eltern als ›migrationsandere‹ Eltern in Berliner Schulen spielen. D.h. inwiefern realisiert sich Rassismus über das
Zusammenspiel von politischen Diskurspositionen, schulisch-pädagogischen Wissensbeständen und elterlichen Subjektivationen? Und inwiefern tragen rassistische Logiken
wiederum dazu bei, ein bestimmtes Wissen über Eltern im hier betrachteten Dispositiv
zu produzieren und zu stabilisieren?

Wie oben deutlich zum Ausdruck kommt, werden bestimmte Eltern in Berliner
Schulen sowohl im beschriebenen politischen Diskurs als auch über ein hiermit verbundenes schulisches Sprechen und Handeln über die Zuschreibung essentialisieren-
der Gruppenmerkmale vielfach als ›Andere‹ identifiziert und einer ›hiesigen‹ Elternschaft gegenübergestellt. Die sich dabei artikulierende rassistische Logik stützt sich in
der Regel nicht auf biologistische Argumentationen, welche die ›Andersheit‹ von Eltern
explizit auf genetische Merkmale bzw. ihre angebliche Zugehörigkeit zu einer bestimmten ›Rasse‹ zurückführen. Eine sich auf (erb-)biologische Klassifikationen beziehende
Argumentation im Umgang mit ›migrationsbedingter Heterogenität‹ im Schulsystem
findet sich oben lediglich in Form der politisch-administrativen Unterscheidung von
›ausländischen‹ Schülerinnen und Kindern ›deutsch-stämmiger‹ Spätaussiedler_innen,
die bis in die 1990er Jahre hinein mit einer schulischen Segregation ersterer und einer
selbstverständlichen Integration letzterer ins Berliner Regelschulsystem einherging.
›Deutschsein‹ definiert sich hier vor allem über die Zugehörigkeit zu einer *weißen* Ab-
stammungsgemeinschaft. Völkisch-rassistische Unterscheidungen wie diese haben im
politischen Diskurs Berlins – zumindest vordergründig – an Bedeutung verloren. Stattdessen wird seit der verstärkten Auseinandersetzung mit ›migrationsbedingter Heterogenität‹ in Berliner Schulen seit Ende der 1990er Jahre vermehrt auf die ›andere Kultur‹
sowie aktuell besonders auf die ›andere Religion‹ von Eltern mit Migrationsgeschichte
referiert, wenn es darum geht, zwischen unterschiedlichen Elterngruppen zu unter-

scheiden. Die Eltern werden dabei – sei es in der Figur der ›ausländischen Eltern‹, der ›nicht-deutschen Eltern‹, der ›(muslimischen) Eltern mit Migrationshintergrund‹ oder der ›Flüchtlingseltern‹ – vielfach als Repräsentant_innen einer anderen Kultur- und Religionsgemeinschaft verstanden, wobei ihre ›andere Kultur‹ bzw. ›andere Religion‹ stets an eine vermeintlich andere nationale Herkunft gebunden wird. Dies hat zur Folge, dass ›(muslimische) Eltern mit Migrationshintergrund‹ in Politik und Schule meist per se als ›nicht-deutsch‹ positioniert werden.

Die aus der ›anderen Herkunft‹ häufig pauschal abgeleiteten elterlichen Eigenschaften beziehen sich vor allem auf eine ›andere schulische Sozialisation‹ der Eltern, eine hieraus resultierende ›andere Lernkultur‹ sowie ›andere Rollenvorstellungen‹ hinsichtlich des Verhältnisses von Schule und Elternhaus, generell ›andere Erziehungsvorstellungen‹ sowie ›andere familiäre Sozialisationsbedingungen‹. Letztere werden in Politik und Schule vor allem als ›autoritär‹, ›patriarchal‹, ›traditionell‹, ›rückständig‹, ›religiös-dogmatisch‹ und insgesamt ›wenig bildungsorientiert‹ verstanden. Über eine solche Charakterisierung werden die Eltern in ein binäres Verhältnis zur ›hiesigen‹ Elternschaft und Schulkultur gestellt. Letztere bleiben weitgehend unbestimmt und definieren sich so meist ›unsichtbar‹ in Opposition zur Charakterisierung der ›migrationsanderen Eltern‹. Eine Annäherung dieser an eine ›hiesige‹ Elternschaft sowie eine identifikative Bezugnahme auf gleich mehrere Zugehörigkeitskategorien erscheinen im politischen Diskurs wie auch in der Schule stets als ein konfliktreiches, wenn nicht gar unmögliches Unterfangen.

Wie in der bisherigen Analyse auch zum Ausdruck kam, artikuliert sich Rassismus im Migrationsdispositiv in unterschiedlicher argumentativer Gestalt und manifestiert sich mit Verweis auf unterschiedliche kategoriale Bezugspunkte. So werden die hergestellten Differenzen zwischen einer ›deutschen‹ sowie ›migrantisch-muslimischen‹ Elternschaft teilweise von einem ›Wissen‹ um die Geschlechterverhältnisse in ›migrantischen‹ und/oder ›muslimischen‹ Familien gestützt. Ein zentraler Topos stellt dabei das Kopftuch von Schülerinnen und ihren Müttern dar, welches im politischen und schulischen Diskurs meist für eine ›Rückständigkeit‹ sowie ›mangelnde Emanzipation‹ der Schülerinnen und Frauen steht. Die Geschlechterverhältnisse ›der Anderen‹ werden so den ›eigenen‹ Verhältnissen gegenübergestellt und letztere implizit als ›fortschrittlich‹ und ›emanzipiert‹ idealisiert.

Zudem zeigt sich im politischen Diskurs, dass rassistische Logiken aktuell nicht primär in Form von Ansätzen zum Ausdruck kommen, die ›migrationsbedingte Heterogenität‹ im Schulsystem negieren bzw. darauf abzielen, diese zum Verschwinden zu bringen. Auch im neueren Diskursverlauf formulierte Positionen, die eine Anerkennung von ›Vielfalt‹ fordern, können dann kulturrassistische Elemente aufweisen, wenn Differenzen zwischen Eltern und Schule hier gleichsam kulturalisiert und als unüberwindbare Grenzen konstruiert werden. Dementsprechend neigen Maßnahmen, die auf eine Begegnung mit, Potenzialorientierung auf und Wissensaneignung über Eltern mit sog. Migrationshintergrund setzen, dazu, bestimmte Eltern in ihrer Positioniertheit als Migrationsandere festzusetzen.

Ein sich aus rassistischen Logiken speisendes MachtWissen um Eltern mit Migrationsgeschichte bricht im politischen Diskurs, so zeigt der Blick auf dessen Verlauf, immer wieder auf und wird durch ein macht- sowie diskriminierungssensibles Wissen vielfach irritiert. Ein solches artikuliert sich u.a. über politische Positionen, die über eine Akzeptanz von Unterschiedlichkeit hinaus, die Schaffung gleichberechtigter Teilhabemöglichkeiten am (migrations)gesellschaftlichen und schulischen Leben fordern und die hierfür eine stärkere Auseinandersetzung mit Diskriminierung im Schulsystem für notwendig erklären. Eine solche, sich in Berlin temporär durchsetzende Diskursposition, kann auch als Ausdruck antirassistischer Kämpfe, insbesondere der seit den 1990er Jahren zunehmend laut werdenden Forderungen von ›Migrant_innenorganisationen‹ hinsichtlich eines Abbaus von (institutioneller) Diskriminierung im Berliner Schulsystem verstanden werden. Eine solch diskriminierungskritische Diskursposition mündete in den letzten Jahren in der Implementierung einiger konkreter politischer Konzepte und Maßnahmen, wie der Einrichtung einer Antidiskriminierungsbeauftragen für Schulen in der Berliner Bildungsbehörde.

Neben Entwicklungen wie diesen, fokussieren diskriminierungssensible Positionen im politischen Diskurs vor allem auf Pädagog_innen an Berliner Schulen und ihre ›Vorurteile‹ gegenüber als ›migrantisch‹ und/oder ›muslimisch‹ positionierten Schüler_innen und Eltern. Diesbezüglich wird zum Teil eine stärkere Reflexivität auf Seiten der pädagogischen Professionellen gefordert, was jedoch bisher nicht mit der Institutionalisierung der hierfür notwendigen Räume einherging. Nach wie vor wird es letztlich der einzelnen Schule bzw. Lehrkraft überlassen, ob und wie sie sich mit unterschiedlichen Formen von Rassismus und Diskriminierung auseinandersetzen will. Eine solche Perspektive korreliert damit, dass im politischen Diskurs weitgehend kein Wissen darüber existiert, was Rassismus *ist* und auf welchen Ebenen sich dieser Ausdruck verschafft. Folglich werden Rassismus und Diskriminierung im Bereich der schulischen Elternbeteiligung nicht als zu bearbeitende Probleme in Politik und Schule gedeutet.

Auch das Sprechen und Handeln von Pädagog_innen in weiterführenden Schulen Berlins hinsichtlich der Eltern ihrer Schüler_innen ist vielfach von rassistischen Logiken angeleitet. Eltern mit Migrationsgeschichte werden auch hier meist als homogene Gruppe gefasst. Während in diesem Zusammenhang vor allem der ›türkische‹, ›arabische‹ und/oder ›muslimische‹ Hintergrund von Eltern mit partikularen Eigenschaften belegt wird, bleiben ›deutsche‹ Eltern auch hier meist unmarkiert. Dabei stellt sich als eine Besonderheit im schulischen Diskurs heraus, dass sich kulturrassistische und antimuslimische Argumentationen teilweise mit einem biologischen Rassismus verbinden; dies geschieht dann, wenn in Schulen bestimmte Schüler_innen und ihre Eltern über äußere Merkmale als ›nicht-deutsch‹ identifiziert werden, während ihre Differenz jedoch stets über Merkmale der ›anderen Herkunft‹, der ›anderen Kultur‹ sowie der ›anderen Religion‹ begründet wird.

Das sich in Schule artikulierende rassistische Wissen über Eltern erweist sich im Vergleich zum politischen Diskurs als wesentlich stabile(re)s Wissen, das ebenso selbstverständlich wie flexibel in die Erklärungen, Interpretationen und Bewertungen der Pädagog_innen eingebunden wird. Während ein antimuslimisches Wissen dabei insbesondere dazu dient, Ausschlüsse muslimischer Praktiken aus der Schule zu rechtfertigen und die Prinzipien einer ›deutschen‹ Schule zu definieren, wird ein kulturrassistisches Wissen vor allem als ein pädagogisch-relevantes Handlungswissen präsentiert, das den Pädagog_innen (neue) Erklärungen und Einsichten im Hinblick auf das Verhalten der ›anderen Eltern‹ vermittelt. Die Analyse zeigt, dass ein kulturrassistisches

Wissen die Perspektive der Pädagog_innen einerseits verengt, beispielsweise indem es individualisierenden Erklärungen – sei es im Hinblick auf ›Probleme‹ im alltäglichen Kontakt mit Eltern oder eine ›geringe Präsenz‹ von Eltern in der Schule – Vorschub leistet, während unterschiedliche soziale bzw. strukturell Hintergrunde und Ausgangsvoraussetzungen der Familien aus dem Blickfeld geraten. Ein kulturrassistisches Wissen schafft andererseits neue Erfahrbarkeiten und ›Erkenntnisse‹ im Kontakt mit Eltern ebenso wie es die Notwendigkeit für neue Praktiken sowie die Einbindung weiterer Akteur_innen im Bereich einer als ›interkulturell sensibel‹ verstandenen Elternbeteiligung erzeugt. Dies wurde u.a. am Beispiel des Einsatzes von ›Migrant_innenorganisationen‹ als ›Kulturkonfliktlöser‹ in den Schulen deutlich.

Während ein kulturrassistisches Wissen als ein ›hilfreiches Wissen‹ von den Pädagog_innen gedeutet wird, wird ein Wissen über (rassistische) Diskriminierung insgesamt als wenig relevant erachtet, um das Verhältnis von Eltern und Schule zu beschreiben. So lässt sich in den Schulen vielfach die Tendenz beobachten, (rassistische) Diskriminierung zu negieren und/oder als Phänomen zu definieren, welches sich lediglich unter und zwischen einzelnen Schüler_innen und Eltern in den Schulen abspielt. Es kommt hier die (dispositive) Deutungshoheit der Pädagog_innen zum Ausdruck, mittels welcher die Lehrkräfte ein bestimmtes Wissen als ›relevantes Wissen‹ sowohl autorisieren als auch diskreditieren können. Somit wirken die Pädagog_innen an der Reproduktion und Stabilisierung eines (Un)Wissens über Rassismus und Diskriminierung im hier betrachteten Dispositiv aktiv mit.

Wie oben deutlich zum Ausdruck kommt, sind es die Interviews mit den Eltern und Elternvereinen, in denen sich ein Bewusstsein über Rassismus am stärksten abbildet. Dessen Vielschichtigkeit in der sowie im Kontext der Schule wird von den Eltern unterschiedlich erfahren und reflektiert. Dabei mündet vor allem die Erfahrung, dass sie und ihre Kinder in der Schule als ›(auch) Deutsche‹ vielfach nicht anerkannt werden, darin, dass die Eltern dispositiv vorherrschende Kategorien und Bezeichnungen in ihrer Selbstverständlichkeit hinterfragen und unterschiedliche Strategien gegen ein solches Identifiziert- und Diskriminiertwerden entwickeln. Diesbezüglich ist auffällig, dass die Eltern ein Wissen über sie als ›Migrationsandere‹ bzw. ›muslimische Andere‹ in der Regel nicht lediglich als ›falsch‹ identifizieren und zurückweisen. Vielmehr eignen sie sich dieses auf unterschiedliche, vielfach kreative Weise an, um ein rassistisches Wissen in den Schulen subtil zu irritieren und zu destabilisieren. Demgegenüber werden in einigen Interviews Momente beschrieben, in denen sich Eltern über rassistische Zuschreibungen bewusst hinwegsetzen und die Pädagog_innen in der Schule ihrer Kinder explizit mit dem rassistischen Gehalt ihrer Äußerungen und Handlungen konfrontieren. Ein solch selbstbewusstes Auftreten in der Schule scheint allerdings ein erwartungskonformes und überaus sichtbar ›engagiertes‹ Verhalten der Eltern in der Schule ihrer Kinder vorauszusetzen. So legen die Schilderungen der Eltern die Interpretation nahe, dass meist erst eine Positionierung als ›Ausnahme von der Regel‹ durch die Schule dazu führt, dass die Rassismuskritik der Eltern Gehör findet.

Die von den Eltern entwickelten subversiven Strategien beziehen sich überwiegend auf alltägliche Interaktionen mit den Lehrer_innen ihrer Kinder. Darüber hinaus nehmen die Eltern ihre Handlungsräume und Einflussmöglichkeiten als begrenzt wahr, wenn es darum geht, Diskriminierung zu begegnen. Vereinzelt lassen sich jedoch Versuche der Eltern beobachten, auf anderen Ebenen in schulisch-politische Diskurse zu intervenieren. Dies geschieht z.B. im Rahmen eines Engagements in ›Migrant_innen-organisationen‹. Beim Blick auf die Vereine kommt eine starke Ambivalenz hinsichtlich der kollektiv-subjektivierenden Funktion eines dispositiv vorherrschenden MachtWissens zum Ausdruck. So adaptieren und (re)produzieren die Vereine zum einen ein kulturalistisches Wissen, indem sie sich in der Rolle der ›Kulturmittler‹ am Schnittfeld von Schule und ›migrantisch-muslimischem‹ Elternhaus in Position bringen, um so als ›Kooperationspartner‹ von Schule anerkannt zu werden. Zum anderen positionieren sich die Vereine teilweise gleichsam als Sprachrohr für eine elterliche Rassismuskritik sowie als Initiator_innen eines diskriminierungssensiblen Austauschs zwischen Eltern und Lehrkräften. Ambivalente Subjektivationen wie diese können als Ausdruck eines umkämpften MachtWissens und hier vorzufindender Identifikations-, Deutungs- und Handlungsspielräume im Migrationsdispositiv interpretiert werden; sie weisen gleichzeitig auf die begrenzten Möglichkeiten hin, sich dem (Subjektivierungs-)Druck des Dispositivs zu entziehen.

Über das machtvolle Zusammenwirken von politischem Diskurs, schulisch-päd-agogischen Wissensbeständen und elterlichen Subjektivationen wird ein rassistisches MachtWissen über bestimmte Eltern im Berliner Schulsystem immer wieder aufs Neue hergestellt und so im Kontext der Schule wirkmächtig. Die segregierenden und marginalisierenden Effekte eines solchen Wissens zeigen sich in den Schulen weniger in Form eines expliziten Entzugs elterlicher Mitspracherechte oder eines eindeutigen Ausschlusses der Eltern aus der Schule. Vielmehr, so zeigt die Analyse, erfolgen institutionelle Ausschlüsse vielfach implizit, indem sich beispielsweise um die Beteiligung von ›migrationsanderen‹ Eltern am Elterncafé mehr bemüht wird als um ihre Mitsprache in der Schulentwicklungsgruppe, oder indem über den Verweis auf fehlende Ressourcen entschieden wird, keinen Mehraufwand in die Übersetzung von Schuldokumenten oder in die Teilnahme an schulischen Mitbestimmungsgremien zu ›investieren‹. Subtile Ausschlüsse von Eltern wie diese erfolgen im Dispositiv vielfach nach dem Muster einer ›ausgrenzenden Teilhabe‹. Hiermit sind insbesondere zielgruppenspezifische Informations-, Beratungs- und Unterstützungsmaßnahmen gemeint, die vordergründig einen Einbezug der Eltern in schulische (Bildungs-)Prozesse zum Ziel haben, jedoch an einer Besonderung dieser als ›migrationsandere‹ Eltern festhalten.

6. Zwischen Integrationsförderung und -forderung. Verhandlung von Elternschaft im *Integrationsdispositiv*

Im Folgenden richte ich den Analysefokus auf die Frage, welche Rolle der in Kapitel 2.2 beschriebene neoliberale staatliche Wandel bei der Konfiguration des Verhältnisses von Eltern und Schule spielt. Hierfür gilt es den Blick auf weitere Dispositive zu weiten, in denen sich in den letzten Jahrzehnten unterschiedliche neoliberale Regierungsweisen etabliert haben. Hierzu zählen insbesondere das Berliner Integrations-, Sicherheits-, Bildungs- und Stadtentwicklungsdispositiv. In diesen werden Eltern und Schule auf je spezifische Weise zueinander in Beziehung gesetzt, während im Zuge neoliberaler Transformationen neue bzw. weitere Differenzkategorien hervorgebracht und Grenzen gezogen werden. Um diese Dynamiken im Einzelnen nachzuzeichnen, konzentriere ich mich zunächst auf die Analyse eines wirkmächtigen Wissens und Handelns im Integrationsdispositiv. Mit Blick auf den Berliner Integrationsdiskurs zeichne ich zunächst zwei diskursive Entwicklungen nach, die für die Konstituierung und Regierung von Eltern mit Migrationsgeschichte aktuell wesentlich sind: Hierzu zählt zum einen die Herausentwicklung neo-assimilationistischer Diskurspositionen, über die Eltern mit Migrationsgeschichte als ›Integrationssubjekte‹ in Gesellschaft und Schule positioniert werden, während den Berliner Schulen die Rolle von ›Integrationsagenturen‹ zukommt. Zum anderen zeigt sich ein besonderer Zugriff auf Eltern ›mit Migrationshintergrund‹ darin, dass die Eltern im Sinne neoliberaler Rationalität hinsichtlich ihrer individuellen Integrationsleistung sowie ihres ökonomischen Potenzials für Schule und ›Mehrheitsgesellschaft‹ unterschieden und entlang dieser Kriterien von politisch-behördlicher Seite aktiviert und diszipliniert werden. Dies geschieht insbesondere über den sich auch im Berliner Integrationsdiskurs zunehmend etablierenden pädagogischen Gestus des Förderns und Forderns. Wie die zwei Diskurspositionen ineinandergreifen sowie in den Schulen, Elternhäusern und (Eltern-)Vereinen aufgegriffen und übersetzt werden, analysiere ich in den hieran anschließenden Kapiteln.

6.1　Eltern im Fokus neo-assimilationistischer Integrationspolitik

6.1.1　Einseitige Integrationsanforderungen an Eltern

Zwischen »Assimilation« und »Partizipation« – zentrale Entwicklungen im Berliner Integrations-diskurs Die politische Diskussion um ›Integration‹ setzte in Berlin Anfang der 1970er Jahre ein. Der SPD-Senat beauftragte 1971 einen Planungsausschuss, der sich mit der Formulierung einer »Gesamtkonzeption [...] für die Eingliederung ausländischer Arbeitnehmer und ihrer Familien« befassen sollte (Der Regierende Bürgermeister von Berlin 1972: 13). Der Ausschuss sprach sich in seinem Abschlussbericht für ein »be-darfsorientierte[s] Integrationsmodell« aus (ebd.), das erstmals auf Bundesebene eine Abkehr vom bis dahin gängigen Rotationsmodell vorsah. »[I]ntegrationsfähige und in-tegrationswillige ausländische Arbeitnehmer«, so hieß es, sollten »aus der Masse der in der Rotation verharrenden Zuwanderer« ausgelesen werden und eine langfristige Aufenthaltsperspektive erhalten (ebd.: 2). Mit der Implementierung des Models wurde sich von einer temporären Aufenthaltsbefristung für sog. Gastarbeiter_innen in Teilen verabschiedet. Indem diese Neuregelung jedoch nur für besonders ›integrationsfähige und -willige Migrant_innen‹ galt, leistete sie einer bundesweit etablierten *Assimilati-onspolitik* Vorschub. Demnach galt auch in Berlin die Anpassung von ›Migrant_innen‹ an eine homogen vorgestellte ›deutsche‹ Gesellschaft als Voraussetzung für Eingliede-rungshilfen sowie eine langfristige Bleibeperspektive. Politische Maßnahmen zielten entsprechend darauf ab, ein »loyales Verhalten gegenüber der deutschen Gesellschaft« zu fördern (ebd.: 13). Auch in der Regierungserklärung des damaligen Berliner Bür-germeisters Richard von Weizsäcker (CDU) wird deutlich, dass neben der *Assimilation* und der Rückkehr der Migrant_innen in ihre Herkunftsländer kein »dritter Weg« vor-gesehen war: »Entweder Rückkehr in die alte Heimat [...] oder Verbleib in Berlin; dies schließt die Entscheidung ein, auf die Dauer Deutscher zu werden. Keine Dauerlösung ist dagegen ein dritter Weg: Nämlich hier zu bleiben, aber nicht und nie Berliner wer-den zu wollen« (von Weizsäcker 1981, zitiert in Gesemann 2009: 315).[1]

Im Laufe der 1980er Jahre vervielfältigten sich die Positionen in der politischen In-tegrationsdebatte. Neben rechtskonservativen Ansätzen, die vor allem vom Berliner In-nensenat vorgetragen wurden und am bundesweiten Diskurs um ein ›Ausländerpro-

---

1　Die Forderung Weizsäckers stand in Diskrepanz zu den zu dieser Zeit in Deutschland vorherrschen-den hohen Einbürgerungshürden, die eine Anspruchseinbürgerung unter anderem erst nach 15 Jahren Aufenthalt vorsahen (Worbs 2008: 11). Die bis dahin auf das ›Reichs- und Staatsangehö-rigkeitsgesetz (RuStAG)‹ von 1913 zurückzuführenden Bestimmungen zum Erwerb der deutschen Staatsangehörigkeit wurden erst mit dem neuen Staatsangehörigkeitsrechts im Jahr 2000 refor-miert (VVN/BdA 2007).

blem‹ ansetzten[2], rückten zunehmend Stimmen, die den ›Wert der Vielfalt‹ betonten und sich für eine »multikulturelle Gesellschaft« aussprachen (SPD-Bürgermeister Walter Momper 1989, zitiert in Abgeordnetenhaus von Berlin 1994: 50). Es wurde gefordert, »den anderen in seinem Anderssein zu akzeptieren« und »das Nebeneinander verschiedener Bräuche und Kulturen [...] als eine Bereicherung durch Vielfalt« wahrzunehmen (Senator für Gesundheit 1982: 6). Auch die 1981 bundesweit in Berlin erstmals ernannte ›(Landes-)Ausländerbeauftragte‹ (später ›Beauftragte für Integration und Migration‹) setzte sich für ein »weltoffenes Berlin« ein und warb um Akzeptanz für »andere Kulturen« (ebd.: 4). Ein sich so artikulierender positiv konnotierter Differentialismus wurde meist nicht im Gegensatz zu politischen Praktiken und Konzepten gesehen, die weitere Migration nach Berlin verhindern sollten und die von einem Großteil der politischen Akteur_innen nach wie vor verfolgt bzw. gefordert wurden (vgl. Gesemann 2009: 315).

Nach der deutschen Wiedervereinigung verabschiedete das Berliner Abgeordnetenhaus einen »Bericht zur Integrations- und Ausländerpolitik« Berlins, in dem erstmals konkrete integrationspolitische Ziele des Senats benannt wurden (Abgeordnetenhaus von Berlin 1994). Diese berücksichtigten soziale und gesamtgesellschaftliche Aspekte von ›Integration‹ wie »Chancengleichheit bzw. Gleichbehandlung in allen wichtigen Bereichen von Gesellschaft und Wirtschaft« sowie die »wechselseitige Akzeptanz und Toleranz zwischen den verschiedenen Bevölkerungsgruppen« (ebd.: 9; vgl. Lanz 2007: 134). Integrationspolitische Perspektiven wie diese standen allerdings assimilationistischen Forderungen nach wie vor unvermittelt gegenüber, wie diese sich beispielsweise in den Äußerungen des damaligen CDU-Innensenators, Jörg Schönbohm, artikulierten. Dieser rief in Berlin lebende ›Migrant_innen‹ u.a. dazu auf, ihre Integrationsanstrengungen zu verstärken und sich den »Gewohnheiten« der »deutschen Bürger und Behörden« anzupassen (Abgeordnetenhaus von Berlin 1998).

Im Zuge der einwanderungspolitischen (Jahrtausend-)Wende lassen sich wie auf Bundesebene auch im Berliner Senat Bestrebungen erkennen, an die Stelle einer Politik des »Improvisierens«, »eine abgestimmte [Integrations-]Politik mit einer klaren Perspektive zu setzen« (Landesbeirat für Integrations- und Migrationsfragen 2005: 5). Forderungen, Integrationspolitik als »Querschnittsaufgabe« zu definieren (Beauftragte des Berliner Senats für Integration und Migration 2004: 4), wurden u.a. über die Erarbeitung des Berliner Integrationskonzeptes nachgegangen (Beauftragte des Berliner Senats für Integration und Migration 2005; vgl. Kapitel 5.1). Auch wenn explizit völkisch-nationalistische Ideologeme in der Berliner Integrationsdebatte der 2000er Jahre nicht gänzlich verschwanden[3], zeichnet sich seitdem in den politischen Grund-

---

2   In diesem Kontext formulierte politische Strategien schlugen sich u.a. im 1981 verabschiedeten sog. Lummer-Erlass nieder, der den Familiennachzug von in Berlin lebenden Arbeitsmigrant_innen enorm erschwerte. Der Erlass des CDU-Innensenators Heinrich Lummer sah u.a. vor, dass Ehegatt_innen frühestens nach einem achtjährigen Berlin-Aufenthalt des Antragsstellers bzw. der Antragstellerin nachziehen durften. Dies hatte u.a. zur Konsequenz, dass sich viele der voneinander getrennten Paare entschieden, ein Kind zu zeugen, da die restriktive Vorschrift im Fall einer Schwangerschaft nicht galt (vgl. Topaç 1993).

3   Im Jahr 2001 sprach sich beispielsweise der CDU-Innensenator, Eckart Werthebach, in einem veröffentlichten Grundsatzpapier dafür aus, dass die ›deutsche Ausländerpolitik‹ nicht »länger als Reparationsleistung für die Rassenpolitik des Dritten Reiches« betrieben werden dürfe, sondern

satzdokumenten insgesamt eine diskursive Entwicklung ab, die von einem pragmatischen Duktus hinsichtlich der Thematisierung von in Berlin lebenden ›Migrant_innen‹ geprägt ist. ›Migrationsbedingte Heterogenität‹ wird seitdem als Tatsache behandelt (»Berlin als Einwanderungsstadt«, ebd.: 4), die als solche nicht länger geleugnet werden dürfe. Zudem wird sich von einem assimilationistischen Integrationsverständnis ausdrücklich abgegrenzt. Dies geschieht z.B., wenn es im Integrationskonzept heißt, dass »Integration [...] keinesfalls als vollständige Anpassung oder Assimilation an bestehende Bedingungen zu verstehen« sei, sondern vielmehr als »ein Prozess, an dem Zuwanderer/innen und Aufnahmegesellschaft beteiligt sind« (ebd.).

Statt Verweisen auf eine ›deutsche Leitkultur‹ ist seit Anfang der ooer in den integrationspolitischen Veröffentlichungen vielfach von »Grundwerte[n] einer demokratisch verfassten Gesellschaft« die Rede (ebd.: 35). Wiederholt wird das Erfordernis betont, die aus der »demokratischen Verfasstheit [...] resultierenden Strukturen und Normen Deutschlands« anzuerkennen (Senatsverwaltung für Bildung, Jugend und Sport 2006: 19). Es wird auf »Werte, Normen und Prinzipien des demokratischen Zusammenlebens« (Senatsverwaltung für Arbeit, Integration und Frauen 2016: 57) sowie auf »Spielregeln der demokratischen Auseinandersetzung« verwiesen (Senatsverwaltung für Integration, Arbeit und Soziales 2007a: 69). Die semantischen Kompositionen rund um eine ›demokratisch-freiheitliche Ordnung‹ beziehen sich vordergründig auf die gesamte Berliner Gesellschaft. Bei genauerem Hinsehen lässt sich jedoch erkennen, dass die ›demokratische Grundordnung‹ von einer bestimmten ›Wir-Einheit‹ repräsentiert wird. Diese nimmt eine Deutungshoheit ein, wenn es darum geht, die ›demokratischen Strukturen und Normen Deutschlands‹ zu definieren. ›Migrant_innen‹ erscheinen in diesem Zusammenhang als zentrale Adressat_innen von Forderungen eines solchen ›Wirs‹, demokratische Werte zu akzeptieren und einzuhalten. So heißt es beispielsweise im Konzept »Integration durch Bildung«, dass »[b]ei den Migranten [...] die Bereitschaft vorausgesetzt [wird], [...] die Grundwerte einer demokratisch verfassten Gesellschaft anzuerkennen« (Senatsverwaltung für Bildung, Jugend und Sport 2006a: 2), während auch zehn Jahre später noch, im 2016 veröffentlichten »Masterplan Integration und Sicherheit« speziell von »Geflüchteten« erwartet wird, sich »ein vertieftes Wissen über das demokratische Gemeinwesen« anzueignen (Senatsverwaltung für Arbeit, Integration und Frauen 2016: 9). ›Migrant_innen‹ und ›Geflüchtete‹ werden hier außerhalb einer demokratisch verfassten Gesellschaft verstanden und positioniert. Dabei bleibt stets vage, was genau unter einem ›demokratischen Gemeinwesen‹ verstanden wird.

Die beschriebene integrationspolitische Perspektive kommt auch im Anfang 2017 vom Berliner Senat in Reaktion auf die zunehmende Fluchtmigration nach Berlin beschlossenen »Präventions- und Sicherheitspaket« zum Ausdruck (Der Regierende Bürgermeister von Berlin 2017, vgl. *Exkurs I*). In einer hierzu veröffentlichten Pressemitteilung heißt es u.a.:

> »Damit das Zusammenleben in unserer Stadt weiterhin unproblematisch bleibt, sehen wir uns in der Pflicht, unsere eigenen gesetzlichen und ethischen Werte und die

---

den »Mehrheitsinteressen des deutschen Volkes« dienen müsse (Abgeordnetenhaus von Berlin 1999: 4180).

Prinzipien eines gleichberechtigten und friedvollen Zusammenlebens an die zu uns kommenden Menschen weiterzuvermitteln. Geflüchtete benötigen bereits in der ersten Phase ihres Ankommens eine allgemeine Wertevermittlung. Dazu gehören neben der Kenntnis und Anerkennung unserer Grundrechte und Grundwerte auch Informationen über die Gefahren extremistischer Strukturen.« (Der Regierende Bürgermeister von Berlin 2017: o.S.)

Die »Werte und die Prinzipien eines gleichberechtigten und friedvollen Zusammenlebens« werden hier einem autochthonen »[W]ir« zugeschrieben, welches einem ›nicht-autochthonen Anderen‹ in der Figur des/der ›Geflüchteten‹ gegenübersteht. Dabei werden »unsere Grundrechte und Grundwerte« nicht als universale, sondern als partikulare Werte eines ›Wirs‹ verstanden, die es an die Geflüchteten zunächst weiterzuvermitteln gelte. Nur so, so wird hier suggeriert, könne ein »unproblematisch[es]« und sicheres »Zusammenleben in unserer Stadt« funktionieren. Dabei fällt hier wie an anderer Stelle in den Dokumenten auf, dass eine Konkretisierung »unserer Grundwerte« vor allem über die Nennung solcher Aspekte erfolgt, die den in Berlin lebenden ›Geflüchteten‹ vielfach abgesprochen werden. Diesbezüglich wird im Berliner »Masterplan« betont, dass die »Achtung individueller Lebensweisen, die Gleichberechtigung der Geschlechter« sowie die »Religionsfreiheit« »unantastbar« seien (Senatsverwaltung für Arbeit, Integration und Frauen 2016a: 9). Über die explizite Hervorhebung gerade dieser ›demokratischen Standards‹ wird deutlich, dass es – trotz des Verweises auf die Allgemeingültigkeit demokratischer »Werte und Regeln« (ebd.) – insbesondere in Berlin lebende ›Geflüchtete‹ bzw. ›Migrant_innen‹ sind, die sich allgemein dem Verdacht ausgesetzt sehen, ›unsere demokratische Grundordnung‹ nicht einzuhalten. Über ihre integrationspolitische Verortung außerhalb eines ›demokratischen Wirs‹, werden ›Geflüchteten‹ und ›Migrant_innen‹ entsprechend unter besondere Beobachtung gestellt, was auch über spezifische politische Praktiken zum Ausdruck kommt, wie ich sie unten noch näher beschreiben werde.

Nationale Kategorien haben im Berliner Integrationsdiskurs somit nicht gänzlich an Bedeutung verloren. Vielmehr artikulieren sie sich indirekt über Verweise auf ein ›demokratisches Wir‹, das indirekt an eine ›Nationalkultur‹ bzw. ›hiesige‹ Normen, Werte und Rechte zurückgebunden wird. Dabei erweisen sich die Grenzen eines ›demokratischen Wirs‹ jedoch fluider als zu Zeiten assimilationistischer Integrationspolitik, indem sie zum Teil flexibel auf einen europäischen bzw. ›christlich-abendländischen‹ Kulturraum ausgeweitet werden.

Einer sich so im Berliner Integrationsdiskurs formierenden neo-assimilationistischen Diskursposition steht insbesondere seit 2009 ein politisches Integrationsverständnis gegenüber, das auf eine stärkere Partizipation von in Berlin lebenden ›Migrant_innen‹ und ihren Vertretungen abzielt. Die Verankerung eines solchen Verständnisses im Integrationsdiskurs geht auf die vom Berliner Landesbeirat für Integrations- und Migrationsfragen eingesetzte »AG Partizipation« zurück. Diese legte dem Senat im Frühjahr 2009 einen Bericht vor, der die Implementierung eines »Integrationsgesetzes« empfiehlt, das »Integration als politisches Handlungsfeld definiert« und hierfür notwendige »strukturelle Rahmenbedingungen« festlegt (Landesbeirat für Integrations- und Migrationsfragen, zitiert in Çinar 2010: o.S.). Der Senat nahm diese Empfehlung an und arbeitete unter Beteiligung des Landesbeirats sowie von Vertreter_innen unterschiedlicher ›Migrant_innenorganisationen‹ ein Gesetz aus, das Ende 2010 vom Abgeordnetenhaus unter dem Titel »Partizipations- und Integrationsgesetz des Landes Berlin« (PartIntG) verabschiedet wurde.

Das Partizipations- und Integrationsgesetz definiert Integration als einen »gesamtgesellschaftliche[n] Prozess« und sieht es als zentrale Aufgabe der Berliner Integrationspolitik an, »Menschen mit Migrationshintergrund« eine »gleichberechtigte Teilhabe« zu ermöglichen und sie vor »Benachteiligung« zu schützen (§1 PartIntG). Das Gesetz, das für alle Berliner Senats- und Bezirksverwaltungen gilt (vgl. ebd.: §3), umfasst vor allem Regelungen für eine »interkulturelle Öffnung« des öffentlichen Dienstes (ebd.: §4(3)). Im Zentrum steht die »Erhöhung des Anteils der Beschäftigten mit Migrationshintergrund entsprechend ihrem Anteil an der Bevölkerung« (ebd.: §4(4)). Dieses Ziel soll allerdings nicht über eine Quotenregelung erreicht werden, sondern über die Verankerung von Mehrsprachigkeit sowie »interkultureller Kompetenz« im Anforderungsprofil der Berliner Behörden (ebd.: §4). Diese sind über das Gesetz zudem dazu angehalten, »alle Beschäftigten durch Fortbildungsangebote und Qualifizierungsmaßnahmen« im Bereich der »interkulturellen Kompetenz« zu schulen (ebd.: §4(3)). Über die Zielvorgabe einer »interkulturellen Öffnung« hinaus, werden im Partizipations- und Integrationsgesetz verschiedene Regelungen im Hinblick auf eine breitere Beteiligung von Menschen »mit Migrationshintergrund« an politischen und gesellschaftlichen Entscheidungsprozessen formuliert. Zu diesen Regelungen zählte u.a. die Einführung eines Landesbeirats für Integrations- und Migrationsfragen (ebd.: §6(1)) sowie von »Bezirksbeauftragten für Integration und Migration« in allen Berliner Bezirken (ebd.: §7).

Das im sog. Partizipations- und Integrationsgesetz zum Ausdruck kommende Integrationsverständnis steht in einem deutlichen Widerspruch zu den zuvor analysierten Diskurspositionen, die Integration primär als einen individuellen, von ›Migrant_innen‹ ausgehenden Prozess definieren. Dementsprechend wurde das Gesetz öffentlich sowie politisch kontrovers diskutiert. Während Befürworter_innen des Gesetzes von einer wichtigen »Verrechtlichung von Partizipation« sprachen (Piening in Helle Panke e.V. 2010), über welche Beteiligungsrechte von Migrant_innen sowie die interkulturelle Öffnung von Verwaltungen und staatlichen Institutionen erstmals verbindlich festgeschrieben würden, wurde das Gesetz u.a. vom damaligen Neuköllner Bezirksbürgermeister, Heinz Buschkowsky, als »bürokratische[s] Pillepalle« beschrieben, welches es versäume, »zu kulturellen Unterschieden klar Stellung zu beziehen« (Buschkowsky in Dassler 2010: o.S.).

Positionierung von Eltern als ›Integrationsrisiko‹ für Ihre Kinder Inwiefern sind nun Eltern in die beschriebenen integrationspolitischen Dynamiken eingebunden? Wie werden sie in diesem Zusammenhang positioniert und adressiert? Wie bereits in Kapitel 5.1 dargestellt, haben sich der Bildungsbereich und speziell die Schule im Verlauf der 00er Jahre (auch) in Berlin zu zentralen integrationspolitischen Interventionsfeldern entwickelt, in deren Fokus vor allem Schüler_innen mit Migrationsgeschichte und ihre Eltern stehen. Die Schule wird in diesem Zusammenhang als zentraler »Lern- und Begegnungsort« konzipiert, an dem insbesondere »Eltern mit Migrationshintergrund« »positive Integrationserfahrungen« machen können bzw. sollen (Senatsverwaltung für

Bildung, Jugend und Sport 2006: 20ff.). Hierüber soll u.a. »einer in Migrantenfamili-
en als Entfremdung wahrgenommenen Entwicklung« entgegengewirkt werden (ebd.).
Wie sich in dieser Formulierung bereits andeutet, wird eine Distanz der Eltern ›mit
Migrationshintergrund‹ zur Berliner (Mehrheits-)Gesellschaft und ihren Institutionen
angenommen, die hier unter dem Begriff der »Entfremdung« problematisiert wird. In
der Gesamtschau der politischen Dokumente kristallisiert sich diese Annahme als eine
dominante Diskursposition heraus, die sich mit unterschiedlichen kulturalisierenden
Zuschreibungen bzgl. Eltern ›mit Migrationshintergrund‹ verbindet. Besonders deutlich wird dies in einem 2009 vom Neuköllner Bezirksamt veröffentlichten Papier zur
»Integrationspolitik in Neukölln« (Bezirksamt Neukölln 2009). Hier heißt es u.a.:

> »Die Schule kann jedoch nur auf dem Fundament aufbauen, das die Eltern gelegt ha-
> ben. In Neukölln sind dazu viele Eltern aber nicht in der Lage. [...] In etlichen traditio-
> nell geprägten Einwandererfamilien ist zudem der oberste Erziehungsgrundsatz die
> Unterwerfung des Kindes, notfalls mit Gewalt. In einer solchen Atmosphäre kann ein
> Mensch nur schwer die soziale Kompetenz erlernen, die er braucht, um sich in der de-
> mokratischen, freiheitlichen Gemeinschaft einzubringen und erfolgreich zu sein. So
> werden Eltern leider oft zur größten Gefahr für die Zukunft ihrer Kinder, die an den
> Defiziten des Elternhauses zu scheitern drohen. In diesen Fällen muss die Gesellschaft
> intervenieren und versuchen, die Mängel durch besonders gute Kitas und Schulen aus-
> zugleichen.« (Bezirksamt Neukölln 2009: 10)

»Viele[n]« der in Neukölln lebenden Eltern wird hier zunächst zugeschrieben, dass sie
»nicht in der Lage« sind, im Rahmen ihrer Erziehung ein »Fundament« für ihre Kinder
zu schaffen, auf dem die Schule »aufbauen« kann. Mit einem solchen »Fundament« sind
vor allem »soziale Kompetenzen« gemeint, welche die Kinder aus »Einwandererfamili-
en« befähigen, sich in die »Gemeinschaft« einzubringen. Diese Gemeinschaft wird hier
näher als eine »demokratisch[e]« und »freiheitlich[e]« Gemeinschaft bestimmt. Indem
den Eltern so indirekt abgesprochen wird, ihre Kinder im Sinne einer Beteiligung an einer solchen Gemeinschaft zu erziehen, werden die Sozialisationsbedingungen in »Einwandererfamilien« als nicht bzw. wenig ›demokratisch‹ und ›freiheitlich‹ dargestellt.
Diese binäre Positionierung wird gestützt durch die hier explizit wie implizit vorgenommene Charakterisierung der Eltern als »traditionell«, ›autoritär‹, ›repressiv‹ und
›gewalttätig‹. Ein so gezeichnetes Bild von »etlichen [...] Einwandererfamilien« zieht in
dem Papier die Schlussfolgerung nach sich, dass die Eltern eine »Gefahr für die Zukunft
ihrer Kinder« darstellen. Eine ›Intervention‹ in die Verhältnisse der Familien wird als
dringend notwendig beschrieben. Als zentrale Akteur_innen einer solchen Intervention
werden »Kitas und Schulen« genannt. Ihnen komme die Aufgabe zu, die bei den Eltern
verorteten »Defizite« und »Mängel [...] auszugleichen«.

Eine ähnliche Perspektive kommt in besonders ›plakativer‹ Form auch in einer Kampagne zum Ausdruck, die 2009 vom Bezirksamt Neukölln gemeinsam mit dem Migra-
tionsbeirat anlässlich des 60-jährigen Bestehens des deutschen Grundgesetzes durchgeführt wurde. Im Rahmen dieser Kampagne wurden vier Plakate »zu den Themen
Würde, Gleichberechtigung, Benachteiligung und Erziehung hergestellt, die die Texte
hierzu aus dem Grundgesetz wiedergeben« (Quartiersmanagement Rollbergsiedlung
2009) und in Neukölln an öffentlichen Orten angebracht wurden. Im hier analysierten

Zusammenhang ist besonders das Plakat zum Thema Erziehung interessant (siehe Abbildung 3). Dessen Zentrum bildet – unter der Überschrift »60 Jahre Grundgesetz« – der Satz »Erziehung ist Pflicht« sowie eine geballte Hand mit erhobenem Zeigefinger. Das kleiner gedruckte Grundgesetzzitat darunter – »Pflege und Erziehung der Kinder sind das natürliche Recht der Eltern und die zuvörderst ihnen obliegende Pflicht. Über ihre Betätigung wacht die staatliche Gemeinschaft« – wurde auf Türkisch, Arabisch, Kurdisch, Kroatisch und Polnisch übersetzt. Die Übersetzung wird gerahmt von drei Balken in den deutschen Nationalfarben (links) sowie dem Neuköllner Wappen (rechts).

Abbildung 3: Plakat »60 Jahre Grundgesetz«

Die Geste des erhobenen Zeigefingers verleiht dem Satz »Erziehung ist Pflicht« eine erinnernde sowie ermahnende Funktion und setzt hinter diesen ein imaginäres Ausrufezeichen. Auf diese Weise verbindet sich der Hinweis auf das Grundgesetz mit der Aufforderung, den genannten Grundsatz einzuhalten. Der auffordernde Charakter des Plakats wird auch dadurch deutlich, dass der hervorgehobene Auszug aus dem Grundgesetz nicht das »natürliche Recht der Eltern« betont, sondern lediglich die »ihnen obliegende Pflicht«.

Der Satz »Erziehung ist Pflicht« erscheint über das Zusammenspiel der grafischen und textlichen Elemente (»60 Jahre Grundgesetz«, Nationalfarben, Wappen) als ein spezifisch ›deutscher‹ Grundsatz. Über die symbolische Rahmung des Satzes »Erziehung ist Pflicht« in einem deutsch-nationalen Kontext scheinen ›deutsche‹ Eltern implizit von der sich hier artikulierenden Aufforderung ausgenommen zu werden. Auch über die Auswahl der übersetzenden Sprachen sowie den Verbreitungsraum des Plakates, der sich ausschließlich auf den Bezirk Neukölln konzentrierte – während die Plakate in Bezirken mit einem vergleichsweise geringen Anteil von Familien ›mit Migrationshintergrund‹ nicht kursierten –, wird deutlich, dass es sich hier um eine zuvörderst an (bestimmte) migrantisierte Eltern gerichtete Kampagne handelte. Sie sind es vor allem, die vermeintlich an ihre Erziehungspflicht erinnert werden müssten und bei denen die »Pflege und Erziehung der Kinder« keine Selbstverständlichkeiten darstellen.

Ausgehend von der Annahme, dass die ›Erziehungskultur‹ in ›Einwandererfamili-
en‹ mit der Ordnung des Grundgesetztes vielfach ›nicht konform‹ ist und somit ein
potenzielles ›Integrationsrisiko‹ für die in diesen Familien aufwachsenden Kinder darstellt, wird es als zentrales integrationspolitisches Ziel einer schulischen Kooperation
mit Eltern verstanden, diesen eine »gründliche Kenntnis von Kultur und Gesellschaft«
zu vermitteln (Senatsverwaltung für Bildung, Jugend und Sport 2006: 20). Die Schule
wird dabei in der Verantwortung gesehen, den Eltern gegenüber »die Ziele des Grundgesetzes, der Berliner Verfassung und des Schulgesetzes zur Geltung« zu bringen (ebd.).
Neben der »Vermittlung von Kenntnissen über grundlegende Strukturen und Normen
der Aufnahmegesellschaft«, wird im Konzept »Integration durch Bildung« auch »die
Sprachvermittlung und -förderung« als »integrative Kernaufgabe für Bildungseinrichtungen« formuliert (ebd.: 3). Diesbezüglich gelte es nicht nur auf die Schüler_innen zu
achten, sondern auch darauf, dass »Eltern die deutsche Sprache beherrschen« (Senatsverwaltung für Integration, Arbeit und Soziales 2007a: 37). Dieses Integrationsziel ist
meist unmittelbar an den Aspekt der ›gesellschaftlichen Grundwerteorientierung‹ gekoppelt. So heißt es, dass »[n]ur« die »Kombination von Sprachkompetenz und gesellschaftlichem Grundlagenwissen« die Eltern »zu Integration und Partizipation« »befähigen« könne (Senatsverwaltung für Bildung, Jugend und Sport 2006: 20). »Integration
und Partizipation« werden hier, wie auch an anderer Stelle in den Dokumenten, vorwiegend als individuelle Fähigkeiten der Eltern dargestellt. Vertreten wird eine Sichtweise, nach der eine gesellschaftliche sowie schulische Teilhabe primär durch Maßnahmen
hergestellt werden kann, die auf eine individuelle Sprach- bzw. Integrationsbefähigung
der Eltern abzielen. Demgegenüber werden soziale, rechtliche und politische Aspekte
einer »Integration und Partizipation« in diesem Zusammenhang kaum zur Sprache gebracht.

Eine solche diskursive Leerstelle lässt sich auch mit Blick auf integrationspolitische Maßnahmen erkennen, die speziell für Eltern ›mit Migrationshintergrund‹ in den
Dokumenten formuliert und dokumentiert werden. Im Zentrum stehen hier vor allem
»Deutschkurse für Eltern/Mütter in Grundschulen und Kitas« (Berliner Volkshochschulen 2015). Die genannten Kurse werden in der Regel von außerschulischen Trägern,
insbesondere den Berliner Volkshochschulen während der Unterrichtszeit und meist in
den Räumlichkeiten der Schulen angeboten; im Jahr 2015 waren es »mehr als 700 Kurse«
dieser Art an denen »über 9.000« Eltern berlinweit teilnahmen (ebd.: 3). In den Kursen
geht es neben dem Erwerb bzw. der Verbesserung der deutschen Sprache auch um die
»Vermittlung schul- und bildungswichtiger Themen« an die Eltern (ebd.). Hierzu wurde
im Jahr 2015 vom Berliner Bildungssenat ein 36-seitiges »Elternkurs-Curriculum« herausgegeben, in dem »Lernziele und Themen für den schul-, ausbildungs- und berufsbezogenen Unterrichtsschwerpunkt in den Deutschkursen« formuliert wurden (ebd.).
In dem Curriculum werden 20 Themenbereiche – von der »[v]orschulische[n] Entwicklung« über »Köperpflege, Kosmetik«, »Sexualität« bis hin zum »Bewerbungstraining für
Kinder und Eltern« (ebd.: 4) – sowie, diesen untergeordnet, insgesamt 282 Fähigkeiten
aufgezählt, die den Eltern in den Kursen vermittelt werden sollen. Im Themenbereich
»Schulfähigkeit und Arbeitsbedingungen« reichen diese beispielsweise von der elterlichen »Fähigkeit, Interesse für den Schulalltag und die Themen des Unterrichts zu zeigen« über ein »Wissen darüber, welche Anforderungen die Schule und Lehrkräfte an

das Kind stellen« bis hin zur »Fähigkeit, gemeinsam mit dem Kind die Schultasche zu packen« (ebd.: 9). Im kleinteilig ausgeführten »Elterncurriculum« kommen erneut feste Vorstellungen von einem ganz bestimmten Wissen sowie ganz bestimmten Fähigkeiten und Aufgaben der Eltern zum Ausdruck, die für den Schul-, Ausbildungs- und Berufserfolg der Kinder bzw. Schüler_innen vorausgesetzt werden und die »MigrantInnen und Migranten mit schulpflichtigen Kindern« (ebd.: 3) hier weitgehend abgesprochen werden.

Die häufige Bezeichnung der genannten Kurse als »Mütterkurse«, weist auf eine integrationspolitische Fokussierung auf Frauen und Müttern mit Migrationsgeschichte im beschriebenen Kontext hin. Dies zeigt auch die Untersuchung der quantitativen Nennungen von »Vätern« und »Müttern« in den hier analysierten Dokumenten. So werden »Mütter« hier mit insgesamt 531 Mal weitaus häufiger explizit adressiert als »Väter«, die in den Dokumenten 247 Mal Erwähnung finden. Die primäre Adressierung von ›Müttern‹ wird u.a. über die Annahme begründet, dass gerade in Familien mit Migrationsgeschichte »die Erziehung der Kinder und Jugendlichen ganz überwiegend bei den Müttern« liege (Beauftragte des Berliner Senats für Integration und Migration 2004: 6).

In einer den »Deutschkursen für Eltern/Mütter« stark ähnelnden Konzeption hat sich in Berlin im letzten Jahrzehnt auch die bundesweite Maßnahme des ›Elternintegrationskurses‹ etabliert. Dieser stellt eine Variante des 2005 im Zuge des Zuwanderungsgesetzes auf Bundesebene implementierten ›Integrationskurses‹ dar, und richtet sich speziell an »zugewanderte Eltern ohne ausreichende Sprachkenntnisse« (Bundesregierung 2007: 85), insofern diese mindestens ein Kind haben, welches das 18. Lebensjahr noch nicht vollendet hat.[4] In dem vom Bundesamt für Migration und Flüchtlinge koordinierten »Elternintegrationskurs« werden »die Themen des allgemeinen Integrationskurses durch die Bereiche Kindererziehung und -betreuung, Bildung und Ausbildung« ergänzt (ebd.). Der an den Sprachkurs anschließende »Orientierungskurs« im »Elternintegrationskurs« legt somit neben einer generellen »Auseinandersetzung der Migrantinnen und Migranten mit den grundlegenden Werten der Gesellschaft, der Rechtsordnung, der Geschichte und Kultur« (BAMF 2015: 20), »einen besonderen Schwerpunkt auf Themen rund um Erziehung, Bildung, Ausbildung, Berufswahl und Gesundheit von Kindern und Jugendlichen« (ebd.: 36). Hierüber sollen die »Eltern Zugang zu dem kulturellen Code« erhalten, »der es ihnen erleichtert, ihre Kinder in gleicher Weise wie die Eltern ihrer deutschen Nachbarskinder zu fördern und somit Handlungsfähigkeit in Bezug auf den schulischen Alltag und in Bezug auf die Förderung des schulischen Erfolgs ihrer Kinder zu erlangen« (Berliner Volkshochschulen 2015: 5). In den Beschreibungen des ›Elternintegrationskurses‹ werden somit auch hier die ›deutsche‹ Sprache, eine ›hiesige‹ »Rechtsordnung« (BAMF 2015: 20) bzw. »grundlegende Werte der deutschen Gesellschaft« (ebd.: 47) sowie für allgemeingültig erklärte Erziehungs- und Bildungsstandards zu einem bestimmten »kulturellen Code« semantisch miteinander ver-

---

4   Der »Elternintegrationskurs« sieht – wie der allgemeine Integrationskurs auch – einen Deutschkurs von bis zu 900 Unterrichtseinheiten sowie einen 60 Einheiten umfassenden sog. Orientierungskurs vor. Beide Kursteile müssen mit einem Abschlusstest bestanden werden. Die Teilnahme ist für einen Großteil der nach Deutschland migrierten Personen aus sog. Drittstaaten obligatorisch (vgl. BAMF 2015).

knüpft (Berliner Volkshochschulen 2015: 5). Erst über dessen Kenntnis und Aneignung, so die hier vermittelte Annahme, ist eine ›Integration‹ der Eltern und ihrer Kinder in staatlichen Institutionen wie der Schule von Erfolg gekrönt.

Die bisherige Analyse macht deutlich, dass die ›Integration‹ von Eltern vor allem als eine Form der Eingliederung von Eltern ›mit Migrationshintergrund‹ *in* die ›Aufnahmegesellschaft‹ und ihre Institutionen verstanden wird. Die so positionierten Eltern werden von politischer Seite implizit sowie explizit mit der Erwartung belegt, ihre ›Integrationsfähig- und -willigkeit‹ möglichst sichtbar in sowie im Kontext der Schule unter Beweis zu stellen, insofern sie als ›integriert‹ und ›demokratisch‹ (an)erkannt werden wollen. Hierfür wird die Kenntnis eines bestimmten ›kulturellen Codes‹ vorausgesetzt. Diese, so die im Integrationsdiskurs weit verbreitete Annahme, müssten Eltern mit Migrationsgeschichte erst erwerben. Ein solches Verständnis begründet wiederum Praktiken wie den Elternintegrationskurs. Im Partizipations- und Integrationsgesetz formulierte Perspektiven und Handlungsansätze hinsichtlich einer »gleichberechtige[n] Teilhabe«, eines Ausschlusses von »Benachteiligung« (§1 PartIntG) sowie einer Mitwirkung der Schulen an einem so definierten Integrationsprozess werden im Integrationsdiskurs somit nicht thematisch, wenn es um konkrete Integrationsmaßnahmen für Eltern geht.

6.1.2   Eltern als (ethnisierte) ›Unternehmer_innen ihrer selbst‹

Ökonomistische Aufladung von migrationsbedingter »Vielfalt«   Neben den bisher beschriebenen neo-assimilationistischen Perspektiven ist für den hier analysierten Berliner Integrationsdiskurs noch eine weitere Diskursposition charakteristisch. So wird in den politischen Dokumenten auffällig häufig auf das ›wirtschaftliche Potenzial‹ von Migration generell und speziell von in Berlin lebenden ›Migrant_innen‹ verwiesen. Bereits im ersten Berliner Integrationskonzept wird Migration im Hinblick auf eine für notwendig erachtete »wirtschaftliche und kulturelle Öffnung [Berlins, E.K.] in die Welt« relevant gemacht (Abgeordnetenhaus von Berlin 2005: 4). In diesem Zusammenhang wird wiederholt betont, dass sich die Stadt in einem »Wettstreit um Investitionen und Arbeitsplätze« befindet (ebd.). Vor diesem Hintergrund wird ›migrationsbedingte Heterogenität‹ – meist unter den Begriffen ›Vielfalt‹ und ›Diversity‹ – im wirtschaftlichen Sinn als gewinnbringende Ressource für die Stadt Berlin konstruiert und ›Integration‹ für notwendig erklärt. Entsprechend heißt es im Integrationskonzept: »›Vielfalt bedeutet Stärke‹ – dieser Grundsatz einer modernen Unternehmenskultur gilt besonders in Berlin. Migrantinnen und Migranten tragen zu dieser Stärke wesentlich bei« (Senatsverwaltung für Integration, Arbeit und Soziales 2007a: 1). Auch im 2009 veröffentlichten Konzept »Arbeit, Bildung, Chancengleichheit« wird argumentiert: »Was heute für moderne Unternehmen gilt, gilt ebenso für die bevölkerungsreichste Stadt Deutschlands: ›Diversity‹ ist eine Stärke. Einwanderer und ihre Nachkommen sind eine der wesentlichen Ressourcen der Hauptstadt und tragen zu ihrer Anziehungskraft bei« (ebd.: 8). Die Stadt Berlin wird hier als »moderne[s] Unternehmen« dargestellt, dessen Aktivitäten sich an einem unternehmerischen Leitbild orientieren und zu dessen »Anziehungs-

kraft« bzw. ›Marktwert‹ »Einwanderer und ihre Nachkommen« (ebd.) entscheidend beitragen (sollen).

Der bereits in den 1980er Jahren positiv auf die (kulturellen) Kompetenzen von ›Mi-
grant_innen‹ abhebende Vielfalts-Ansatz verbindet sich nun mit ökonomischen Argumentationen, indem vor allem auf die wirtschaftliche Produktivkraft von ›Migrant_in-
nen‹ abgehoben wird. Eine solche marktförmige Perspektive wird auch im »Masterplan
Migration und Sicherheit« bedeutend gemacht (Senatsverwaltung für Arbeit, Integration und Frauen 2016a). Migration wird hier als »Gewinn für die Stadtgesellschaft« aufgefasst; sie sei nicht nur mit einer »erzwebliche[n] Integrationsaufgabe« verbunden, sondern – »bei erfolgreicher Integration« – auch eine »Chance für Berlin als Wirtschafts-
standort und vielfältige Metropole« (ebd.: 7). Die Aufwertung Berlins als »Wirtschafts-
standort« wird als positiver Effekt von Migration verstanden und zugleich als zentrales
Argument dafür, sich von (mehrheits-)gesellschaftlicher sowie politischer Seite der mit
Migration assoziierten »erzwebliche[n] Integrationsaufgabe« anzunehmen (ebd.).

Im Kontext einer solch ökonomistischen Aufladung von Migration und Integration
wird vor allem im Berliner Konzept »Arbeit, Bildung, Chancengleichheit« wiederholt
von Berlin als »weltoffener Metropole« gesprochen (Beauftragte des Berliner Senats für
Integration und Migration 2009: 5). Auch dieser, bereits in den 1990er Jahren im Zuge des Strukturwandels in Berlin entstandene Topos, ist in erster Linie wirtschaftlich
konnotiert und vermittelt das Bild einer ›dynamischen Stadt der vielfältigen Möglichkeiten‹, über welches insbesondere eine internationale Kreativ- und Unternehmens-
gründer_innenszene angezogen werden soll (»Die Anziehungskraft für kreative Köpfe
steigt nicht zuletzt durch die Berliner Lebensart: weltoffen und gelassen«, ebd.: 20; vgl.
Exkurs II). Die Konzeption von Berlin als ›vielfältige Metropole‹ basiert in der Regel auf
einem essentialistischen Kulturverständnis, über welches ein ›multiethnisches, fried-
liches und fröhliches Nebeneinander unterschiedlicher (National-)Kulturen‹ in Berlin
nach Außen illustriert wird. Dies wird u.a. über die Bebilderung des Konzepts deutlich. Während hier Bilder von Schwarzen Menschen in bunten Gewändern (vgl. ebd.:
Titelbild) und Impressionen aus dem Berliner »Karneval der Kulturen« eine »Metropole
der Vielfalt« (ebd.: 21) symbolisieren sollen, werden rassifizierende Vorstellungen eines
›bunten Zusammenlebens‹ vermeintlich unterschiedlicher Kulturen in Berlin (re-)pro-
duziert.

Der so ökonomisch aufgeladene Vielfaltsansatz verbindet sich im genannten Konzept mit der Ansicht, dass in Berlin lebende Personen – scheinbar unabhängig von
ihren Lebensumständen und Herkunftshintergründen – »alle eine Chance« (ebd.: 8)
haben, ihre Fähigkeiten vor Ort (gewinnbringend) einzusetzen. Diese Auffassung wird
u.a. über ein im Dokument zitiertes Statement einer Filmemacherin wie folgt illustriert: »Wenn Journalisten mich auf meine türkische Herkunft reduzieren wollen, dann
ignoriere ich das. Man muss dem Gegenüber zeigen: Es spielt keine Rolle, woher unsere
Eltern kommen, sondern was man kann ist wichtig« (ebd.: 9). Das Zitat repräsentiert
die Auffassung, nach der in einer ›weltoffenen Metropole‹ wie Berlin der Herkunftshintergrund ihrer Anwohner_innen keine Rolle spiele – »wichtig« sei vielmehr, »was man
kann«. Der Versuch, einer Reduzierung der in Berlin lebenden Personen auf ihren ›Migrationshintergrund‹ entgegenzuwirken, geht hier mit der impliziten Schlussfolgerung
einher, dass eine nicht ›erfolgreiche‹ gesellschaftliche und wirtschaftliche Integration

auf das Können bzw. (fehlende) Kompetenzen der Individuen zurückgeführt werden können.

Auch hinsichtlich einer Zusammenarbeit von Eltern und Schule wird von politischer Seite zum Teil eine stärkere »Ressourcenorientierung« gefordert (Senatsverwaltung für Bildung, Wissenschaft und Forschung 2011a: 2). So heißt es, dass die »Erfahrungen und Kenntnisse« der Eltern als »eine Ressource« verstanden werden müssen, die für die Arbeit in der Schule »benötigt werde« (ebd.: 2009: 8). Eltern ›mit Migrationshintergrund‹ werden dabei als »Expert/-innen« positioniert, die nicht nur ein großes Wissen »über sich und ihre Kinder« (ebd.: 2010b: 9) in die Schule einbringen können, sondern vor allem als »Experten für ihre kulturelle Lebenswelt« prädestiniert dafür sind, »die Funktion interkultureller Moderatoren« (ebd.: 2009: 8) einzunehmen. Die Eltern werden in den integrationspolitischen Dokumenten somit nicht ausschließlich als ›defizitär‹, sondern auch als ›nützlich‹ für die Schule und die hier verorteten Integrationsprozesse ihrer Kinder verstanden. Diesbezüglich scheinen es allerdings ganz bestimmte elterliche Kompetenzen zu sein, die aus integrationspolitischer Perspektive als ›Ressource‹ anerkannt werden. Abgehoben wird vor allem auf ein ›kulturelles Kapital‹ der Familien, welches in der Schule ›genutzt‹ werden soll.

Die ökonomistische Logik leitet nicht nur politische Begründungsmuster hinsichtlich der ›Notwendigkeit‹ und ›Nützlichkeit‹ von Migration und Integration in Berlin an. Auch die Organisation und Steuerung der Berliner Integrationspolitik ist zunehmend von einem managerialistischen (Führungs-)Stil geprägt. Seit Mitte der 00er Jahre werden in den integrationspolitischen Dokumenten vermehrt Ansätze und Instrumente einer »strategischen Steuerung von Integrationsprozessen« thematisch (Senatsverwaltung für Integration, Arbeit und Soziales 2007a: 4). Über die Implementierung eines umfassenden »Integrationsmonitoring[s]« wird eine stärkere »Outputsteuerung« der Berliner Integrationspolitik angestrebt (Beauftragte des Berliner Senats für Integration und Migration 2012b: 7). Über das Integrationsmonitoring sollen »überprüfbare Indikatoren« erarbeitet werden, welche »die Wirksamkeit« von Integrationsmaßnahmen »sichtbar« machen (Abgeordnetenhaus von Berlin 2005: 7). Die »Integrationsindikatoren« heben dabei ausschließlich auf quantitativ-messbare Veränderungen ab (Senatsverwaltung für Integration, Arbeit und Soziales 2007a: 4). So auch für den Bereich der schulischen Integration. Für eine hier angestrebte ›Integration‹ von Eltern werden als messbare Ziele u.a. eine »Steigerung des Kitabesuchs von Kindern mit Migrationshintergrund« (ebd.: 33) sowie die Erhöhung des »Anteil[s] der Eltern mit MG [Migrationsgeschichte, E.K.] an Elternvertreter/-innen« angeführt (ebd.: 46). Auch die Sprachfähigkeit in ›Deutsch‹ hat sich zu einem zentralen Indikator herausentwickelt, anhand dessen elterliche Integrationsprozesse operationalisiert und gemessen werden sollen. Eine hohe Beteiligungsquote an Sprachförderangeboten wird dabei als ein »verlässliche[r] Indikator« für eine ›erfolgreiche Integration‹ von Eltern präsentiert (ebd.: 44). Der unmittelbare Zusammenhang zwischen Sprachförderung und Elternintegration bzw. -kooperation wird in den Dokumenten allerdings weder belegt noch hinterfragt. Stattdessen wird suggeriert, dass ›Integration‹ operationalisier- und messbar ist. Dabei konzentriert sich die Arbeit der politisch-behördlichen Akteur_innen zunehmend darauf, die ›Integration‹ von Personen mit Migrationsgeschichte über die Implementierung von Integrationsindikatoren zu ›steuern‹ und diese auf ihre Erfolge bzw. Misserfolge hin zu überprüfen. Komplexe gesellschaftliche Integrationsprozesse erscheinen so politisch handhabbar und vermitteln das Bild einer kontrolliert steuerbaren ›Integration‹. Dabei müssten, so wird in den Dokumenten vermittelt, die hier vorgegebenen ›Rezepturen‹ in Form von Indikatoren und Zielvorgaben lediglich befolgt bzw. eingehalten werden, damit sie zu den gewünschten ›Integrationserfolgen‹ führen.[5]

Eltern im Fokus eines integrationspolitischen ›Fördern und Forderns‹ Im Zuge der beschriebenen Entwicklungen, schreibt sich im Integrationsdiskurs zunehmend eine Perspektive auf ›Migrant_innen‹ als eigenverantwortliche Akteur_innen ein, welche über integrationspolitische Maßnahmen vor allem dazu motiviert bzw. angeleitet werden sollen, sich im Sinne ihrer ›erfolgreichen Integration‹ zu verhalten. Eine solche integrationspolitische Ausrichtung ging in den letzten Jahren mit der Implementierung zahlreicher aktivierender Maßnahmen einher, die in nahezu allen integrationspolitischen Dokumenten auftauchen. Diesbezüglich steht weniger die Thematisierung von Migration vor dem Hintergrund städtischer ›Attraktivität‹ und ›Produktivität‹ im Fokus als vielmehr die Auseinandersetzung mit solchen Individuen und Gruppen, die sich nicht als ›erfolgreich integriert‹ im Sinne oben genannter ökonomischer Normative erweisen. Im Zentrum einer solchen Thematisierung von Integration steht das Konzept ›der Hilfe zur Selbsthilfe‹ bzw. des ›Förderns und Forderns‹. Dieses fand wie bundesweit auch in Berlin zunächst Eingang in die Arbeitsmarkt- und Sozialpolitik. Einem 1982 vom Berliner CDU-Senat implementierten Programm, das Sozialhilfeempfänger_innen zur »gemeinnützigen zusätzlichen Arbeit« verpflichtete, kommt diesbezüglich eine bundesweite »Vorreiterrolle« zu (Lanz 2007: 254). Wie sich anhand der integrationspolitischen Senatsdokumente nachvollziehen lässt, hat sich die Maxime des ›Förderns und Forderns‹ im Laufe des ersten Jahrzehnts der 2000er Jahre auch zu einem festen Bestandteil der politischen Diskussion um die ›Integration‹ von in Berlin lebenden ›Migrant_innen‹ entwickelt. Mit dem Grundsatz wird zunächst ein wechselseitiges Erwartungs-

---

5   Wie auf Bundesebene (vgl. Kapitel 2.2.2) hat sich die Etablierung ökonomistischer Logiken auch auf die Wahl der Akteur_innen ausgewirkt, die an der Gestaltung und Steuerung von Integrationsprozessen beteiligt werden. So wurde beispielsweise für die Erstellung des »Masterplans Integration und Sicherheit« im Jahr 2016 die Unternehmensberatung McKinsey von der Berliner Senatskanzlei beauftragt. Die Firma hatte bereits zuvor im Rahmen einer sog. Pro-Bono-Tätigkeit das Berliner Landesamt für Gesundheit und Soziales (LAGeSo) in Flüchtlingsfragen unentgeltlich beraten. Die hier von McKinsey gesammelten Kenntnisse und Kontakte dienten der Senatskanzlei später als Argument dafür, den Auftrag zur Erstellung des Masterplans ohne Ausschreibung und vorherige Information des Berliner Abgeordnetenhauses an McKinsey zu vergeben (vgl. Zawatka-Gerlach 2016). Das Vorgehen sorgte für heftige Kritik auf Seiten der Opposition (vgl. Abgeordnetenhaus von Berlin 2016a). In einer Parlamentsdebatte rechtfertigte die Senatskanzlei ihr Vorgehen damit, dass aufgrund der zu dieser Zeit migrationsbedingten »absoluten Krisensituation« die Entscheidung getroffen wurde, McKinsey auf schnellstem Wege in das »Flüchtlingsmanagement« des Berliner Senats einzubeziehen (ebd.: 3). Die vorherige unentgeltliche Beratungstätigkeit der Unternehmensberatung für das LAGeSo wurde als »humanitäre[s] Engagement der Firma McKinsey« ausgegeben (ebd.: 10). Die beschriebene Verantwortungsübertragung von staatlichen auf private Akteure bei der Erstellung und Umsetzung von Integrationskonzepten kann als Ausdruck einer Verschiebung des Verständnisses von einer Integrations- und Flüchtlings*politik* zu einem Integrations- und »Flüchtlings*management*« interpretiert werden (ebd.; Kursivsetzung E.K.).

und Verpflichtungsverhältnis betont, wobei sich der politische Verweis auf das Prinzip des ›Förderns und Forderns‹ vielfach direkt wie indirekt mit der Annahme verbindet, »dass bei einigen Ausländern die Bereitschaft zur Integration« abnehme und die Politik »zu lange auf Laissez faire gesetzt habe« (Abgeordnetenhaus von Berlin 2004a: o.S.). »Migranten über jahrelangen Bezug durch Transfermittel integrieren zu wollen« könne »nur scheitern«, denn, so die damalige ›Ausländerbeauftragte‹: »Lange Abhängigkeit von Sozialhilfen lähmt [...] die Eigeninitiative« (John 2004: o.S.). Integrationspolitik, so die weit verbreitete politische Forderung, dürfe »nicht länger vorrangig Sozialpolitik für eine benachteiligte Minderheit« sein (ebd.). Vielmehr müsse der »fürsorgliche Sozialstaat« durch »Verpflichtungen zu Qualifikation und Arbeit ersetzt werden, die notfalls mittels Sanktionen in Form von Sozialleistungskürzungen durchgesetzt werden sollten« (ebd.).

Die Betonung der Integrations*forderung* gegenüber einer Integrations*förderung* hat sich in den integrationspolitischen Dokumenten auf vielfältige Weise eingeschrieben. So heißt es beispielsweise im Berliner Konzept »Integration durch Bildung«: »Mit den Maßnahmen zur Förderung sind auch Forderungen verbunden: Es wird erwartet, dass Migranten, insbesondere auch deren Vertretungen, sich aktiv in den Integrationsprozess einbringen« (Senatsverwaltung für Bildung, Jugend und Sport 2006: 3). Als zentrales »Ziel der Berliner Integrationspolitik« wird auch im zweiten Integrationskonzept verstanden, »Zuwanderer/innen so früh wie möglich in die Lage zu versetzen, ihre Ressourcen und Potentiale zu mobilisieren und Fähigkeiten zu entwickeln« sowie »die eigene Zukunft aktiv mitzugestalten« (Senatsverwaltung für Integration, Arbeit und Soziales 2007a: 12). Auch im 2016 vom Berliner Senat verabschiedeten »Masterplan Integration und Sicherheit« (Senatsverwaltung für Arbeit, Integration und Frauen 2016a) wird sich für eine frühzeitige »Aktivierung« von ›Migrant_innen‹, speziell von ›Geflüchteten‹ ausgesprochen (ebd.: 51). Es kommt ein aktivierender Duktus zum Ausdruck, der sich auch auf lokalpolitischer Ebene niederschlägt und sich im Neuköllner Integrationspapier mit der Devise »Jeder ist seines Glückes Schmied« verbindet (Bezirksamt Neukölln 2009: 9). Demnach sei es eine »Selbstverständlichkeit«, dass

> »[...] jeder zuerst einmal für sich selbst und die Gestaltung seines Lebens die Verantwortung trägt. Erfolg ist zumeist das Resultat von eigenen Bemühungen. Die Bereitschaft, die eigenen Kompetenzen und Fähigkeiten einzusetzen, Verantwortung zu tragen und sich diszipliniert in eine demokratische Gemeinschaft einzufügen, muss der Motor für den eigenen gesellschaftlichen Aufstieg sein. [...] Das Sozialsystem hilft denen, die aus eigener Kraft nicht in der Lage sind, ihren Lebensunterhalt sicherzustellen und ein Leben in Menschenwürde zu führen. Die Adaption des Sozialtransfers als alleinige Lebensgrundlage oder bequeme Sicherung der Grundbedürfnisse ist nicht Teil unserer Lebensphilosophie und deshalb akzeptieren wir nicht, dass es Menschen gibt, die unsere sozialen Sicherungen als Hängematte missbrauchen.« (Ebd.)

Die »Verantwortung« für gesellschaftliche Teilhabe bzw. die »Gestaltung seines Lebens« wird »zuerst« bei den Individuen verortet. Integration erscheint als »Resultat von eigenen Bemühungen« und wird vor allem von der Anpassungsfähigkeit an »eine demokratische Gemeinschaft« abhängig gemacht. Der Verweis auf das »Sozialsystem« dient in diesem Zusammenhang vor allem dazu, zu betonen, dass ein ›Missbrauch‹ des Sozialsystems nicht geduldet wird. Diesbezüglich werden im zitierten Diskursfragment zunächst alle Empfänger_innen von »Sozialtransfers« adressiert. Durch den integrationspolitischen Kontext sind es letztlich jedoch vor allem ›Migrant_innen‹, die mit dem Vorwurf konfrontiert werden, »*unsere* sozialen Sicherungen als Hängematte zu missbrauchen«, was wiederum »*unserer* Lebensphilosophie« [Kursivsetzung, E.K.] widerspreche. So setzt der Verweis auf ein ›Uns‹ ein ›(natio-ethno-religiös-kulturell) Anderes‹ voraus, welches an anderer Stelle im Dokument unter der Bezeichnung der »türkischen Familien«, der »Flüchtlingsfamilien« und »Einwandererfamilien« explizit wird (ebd.: 2). Die so adressierten *Integrationssubjekte* sind aufgefordert, sich ›aktiv‹ und ›selbstverantwortlich‹ um ihre Integration zu bemühen.

Die auf integrationspolitischer Ebene formulierten Ansätze zielen vielfach auch auf eine »Aktivierung von Eltern« (Senatsverwaltung für Integration, Arbeit und Soziales 2007a: 36) bzw. eine »Stärkung« elterlicher »Eigenpotentiale« ab (ebd.: 50). Es wird als zentrale Aufgabe von Politik, Behörden und Schulen verstanden, das »Interesse [der Eltern] an den Aktivitäten« ihrer Kinder zu »wecken und [zu] stabilisieren«, die Eltern »zu Partizipation in Schule und Stadtteil hinzuführen« und sie »durch eine wirkungsvolle Beratung [...] in die Lage« zu »versetzen«, »das Berliner Bildungssystem zu verstehen und daran teilzunehmen« (Senatsverwaltung für Bildung, Jugend und Sport 2006: 22f.). Über Formulierungen wie diese wird erneut ein Bild von Eltern ›mit Migrationshintergrund‹ entworfen, in dem diese insgesamt ›uninformiert‹, ›passiv‹ und ›desinteressiert‹ der Berliner Schule sowie dem deutschen Bildungssystem gegenüberstehen. Es wird die Auffassung vertreten, dass die Eltern zunächst für eine Beteiligung aktiviert werden müssen. So wird es neben der »Erhöhung von Motivation sowie Mobilisierung von Eigeninitiative« der Eltern ebenfalls für notwendig empfunden, die Eltern darin anzuleiten, »ihre Erziehungsverantwortung aktiv wahrzunehmen« (Senatsverwaltung für Integration, Arbeit und Soziales 2007a: 28).

Auch im Berliner »Masterplan Integration und Sicherheit« (2016a) finden sich zahlreiche aktivierungspolitische Prämissen. Auffällig ist, dass das Prinzip des ›Förderns und Forderns‹ nicht immer expliziert wird, sondern sich vielfach indirekt und über die wiederholte Verwendung des Adjektivs *aktiv* artikuliert. So auch im folgenden Beispiel, wenn es heißt: »Schließlich gehört zu einer gelungenen Integration die *aktive* Teilhabe der Geflüchteten am gesellschaftlichen und kulturellen Leben« (Senatsverwaltung für Arbeit, Integration und Frauen 2016a: 7; Kursivsetzung E.K.). Die Verwendung des Adjektivs »aktiv« erscheint hier wie auch an anderer Stelle tautologisch. So ist fraglich, wie demgegenüber eine *passive* Teilhabe bzw. ein *passives* Wahrnehmen von Erziehungsverantwortung aussehen könnte. Über die redundante Verwendung des Adjektivs ›aktiv‹ gelingt es, Aktivierungsprämissen (›Sei aktiv!‹, ›Engagier dich!‹, ›Sei selbstverantwortlich!‹) als allgemeingültige Handlungsnormen diskursiv zu verankern. Diese Form der subtilen Anrufung zielt im hier betrachteten Kontext insbesondere darauf ab, die Eltern zu aktivieren, sich stärker eigenverantwortlich um die Erziehungs- und Bildungsprozesse ihrer Kinder zu kümmern. Entsprechend heißt es, dass die Eltern »in ihrer Erziehungsverantwortung gefördert und auch deutlicher verpflichtet« werden sollen (Senatsverwaltung für Integration, Arbeit und Soziales 2007a: 226), während insbesondere »Frauen und Mütter« in die Lage versetzt werden sollen, »sich selbst um sie betreffende

Fragen zu kümmern« (Beauftragte des Berliner Senats für Integration und Migration 2005: 55).

Dass von einer solchen Responsibilisierung nicht allein Eltern ›mit Migrationshintergrund‹ betroffen sind, sondern insbesondere auch sozio-ökonomisch benachteiligte Familien, wird mit Blick auf sozialpolitische Maßnahmen und Sanktionen deutlich, wie sie weiter unten noch konkreter aufgeführt werden. In der häufigen Betonung der genannten Handlungsmaxime im integrationspolitischen Kontext sowie des primär auf ›Migrant_innen‹ bzw. »Frauen und Eltern mit türkischem und arabischem Hintergrund« (ebd.: 2007b: 213) bezogenen Aktivierungsvokabulars, erweisen sich diese aktuell jedoch als eine zentrale Zielgruppe einer integrationspolitischen Aktivierungspolitik. Dies kommt auch über zahlreiche Maßnahmen zum Ausdruck, die in den letzten Jahren an der Schnittstelle von Berliner Integrations- und Arbeitsmarktpolitik entstanden sind und die vor allem auf eine »berufliche Integration« speziell von Eltern mit Migrationsgeschichte abzielen (Senatsverwaltung für Integration, Arbeit und Soziales 2007b: 48). Im Jahr 2007 veröffentlichte die Senatsverwaltung im Anschluss an das Integrationskonzept einen »Förderatlas«, in welchem auf 250 Seiten »[Integrations-]Maßnahmen und Projekte des Berliner Senats und der Bezirke« dokumentiert und beschrieben werden. Darin werden auch verschiedene Projekte vorgestellt, die sich unter Titeln wie »[b]erufliche Orientierung mit Aufbaukurs Pflege« sowie »Deutsch und Berufsvorbereitung für Migrantinnen« explizit an »Mütter/Eltern/Frauen nicht-deutscher Herkunftssprache« richten (ebd.: 28). Diese zielen vor allem auf eine »Stärkung sozialer und beruflicher Kompetenzen«, eine »Erhöhung von Motivation« sowie die »Mobilisierung von Eigeninitiative« der »Mütter/Eltern/Frauen« ab (ebd.). In aktuelleren Dokumenten häufig genannt wird zudem das vom Ministerium für Familien, Senioren, Frauen und Jugend im Jahr 2014 bundesweit auf den Weg gebrachte Programm »Stark im Beruf – Mütter mit Migrationshintergrund steigen ein« (BMFSFJ o.J.). Dieses zielt darauf ab, »Mütter[n], die durch mehr als eine Kultur geprägt sind« den »Zugang zu vorhandenen Angeboten zur Arbeitsmarktintegration« sowie eine damit in Verbindung gebrachte »gesellschaftliche Integration« zu erleichtern (BMFSFJ o.J.).

An der Schnittstelle von Integration, Bildung und Arbeitsmarkt operiert auch das Projekt der sog. Stadtteilmütter. Diese im Jahr 2004 erstmals vom Diakonischen Werk in Neukölln initiierte Maßnahme ist primär für ALG-II-Empfängerinnen mit Migrationsgeschichte vorgesehen. Laut dem bereits oben zitierten Neuköllner Integrationspapier sind es vor allem »türkische und arabische Frauen«, die zu ›Stadtteilmüttern‹ ausgebildet werden sollen (Bezirksamt Neukölln 2010: 9). Die überwiegend von den lokalen Jobcentern koordinierte und öffentlich finanzierte Qualifizierungs- und Beschäftigungsmaßnahme war bis Ende 2014 Teil des bundesweiten Programms »Bürgerarbeit«, welches Langzeitarbeitslose in eine gemeinnützige Arbeit vermitteln sollte.[6] Das

---

6   Das Programm »Bürgerarbeit« sah, bis zu dessen Beendigung im Jahr 2014, »Arbeitsangebote« im Non-Profit-Bereich für Personen vor, die auf dem regulären Arbeitsmarkt als ›nicht vermittelbar‹ galten und »am Ende einer definierten Aktivierungskette« standen (DGB Bundesvorstand 2010: 3). Wer das »Arbeitsangebot« ablehnte, musste mit Kürzungen des ALG-II-Satzes rechnen. Das Programm wurde von der damaligen Bundesarbeitsministerin, Ursula von der Leyen (CDU), als »konsequenteste Form des Fördern und Fordern« bezeichnet (BMAS 2012). Neben einem erhöhten Druck auf Langzeitarbeitslose hatte das Programm »Bürgerarbeit« auch zur Konsequenz, dass die

von staatlicher Seite mehrfach ausgezeichnete Stadtteilmütterprojekt (vgl. BAMF 2014), wurde im Laufe der Zeit von verschiedenen Trägern, auch über Berlin hinaus, übernommen und wirbt damit, »in modellhafter Weise mehrere Ansätze« zu vereinen:

> »Frauen – meist selber Mütter – mit Migrationshintergrund werden durch eine gezielte Qualifikation in die Lage versetzt, Familien aus ihrer eigenen Community zu informieren. Die Themen, die von den ›Stadtteilmüttern‹ in die Familien getragen werden, sind Einwanderung, Sprache, Arbeit, Gesundheit, Recht, Erziehung und gezielte Förderung von Kindern und Jugendlichen. Damit werden bildungs- und fürsorgeferne Bevölkerungskreise erreicht und Familien mit Migrationshintergrund öffnen sich der Nachbarschaft. Die Frauen selbst erwerben Fähigkeiten, um ihre Erziehungs- und Bildungsaufgaben besser wahrnehmen zu können. Sofern sie darüber hinaus selbst berufstätig werden wollen, sind die hier erworbenen Fähigkeiten Teil einer ersten Qualifikation.« (Senatsverwaltung für Stadtentwicklung und Wohnen 2006: o.S.)

Aus dieser und anderen Beschreibungen des Stadtteilmütterprojekts geht hervor, dass die Frauen im Rahmen der Maßnahme über die Vermittlung eines bestimmten Wissens zu ›Stadtteilmüttern‹ qualifiziert werden, welches sie in der Rolle der Multiplikator_innen wiederum an andere Mütter weitergeben sollen. Die vermittelten und zu vermittelnden Kenntnisse ähneln den Inhalten des Orientierungskurses im ›Elternintegrationskurs‹ sowie des ›Elterncurriculums‹ der ›Eltern-/Mütter-Sprachkurse‹ (siehe oben). Dabei ist die beratende Tätigkeit der ›Stadtteilmütter‹ wiederum auf eine bestimmte Zielgruppe ausgerichtet, die als Familien aus »bildungs- und fürsorgeferne[n] Bevölkerungskreise[n]« bezeichnet und hier »Familien mit Migrationshintergrund« weitgehend gleichgesetzt werden. Wie die ›Stadtteilmütter‹ selbst, sollen auch diese Familien »in die Lage versetzt« werden, sich der Nachbarschaft zu »öffnen« und ihre »Erziehungs- und Bildungsaufgaben besser wahrzunehmen«. An eine Unterstützung und Förderung der Familien ist somit die Erwartung gekoppelt, dass diese danach entsprechend selbstverantwortlich – im Sinne der ihnen vermittelten Aufgaben und Fähigkeiten – handeln. Eine solche Aktivierungsperspektive kommt auch an anderer Stelle zum Ausdruck, z.B. wenn es im Förderatlas heißt, dass die Maßnahme zur »Wahrnehmung und Stärkung der Eigenpotentiale« von Frauen und Müttern beitragen und diese »ermutigen« soll, »ihre Erziehungsverantwortung aktiv wahrzunehmen« (Senatsverwaltung für Integration, Arbeit und Soziales 2007b: 50). Das Stadtteilmütterprojekt wird in diesem Zusammenhang explizit als Maßnahme zur »Aktivierung von Eltern« bezeichnet (ebd.: 36). Indem die sog. Stadtteilmütter – stellvertretend für Politik und staatliche Institutionen – »Einfluss auf die Erziehung und Entwicklung der Kinder in

---

Teilnehmer_innen aus der Arbeitslosenstatistik herausfielen. Mit Auslaufen des Programms standen die zu dieser Zeit knapp 400 Berliner ›Stadtteilmütter‹ vor dem Aus (vgl. Kneist 2014). Dies zog starke Proteste verschiedener Träger sowie der ›Stadtteilmütter‹ selbst nach sich. Schließlich wurde ein Teil der Stellen über den Ausbau des »Landesrahmenprogramms für Integrationslotsinnen und Integrationslotsen« von der Senatsverwaltung Arbeit, Integration und Frauen weiterfinanziert (ebd.). Die Frauen konnten dadurch teilweise in ein sozialversicherungspflichtiges Beschäftigungsverhältnis wechseln. Ein Großteil der Stellen wird jedoch nach wie vor über öffentlich geförderte Beschäftigungsmaßnahmen finanziert (heute »Förderung von Arbeitsverhältnissen«, FAV und AGH; Senatsverwaltung für Arbeit, Integration und Frauen 2016: 14).

den betroffenen Familien« üben (ebd.: 213) bzw. als »Türöffner für Familien« fungieren sollen, »die sich in ihre Community zurückgezogen haben und anders nicht erreicht werden können« (Bezirksamt Neukölln 2015b), werden sie als Sprecher_innen der Berliner Integrationspolitik im Kontext der Schule positioniert. Die Mütter befinden sich somit in der Rolle der ›Aktivierten‹ und ›Aktivierenden‹ zugleich.

Der Aufgabenbereich der ›Stadtteilmütter‹ wurde im Zuge der verstärkten Fluchtmigration nach Berlin sukzessive ausgeweitet. So übernehmen die Frauen aktuell auch »Orientierungshilfen« für Geflüchtete, die »in Ergänzung zu vorhandenen Angeboten der Sozialarbeit« gesehen werden (Senatsverwaltung für Arbeit, Integration und Frauen 2016a: 14). Das Projekt existiert auch für Männer bzw. Väter. Dabei gleichen die Ziele des 2009 in Neukölln initiierten »Kiezväter«-Projektes denen des Stadtteilmütterprojekts (vgl. Interkulturelles Beratungs- und Begegnungscentrum 2010: o.S.). Auch hier geht es primär darum, »Väter/Männer, mit Migrationshintergrund aus unterschiedlichen Kulturen« zu schulen, so dass diese »andere Familien und Väter« erreichen, ihre »Erziehungskompetenz« stärken und die Väter ›motivieren‹, »sich für die Bildung ihrer Kinder einzusetzen« (Interkulturelles Beratungs- und Begegnungscentrum 2010: o.S.). Nach wie vor sind es jedoch primär Frauen und Mütter mit Migrationsgeschichte, die im Fokus der beschriebenen *doppelten Aktivierungspolitik* stehen. Eine solche Adressierung wird in den Dokumenten zum Teil als *Empowerment* der Frauen beschrieben. Die Maßnahme ermögliche, dass »[d]ie Frauen […] an Selbstbewusstsein« gewinnen und »innerhalb der eigenen ethnischen Community eine positive und ermutigende Vorbildfunktion« einnehmen können (Bezirksamt Neukölln 2010: 97).

In diesem Zusammenhang nicht in den Dokumenten thematisch wird, dass es sich bei dem Stadtteilmütterprojekt – ebenso wie bei den ›Kiezvätern‹ – in der Regel um eine welfare-to-work-Maßnahme handelt. Eine Teilnahme an dieser setzt meist einen Hartz IV-Bezug der Frauen und Männer voraus. Die Maßnahme ist damit auch Ausdruck eines gewissen Verpflichtungs- und Abhängigkeitsverhältnisses, in welchem sich arbeitslose Eltern gegenüber dem örtlichen Jobcenter befinden. Anders als in oben zitierten Formulierungen suggeriert, handelt es sich bei den ›Stadtteilmüttern‹ und ›Kiezvätern‹ nur bedingt um auf Freiwilligkeit basierende Angebote. So drohen den Eltern im Falle einer Ablehnung des ›Arbeitsangebots‹ Sanktionen in Form von ALG-II-Kürzungen. Der Gemeinwohlcharakter der Projekte verschleiert diesen Aspekt und legitimiert in gewisser Hinsicht die hier stattfindende Übersetzung staatlich-institutioneller Integrationsaufgaben in beschäftigungsfördernde Maßnahmen sowie eine damit verbundene arbeitsmarktpolitische Verfügbarmachung der Eltern ›mit Migrationshintergrund‹ für die lokale Integrationsarbeit.

Zwar sind von Sanktionen zunächst grundsätzlich alle ALG-II-Empfänger_innen gleichermaßen betroffen, darunter insbesondere Familien und Alleinerziehende mit Kindern.[7] Allerdings führt die zunehmende Verschränkung arbeitsmarkt- und integra-

---

7   Laut einer Sonderauswertung der Bundesagentur für Arbeit lebten im Jahr 2017 von bundesweit insgesamt 136.799 sanktionierten Hartz IV-Empfänger_innen 45.808 mit Kindern in einem Haushalt, während 14.321 von ihnen Allleinerziehende waren. Insgesamt 2.800 der sanktionierten Hartz IV-Empfänger_innen mit Kindern sowie rund 218 Alleinerziehende wurden im Durchschnitt jeden Monat vollsanktioniert, d.h. ihnen wurden jegliche Zahlungen des Jobcenters aufgrund von »Pflichtverletzungen« verwehrt (Institut für Sozialpolitik und Arbeitsmarktforschung

tionspolitischer Zielsetzungen dazu, dass es primär Migrant_innen sind, und hier insbesondere Eltern ›mit Migrationshintergrund‹, die von Sanktionen bedroht sind. Der responsibilisierende und sanktionierende Charakter zeigt sich nicht nur beim beschriebenen Stadtteilmütter- und Kiezväterprojekt, sondern bezieht sich auch auf weitere integrationspolitische Maßnahmen wie die des Elternintegrationskurses. Hier sind es neu zugewanderte Eltern aus sog. Drittstaaten, die laut Nationalem Integrationsplan der Bundesregierung »mit Sanktionen rechnen« müssen, wenn sie sich »einer Integration dauerhaft verweigern« bzw. nicht am (Eltern-)Integrationskurs teilnehmen (vgl. Bundesregierung 2007: 13). Diesbezügliche Sanktionen wurden im Laufe der letzten Jahre sukzessive verschärft.[8]

6.1.3   ›Migrant_innenorganisationen‹ als ›Förderer elterlicher Selbsthilfe‹

Auch Migrant_innenorganisationen werden im Berliner Integrationsdiskurs vielfach thematisch. Sie treten hier vorwiegend als »Akteure der Integrationsförderung« in Erscheinung (Senatsverwaltung für Arbeit, Integration und Frauen 2013: 19). Das vom Berliner Beauftragten für Integration und Migration im Anschluss an das Partizipations- und Integrationsgesetz initiierte »Partizipations- und Integrationsprogramm« (Senatsverwaltung für Integration, Arbeit und Soziales 2017) sieht eine (befristete) finanzielle Projektförderung von in Berlin ansässigen »Migrantenorganisationen« vor, die »ein integrationspolitisch wichtiges Anliegen verfolgen« (ebd.: 2). Neben einer allgemeinen »Verbesserung der gesellschaftlichen Teilhabe von Menschen mit Migrationshintergrund« (ebd.) ist mit der finanziellen Unterstützung der Organisationen vor allem die Erwartung verbunden, dass diese »Brücken bauen zwischen Geflüchteten und der Aufnahmegesellschaft« (Senatsverwaltung für Arbeit, Integration und Frauen 2016a: 4). Die Organisationen werden vor allem in der Rolle der »Mittler, Übersetzer und Unterstützer« gesehen; als solche sollen sie »im Integrationsprozess stärker genutzt werden« (ebd.).

In einem 2016 veröffentlichten Bericht zum Partizipations- und Integrationsprogramm werden verschiedene, vom Senat geförderte Bildungs- und Integrationsprojekte

---

2018). In Berlin ist die allgemeine Sanktionsquote im Bundesvergleich am Höchsten, sie lag hier im Dezember 2017 bei 5,3 Prozent (Bundesdurchschnitt: 3,2 Prozent; Bundesagentur für Arbeit 2017: Tabellenblatt 3.1).

8   War es zunächst allein die nicht erfüllte Teilnahmepflicht am Integrationskurs, die negative Konsequenzen für die Aufenthaltsgenehmigung und eine Kürzung von Sozialleistungen nach sich ziehen konnte, wurden mögliche Sanktionen 2007 auf das Nichtbestehen des Abschlusstests ausgeweitet und um ein mögliches Bußgeld ergänzt (vgl. Gerdes/Bittlingmayer 2011: 118). Zudem erhalten Drittstaatsangehörige seit 2011 eine unbefristete Aufenthaltsgenehmigung nur noch bei erfolgreichem Abschluss eines Integrationskurses (vgl. ebd.: 118). Diesbezüglich heißt es von Seiten des Bundesamtes für Migration und Flüchtlinge: »Bei Nichtteilnahme oder Abbruch des Integrationskurses ist bereits nach der geltenden Rechtslage ein abgestuftes System von Sanktionen eingeführt. Ist der Teilnehmer Bezieher von Arbeitslosengeld II, kann ihm dieses um 30 %, bei wiederholten Verletzungen der Teilnahmepflicht auch darüber hinaus gekürzt werden. Weitere Maßnahmen sind u.a. die Verhängung eines Bußgeldes und als Ultima Ratio die Nichtverlängerung der Aufenthaltserlaubnis« (BAMF 2010: o.S.).

von ›Migrant_innenorganisationen‹ vorgestellt (vgl. ebd.). In der Gesamtschau der Projekte wird deutlich, dass die von den Organisationen initiierten ›Integrationshilfen‹ in der sowie im Kontext der Schule vor allem bei den Schüler_innen und ihren Eltern bzw. bei diesen verorteten »Integrationsschwierigkeiten« ansetzen (ebd.: 63). Genannt wird u.a. ein »Coaching und Nachhilfe«-Projekt für »NeuberlinerInnen«, das »sich besonders an potenzielle Schulabbrecher mit Integrationsschwierigkeiten« sowie an Schüler_innen »mit geringem familiären Unterstützungspotential« richtet (ebd.). An anderer Stelle wird die »interkulturelle Bildungsberatung« eines Vereins vorgestellt, welche das »Ziel« verfolgt, »eine stärkere Präsenz von Eltern mit Migrationshintergrund in der Schule herzustellen« sowie »die Bildungskompetenz der Eltern« zu erhöhen (ebd.: 70). In der Vorstellung eines weiteren Projektes heißt es wiederum, dass »Menschen, die in anderen Systemen aufgewachsen sind, die Regeln des hiesigen Systems zu vermitteln« seien; neben einer diesbezüglichen »Bildungs- und Aufklärungsarbeit« von Eltern »mit Migrationsgeschichte« wird mit dem Projekt zudem angestrebt, die Eltern »zu aktivieren« (ebd.: 44). Dabei sind es an dieser sowie an anderer Stelle insbesondere »Väter«, die es zu »motivieren« gelte, »sich bei der Pflege und Erziehung ihrer Kinder einzubringen« (ebd.: 55).

Auch hier suggeriert die zum Ausdruck kommende Aktivierungsperspektive, dass Eltern mit Migrationsgeschichte von den Vereinen zunächst ›befähigt‹, ›angeleitet‹ und ›in die Lage versetzt werden‹ müssen, die ihnen zugeschriebenen Aufgaben und Pflichten hinsichtlich der Erziehung und Schulbildung ihrer Kinder ›verantwortungsvoll‹ zu bewerkstelligen. Eine solche Sichtweise offenbart sich auch dann, wenn es in einer anderen Programmbeschreibung heißt, dass im Projekt die »Selbstorganisation und Selbsthilfe« sowie das »bürgerschaftliche« bzw. »ehrenamtliche Engagement« von in Berlin lebenden Individuen und Gruppen mit Migrationsgeschichte gestärkt werden sollen (Senatsverwaltung für Arbeit, Integration und Frauen 2013: 19). *Empowerment* wird in diesem Zusammenhang als »Hilfe zur Selbsthilfe« verstanden: »In der Beziehung zu den Zielgruppen geht es weniger um Betreuung oder stellvertretende Interessenwahrnehmung als um Aktivierung und Ermunterung zu Selbstorganisation und um stärkenwahrnehmende Unterstützung (Empowerment)« (ebd.: 36). Eine solche aktivierende und zugleich responsibilisierende Perspektive wird gestützt von kulturalistischen Sichtweisen auf die Beziehung von Eltern ›mit Migrationshintergrund‹ und ›hiesigen‹ Institutionen wie der Schule; es wird erneut von »kulturellen und sprachlichen Hürden« ausgegangen sowie der Notwendigkeit von einer »Kommunikation zwischen den Kulturen« (Senatsverwaltung für Arbeit, Integration und Frauen 2016a: 44).

Auffällig ist der durchweg partnerschaftliche und wertschätzende Duktus in den Veröffentlichungen zum Partizipations- und Integrationsprogramm. So ist vielfach von einer »Kooperation auf Augenhöhe« die Rede (ebd.: 4f.), die zwischen der Senatsverwaltung und ›Migrant_innenorganisationen‹ angestrebt wird. Die »Vertreterinnen und Vertreter von Migrantenorganisationen« werden als »wichtige Partner im Integrationsprozess« (ebd.) sowie »als Experten für die bedarfsgerechte Ausrichtung von Integrationsangeboten« positioniert (Senatsverwaltung für Arbeit, Integration und Frauen 2013: 20). Als positiv wird vor allem bewertet, dass die Vereine in der jüngsten Vergangenheit »ihr Engagement im Integrationsbereich – trotz begrenzter Ressourcen – ausgeweitet haben« und »[d]ie interkulturelle Ausrichtung [...] für viele von ihnen einen hohen

Stellenwert hat« (ebd.: 19f.). Es deutet sich an, dass im Rahmen der betonten ›Partnerschaft auf Augenhöhe‹ vor allem die integrationspolitischen Interessen des Berliner Senats und der Behörden im Zentrum stehen.

Dies zeigt sich auch mit Blick auf die Förderrichtlinien zu sog. Tandem-Projekten, bei denen »Migrantenorganisationen und etablierte Träger wie Sportvereine oder Jugend- und Kulturzentren zusammen an einem Projekt« arbeiten und sich »die Verantwortung und die Oberhand über die Finanzen« teilen sollen (Senatsverwaltung für Arbeit, Integration und Frauen 2013: 73). Die Tandem-Projekte fallen unter das integrationspolitische Ziel einer »Etablierung bzw. Weiterentwicklung von herkunftsübergreifenden Kooperationen« und werden als solche vom Senat bevorzugt gefördert (ebd.). Über die Projekte wird sich versprochen, dass »sich Einwanderer in die Rolle als verantwortliche Akteure ein[arbeiten]« (ebd.). Zum Ausdruck kommt ein Verständnis, nach dem es vor allem die ›Migrant_innenorganisationen‹ sind, die sich im Rahmen des Tandems ›professionalisieren‹ sollen bzw. müssen, wohingegen die ›autochthonen‹ »Kooperationspartner« in der Rolle der »etablierten Träger« erscheinen (ebd.). Mit der finanziellen Förderung geht gleichsam eine stärkere Verantwortlichmachung der Vereine für die vom Berliner Senat formulierten integrationspolitischen Ziele einher. Auch diesbezüglich sollen die Vereine, wie es heißt, im Rahmen der Berliner Projektförderung vor allem dazu »befähigt« werden, die »integrationspolitische[n] Vorhaben des Senats umzusetzen« (ebd.).

6.2   Individualisierende Perspektiven auf die ›Integration‹ von Eltern und Schüler_innen in Berliner Schulen

Im Vergleich zum politischen Diskurs wird ›Integration‹ in den Interviews mit den Pädagog_innen der Berliner Schulen kaum direkt thematisiert. Allerdings kommen einige Perspektiven zum Ausdruck, die an dominante Positionen im Integrationsdiskurs anknüpfen. So wird vielfach auf mangelnde Deutschkenntnisse der Eltern abgehoben, worüber sich ein individualisierendes Verständnis von Integration artikuliert. In den Interviews nehmen die Pädagog_innen häufig auch auf die angenommene Arbeitslosigkeit der Eltern ihrer Schüler_innen Bezug. Diese verbindet sich zum Teil mit kulturalisierenden Zuschreibungen sowie mit Forderungen nach einer stärkeren Aktivierung und Sanktionierung der Eltern der Schüler_innen. Diese Beobachtungen möchte ich im Folgenden näher ausführen.

6.2.1   Fehlende Deutschkenntnisse als ›mangelnde Integrationsleistung‹ von Eltern

Die bereits in Kapitel 5.2 beschriebenen Kommunikationsschwierigkeiten mit den Eltern ihrer Schüler_innen werden von fast allen Pädagog_innen neben ›kulturellen Hürden‹ auch auf fehlende bzw. unzureichende Deutschkenntnisse der Eltern zurückgeführt. Die Sozialpädagogin Musa berichtet in diesem Zusammenhang von einer Mutter, die in einem Schulgespräch darüber informiert wurde, dass eine Lernbehinderung bei ihrer Tochter diagnostiziert wurde. Die Mutter willigte daraufhin einer sonderpädagogischen Förderung ihrer Tochter ein, ohne jedoch, wie sich später herausstellte, verstanden zu haben, worum es in dem Gespräch tatsächlich ging:

> »Sie [die Mutter, E.K.] hat gedacht, das ist eine Nachhilfe für sie. Weil die Lehrerin, als sie mit der Mutter auf Hochdeutsch sprach, und sie versteht nur den halben Satz und den anderen halben nicht, und viele Eltern lächeln. Das heißt: ›Ich hab' verstanden.‹ Und in Wirklichkeit hat sie gar nichts verstanden. Und dann kam sie eines Tages zu mir und sagte: ›Frau Musa, mein Kind kriegt keine Zensuren, das kriegt nur Zeichen im Zeugnis oder ins Heft. Und sie macht anderen Unterricht als die anderen. Warum ((!))?‹ Dann habe ich mit der Lehrerin gesprochen. Sie hat gesagt: ›Weil sie Intelligenztest hatte und sie ist lernbehindert.‹ [...] Aber sie [die Mutter, E.K.] hat gesagt: ›Niemand hat mir gesagt, sie ist lernbehindert. Hätte ich Nachhilfe bringen können‹.« (Musa 27ff.)

Für Musa stellt die beschriebene Erfahrung keinen Einzelfall dar. Vielmehr beobachte sie bei »viele[n] Eltern«, dass sie »lächeln«, wenn sie ihr Gegenüber in der Schule nicht verstehen und den Pädagog_innen damit suggerieren, ihnen folgen zu können. Dies geht in dem geschilderten Fall mit der Konsequenz einher, dass eine zentrale Bildungsentscheidung für die Schülerin zwar in Anwesenheit der Mutter, jedoch letztlich ohne deren Begreifen getroffen wird. Musa spricht hier von einem »Sprachproblem«, welches sie darin sieht, dass »[v]iele Eltern oder viele Migranteneltern [...] keine deutsche Sprache« sprechen (ebd. 23).

Auch die Sozialarbeiterin Nolte problematisiert den Zustand, dass viele Eltern an ihrer Schule »kein Deutsch sprechen oder so brüchig Deutsch sprechen« (Nolte 60). Sie klagt im Interview darüber, dass »man da keine ordentlichen Gespräche führen kann, also sicher sein kann, dass man das, was man sagen möchte, auch vermittelt« (ebd. 60f.). Der Schulleiter Dahlmann gibt an, dass »sehr viele Eltern, die, obwohl sie schon sehr sehr lange hier sind, nicht mit uns kommunizieren können, weil sie eben nur arabisch oder rumänisch sprechen ((leicht verärgert))« (Dahlmann 13). Dass Dahlmann die Ursachen für die Kommunikationsschwierigkeiten vor allem auf Seiten der Eltern verortet, zeigt der vorwurfsvolle Duktus, in dem er davon spricht, dass »sehr viele Eltern« kein Deutsch gelernt haben, »obwohl sie schon sehr sehr lange hier sind« (ebd.). Auch die meisten anderen Pädagog_innen führen mangelnde Deutschkenntnisse primär auf eine fehlende Motivation der Eltern zurück, die deutsche Sprache zu lernen. Der Lehrer Bostancı begründet dies mit dem hohen Anteil von in Kreuzberg lebenden Personen mit türkischem Hintergrund:

> »[...] ich mein, guck dir Friedrichshain-Kreuzberg oder Neukölln an. Ich mein, das sind ja gewachsene Strukturen, wo du ja mit der deutschen Sprache, ja, also du brauchst sie ja nicht, du brauchst sie nicht, ja? Es gibt mittlerweile Ärzte, Rechtsanwälte, die lösen deine Probleme in deiner Muttersprache. Also wo ist im Alltag die Notwendigkeit, also jetzt aus der Perspektive der Eltern, mit Deutsch weiterzukommen?« (13)

Wie Bostancı gibt auch die Lehrerin Sommer zu verstehen, dass in ihrem Kollegium die Meinung vorherrscht, »dass die Infrastruktur in einem Bezirk wie Kreuzberg für Türken so ausgebaut ist, dass man kein Wort Deutsch zu können braucht« (Sommer 67). Dies gelte hingegen »nicht für Arabisch sprechende Menschen«, weswegen diese »sehr viel früher« Deutsch lernten, »um klar zu kommen« (ebd.). Auch Krug sieht im hohen Anteil der vor Ort lebenden Türkisch-Erstsprachler_innen den zentralen Grund dafür, dass »die arabischen Eltern häufig [...] besser Deutsch« sprechen und die »Integrationsleistung« der »türkischen Eltern [...] noch mal 'ne andere« sei (Krug 116). Den türkischsprachigen Eltern wird hier zugeschrieben, dass sie sich in einer sprachlichen ›Komfortzone‹ aufhalten, aus der sie sich nicht herausbewegen wollten – ein Verhalten, das von Krug als mangelnde »Integrationsleistung« der Eltern bewertet wird. Der Deutscherwerb wird von ihm somit als eine ›Leistung‹ aufgefasst, die von den Eltern erbracht werden muss, um als ›integriert‹ anerkannt zu werden. Der vermeintlich hohe Anteil von in Kreuzberg und Neukölln lebenden Türk_innen erscheint vor diesem Hintergrund als ›nicht integrationsförderlich‹.

Nolte berichtet von einem »sehr muslimischen Vater« an ihrer Schule, der ihr sowie anderen »fremden Frauen nicht die Hand« gibt (Nolte 25). Sie wertet dieses Verhalten als muslimisch-religiös motiviert und hinterfragt dieses unter dem Stichwort der Integration: »Wie soll denn so die Integration hier funktionieren? Also wirkliche Integration, wenn man seine Religion so strikt auslegt, also das kann nicht funktionieren in einem Land wie hier« (ebd.). Die Sozialpädagogin verortet das Verhalten des Vaters scheinbar selbstverständlich in einem natio-ethno-kulturellen Anderswo und setzt dabei den ›muslimischen‹ Hintergrund mit einer ›nicht-deutschen‹ Zugehörigkeit des Vaters gleich. Durch diese Gleichsetzung liegt es für die Pädagogin nahe, das Verhalten des Vaters als Ausdruck einer nicht funktionierenden Integration zu interpretieren. Dabei sieht sie die ›fehlende Integrationsleistung‹ allein auf Seiten des Vaters.

Der Schulleiter Dahlmann spricht von »fünf oder sechs Roma-Kindern« in seiner Klasse, die untereinander kein Deutsch sprechen (Dahlmann 81). Er problematisiert dies wie folgt: »Sie bleiben als Gruppe unter sich, kapseln sich ab und nehmen eigentlich wenig Fortschritte in Richtung Integration« (ebd.). Integration erscheint auch hier als ein Entwicklungsprozess, in dem sich nach Deutschland migrierte Schüler_innen und Eltern befinden und bei welchem ›Fortschritte‹ maßgeblich von den individuellen Einstellungen und der Anstrengungsbereitschaft der Schüler_innen und Eltern abhängt.

Für Sprachbarrieren zwischen Eltern und Pädagog_innen wird allerdings nicht in allen Interviews allein die Seite der Eltern verantwortlich gemacht. In einzelnen Interviews wird auch auf fehlende Übersetzungshilfen verwiesen. Berichtet wird von hohen bürokratischen Hürden, um für Gespräche mit nicht- oder wenig deutschsprachigen Eltern eine Übersetzungshilfe zu beantragen. Deutlich wird, dass die Pädagog_innen diesbezüglich meist auf sich allein gestellt sind. So gab es zum Zeitpunkt der Interviews an keiner Schule institutionalisierte Übersetzungshilfen für Elterngespräche. Vor diesem Hintergrund berichtet die Lehrerin Sommer, dass sie in einem »wirklich dringenden Gespräch« mit einem Elternteil in der Vergangenheit auch schon einmal einen »Dolmetscher« aus der »eigenen Tasche [...] bezahlt« habe (Sommer 50). Viele der interviewten Pädagog_innen geben zudem an, dass häufig Familienmitglieder oder die Schüler_innen selbst Übersetzungen, z.B. auf Elternsprechtagen, übernehmen. Da man gerade in Fällen, in denen »die Luft brennt«, nicht warten könne, »bis ein Übersetzer Zeit hat«, sieht beispielsweise die Schulleiterin Solga keine andere Lösung als die Eltern aufzufordern, »jemanden mitzubringen, der das übersetzen kann« (Solga 103). Eine solche Handhabung wird allerdings von keiner der Pädagog_innen als optimale Lösung des »sprachlichen Problems« verstanden, weil – so u.a. Nolte – »man bei »Dolmetschern aus der Familie« nicht wisse, »was übersetzt wurde« (Nolte 60f.). Auch Dahlmann führt diesbezüglich aus:

> »Das ist natürlich blöd, wenn man über Erziehungsprobleme reden soll, weil die zumal zum Teil diese Kinder auch betreffen. Wir sind uns auch nie sicher, was die Kinder über-setzen oder was sie den Eltern erzählen. Weil das kann also – im besten Fall – irgendein Elternteil sein, was also beide Sprachen spricht und die Stirn runzelt, dann wissen wir: ›Aha, das scheint nicht so ganz zu stimmen.‹ Aber wir haben auch schon Fälle erlebt, wo wir sagen: ›Kind prügelt rum und sonst was.‹ Kind übersetzt und Eltern strahlen uns an und sagen: ›Danke, ja, wunderbar!‹ Da merken wir, dass dann irgendwas schiefläuft. Also das ist eine ganz große Baustelle.« (20f.)

Vor dem beschriebenen Hintergrund sind viele der interviewten Pädagog_innen an ih-ren Schulen teilweise dazu übergegangen, im Falle von Kommunikationsschwierigkei-ten die an der Schule tätigen Pädagog_innen ›mit Migrationshintergrund‹ als Überset-zungshilfen zu Elterngesprächen hinzuzuziehen. Die Schulleiterin Solga berichtet da-von, dass die Gespräche mit den Eltern ihrer Klasse, »die nur türkisch sprechen« gänz-lich in den Zuständigkeitsbereich des »türkisch-sprachigen« stellvertretenden Klassen-lehrers fallen: »Das heißt, wenn wir Eltern haben, die nur türkisch sprechen, bin ich ((!)) raus aus den Gesprächen ((lacht)), dann macht er das auf Türkisch« (Solga 95).

Bostancı, der sich aufgrund seiner Türkischkenntnisse den »Anzug« (Bostancı 8) des Übersetzers an seiner Schule ebenfalls oft anziehen muss, erzählt, dass er eine solche Form der Involvierung in die Elternkommunikation seiner Kolleg_innen als Belastung empfindet. Er begründet dies u.a. damit, dass es sich hierbei um eine zusätzliche Auf-gabe handelt, die in seinem Stundenkontingent nicht vorgesehen sei:

> »Und um diesen Anzug noch mal auch an mich zu nehmen und zu sagen, ›okay, ich bin der, der jetzt für euch übersetzt‹ – wann soll ich das machen? Also es ist ja auch, mir wird ja keine Stunde gegeben, wo ich sage, ›okay, ich hab' zwei Stunden pro Woche, ruft ihn an‹ oder ›er ist in dem Raum, er kommt dann übersetzen‹, das ist ja auch nicht da, ist auch wieder ohne Struktur.« (Ebd.)

Der Lehrer gibt zu verstehen, dass er die Rolle des Übersetzers grundsätzlich nicht ablehnt, die hierfür fehlenden Ressourcen bewertet er jedoch als ein »strukturelles Pro-blem« (ebd.). Vor diesem Hintergrund erwähnt Bostancı, dass er sich an seiner Schule schon seit längerer Zeit für eine Zusammenarbeit mit einem lokalen ›Migrantenverein‹ einsetze, der aktuell bereits hin und wieder Mitarbeitende an die Schule schicke, um in Elterngesprächen zu übersetzen. Auch andere Pädagog_innen verweisen im Gespräch auf ›Migrant_innenorganisationen‹, die bei Bedarf, wie an Solgas Schule, »türkische oder arabische Übersetzer zur Verfügung stellen« (Solga 95).

Wie in diesem Abschnitt deutlich wurde, stellen elterliche Sprachkompetenzen ei-nen weiteren Bezugspunkt für defizitäre Zuschreibungen hinsichtlich der Eltern von Schüler_innen in den Berliner Schulen dar. Mangelnde Sprachkompetenzen werden dabei teilweise mit einem fehlenden Integrationswillen, insbesondere von ›türkischen‹ Eltern, gleichgesetzt. Die Ursachen für Kommunikationsschwierigkeiten mit Eltern in den Schulen werden somit, wie auch im politischen Diskurs, primär bei den Eltern verortet. Diese Auffassung führt dazu, dass von politisch-behördlicher Seite kaum Ressourcen für einen Umgang mit elterlicher Mehrsprachigkeit an den Schulen zur Verfügung gestellt werden und die Pädagog_innen in Elterngesprächen vielfach improvisieren müssen. Dies wird von den Pädagog_innen im Interview zwar problematisiert. Diese Kritik wird jedoch nicht an vorherrschende Normalitätserwartungen hinsichtlich eines ›monolingualen Habitus‹ in den Berliner Schulen zurückgebunden.

6.2.2   Responsibilisierung von ›arbeitslosen Eltern (mit Migrationshintergrund)‹

In den Interviews wird von den Pädagog_innen vielfach auch auf die Stellung der Eltern auf dem Berliner Arbeitsmarkt Bezug genommen. Dies geschieht insbesondere dann, wenn davon ausgegangen wird, dass es sich bei den Eltern um ›arbeitslose Eltern‹ handelt. Eine solche Positionierung verbindet sich in den Interviews mit der Zuschreibung spezifischer Charakteristika. Mit dem Bezug sozialer Transferleistungen wird auf eine mangelnde Leistungsbereitschaft der Eltern geschlossen, die, so eine häufig geäußerte Beobachtung, nicht nur auf dem Arbeitsmarkt, sondern auch in der Schule ihrer Kinder zum Ausdruck komme. Diesbezüglich attestiert beispielsweise ein Lehrer einer Neuköllner Schule ›arbeitslosen Eltern‹ eine »Nehmermentalität«, die sich in Form eines unselbstständigen Verhaltens auch auf die Kinder der Eltern übertragen habe. Der Lehrer veranschaulicht diese Beobachtung am Beispiel der Organisation des »Klassenrats«:

> »Bostancı: Es ist schwierig, sie sind sehr unselbstständig, weil sie es so gewohnt sind – also jetzt nicht von der Schule, sondern, ja? Weil auch so eine Nehmermentalität da ist.
> Interviewerin: Was meinen Sie damit?
> Bostancı: Na ja, also ganz einfaches Beispiel: Klassenfahrt. Die waren auf Amrum, gehen wir gerne hin, immer mit einer neuen Klasse. Es gab zwei Schüler, deren Eltern arbeiten gehen, sie hatten ein Problem diese 250 Euro zu bezahlen. Für die Anderen ((!)) war das kein Problem. Und das finde ich unfair, weil Jobcenter – oder was auch immer – bezahlt für die anderen.« (Bostancı 39ff.)

Bostancı setzt hier den ALG-II-Bezug von Eltern mit einer Charaktereigenschaft, d.h. einer ›Nehmerqualität‹, gleich. Der Lehrer schreibt diese nahezu dem Gesamt der Eltern in seiner Klasse zu, während er die ›arbeitenden‹ Eltern als Minderheit darstellt. Dass diese die Klassenfahrt selbst finanzieren müssen, während die Kosten der »anderen« Eltern vom Jobcenter übernommen werden, wird von Bostancı als »unfair« empfunden. Es deutet sich hier bereits die Kritik des Lehrers an, nach der das Jobcenter über einen vermeintlich ständigen ›Mittelzufluss‹ den Eltern eine ›Nehmermentalität‹ nahelege: »Und das nenn' ich Nehmermentalität, wo sie wissen, ›Mensch, okay, wenn ich nichts mache, der Staat ist schon für mich da‹« (ebd.). Die Möglichkeit einer tatsächlichen Bedürftigkeit der Eltern wird hier nicht in Betracht gezogen. Stattdessen sehen sich die Eltern, wie auch im Fall der Sozialpädagogin Musa, dem Verdacht ausgesetzt, staatliche Transferleistung zu missbrauchen: »[...] der Vater arbeitet die ganze Nacht in ›ner Pizzeria. Aber er kriegt auch Geld vom Jobcenter« (Musa 116). Auch der BMW einer arbeitslosen Mutter stellt für Musa ein Indiz dar, dass die Mutter ungerechtfertigt Sozialhilfe bezieht:

»Ich habe in der Grundschule damals eine Mutti gehabt, sie hat einen BMW ((!)). Wirklich, ich kriege den nie ((!)), obwohl ich arbeite ((lacht)). Alles drin, Leder, Cabrio. Dann habe ich sie gefragt: ›Warum bist du nicht zum Elterncafé gekommen?‹ Sagt sie: ›Ich hab' Termin gehabt im Jobcenter.‹ Und dann habe ich gedacht: ›Wenn das Jobcenter sieht, was für einen BMW sie hat‹.« (Ebd.)

Die Mutter wird hier als Gegenmodell zur ›ehrlichen Arbeitnehmerin‹ dargestellt, wie sich Musa als solche präsentiert. Dass die Mutter vermeintlich »alles« bekomme, ohne arbeiten zu müssen, erscheint vor diesem Hintergrund für Musa als offensichtlich ungerecht (»[...] sie sitzt zu Hause, sie hat BMW, sie kriegt alles ((!))«, ebd.).

Problematisierungen des Verhaltens von ›arbeitslosen‹ Eltern wie diese verbinden sich in den Schulen – und dies ist mit Blick auf das Gesamt der Interviews besonders auffällig – vielfach mit einem natio-ethno-kulturellen Othering der Eltern. Die Annahme, dass es sich bei den so kritisierten Eltern um ›nicht-deutsche‹ Eltern handelt, artikuliert sich meist ebenso beiläufig wie selbstverständlich. So z.B. im Fall der Lehrerin Sommer, die das Verhalten ›arbeitsloser Eltern‹ an ihrer Schule wie folgt problematisiert:

»Und des sich Einrichten in dieses ›Wir brauchen keinen Job. Wir kommen gut klar mit Kindergeld, mit all den sozialen Unterstützungen.‹ Und die Frauen: Wer lernt wirklich deutsch? Wer geht, besucht diese Kurse, wer macht das? [...] Stattdessen Party, also nicht, wie wir sie feiern, aber da ist ja immer viel Besuch und sonst wie bis spät in die Nacht, das Leben hat einen ganz anderen Rhythmus. ((empört)).« (87ff.)

Die Lehrerin referiert hier auf ein vermeintliches Gesamt ›arbeitsloser‹ Eltern bzw. Frauen, auf welche sie spezifische Vorstellungen von einem bestimmten Lebensrhythmus sowie einer bestimmten Arbeitsmoral projiziert. Über den Verweis auf »die Frauen«, die nicht »wirklich deutsch« lernten und Partys feierten »nicht wie *wir* sie feiern«, wird deutlich, dass sich die Problematisierungen der Lehrerin primär auf Eltern bzw. Mütter mit nicht-deutscher Herkunftssprache beziehen. Diese werden einem hier nicht weiter bestimmten ›Wir‹ verallgemeinernd gegenübergestellt. Dabei verbinden sich in der Argumentation der Lehrerin neoliberale Handlungsimperative (»Zeig' dich leistungsbereit!«, »Sei diszipliniert!«, »Steh' früh auf!«) mit Integrationsforderungen (»Lerne Deutsch!«, »Geh' zum Integrationskurs!«) zu einer spezifischen Anrufung von migrantisierten und vermeintlich arbeitslosen Frauen bzw. Müttern in der Schule ihrer Kinder.

Nicht im Interview mit Sommer lässt sich beobachten, dass sie in ihren Erzählungen weitaus häufiger auf Mütter bzw. Frauen als auf Väter bzw. Männer abhebt. So werden erstere in allen zehn Interviews mit Pädagog_innen aus Berliner Schulen insgesamt 102 Mal genannt, während Väter bzw. Männer 52 Mal explizit erwähnt werden. Es liegt die Interpretation nahe, dass es wie im politischen Diskurs vor allem die Mütter der Schüler_innen sind, von denen primär erwartet wird, dass sie sich um die Erziehung ihrer Kinder kümmern und in der Schule präsent sind. Ihr Verhalten steht in den Schulen entsprechend unter stärkerer Beobachtung.

Die von der Lehrerin Sommer wie von anderen Pädagog_innen angeführten Beispiele für das als ›sozial unverträglich‹ charakterisierte Verhalten ›arbeitsloser Eltern‹

(mit Migrationshintergrund)‹, werden zum Teil auch als Belege dafür genutzt, dass sich der Staat bzw. die (Mehrheits-)Gesellschaft um bestimmte Eltern zu viel bemühe. So verhindere eine ›Unterstützungsmentalität‹ nach Bostancı »bestimmte Einstellungen, die man verändern sollte, damit man sagt: ›Hej, Moment mal, ja okay, ist gut, dass der Staat für mich da ist, es ist gut, dass mein Kind Klassenfahrten mitmachen kann. Ich muss das aber auch zurückgeben«« (Bostancı 41). »Dieses Zurückgeben«, so Bostancı, sei »bei viele nicht da« (ebd.). Die Argumentation des Lehrers schließt an die im politischen Diskurs weitgehend normalisierte Prämisse eines ›Förderns und Forderns‹ an. Die Sozialpädagogin Musa teilt diese Sichtweise, wenn sie wie folgt argumentiert:

> »Musa: Ich bin sauer. Und ich gebe den Deutschen Recht, wenn sie auch sauer sind. Aber, das ist nicht unser Fehler, dass die Politik hier etwas falsch macht. Die Politik ist in eine falsche Richtung gegangen. Jetzt ist es besser, jetzt werden Kurse geben für die Leute, Sprachkurse, und Ein-Euro-Jobs, jetzt ist es O.k. Damals, wenn jemand eine kaputte Waschmaschine hatte, ging er zum Jobcenter und bekam das Geld für die Waschmaschine, und kam dann an: ›Warum geh' ich dann zur Arbeit?‹ […] Aber das liegt nicht an den Eltern und an den Migranten. Das liegt an der falschen Politik hier. Interviewerin: Sie meinen dadurch, dass es eben da soziale Unterstützung gibt, wird so ein Denken gefördert? Musa: Ja! Ja!« (115ff.)

Die Sozialpädagogin stellt hier die »Migranten« den »Deutschen« gegenüber, wobei sie generell an Erstere zu denken scheint, wenn sie über Sozialhilfeempfänger_innen spricht. So hält Musa »Sprachkurs[e]« für sinnvolle Maßnahmen, um einer ›Empfängermentalität‹, die sie den von Arbeitslosigkeit Betroffenen zuschreibt, entgegenzuwirken. Sie rechtfertigt auf der einen Seite das Verhalten bzw. die »Fehler« der »Migranten«, mit denen sie sich identifiziert (»unsere Fehler«), mit einer von ihr empfundenen Nachlässigkeit der Politik gegenüber arbeitslosen »Migranten«. Auf der anderen Seite meint Musa die vermeintliche Position der »Deutschen« einzunehmen, wenn sie den »Migranten« zuschreibt, dass diese tendenziell das soziale Sicherungssystem ausnutzen. Sie zeigt sich verständnisvoll dafür, dass die »Deutschen« über das Verhalten der ›arbeitslosen Migranten‹ »sauer sind«. Indem sich Musa für eine verpflichtende Teilnahme der Eltern an Sprachkursen sowie eine Arbeitsmarkteingliederung über Ein-Euro-Beschäftigungsmaßnahmen ausspricht, knüpft sie an oben beschriebene aktivierungspolitische Integrationsvorstellungen an.

Die Auffassung, dass es ausschließlich bzw. vor allem »Migranten« sind, die auf Kosten des Sozialstaats lebten, während es »die Deutschen« (zu) gut mit diesen meinten, wird auch vom Schulleiter Westheimer vertreten: »Ich habe manchmal den Eindruck, die Deutschen bemühen sich unglaublich ((!)) um die Migranten. Und dann gibt's hier ein Hilfsangebot und hier und da machen wir auch noch BuT [Bildungs- und Teilhabepaket[9], E.K.] und so weiter« (Westheimer 48). Auch in diesem Fall wird eine bei den Eltern verortete Nehmermentalität natio-ethno-kulturell konnotiert. Entsprechend so

---

9   Das 2011 bundesweit in Kraft getretene Bildungs- und Teilhabepaket, über welches Kindern die Teilnahme am sozialen und kulturellen (Schul-)Leben ermöglicht werden soll, kann von Eltern beantragt werden, die Arbeitslosengeld II, Sozial- oder Wohnhilfe beziehen.

vorgenommener Problematisierungen erscheinen Praktiken, die auf eine stärkere Aktivierung und Sanktionierung von Eltern abzielen aus Sicht der Pädagog_innen als ein
geeignetes Mittel, um die Eltern zu bewegen, ihre Arbeits- und Erziehungsmoral zu
verändern. So mündet die oben dargestellte Kritik an einer übermäßigen staatlichen
Förderung von ›Migrant_innen‹ zum Teil in direkte Forderungen nach einem Ausbau
von Sanktionen von Eltern sowie erweiterten Sanktionsmöglichkeiten für die Schulen.
Explizit wird eine solche Forderung u.a. von Sommer formuliert:

> »Dann – hört sich böse an – fände ich es sehr gut, wenn wir mehr Möglichkeiten hätten,
> Eltern zu zwingen ((!)), ihre Kinder zur Schule zu schaffen. Zu zwingen heißt, es läuft
> für, da bin ich nicht alleine, finanzielle Maßnahmen. Einfrieren von Kindergeld, wenn's
> nicht klappt, oder meinetwegen Kindergeld auf Extrakonto, was die Schule verwaltet
> oder dergleichen. Das ist sehr interessant, solche Sachen funktionieren. Wenn es um's
> Geld geht und man Angst hat, dass einem Geld gekürzt wird.« (185)

Auch der Lehrer Bostancı sieht es als ein probates Mittel an, den Hartz IV-Bezug von
Eltern an bestimmte »Bedingungen« zu knüpfen, wie die Einhaltung eines pünktlichen
und regelmäßigen Schulbesuchs ihrer Kinder. Begründend führt der Lehrer aus:

> »[W]o tut's am meisten weh? Beim Geld. Sorry, es ist so. Wo die dann sagen: ›Okay,
> oh, jetzt muss ich aber mein Kind wirklich irgendwie, ich muss vor meinem Kind auf-
> stehen, damit mein Kind aufsteht und in die Schule geht‹. [...] Und durch bestimmte
> ›Wenn-Dann‹ oder ›das kriegst du nur, wenn du das machst‹, oder ›wow, das hast du
> gemacht, dann kriegst du das mehr‹– oder was auch immer. Genauso wie beim Jobcen-
> ter: Wenn du dich nicht bewirbst und da keine Vorlagen hast, da wirst du auch gekürzt.
> ›Fördern und Fordern‹– ist das etwas, wollen wir diesen Weg eingehen? Ja! Und das hat
> wirklich, runtergedacht bis in die Schule oder Kita hat das wirklich ((!)) Folgen, meines
> Erachtens.« (Bostancı 45)

Bostancı spricht sich hier explizit für eine Übersetzung des Prinzips des ›Förderns und
Forderns‹ auf den Umgang mit Eltern in Schulen und Kitas aus. Er verspricht sich davon, vermeintlich leistungsunwillige Eltern stärker für ›Pflichtverletzungen‹ zu verantworten. Basierend auf der Auffassung, dass die Eltern ihren Kindern gegenüber nur
dann verantwortungsbewusst handeln, wenn ihnen konkrete materielle Konsequenzen drohen, glaubt Bostancı, dass auch Schule dort ansetzen sollte, wo es »am meisten
weh[tut]«. Er formuliert hier wie Sommer eine schulische Praxis, die er zwar als dras-
tisch antizipiert (»hört sich böse an«), diese jedoch zugleich als notwendigen, weil einzig
wirksamen Ansatz auffasst (»das [hat] wirklich Folgen«).

Deutlich wird eine starke Identifikation mit meritokratischen Leistungsprinzipien
in den Schulen. Diese gehen wie im politischen Diskurs auch hier mit Forderungen
einher, Eltern stärker zur Verantwortung für ihre vermeintlich selbstverschuldete Abhängigkeit von Sozialtransfers zu ziehen. Sanktionsmaßnahmen werden diesbezüglich
als legitimes Mittel erachtet, um die Eltern zu einem bestimmten Handeln zu bewegen.
In den Fokus responsibilisierender Perspektiven und Praktiken geraten auch hier vor
allem migrantisierte Elterngruppen. Die in Kapitel 5.2 ausgeführten defizitorientierten
und kulturrassistischen Sichtweisen auf (bestimmte) Eltern mit Migrationsgeschichte

leisten dabei einer Individualisierung von elterlicher Armut und Arbeitslosigkeit Vorschub.

6.3   Ambivalente Subjektivationen von Eltern im Spiegel des Integrations- und Aktivitätsprimats

Die Analyse der Interviews mit den Berliner Eltern und Vereinen zeigt, dass die beschriebenen Integrationsimperative ebenso Bestandteil kritischer Reflexionen auf Seiten der Eltern sind wie sie sich als wirksame Formen einer Führung zur Selbstführung von Eltern erweisen. Während viele der interviewten Eltern um eine permanente Sichtbarmachung ihres Engagements in der Schule ihrer Kinder bemüht sind, haben die Vereine das im Integrationsdiskurs vorherrschende einseitige Partnerschaftsverständnis zum Teil stark internalisiert. Zudem sind die Vereine als Anbieter_innen von *welfare-to-work*-Maßnahmen in staatlich-institutionelle Programme eines ›Förderns und Forderns‹ involviert. Diese wirken sich wiederum auf spezifische Weise auf die Selbstverständnisse der hieran teilnehmenden Eltern aus. Dies möchte ich im weiteren Verlauf dieses Unterkapitels konkret am Beispiel des ›Kiezväter‹-Projektes aufzeigen. Zunächst gehe ich jedoch auf die Kritik der Eltern hinsichtlich eines sich oben artikulierenden monolingualen Habitus von Schule sowie hier vorherrschender Integrationsvorstellungen ein.

6.3.1   Kritik an schulischen Sprachpolitiken und Integrationsimperativen

Vor allem die Eltern Turgut, Demircan und Soysal reflektieren im Interview kritisch, dass es auf dem Schulhof ihrer Kinder sowie im Hortbereich untersagt sei, Türkisch zu sprechen. Turgut und Soysal sprechen in diesem Zusammenhang von einem »Türkischverbot« (Turgut 12; Soysal 38). Demircan verweist demgegenüber darauf, dass es sich auch um ein Verbot anderer Sprachen, wie »Arabisch, Jugoslawisch […] oder Albanisch« (Demircan 59), handle. Der Vater spricht einen diesbezüglich ambivalenten Umgang mit den Erst- bzw. Zweitsprachen der Schüler_innen in den Schulen an. So sei es auffällig, dass »wenn sich die Kinder auf Englisch unterhalten, keiner sagen [würde]: ›Okay, das ist verboten‹ oder so« (ebd.). Eine ähnliche Beobachtung macht die Mutter Turgut im Hort ihrer Tochter. Das hier verhängte ›Türkischverbot‹ spricht sie im Gespräch mit einer Betreuerin wie folgt an:

> »Hab' ich gesagt: ›Ich hab' ein Problem damit, dass mein Kind nach der Schule in ihrer Freizeit mit ihren türkischen Freundinnen nicht ihre eigene Muttersprache sprechen kann.‹ ›Ja ich weiß ja gar nicht, was Ihre Tochter mit den Kindern spricht, vielleicht lästern sie oder vielleicht sprechen sie schlecht.‹ Sag' ich: ›Wieso haben Sie immer diese Komplexe? Wenn aber eine französische oder englische, zwei Schüler untereinander sprechen, dann sagen Sie: ›Ach mein Schatz, das machst du aber sehr gut.‹ Da schmeicheln Sie und unterstützen Sie, aber wehe, wenn eine, zwei türkische oder arabische Kinder untereinander ihre Muttersprache sprechen, dann sagen Sie: ›Was redet ihr da?‹

((sehr aufgebracht)). Und dann sagen Sie, ich soll mich nicht diskriminiert fühlen? Da fühl' ich mich aber diskriminiert!«« (Turgut 186)

Turgut macht die Pädagogin hier auf den privilegierenden und zugleich diskriminierenden Umgang mit Schüler_innen unterschiedlicher Erst- bzw. Zweitsprachen im Hort aufmerksam – einen Eindruck, den die Pädagogin jedoch vehement zurückweist.

Demircan berichtet im Interview davon, dass auf der Gesamtelternvertretung der Schule seines Sohnes zur Disposition stand, »ob die Kinder auch in den Pausen nur Deutsch sprechen sollen oder dürfen« und »ob das in die Haus- oder in die Schulordnung rein soll oder nicht« (Demircan 55). Demircan, der Mitglied in der Elternvertretung ist, gibt an, gegen die genannte Regelung gestimmt zu haben. Seine Haltung begründend verweist der Vater erneut auf die widersprüchliche Auslegung der genannten Regelung, die sich lediglich auf Schüler_innen mit bestimmten Erst- bzw. Zweitsprachen beziehe. Diesen Umstand erklärt Demircan mit einem in Schule verankerten rassistischen Wissen bzw. einem – in seinen Worten – »blonden Gedankengut« (ebd.). Bei der Abstimmung auf der Gesamtelternvertretung sei Demircan mit seiner Position allerdings in der Minderheit gewesen. Die Einhaltung von »Deutsch als Amtssprache« (ebd.) auf dem Pausenhof der Schule wurde schließlich in die Schulordnung aufgenommen. Auch Soysal berichtet von einem »Verbot der Muttersprache in den Pausen« an der Schule ihres Sohnes. Zu diesem sei die Mutter zunächst von der Schule um ihr schriftliches Einverständnis gebeten worden. Soysal beschreibt diesbezüglich einen Gewissenskonflikt (Soysal 11):

> »In der siebten Klasse musste ich dann irgendwie so was unterschreiben, dass in den Pausenhöfen nicht Türkisch gesprochen werden soll. Und wir haben ja, als Migrantenorganisation wehren wir uns ja dagegen, gegen dieses Verbot der Muttersprache in den Pausen. Und dann hab' ich mich natürlich geweigert, das zu unterschreiben. Und er dann: ›Mama, mach' jetzt keinen Stress‹ und so und ›unterschreib jetzt.‹ Und dann hab' ich gesagt: ›Nein, ich unterschreib' es nicht. Das ist keine Verpflichtung, sondern eine Empfehlung, sozusagen.‹ Am Anfang sollte es eine Verpflichtung sein, aber dann eher eine Empfehlung, also es gibt keine Sanktionen. – ›Mama bitte, ich will jetzt nicht irgendwie auffallen und du stresst sowieso schon.‹ Das ist ihm dann peinlich wahrscheinlich, wenn die Mama dann ständig in der Schule ankommt. Und dann hab' ich das auch letztes Jahr unterschrieben, also unterzeichnet, damit er mir Ruhe gibt.« (Ebd.)

Obwohl Soysal eigentlich gegen ein »Verbot der Muttersprache in den Pausen« ist und im Rahmen ihres Engagements in einer ›Migrant_innenorganisation‹ gegen eine solche Regelung Stellung bezieht, gibt sie im konkreten Fall dem Drängen ihres Sohnes, die Empfehlung zu unterschreiben, nach. Dieser signalisiert ihr, dass er »»nicht irgendwie auffallen«« will. Dass die »Mutter ständig in der Schule ankommt« wird von ihm – sowie möglicherweise auch von der Schule – als »Stress« empfunden. So gibt die Mutter ihre kritische Haltung gegenüber einem ›Türkischverbot‹ ihrem Sohn zuliebe auf. Wie an anderer Stelle im Interview deutlich wird, tut sie dies scheinbar auch, um ihren Sohn vor anders gelagerten negativen bzw. diskriminierenden Konsequenzen in der Schule zu bewahren (vgl. Kapitel 5.3).

Kritisch positionieren sich die Eltern nicht nur gegenüber Formen der beschriebenen sprachlichen Diskriminierung, sondern auch mit Blick auf ein verbreitetes (neo)as-
similationistisches Integrationsverständnis. Abgrenzungsversuche hiervon sind jedoch
zum Teil, wie im Fall des Vaters Demircan, ambivalent. Dieser kritisiert das gängige
Integrationsverständnis wie folgt:

> »Integration bedeutet hier, sich aufzugeben und das, was die Mehrheit will und was die
> Mehrheit hat, zu übernehmen. Das muss nicht sein. Man kann zum Beispiel, was ich
> sehr an mir gesehen habe, was mir persönlich sehr gefällt an mir, zum Beispiel auch in
> meinem Berufsleben, ich habe teilweise deutsche Disziplin, die ist ja für Deutschland
> sehr ausgeprägt oder auch sehr berühmt, alle wissen: deutsche Disziplin. Aber ((!))
> ich habe auch die Unkompliziertheit der türkischen Ansicht zum Beispiel auch, des
> Türken. Ich bin manchmal sehr unkompliziert, man kann mich kurzfristig ansprechen.
> Oder ich muss dann halt ein bisschen improvisieren, weil ich weiß, es gibt da öfters
> Probleme, dann bin ich halt der Improvisator. Also das ist auch von denen mit der Zwei-
> Kulturen-Geschichte, das ist auch ein Vorteil, ein großer Vorteil.« (Demircan 98)

Demircan verortet sich hier in zwei ›(National)Kulturen‹, d.h. einer ›türkischen‹ sowie ›deutschen Kultur‹. Diesen Kulturen spricht der Vater stereotype Eigenschaften zu,
mit denen er sich identifiziert. Seine so gelebte kulturelle Mehrfachzugehörigkeit präsentiert der Vater als ein Gegenmodell zu einem assimilationistischen Integrationsverständnis. Er macht sein Verständnis von ›gelebter Integration‹ vor allem in seinem
»Berufsleben« funktional; so glaubt er, den flexiblen Umgang mit verschiedenen (kultu-
ralisierten) Charaktereigenschaften im Beruf zu seinem Vorteil nutzen zu können. Somit hinterfragt der Vater einerseits ein gesellschaftlich normalisiertes Integrationsverständnis und bringt die Möglichkeit der Positionierung in gleich mehreren ›Kulturen‹
ins Gespräch ein, während er andererseits ein stereotypes Wissen über eine ›typisch
türkische‹ sowie ›typisch deutsche‹ (National-)Kultur stützt. Seine Perspektive knüpft
am oben analysierten neoliberalen Vielfaltsdiskurs an, der gleichsam auf Grundlage
eines Kulturdifferenzverständnisses gesellschaftliche ›Multikulturalität‹ aufwertet und
produktiv zu machen sucht.

6.3.2   »Ich zeige den Finger selbst auf mich«: Selbstpositionierung als ›aktive‹ und ›verantwortliche‹ Eltern

Während viele Eltern deutliche Kritik am einsprachigen Habitus der Schulen sowie hier
gelebten Integrationsvorstellungen üben, erscheint es für sie weitaus schwieriger, sich
Erwartungshaltungen bzgl. einer ›aktiven‹ und ›engagierten‹ Elternrolle in der Schule
ihrer Kinder zu entziehen. So ist in vielen Interviews auffällig, dass die Eltern immer
wieder auf ihr ausgeprägtes schulisches Engagement verweisen und dieses ausführlich
darlegen. Dies geschieht, ohne dass die Eltern nach ihren Aktivitäten in der Schule ihrer
Kinder explizit gefragt bzw. diesbezüglich hinterfragt wurden. Vielen der interviewten
Eltern scheint es wichtig zu betonen, dass sie in der Schule ihrer Kinder äußerst engagiert, bemüht und stets präsent sind. Eine solche Betonung erfolgt teilweise, wie im
Fall der Mutter Turgut, in Abgrenzung zur eigenen Elterngeneration: »Und ich hab' das
Gegenteil von meinen Eltern gemacht, ich hab' dann immer gesagt, ich werde so ((!))

aktiv in dem Schulleben für meine Kinder da sein, dass sie sich nicht dafür schämen müssen. Weil ich kenne das von meiner eigenen Kindheit, weil meine Eltern nie da waren« (Turgut 6). Als Elternteil nicht in der Schule »da« bzw. »aktiv« zu sein, verbindet Turgut mit der Erfahrung, sich »schämen [zu] müssen« (ebd.). Sie spricht damit eine bereits bei ihr als Kind spürbare Norm hinsichtlich eines sichtbaren Engagements der Eltern in der Schule an. Das Gefühl ihrer Kindheit reflektierend, nimmt Turgut nicht die angesprochene Norm, sondern das Verhalten ihrer Eltern kritisch in den Blick. Mit diesem begründet Turgut im Interview die Entscheidung, sich in der Schule ihrer Tochter stark ›aktiv‹ einzubringen. Dies macht die Mutter unter anderem über die folgende Darstellung ihres schulischen Engagements deutlich:

> »Turgut: Wenn Sie zur Schulleitung gehen und den Namen von meinen Kindern sagen, dann wissen schon alle beide Schulleiter wer ich bin ((lacht leicht)) – sagt das Ihnen was?
> Interviewerin: Ja, aber das würde ich jetzt gerne noch genauer wissen. Was steht dahinter?
> Turgut: Also ich habe nur ein einziges Mal keinen Elternabend besucht, da ich Migräne hatte an dem Tag. Ansonsten war ich immer überall dabei. Aber nicht nur Elternabende, ich habe in der, wie ich eben auch erwähnt hatte, wo meine Kinder waren [...], da habe ich so oft mit Lehrern zusammengearbeitet. Ich habe Lesepatenschaft gemacht, wir haben Adventsbasar organisiert. Meine Güte, ich habe fast alle Ausflüge begleitet. Ich war, wenn die Lehrer mich gefragt haben, ich war immer ((!)) da. Und ich habe aber auch gesehen wie gut das meinen Kindern getan hat. Die waren irgendwie immer sehr stolz.
> Interviewerin: Dass die Mama da auch vertreten war?
> Turgut: Ja, genau. Das war, dass die Mama immer überall da war in der Schule. Nicht nur meine eigenen Kinder, sondern auch die anderen türkischen Kinder waren glücklich.« (29ff.)

Turgut definiert ihre Rolle als Elternteil in der Schule über ein betont hohes Engagement in dieser, ein starkes Pflicht- und Verantwortungsbewusstsein gegenüber der Schule sowie eine ständige Verfügbarkeit für die Lehrer_innen ihrer Tochter. Turgut erfährt hierfür sowohl von ihren Kindern als auch von der Schulleitung Anerkennung und fühlt sich entsprechend ›gesehen‹. Vor dem Hintergrund ihrer Positioniertheit als ›türkische Mutter‹ in der Schule ihrer Kinder (vgl. Kapitel 5.3), scheint ihr nicht zuletzt auch deshalb eine besondere Anerkennung zuzukommen. Obwohl sie eine solche Besonderung an anderer Stelle im Interview kritisch reflektiert, bestätigt Turgut hier indirekt ihre Positionierung als ›migrationsandere‹ Mutter, indem sie glaubt mit ihrem Engagement andere ›türkische‹ Eltern zu repräsentieren und darüber zugleich »andere türkische Kinder [...] glücklich« zu machen.

Auch der Vater Kılıç betont rückblickend auf den Schulbesuch seiner Kinder, dass er »auf allen Elternabenden war« (Kılıç 63) und sich nicht erinnern könne, jemals auf einem Elternabend gefehlt zu haben. Er begründet dies damit, dass »wir eine kultivierte Familie [sind] und unsere Kinder auch kostbar für uns [sind]« (ebd.). Damit bewertet der Vater zugleich indirekt all diejenigen Eltern als ›unkultiviert‹, die sich nicht wie Kılıç gleichermaßen in der Schule ihrer Kinder zeigen. Auch hier scheint die Selbstpositionierung des Vaters als ›sich kümmerndes Elternteil‹ mit einer von ihm antizipierten Erwartungshaltung einherzugehen.

Eine solche Erwartungshaltung scheint auch die Mutter Soysal in der Schule ihres Sohnes wahrzunehmen. So berichtet sie, dass sie »ständig mit den Lehrern« ihres Sohnes »in Kontakt« stehe, um der Schule zu signalisieren, »dass ich da am Ball bin und alles unter Kontrolle habe« und »[d]amit sie wissen: ›Aha, der hat eine Familie, die sich um ihn kümmert‹. Nicht, dass sie denken: ›Ach, die Eltern kümmern sich nicht um ihn‹« (Soysal 50; 30). Soysal scheint sich einer Beweislast gegenüber der Schule ausgesetzt zu sehen, dass sie sich um ihr Kind »kümmert«. So verhält sie sich als würde sie unter Beobachtung der Schule stehen, auch ohne dass ihr beschriebenes Handeln als solches von der Schule explizit eingefordert wird. Ihr Bemühen um eine ständige Sichtbarkeit in der Schule ihres Sohnes lässt sich auch vor dem Hintergrund der von ihr beschriebenen Vorurteile gegenüber Eltern mit ›muslimischem‹ Hintergrund erklären, als welche sich Soysal in Schule und Öffentlichkeit immer wieder positioniert fühlt, obwohl sie sich selbst nicht als muslimisch versteht (vgl. näher hierzu Kapitel 5.3). Soysals Verhalten kann so auch als Reaktion auf die im Interview wiederholt angesprochene Befürchtung vor diskriminierenden Konsequenzen für ihr Kind interpretiert werden.

Der Vater Ettin projiziert die Verantwortung für einen guten Kontakt mit der Schule vorwiegend auf sich selbst bzw. die Seite der Eltern allgemein. Eine solche Form der Selbstverantwortlichmachung zeigt sich u.a. in folgender Interviewsequenz:

> »Interviewerin: Und, aber wieso engagieren Sie sich hier so stark? Also was ist da Ihre Motivation, sich so, wie Sie beschreiben, in der Schule zu engagieren?
> Ettin: Meine Motivation ist, ((...)) erstens: Man zeigt, man sucht ja immer nach Schuldigen. Und diese Verantwortung habe ich jetzt auf mich selbst genommen. Also ich zeige den Finger selbst auf mich, und jetzt muss ich mit mir selbst erst mal anfangen. Und fungieren, damit ich das nicht übertrage auf andere Menschen. Und das ist eine, diese Handlungsweise ist ein Schneeballeffekt dann. Genau. Und diesen Schneeballeffekt möchte ich dann ausüben, indem ich mich auch engagiere und mit anderen Vätern zusammenkomme.« (41)

Ettin sieht sich und andere »Väter« gegenüber der Schule in der ›Pflicht‹, sich zu »engagieren« und »Verantwortung« zu übernehmen. Versuche, nach anderen »Schuldigen« für ein schlechtes Verhältnis von Schule und Elternhaus zu suchen, versteht der Vater als Ablenkung von einer kritischen Auseinandersetzung mit dem eigenen elterlichen Verhalten. Eine solche besonders explizite Form der (Selbst-)Responsibilisierung lebt Ettin auch anderen »Vätern« vor. Er hofft über die Begegnung mit diesen einen »Schneeballeffekt« zu erzielen, der dazu führt, dass auch andere Väter ›mehr Verantwortung‹ gegenüber der Schule verspüren.

Auch der Vater Demircan sieht es als seine Aufgaben in der Schule seiner Kinder an, andere »Migranteneltern« zu »mobilisieren« (Demircan 35) und sie an ihre schulischen ›Mitwirkungspflichten‹ zu erinnern. Er nimmt dabei eine Rolle ein, die ihm von Seiten der Schule explizit zugewiesen wurde:

> »Das erste, was der Schulleiter gemacht hat, war, dass er den Migranten zum Beispiel, er hat da einige herausgesucht, die so ein bisschen aktiv sind, wie mich zum Beispiel.

Und er hat uns gebeten, zu helfen, die anderen Eltern zu mobilisieren, dass wir mehr Eltern, weil da sind ja nun mal größtenteils Migranteneltern, dass die dann halt mehr mitmachen an der Schularbeit, oder dass sie halt ein bisschen mitreden, sich einbringen [...]. Ich hab' selber mit meiner Frau über 290 Eltern angerufen. Es gab dann so eine, so eine Veranstaltung von einem Verein, der die Eltern informieren wollte, auch auf türkischer Sprache – welche Möglichkeiten haben Eltern, sich einzubringen, welche Rechte haben Eltern, welche Pflichten haben Eltern, so etwas. 200 Leute haben wir angerufen.« (Ebd.)

Demircan wird von der Leitung der Schule als ›aktiver Migrant‹ positioniert und adressiert. Ihm kommt damit eine besondere Aufmerksamkeit zu, die von Seiten der Schule wiederum mit besonderen Aufgaben hinsichtlich der Ansprache und Mobilisierung von anderen »Migranteneltern« verbunden wird. Demircan nimmt sich den ihm zugetragenen Aufgaben an. So berichtet er, hunderte Eltern seiner Schule telefonisch kontaktiert zu haben, um diese für die Teilnahme an einer speziell an türkisch-sprachige Eltern gerichteten Informationsveranstaltung der Schule zu gewinnen. Mit der ihm zugeschriebenen Rolle des ›Aktivierers‹ von ›migrantischen‹ Eltern scheint sich Demircan zu identifizieren, geht hiermit schließlich eine Anerkennung als ›aktiver Vater‹ einher. Es kommt hier, wie auch im oben beschriebenen Fall der Mutter Turgut, ein den Eltern auferlegtes *double bind* zum Ausdruck. So wird von ihnen einerseits erwartet, mit bestimmten generalisierten Annahmen über ›migrantische‹ Eltern zu brechen, gleichzeitig ihre Positionierung als Migrationsandere zu bestätigen, um als ›nützlich‹ für die schulische Arbeit (an)erkannt zu werden.

Dispositiv vorherrschende Vorstellungen von einer ›aktiven Elternschaft‹ erweisen sich somit als ein machtvolles Regierungswissen. Sie tragen entsprechend dazu bei, Eltern in ihren Selbstverständnissen und ihrem Handeln subtil anzuleiten. Ihre Positioniertheit als ›migrationsandere‹ Eltern sowie hiermit verbundene spezifische Erfahrungen in der Schule ihrer Kinder scheinen die Eltern unter einen besonderen von ihnen internalisierten Druck zu stellen, sich als sichtbar ›aktive‹ und ›engagierte‹ Eltern zu beweisen. Dies geht zum Teil wiederum mit einer (ungewollten) Bestätigung ihrer Subjektposition als Migrationsandere einher.

6.3.3 ›Migrant_innenorganisationen‹ als Träger von ›welfare-to-work‹-Maßnahmen

Die interviewten Vertreter_innen der Berliner (Eltern-)Vereine identifizieren sich vielfach mit der ihnen im Integrationsdiskurs zugeschriebenen Rolle der ›Partner‹ von Schule und greifen diese Bezeichnung im Interview immer wieder auf. Dabei kommt, ähnlich wie in den politischen Dokumenten, ein recht einseitiges Partnerschaftsverständnis zum Ausdruck. Wie bereits in Kapitel 5.3 dargestellt, sind es primär die Mitarbeiter_innen der Vereine, die auf die Schulen zugehen und sich den von diesen definierten Fragen, Problemen und Bedarfen annehmen. Gefragt nach ihrem Verständnis von einer Kooperation mit »Grundschulen und Oberschulen hier in der Gegend« (Kurban 151), erklärt die Vereinsvertreterin Kurban, dass es primär darum gehe, »[di]e Probleme von den Lehrern mit Schülern und Eltern zu beseitigen« (ebd. 153). Auch der Vereinsmitarbeiter Eralp sieht die Aufgabe seines Vereins vor allem darin, sich den »Problemen zwischen Schule und Eltern« anzunehmen und den Eltern zu »erzählen, wie es halt hier läuft« (Eralp 97). Daraufhin befragt, ob »das denn auch mal andersrum [passiert], also dass Sie als Vereinsvertreter_in Schulen vielleicht auch erklären, wie es bei bestimmten Eltern läuft und was die für Erwartungen haben oder so«, gibt Eralp zu verstehen: »Ja ((zögerlich)), aber eher weniger, weil, also wir können die Schule ja nicht ändern« (ebd. 97ff.). Für Eralp erscheint es dementsprechend aussichtsreicher, mit seiner Vereinsarbeit Veränderungen bei den Eltern zu erzielen als bei den Schulen. Dass die Vereinsvertreter_innen ihre Vereine primär in einer Dienstleisterrolle gegenüber den Schulen positionieren, zeigt sich auch mit Blick auf das Tätigkeitsfeld der Vereine. So sind die Vereine an den Schulen beispielsweise für die Organisation von »Elternabenden« zuständig, verfassen hierfür »Einladungen«, rufen »auch mal Hunderte von Eltern« an und erinnern diese an »die Termine« (Turgut 122). Es offenbart sich so ein ambivalentes Verhältnis zwischen dem (diskursiven) Sprechen über eine ›Partnerschaft‹ von Schulen und (Eltern-)Vereinen und der praktischen Ausgestaltung der Vereinsarbeit an den Schulen, die starke Züge einer einseitigen Partnerschaft aufweist.

In den Interviews kommt darüber hinaus zum Ausdruck, dass vom Jobcenter geförderte Beschäftigungsmaßnahmen vielfach einen wesentlichen Teil der Vereinsarbeit darstellen. So positionieren einige Vereinsvertreter_innen ihre Vereine auch als Träger sog. welfare-to-work-Programme, über die arbeitslose Eltern an die Vereine vermittelt werden und im Rahmen einer verpflichtenden. meist befristeten Beschäftigung in den Vereinen für den Wiedereinstieg in den Arbeitsmarkt ›aktiviert‹ werden sollen. Diesbezüglich berichtet beispielsweise der Vereinsvertreter Essa, dass in seinem arabischen Elternverein zeitweise »über 70, 80« Eltern über »ABMs [Arbeitsbeschaffungsmaßnahmen, E.K.]« (Essa 71) beschäftigt waren. Er führt diesbezüglich aus:

> »Jobcenter ist ganz gut, also viele ABM, wir hatten über 70, 80 ABM, Ein-Euro-Jobber. Die waren auf alle vier Büros verteilt, haben zum Beispiel das Elterncafé übernommen, und die Frauengruppe, also Frauen- und Müttergruppe, sowie die Elterngruppe. Und wir nutzen diese Leute, wenn wir Veranstaltungen haben, Fortbildungen. Dann haben wir Deutschkurse zum Beispiel laufen, und unter diesen Leuten, die wir vom Jobcenter bekommen, oder Arbeitsamt, gibt's Lehrer zum Beispiel. Sie unterrichten dann oder machen das Bewerbungstraining, oder Übersetzungen, oder schreiben Briefe.« (Ebd.)

ABM-Maßnahmen des lokalen Jobcenters stellen eine wesentliche Ressource für den Verein Essas dar, um Mitarbeiter_innen zu gewinnen und die Projekte seines Elternvereins am Laufen zu halten. Die vom Jobcenter an den Verein vermittelten Personen unterstützen die Vereinsarbeit nicht nur im Einzelfall, vielmehr wird diese von den »ABMs« maßgeblich getragen. Allerdings, so berichtet Essa im weiteren Verlauf des Interviews, sei die Anzahl der im Rahmen von Beschäftigungsmaßnahmen in seinem Verein mitarbeitenden Personen von Jahr zu Jahr großen Schwankungen unterlegen und seit einigen Jahren stark rückläufig. Dementsprechend bezog sich die Zahl der »über 70, 80« vermittelten Personen auf den Zeitraum von vor »fünf, sechs Jahren«, während es zum Zeitpunkt des Interviews »25, 30« Mitarbeiter_innen waren, die in Essas Verein über das Jobcenter finanziert wurden (ebd. 71ff.). Vor dem Hintergrund der zahlreichen Projekte, die der Verein in den letzten Jahren aufgebaut habe, seien die Stellen nun »viel

zu wenig« und könnten »die Arbeit nicht abdecken« (ebd. 43). Als eine negative Konsequenz des Mitarbeiter_innenrückgangs beschreibt Essa auch, dass die von den Schulen
an seinen Verein gerichtete Erwartung hinsichtlich einer personellen Unterstützung
aktuell vielfach von seinem Verein enttäuscht werden müsse (vgl. ebd. 71ff.).

Auch die Vereinsmitarbeiterin Kaplan berichtet davon, dass sich Berliner Schulen
oft an ihren Verein wendeten, um ehrenamtliche Unterstützung anzufragen:

> »Kaplan: [...] die Schulen kommen ja immer zu uns und möchten Mitarbeiter von uns
> haben. Also sie rufen Hilfe, sie brauchen zum Beispiel in den Pausen Aufsichtsper-
> sonen, oder Personen, die in der Kantine helfen könnten. Oder Studenten, die den
> Schülern dort als Betreuer dann dienen sollen.
> Interviewerin: Warum sollen Sie das machen?
> Kaplan: Na, weil sie selber kein Geld haben, das zu finanzieren. Dann denken sie, wir
> können das ehrenamtlich. Und wir haben, also der Verein hat auch Arbeitsbeschaf-
> fungsmaßnahmen durch die Jobcenter, das sind diese MAE-Jobs, die Ein-Euro-Jobs
> oder Bürgerarbeit, die zum Teil mit Kofinanzierung vom Senat finanziert wird. Und
> wir haben ganz viele Teilnehmer, also viele Kunden, und dann sprechen wir noch mal
> mit den Jobcentern, dass diese Personen, diese Beschaffungsmaßnahmen vor Ort und
> in den Schulen durchgeführt werden. Dadurch haben dann die Schulen zum Beispiel
> fünf, sechs Mitarbeiter, die sie nicht bezahlen müssen.« (11ff.)

Wie Kaplan berichtet, wird ihr Verein primär von den Schulen mit der Erwartungshaltung kontaktiert, vom Verein »ehrenamtlich[e]« Unterstützung zu erhalten, um einen
schulischen Ressourcenmangel auszugleichen. Die angefragte Unterstützung bezieht
sich hauptsächlich auf Aushilfstätigkeiten, in denen die Expertise der Organisation
nicht explizit gefragt ist. Dabei verweist Kaplan darauf, dass auch in ihrem Verein tätige
Personen über »Ein-Euro-Jobs oder Bürgerarbeit« beschäftigt sind.

Neben einer solchen Vermittlungstätigkeit hat der Verein, so berichtet Kaplan weiter, eine inhaltliche Zusammenarbeit mit Berliner Schulen mittlerweile weitgehend eingestellt. Kaplan erzählt, dass sich ihr Verein stattdessen in den letzten Jahren auf die
Durchführung von ›Integrations- und Sprachkursen‹ sowie die »berufliche Qualifizierung« (ebd. 23) von ›Migrant_innen‹ spezialisiert habe:

> »Und der Verein [Name, E.K.] damals hat ganz andere Aufgaben gehabt, da war auch
> viel ehrenamtliche Arbeit. Dann habe ich mit meinem Bereich da begonnen, das sind
> Sprachkurse, die von BAMF gefördert werden. Und wir haben mit einem Kurs angefan-
> gen. Und mittlerweile sind wir berlinweit unterwegs. Jetzt sind wir ein Bildungsträger
> und machen dann nur ((!)) Bildungsarbeit.« (Ebd. 2)

Die Vereinsvertreterin beschreibt, dass sich ihr Verein mit der Zeit quasi neu erfunden
habe, indem dieser heute vor allem vom Bundesamt für Migration und Flüchtlinge geförderte ›Sprach- und Integrationskurse‹ anbiete. Durch diese Neuausrichtung stehe
der Verein heute finanziell nicht nur auf festen Füßen, sondern konnte in den letzten
Jahren sogar stark expandieren. Kaplan stellt diese Entwicklung der Vereinstätigkeit
als eine Form der Professionalisierung dar, der sich den oben beschriebenen integrationspolitischen ›Trends‹ eines ›Förderns und Forderns‹ von ›Sprachkompetenzen und
gesellschaftlichem Grundlagenwissen‹ von ›Migrant_innen‹ angepasst habe. Die Arbeit

ihres Vereins konzentriert sich heute entsprechend bundesstaatlicher Fördermöglich-
keiten ausschließlich auf die Vermittlung der deutschen Sprache. So auch im Rahmen
von ›Elternintegrationskursen‹, die von Kaplans Verein ebenfalls durchgeführt und am
Rande des Interviews thematisch werden.

Die Bestrebungen der Vereine, ihre Arbeit vom ehrenamtlichen in den Bereich der
bezahlten Arbeit zu verlagern und so zu ›professionalisieren‹, führen nicht nur in Kaplans Verein dazu, dass die (Eltern-)Vereine ihre Projekte gezielt an einer staatlich-institutionellen Nachfrage ausrichten. Auch der Vereinsvertreter Essa führt auf die Frage,
was seiner Meinung nach »jetzt im Bildungsbereich wichtig ist, einzubringen oder als
Projekt auf die Beine zu stellen«, aus:

> »Essa: Ja, also mal gucken diese Ausschreibungen, die es gibt dieses Jahr. Also zum Bei-
> spiel, also wir sind jetzt Mitglied bei [Name der Stiftung, E.K.] und da wird demnächst
> auch wieder ausgeschrieben, die Projekte. Muss man Antrag stellen […] immer in Ko-
> operation so. Das ist besser als wenn man alleine ist, hat man mehr Chancen.
> Interviewerin: Wie entstehen denn solche Projekte oder Konzepte für Projekte? Tref-
> fen Sie sich dann hier und sagen: ›Es gibt jetzt die und die Ausschreibung‹…?
> Essa: Genau, im Internet gibt's Ausschreibungen, an die passen wir uns dann an.« (67ff.)

In den Schilderungen Essas zeigt sich, dass die Ausrichtung der Projekte seines Vereins
maßgeblich von öffentlichen Ausschreibungen abhängt. Dass sein Verein diesbezüglich »alles richtig« macht (vgl. ebd. 18), zeigt ihm die Bewilligungsquote der gestellten
Projektanträge. So listet Essa in den ersten zehn Minuten des Interviews zahlreiche
Projekte, Kooperationspartner_innen und Fördertöpfe auf, die sein Verein in den vergangenen Jahren für sich gewinnen konnte und die Essa als Bestätigung für den Erfolg
seiner Vereinsarbeit auffasst (vgl. ebd. 3ff.).[10] Wie Essa gibt auch der Vereinsmitarbeiter
Eralp an, dass sein Verein in den letzten Jahren dazu übergegangen sei, entsprechend
der Förderbedingungen des Integrations- und Partizipationsprogramms (siehe oben)
vermehrt mit deutsch-deutschen Trägern zu kooperieren. Eralp Verein verspricht sich
hiervon, leichter an eine finanzielle Projektförderung zu gelangen. So glaubt Eralp, dass
sein Verein ohne den Namen eines großen deutsch-deutschen Trägers, mit dem er seit
einiger Zeit kooperiert, »nicht mehr in der Schule« wäre:

> »Eralp: Also das ist ganz klar. Ohne [Name des Trägers, E.K.] hätten wir diese Entwick-
> lung nie, nie.
> Interviewerin: Wieso nicht?
> Eralp: Na, weil wir nicht das Angebot bekommen hätten. Schon bei unserem Antrag
> mussten wir unser [Name der Organisation, E.K.]-Dings bisschen so zurückstellen. Und
> wir haben das langsam, langsam nach vorne gestellt.« (196)

Eralp spricht hier von der Förderung eines Schulprojektes durch den Berliner Senat,
von der er ausgeht, dass diese ohne die Kooperation mit dem deutsch-deutschen Träger nicht bewilligt worden wäre. Dass dabei die Anliegen des deutsch-deutschen Trägers zunächst in den Vordergrund gestellt wurden, um erst allmählich (»langsam, langsam«) auch die Interessen von Eralps Verein »nach vorne« zu stellen, präsentiert er hier

---

10   Aus Gründen der Anonymisierung kann dies hier nicht mit einem Zitat belegt werden.

als eine Strategie, um »das Angebot [zu] bekommen«. So meint Eralp antizipieren zu können, dass die Anliegen des deutsch-deutschen Trägers bei der Projektmittelvergabe schwerer wiegen als die seines Vereins.

Sowohl Eralp und Essa als auch nahezu alle anderen interviewten Vereinsvertreter_innen kritisieren den Umstand, dass die Arbeit der Vereine, wenn diese nicht – wie häufig – ganz auf ihrem ehrenamtlichen Engagement fußt, auf zeitlich (zu) eng befristeter Projektförderung basiere. So berichtet die Vereinsmitarbeiterin Soysal:

> »Das ist eben das Problem, die Gelder sind nur für einen bestimmten Zeitraum. Und das ist, was wir eh immer kritisieren, immer für ein Jahr und zwei Jahre. Aber manchmal braucht es mehr Anlauf. Und muss man wirklich auch zehn Jahre ein Projekt fördern, aber irgendwie nach zwei Jahren heißt es dann: ›Es war super, ist erfolgreich gewesen, aber wir haben kein Geld mehr‹.« (67)

Soysal spricht hier indirekt einen von den Mittelgeber_innen ausgelösten Erwartungsdruck an, nach dem die Vereinsprojekte bereits binnen kurzer Zeit »erfolgreich« sein müssen. Dass es jedoch »manchmal [...] mehr Anlauf« brauche, damit Projekte eine Wirkung entfalten, werde demgegenüber von Seiten der Förderer_innen häufig nicht berücksichtigt.

6.3.4 »Kiezväter« zwischen Anerkennung und Aktivierung

Eine zentrale, auf Eltern mit Migrationsgeschichte zugeschnittene aktivierungspolitische Maßnahme, so wurde bereits oben analysiert, stellt das Projekt der sog. Stadtteilmütter bzw. Kiezväter dar. Dass Projekte wie diese sich auch auf die Selbstverständnisse der hierin tätigen Väter und Mütter auswirken, geht u.a. aus den Gesprächen mit den zwei interviewten »Kiezvätern« Kılıç und Ettin hervor, die Väter von schulpflichtigen Kindern in Kreuzberg und Neukölln sind. Beide Väter geben im Interview an, über das Jobcenter an das Kiezväter-Projekt vermittelt worden zu sein. Ihre Mitarbeit im Projekt stellt dementsprechend eine staatlich angeleitete Beschäftigungsmaßnahme dar. Wie Kılıç zum ›Kiezvater‹ wurde, beschreibt er wie folgt:

> »Das ist auch so, ich war beim Jobcenter. Jobcenter hat mir eine Maßnahme gegeben als Kiezvater. Ich habe beim, ich war bei Frau [Mitarbeiterin des Projekts, E.K.], sie hat mich eingestellt und so hat es angefangen. Weil ich hatte gelernt so Krankenpflegehelfer, einjähriges Examen habe ich gemacht und danach, nach meiner Krankheit, ich konnte meinen Beruf nicht ausüben. Ich habe auch nach dem Tod von meinen Eltern unter Depressionen gelitten, darum ist es immer gut, wenn ich was mache, draußen bin, unter Menschen und so. Und ich gehe immer zum Jobcenter, die finden für mich nichts, dann schicken die mich zu Maßnahmen, so wie Kiezvater, Seniorenbetreuer oder so was.« (5)

Aus der Erzählung Kılıçs geht hervor, dass das Kiezväter-Projekt für ihn eine Beschäftigungsmaßnahme von vielen darstellt, die ihm im Laufe seines Berufslebens vom Jobcenter zugewiesen wurden. Dabei scheint Kılıç – aufgrund seiner Krankheit und der Depression nach dem Tod seiner Eltern – keine Beschäftigung (mehr) auf dem ›ersten Arbeitsmarkt‹ zu finden und auch nicht vermittelt zu bekommen. Die ihm vom Jobcenter zugewiesenen Beschäftigen empfindet er als positiv für seine Gesundheit. Entsprechend beschreibt Kılıç den Job als ›Kiezvater‹ nicht als etwas, das ihm ›aufgezwungen‹ wurde, sondern das ihm vom Jobcenter »gegeben« bzw. für das er »eingestellt« wurde. Es entsteht der Eindruck, dass sich Kılıç auf die Teilnahme an der Maßnahme regelrecht beworben hat bzw. diese von ihm aktiv nachgefragt wurde. Während der Vater für sich persönlich somit keinen Zwangscharakter mit den Maßnahmen des Jobcenters verbindet, reflektiert er kurz darauf den ›eigentlichen‹ Sinn und Zweck der Maßnahme sowie das Verhältnis, in welchem »Arbeitslose« »normalerweise« zu dieser stehen:

> »Wir sind normalerweise versteckte Arbeitslose. [...] Wenn man bei Nachrichten im Fernsehen die Arbeitslosenzahl angibt, wir sind nicht drin, aber wir sind auch Arbeitslose. Man beschäftigt uns nur so mit solchen Maßnahmen, ich sehe das als Beschäftigungstherapie für Arbeitslose solche Maßnahmen. Und so will der Staat auch die Schwarzarbeit verhindern, wa? Die Leute sind da, die machen was und Leute wie meine Chefin finden ein Konzept, geben das Senat und Jobcenter oder so. Dann kriegen die vom Jobcenter Leute zum Beschäftigen. So laufen dann die Projekte immer, wa? Ich bin auch ein Teil dieses Projekts jetzt, ja.« (Ebd.)

Maßnahmen wie das Kiezväter-Projekt stellen nach Kılıç eine Möglichkeit für den »Staat« dar, »Arbeitslose« aus der Arbeitslosenstatistik herauszurechnen, indem sie über ihre Projektteilnahme als »Beschäftigte« erfasst werden. Diese von ihm als »Beschäftigungstherapie« bezeichneten Maßnahmen erfüllen nach Kılıç zudem den Zweck, eine irreguläre Beschäftigung zu verhindern. Weitere Ziele, wie die langfristige Vermittlung von »Arbeitslosen« in den ›ersten Arbeitsmarkt‹, verbindet der Vater hingegen nicht mit den Maßnahmen. Er beschreibt diese vielmehr als Teil eines sich selbsterhaltenden Systems, in welches vom Jobcenter ständig »Leute«, wie Kılıç, »zum Beschäftigen« zugeführt werden. Hiervon profitierten vor allem Akteur_innen, welche die Maßnahmen organisieren und umsetzen – in diesem Fall ist dies vor allem Kılıçs Beraterin im Jobcenter, die er hier als »Chefin« bezeichnet.

Der ›Kiezvater‹ Ettin stützt die Auffassung Kılıçs hinsichtlich der Rahmenbedingungen des Projektes. So verortet er die hier engagierten arbeitslosen Väter in einem einseitigen Abhängigkeitsverhältnis zum Jobcenter, wenn er beschreibt, dass die, die im Jobcenter »tätig sind, [...] auch eine bestimmte Macht in der Hand« hätten und jederzeit sagen könnten: »›Sie hören jetzt mit dieser Arbeit auf. Sie gehen malern, Sie gehen putzen, Sie machen das und jenes‹« (Ettin 81). Schließlich, so betont Ettin, handle es sich hierbei um eine »Arbeitsbeschaffungsmaßnahme« (ebd.). Der Vater beschreibt seine Erfahrungen mit dem Jobcenter als ein von Unsicherheit und ständiger Veränderung geprägtes ›Spiel der Behörden‹. Diese habe im Rahmen des Kiezvater-Projektes zur Konsequenz, dass immer neue Väter an die Maßnahme vermittelt würden, allerdings häufig nach kurzer Zeit schon wieder aus der Tätigkeit »herausgerissen« werden (ebd.). Dementsprechend bestehe kaum die Möglichkeit, gemeinsam auf ein langfristig gestecktes Ziel innerhalb des Projektes hinzuarbeiten (»die ganze Arbeit, die wir investiert haben, löst sich dann auf«, ebd.). Auch aufgrund der damit verbundenen unsicheren finanziellen Förderung der Maßnahme, sei sowohl die Zukunft des Projekts als auch der hier tätigen Kiezväter stets ungewiss (»Jedes Jahr haben wir einen anderen Topf«, »[j]edes Jahr bangen wir und zittern wir um unsere Arbeitsplätze«, ebd.).

Vor diesem Hintergrund macht Ettin deutlich, dass er mit der Tätigkeit als ›Kiezvater‹ keine große Hoffnung im Hinblick auf eine weitere berufliche Qualifizierung und Beschäftigung verbindet:

> »Wir hatten eine Hoffnung, eine kleine Hoffnung, vom Senat hatten wir, nebenberuflich ((!)) also diese Tätigkeit auszuüben und einen Beruf zu machen im Sozialbereich, d.h. nebenberuflich unsere Ausbildung zu machen. Und auf einmal kamen diese Voraussetzungen auf uns zu. Viele der Väter hatten nicht mal Abschluss etc. Später kam es, dass die meisten Väter über 35 sind, dass es nicht mehr finanziert wird etc. Und dann ging das alles so bergab mit der Hoffnung.« (Ebd. 91)

Der Vater beschreibt die ihm und anderen Kiezvätern vom Senat einst vermittelte »kleine Hoffnung«, mit ihrer Tätigkeit eine Ausbildung im »Sozialbereich« verbinden zu können. Die Hoffnung der Väter wurde allerdings enttäuscht, da »[v]iele« der Kiezväter die hierfür notwendigen Voraussetzungen (Schulabschluss, Altersgrenze »etc.«) nicht erfüllten. Mit Resignation erzählt Ettin im Interview weiter, dass er und andere ›Kiezväter‹ sich entschieden hätten, sich in das »Spiel der Behörden« nicht mehr »ein[zu]mischen« und sich allein auf ihre aktuelle Tätigkeit im Projekt zu konzentrieren, ohne weitere »Hoffnung« in dieses zu projizieren: »Deshalb wollen wir uns auch da nicht mehr einmischen, sondern nur auf unsere Aufgabe konzentrieren« (ebd.).

Auffällig ist, dass Kılıç und Ettin, trotz ihrer pessimistischen Einstellung hinsichtlich ihrer langfristigen Arbeitsmarktintegration durch das Kiezväter-Projekt, dieses mit großem Enthusiasmus und Engagement unterstützen. Ihre positive Einstellung zur Maßnahme scheint auf Seiten der Väter vor allem mit dem Gefühl verbunden, durch die Projektmitarbeit etwas »verändern« bzw. »verbessern« zu können (ebd. 1) sowie anderen Eltern im Kiez zu »helfen« (Kılıç 12). Die soziale Ausrichtung des Projekts empfinden die Väter als sinnstiftend. Das Gefühl, als ›Kiezvater‹, etwas Gutes tun zu können, scheint sowohl Kılıç als auch Ettin in ihrem Selbstverständnis zu stärken: »Ja, weil wir helfen den Menschen in dem Sinne und ich bin so ein Helfer-Typ – wenn ich jemand helfen kann, das macht mir Spaß, danach fühl‹ ich mich gut und das tut mir auch gut« (ebd. 12). Auch Ettin betont direkt zu Beginn des Gesprächs, »natürlich kein Sprecher, kein Politiker«, sondern ein »einfacher Mann« zu sein, der als ›Kiezvater‹ »versucht, über die Runden zu kommen und etwas zu verändern, zu verbessern« (Ettin 1). Der Vater gibt sich bescheiden hinsichtlich seiner Wirkmächtigkeit als ›Kiezvater‹; deutlich wird jedoch seine Motivation, mit seinem Job nicht nur »über die Runden« kommen zu wollen, sondern auch »etwas zu verändern, zu verbessern« (ebd.). Dieses Selbstbewusstsein der Väter scheint auch durch die hohe öffentliche sowie politische Aufmerksamkeit vermittelt, die den ›Kiezvätern‹ in den vergangenen Jahren zukam und von denen beide im Interview ausführlich berichten. So präsentiert Kılıç zu Beginn des Interviews sichtlich stolz diverse Zeitungsartikel, die über seine Tätigkeit als ›Kiezvater‹ veröffentlicht wurden und die nun eingerahmt in seinem Wohnzimmer hängen – darunter auch ein Bild mit ihm und dem regierenden Berliner Bürgermeister (vgl. Kılıç 1).

Auch im Interview mit Ettin spielt die Popularität des Kiezväter-Projekts immer wieder eine Rolle. Er erzählt davon, dass der Projektgründer diverse »Integrationspreise« erhalten habe, ein Buch mit den Biographien der ›Kiezväter‹ erschienen sei und er selbst an diversen Fernsehbeiträgen über das Projekt beteiligt war (vgl. Ettin 112ff.).

Über die starke Medienberichterstattung habe sich das Projekt, wie Ettin stolz anmerkt, zu einer »Marke« entwickelt: »Und vielleicht haben Sie auch mitbekommen, mittlerweile sind wir auch 'ne Marke geworden« (ebd. 79). Die identitätsstiftende Funktion des Kiezväter-Projekts kommt dadurch zum Ausdruck, dass die Väter die dem Integrationsprojekt geschenkte öffentliche Anerkennung gleichsam auf sich selbst beziehen und die *corporate identity* des Projekts somit einen Teil der Identität der Väter darstellt.

Wie bereits oben beschrieben, lässt sich in den Gesprächen mit Ettin und Kılıç nicht nur ihre hohe Identifikation mit dem Kiezväter-Projekt selbst beobachten, sondern auch mit der ihnen hierin zugeschriebenen Aufgabe als ›(kulturelle) Brückenbauer‹ und ›Kulturmittler‹. Das sich in dieser (Selbst-)Bezeichnung artikulierende Kulturdifferenzverständnis verschränkt sich im Gespräch mit Kılıç mit bestimmten Sichtweisen hinsichtlich der Arbeits- und Leistungsbereitschaft von ›arabischen‹ und ›deutschen‹ Eltern‹. Dies wird vor allem im Sprechen des Vaters über »die arabischen Eltern« (Kılıç 185) in seiner Nachbarschaft deutlich und kommt im Interview u.a. wie folgt zum Ausdruck:

> »Ich glaube nicht, dass [dort] deutsches Fernsehen geguckt wird, deshalb können sie nicht so gut deutsch. Und die Kinder bleiben da [im Spielladen; E.K.]. Und da arbeiten fünf, sechs deutsche Leute, die auch so wie ich ABM machen, vom Jobcenter solche Arbeit kriegen. Und die armen ((!)) Menschen müssen mit den Kindern spielen, anstatt dass die eigenen Eltern mit ihnen spielen. Der Vater ist in Shisha-Bar, raucht seine Pfeife, die Mutter hat sich hier mit anderen Frauen getroffen, quatschen. Also die, ich weiß nicht, die können nicht so gut die Erziehung.« (Ebd. 182)

Nach Kılıç übernehmen die »deutsche[n] Leute« die Kinderbetreuung für die »arabischen Eltern«, während diese vor dem Fernseher säßen und ihren persönlichen Interessen nachgingen, anstatt Deutsch zu lernen und sich um ihre Kinder zu kümmern bzw. mit diesen zu spielen. Der Vater unterscheidet somit zwischen arbeitslosen »deutsche[n] Leute[n]« und arbeitslosen »arabischen Eltern«, denen er eine unterschiedliche Aktivität und Arbeitsmoral zuschreibt. Während die »deutsche[n] Leute« einer vom Jobcenter vermittelten Beschäftigungsmaßnahme nachgingen, scheint dies für die »arabischen Eltern« nicht zu gelten. Erstere beschreibt Kılıç deshalb als »arme Menschen«, während er für das Verhalten der »arabischen Eltern« kein Verständnis zeigt.

Im weiteren Verlauf des Interviews problematisiert Kılıç zudem, dass »der Staat viel Geld für diese Bevölkerung« ausgebe, »um sie zu integrieren« (ebd. 168). Eine Integration von »arabischen Eltern« sei laut Kılıç allerdings »nicht einfach« (ebd.). Zwar gebe es unzählige Vereine, die »den Leuten helfen« wollten, indem sie Nachhilfe und Sprachkurse anbieten und weitere Angebote speziell auf »Araber« ausrichteten (»Die sind nur ((!)) nur für Araber, meistens«, ebd. 171). Allerdings würden die Integrations- und Bildungsangebote von den Familien nicht bzw. »[n]ur selten« angenommen (ebd. 172). Ein solches, den ›arabischen Familien‹ hier allgemein zugeschriebenes Verhalten führt Kılıç wiederum auf eine vermeintlich geringe Leistungsbereitschaft und starke Passivität der Eltern zurück. Kılıç relativiert seine allgemein formulierte Beobachtung anschließend, indem er auf eine »Ausnahme« eingeht. Er erzählt von einer »arabischen Familie« in seiner Nachbarschaft, die ihren Sohn »Nachhilfeunterricht machen lassen« und deren Tochter aufs »Gymnasium« geht (ebd. 174). Kılıç führt dies als Beleg dafür an, dass die

Familie als »integriert hier, also als moderne Araber« verstanden werden könne. Die Adjektive »integriert« und »modern« werden von Kılıç synonym verwendet. Dass der Vater sich gleichsam auf der Seite der »integriert[en]«, »modernen« Familien positioniert, wird deutlich, wenn er später im Interview meint, ebenfalls »aus einer modernen Familie« zu kommen, da seine Mutter »das Gymnasium besucht« habe, »drei Sprachen und so« konnte, während er selbst »auch keine Probleme« in der Schule gehabt habe (ebd. 326). Kılıç führt sowohl seinen eigenen ›Integrations- und Bildungserfolg‹ als auch den der erwähnten »arabischen Familie« auf eine individuelle Anstrengungsbereitschaft und Erfolgsorientierung zurück: »Also wenn man sich Mühe gibt und sich kümmert, erreicht man sein Ziel und den Erfolg« (ebd.). Eine solche Fokussierung auf individuelle elterliche Kompetenzen und Defizite ist dabei für Kılıç Anlass und Legitimation zugleich, um als ›Kiezvater‹ bestimmte, von ihm als ›schlecht integriert‹ und ›wenig aktiv‹ verstandene Eltern aufzusuchen und diese zu ›aktivieren‹, indem er ihnen aus der Position des ›integrierten, modernen‹ Vaters »gute[n] Rat« erteilt (ebd. 7).

Der subjektivierende Charakter der an der Schnittstelle von Arbeitsmarkt- und gesellschaftlicher Integration ansetzenden Bildungsmaßnahme der ›Kiezväter‹ zeigt sich u.a. darin, dass sich die Eltern mit der ihnen zugewiesenen Subjektposition des Kiezvaters stark identifizieren. Dabei ist es vor allem der von politisch, behördlich und gesellschaftlicher Seite betonte Gemeinwohlcharakter des Projekts, der dazu führt, dass die Väter ihre Arbeit als ein gemeinnütziges Engagement wahrnehmen, während der disziplinierende und (nicht nur) in finanzieller Hinsicht prekäre Charakter der Beschäftigungsmaßnahme in den Hintergrund rückt. Das Beispiel zeigt auch, dass sich die auf Eltern ausgerichteten, integrations- und arbeitsmarktpolitischen Aktivierungsmaßnahmen nicht nur als wirkmächtiges Kontrollnetz erweisen, sondern durchaus auch Möglichkeiten für die Eltern eröffnen, selbstbewusste Sprecher_innen-Positionen in ihrem Kiez einzunehmen. Die hierbei subtil wirkenden Anerkennungsmechanismen tragen jedoch gleichzeitig dazu bei, die Eltern in ihrem Handeln und ihren Selbstverständnissen so anzuleiten, dass sie hierüber an der (Re-)Produktion dominanter Normalitätsverständnisse hinsichtlich einer ›guten‹ bzw. ›integrierten‹ und ›aktiven‹ Elternschaft mitwirken. Zwar reflektieren die Väter die strukturellen Bedingungen, in denen sie sich als Teilnehmer_innen der genannten Beschäftigungsmaßnahme befinden, zum Teil kritisch. Diese Auseinandersetzung geht jedoch nicht so weit, dass darüber auch die inhaltliche Ausrichtung der Maßnahme sowie die Positioniertheit der Väter als ›Integrationshelfer‹ und ›Kulturmittler‹ hinterfragt wird. So adressieren die Väter im Rahmen ihrer Tätigkeit als ›Kiezväter‹ die Eltern ihres Wohn- und Arbeitsumfeldes mit ähnlich kulturalisierenden und an dominanten Integrations- und Leistungsimperativen orientierten Perspektiven wie die, mit denen sie selbst als Zielgruppe der Kiezväter-Maßnahme identifiziert und ›aktiviert‹ werden.

6.4   Zusammenfassende Analyse

Seit der Jahrtausendwende hat im Berliner Integrationsdiskurs eine allgemeine Verschiebung von assimilationistischen zu neo-assimilationistischen Diskurspositionen stattgefunden. Diesbezüglich sind an die Stelle von Forderungen nach einer Anpassung von in Berlin lebenden ›Migrant_innen‹ an eine homogen vorgestellte ›deutsche (National-)Kultur‹ zunehmend Forderungen nach einem Bekenntnis zu einer ›demokratisch-freiheitlichen Grundordnung‹ getreten. Über die betonte Identifizierung der Berliner (Mehrheits-)Gesellschaft sowie ihrer Institutionen mit einer solchen Ordnung, wird in den integrationspolitischen Dokumenten auf eine ›Wir‹-Einheit verwiesen, deren Konstruktion zunächst ohne expliziten Bezug auf Kategorien rund um die ›eigene Nation‹, ›Kultur‹ und/oder ›Religion‹ auskommt. Stattdessen erfolgt die Einteilung und Bewertung von in Berlin lebenden Menschen und Gruppen als ›integriert‹ und ›nicht integriert‹ vor allem entlang der Differenzkonstruktion ›freiheitlich-demokratisch‹ und ›nicht freiheitlich-demokratisch‹. Hiermit verbundene diskursive Zuschreibungen werden meist implizit an ein ›(außer-)europäisches‹ sowie ›(nicht-)muslimisches‹ Eigenes und Anderes zurückgebunden. So zeichnet sich im Berliner Integrationsdiskurs nach wie vor eine diskursive Engführung auf die Gruppe der ›Muslim_innen‹ und ›Migrant_innen‹ ab, deren Eingliederung bzw. Integration *in* die Institutionen der ›Aufnahmegesellschaft‹ insbesondere über die Vermittlung ›freiheitlich-demokratischer Grundwerte‹ erfolgen soll.

Einem solchen integrationspolitischen Selbstverständnis steht seit Ende der 00er Jahre ein Verständnis von Integration als ›Partizipation‹ gegenüber. Dieses hat sich im Diskurs vor allem über die Implementierung des Berliner Partizipations- und Integrationsgesetzes und einer hiermit einhergehenden rechtlichen Verankerung von einer stärkeren Repräsentanz und Teilhabe von Menschen ›mit Migrationshintergrund‹ in Berliner Behörden sowie politischen Gestaltungsprozessen eingeschrieben. Dass sich die Betonung einer ›demokratischen Partizipation‹ von Minderheitsangehörigen in öffentlichen Institutionen jedoch kaum auf die Rolle von Eltern mit Migrationsgeschichte in Schule und Bildungssystem ausgewirkt hat, zeigt die Analyse. Ein über Eltern (re-)produziertes Wissen im Berliner Integrationsdiskurs geht vor allem auf das erstgenannte neo-assimilationistische Integrationsverständnis zurück. Dabei ist auffällig, dass das Erziehungsverhalten und die eigene Sozialisation von Eltern mit Migrationsgeschichte vielfach konträr zur ›demokratisch-freiheitlichen Gemeinschaft‹ konstruiert werden. Im Rahmen sich diesbezüglich vollziehender Zuschreibungen und Bewertungen eines bestimmten elterlichen Verhaltens entlang der binären Kategorien ›demokratisch‹/›undemokratisch‹ sowie ›integrationsförderlich‹/›integrationshinderlich‹ kristallisieren sich insbesondere Eltern ›mit Migrationshintergrund‹ als *Integrationssubjekte* im Diskurs heraus. Über eine solche Positionierung werden die Eltern nicht nur in eine kulturelle Distanz zu den staatlichen Institutionen der (Mehrheits-)Gesellschaft gebracht. Aufgrund ihrer vermeintlich ›kulturellen Andersheit‹ wird den Eltern zudem nur eine bedingte Eignung für eine Teilhabe in staatlichen Institutionen wie der Schule zugeschrieben. Sich so realisierende rassistische Logiken leiten nicht nur ein spezifisches Sprechen über Eltern im Integrationsdiskurs an. Sie legitimieren auch solche staatlichen Integrationsmaßnahmen, deren verpflichtender und sanktionierender Charakter sich vorwiegend auf ›migrationsandere‹ Eltern bezieht.

Die dargestellten integrationspolitischen Perspektiven verschränken sich seit Mitte der 00er Jahren mit einer Diskursposition, die Migration generell und speziell in Berlin lebende ›Migrant_innen‹ im Sinne neoliberaler Rationalität funktional zu machen sucht. Dies geschieht zum einen über die Fokussierung von migrationsbedingter

›Vielfalt‹ als ökonomisches Potenzial und städtischer Marktwert für Berlin. Erfahrungen und Kompetenzen von ›Migrant_innen‹ werden in diesem Zusammenhang vor allem dann anerkannt, wenn sie als ein ökonomischer und (mehrheits-)gesellschaftlicher Mehrwert wahrgenommen werden. Diesbezüglich sind in Berlin lebende ›Migrant_innen‹ dazu aufgefordert, ihre ›kulturelle Andersheit‹ als ›migrantisierte Unternehmerin ihrer selbst‹ für einen (mehrheits)gesellschaftlichen Nutzen einzusetzen.

Darüber hinaus hat die neoliberale Rationalität im Berliner Integrationsdiskurs Positionen hervorgebracht, über die sich die Notwendigkeit einer Responsibilisierung in Form einer stärkeren Disziplinierung und Aktivierung von solchen ›Migrant_innen‹ artikuliert, die sich einer neo-assimilationistischen Integrationsaufforderung vermeintlich entziehen bzw. verweigern. In diesem Zusammenhang sind Personen ›mit Migrationshintergrund‹ zunehmend dem Verdacht ausgesetzt, nicht genug für ihre eigene Integration zu ›leisten‹. Eine solche Sichtweise ist mit einer Verlagerung der Prämisse des ›Förderns und Forderns‹ vom sozial- und arbeitsmarktpolitischen Bereich in den Bereich der Berliner Integrationspolitik einhergegangen. Die mit der Formel des ›Förderns und Forderns‹ suggerierte Reziprozität von Integrationsbemühungen ist vor allem von symbolisch-strategischer Natur. So stehen neben Sprachfördermaßnahmen vor allem solche Praktiken im Fokus, über die die Eltern vor allem gefordert sind, sich in einem (noch) größeren Umfang für ihre (schulische) Integration sowie die ihrer Kinder einzusetzen. Am Beispiel des Stadtteilmütter-Projektes wurde deutlich, wie sich integrationspolitische mit arbeitsmarktpolitischen Zielsetzungen im Feld der ›Elternaktivierung‹ verbinden, während über die Betonung des Gemeinwohl-Charakters der Maßnahme ihre disziplinierenden und normierenden Funktionen verschleiert werden. Dabei sind es vor allem Mütter ›mit Migrationshintergrund‹, die eine zentrale Zielgruppe von integrationspolitisch legitimierten Beschäftigungsmaßnahmen darstellen und somit verstärkt von aktivierenden und sanktionierenden Praktiken im Integrationsdispositiv betroffen sind. Indem diese häufig als eine Form des *Empowerments* der Frauen dargestellt werden, werden die Frauen auf subtile Weise dazu aufgefordert, die Rolle der Multiplikator_innen staatlich-institutioneller Imperative rund um eine ›gute Integration‹ sowie ›aktive und verantwortliche Elternschaft‹ vor anderen Eltern einzunehmen.

Aus dem Zusammenspiel der unterschiedlichen, teils miteinander konkurrierenden Diskurspositionen entsteht vielfach ein ambivalentes Wissen, das sich im Integrationsdispositiv bzgl. der Rolle artikuliert, die die als migrantisch (selbst)positionierten Vereine im Kontext von Schule und Elternhaus einnehmen. Während sie im Berliner Partizipationsprogramm als wichtige ›Partner‹ von Politik, Schulen und Behörden benannt werden, kommt mit Blick auf die konkreten Tätigkeiten der Vereine zum Ausdruck, dass diese vor allem im Dienst integrationspolitischer Leitbilder stehen. Über die auffallend häufige Verwendung von Termini wie ›partnerschaftlicher Austausch‹ oder ›Partnerschaft auf Augenhöhe‹ wird suggeriert, dass es sich bei dem Verhältnis von ›Migrant_innenorganisationen‹ und Schulen um eine egalitäre Beziehung handelt, in der gemeinsam geteilte Ziele verfolgt werden. Dabei fokussiert die geforderte Partnerschaft allerdings zumeist nur eine Seite des Beziehungsverhältnisses und steht in auffälliger Diskrepanz dazu, dass die Projekte der Vereine hauptsächlich auf eine ›Mobilisierung‹ von Eltern ›mit Migrationshintergrund‹ ausgerichtet sind. Die sich hier abzeichnende

Deutungsmacht von Politik und Bildungsinstitutionen gegenüber den Vereinen wird über die Partnerschaftsrhetorik nicht nur verschleiert. Auch erweist sich das Partizipationsprogramm als eine subtile Form der Responsibilisierung von ›Migrant_innenorganisationen‹. Indem einst staatlich-institutionelle Aufgaben hinsichtlich einer Integration der Eltern von Schüler_innen verstärkt in den Verantwortungsbereich der Organisationen übertragen wurde, haben die Vereine in der Position der ›Partner‹ zwar neue finanzielle Spielräume erhalten, sie werden jedoch zugleich für die Integrations(miss)erfolge ihrer ›Community‹ stärker zur Verantwortung gezogen.

Auch im Sprechen der Pädagog_innen über eine schulische ›Integration‹ von Eltern artikuliert sich teilweise ein neo-assimilationistisches Verständnis, nach dem es primär Aufgabe der Eltern ist, sich an einen ›monolingualen Habitus‹ der Berliner Schulen anzupassen. Diesbezüglich in den Interviews formulierte Integrationserwartungen beziehen sich vor allem auf ›türkische‹ Eltern, denen vielfach eine fehlende Motivation und Bereitschaft zugeschrieben wird, die deutsche Sprache zu lernen. Dies hat zur Konsequenz, dass eine vermeintlich gescheiterte Integration der Eltern vielfach an ihren fehlenden Deutschkenntnissen festgemacht und so auf die Eltern zurückgeführt wird. Eine solch individualisierende Perspektive auf elterliche Integrationsprozesse wird an den Schulen durch neoliberale Selbstverständnisse gestützt, welchen zufolge sich eine ›gute‹ Elternschaft vor allem an der sichtbaren Aktivität von Eltern und ihrem in den Schulen gezeigtem Verantwortungs- und Pflichtbewusstsein bemisst. Diesbezügliche Bewertungen von Elternschaft beziehen sich nicht nur auf ihr konkretes Engagement in der Schule, sondern auch auf der Stellung der Eltern auf dem Berliner Arbeitsmarkt. So wird die Arbeitslosigkeit von Eltern von den Pädagog_innen z.T. stark problematisiert und auf eine mangelnde Arbeitsmoral und fehlende Leistungsbereitschaft der Eltern zurückgeführt. Diese Perspektive legt wiederum schulische Praktiken nahe, die vor allem auf eine stärkere Aktivierung, Disziplinierung und Sanktionierung von Eltern, beispielsweise in Form eines Kindergeldentzugs oder von Hartz IV-Kürzungen setzen. So erweist sich das Prinzip des ›Förderns und Forderns‹ auch in den Schulen als eine zentrale Maxime, an der sich die Perspektiven der Pädagog_innen auf die Eltern ihrer Schüler_innen sowie ihr Umgang mit diesen ausrichtet.

Hinsichtlich der Erzählungen der interviewten Eltern ist auffällig, dass die interviewten Eltern und ihre Kinder mit dem (ein)sprachliche Habitus der Schulen und einem so gelebten einseitigen Integrationsverständnis zum Teil konkrete Diskriminierungserfahrungen verbinden. Diese werden von den Eltern vielfach explizit kritisiert. Demgegenüber scheint es für die Eltern weitaus schwieriger, sich neoliberalen Normalitätsvorstellungen von einer ›gut integrierten‹ und zugleich ›aktiven‹ und ›engagierten‹ Elternschaft zu entziehen. Diese werden in den Interviews entsprechend nicht kritisch reflektiert. Vielmehr sind nahezu alle Eltern im Interview deutlich darum bemüht, sich als in der Schule ihrer Kinder besonders aktive, engagierte und verantwortungsbewusste Eltern zu positionieren. Sie stützen darüber bestimmte Verständnisse von ›aktiven‹ und ›nicht aktiven‹ Eltern, die sich vor allem an der Sichtbarkeit und Verfügbarkeit der Eltern in der sowie für die Schule ihrer Kinder bemisst. Dabei geht die ständige Sichtbar- und Verfügbarmachung der Eltern für die Schule mit der Hoffnung einher, Diskriminierungsrisiken für ihre Kinder ›unter Kontrolle‹ zu bringen bzw. einzudämmen.

In den Interviews mit den Vertreter_innen von Berliner (Eltern-)Vereinen wird zunächst deutlich, dass diese sich mit der ihnen im politischen Diskurs häufig zugeschriebenen Rolle der ›Partner‹ von Schule vielfach identifizieren. Zum Ausdruck kommt auch hier ein einseitiges Partnerschafts-Verständnis, bei dem es vor allem die Vereine sind, welche die Schulen aufsuchen und denen sie ihre ›Integrationshilfe‹ anbieten. Mit Blick auf das Engagement der Vereine außerhalb der Schule wird zudem die komplexe Eingebundenheit dieser an der Schnittstelle von Arbeitsmarkt- und Integrationspolitik deutlich. Viele der Vereine agieren als Anbieter_innen von spezifisch auf Eltern ›mit Migrationshintergrund‹ ausgerichteten welfare-to-work-Maßnahmen, die vor allem auf eine Aktivierung und Mobilisierung der Eltern setzen und sich mit dem Ziel der ›Integration‹ der Eltern in den Berliner Arbeitsmarkt verbinden. Über eine Kooperation mit Jobcentern, Senatsbehörden sowie dem BAMF gewinnen die Vereine neue (finanzielle) Handlungsspielräume. Indem die finanzielle Förderung jedoch vorwiegend an Projekte gebunden ist, über die den Eltern bestimmte staatlich-institutionelle Integrations- und Leistungsimperative vermittelt werden sollen, geraten die Vereine in neue Abhängigkeitsverhältnisse. Die Einbindung der Vereine in ein staatliches ›Integrationsmanagement‹ leistet der oben beschriebenen Ethnisierung einer Aktivierungs- bzw. workfare-Politik Vorschub und trägt dazu bei, Aufgaben und Verantwortlichkeiten vom Sozial- und Bildungssystem in das Tätigkeitsfeld der Vereine *outszusourcen*. Indem die Vereine dazu angehalten sind, primär Mitglieder ihrer ›natio-ethno-religiös-kulturellen Community‹ in Arbeit zu bringen, wird eine sich auf dem deutschen Arbeitsmarkt abzeichnende Diskriminierung von ›Migrant_innen‹ in Form einer überproportional hohen Anstellung dieser in prekären Beschäftigungsverhältnissen weiter befördert (vgl. Einleitung).

Am Beispiel der ›Kiezväter‹-Maßnahme wird deutlich, dass sich das beschriebene Regieren von Eltern im Integrationsdispositiv nicht nur als wirkmächtiges Kontrollnetz erweist, sondern durchaus auch Möglichkeiten eröffnet, (neue) Sprecher_innen-Positionen im eigenen Kiez einzunehmen und hier als Akteur_innen gesehen und anerkannt zu werden. Der betonte Gemeinwohlcharakter der Projekte führt dazu, dass die Eltern ihre Arbeit vor allem als ein gemeinnütziges Engagement wahrnehmen, während der disziplinierende und (nicht nur) in finanzieller Hinsicht prekäre Charakter der Beschäftigungsmaßnahme in den Hintergrund rückt. Die hierbei subtil wirkenden Anerkennungsmechanismen tragen auch dazu bei, die Eltern sowie die Vereine in ihrem Handeln und ihren Selbstverständnissen so anzuleiten, dass sie an der (Re-)Produktion bestimmter Normalitätsverständnisse hinsichtlich einer ›integrierten‹ und ›aktiven‹ Elternschaft mehr oder weniger unbewusst mitwirken.

Über das Zusammenspiel von politischem Integrationsdiskurs, schulisch-pädagogischen Wissensbeständen und elterlichen Subjektivationsprozessen im Berliner Integrationsdispositiv verbinden sich rassistische Logiken, die hier vor allem über ein breit geteiltes neoassimilationistisches Integrationsverständnis zum Ausdruck kommen, mit einer neoliberalen Rationalität, die besonders im Integrationsdiskurs Einzug gehalten hat. Darüber wird eine individualisierende Perspektive auf die (Nicht)Teilhabe von Eltern mit Migrationsgeschichte in Schule, Arbeitsmarkt und Gesellschaft gestärkt, und ein Regieren von Eltern über Praktiken der Aktivierung und Sanktionierung legitimiert. So erleichtert es eine gesellschaftlich bereit geteilte kulturrassistische Sichtweise auf

Eltern mit Migrationsgeschichte, diese als passive bzw. arbeits- und integrationsunwillige Subjekte zu markieren und damit Praktiken eines neoliberalen Regierens zu
begründen. Über ein solches Regieren werden strukturelle und institutionelle Integra-
tionsbarrieren vernebelt, während neue Formen des partiellen staatlich-institutionellen
Ausschlusses von Eltern mit Migrationsgeschichte in der sowie im Kontext der Schule
entstehen. So werden Eltern ›mit Migrationshintergrund‹ über Praktiken wie die des
›Elternintegrationskurses‹ oder der ›Stadtteilmütter‹ vordergründig in die Gesellschaft
›integriert‹, zugleich jedoch weitgehend von der Möglichkeit ausgeschlossen, als Teil
einer ›hiesigen‹ Elternschaft anerkannt und behandelt zu werden.

Exkurs I: »Und da sind ganz viele Ängste in der Schule«: Die Konstruktion von ›Zuwandererfamilien‹ als Sicherheitsrisiko

Der oben analysierte politische Integrationsdiskurs weist insbesondere seit der zunehmenden Fluchtmigration nach Deutschland Verflechtungen mit sicherheitspolitischen
Diskurspositionen auf. Der »Anschlag auf dem Berliner Breitscheidplatz« und »kriminelle arabische Clans« erweisen sich dabei als zentrale Topoi, die zur Konstruktion einer akuten gesellschaftlichen Bedrohungslage beitragen und als Belege für eine ›naive
Willkommenskultur‹ sowie ›verfehlte Integrationspolitik‹ herangezogen werden. Der
hierüber geforderte Ausbau städtischer Sicherheitsarchitektur verbindet sich oft mit
Erzählungen über bestimmte innerstädtische Räume Berlins als ›soziale Brennpunkte‹,
›Angsträume‹ und ›No-Go-Areas‹. In diesen Erzählungen verschmelzen die so bezeichneten Orte meist diskursiv mit einem vermeintlich überproportional hohen Anteil hier
lebender ›migrantischer Gemeinschaften‹ zu einer scheinbar deckungsgleichen sozialräumlichen Einheit. Vor diesem Hintergrund sind es nicht nur ›muslimische Männer aus dem arabischen Kulturkreis‹, die als Sicherheitsrisiko für ein ›nationales Wir‹
konstruiert werden. Auch sind es Familien bzw. Eltern ›mit Zuwanderungsgeschichte‹,
die maßgeblich für eine soziale Unordnung in Berliner Innenstadtbezirken verantwortet werden. Sie stehen aktuell im Fokus eines sozialräumlichen ›Polizierens‹, während
die Schulen über Kooperationen mit Polizei, Verfassungsschutz und Sicherheitsfirmen
maßgeblich in den Ausbau städtischer Sicherheitsarchitektur eingebunden sind. Eine sich so abzeichnende primär ordnungspolitische Bearbeitung sozialer Schieflagen,
so lege ich im Folgenden dar, geht mit der Stärkung natio-ethno-religiös-kultureller
Differenzlinien in Schule einher und resultiert in spezifischen Diskriminierungserfahrungen insbesondere auf Seiten ›muslimisch-migrantischer‹ Schüler_innen und ihrer
Eltern. Hierfür skizziere ich zunächst den politisch-diskursiven Rahmen, gehe dabei
insbesondere auf die semantische Verknüpfung von ›Integration‹ und ›Sicherheit‹ im
politischen Diskurs ein, bevor ich mich hiermit verbundenen Dynamiken im Kontext
der Schule näher zuwende.

**Verschränkung des Berliner Integrations- und Sicherheitsdiskurses im Zuge neuer (Flucht-)Migra-
tion** Die semantische Verknüpfung von ›Integration‹ und ›Sicherheit‹ manifestiert sich
bereits im Titel des Berliner Masterplans »Integration und Sicherheit« (2016). Auch im
Dokument selbst kommen zahlreiche sicherheitspolitische Positionen zum Ausdruck;

dies vor allem, wenn es um die Folgen neuer (Flucht-)Migration nach Berlin geht. »Einhergehend mit dem Flüchtlingszuwachs nach Deutschland«, so heißt es, »ist ein signifikanter Anstieg von Einsatzlagen, ein deutlicher Aufgabenzuwachs sowie eine erhebliche Belastung der personellen Ressourcen von Polizei, Feuerwehr, Sicherheits- und Rettungsdiensten festzustellen« (Senatsverwaltung für Arbeit, Integration und Frauen 2016a: 63). Aus dem hier aufgestellten Kausalzusammenhang zwischen »Flüchtlingszuwachs« und »Aufgabenzuwachs« der Sicherheitsbehörden wird die Notwendigkeit eines Ausbaus der Berliner Sicherheitsarchitektur abgeleitet. Über diesen soll nicht nur einem faktischen »Anstieg von Einsatzlagen« begegnet werden. Als Argument für den Ressourcenausbau wird auch ein »ausgeprägtes Sicherheitsgefühl« sowohl von »Altberliner/innen« als auch von »geflüchtete[n] Menschen« angeführt (ebd.). So sei es gerade die Stärkung der *gefühlten* Sicherheit, die »für das friedliche Zusammenleben für Menschen aus unterschiedlichen Kulturen« »unabdingbar« sei und über die eine Aufstockung »personelle[r] und sächliche[r] Ressourcen« begründet wird (ebd.). Zudem werden ökonomische Argumente für einen Ausbau der Berliner Sicherheitsarchitektur angeführt. Diesbezüglich wird »[e]in sicheres Berlin […] als Voraussetzung für die Ansiedlung und den Verbleib von Unternehmen und somit für die Ermöglichung einer Integration durch Arbeit« verstanden (ebd.).

Indem die Ziele ›Sicherheit‹, ›ökonomisches Wachstum‹ und ›Integration‹ argumentativ miteinander verknüpft werden, wird die im Masterplan geforderte verstärkte sicherheitspolitische Bearbeitung von (Flucht-)Migration in ein gesamtgesellschaftliches Interesse gestellt. Dabei kommt ein Sicherheitsverständnis zum Ausdruck, in dessen Zentrum vor allem die Unversehrtheit von Körper, Eigentum und ökonomischem Wohlstand »der bereits vorher hier ansässigen Bevölkerung« steht (ebd.: 57). Zwar wird in diesem Zusammenhang betont, dass es auch die »Neuangekommenen und ihre Unterkünfte« zu schützen gelte (ebd.: 67f.). Im Fokus der Problem- und Risikoanalyse steht im Dokument jedoch nicht die Berliner ›Mehrheitsgesellschaft‹, sondern stehen in Berlin lebende Geflüchtete (ebd.: 64).

Die Verschränkung von Integrations- und Sicherheitsdiskurs kommt insbesondere dann zum Ausdruck, wenn die Sicherheit der Berliner Bevölkerung unmittelbar an die Einhaltung bestimmter »Werte, Normen und Prinzipien« eines »demokratischen Zusammenlebens« durch die in Berlin lebenden Geflüchteten gebunden wird (ebd.: 66). So wird im Masterplan darauf verwiesen, dass die »Werte- und Normenvermittlung« und der »Dialog« hierüber »in den Flüchtlingsunterkünften vielerorts […] noch unterentwickelt« sei (ebd.). Im Dokument geforderte »Angebote und Informationen zu allen Menschen zustehenden Grundrechten« sollen dementsprechend primär »Geflüchtete« adressieren (ebd.: 65). Sie stellen hier die zentrale Zielgruppe von »Ansätze[n] der Demokratiebildung« sowie von »Module[n]« dar, die »gesellschaftliche Werte wie ›Gleichberechtigung von Mann und Frau‹, ›Vielfalt der Gesellschaft – Aufklärung zu LSBTI‹ und ›Religionsfreiheit‹ vermitteln« sollen (ebd.: 65f.).

Ein (mehrheits-)gesellschaftliches »Gefährdungspotenzial« wird im Masterplan vor allem über die Figur des »islamistischen Gewalttäters« angezeigt (ebd.: 64f.). Mit Verweis auf diese ist nicht nur vor einer »Bedrohung« von »innerhalb des Flüchtlingszuzugs« nach Berlin kommenden »Kämpfern und Kriegsverbrechern« die Rede, sondern auch von der »Gefahr« einer »Radikalisierung« von anderen, bereits in Berlin lebenden, »geflüchteten Muslimen« (ebd.: 57; 62). Die Diskursivierung von ›muslimischen Geflüchteten‹ als allgemeine Gefährdung der (mehrheits-)gesellschaftlichen Sicherheit vollzieht sich auch über weitere jüngst veröffentlichte Dokumente. Anlass für diese gab vor allem der terroristische Anschlag auf dem Berliner Breitscheidplatz am 19. Dezember 2016.[11] Dieser stellte ein diskursives Ereignis dar, über welches eine Stärkung sowohl der bundesdeutschen[12] als auch der Berliner Sicherheitsarchitektur weiter begründet wurde. Ein diesbezüglich zentrales Dokument stellt das Berliner »Präventions- und Sicherheitspaket« dar (Der Regierende Bürgermeister von Berlin 2017), das wenige Wochen nach dem Anschlag vom Berliner Senat beschlossen wurde. »Vor dem Hintergrund des Anschlags«, so heißt es in dem Dokument, sieht sich der Senat »in der Pflicht, die eigene Sicherheitsarchitektur zu überprüfen« sowie »besondere Präventions- und Sicherheitsmaßnahmen [zu] ergreifen« (ebd.: 1). Suggeriert wird auch hier ein ›demokratisches Defizit‹ auf Seiten der Geflüchteten, welches als Bedrohung der Sicherheit eines im Dokument immer wieder auftauchenden, aber nicht weiter konkretisierten ›Wirs‹ konstruiert wird. So heißt es im »Präventions- und Sicherheitspaket«: »Damit das Zusammenleben in unserer Stadt weiterhin unproblematisch bleibt, sehen wir *uns* in der Pflicht, *unsere* eigenen gesetzlichen und ethischen Werte und die Prinzipien eines gleichberechtigten und friedvollen Zusammenlebens an die zu uns kommenden Menschen weiterzuvermitteln« (ebd.: 4; Kursivsetzung E. K.). »Prinzipien eines gleichberechtigten und friedvollen Zusammenlebens« werden hier einem »Wir« zugeschrieben, das als immun gegenüber Verstößen gegen diese Prinzipien erscheint und in dieser Eigenschaft neu nach Berlin kommenden »Menschen aus anderen Kulturkreisen« (ebd.: 3), so wird an anderer Stelle konkretisiert, gegenübergestellt wird. Vor dem Hintergrund eines so konstatierten mangelnden ›kulturellen Passungsverhältnisses‹ erscheint es aus einer neo-assimilationistischen Logik sinnvoll, Kurse zur Vermittlung von »Werte[n] und Rechtskunde« (ebd.) auszubauen. Auch legt die Konstruktion von ›Migrationsanderen‹ als potenzielles Sicherheitsrisiko nahe, diese über »besondere Präventions- und Sicherheitsmaßnahmen« (ebd.: 1) unter ›besondere‹ Beobachtung zu stellen. Dies wird u.a. über eine »kieznahe Erhöhung der Polizeipräsenz« angestrebt (ebd.: 9).

Parallel zur Verschränkung des Berliner Integrations- und Sicherheitsdiskurses hat sich somit nicht nur ein Ausbau proaktiver und repressiver staatlicher Maßnahmen

---

11   Bei dem Attentäter des Anschlags, bei dem zwölf Menschen getötet und mehr als 50 Menschen verletzt wurden, handelte es sich um einen Asylantragsteller, der in Deutschland unter unterschiedlichen Identitäten Asylgesuche gestellt hatte und gegen den bereits vor dem Anschlag mehrere Ermittlungsverfahren eingeleitet wurden. Der Anschlag entfachte die mediale und gesellschaftspolitische Debatte um Sicherheitslücken hinsichtlich möglicher terroristischer und islamistischer Straftäter_innen unter sich in Deutschland aufhaltenden Geflüchteten neu (vgl. EMN/BAMF 2018: 26).

12   Auf Bundesebene wurde beispielsweise das »Gesetz zur besseren Durchsetzung der Ausreisepflicht«, das am 29. Juli 2017 in Kraft trat, als Reaktion auf den Anschlag in Berlin legitimiert. Das Gesetz brachte zahlreiche Verschärfungen für Geflüchtete, Geduldete sowie Ausreisepflichtige mit sich – so etwa hinsichtlich der Vorgaben für eine Abschiebungshaft, die Länge des Ausreisegewahrsams, die Residenzpflicht, »die Möglichkeit zur elektronischen Aufenthaltsüberwachung (sog. Elektronische Fußfessel) für sogenannte Gefährder« sowie »ein Ankündigungsverbot für Abschiebungen in bestimmten Fallkonstellationen auch bei bereits länger Geduldeten« (EMN/BAMF 2018: 97f.).

vollzogen, die primär auf in Berlin lebende ›junge muslimische geflüchtete Männer‹ ausgerichtet sind. Es ist hiermit auch eine Stärkung neo-assimilationistischer Integrationsforderungen verbunden, über die pauschal alle Geflüchteten adressiert, als potenzielles ›Sicherheitsrisiko‹ gelabelt und ›unseren‹ Grundrechten und Grundwerten gegenübergestellt werden.

Die Konstruktion ›gefährlicher‹ Orte und Familien Dass der im »Präventions- und Sicherheitspaket« geforderte Ausbau sicherheits- und ordnungspolitischer Kontrollmaßnahmen nicht für alle Berliner Kieze gleichermaßen vorgesehen ist, sondern vor allem für solche städtischen Räume, die besonders von (Flucht-)Migration geprägt erscheinen, legt ein Blick auf die nach dem Berliner Sicherheits- und Ordnungsgesetz als besonders ›kriminalitätsbelastet‹ definierten Orte nahe (vgl. ASOG). Diese werden überwiegend in solchen Bezirken lokalisiert, die im politischen und medialen Diskurs als ›klassische Einwanderungsviertel‹ gelten. So befinden sich aktuell sechs der insgesamt acht sog. kriminalitätsbelasteten Orte (bis 2002 noch »gefährliche Orte«) in Berlin-Neukölln und Kreuzberg. Die den Orten zugeschriebene Eigenschaft als ›kriminalitätsbelastet‹ rechtfertigt hier besondere Eingriffe durch die Polizei, wie verdachtsunabhängige Identitätsfeststellungen und Personendurchsuchungen (Der Polizeipräsident in Berlin 2018). Dass die Definition städtischer Räume als ›gefährliche Orte‹ nicht allein auf ein tatsächliches Gefahrenpotenzial zurückgeht, sondern auch auf diskursive Prozesse der Thematisierung, Sichtbarmachung und somit Konstruktion von Bedrohung, legen neben statistischen Daten[13] auch Analysen dar, die die diskursive Konstruktion von Kreuzberg und Neukölln als »Angsträume« (June Tomiak in Berliner Zeitung 2017), »No-Go-Areas« (Beug 2018) und »rechtsfreie Räume« (Maroldt 2016) nachgezeichnet haben.[14]

Die als Brennpunkte sozialer Konflikte und Problemlagen charakterisierten Orte Berlins werden mit den sich hier aufhaltenden, meist als ›türkisch‹, ›arabisch‹ und/oder ›muslimisch‹ geanderten Bevölkerungsgruppen verbunden, die zugleich als zentrale Verursacher_innen dieser Problemstellungen erscheinen. So stellt sich in der politisch-medialen Diskussion über den »Tatort Neukölln« ein Bild her, in welchem es vor allem »arabische Großfamilien« sind, die »als problematisch« eingestuft werden, weil sie »überproportional häufig« in den Kriminalitätsstatistiken auftauchten (Bachner/Heine 2016). Dass sich bestimmte Teile Neuköllns »fest in der Hand einiger arabischer Familien« befinden, wird dabei ebenso als eine Normalität des Berliner Bezirks beschrieben wie der Zustand, dass staatliche Organe zu jener »Parallelwelt« hier nur mit Mühe Zugang erhielten (Mönch 2009: o.S.). Auch der Bürgermeister Neuköllns wertet die Banden-Kriminalität in seinem Bezirk als Ausdruck dessen, dass »viele« aus der »arabischen Community« »nie so richtig in unserem Kulturkreis angekommen sind« (Hikel in

---

13   So liegt Neukölln, anders als es der Diskurs vermuten lässt, nicht an erster Stelle hinsichtlich der in den insgesamt zwölf Berliner Bezirken registrieren Straftaten, sondern nimmt diesbezüglich den vierten Platz ein (vgl. z.B. Bezirk Mitte: 22.451 Straftaten auf 100.000 Einwohner_innen in 2018, Neukölln: 12.640 Straftaten auch 100.000 Einwohnerinnen in 2018; vgl. Der Polizeipräsident in Berlin 2019: o.S.).

14   Für eine ausführliche Darstellung dieser Diskurse vgl. u.a. Friedrich 2014; Hirseland/Lüter 2014 sowie Lanz 2007.

dpa 2018). Die hier von Stimmen der gesellschaftlichen ›Mitte‹ vorgenommene Kulturalisierung von Kriminalität in Neukölln stützt rechtspopulistische Positionen hinsichtlich einer sog. Ausländerkriminalität in Berlin, wie sie insbesondere von der seit 2016
im Berliner Senat und in der Neuköllner Bezirksversammlung vertretenen Partei *Alternative für Deutschland* (AfD) formuliert werden. Diesbezüglich spricht beispielsweise der
Berliner AfD-Politiker Georg Pazderski von einer »Paralleljustiz« in Neukölln, die von
»den arabischen Großfamilien« ausgehe und bei deren Verfolgung »keine kulturellen
Rabatte« verteilt werden dürften (Pazderski in BerlinOnline 2016: o.S.).

Die politisch-diskursive Fokussierung auf ›arabische‹ Familien im Kontext der Konstruktion und Problematisierung von ›kriminalitätsbelasteten Räumen‹ in Neukölln
spiegelt sich auch im Sprechen und Handeln einiger Pädagog_innen an Neuköllner
Schulen wider. Diese kommen in den Interviews wiederholt auf ›arabische‹ Familien
zu sprechen, die auch hier vor allem unter der Bezeichnung der ›arabischen Clans‹
thematisch werden; so zum Beispiel im Interview mit dem Sozialarbeiter Krug, der
von einem »großen arabischen Clan« an seiner Schule spricht, um hierüber Familien
mit »neun, zehn, elf Geschwisterkinder[n]« zu charakterisieren (Krug 15). Krug geht
davon aus, dass die Eltern dieser »Clans« den »gesamte[n] Schulbesuch« ihrer Kinder
steuerten: »[…] gibt noch einen großen arabischen Clan, die ihre Kinder hier bei uns
haben und da ist es schon so, dass ich denke, dass einfach der gesamte Schulbesuch
seitens der Eltern gesteuert wird« (ebd. 19). Mit der Bezeichnung der ›Clans‹, der
hier wie auch in anderen Interviews ausschließlich für als nicht-deutsch positionierte
Großfamilien verwendet wird, geht im Fall des Sozialarbeiters eine verallgemeinernde
Perspektive auf die Familien als ›autoritär‹ einher, die eine Kooperation mit der Schule
per se verweigere.

Der Schulleiter Dahlmann hingegen spricht vom »Clan«, um im Interview von ihm
beobachtete Konflikte auf seinem Schulhof zu beschreiben: »Also so eine arabische Familie, wir haben hier zwei Großclans an der Schule, wo also, wenn der eine kleine Bruder
pfeift, dann stehen dreißig Leute hier vor der Tür. Da hat natürlich ein einzelner oder
selbst eine Gruppe von vier oder fünf schlechte Karten. Das wissen sie beim ersten Mal
noch nicht, beim zweiten Mal schon« (Dahlmann 77). Wie Krug verwendet auch Dahlmann die Bezeichnung »Clan« als Synonym für ›arabische‹ Familien und beschreibt damit zugleich ein vermeintlich spezifisches Verhalten eines ›nicht-deutschen Milieus‹ an
seiner Schule. Die Charakterisierung des Schulleiters verbindet sich mit der oben dargestellten Diskursposition, nach der ›arabische‹ Großfamilien in Neukölln tendenziell
kriminell und gewaltbereit sind. Damit positioniert Dahlmann über die Bezeichnung
bestimmte Familien an seiner Schule als ›natio-ethno-religiös-kulturell Andere‹ und
gleichsam als Gruppe, die sich jenseits der staatlich geltenden Rechtsordnung bewegt.

Der Lehrer Bostancı reflektiert demgegenüber die hier zum Ausdruck kommenden
Zuschreibungen hinsichtlich ›arabischer‹ Familien, die er auch an seiner Schule beobachtet, kritisch. So produzierten die stereotypen Familienbilder im Kollegium »Ängste«,
die er wie folgt beschreibt:

> »Ich will nicht verschweigen, dass wir Lehrer, Kollegen haben, die schon, wenn sie
> schon arabische Namen hören oder Familiennamen von bestimmten arabischen
> Schülern, die mittlerweile zu irgendwelchen Clans gehören, dann werden sie eher in

Ruhe gelassen. Also das heißt, die sind auch teilweise irgendwie so: ›Oh Gott, also wenn ich mich da mit denen anlege, dann lieber nicht‹. Und da sind ganz viele Ängste in der Schule.« (Bostancı 20)

Laut dem Lehrer führten Assoziationen hinsichtlich der Zugehörigkeit der Schüler_innen zu sog. »[arabischen] Clans« dazu, dass seine Kolleg_innen den Familien grundsätzlich aus dem Weg gingen. An den »Ängsten« scheitere schließlich, so der Lehrer weiter, eine »Elternarbeit« mit den so positionierten Familien.

Neuköllner Familien als ›Ordnungsproblem‹ Der auf Neukölln bezogene migrantisierte Sicherheitsdiskurs speist sich auch aus Diskussionen um eine hier verortete und als besonders gravierend wahrgenommene Jugendgewalt und -kriminalität. Im Rahmen diesbezüglicher Problematisierungen geraten meist auch die Familien bzw. Elternhäuser der Jugendlichen in den Fokus. Dies geschieht nicht nur auf Seiten politischer und schulischer Akteur_innen, sondern zum Teil auch in den Interviews mit den Eltern von Neuköllner Schüler_innen. So erklärt sich beispielsweise der Vater Kılıç, die von ihm beobachtete Bandenbildung unter Jugendlichen in seinem Kiez wie folgt:

> »Kılıç: Und einige haben hier Banden gebildet, die Kinder – Jugendliche sag' ich erst ab 15. Es gibt schon Banden, wo die Kinder 12, 13, 11 Jahre sind. Die hören alle Bushido, also das ist Nachwuchs. Weil die Eltern sich nicht kümmern.
> Interviewerin: Die Eltern kümmern sich nicht?
> Kılıç: Nein, die lassen die Kinder einfach raus. Die Mutter hat ihre Ruhe und sie schläft bis mittags und dann steht sie auf, kocht sie und dann geht sie wieder raus zum Labern.« (174ff.)

Dass sich die »Kinder« seines Kiezes bereits in jungem Alter zu »Banden« zusammenschließen, macht Kılıç an einem Laissez-faire-Verhalten bzw. Nichtkümmern ihrer Eltern, insbesondere ihrer Mütter, fest. Der Vater bringt damit eine Perspektive auf die Ursachen von Jugendgewalt und -kriminalität in seinem Neuköllner Stadtteil zum Ausdruck, die vielfach auch von politischer Seite geteilt wird. So sind Neuköllner Familien in den letzten Jahren zunehmend in den Fokus polizeilicher Präventions-, Kontroll- und Bestrafungsmaßnahmen geraten, mit denen Politik und Behörden der Jugendkriminalität und -gewalt vor Ort maßgeblich zu begegnen versuchte.

Ein solches Vorgehen lässt sich am Beispiel der im Jahr 2009 von der Neuköllner Bezirksverwaltung eingerichteten »Task Force Ockerstraße« illustrieren (Quartiersmanagement Schillerpromenade 2009: o.S.). Ziel der sog. Task Force war es, über eine enge Zusammenarbeit zwischen dem Bezirksamt Neukölln, den im Quartier rund um die Neuköllner Ockerstraße angesiedelten Schulen und der Polizei Daten und Informationen über »Problemfamilien« auszutauschen, um diese sowohl mit präventiven Maßnahmen zu adressieren als auch bei gravierenden Problemlagen direkt in die Familien zu intervenieren (Quartiersmanagement Schillerpromenade 2009: o.S.). Laut dem damaligen Neuköllner Bürgermeister Buschkowsky reichten die Interventionsmaßnahmen von Gesprächen in den Familien bis zur Ausweisung dieser aus dem Stadtviertel (Buschkowsky zit. in Strauss 2009: o.S.). Als Vorbild für die »Task Force« dienten, so Buschkowsky, zuvor in den Niederlanden erprobte Maßnahmen, die gleichsam das von ihm gelobte Prinzip »keine Prävention ohne Repressionsandrohung« verfolgten (ebd.). Das Projekt »Task Force Ockerstraße« lief im Jahr 2012 aus. Der Ansatz wurde schließlich in weitere, breitflächigere Maßnahmen übersetzt, wie sie im »Neuköllner Handlungskonzept« zur »Prävention und Intervention bei Kinder- und Jugendkriminalität« dargelegt werden (Bezirksamt Neukölln 2016). Dieses geht auf eine Initiative des Neuköllner Jugendstadtrats, Falko Liecke, zurück, der eine »schnelle Eingreiftruppe« für »Intensivtäter aus arabischen Großfamilien« forderte (Liecke in Lehning 2014: o.S.). Bestehende »Maßnahmen des Jugendamts seien nicht optimal«, so der Stadtrat, zu oft geschehe es, »dass straffällige Jugendliche und deren Familien das Jugendamt an der Nase« herumführten (ebd.).

Das Neuköllner Handlungskonzept schließt an das im Jahr 2008 von der Jugendrichterin Kirsten Heisig initiierte »Neuköllner Modell zur besseren und schnelleren Verfolgung von jugendlichen Straftätern« an, welches eine Vereinfachung des Jugendstrafverfahrens in Form schnellerer Gerichtsverhandlungen und Strafvollzüge für Jugendliche vorsah (Pfauth 2010: o.S.). Die Implementierung des Modells in Neukölln – und seit 2010 in ganz Berlin – ging mit der Forderung einher, nicht nur die straffällig gewordenen Jugendlichen, sondern auch ihre Eltern »mehr zur Verantwortung« zu ziehen (Heisig in ebd.). Die Forderung basierte laut Heisig auf der »unübersehbare[n] Tatsache, dass durch elterliches Versagen und unter den Augen der geduldig abwartenden staatlichen Institutionen schwer kriminelle Jugendliche heranwachsen können« (ebd.). In diesem Zusammenhang wurde von der Jugendrichterin besonders problematisiert, dass bei »Migrantenfamilien« seitens der Behörden »seltener und zurückhaltender in das elterliche Sorgerecht eingegriffen« werde »als bei den Deutschen« (ebd.). Den so von Heisig identifizierten familiären Problemlagen gelte es mit Härte zu begegnen, wie in Form einer schnelleren Einschränkung des elterlichen Sorgerechts oder der Bestrafung von Eltern durch ein Bußgeld im Falle eines wiederholten Schulschwänzens ihrer Kinder (vgl. ebd.).

Das »Neuköllner Handlungskonzept« wird als Neuauflage des Neuköllner Modells verstanden. Es sieht eine stärkere »Vernetzung der Akteure im Sozialraum« in Form einer engen Kooperation zwischen Polizei, Schulen, Jugendhilfe, Ausländerbehörde und Justiz vor. Dabei stehen auch hier »Familien«, insbesondere solche »mit einem Zuwanderungshintergrund«, im Fokus. Werden sie im Handlungskonzept thematisch, wird vor allem auf das ›Sicherheitsrisiko‹ einer Desintegration der Familien abgehoben:

> »Insbesondere bei einem Teil der Familien mit einem Zuwanderungshintergrund ist von nicht aktiv betriebenen Integrationsbemühungen bzw. ist von einer misslungenen Integration auszugehen. Deutlich wird dies beispielsweise an den Indikatoren Sprache, Bildung, unzeitgemäße Rollenbilder, mangelnde berufliche Teilhabe, Akzeptanz unserer Werte und Normen sowie an der teilweise wahrzunehmenden Herausbildung von religiösen Fanatismen. Sichtbar wird dies auch an der prozentual weit über dem Schnitt liegenden allgemeinen Kriminalitätsbelastung junger Menschen aus diesen Familien und insbesondere an den Intensivtäterlisten, in denen die genannte Personengruppe vergleichsweise extrem überrepräsentiert ist.« (Bezirksamt Neukölln 2016: 3)

Die hier angenommene »extrem[e]« Überrepräsentanz von Jugendkriminalität bei Jugendlichen aus Familien mit »Zuwanderungshintergrund« wird maßgeblich auf eine »misslungene Integration« der Familien zurückgeführt. Diese wird u.a. an einem ›Integrationsunwillen‹ der Familien in Form einer mangelnden »Akzeptanz unserer Werte und Normen« sowie »nicht aktiv betriebenen Integrationsbemühungen« festgemacht und somit den Familien als weitgehend selbstverschuldet zugeschrieben. Eine solche Perspektive auf die Ursachen und Hintergründe von Jugendkriminalität in Neukölln legt neben »fördernden« und »helfenden« auch »intervenierende und repressive Handlungsweisen« nahe, die, wie es weiter heißt, darauf abzielen, »den Integrationswillen der genannten jungen Menschen und ihrer Familien zu stärken und aktiv einzufordern« (ebd.: 3f.).

Als handelnde Instanz wird im Konzept die »AG Kinder- und Jugendkriminalität« eingeführt – ein Tandem aus »Präventions- und Interventionsbegleiter/innen«, die der Jugendgerichtshilfe zugeordnet sind (ebd.: 8). Diesem kommt die Aufgabe zu, die Familien aufzusuchen, in diesen »Problemlagen« zu analysieren und schließlich »zielgerichtete Integrationshilfen« umzusetzen (ebd.). Im Mittelpunkt steht ein »umfassende[r] Integrationsdialog mit der Familie und dem jugendlichen Symptomträger unter den Stichworten: Normen, Werte, kulturelle Eigenarten, Religion, Straffreiheit, Teilhabe« (ebd.: 9). Den AG-Mitarbeiter_innen werden im Konzept auch »intervenierende, sanktionierende oder repressive Aufgaben« zugesprochen (ebd.). Bei »Missachtung der getroffenen Vereinbarungen oder unserer Rechtsordnung« sollen sie »Grenzen« setzen, »zeitnah behördliche Sanktionsmaßnahmen« steuern sowie in »›schwierigen Fällen‹« Mitarbeiter der Polizei hinzuzuziehen (ebd.). Über diese und weitere Ausführungen im Neuköllner Handlungskonzept wird ein unmittelbarer Zusammenhang zwischen dem familiären Zuwanderungshintergrund und einer kriminellen sowie gewaltbereiten Neigung der Kinder dieser Familien hergestellt.[15] Vor diesem Hintergrund erscheint eine besondere Beobachtung und Kontrolle der Familien in Form von moralisch-disziplinierenden und punitiven Maßnahmen durch staatlich verfasste Straf- und Sozialisationsinstanzen als begründet.

›Zuwandererfamilien‹ im Fokus Schulischer Kooperationen mit Polizei, Verfassungsschutz und Sicherheitsfirmen Ein weiteres zentrales Charakteristikum im Umgang mit ›Sicherheitsrisiken‹ in Neukölln, stellt der aktive Einbezug der Polizei sowohl in die sozialräumliche

---

15   Empirische Ergebnisse des »Berliner Monitoring Jugendgewaltdelinquenz« sprechen gegen die Annahme »einer unmittelbaren Verknüpfung von Bevölkerungsstruktur und Gewaltbelastung auf Bezirksebene« (Landeskommission Berlin gegen Gewalt 2015: 50). So übertrifft die »Gewaltbelastung« laut des Berichts im Berliner Bezirk Marzahn-Hellersdorf – mit einem vergleichsweise geringen Anteil von »5 % ausländischen Schüler/innen und 16,5 % an Schüler/innen nicht deutscher Herkunftssprache« – die »Gewaltbelastung« »der besonders stark migrantisch geprägten Bezirke (Mitte und Neukölln) um mehr als das Doppelte« (ebd.). Gegen die Annahme von einem unmittelbaren Zusammenhang zwischen ›Migrantenanteil‹ und ›Gewaltbelastung‹ im Bezirk spricht auch, dass im Bezirk Friedrichshain-Kreuzberg, der im Hinblick auf die »nationale Herkunft ebenfalls stark von einer großen Vielfalt geprägt« ist, die »Belastung durch Jugendgewalt im schulischen Kontext gemessen an den polizeilich registrierten Rohheitsdelikten klar unterdurchschnittlich ausfällt« (ebd.: 51; vgl. auch Landeskommission Berlin gegen Gewalt 2017: 26ff.).

Jugend- und Familienarbeit als auch in den Alltag der Neuköllner Schulen dar. So hatten im Jahr 2015 insgesamt 70 Prozent der Schulen in Neukölln Kooperationsverträge mit der Polizei abgeschlossen; im Berliner Durchschnitt waren dies 21 Prozent (vgl. Landeskommission Berlin gegen Gewalt 2015: 113). Als zentral in der Zusammenarbeit mit den Schulen werden in den politischen und behördlichen Dokumenten die Beamt_innen des sog. Arbeitsgebiets »Interkulturelle Aufgaben« präsentiert (AGIA). Dieses ist 2008 aus dem 1971 gegründeten »Arbeitsgebiet Ausländeraufklärung« hervorgegangen, das zwischenzeitlich in »Arbeitsgebiet Integration und Migration« (AGIM) umbenannt wurde, und in allen sechs Berliner Polizeidirektionen ansässig ist. Zentrale Aufgabe der Mitarbeiter_innen des AGIA ist es, »Kontakte zur Bevölkerung mit Zuwanderungsgeschichte zu pflegen«, hier insbesondere zu »Moscheeverbänden und -vereinen, zu deren Gemeindemitgliedern sowie zu sonstigen Vereinen und Interessenvertretungen von Menschen mit Migrationshintergrund« (BAMF 2008: o.S.). Die Beamt_innen bewegen sich meist in Zivil durch die Berliner Bezirke und verfügen, wie es in einer Aufgabenbeschreibung des BAMF heißt, »über ein hohes Maß an interkultureller Kompetenz« (ebd.). Dabei werden die AGIA-Beamt_innen einerseits als Akteur_innen im Kiez positioniert, die »mit Muslimen ›auf Augenhöhe‹ kommunizieren« sowie diesen »signalisieren« sollen, »dass sie willkommene Mitglieder der Gesellschaft sind« (ebd.). Das Aufgabengebiet der Polizist_innen beschränkt sich jedoch nicht auf den ›interkulturellen Austausch‹ mit ›Muslim_innen‹ und ›Migrant_innen‹ vor Ort. Die Beamt_innen sind auch für die Ermittlung von »Straftaten, [...] die mit dem Islam begründet oder gerechtfertigt werden«, zuständig sowie dafür, in Verdachtsfällen »Strafanzeige« zu stellen (ebd.).[16] Das beschriebene Aufgabenprofil des polizeilichen Arbeitsgebiets, das ausschließlich auf ›Migrant_innen‹ und ›Muslim_innen‹ ausgerichtet ist, legt den hier tätigen Beamt_innen nahe, im Sinne eines *racial profiling* vor allem als ›muslimisch‹ und/oder ›migrantisch‹ positionierte Individuen und Kollektive in den Berliner Bezirken zu beobachten, zu kontrollieren und zu bestrafen.[17]

Eine weitere wesentliche Aufgabe der AGIA-Beamt_innen stellt die Kooperation mit Berliner Schulen dar. Diesbezüglich »vermitteln« die Polizist_innen bei unterschiedlichen »Problemstellung[en] [...] an Schulen«, organisieren Schulstunden zu Antisemitismus sowie zur Gewalt- und Islamismusprävention und befassen sich mit in den Schulen »auffälligen Einzelpersonen« (ebd.). Dass sich die Arbeit der Polizist_innen in diesem

---

16   Zum Aufgabengebiet der AGIA-Polizist_innen zählt auch, an Abschiebungen mitzuwirken. So heißt es in einer Antwort des Berliner Abgeordnetenhauses auf eine Kleine Anfrage zum Tätigkeitsprofil der AGIA bzw. AGIM: »Vollziehbar Ausreisepflichtige werden auf Ersuchen der Ausländerbehörde Berlin an ihren Aufenthaltsorten von Mitarbeiterinnen und Mitarbeitern der AGIM aufgesucht und im Anschluss an Polizeidienstkräfte übergeben, welche die Ausreisepflichtigen zu einem Flughafen oder an eine Grenze überführen. Dort erfolgt in der Regel eine Übergabe an die Bundespolizei. Die Zuführung zum Flughafen wird teilweise auch von den Mitarbeiterinnen und Mitarbeitern der AGIM selbst durchgeführt« (Abgeordnetenhaus von Berlin 2015a: 1).

17   Dass die AGIA-Beamt_innen angehalten sind, vor allem als ›ausländisch‹ markierte Personen im Bezirk zu kontrollieren, zeigt auch der Ausfüllbogen zur Erhebung der Tätigkeitsstatistik der Polizist_innen. In diesem sollen die kontrollierten und festgenommenen Personen nach Nationalität registriert und gezählt werden. Dabei wird im Formular allein zwischen »Türkei«, »ehemals Jugoslawien«, »GUS«, »Arabische Staaten«, »Afrikanischen Staaten« und »Sonstige« unterschieden (Abgeordnetenhaus von Berlin 2015b: Anlage).

Kontext vor allem auf Schüler_innen und Eltern mit ›muslimischem‹ und/oder ›migrantischem‹ Hintergrund konzentriert, geht aus einem schriftlich dokumentierten Vortrag
des ehemaligen Migrationsbeauftragten der Berliner Polizei, Arnold Mengelkoch, zum
Modell »UDO« hervor (Bezirksamt Neukölln 2008). Das Modell zielt auf eine verbesserte Vernetzung zwischen Polizei und Schulen ab, um ein Eingreifen der Polizei schnel-
ler bzw. »unmittelbar, direkt und operationalisiert« (UDO) zu ermöglichen (ebd.). Der
Ansatz legt den Schulen nahe, »sofort nach dem Ereignis oder Bekanntwerden des Problems« die Polizei zu kontaktieren (ebd.: 4). Die Notwendigkeit einer engeren Zusammenarbeit zwischen Polizei und Schulen wird im Vortrag anhand von drei »Fällen« dargelegt, auf die das Modell UDO bereits angewendet wurde:

Im ersten Fall berichtet der ehemalige Migrationsbeauftragte von einem »religiös-
konservativen libanesischen Familienvater«, der seine Kinder »anlässlich des Opferfes-
tes« drei Tage lang nicht zur Schule schickte sowie seinem Sohn »aus angeblich religiösen Gründen die Teilnahme […] am Schwimmunterricht« verbot (ebd.: 1f.). Die Tochter
des Vaters, so Mengelkoch, musste bereits »in der Schulanfangsphase […] ein Kopftuch
tragen«, während der Mann seiner Frau – »gänzlich verhüllt, nur die Augen sind zu sehen« – »jeden direkten Kontakt« zu Personen außerhalb der Familie untersagte (ebd.).
Die im Vortrag beschriebene Intervention des AGIA erfolgte in diesem Fall zunächst
über »ein Gespräch mit dem Vater in der Schule in sehr großer Runde u.a. mit Vertretern beider Moscheen, Polizei, Schulleitung, Schulaufsicht und Lehrer«, zudem wurde
das »Jugendamt informiert« und schließlich das »Familiengericht […] eingeschaltet«
(ebd.).

Im Mittelpunkt der Schilderung des zweiten Falls steht die antisemitische Äußerung eines Schülers in seiner Schulklasse. Dieser habe sich, so Mengelkoch, dabei auf
die Ansichten seiner Mutter berufen, die sich in einem an den Vorfall anschließenden
Gespräch mit den AGIM-Beamt_innen »völlig uneinsichtig« und »ohne jedes Problem-
bewusstsein« gezeigt habe (ebd.: 2). Auch hier erfolgte laut des Migrationsbeauftragten
ein Gespräch »in der Schule in großer Runde«, gefolgt u.a. von einer »Anzeige« gegen die Mutter »wegen Volksverhetzung« sowie der Alarmierung des »Staatsschutzes«
(ebd.).

Im dritten und letzten Fall berichtet Mengelkoch von der »minderjährigen Tochter« einer muslimischen Familie, die »den Sohn einer kurdisch-libanesischen Familie«
heiratete. Dessen Bruder, so der Beauftragte der Polizei, brach nicht nur »seine Lehre
zum Lebensmittelverkäufer« ab, weil er sich »weigerte […] Schweinefleisch zu verarbeiten« (ebd.). Er stehe auch im Kontakt zu einer »in Deutschland verbotenen islamistischen gewaltbereiten Organisation« (ebd.: 2f.). Nach einem »Gespräch mit dem Famili-
enoberhaupt« durch die AGIA-Polizist_innen, so gibt Mengelkoch an, sei in diesem Fall
schließlich der »Verfassungsschutz« eingeschaltet worden (ebd.).

Ein auffälliges Verhalten von Kindern und Jugendlichen in den Berliner Schulen
wird hier in allen Fällen über die Eltern, insbesondere ihren muslimischen Hintergrund
erklärt. Dabei erweckt die Präsentation Mengelkochs den Eindruck, dass sich der Verdacht des AGIA auf ein islamistisch-motiviertes straffälliges Verhalten der Jugendlichen
und deren Familien in jedem Fall bestätigt und der Einsatz der Polizist_innen somit
stets gerechtfertigt ist. Über die hier suggerierte Eindeutigkeit von Problem, Ursache
und Lösung von bzw. für Jugendkriminalität in Neukölln erhält nicht nur die Arbeit des

AGIA eine unhinterfragbare Legitimität. Auch das Prinzip UDO – unmittelbar sowie mit allen verfügbaren Instanzen in Richtung der Elternhäuser zu ermitteln, in diese zu intervenieren und die Eltern für das Verhalten ihrer Kinder zur Verantwortung zu ziehen –, erscheint vor dem Hintergrund der vorgegebenen Bedrohungslage durch die Jugendlichen und ihre Familien notwendig und gerechtfertigt.

Neben der Zusammenarbeit mit der Polizei sind einige Neuköllner Schulen auch über Kooperationen mit privaten Sicherheitsfirmen in die Berliner Sicherheitsarchitektur eingebunden. Das Neuköllner Bezirksamt finanziert seit 2007 einen »privaten Wachschutz« an Schulen (Bezirksamt Neukölln 2009: 11), der im Schuljahr 2015/16 an neun Schulen in Neukölln im Einsatz war (Bezirksamt Neukölln 2015: 35). Darüber hinaus stellt der Verfassungsschutz einen zentralen Kooperationspartner der Schulen dar. Aus einer Kleinen Anfragen zur Rolle des »Verfassungsschutz[es] als Bildungsträger« in Berlin geht hervor (vgl. Abgeordnetenhaus von Berlin 2017; 2016), dass dieser in den Jahren 2015 und 2016 an unterschiedlichen Berliner Schulen ausschließlich »Informationsveranstaltungen« abgehalten hat, die sich auf die Themen »Islamismus«, »Extremismus«, »Salafismus« und »Jihadismus« bezogen. Diese thematische Ausrichtung wird von einem Lehrer im Interview wie folgt reflektiert:

> »Jetzt ist ja dieser Schatten auch bei uns: Salafismus. Ja, weil auch einige Schüler, eher um eigentlich nur provokativ zu sein, bestimmte Standpunkte annehmen und dann das Gefühl entsteht: ›Oh Gott!‹. Wir haben schon jemand vom Verfassungsschutz gehabt und der hat uns aufgeklärt, also ›was ist Salafismus?‹ [...]. Das heißt, da ist wieder so, durch den ›Islam als Gefahr‹, ist das jetzt im Fokus. Und wenn du irgendwas hast mit Projekt ›Islam‹, dann wird dir das auch bezahlt.« (Bostancı 35)

Dem Lehrer zufolge baut die von ihm beobachtete Sensibilität hinsichtlich salafistischer Einstellungen unter den Schüler_innen an seiner Schule auf einem dominanten gesellschaftlichen Diskurs vom »Islam als Gefahr« auf. Dieser materialisiert sich in der schulischen Präsenz des Verfassungsschutzes und wird wiederum über die privilegierte behördliche Förderung von Projekten ›rund um den Islam‹ gestützt.

Diskriminierungserfahrungen von Eltern   In den Interviews mit den Eltern von Neuköllner Schüler_innen zeigt sich, dass diese in den beschriebenen Diskurs und hiermit verbundene Dynamiken auf unterschiedliche Weise verstrickt sind. Dies nicht nur, indem die Eltern Jugendkriminalität und Bandenbildungen in ihrem Wohnbezirk gleichsam zum Teil per se auf den familialen Hintergrund der Jugendlichen bzw. ein vermeintlich ›kulturell bedingtes‹ Laissez-faire-Verhalten ihrer Eltern zurückführen und ein härteres ›Durchgreifen‹ von Politik und Ordnungsbehörden befürworten. Einige Eltern setzen sich im Interview mit der Präsenz von Polizei und Wachschutz an der Schule ihrer Kinder auch kritisch auseinander; dies meist basierend auf negativen Erfahrungen im Kontakt mit den Sicherheitsorganen. So schildert der Vater Ettin, dass er mit dem Wachschutz an der Schule seines Sohnes verschiedene diskriminierende Adressierungserfahrungen verbindet, die er auf sein ›nicht-deutsches‹ Aussehen zurückführt: »Sogar ein Security-Mann kann 'ne Diskriminierung machen. Ich komme als Kiez-Vater, aber er sieht mich als Schwarzkopf. Aber er hat ja so eine hohe Aufgabe ((spöttisch)), wo er sagt: ›Moment mal, wer sind Sie denn, was wollen Sie, wieso wollen Sie jetzt rein?‹ Aber auf eine boshafte Art und Weise« (Ettin 188).

Der Vater konkretisiert seine Beobachtung am Beispiel einer persönlichen Begegnung mit einem Wachschutz-Mitarbeiter daraufhin wie folgt:

»An jenem Tag war ein deutscher Mitarbeiter da. [...] Ich habe meine Visitenkarte nicht gezeigt, ich habe abgewartet. Dann hat er mich geführt bis zur Schulleitung und gesagt: ›Sie warten hier‹. Und bis ich gesprochen habe stand er in meinem Nacken ((!)). Aber so mit keinem Vertrauen, null Vertrauen. Als ob ich da etwas machen würde, so Gewalt einsetzen etc. Ich habe gesagt: ›Wie lange wollen Sie noch hinter meinem Nacken stehen?‹ [...] Und dann kam die Schulleiterin und hat gesagt: ›Mensch, was machen Sie denn? Das ist der Kiezvater!‹ [...] Und da hab' ich natürlich meine Meinung gesagt: ›Es ist nicht schön, wenn Sie so mit mir umgehen. Ich weiß ganz genau, dass Sie auch mit allen anderen Eltern sehr schlecht umgehen. Ich habe auch viele Beschwerden bekommen über Sie.‹ Und die Menschen trauen sich nicht mehr in die Schule zu kommen. Und sie schämen sich dann auch, wenn andere Elternteile dann sehen, ›wieso wird der jetzt begleitet‹ und etc.« (Ebd. 194)

Ettin belegt die Annahme von diskriminierenden Kontroll- und Beobachtungspraktiken durch den Wachschutz an der Schule seines Sohnes in Form eines racial profiling mit seiner persönlichen Erfahrung. Dass der Vater den »Mitarbeiter« des Wachschutzes in seiner Erzählung als »deutsche[n] Mitarbeiter« einführt, basiert auf der Wahrnehmung, dass es vor allem als nicht-deutsch positionierte Eltern sind, die unter besonderer Beobachtung des Wachschutzes stehen, und es sich hierbei um eine rassistische Praxis handelt. Der Vater beschreibt Gefühle der Scham sowie durch die Behandlung entstehende Schwellenängste auf Seiten der betroffenen Eltern. Die überraschte Reaktion der Schulleiterin auf das aufdringliche Verhalten des Wachschutzes scheint den Vater zu ermutigen, deutliche Kritik an der Praxis des Wachschutzes zu formulieren, der er versucht über den Verweis auf »Beschwerden« anderer Eltern Gewicht zu verleihen. Trotz der Kritik, so Ettin, halte die Schule jedoch weiter an einer Zusammenarbeit mit der Sicherheitsfirma fest, was an seiner und anderen Schulen zu »Frustration« führe: »Und durch diesen Einsatz baut sich eine Frustration auf bei den Vätern, Eltern, Schülern. ›Das brauchen wir gar nicht mehr‹, sagen die in bestimmten Schulen. Aber die Schulen setzen das trotzdem ein« (ebd.).

Wie in diesem Exkurs gezeigt, wird im Zuge der Verschränkung von Berliner Integrations- und Sicherheitsdiskurs eine (befürchtete) Desintegration von Menschen mit Migrationsgeschichte generell als ein mehrheitsgesellschaftliches Sicherheitsrisiko konzipiert. Der hierüber begründete Ausbau der Berliner Sicherheitsarchitektur verbindet sich auch hier mit dem Ziel einer Normalisierung von ›Migrant_innen‹ an eine ›mehrheitsgesellschaftliche demokratisch-freiheitliche‹ Ordnung. Wie am Beispiel Neuköllns thematisiert, verschränkt sich der senatspolitische Sicherheitsdiskurs mit sozialräumlichen Diskursen rund um hier lokalisierte ›gefährliche Orte‹. Die Bestimmung dieser geht nicht allein auf ein tatsächliches Gefahrenpotenzial zurück, sondern auch auf die Konstruktion einer Bedrohungslage durch hier lebende ›migrantisierte Andere‹. Dabei sind es im Neuköllner Diskurs insbesondere ›arabische Großfamilien‹, die als Gefahr nicht nur für eine städtische Ordnung, sondern auch für den schulischen Alltag und die in den Familien aufwachsenden Kinder und Jugendlichen positioniert werden. Dies hat zur Folge, dass es vor allem diese Familien sind, die aktuell im Mittelpunkt einer ›Null-Toleranz-Politik‹ stehen. Neuköllner Schulen sind über Kooperationen mit Polizei, Verfassungsschutz und privaten Sicherheitsfirmen Teil eines sozialräumlichen Polizierens, bei dem verschiedene staatliche sowie staatlich verfasste Instanzen in einem präventiven und intervenierenden Netzwerk zunehmend miteinander verbunden werden. Dabei fungiert die eigentliche Strafinstanz der Polizei in diesem Kontext vor allem als eine Sozialisationsinstanz, die Familien ›mit Migrationshintergrund‹ sowie auch ›muslimische‹ und ›migrantische‹ Vereine – in Kooperation mit den Schulen – ›erziehen‹ und dann strafend in die Familie einschreiten soll, wenn sich diese den an sie gerichteten Integrations(an)forderungen vermeintlich entziehen. Dass sich die beschriebenen Dynamiken auch auf schulische Elternbeteiligungsprozesse auswirken können, zeigt sich zum einen darin, dass die von Eltern beschriebene rassistische Zurückweisung durch den Wachschutz an der Pforte der Schule ihrer Kinder zu einer geringeren Sichtbarkeit von bestimmten Eltern in der Schule beiträgt. Zum anderen produziert der beschriebene Diskurs um ›arabische Großfamilien‹ Ängste in den Schulen, die dazu führen können, dass die hier tätigen Pädagog_innen den so positionierten Familien tendenziell aus dem Weg gehen.

Im Rahmen der hier betrachteten Verschränkung von Integrations- und Sicherheitsdiskurs in innerstädtischen Räumen Berlins sind es somit vielfach rassistische Logiken, die dazu beitragen, dass aktuelle sicherheitspolitische Zugriffe nicht alle hier lebenden Menschen gleichermaßen betreffen, sondern asymmetrisch erfolgen. Die neoliberale Rationalität realisiert sich dabei insofern, als dass in den Berliner Stadtteilen vorzufindende soziale Probleme und daraus hervorgehende Krisen vorwiegend ordnungspolitisch zu bearbeiten versucht werden. Polizei, Gerichte, Jugendamt und Ausländerbehörde treten dabei an die Stelle staatlicher Fürsorgebehörden. Über ihren auf bestimmte Sozialräume konzentrierten Einsatz wird zugleich eine spezifische Realität über diese Räume (re)produziert, was wiederum ein ordnungspolitisches In-Schach-Halten städtischer Ungleichheiten und damit verbundener Unruhen durch die Überwachung und Kontrolle bestimmter sozialer Gruppierungen bzw. Familien legitimiert.

7. Neue Ein- und Ausschlüsse von Eltern im *Bildungsdispositiv*

Wie in Kapitel 2.2.2 skizziert, hat sich in den letzten Jahrzehnten ein Paradigmenwechsel in der deutschen Bildungspolitik vollzogen. Dieser ist vor allem von einer Entwicklung hin zu einer stärkeren Output- und Wettbewerbssteuerung im Bildungs- und Schulsystem geprägt. Dass eine solche Entwicklung im Bundesland Berlin besonders entschieden vorangetrieben wurde, kann u.a. mit dem Handlungsdruck erklärt werden, den sowohl die Wiedervereinigung von Ost- und Westberlin auf die öffentlichen Verwaltungen als auch die sich in den 1990er Jahren in Berlin formierende empirische Bildungsforschung auf das Berliner Bildungssystem ausgeübt haben. Neben einer allgemeinen Reorganisation des Bildungssystems im Sinne eines *New Public Managements*, lassen sich Veränderungen auch auf die in Berlin Mitte der 1990er Jahre verstärkt einsetzende Debatte über die ›Qualität‹ der Berliner Schule zurückführen. Die Debatte wurde durch die Veröffentlichung nationaler sowie internationaler Schulleistungsvergleichsstudien weiter entfacht und verband sich mit einer Diskussion über die hierin ausgewiesenen schulischen Bildungsungleichheiten, insbesondere über den Zusammenhang von familialer Herkunft und Schulerfolg. ›Migrationsbedingte Heterogenität‹ im Berliner Schulsystem rückte dabei in ein neues Licht.

Im Folgenden zeichne ich nach, inwiefern Eltern und Schulen in die aktuelle bildungspolitische Reformdiskussion involviert sind. Im Zentrum steht die Frage nach neuen bzw. weiteren Kategorien und Grenzziehungen im Feld von Eltern und Schule sowie hiermit verbundenen Praktiken des staatlich-institutionellen Ein- und Ausschlusses. Diesbezüglich möchte ich einige zentrale Verbindungslinien zwischen bildungspolitischem Diskurs, schulisch-pädagogischem Sprechen und Handeln sowie elterlichen Subjektivationsprozessen im Bildungsdispositiv aufzeigen. Hierfür skizziere ich zunächst die wesentlichen bildungspolitischen Reformen, wie sie sich seit den 1990er Jahren im Berliner Schulsystem ereignet und das Verhältnis von Eltern und Schule zum Teil neu gerahmt haben.

7.1 Diskursive (Neu-)Konfiguration des Verhältnisses von Eltern und Schule im Kontext neoliberaler Bildungsreformen

7.1.1 Eltern und Schulen im Zentrum neuer bildungspolitischer Steuerungstechniken

Die Berliner Bildungsreform war Teil einer im Zuge der deutschen Wiedervereinigung einsetzenden umfassenden Strukturreform der Berliner Verwaltungen. Diese wurde vor allem aufgrund des »rückläufigen monetären Leistungspotential[s] des Landes« für notwendig erklärt (Baumert et al. 1999: 69). In diesem Kontext vielfach formulierte Forderungen nach einer Effizienzsteigerung der Berliner Behörden wurden auch auf das öffentliche Schul- und Bildungssystem bezogen. Angestrebt werden sollte, so die 1999 gegründete Kommission »Berliner Bildungsdialog« der SPD-Fraktion, »[e]in nachhaltiger Wandel vom exekutiven Verwalten zum öffentlichen Bildungsmanagement« (ebd.: 69). Dieser Wandel wurde auch mit Blick auf den Arbeitsmarkt und einer hier allgemein »gestiegenen Bildungsnachfrage«, insbesondere nach »höheren Qualifikationen und Abschlüssen« (ebd.: 83), begründet.

Im Zentrum der Diskussion einer neuen bildungspolitischen Steuerung stand zunächst die Frage, wie bürokratische Strukturen im Bildungssystem abgebaut und den Berliner Schulen zu mehr ›Autonomie‹ verholfen werden könne. Das Berliner Abgeordnetenhaus forderte Anfang der 1990er Jahre den Senat in verschiedenen Beschlüssen auf, dieser Frage nachzugehen (vgl. Avenarius/Döbert 1998: 6). Der Senat beauftragte schließlich eine Berliner Unternehmensberatung mit der Erstellung eines Gutachtens zur Reorganisation der Berliner Schulverwaltungen, auf welchem ein später veröffentlichtes Konzept zur »Stärkung der Eigenständigkeit« von Berliner Schulen fußen sollte (vgl. ebd.). Das Konzept sah u.a. einen Modellversuch zu »Schule in erweiterter Verantwortung« vor. In diesem sollten »Möglichkeiten und Grenzen der Erweiterung« der Verantwortung der Einzelschule« erprobt werden (ebd.: 12).[1] Dem Modellversuch lag die Annahme zugrunde, dass eine »erweiterte Selbständigkeit von Schulen im Bereich Profilbildung, Budgetierung und Personalführung zu größerer Professionalität der Lehrer führt, die Problemlösungskompetenz der Schule verbessert und die Leistungsfähigkeit der Schule insgesamt erhöht« (ebd.: 13).

Die Diskussion über Schulentwicklung und Schulautonomie verband sich in Berlin wie bundesweit im Laufe der 1990er Jahren mit einer breit angelegten Debatte über die ›Qualität‹ von Bildung und Schule. Diese wurde u.a. von den Ergebnissen der 1995 erstmals durchgeführten vergleichenden Schulleistungsuntersuchung TIMSS angeschoben (Trend in International Mathematics and Science Study). Das darin lediglich mittelmäßige Abschneiden Deutschlands wurde von den Autor_innen des Abschlussberichtes zur deutschen TIMSS-Studie als »Entkräftigung gängiger bildungspolitisch motivierter Erklärungsmuster« gewertet (Baumert et al. 2000: 86). Aus der Diskussion wurden verschiedene Reformvorhaben abgeleitet, die dem Berliner Bildungsdialog zufolge ne-

---

1   An dem Modellversuch beteiligten sich mit Beginn des Schuljahres 1995/96 insgesamt 58 Berliner Schulen.

ben der oben genannten »Stärkung der Einzelschule als Handlungseinheit«, auf drei weiteren »Grundpfeilern« basieren sollten:

1. Einer »Qualitätsentwicklung der Einzelschule« durch die »Stärkung der Professionalität des Lehrkörpers«;
2. der Einführung »verbindliche[r] staatliche[r] Rahmenvorgaben, die zentrale Parameter des Bildungssystems festlegen« sowie
3. der Implementierung von Kontrollinstanzen zur »Einhaltung von Standards bei Verfahren und Ergebnissen« (Baumert et al. 1999: 66).

Auch wenn den genannten Schwerpunkten in der politischen Debatte unterschiedliche Bedeutung zugesprochen wurde, bestand ein weitgehender Konsens darin, dass den Schulen im Rahmen der Implementierung eines neuen Steuerungskonzeptes nicht nur weitere Gestaltungsspielräume – u.a. hinsichtlich der Stärkung ihrer »Corporate Identity« wie es später hieß (Senatsverwaltung für Bildung, Jugend und Wissenschaft 2012: Punkt 23) – eingeräumt werden sollten. Auch sollten die Schulen in eine neue Ergebnisverantwortung gestellt und somit in die Lage versetzt werden, von der Bildungspolitik vorgegebene Standards selbstverantwortlich zu verfolgen und nach Außen auszuweisen. Um der Forderung nach einer weitreichenden Verschiebung von einer Input- zu einer stärkeren Output-Steuerung von Schule nachzukommen, sollten Kriterien zur schulischen »Qualitätsentwicklung« (ebd.) formuliert werden.[2] Vor diesem Hintergrund wurde im Jahr 2000 von den Ländern Berlin und Brandenburg eine gemeinsame Bildungskommission eingerichtet, die u.a. eine kritische »Bestandsaufnahme der schulpolitischen Zielsetzungen in beiden Ländern« vornehmen sollte (Bildungskommission der Länder Berlin und Brandenburg 2003: 15). Der Ergebnisdruck auf die Kommission erhöhte sich durch die 2001 erstmals veröffentlichten PISA-Befunde. Von Politik und Öffentlichkeit ausgehende Forderungen nach einem »Beschleunigungsprogramm« in Sachen schulischer »Qualitätssteigerung« und »Qualitätssicherung« (ebd.) antizipierend, bestärkte die Bildungskommission in ihrem 2003 veröffentlichten Abschlussbericht die Notwendigkeit eines neuen bildungspolitischen Steuerungsmodells und nahm diesbezüglich zahlreiche Konkretisierungen vor. Neben neuen »Instrumenten«, »Standards« sowie »Referenzrahmen« (ebd.: 222f.) schlug die Kommission u.a. eine von den Schulen zu unterzeichnende »Evaluationsverpflichtung« vor, um so den »Professionalisierungsdruck« auf die Schulen zu erhöhen (ebd.: 231).

Die Berliner Politik trug den Forderungen der Bildungskommission Rechnung, indem sie im Jahr 2004 eine grundlegende Überarbeitung des Berliner Schulgesetzes vornahm und damit – wie es später in verschiedenen Senatsveröffentlichungen hieß –

---

2   Diese basierten auf der Kritik, dass die »traditionelle staatliche Bildungssteuerung« lediglich auf »*Wirkungsvermutungen*« beruhe, deren »Legitimationsgrundlage [...] der Glaube an die Realisierung von regulativen Programmen, die Ausführung von Vorschriften und die positiven Auswirkungen verbesserter Ausstattung« sei (Baumann et al. 1999: 66). Eine solche Fokussierung auf eine Steuerung von schulischen Bildungsprozessen durch ›Inputs‹ wurde als nicht mehr zeitgemäß erachtet.

»[a]ls erstes Bundesland [...] auf die Ergebnisse der PISA-Studie« reagierte (Senatsverwaltung für Integration, Arbeit und Soziales 2007a: 32). Dabei wurde sich vor allem dem Ziel einer erweiterten Schulautonomie angenommen, indem die finanziellen, personellen, organisatorischen und pädagogischen Gestaltungsspielräume der Schulen rechtlich ausgeweitet wurden (vgl. §§ 4, 7-10, 12, 14-16, 17a, 18, 20, 23, 25, 62f., 69, 72f., 76, 106 Berliner Schulgesetz i.d.F. vom 26.1.2004). Darüber hinaus wurden vom Bildungssenat »Qualitätsbereiche« und »Qualitätsmerkmale« festgelegt, die den Schulen von nun an als »Orientierung wie Messlatte« bei ihrer Entwicklung dienen sollten (Senatsverwaltung für Bildung, Jugend und Sport 2005). Über die 2004 gesetzlich verankerte Einführung von Rahmenlehrplänen wurden der Arbeit der schulischen Akteur_innen außerdem »verbindliche Leistungsstandards und Bewertungsgrundsätze« zu Grunde gelegt, welche die Einhaltung von »bildungsgang- und schulartenübergreifenden Mindeststandards« gewährleisten sollten (§10(4) Berliner Schulgesetz i.d.F. vom 26.1.2004). Zudem wurde den Berliner Schulen auferlegt, unterschiedliche Instrumente der ›internen‹ sowie ›externen Evaluation‹ qua Schulgesetz zu implementieren. Sie wurden verpflichtet, sich ein Schulprogramm zu geben und darin u.a. »Entwicklungsziele« und »Evaluationskriterien« festzulegen (ebd. §8), um so »die Qualität ihrer Arbeit« besser messen zu können (ebd.). Auch wurde den Schulen die Teilnahme an »schul- und schulartübergreifende[n] Vergleiche[n] sowie zentrale[n] Schulleistungsuntersuchungen« (ebd. §9(1)) vorgeschrieben.[3] Neben der Einrichtung von Funktionsstellen der Evaluationsberater_innen wurde auch die Nutzung eines Selbstevaluationsportals für verbindlich erklärt. Seit dem Schuljahr 2011/12 sind Berliner Schulen außerdem dazu angehalten, ihre »Leistungsdaten«, wie Abiturergebnisse sowie Ergebnisse von Vergleichsarbeiten und Schulinspektionen zu veröffentlichen. Hierüber soll, so heißt es u.a. im »Qualitätspaket Kita und Schule«, eine verbesserte »Transparenz« schulischer Arbeit nach außen gewährleistet werden (vgl. Senatsverwaltung für Bildung, Wissenschaft und Forschung 2011b: 2).

Im Rahmen der Implementierung von Ansätzen einer neuen Steuerung im Berliner Bildungs- und Schulsystem wurde auch die Position von Eltern in Berliner Schulen allgemein gestärkt.[4] Bereits Ende der 1990er Jahre wurde im Rahmen des Berliner Bildungsdialogs die Forderung laut, nicht nur »neue Gestaltungs- und Verantwortungsoptionen« für die Schulen zu schaffen, sondern auch »für alle an der Schule beteiligten Gruppen« (Baumert et al. 1999: 74). Dementsprechend sollten auch den Eltern »mehr Kompetenzen und größere Verantwortung, auch in den Fragen des Unterrichts und

---

3   Hierzu zählt auch die verpflichtende Beteiligung der Schulen an der 2003 in Berlin eingeführten Element-Studie sowie an den bundesweit implementierten VERA-Vergleichsarbeiten in den Jahrgangsstufen drei und acht.

4   Obwohl in diesem Kapitel der bildungspolitische Diskurs um Eltern im Zentrum der Analyse steht, beziehe ich in diese vereinzelt auch integrationspolitische Dokumente mit ein. So hatte die oben beschriebene Verschränkung der Politikfelder Integration und Bildung, in deren Kontext Eltern vorwiegend thematisch werden, auch zur Folge, dass sich bildungspolitische Positionen rund um die Themen Schulerfolg und Schulqualität ebenso in integrationspolitischen Dokumenten artikulieren wie vielfach auch über die ›Integration‹ von Eltern und Schüler_innen in bildungspolitischen Dokumenten referiert wird.

der Erziehung sowie der Gestaltung des Schullebens« zukommen (ebd.). Der genannten Forderung wurde sich auf bildungspolitischer Ebene seit Beginn der 2000er Jahre angenommen. Dies macht die Analyse des Berliner Schulgesetzes deutlich und der hier seit 2004 vorgenommenen Neuformulierungen hinsichtlich der Rechte und Pflichten von Eltern in der Schule ihrer Kinder (für eine Gegenüberstellung der Schulgesetze vor und nach 2004 vgl. Abgeordnetenhaus von Berlin 2004b: Anlage 3):

Im Rahmen der Berliner Schulgesetzreform wurde die Position von Eltern in Mitbestimmungsgremien, wie der Schulkonferenz, und damit ihr Einfluss u.a. auf die Gestaltung von Schul- und Evaluationsprogrammen maßgeblich gestärkt (vgl. §4(6) Berliner Schulgesetz i.d.F. vom 26.01.2004).[5] Auch auf Ebene der Unterrichtsentwicklung sind die Schulen seit 2004 angehalten, elterliche Beteiligungsmöglichkeiten auszubauen (vgl. ebd.: §§88ff.). Diesbezüglich heißt es im Schulgesetz, dass den Eltern »in Fragen der Auswahl der Lerninhalte, der Bildung von Schwerpunkten und der Anwendung bestimmter Unterrichtsformen rechtzeitig Gelegenheit zu Vorschlägen und Aussprachen« gegeben werden soll (ebd.: §47(2)). Darüber hinaus erhielten die Eltern weitreichendere Befugnisse, im Schulalltag praktisch mitzuwirken. Eltern sollen gemäß dem neuen Schulgesetz nicht nur bei der Beaufsichtigung der Schüler_innen vor, nach und im Unterricht sowie während der Pausenzeiten einbezogen werden (ebd.: §51(3)), sondern auch in die Organisation und Durchführung von Unterrichts-, Betreuungs- und Förderangeboten an Ganztagsschulen (ebd.: §19(1)). Neu ins Schulgesetz eingeführt wurden zudem »Informationsrechte« für »Erziehungsberechtigte«, die zuvor nur für »Schülerinnen und Schüler« rechtlich verankert waren (ebd.: §47). Den Schulen kommt demnach die Verantwortung zu, Erziehungsberechtigte »in allen grundsätzlichen und wichtigen Schulangelegenheiten« zu »informieren und zu beraten« (ebd.). Hierzu wird insbesondere die Vermittlung von Informationen an die Eltern zum »Leistungsstand« der Schüler_innen sowie zu den Ergebnissen von Schulleistungstests gezählt (ebd.: §59(6)).

Auch an anderer Stelle kommt zum Ausdruck, dass ein wesentliches Ziel der Veröffentlichung von Schulleistungsuntersuchungen bzw. »diagnostischen Tests« darin liegt, die Eltern der Schüler_innen über die unterschiedliche ›Leistung‹ der Schulen zu »informieren« (Senatsverwaltung für Bildung, Jugend und Sport 2005b: Folie 32). Eine solche Informationen soll den Eltern einen »faire[n] Vergleich« der »Schulen im Bundesland« ermöglichen (ebd.). Auch über die Veröffentlichung weiterer schulbezogener Leistungsdaten, wie des Abiturdurchschnitts der Schulen, soll das Berliner Schulsystem für die Eltern »transparenter und berechenbarer« werden (Senatsverwaltung für Integration, Arbeit und Soziales 2007a: 35). Eine so angestrebte höhere Transparenz und Vergleichbarkeit hinsichtlich der ›Leistung‹ von Schulen zielt auch darauf ab, den Eltern ein Orientierungswissen für die Wahl einer weiterführenden Schule für ihr(e) Kind(er) zu vermitteln.[6]

---

5   Die Anzahl der in der Schulkonferenz aus der Gesamtelternvertretung stimmberechtigten Mitglieder wurde von zwei auf vier erhöht (vgl. §90(1) Berliner Schulgesetz i.d.F. vom 26.01.2004). Zudem wurde eine elterliche Beteiligung an Gesamt-, Teil und Fachkonferenzen der Lehrkräfte qua Berliner Schulgesetz ermöglicht (ebd. §82(3)).

6   Während die Wahl der Grundschule in Berlin nur mit besonderer Begründung von der behördlich zugewiesenen Grundschule abweichen darf, obliegt die Wahl der weiterführenden Schule in Berlin grundsätzlich den Eltern. Die Schule spricht zwar eine Empfehlung im Rahmen einer För-

Neben der rechtlichen und politischen Stärkung der Position von Eltern in der Schule, wurden von der Berliner Bildungspolitik in den letzten Jahren diverse »Gelingensfaktoren«, »klare Zielvereinbarungen« sowie »Standards zur Elternarbeit« formuliert, an denen sich die Schulen orientieren sollen (vgl. Senatsverwaltung für Bildung, Jugend und Wissenschaft 2012: Nr. 20). Diesbezüglich wurden u.a. die »Einbindung der [...] Elternschaft in die Schulentwicklung« sowie die »Transparentmachung der Leistungsbewertung für Eltern« zu zentralen »Qualitätsmerkmalen« erklärt (ebd.). Diese sollen nun auch im Rahmen der 2004 eingeführten Berliner Schulinspektionen überprüft werden.

Über die genannten Reformen werden Berliner Bildungspolitik, Schulen und Eltern in ein spezifisches Verhältnis zueinander gestellt. Während die Schulen sich vor allem in der Position der Bildungs*anbieter* mit einem »attraktive[n] Profil« an die Eltern richten sollen (Senatsverwaltung für Integration, Arbeit und Soziales 2007a: 32), erscheinen letztere zunehmend in der Rolle der ›Kund_innen‹ von Schule. Dementsprechend gilt es für die Schulen, ihr ›Angebot‹ an den Interessen der Eltern auszurichten, ihre ›Qualität(en)‹ nach Außen auszuweisen und die Eltern von ihrer ›(Schul-)Leistung‹ zu überzeugen. Von der Bildungspolitik veranlasste Leistungsbewertungen und Qualitätskontrollen sollen im Sinne einer verbesserten Transparentmachung schulischer Arbeit den Eltern ermöglichen, unterschiedliche ›Angebote‹ miteinander zu vergleichen. Die Eltern werden dabei selbst zu Instanzen einer schulischen Erfolgskontrolle erklärt, indem sie das ihnen vorliegende Angebot bewerten und ihrer (Un)Zufriedenheit über die Schule ihres Kindes – u.a. über die Möglichkeit der freien Wahl der weiterführenden Schule oder Interviews im Rahmen von Schulinspektionen – Ausdruck verleihen können.

Über ihre neuen Mitgestaltungsmöglichkeiten kommt den Eltern zudem die Aufgabe zu, an der Qualitätsentwicklung ihrer Schule mitzuwirken. Ähnlich wie die Schulen, welche die von Bildungspolitik geschaffenen neuen Möglichkeiten und Gestaltungsspielräume selbstverantwortlich und im Sinne einer Performanzsteigerung nutzen sollen, scheinen auch die Eltern über ihre Adressierung als »verantwortungsvolle Eltern« (Senatsverwaltung für Integration, Arbeit und Soziales 2007a: 31) nun dazu aufgefordert, sich nicht nur für den Schulerfolg ihrer Kinder, sondern auch für eine allgemeine Qualitäts- bzw. Leistungssteigerung ihrer Schulen einzusetzen. So stellt es diesbezüglich u.a. im Berliner »Qualitätspaket Kita und Schule« eine zentrale Prämisse dar, »Eltern stärker in die Pflicht [zu] nehmen« (Senatsverwaltung für Bildung, Wissenschaft und Forschung 2011b: 1). Dass die Stärkung der elterlichen Rechte zugleich mit einer Betonung ihrer Pflichten einhergegangen ist, zeigt sich auch auf schulrechtlicher Ebene. So wird den Eltern seit der Schulgesetzreform die »Verantwortung für [die] Einhaltung der Schulpflicht« (§44 Berliner Schulgesetz i.d.F. vom 26.01.2004) nun weitaus

---

derprognose an die Eltern aus. Diese ist für die Eltern jedoch nicht bindend. Die gewählte weiterführende Schule darf sich auch außerhalb des eigenen Einzugsbereichs befinden. Die aufnehmenden Schulen obliegen jedoch der Verpflichtung, »[b]is zu 10 Prozent der Plätze [...] zunächst für Härtefälle [zu] vergeben« und an »Kinder, die ein Geschwisterkind an dieser Schule haben« (Senatsverwaltung für Bildung, Jugend und Familie o.J./a: o.S.). Darüber hinaus ist es den Schulen möglich, »[m]indestens 60 Prozent der Plätze« nach eigenen »Aufnahmekriterien« zu vergeben (ebd.). Die restlichen »30 Prozent der Plätze werden unter den angemeldeten Schülern verlost« (ebd.).

expliziter als zuvor zugeschrieben. Diesbezüglich heißt es im Schulgesetz seit 2004: »Die Erziehungsberechtigten verantworten die regelmäßige Teilnahme der oder des Schulpflichtigen am Unterricht und an den sonstigen verbindlichen Veranstaltungen der Schule« (ebd.). Dass das Adjektiv »eigenverantwortlich« ein zentrales Charakteristikum von Eltern darstellt, auf das von bildungspolitischer Seite aktuell viel Wert gelegt wird, zeigt sich auch in der vorgenommenen Neuformulierung des Paragraphen 88 im Berliner Schulgesetz. Während es hier bis 2004 hieß »Lehrer, Schüler und Erziehungsberechtigte wirken und bestimmen bei der Durchführung des Bildungsauftrages der Berliner Schule mit«, lautet die Formulierung nun: »Die Erziehungsberechtigten wirken bei der Verwirklichung der Bildungs- und Erziehungsziele durch ihre Elternvertretung *aktiv* und *eigenverantwortlich* mit« (Abgeordnetenhaus von Berlin 2004b: Anlage 3, 112; Kursivsetzung E.K.).

Die Betonung elterlicher Verantwortung ist auf bildungspolitischer Ebene mit der Forderung nach konkreten »Strategien der Elternaktivierung« bzw. Maßnahmen zur »Förderung ihrer Eigenverantwortlichkeit« einhergegangen (Senatsverwaltung für Integration, Arbeit und Soziales 2007a: 32). Hierzu zählen aktuell insbesondere Instrumente einer stärkeren Verbindlichmachung der Zusammenarbeit zwischen Eltern und Schulen. So wird in der vom Berliner Bildungssenat herausgegebenen Kartei »Gute Schule« die »Sicherstellung eines gemeinsamen Konsequenzrahmens« als »[u]nverzichtbare Grundlage für gute Zusammenarbeit mit Eltern« genannt (Senatsverwaltung für Bildung, Jugend und Wissenschaft 2012: Punkt 21). In diesem Zusammenhang wird deutlich, dass es vor allem die Eltern sind, die von »Konsequenzen« betroffen sind, wenn staatlich-institutionell aufgestellte Regeln der ›Partizipation‹ nicht eingehalten werden. So heißt es im »Qualitätspaket Kita und Schule« unter dem Leitsatz »Eltern stärker in die Pflicht nehmen«, dass Eltern, die »ihr Kind nicht zur Sprachstandsfeststellung bringen oder [deren] Kind bei festgestelltem Sprachförderbedarf nicht an der Sprachförderung teilnimmt«, mit einem »Bußgeld« rechnen müssen[7] (Senatsverwaltung für Bildung, Wissenschaft und Forschung 2011b: 1); gleiches gilt im Falle eines wiederholten »Schulschwänzen[s]« für die Eltern der betroffenen Schüler_innen (ebd.: 3).[8] Auch wird im neuen Schulgesetz betont, dass die »Erziehungsberechtigten zum

---

7 Die Verhängung von Bußgeldern für Eltern wurde Anfang 2014 in das Berliner Schulgesetz aufgenommen (vgl. AWO Landesverband Berlin 2014: 4). Das Bußgeld ersetzt ein bereits vor 2014 für die Eltern geltendes sog. Zwangsgeld. Im Rahmen der neuen Regelung haben die Eltern nun keine Möglichkeit mehr, bei einem Versäumnis der Sprachstandserhebung die Verhängung des Bußgeldes durch Kooperation abzuwehren: Nehmen Eltern den Test nicht wahr, erhalten sie ohne weitere Ankündigung einen Bußgeldbescheid. Dieser ist sofort gültig; wenn Einspruch erhoben wird, geht dies nur über ein gerichtliches Verfahren. Laut einer Umfrage unter Kitaleiter_innen durch die Berliner Arbeiterwohlfahrt, betrifft das Bußgeld vor allem Familien, die sich »mit dem deutschen Rechtssystem« nicht bzw. wenig auskennen und/oder die »mit geringen Einkommen oder von Transferleistungen leben« (ebd.).

8 Bzgl. der Konsequenzen für Eltern im Falle eines wiederholten Schulschwänzens haben sich in den Bezirken, entgegen der vom Senat allgemein vorgegebenen Regelung, unterschiedliche Praktiken herausentwickelt. Während in einzelnen Berliner Bezirken, darunter z.B. in Neukölln, restriktive Regelungen vor allem bei den Eltern ansetzen, wird im Bezirk Friedrichshain-Kreuzberg, anstatt auf Sanktionen, auf den verstärkten Einsatz von Sozialarbeiter_innen gesetzt, die sich um

Schadenersatz verpflichtet« sind, wenn die den Schüler_innen von der Schule ausge-
liehenen »Lernmittel beschädigt oder nach Ablauf der Leihfrist nicht zurückgegeben«
werden (§50(3)) Berliner Schulgesetz i.d.F. vom 26.01.2004).

Mit Blick auf die den Eltern zugeschriebenen neuen bzw. erweiterten Aufgaben und
Verantwortlichkeiten in der Schule ihrer Kinder kommt zudem zum Ausdruck, dass
die Art und Weise, auf die sich Eltern nun verstärkt in schulische Gestaltungsprozes-
se einbringen sollen, nicht *irgendwie* erfolgen soll. Vielmehr artikulieren sich in den
bildungspolitischen Dokumenten ganz bestimmte Vorstellungen von einer schulischen
Elternbeteiligung. Diese lassen darauf schließen, dass bei der Erweiterung elterlicher
Handlungsmöglichkeiten in der Schule vor allem an solche Eltern gedacht wird, die ein
als ›nützlich‹ bewertetes Wissen in die Schule einbringen können. So ist beispielsweise
von »schulrelevante[n] Ressourcen in der Elternschaft« die Rede, zu welchen ein »hand-
werkliches Können« der Eltern sowie »ihre gesellschaftlichen Kontakte« gezählt werden
(Senatsverwaltung für Bildung, Jugend und Wissenschaft 2012: Punkt 21). Bringen Eltern solche »wichtige[n] zusätzliche[n] Ressourcen« in die Schule ein, werden sie »zu
Partnern« der Schulen erklärt (ebd.). Auch an der Durchführung von Unterrichts- und
Förderprojekten in Ganztagsschulen, so heißt es im Schulgesetz, sollen lediglich solche
»Erziehungsberechtigte« beteiligt werden, »die die kulturelle, soziale, sportliche, praktische und kognitive Entwicklung der Schülerinnen und Schüler fördern« können und
dementsprechend als »qualifizierte Personen« gelten (§19(2) Berliner Schulgesetz i.d.F.
vom 26.01.2004). Deutlich wird hier, wie auch an anderer Stelle in den Dokumenten,
dass sich die Anerkennung der Eltern als ›Partner‹ oder ›Unterstützer‹ der Schule als
eine äußerst voraussetzungsvolle erweist.

7.1.2 Verhandlung von »herkunftsbedingten Disparitäten«
im Berliner Post-PISA-Diskurs

Im Rahmen des bildungspolitischen Diskurses um die Steigerung der ›Qualität‹ von
Schule, wurden auch bestehende Bildungsungleichheiten im Berliner Schulsystem zunehmend thematisch. Diesbezüglich wird im seit 2000 vor allem auf die Ergebnisse
der PISA-Studie verwiesen. Diese, so heißt es, habe die »große Kluft zwischen den Bildungsabschlüssen von Kindern mit Migrationshintergrund und der Vergleichsgruppe«
deutlich gemacht (Senatsverwaltung für Integration, Arbeit und Soziales 2007a: 2). Die
hieran anschließende öffentliche und politische Debatte um die Ursachen für die nachgewiesenen Bildungsungleichheiten verlief in Berlin, ähnlich wie auf Bundesebene, seit
Mitte der 00er Jahre vor allem in zwei Richtungen. Zum einen formierte sich ein diskursives Wissen um die Annahme einer systemimmanenten Bildungsbenachteiligung. Das
Berliner Schulsystem wird dabei als Ort »sozialer Auslese« (ebd.: 41) betrachtet, dem es
nicht gelingt, »Benachteiligungen von Schülerinnen und Schülern« auszugleichen, sondern welches – »im Gegenteil« – den »Missstand […] oft sogar« verstärke (Beauftragte
des Berliner Senats für Integration und Migration 2009: 37). An eine solche ›Systemkri-
tik‹ schlossen sich Forderungen nach einer breit angelegten Schulstrukturreform an, die

---

die »Schulschwänzer« kümmern sollen (vgl. Vogt 2014). Die Berliner Bezirke verhängten im Schuljahr 2016/17 insgesamt 867 Bußgelder gegen die Eltern von »Schulschwänzern« (rbb24 2018).

vor allem auf eine Auflösung der Mehrgliedrigkeit des Berliner Schulsystems abhoben. Der im Schuljahr 2010/11 begonnene Umbau von einem viel- zu einem zweigliedrigen Schulsystem sowie der Modellversuch »Gemeinschaftsschule« wurden in späteren Senatsveröffentlichungen entsprechend in einen direkten Zusammenhang mit der durch PISA ausgelösten Diskussion um schulische Bildungsbenachteiligung gestellt (vgl. Beauftragte des Berliner Senats für Integration und Migration 2012a: 25; vgl. Kapitel 5.1).

Demgegenüber gibt sich an zahlreichen Stellen in den politischen Dokumenten eine weitere Lesart der PISA-Ergebnisse zu erkennen. Dieser zufolge werden die Ursachen für die hier aufgezeigten Bildungsungleichheiten primär außerhalb der Schule und hier vor allem bei den Familien der Schüler_innen verortet. Die Berliner Bildungskommission hebt in ihrem 2003 veröffentlichten Bericht auf die Bedeutung sog. »herkunftsbedingter Disparitäten« ab, dies insbesondere, wenn sie sich der »Bildungsbeteiligung von Schülerinnen und Schülern mit Migrationshintergrund« zuwendet (Bildungskommission der Länder Berlin und Brandenburg 2003: 66). Die Kommission lokalisiert bei den Familien der genannten Schüler_innen gleich mehrere ›Bildungsrisiken‹, die einer »direkte[n] Beeinflussung durch die Schule nicht zugänglich« seien, sondern im Rahmen kompensatorischer Förderung lediglich durch die Schule »begrenzt« bzw. »gemindert« werden könnten (ebd.: 143). Die sog. ›Bildungsrisiken‹ werden vor allem beim sozioökonomischen Hintergrund von Familien mit »Migrationsstatus« (ebd.: 142), ihrer Herkunft »aus vormodernen gesellschaftlichen Lebenszusammenhängen« (ebd.: 145), deren »kulturellen Gehalte im Wesentlichen [nicht, E.K.] aus einer *westlichen* Tradition stammen« (ebd.: 146) sowie bei mangelnden sprachlichen Kompetenzen der Familien verortet.

Die Zusammenhangsannahme von ›Schulerfolg‹ und ›familiärem Hintergrund‹ wird im weiteren Diskursverlauf immer wieder aufgegriffen. Dabei stehen vor allem solche Eltern im Fokus, denen ein bestimmtes »Risiko für den schulischen und beruflichen Erfolg« ihrer Kinder zugeschrieben wird (Autorengruppe regionale Bildungsberichterstattung Berlin-Brandenburg 2008: 18). Auffällig ist, dass eine solche Zuschreibung häufig unter Verwendung des Begriffs der »Bildungsferne« bzw. mit Verweis auf »so genannte bildungsferne Familien« geschieht (Senatsverwaltung für Integration, Arbeit und Soziales 2007a: 39). Diesbezüglich heißt es im Berliner Integrationskonzept: »Der Senat legt […] insbesondere bei Kindern aus so genannten bildungsfernen Familien großen Wert auf eine intensive Kooperation mit den Elternhäusern und die aktive Einbeziehung der Eltern in die Lernentwicklung ihrer Kinder« (ebd.). Während der Begriff der »Bildungsferne« in den Senatsdokumenten vielfach Verwendung findet, wird an keiner Stelle konkret definiert, was unter einer solchen genau verstanden wird. Der Begriff wird in den Dokumenten vielmehr mit unterschiedlicher Bedeutung gefüllt. So orientiert sich das Verständnis von »bildungsfernen Elternhäuser[n]« vor allem an Normativen einer ›guten‹ Elternschaft. Dies wird z.B. dann deutlich, wenn es wie folgt heißt: »In den Nachmittagsstunden sind die Kinder dann in ihren vielfach bildungsfernen Elternhäusern, sitzen häufig vor dem Fernsehgerät, bekommen nur wenig sprachliche Anregungen und keine oder nur sehr geringe Unterstützung bei den Hausaufgaben durch die Eltern« (Bezirksamt Neukölln 2015a: 23f.). Es artikuliert sich hier die Auffassung, dass in »bildungsfernen Elternhäusern« das »Fernsehgerät« eine wesentliche Sozialisationsinstanz der Kinder darstellt, während die Eltern, der ihnen zugeschriebenen Verantwortung im Bereich der Hausaufgabenhilfe, nicht nachkommen. Die Hausaufgabenhilfe durch die Eltern erscheint hier allerdings als wesentliche Voraussetzung für den Schulerfolg der Kinder. Das Fehlen eines spezifischen Wissens bei der Hausaufgabenbetreuung wird an anderer Stelle wiederum explizit als »Nachteil« für den »Nachwuchs« beschrieben: »Wenn Eltern ihren Kindern bei den Hausaufgaben nicht den Satz des Pythagoras, Akkusativ oder Dativ erklären können, hat der Nachwuchs einen deutlichen Nachteil« (Beauftragte des Berliner Senats für Integration und Migration 2009: 36).

Die politischen Sichtweisen auf die vermeintliche Gruppe der ›bildungsfernen Eltern‹ verschränken sich vielfach mit klassistischen Zuschreibungen hinsichtlich des sozio-ökonomischen Hintergrundes der Familien; so zum Beispiel dann, wenn es von Seiten der Bezirksamtes Neukölln heißt, dass »bildungsferne Familien das Sozialsystem als Lebensgrundlage adaptiert haben« (Bezirksamt Neukölln 2009: 2). Die ›Bildungsferne‹ erscheint hier, wie auch an den zuvor genannten Stellen, als quasi natürliche Charaktereigenschaft der Familien. Im zuletzt genannten Zitat wird eine selbstverschuldete bzw. gewollte Abhängigkeit der Familien von Sozialtransfers assoziiert, wodurch wiederum einer individualisierenden Perspektive hinsichtlich der Ursachen von schulischen Bildungsungleichheiten Vorschub geleistet wird.

Auffällig ist in diesem Zusammenhang, dass Zuschreibungen, die hinsichtlich der vermeintlichen Bildungsferne von Eltern vorgenommen werden, sich häufig mit einem natio-ethno-religiös-kulturellen Othering der Eltern verbinden. Dies geschieht zum einen implizit, indem von »bildungsfernen Familien« vor allem im integrationspolitischen Kontext die Rede ist (Senatsverwaltung für Integration, Arbeit und Soziales 2007a: 31). Hier sowie an anderer Stelle werden die Bezeichnungen der ›Familien mit Migrationshintergrund‹ sowie der ›bildungsfernen Familien‹ teilweise synonym verwendet. So auch im folgenden Beispiel, in dem der Hintergrund von »Kindern aus bildungsfernen Familien« und »Schülerinnen und Schülern mit Migrationshintergrund« im selben Atemzug problematisiert werden (ebd.: 31):

> »Unzureichende Sprachkenntnisse und Defizite in der Bearbeitung von Lehr- und Lerninhalten sind die Hauptursachen für den mangelnden Schulerfolg von Kindern aus bildungsfernen Familien und erschweren Schülerinnen und Schülern mit Migrationshintergrund den Wechsel zwischen den Bildungsgängen mit dem Ziel, einen höheren Bildungsgrad zu erreichen.« (Ebd.)

Die scheinbar selbstverständliche Kopplung von »Migrationshintergrund« und »[B]ildungsferne« basiert auf der Annahme, dass die »Bildungsferne« der Familien zwar »nicht nur«, aber »auch ethnisch-kulturell bedingt« sei (Beauftragte des Berliner Senats für Integration und Migration 2004: 5). Die Perspektive auf Eltern ›mit Migrationshintergrund‹ als gleichsam ›bildungsferne Eltern‹ steht dabei im Einklang mit im politischen Diskurs gängigen Konzeptionen von »Eltern von Migrantenkindern«, die »oftmals nicht über ausreichendes Wissen verfügen, um ihre Kinder sinnvoll unterstützen und fördern zu können« (Beauftragte des Berliner Senats für Integration und Migration 2012a: 32). Die sich so herauskristallisierende Kategorie der »Familien bildungsferner Schichten mit Migrationshintergrund« (Senatsverwaltung für Bildung, Wissenschaft und Forschung 2010c: 4) erweist sich somit als anschlussfähig für gängige Defizitperspektiven auf Familien mit Migrationsgeschichte, wie sie bereits in den vorherigen Kapiteln ausführlich analysiert wurden.

Die genannten Sichtweisen auf ›bildungsferne Familien mit Migrationshintergrund‹ im bildungspolitischen Diskurs leiten auch die Vergabe von finanziellen Mittelzuschüssen an Berliner Schulen durch die Bildungsbehörde an. Zusätzliche Stellen und finanzielle Mittel für die Schulen bemessen sich insbesondere an den statistischen Größen der »nicht-deutschen Herkunftssprache« (ndH) sowie der »Lernmittelbefreiung« (Lmb) der Schüler_innen. Obwohl die aus dem familiären Hintergrund der Schüler_innen abgeleiteten ndH- sowie Lmb-Anteile in den Schulen nicht einheitlich erhoben werden und somit nur eine bedingte Vergleichbarkeit zwischen den Schulen zulassen (vgl. Ludwig 2014), wird über diese maßgeblich auf »die Höhe der sozialen Belastung« der Schulen geschlossen (vgl. Senatsverwaltung für Bildung, Jugend und Familie o.J./b). So erhalten Schulen im Rahmen des 2014 eingerichteten Berliner »Bonus-Programms« Fördergelder und zusätzliche Lehrstunden, wenn der Anteil lernmittelbefreiter Schüler_innen der Schule über 50 Prozent liegt (vgl. Senatsverwaltung für Bildung, Jugend und Familie o.J./b: o.S.).[9] Der ›sozio-ökonomische Hintergrund‹ sowie die ›Herkunftssprache‹ der Schüler_innen werden als objektive Variablen behandelt, aus denen eine Förderbedürftigkeit der Schulen unmittelbar abgeleitet wird. Dies legt die diskursive Schlussfolgerung nahe, dass Schüler_innen, deren »Kommunikationssprache innerhalb der Familie nicht Deutsch ist«[10] (§17(1) Berliner Grundschulverordnung) und/oder deren Eltern staatliche Hilfen bzw. öffentliche Sozialleistungen beziehen (vgl. §59 Berliner Schulgesetz i.d.F. vom 26.01.2004), stets auch einen besonderen Förderbedarf aufweisen.[11]

---

9   Das »Bonus-Programm« knüpft an aktuelle bildungspolitische Reformperspektiven rund um eine stärkere ›Autonomisierung‹ und ›Output-Steuerung‹ von Berliner Schulen an. So wird, wie auf der Homepage des Bildungssenats betont, auf einen »eigenverantwortlichen Umgang« der Schulen mit den finanziellen Mitteln gesetzt (Senatsverwaltung für Bildung, Jugend und Familie o.J./b: o.S.). Die Schulen sollen »mit eigenen kreativen Ideen die Zulagen des Bonus-Programms einsetzen und ihre Schule mit viel Engagement weiter entwickeln«, um so »ihre Schülerinnen und Schüler […] zu bestmöglichen Ergebnissen [zu] führen« (ebd.). Zur Stärkung einer solchen Orientierung sieht das Förderprogramm einen »Leistungsbonus« vor. Schulen können ihre Förderung um mehrere Zehntausend Euro jährlich erhöhen, wenn sie die im Rahmen des Programms mit der regionalen Schulaufsicht abgeschlossenen »Zielvereinbarungen«, wie beispielsweise die Reduzierung der Zahl der Schulabbrecher_innen, innerhalb des Förderzeitraums erreichen (ebd.).

10   Die an den Schulen erfassten Anteile von Schüler_innen mit ›nichtdeutscher Herkunftssprache‹ ist – ebenso wie der Anteil von Schüler_innen mit ›nicht-deutscher Staatsangehörigkeit‹ – auf der Homepage des Berliner Senats einsehbar. Die Veröffentlichung wird – im Sinne der bereits oben beschriebenen ›Transparentmachung‹ schulischer Daten – als ein Service für die Eltern ausgegeben, der ihnen dabei helfen soll, »die richtige Schule für [i]hr Kind« zu finden (Senatsverwaltung für Bildung, Jugend und Familien o.J./c).

11   Einer solchen Perspektive wird auch dadurch Vorschub geleistet, dass das Bonus-Programm im medialen wie im öffentlichen Diskurs vor allem unter dem Namen »Brennpunktschulen«-Programm bekannt ist (Vogt/Vieth-Entus 2014: o.S.). Eine solche Bezeichnung weist auf die stigmatisierende Wahrnehmung lernmittelbefreiter Schüler_innen als per se ›schwierig‹ und ›problematisch‹ hin und legt eine Gleichsetzung der am Bonus-Programm beteiligten Schulen mit ›Problemschulen‹ nahe (vgl. Kapitel Exkurs II).

Entsprechend der beschriebenen Perspektive auf die als ›bildungsfern‹ und ›mit Migrationshintergrund‹ gelabelten Eltern werden auch im bildungspolitischen Diskurs vorwiegend Maßnahmen gefordert und gefördert, die auf eine Kompensation vermeintlicher elterlicher Erziehungs- und Bildungsdefizite ausgerichtet sind. (Eltern-)Vereinen wird in diesem Zusammenhang eine zentrale Rolle vor allem bei der »Organisation von Nachhilfeunterricht« für Schüler_innen sowie der Information und »Beratung der Eltern bei Fragen zu Schule und Bildung« zugesprochen (Beauftragte des Berliner Senats für Integration und Migration 2007: o.S.). Dabei sollen ›Migrant_innenorganisationen‹ die Eltern bei der Förderung des Schulerfolgs ihrer Kinder unterstützen – ein Selbstverständnis, das die Schulen und Vereine weitgehend teilen, wie ich unten noch näher darlegen werde.

7.2   Dominante Wissensbestände über ›bildungsferne Familien (mit Migrationshintergrund)‹ in Berliner Schulen

Auch viele der interviewten Pädagog_innen vertreten die Ansicht, dass der Schulerfolg ihrer Schüler_innen primär von der Förderung und Unterstützung ihrer Eltern abhängt. Schulische Misserfolge von Schüler_innen werden dementsprechend vielfach primär auf einen ›fehlenden Unterstützungswillen‹ sowie eine ›Bildungsferne‹ der Eltern zurückgeführt. Welche Eltern dabei als ›bildungsnah‹ und ›bildungsfern‹ angesehen werden, hängt von dominanten Zuschreibungen hinsichtlich des Herkunftshintergrundes der Schüler_innen ab, wie sie bereits in den vorausgegangenen Kapiteln analysiert wurden, sich im Kontext des Bildungsdispositivs jedoch noch weiter ausdifferenzieren. Diese Sichtweisen auf ›bildungsferne Eltern mit Migrationshintergrund‹ erhalten vor dem Hintergrund eines schulischen Performanz- und Wettbewerbsdrucks besondere Relevanz; sie leiten hier verschiedene Praktiken des Ein- und Ausschlusses von bestimmten Schüler_innen und Eltern an. Hierauf möchte ich im Folgenden näher eingehen.

7.2.1   Individualisierung von Schulmisserfolg über die Kategorie der elterlichen ›Bildungsferne‹

> »Die Rolle, die die Eltern spielen, die ist insofern groß, als dass sie diejenigen sind, die die Kinder beim Lernen eigentlich unterstützen, ja? Wir vermitteln etwas, wir stellen also mehr oder weniger die Inhalte bereit, aber das eigentliche Lernen wird ja doch sehr oft dann durch die Zusammenhänge, wie sie zu Hause sind, gefördert oder eben nicht gefördert.« (Fischer 17)

Wie die Schulleiterin Fischer erklären fast alle Pädagog_innen im Interview die elterliche Unterstützung als zentrale Voraussetzung für den Schulerfolg ihrer Kinder. Die Betonung der zentralen Bedeutung von Eltern geht auch in diesem Zusammenhang vielfach mit einer Problematisierung der Lern- und Bildungsverhältnisse in (bestimmten) Elternhäusern einher. Diesbezügliche Argumentationen verbinden sich, wie im bildungspolitischen Diskurs, häufig mit Verweisen auf eine elterliche ›Bildungsferne‹. So argumentiert z.B. der Sozialpädagoge Krug: »Sie [die Schüler_innen, E.K.] haben einfach häufig Eltern, die sich eben nur bedingt für ihre Kinder interessieren oder für die Bildung vielleicht auch nicht vordergründig vorrangig ist, wo es andere Ideen dazu gibt. Und diese Eltern sind Eltern, die sich fernhalten« (Krug 19). Bildungsferne wird hier als ein ›sich Fernhalten‹ der Eltern von der Schule ihrer Kinder definiert – ein Verhalten, das von Krug, wie auch von einigen seiner Kolleg_innen, vor allem arbeitslosen Eltern zugeschrieben wird. So spielt, wie im Integrationsdispositiv, auch im Sprechen über eine elterliche ›Bildungsferne‹ die Figur der ›Hartz IV-Empfänger_innen‹ eine zentrale Rolle. Auf diese nimmt, neben Musa und Bostancı, auch der Schulleiter Westheimer Bezug, wenn es darum geht, schulische Erfolge und Misserfolge seiner Schüler_innen zu erklären. Diesbezüglich führt er aus:

> »Ich kann's mir nur so erklären, da sind keine Elternhäuser dahinter, die wirklich alles geben, damit ihre Kinder schulischen Erfolg haben. Ich habe ganz viele Elternhäuser, ich will ja kein falsches Bild zeichnen, die daran interessiert sind, und die sich auch einiges verkneifen, damit ihre Kinder wirklich mal ein ordentliches Abitur machen und aus der Hartz IV-Falle rauskommen, hab' ich ganz viele davon. Aber ich hab' auch ganz viele davon, die eigentlich da relativ wenig Interesse haben.« (Westheimer 50)

Die Schulmisserfolge seiner Schüler_innen führt der Schulleiter hier auf ein fehlendes »Interesse« »ganz viele[r]« Eltern zurück. Dabei labelt er solche Eltern als »interessiert«, die ein Höchstmaß an Einsatzbereitschaft für ein »ordentliches Abitur« ihrer Kinder zeigen, indem sie für dieses »wirklich alles geben« und sich »auch einiges verkneifen«. Mit der Bezeichnung »HartzIV-Falle« beschreibt er die Situation der Eltern und ihrer Kinder als einen Zustand, aus welchem sie, einmal hineingeraten, nur schwer wieder herauskommen. Mit dem Begriff der ›Falle‹ verweist der Schulleiter zwar auf einen äußeren Umstand, der für die prekäre Lage vieler Familien an seiner Schule ursächlich ist. Letztlich, so kommt in der zitierten Interviewsequenz jedoch zum Ausdruck, sind es nach Ansicht Westheimers allein die Eltern, die sich und ihre Kinder über ihren individuellen Einsatz aus der »Hartz IV-Falle« befreien können.

Auch Bostancı stellt einen Kausalzusammenhang zwischen ›Schulerfolg‹ und ›Leistungswillen‹ her. Der Lehrer meint, dass es seine Schule »überwiegend mit dieser Mehrheit an, na ja, Leistungsunwilligen und, ja, nicht diszipliniert oder Schule nicht ernstnehmenden Schülern und auch leider Eltern zu tun« habe (Bostancı 5). Der Lehrer begreift dabei seine Schüler_innen als »Spiegelbild ihrer Eltern« (ebd.), wonach es vor allem Letztere sind, denen er eine Leistungsunwilligkeit zuschreibt. Wie Westheimer stellt auch Bostancı eine elterliche ›Leistungsunwilligkeit‹ in einen direkten Zusammenhang mit dem vermeintlichen Sozialhilfebezug der Eltern. Eine solche Zusammenhangsannahme erweist sich insofern als ein gängiges Deutungsmuster in den Schulen, als dass viele der interviewten Pädagog_innen davon ausgehen, dass die Mehrheit der Familien an ihrer Schule Transferleistungen vom Staat erhalten. So auch die Lehrerin Sommer, die im Interview gleich mehrfach betont, dass »100 Prozent« der Schüler_innen in ihrer Klasse von »Lernmitteln« befreit seien:

> »In meiner Klasse sind jetzt 17 Schüler. Da ging es gerade darum, dass Eltern etwas ausfüllen mussten, ob sie Lernmittel selber anschaffen, für das kommende Schuljahr, oder befreit werden. 100 Prozent Befreiung, aufgrund der, ja, sozialen Benachteiligung

((betont den Begriff spöttisch und lacht leicht über diesen)). Und das gilt für fast alle Schüler hier. Es ist eine Ausnahme ((!)), wenn beide Eltern arbeiten und, sag' ich mal, so viel arbeiten, dass sie nicht doch irgendwie Wohngeld oder sonst etwas bekommen, ja?« (58)

Über die Abfrage der Lernmittelbefreiung in ihrer Klasse meint die Lehrerin nicht nur auf die ökonomische Situation ihrer Schüler_innen schließen zu können, sondern auch auf die Arbeitsmoral der Eltern. Dabei distanziert sich Sommer von einer Beschreibung der familiären Lagen in ihrer Klasse als »soziale Benachteiligung«, indem sie diese, von mir zuvor eingebrachte Formulierung spöttisch aufgreift und sich über einen belustigenden Duktus deutlich von einer solchen Interpretation distanziert. [12] Der erhobene Lmb-Anteil wird hier von der Lehrerin herangezogen, um ihre individualisierende Erklärung sowohl für die soziale Situation der Familien zu fundieren.

Die vermeintliche ›Bildungsferne‹ von Eltern wird in den Interviews auch thematisch, wenn es um die Beschreibung elterlicher Bildungserwartungen geht. Laut Bieker sind es »gerade auch bildungsferne Elternhäuser, die eigentlich ganz viel für ihr Kind möchten« (Bieker 21). Sie führt diesbezüglich weiter aus:

»[...] also wenn man die Kinder fragt, was die werden wollen, dann wollen die irgendwie alle Ärzte und Rechtsanwälte und so werden. Und das sind teilweise auch Vorstellungen, die vielleicht nicht so realistisch sind, aber die auf jeden Fall erst mal, die ich erst mal so gut finde und auch respektieren würde, weil sie halt auch sozusagen den Aufstiegswillen erst mal zeigen. Aber die Eltern wissen eigentlich nicht, wie sie das, sozusagen wie sie da Unterstützung bieten können und, ja, sind da vielleicht ein bisschen unsicher [...] ((betrübt)).« (Ebd.)

Die Lehrerin beobachtet, dass Kinder aus »bildungsfernen Elternhäusern« an ihrer Schule vor allem akademische Berufe mit hohem gesellschaftlichem Anerkennungswert anstreben. Bieker schätzt diese Bildungsvorstellungen als »nicht so realistisch« ein, möchte diese ihren Schüler_innen jedoch nicht absprechen, da sie den darin zum Ausdruck kommenden »Aufstiegswillen« der Schüler_innen grundsätzlich positiv bewertet. Der mit der Konjunktion »aber« eingeleitete darauffolgende Satz transportiert ein Bedenken der Lehrerin, welchem zufolge ein vermeintlich fehlendes Unterstützungswissen auf Seiten der Eltern dem »Aufstiegswillen« der Schüler_innen entgegensteht. Dass die – zuvor als ›bildungsfern‹ gelabelten – Eltern nicht wüssten, »wie sie da Unterstützung bieten können«, wird als entscheidendes Hindernis für die Erfüllung der von den Kindern angestrebten Berufswünsche formuliert. Die Lehrerin zeigt sich vor diesem Hintergrund betrübt darüber, an ihrer Schule scheinbar hilflos beobachten zu müssen, wie sich bestimmte Bildungsvorstellungen ihrer Schüler_innen als unrealistisch erweisen und dabei schulische Bildungsungleichheiten reproduziert werden.

---

12   Die Lehrerin hatte zuvor den »sozialen Status« der Eltern als »das Problem« bezeichnet und diesen in einen Zusammenhang mit einem »fehlenden Interesse« der Eltern am Schulerfolg ihrer Kinder gestellt (Sommer 54ff.). Ich habe sie daraufhin gefragt, ob sie ein solch ›fehlendes Interesse‹ lediglich auf Seiten »sozial benachteiligter Elternhäuser« finde, oder auch bei »weniger sozial benachteiligten Elternhäusern« beobachte (ebd. 57).

In ähnlichem Duktus schildert die Sozialpädagogin Musa ihre Beobachtung: »Alle Eltern möchten gerne, dass es ihrem Kind hier gut geht, jedes Elternteil möchte gerne, dass ihr Kind nachher die Universität besucht. Aber sie wissen nicht wie ((!))« (Musa 102). Der Wunsch der Eltern nach einer akademischen Bildungslaufbahn ihrer Kinder erscheint für Musa ein Anliegen, das »[a]lle Eltern« teilten. Damit sich dieser Wunsch realisiert, sieht es allerdings auch Musa als zentrale Voraussetzung an, dass die Eltern wissen, »wie« es ihre Kinder auf die Universität schaffen können, was für Musa die Notwendigkeit einer elterlichen Unterstützung auf diesem Weg impliziert. Ein solches Unterstützungswissen spricht Musa dem Gros der Eltern an ihrer Schule jedoch ab und erklärt sich hierüber wiederum das vielfach schlechte schulische Abschneiden der Schüler_innen an ihrer Schule (vgl. ebd.). Auch Musa realisiert somit, dass die Bildungskarrieren ihrer Schüler_innen stark von den Förder- und Unterstützungsmöglichkeiten im Elternhaus abhängig sind, ohne diese Situation allerdings als Form einer strukturellen und/oder institutionellen Diskriminierung der Schüler_innen und ihrer Familien zu werten.

Während Bieker und Musa unrealistische elterliche Bildungsaspirationen vor allem auf ein ›Unwissen‹ der Eltern zurückführen, werden die elterlichen Erwartungen von Bostancı und Westheimer als Ausdruck einer überschätzten Leistungserwartung an ihre Kinder interpretiert und kritisiert. Bostancı stellt bzgl. des Zusammenhangs zwischen ›Bildungsferne‹ und falscher Leistungseinschätzung folgende These auf, die er aus seiner Beobachtung ableitet: »Aber man kann sich schon auf diese Formel berufen: Je bildungsferner das häusliche Verhältnis, umso höher die verfehlte Einschätzung der eigenen Leistung« (Bostancı 147). Dass die als »verfehlte Einschätzung« wahrgenommenen Bildungsvorstellungen seiner Schüler_innen »von den Eltern auch so gepusht« würden, hält Bostancı für »verantwortungslos« (ebd.). Auch der Schulleiter Westheimer kritisiert die seiner Meinung nach unrealistischen Bildungsaspirationen der Eltern seiner Schüler_innen scharf, indem er ihnen vorwirft, »ihre Kinder in hohem Maße« zu »verheizen«:

> »Weil die Eltern, die Eltern wollen für ihre Kinder das Beste, die beste Schulform: Gymnasium. Der erste Schritt ist, sie verheizen ihre Kinder in hohem Maße, indem sie sie nach Klasse sechs ans Gymnasium schicken, obwohl sie nicht die Spur einer Chance dort haben. Sie haben weder das Sprachverständnis noch das Arbeitstempo noch das intellektuelle Niveau, in einem relativ hohen Maße. Ein Viertel meiner Schüler verlässt die Schule nach der Probezeit. [...] Und warum? Einfach weil die Eltern 'ne falsche Entscheidung getroffen haben und klein Yusuf einfach mal nichts dafürkann. Yusuf ist halt Yusuf, und der tickt dann aus. Na, was soll er denn auch machen?« (43)

Westheimer vertritt hier die Auffassung, dass Eltern ihren Kindern schaden, wenn sie die Möglichkeit der freien Schulwahl dazu nutzen, um ihre Kinder – auf Grundlage ihrer überhöhten Bildungsaspirationen und vermeintlich ungeachtet ihrer tatsächlichen Kompetenzen – auf sein Gymnasium zu schicken. Dass ein Viertel der Schüler_innen nach der Probezeit die Schule verlässt, führt er – ebenso wie ein auffälliges Verhalten von Schüler_innen wie von »klein Yusuf« – allein auf die »falsche Entscheidung« und überhöhte Bildungsaspirationen der Eltern zurück.

So wie Westheimer den möglichen ›Migrationshintergrund‹ von »Yusuf« nicht explizit macht, wenn er elterliche Bildungsentscheidungen problematisiert, wird auch an anderer Stelle in den Interviews vordergründig nicht auf den natio-ethno-religiös-kulturellen Hintergrund der Familien abgehoben. Vielmehr war es einigen der Pädagog_innen in den Interviews ein Anliegen, zu betonen, dass der Schulerfolg eigentlich *nicht* auf den ›Migrationshintergrund‹ der Schüler_innen zurückzuführen sei, sondern maßgeblich vom ›sozialen Status‹ der Familien abhinge. So merkt Bostancı hinsichtlich notwendiger Ansatzpunkte im Hinblick auf die Steigerung des Schulerfolgs an seiner Schule an: »[...] es ist ein soziales Problem, es ist kein Ausländerproblem, arabisches Problem, was auch immer, ein soziales Problem!« (Bostancı 43). Auch die Lehrerin Sommer betont bereits zu Beginn des Interviews:

> »Also ›das Problem‹ ist nicht der Migrationshintergrund, sondern das Problem ist die soziale Schicht. Wir haben es hier mit Elternhäusern zu tun, die fast durchgängig als diese bildungsfernen Elternhäuser zu bezeichnen sind. Also das geht jetzt weniger um die, würd' ich denken, um die Sache Migrationshintergrund. Also was bei uns das Problem ist, sind bildungsferne Elternhäuser mit Migrationshintergrund.« (2)

Ohne dass Sommer von mir im Interview zuvor auf die Rolle der Migrationsgeschichte der Eltern ihrer Schüler_innen angesprochen wurde, erscheint es ihr ein wichtiges Anliegen, sich von einer einseitigen Verortung der von ihr wahrgenommenen »Probleme« beim »Migrationshintergrund« der Schüler_innen und ihrer Eltern zu distanzieren. Während sie bzgl. des ›Migrationshintergrundes‹ ihrer Schüler_innen differenziert, setzt sie jedoch die Eltern einer, hier nicht weiter definierten »soziale[n] Schicht« mit »bildungsferne[n] Elternhäusern« gleich. Mit dieser klassistischen Sichtweise knüpft Sommer an diskursiv vorherrschende stereotype Wahrnehmungen von Familien in unterprivilegierten Lebenslagen an. Die hier zunächst vorgenommene Abgrenzung von einer Problematisierung des ›Migrationshintergrundes‹ relativiert sich allerdings bereits im darauffolgenden Satz. Sommer spricht nun davon, dass das »Problem« »weniger«, und damit also *auch* der ›Migrationshintergrund‹ der Eltern sei – eine Sichtweise, die sich schließlich in der Figur der »bildungsferne[n] Elternhäuser mit Migrationshintergrund« expliziert. Auch im weiteren Verlauf des Gesprächs fällt Sommer immer wieder auf Argumentationen rund um den vermeintlich natio-ethno-religiös-kulturell anderen Hintergrund der Schüler_innen und Eltern in ihrer Klasse zurück. Die von ihr vorgenommene Differenzierung beschränkt sich dann darauf, auf »Ausnahmen« von der Regel zu verweisen: »Es gilt natürlich nicht für alle, es gibt immer auch Ausnahmen, aber für das Gros der Elternschaft, da ((!)) spielt der Migrationshintergrund dann denke ich doch schon noch mal eine größere Rolle« (ebd. 6).

Auch Westheimer betont, dass es »hauptsächlich türkische Eltern und türkische und arabische Eltern« sind, die »nicht unbedingt auf Schule orientiert« seien (Westheimer 3). Im Interview begründet er die vielfach schlechten Schulleistungen seiner Schüler_innen nicht nur mit dem vermeintlich geringen Interesse der »türkischen Elternhäuser«, sondern auch mit der »Lernhaltung vieler Schüler« an seiner Schule (ebd. 90). So formuliert er an anderer Stelle im Gespräch: »Hier werden längst nicht so intensiv Hausaufgaben gemacht und sich vorbereitet auf den Unterricht und und und [...]« (ebd.).

Die fehlende »Lernhaltung« wird als ein spezifisches Charakteristikum der Schüler_innen der »Türkenschule« beschrieben, wie der Schulleiter seine Schule nennt (ebd. 88). Der Verweis auf die Schüler_innen »hier« impliziert zugleich eine Orientierung an einer bestimmten Lernhaltung ›woanders‹. Dieses ›Woanders‹ konkretisiert Westheimer, indem er anschließend auf das »Beethoven-Gymnasium« in einem anderen Berliner Bezirk verweist: »Na ja, weil natürlich, ich meine die Lernhaltung vieler Schüler hier ist doch nicht die vom Beethoven-Gymnasium« (ebd.: 90). Westheimer unterscheidet die Schulen dabei auch im Hinblick auf ein hier verortetes unterschiedliches Elternklientel. Dies zeigt sich u.a. in folgender Äußerung:

> »Ich hatte hier mal, die wurden durch Umlenkung hierhergeschickt, völlig verzweifelte Eltern mit drei, zwei zarten kleinen blonden Mädchen, die seit dem dritten Lebensjahr Geige spielen. So. Die waren natürlich entsetzt die [Name der Schule, E.K.] zugewiesen zu bekommen. […] Und die Eltern haben einfach auch Angst, dass ihre Kinder dann mit solchen, also dass diese Lernhaltung irgendwie abfärbt.« (Ebd. 82)

Bei der Beschreibung des Schulleiters der »kleinen blonden Mädchen, die seit dem dritten Lebensjahr Geige spielen« scheint es sich um eine gleichsam stereotype wie stilisierte Darstellung einer bestimmten Schüler_innen- und Elternklientel zu handeln, worüber er diese in einen starken Kontrast zu den Eltern- und Schüler_innenschaft seiner »Türkenschule« stellt (ebd. 88). Über die Hervorhebung der äußeren Merkmale der »blonden Mädchen« weist der Schulleiter indirekt auf den vermeintlich anderen natio-ethno-kulturellen Hintergrund der Schülerinnen und ihrer Eltern hin. Mit der ›anderen Herkunft‹ verbindet Westheimer einen ›anderen Bildungshabitus‹, den er meint, an seiner Schule nicht ›bedienen‹ zu können. So gibt er im Folgenden an: »[I]ch hab' hier kein Orchester, ich hab' keinen großen Chor, ich hab' kein Dies, Das und Jenes, was so ein klassisches deutsches Gymnasium auszeichnet« (ebd. 82). Wie das Geigespielen der Schüler_innen erscheint auch das »Orchester« als Ausdruck einer bildungsbürgerlichen ›Hochkultur‹, die nach Westheimer ein »klassisches deutsches Gymnasium« auszeichnet. Indem er betont, was er an seiner Schule alles nicht »hat«, stellt er diese einem »klassischen deutschen Gymnasium« ebenso gegenüber wie den Eltern der »kleinen blonden Mädchen«. Dabei wird nicht nur das Charakteristikum »klassisch«, sondern auch »deutsch« als eine differente Eigenschaft zur Schule Westheimers und der hier verorteten Eltern- und Schüler_innenklientel markiert. Vor diesem Hintergrund drängt sich die Schlussfolgerung auf, dass die »blonden Mädchen« und ihre Eltern nicht an Westheimers Schule gehören. Die genannte »Angst« der Eltern, dass die »Lernhaltung« seiner Schule »irgendwie abfärbt«, erscheint für Westheimer entsprechend nachvollziehbar.

Wie deutlich wurde, gehen die Pädagog_innen ähnlich wie im bildungspolitischen Diskurs von einem engen Zusammenhang von Schulerfolg und familiärer Herkunft der Schüler_innen aus. Dies scheint mit Blick auf die Entwicklung im Bildungssystem und den sich hier abzeichnenden dominanten Formen institutioneller und struktureller Diskriminierung zwar realistisch, wird diesbezüglich von den Pädagog_innen jedoch nicht weiter kritisch hinterfragt. Vielmehr wird die scheinbar selbstverständliche Kausalannahme durch die Kategorie der elterlichen ›Bildungsferne‹ zusätzlich gestützt. Diese wird im Interview von den Pädagog_innen flexibel mit Bedeutung aufgeladen, wobei es zumeist klassistische Zuschreibungen hinsichtlich der familialen Lebenslagen der Schüler_innen sind, die sich zum Teil mit rassistischen Vorstellungen verbinden und sowohl individualisierende als auch responsibilisierende Perspektiven auf die Ursachen von Bildungsungleichheiten in den Schulen stärken.

7.2.2   Schulische Performanzsteigerung als Legitimation für Diskriminierung

Das in den Schulen vorherrschende Wissen rund um die Kategorie der elterlichen ›Bildungsnähe‹ bzw. ›-ferne‹ leitet auch im Bildungsdispositiv spezifische schulische Praktiken im Umgang mit den Eltern der Schüler_innen an. Dabei kann zwischen solchen Praktiken unterschieden werden, die primär bei den als ›bildungsfern‹ gelabelten und meist zugleich als ›migrantisch‹ positionierten Familien ansetzen sowie Kommunikations- und Handlungsweisen, über welche vorwiegend als ›bildungsnah‹ und von den Schulen meist als ›deutsch‹ verstandene Eltern adressiert werden. Hinsichtlich der erstgenannten ›Gruppe‹ werden von den Pädagog_innen durchweg kompensatorische Maßnahmen genannt, wie Elternsprachkurse und Elterninformationsveranstaltungen, die darauf abzielen, den Eltern ein von Schule für wichtig erachtetes Unterstützungswissen zu vermitteln; in den Worten Fischers: »Alles, was dem dient, also die Erwachsenen dafür zu sensibilisieren, dass es auch der Unterstützung bedarf, wenn das Kind die weiterführende Schule besucht und welche Formen von Unterstützung dies ist« (Fischer 84).

Die Pädagog_innen verweisen im Interview zudem auf spezifische Praktiken im Umgang mit sog. bildungsnahen (deutschen) Eltern. So kommt diesen Eltern vielfach eine besondere Beratung im Rahmen der Schulwahl ihrer Kinder zu. Der Schulleiter Westheimer gibt an, dass er bestimmten Eltern im Vorgespräch lange Zeit explizit davon abgeraten habe, ihre Kinder an seiner Schule anzumelden. So auch im Fall der bereits genannten Eltern der »blonden Mädchen«, die sich dem Schulleiter gegenüber besorgt zeigen, ihre Kinder auf seine Schule zu schicken. Der Schulleiter gibt an, die Eltern wie folgt beraten zu haben: »Ich hab' sie erst mal getröstet, hab' ich gesagt: ›Setzen Sie sich hin, füllen Sie aus, und dann suchen Sie sich in Ruhe eine andere Schule, ich versteh' Sie, keine Frage‹« (Westheimer 82). Westheimer nimmt sich der Ängste der Eltern an, indem er sie darin unterstützt, ihre Kinder an einer anderen Schule anzumelden.

Auch die Lehrerin Sommer erzählt, dass es »damals« so war, dass der Schulleiter ihrer Schule »tatsächlich, wenn deutsche Eltern ihre Kinder anmelden wollten, ihnen abgeraten hatte« (Sommer 158). Die Lehrerin gibt zu verstehen, dass sie diese Praxis »völlig richtig« fand (ebd.). Diese habe sich mittlerweile jedoch verändert. Während die Schulleitung ihrer Schule früher vor allem darum bemüht war, eine bestimmte Schüler- und Elternschaft vor negativen Erfahrungen an der Schule Sommers zu ›bewahren‹, versuche man heute, »verstärkt« »wieder ein deutsches Schülerpotenzial an die Schule zu holen« (ebd.). Um dieses Ziel zu erreichen, so berichten neben Sommer und Westheimer auch die Pädagog_innen Bostancı, Fischer und Krug, versuchten die Schulen entsprechende Anreize für als ›bildungsnah‹ positionierte ›deutsche Eltern‹ zu setzen, damit diese ihre Kinder an den Schulen anmeldeten. Diesbezüglich erzählt Sommer vom Aufbau eines Montessori-Zweigs an ihrer Schule, mit dem diese »mehr deutsche

Kinder« zu gewinnen versucht (ebd. 166ff.). Bostancı und Fischer berichten in diesem Zusammenhang von der Einrichtung sog. »Schnelllerner-Klassen« (Bostancı 19; Fischer 21) an ihren Schulen. In diesen versammelten sich Kinder, »die überdurchschnittlich begabt sind« (Fischer 21) bzw. »eher leistungswilliger sind« (Bostancı 19) und in denen die »Anwesenheit von Erziehungsberechtigten [...] natürlich sehr viel höher« sei als in den regulären Klassen (Fischer 21). Die Lehrerin Fischer schreibt den ›Schnelllerner-Klassen‹ eine »ganz andere Elternschaft« zu, die wiederum »ganz andere Werte und Vorstellungen davon« habe, »was Schule machen soll« (ebd.).

Der Schulsozialarbeiter Krug erzählt im Interview von aktuellen Bestrebungen, seine Schule von einer Integrierten Sekundarschule in ein Gymnasium umzuwandeln. Ein wesentliches Ziel dieser Umstrukturierung sei es, stärker auf das Interesse der »deutschen Eltern, aber auch der europäischen Eltern« (Krug 236) in den umliegenden Grundschulen einzugehen und sie so zu einer Anmeldung ihrer Kinder an der Schule Krugs zu bewegen. Krug führt diesbezüglich mit spitzem Unterton aus: »Der Punkt ist der, dass natürlich, also diese Eltern spielen ja nur ((!)) eine Rolle gerade. Also weil diese Eltern, diese neuen Eltern von den anderen Schulen, die sollen ja bitte schön ihre Kinder alle herbringen« (ebd. 227). Die Ausrichtung der Schule an den Interessen der »deutschen« bzw. »europäischen« Elternschaft begründet der Schulsozialarbeiter an anderer Stelle im Interview damit, dass die Schule hierdurch ihrem »schlechten Ruf« begegnen wolle (ebd. 15). Diesen führt er darauf zurück, dass von den umliegenden Grundschulen stets »jeweils die Schwächsten« an seine Sekundarschule kämen (ebd.). Hinsichtlich der Außenwahrnehmung seiner Schule problematisiert Krug, dass die schlechten Einzelergebnisse der Schüler_innen »natürlich auch wieder in einem schlechten Ranking« der Schule »zusammenkommen« (ebd.): »Und von daher sind diese Eltern jetzt gerade ganz ganz wichtig« (ebd.). Von ihnen wird sich entsprechend erhofft, dass ihre Kinder das »Ranking« der Schule verbessern.

Vor diesem Hintergrund beobachtet Krug, dass die »deutschen Eltern« seit einiger Zeit eine zunehmend mächtige Position an seiner Schule eingenommen haben. Diese artikuliere sich vor allem in einem Druck, den neben öffentlichen Schulrankings auch die Eltern über ihre starke Gymnasialorientierung auf seine Schule ausübten (»Natürlich wollen die alle, dass es hier ein Gymnasium gibt«, ebd. 239). Krug kritisiert eine solche Schulformfixierung der »deutschen Eltern« bei ihrer Schulwahl. So ließen sich diese weder von den Inhalten noch von der Ausstattung der Schule beeindrucken; entscheidend für die Wahl der weiterführenden Schule ihrer Kinder sei für die Eltern allein, dass es sich bei dieser um ein Gymnasium handelt: »Deutschen Eltern muss man damit gar nicht kommen, die gucken sich das hier an, sagen: ›Tolles Gebäude, super ausgestattet. Ihr seid echt prima – aber ((flüsternd)): Mein Kind geht aufs Gymnasium‹« (ebd.). Krug kritisiert nicht nur die Haltung der Eltern, sondern auch die Bestrebungen seiner Schule, dieser Haltung über den Umbau der Schule – trotz hierfür eigentlich nicht geeigneter Bedingungen – nachzukommen. Das diesbezüglich starrköpfige Verhalten der Schulleitung beschreibt Krug wie folgt: »Es muss eine gymnasiale Oberstufe geben, hier mitten in der Schule. Ist erst mal auch vollkommen egal, ob das räumlich klappt oder wie das geht. Das ist ganz ((!)) wichtig. Das ((!)) muss einfach hierher, ne, und dann stehen Eltern sozusagen auf der Matte, ja ((leicht spöttisch))« (ebd.). Krug interpretiert das Verhalten der Schulleitung als eine Art ›blinder Gehorsam‹ gegenüber den »deutschen

Eltern«, den er auch hinsichtlich deren Mitsprache bei anderen Schulentwicklungsthemen beobachtet: »Ja, und wenn diese ((!)) Eltern dazu etwas sagen, zu allen Themen, wird das natürlich gerade sehr gehört, klar. Das ist dann wichtig ((spöttisch))« (ebd. 239). Die beschriebene Entwicklung an seiner Schule scheint Krugs Vorstellungen von einer ›guten Schule‹ entgegenzulaufen. Deutlich wird in Krugs Erzählung eine gewisse Entfremdung, die er gegenüber der Leitung seiner Schule empfindet – auch aufgrund seiner als begrenzt wahrgenommenen Möglichkeiten, die beschriebenen Entwicklungen aufzuhalten.[13]

Auch Westheimer beschreibt im Interview einen Performanzdruck, dem sich seine Schule in Konkurrenz zu anderen Schulen im Bezirk sowie im Wettbewerb um die ›besten Eltern‹ respektive die ›besten Schüler_innen‹ ausgesetzt sieht. Als Grund hierfür nennt der Schulleiter die berlinweite Erhebung und Veröffentlichung des schulinternen Abiturdurchschnitts, an der sich seiner Ansicht nach gerade ›bildungsnahe‹ Eltern bei ihrer Schulwahl orientierten (siehe oben). Westheimer erzählt, dass seine Schule beim Abiturdurchschnitt zuletzt ein »grottiges Ergebnis« erreicht habe, was ihn nachhaltig beschäftige (E.K.:»Ist die denn so wichtig, diese Abi-Note?« Schulleiter:»Na offenbar ja, denn die wird ja veröffentlicht«; Westheimer 101f.) und schließlich zu folgender Praxis an seiner Schule geführt hat:

> »So, und bisher hab' ich's ja auch so gemacht, dass ich Schülern, die an anderen Schulen schon mal durchgefallen sind, Asyl geboten habe und gesagt hab': ›Okay, dann steigen Sie hier noch mal ein, haben Sie 'ne zweite Chance. Zweite Chance, neue Schule, neues Glück.‹ Überleg' ich mir jetzt sehr ((!)) genau, ob ich das wirklich tue. Weil, da wird ja doch nur ein Drei-Komma-Abitur draus, das wird ja kein Eins-Komma-Siebener-Abi. Das heißt, ich werde A kaum noch Schüler dergestalt aufnehmen. Es werden B sehr viel mehr Schüler durchfallen, weil wer durchfällt, versaut mir die Abi-Note nicht.« (Ebd. 100)

---

13   Der Schulsozialarbeiter Krug arbeitet mittlerweile nicht mehr an der Kreuzberger Sekundarschule, da seine Stelle trotz starken Protests seines Kollegiums aufgelöst wurde. Die zunehmend prekäre Situation von Sozialarbeiter_innen an Berliner Schulen, die auch von anderen Pädagog_innen im Interview angesprochen wird, kann als Ausdruck gegenwärtiger Rationalisierungsmaßnahmen im Berliner Schulsystem interpretiert werde. Diese Entwicklung ging nicht nur mit einem Stellenabbau im Bereich der schulischen Sozialarbeit einher, sondern auch mit einer weitgehenden Privatisierung der zuvor hauptsächlich staatlich finanzierten Stellen. Diese Situation beschreibt auch der Lehrer Bostancı, dessen Klasse »früher« noch »eine feste Sozialpädagogin zugeordnet« wurde, während heute ein_e Sozialpädagog_in in der Regel »für drei ((!)) Klassen zuständig« sei (Bostancı 27). Parallel hierzu wurde die Finanzierung und Organisation der Sozialarbeiter_innen-Stellen an Bostancıs Schule auf freie bzw. private Träger übertragen, die weit »unter Senatsbesoldung« (ebd. 35) bezahlten und meist – wie bei der Sozialpädagogin Musa – auf zeitlich befristeten Verträgen basieren (vgl. Musa 13ff.). Auch Krugs Stelle war von einer solchen Umwandlung betroffen. Der Sozialarbeiter schildert im Interview seine Situation wie folgt: »Wir sollen uns an Gesamtschulen begeben, oder am besten gehen. Ja noch besser dann irgendwie zu einem freien Träger gehen, das würde den Senat nix mehr kosten. [...] Und ich merke schon auch, dass sich für mich auch diese Systemfrage stellt, ne. Also ich habe schon das Gefühl, dass das Land Berlin nicht wirklich gute Schulen möchte« (Krug 299). Auch Bostancı kritisiert ein solches Vorgehen mit den Worten: »Ja, klar ((!)), Rotstift. Pädagogik oder langfristiges Denken oder der Schule mal richtig helfen, strukturell, personell, das wird gar nicht bedacht ((!))« (Bostancı 35).

Der Schulleiter beschreibt, dass er »bisher« auch solche Schüler_innen an seiner Oberschule aufgenommen habe, die an »anderen Schulen schon mal durchgefallen« sind. Vor dem Hintergrund der Veröffentlichung des schlechten Abiturdurchschnitts seiner Schule, habe sich Westheimers Einstellung diesbezüglich allerdings verändert. So ermöglche er heute weniger häufig eine »zweite Chance«, da bei Schüler_innen, die an anderen Schulen »durchgefallen sind«, erwartbar sei, dass diese kein sonderlich gutes Abitur abschließen. Der öffentlich einsehbare Abiturdurchschnitt der Schule könne sich darüber verschlechtern, was wiederum die ›gewünschten‹ Eltern davon abhalte, ihre Kinder an Westheimers Schule anzumelden. Dies hat zur Konsequenz, dass der Schulleiter sich heute »sehr ((!)) genau« überlege, ob er bestimmte Schüler_innen an seiner Schule aufnimmt, während er dazu übergegangen ist, schlechtere Schüler_innen häufiger durchs Abitur fallen zu lassen. Der von außen auferlegte Performanzdruck, dem sich Westheimer mit seiner Schule durch die Veröffentlichung des Abiturdurchschnitts ausgesetzt sieht, wird somit sowohl in Form eines erhöhten Schulleistungs- und Notendrucks auf die Schüler_innen übertragen als auch in rigiderer und frühzeitigere Selektionspraktiken überführt. Der vormals vertretene Ansatz einer ›solidarischen Schule‹ wurde somit an Westheimers Schule vom Wettbewerbs- und Performanzdruck im Berliner Schulsystem ausgehebelt.

Danach befragt, ob die beschriebene Praxis im »Interesse von gerade der Klientel der Eltern« sei, die Westheimer an seiner Schule »gerne erreichen möchte«, gibt der Schulleiter an:

> »Richtig. Es wird dann gesagt: ›Äh, grottiges Ergebnis, geht nicht!‹ [...] So. Dass da eine andere Welt hinter steckt, die sagt, wir wollen gerade denen eine Chance geben, die bei [Name eines Berliner ›Elite-Gymnasiums‹, E.K.] wahrscheinlich schon viel eher gescheitert wären, wir versuchen denen einen Weg zu öffnen. Und deswegen ist das so wie es ist. Nicht weil hier die Chaoten rumtoben, die mir alle drei Tage die Schule anstecken – ist doch den Eltern nicht vermittelbar, das sehen die doch nicht, das können die doch gar nicht wissen. So und da geht dieser tolle Sieg, den man da errungen hat für die Schüler, nach hinten los. So viel steht jetzt schon fest.« (Ebd. 104)

Westheimer stellt sich in seiner Antwort hinter das von seiner Schule einst gelebte Gerechtigkeitsprinzip. Er beschreibt dieses als einen »tolle[n] Sieg« sowie eine besondere ›Errungenschaft‹ der Schule. Die gegenüber Schüler_innen aus depreviligierten Lebenslagen gezeigte solidarische Haltung, so der Schulleiter, ließe sich allerdings nicht nach außen, d.h. an die Eltern vermitteln. Da diese keinen Einblick in den Schulalltag haben, urteilten sie – und dies stößt bei Westheimer auf ein gewisses Verständnis – allein nach dem »Ergebnis« der Schule. Obwohl er die Befürchtungen der Eltern für unbegründet hält, gibt Westheimer diesen auf Kosten der solidarischen Haltung seiner Schule nach. Aufgrund des gefühlten Performanzdrucks sowie der damit einhergehend empfundenen Notwendigkeit, »wieder ein deutsches Schülerpotenzial an die Schule zu holen« (ebd. 88), sieht sich Westheimer gezwungen, die Schulwahlorientierung bestimmter Eltern im Rahmen schulischer Aufnahme- und Bewertungspraktiken künftig stärker zu antizipieren. Er ist sich bewusst, dass eine solch neue Haltung »für die Schüler«, d.h. insbesondere für solche, die auf eine »Chance« angewiesen sind, »nach hinten los[geht]« bzw. ihnen letztlich schadet. Der Schulleiter sieht sich somit in einem Spannungsverhältnis zwischen den Werten seiner Profession und den Werten des Bildungsmarktes. Er problematisiert dieses Dilemma zwar, ordnet letztlich jedoch das Prinzip einer solidarischen Schule der Logik des Marktes unter.

In den Ausführungen kommt zum Ausdruck, dass der Wettbewerbsdruck, den die Schulen wahrnehmen, und der sich u.a. über (ver)öffentlich(t)e Schulleistungs-Rankings herstellt, zum Teil in Praktiken übersetzt wird, über die solche Eltern- und Schüler_innen privilegiert werden, von denen sich eine Performanzsteigerung der Schule erhofft wird. Die starke Ausrichtung der Schulen an den Interessen ›bildungsnaher‹ Eltern ist von stereotypen Sichtweisen geleitet, die auch durch rassistische Logiken vermittelt sind. So sind es in erster Linie *weiße* ›deutsche‹ Eltern, an denen sich die beschriebenen Schulentwicklungsprozesse scheinbar selbstverständlich ausrichten. Eine Diskriminierung und Marginalisierung ›nicht-deutscher‹ Eltern und Schüler_innen wird dabei vor dem Hintergrund der hohen Bedeutung, die der Außenwahrnehmung und der Wettbewerbsfähigkeit der Schule aktuell zugesprochen wird, in Kauf genommen.

7.3 Elterliche Subjektivationen zwischen Leistungsdruck und Diskriminierungskritik

In den Ausführungen der Pädagog_innen zur Schulwahlorientierung der Eltern in ihrem Stadtteil deutet sich an, dass diese die ihnen im Bildungsdiskurs zugeschriebene Rolle der ›Kund_innen‹ im Schulsystem vielfach internalisiert haben. Dass die Definition einer ›guten‹ Schule und die sich daran orientierende Schulwahl insbesondere vom Anteil der hier anwesenden Schüler_innen ›mit Migrationshintergrund‹ abhängig gemacht wird, sprechen auch einige der Eltern im Interview an. Die ›Stadtteilmutter‹ Sezer beobachtet im Rahmen ihrer Tätigkeit, dass die gezielte Wahl einer weiterführenden Schule »sehr wichtig« für »die Eltern« sei: »Früher hat man seine Kinder einfach in der nächstgelegenen Schule angemeldet und dann war gut. Und heute achten die Eltern eher darauf, auf welche Schule sie gehen sollten, was da für eine Mischung ist. Das ist wichtig, weil das beeinflusst die Leistung« (Sezer 294). Die »Mischung« der Schule stellt laut Sezer eine zentrale Orientierungsgröße für die Eltern dar, von der auf die »Leistung« der Schüler_innen und Schulen geschlossen werde und an der sich die Wahl der Schule vielfach entscheide. Auf diesen Aspekt werde ich im Anschluss an dieses Kapitel noch näher eingehen und diesbezüglich weitere Eltern zu Wort kommen lassen (vgl. *Exkurs II*).

Im Folgenden konzentriere ich mich zunächst auf zwei weitere zentrale Perspektiven, die in den Interviews mit den Eltern und (Eltern-)Vereinen zum Ausdruck kommen und an die oben beschriebenen politischen und schulischen Wissensbestände im Bildungsdispositiv anknüpfen. Hierzu zählen zum einen unterschiedliche Formen der Identifikation der Eltern mit der Prämisse ›Jedes Elternteil ist seines Kindes Schulerfolgs Schmied‹. Zum anderen geben sich in den Gesprächen weitere Formen eines *Outsourcings* von schulischen und bildungsbehördlichen Verantwortlichkeiten hinsichtlich eines Abbaus von Bildungsungleichheiten im Berliner Schulsystem auf die hier betrachteten Vereine zu erkennen. Beide Punkte möchte ich hier näher skizzieren.

7.3.1 Kritische Reflexionen des schulischen Leistungsprinzips

Viele der Eltern berichten im Interview von enormen Anstrengungen, die sie unternehmen, um ihre Kinder im Rahmen ihrer Schul- und Bildungslaufbahn zu unterstützen. So auch die alleinerziehenden Mutter Handan Köste. Im Interview berichtet sie zunächst ausführlich von ihren Bemühungen, ihrer Tochter zu einem erfolgreichen Schulabschluss zu verhelfen. Köste veranschaulicht dies am Beispiel einer Präsentation für die MSA-Abschlussprüfung, bei der sie ihrer Tochter sowie zwei ihrer Klassenkamerad_innen »sehr viel geholfen« habe:

> »Und dann hab' ich ihr natürlich da sehr viel geholfen, bei der Präsentation und so. So dass sie da eine Zwei bekommen hat und eine Ausgleichsnote hatte für die schriftlichen Prüfungen. Also ich konnte die nicht alleine lassen, also wir haben uns immer jeden Sonntag in der Agentur getroffen, dann immer zusammen recherchiert, die Bilder zusammen ausgesucht. Dann eben die Präsentation geübt, so am Beamer und Leinwand und so und Generalproben gemacht. Und die haben halt auch eine, die haben zumindest eine Zwei bekommen. Anders hätten sie wahrscheinlich eine Fünf oder eine Sechs, weil sie noch nicht mal ein Thema hätten oder so.« (112)

Wie hier zum Ausdruck kommt, ist es für Köste ganz »natürlich«, dass sie ihrer Tochter bei der Abschlussprüfung hilft. Eine solch starke Unterstützung der Mutter rührt auch daher, dass sie das Gefühl hat, ihre Tochter bei der Vorbereitung der Präsentation »nicht alleine lassen« zu können. So geht sie davon aus, dass die Tochter und ihre Mitschüler_innen ohne ihre Hilfe die Prüfung nicht hätten bestehen können.

Auch im Hinblick auf die Ausbildungsplatzsuche für die Tochter, erzählt Köste, habe sie viel Zeit investiert, um einen Platz zu finden (»Die habe ich Gott sei Dank untergebracht«, ebd. 40). Köste macht im Gespräch deutlich, dass die Unterstützung ihrer Tochter in schulischen Belangen Zeit beansprucht, die sie neben ihrer Vollzeitstelle eigentlich nicht habe (»Aber mir fehlt auch die Zeit«, ebd. 118). Dennoch sieht sie es primär als ihre Verantwortung an, sich um einen Ausbildungsplatz für ihre Tochter zu kümmern. Gefragt danach, ob Köste es »selbstverständlich« findet, dass Eltern ihre Kinder derart in schulischen Belangen unterstützen, antwortet sie:

> »Natürlich. Ich kann nicht von Lehrern erwarten, dass die sich um 30, 40, 50 Schüler kümmern, also es ist meine Aufgabe. Also ich sehe das überhaupt nicht ((!)) in der Verantwortung der Lehrer. [...] Und ich finde nicht, dass die sich auch um einen Ausbildungsplatz um mein Kind kümmern müssen. Im Gegenteil. Ich finde, dass die Eltern ((!)) sich mal darum bemühen sollten. Also ich finde das selbstverständlich, alles andere kapier' ich auch nicht. Also ich weiß nicht, warum es Eltern nicht wichtig ist, was ihre Kinder machen.« (Ebd. 111)

Köste nimmt die Schule hier in Bezug auf die (Aus-)Bildungserfolge der Schüler_innen weitgehend aus der Verantwortung, während sie diese wiederum auf die Eltern überträgt. Diese Auffassung vertritt die Mutter mit starker Überzeugung. Ihre Beobachtung, dass sich »die Eltern« an der Schule ihrer Tochter nicht um einen Ausbildungsplatz für ihre Kinder kümmern, erklärt sie damit, dass es den »Eltern nicht wichtig ist, was ihre Kinder machen«. Die angeblich fehlende Unterstützung bei der Ausbildungsplatzsuche wird von Köste somit per se als ein Desinteresse der Eltern interpretiert. Dass die meisten Mitschüler_innen ihrer Tochter zum Zeitpunkt des Interviews noch keinen Ausbildungsplatz hatten, führt sie im weiteren Interviewverlauf dementsprechend unmittelbar auf den fehlenden »Einsatz« der Eltern zurück: »Ich glaube, in dem Fall sind die Eltern schuld. Da fehlt einfach der Einsatz« (ebd. 114). Somit verortet auch die Mutter, entsprechend dominanter politischer und schulischer Deutungen, die Verantwortung für den Bildungserfolg bzw. -misserfolg von Schüler_innen primär bei den Eltern.

Demgegenüber geht der Vater Demircan davon aus, dass sich als »migrantisch« bzw. als »türkisch« und »arabisch« positionierte Eltern in Deutschland einem besonderen Erwartungs- und Leistungsdruck ausgesetzt sehen (Demircan 25). Demircan nimmt diesen selbst wahr und gibt im Interview zu verstehen: »Ich merke, ich muss als Deutscher nicht-deutscher Herkunft immer viel besser sein als einer mit deutscher Herkunft, als ein Deutscher, um das Gleiche zu bekommen. Das spürt man und das merkt man auch, das sieht man auch. Ja, Sie brauchen, Sie müssen immer besser sein« (ebd.). Demircan glaubt, dass er als »Deutscher nicht-deutscher Herkunft« grundsätzlich mehr leisten müsse, »um das Gleiche zu bekommen«. Er verweist in diesem Zusammenhang auf eine allgemeine Schlechterstellung von Personen ›nicht-deutscher‹ Herkunft, die er auch in der Schule seines Sohnes beobachte:

> »Weil, manchmal ist auch so, die Lehrer sagen: ›Der kann das doch gar nicht – der steht zwar hier, aber der kann das bestimmt nicht‹. Man hat kein Vertrauen in die Leistung, in die Fähigkeiten von dem. Und dann kommt das dann vielleicht so, dass auch einige denken: ›Ach, ein Ausländer, der hat doch sowieso nichts drauf‹ ((abfällig)) oder so: ›Ich bin Deutscher, ich bin sowieso besser‹. Manche denken gar nicht so, aber manche sagen: ›Der kann das bestimmt nicht‹. Vertrauen in die Leistung des Migranten fehlt vielleicht auch.« (Ebd. 41)

Der Vater glaubt, dass sowohl seinem Sohn als auch seinen Mitschüler_innen, die in der Klasse als »Ausländer« oder »Migranten« positioniert sind, bestimmte »Fähigkeiten« abgesprochen und wenig »Vertrauen« in ihre »Leistung« gesetzt werde. Als einen Beleg hierfür zieht Demircan an anderer Stelle im Interview heran, dass sein Sohn und andere Jugendliche mit offensichtlicher Migrationsgeschichte an der Schule »ähnlich schlechte Noten bekommen haben« und deswegen teilweise »die Schule verlassen mussten« (ebd. 27). Der Vater führt die schlechte Leistungsbewertung auf in der Schule vorherrschende rassistische Sichtweisen über »Ausländer« zurück (ebd.). Die hiermit verbundenen Adressierungserfahrungen auf Seiten der Schüler_innen führten schließlich zu einer Art selbsterfüllenden Prophezeiung. So beobachtet der Vater, dass viele Jugendliche »resignieren und sagen: ›Ja, ich werd' doch sowieso nichts, warum soll ich das dann machen?‹. Die Lehrer behandeln sie so, dann werden die gebrochen und dann resignieren die und dann werden die Leistungen wirklich schlecht« (ebd. 24).

Die von seinem Sohn erfahrene Adressierung und Leistungsbewertung durch die Schule bezeichnet Demircan als »ungerecht« und als etwas, gegen das man »kämpfen« muss: »Es ist ungerecht. Ich finde das auch ungerecht, man muss dagegen kämpfen« (ebd. 89). Entgegen seiner Kritik, die sich auf institutionell diskriminierende Bewertungspraktiken bezieht, wird im weiteren Verlauf des Interviews jedoch deutlich, dass

Demircan den ›Kampf‹ gegen eine solche Form der Diskriminierung als etwas versteht, das nicht primär bei der Schule, sondern den Jugendlichen mit Migrationsgeschichte ansetzen müsse. So mündet die beschriebene Kritik des Vaters darin, dass er seinen Sohn sowie die Jugendlichen seines Fußballvereins anspornt, »besser« zu werden. Demircan führt diesbezüglich aus:

> »Ich versuch die insoweit anzuspornen und zu sagen: ›Dann musst du halt besser werden, dann können sie nicht vor dir die Augen schließen und sagen: ›Ne, der Andere soll trotzdem‹. Mesut Özil hat es zum Beispiel auch geschafft, er hat sich durchgesetzt, er hat sein Talent gezeigt. Nur weil er so überragend besser war. Also wenn man so gut ist, dann können die sich nicht lange vor einem verschränken und sagen: ›Ne, den sehen wir nicht‹. Das ist dann mein einziger Ansporn und ich sag' meinem Sohn: ›Dann musst du eben besser werden, dass die es dann auch bemerken‹.« (Ebd. 90)

Um in der Schule gesehen zu werden bzw. Anerkennung hinsichtlich der eigenen Fähigkeiten zu erfahren, so die Auffassung Demircans, bedarf es von Seiten der migrantisierten Jugendlichen besonderer Anstrengungen. Der Vater fordert die Jugendlichen vor diesem Hintergrund auf, Diskriminierungserfahrungen ›sportlich‹ zu nehmen sowie als Motivation, um über sich hinaus zu wachsen und besondere Leistungen zu vollbringen. Dies bedeutet für Demircan, »besser« zu sein als die ›Anderen‹, d.h. die nicht ausländisch positionierten Schüler_innen und Jugendlichen. Im Kampf gegen die erfahrene institutionelle Diskriminierung setzt der Vater somit auf das Leistungsprinzip. Der individuell geführte Leistungskampf erscheint für ihn die einzige Möglichkeit, um aus dem beschriebenen Teufelskreis (Vorurteil/rassistische Adressierung – Resignation – schlechte Leistung) herauszukommen. Eine solche Form der Aneignung des Performanz- und Wettbewerbsprinzips wird von Demircan zugleich als eine Form des Widerstandes gegen die erfahrene Ungerechtigkeit in der Schule seines Sohnes verstanden.

Ähnlich wie Demircan berichtet auch die Mutter Soysal davon, dass natio-ethno-religiös-kulturell geanderte Schüler_innen wie ihr Sohn in der Schule unter besonderer Beobachtung stehen und »doppelt so viel lernen und fleißig sein« müssen, um die gleiche Behandlung wie »blonde Kinder« zu erfahren. Soysal schildert diesen Eindruck wie folgt:

> »[…] Tatsache ist, als Schüler mit schwarzen Haaren muss man doppelt so viel lernen und fleißig sein. Es fällt auf, wenn ein Kind mit schwarzen Haaren sich nicht meldet, irgendwann mal in einer Unterrichtsstunde. Aber bei blonden Kindern fällt das nicht auf. Also die Lehrer haben einen Fokus auf muslimische Kinder und Jugendliche und schauen wirklich zwei Mal oder drei Mal hin – ›haben sie ihre Hausaufgabe gemacht oder nicht?‹« (20)

Die Mutter problematisiert hier, wie sich das an der Schule eigentlich auf Fairness ausgerichtete Leistungsprinzip über dessen Aufladung durch rassistische Logiken in eine diskriminierende Handlung verkehrt. So stünden »Schüler mit schwarzen Haaren« unter besonderer Beobachtung und müssten vergleichsweise häufiger bzw. sichtbarer im Unterricht in Aktion treten als die »blonden Kinder«, um eine gute Note zu erhalten.[14]

Während Soysal die diskriminierende Auslegung des schulischen Leistungsprinzips deutlich kritisiert, haben andere Eltern, wie die Mutter Köste, ihre Rolle als selbstverantwortliche Unternehmer_innen für den Schulerfolg ihrer Kinder so weit verinnerlicht, dass sie wiederum andere Eltern dafür kritisieren, wenn diese zu ›wenig Eigeninitiative‹ gegenüber der Schule zeigen. Am Beispiel Demircans wird die komplexe Eingebundenheit der Eltern ins dispositive Netz deutlich. Der Versuch, sich von diskriminirenden Zuschreibungen zu befreien, mündet hier in der Anwendung des Leistungsprinzips. Die Diskriminierungserfahrung wird dabei als Ansporn gedeutet, immer ›besser zu werden‹.

7.3.2   Selbsverständnisse von ›Migrant_innenorganisationen‹ als ›Helfer_innen zur Selbsthilfe‹

Mit Blick auf die Selbstverständnisse der (Eltern-)Vereine wird zunächst deutlich, dass diese sich – über die in den vorherigen Kapiteln beschriebenen Tätigkeiten hinaus – vor allem in den Dienst einer Steigerung des Schulerfolgs von Schüler_innen mit Migrationsgeschichte und ihren Eltern stellen. Die Vereinsmitarbeiterin Gümüş versteht es als zentrales »Ziel« ihrer Vereinsarbeit, »den Eltern zu helfen«, dass sie wiederum »ihre Kinder im Bildungsbereich unterstützen und helfen können« (Gümüş 22). So auch der Verein Gülers, der vor allem auf eine individuelle Beratung von Eltern im Hinblick auf Angebote im Bereich der »Lernförderung« setzt, »wenn die Kinder schlechte Leistungen haben« (Güler 81). Viele der interviewten Vereinsvertreter_innen berichten zudem davon, dass sie schon seit längerer Zeit an verschiedenen Schulen und/oder in ihren Räumlichkeiten Nachhilfeunterricht für Schüler_innen organisieren und durchführen. So zum Beispiel der Elternverein, für den sich Turgut engagiert. Sie erzählt, dass sie gemeinsam mit dem Verein an einer Neuköllner Schule in den letzten Jahren ein Team von »sechs oder sieben Dozenten« aufgebaut habe, die dort heute von der »siebente[n] bis dreizehnte[n] Klasse Nachhilfe« für bis zu 80 Kindern geben (Turgut 74). Auch der Vertreter Eralp berichtet, dass eines »der größten« Projekte seines Vereins die »Nachhilfe« ist (Eralp 233). Eralp ist es wichtig zu betonen, dass die Nachhilfe des Vereins

---

14   Auch andere Eltern berichten davon, dass sie gegen diskriminierende Bewertungspraktiken an der Schule ihrer Kinder immer wieder ankämpfen. So üben auch die Mütter Turgut und Köste im Interview Kritik an einer ungerechten Leistungsbeurteilung ihrer Kinder. Köste erzählt von einem Notenabfall ihrer Tochter in Deutsch – »von einer Eins auf eine Fünf« (Köste 82) – nach ihrem Wechsel auf die weiterführende Schule. Die Mutter sucht daraufhin das Gespräch mit dem Deutschlehrer, welches sie wie folgt schildert: »[…] und dann mein' ich so: ›Ja, ich möchte nur mal eins wissen: Mein Kind hat in der Grundschule eine Eins in Deutsch gehabt. Wie kann das sein, dass sie jetzt in Deutsch eine Fünf hat?‹ Sagt der zu mir: ›Ihr Kind kann doch gar kein Deutsch!‹ Sag ich: ›Wie bitte? Wie mein Kind kann kein Deutsch? Mein Kind kann keine andere Sprache, mein Kind spricht nur ((!)) Deutsch.‹ Guckt der mich so an ((mimt abfälligen Blick)). Weißt du, sie ist halt schüchtern gewesen, er hat sie halt nie gefragt, sie hat halt nie was gesagt, und er hat sie in eine Schublade gepackt: Sie kann kein Deutsch. Ich hab' echt gedacht, es kann nicht sein.« (Ebd.).

nicht nur bei den Schüler_innen ansetzt, sondern auch bei ihren Eltern bzw. bei deren »andere[r] Lernlogik« dieser:

> »Weil viele Eltern haben eine ganz andere Lernlogik hier als die Schule fordert. Sie haben eher aus ihren Heimatländern dann eine andere Logik. Unsere Haltung ist einmal dem Kind eben beizubringen Lernen zu lernen. Aber auch den Eltern beizu-, also mehr darüber zu sprechen, wie können sie es unterstützen? [...] Und die sollen nicht das Kind abgeben, ›tschüss, ich geh‹ einkaufen‹. Wenn wir sozial etwas umsetzen wollen, dann sollte auch mit den Eltern gearbeitet werden. [...] Und an diesem Verständnis von Nachhilfe sollte auch gearbeitet werden. Und das dann so, dass den Eltern auch gesagt wird: ›Wir machen Nachhilfe, nur Sie müssen auch was tun, indem Sie sich beraten lassen‹.« (Ebd. 241)

Mit der vermeintlich anderen Lernlogik der Eltern aus ›anderen Herkunftsländern‹ verbindet Eralp ein Unwissen dieser Eltern darüber, wie sie ihre Kinder unterstützen können. Um den Eltern die von Schule geforderte Lernlogik zu vermitteln, ist die Nachhilfe seines Vereins an die Bedingung geknüpft, dass sich die Eltern vom Verein »beraten« lassen und von diesem lernen, wie sie ihr Kind »unterstützen« können. Somit setzen die Nachhilfe und Unterstützung von Schüler_innen hier im Sinne eines ›Förderns und Forderns‹ voraus, dass auch die Eltern »was tun« und »sich beraten lassen«. Ein solch aktivierender Duktus kommt auch beim Vereinsvertreter Güler zum Ausdruck, wenn er von der ›Lernförderung‹ seines Vereins spricht. Diese ziele darauf ab, »die Eltern in Bewegung zu setzen« und sie »zu motivieren, sich in der Schule aktiv einzubringen« (Güler 86). Sowohl Eralp als auch Güler gehen scheinbar selbstverständlich davon aus, dass die Steigerung schulischer Leistungen gerade bei Schüler_innen mit Migrationsgeschichte eine »Aktivierung« (ebd. 3) der Eltern voraussetzt.

Güler sowie sein Vereinskollege Akgün berichten im Interview außerdem, dass sich das Engagement ihres Vereins zunehmend darauf konzentriere, die Eltern bei der Beantragung einer Nachhilfe-Finanzierung über das sog. Bildungs- und Teilhabe-Paket der Bundesregierung zu unterstützen. Aufgrund des großen Bedarfs der Eltern nach einer solchen Beratung habe sich diese in den letzten Jahren zu einem »Spezialisierungsbereich« des Vereins entwickelt (ebd. 18). Dies erklären die Vereinsvertreter mit dem »hohen bürokratischen Aufwand« (ebd. 89), der mit der Beantragung der Gelder aus dem Bildungs- und Teilhabe-Paket sowohl für die Schulen als auch für die Eltern verbunden sei. Die bürokratischen Hürden führen Güler und Akgün auch als zentralen Grund dafür an, dass zur Zeit des Interviews nur »ein Drittel« (ebd.) der im Bildungs- und Teilhabepaket zur Verfügung stehenden Fördergelder abgerufen wurde. Die Vereinsvertreter problematisieren, dass die Beantragung der Fördergelder von den Schulen und Behörden mehr und mehr »auf die Eltern umgewälzt« werde (ebd. 86). So hänge es letztlich von den Eltern ab, ob ihre Kinder in die Gunst einer Lernförderung kommen: »Aber da ist wieder das Antragswesen so auf die Eltern. Eltern müssen die Anträge stellen. Wieso die Eltern?« (ebd. 222). Um die Eltern zu entlasten, habe sich der Elternverein zur Aufgabe gemacht, »alle Formalitäten« für die Eltern zu »erledigen« (ebd.).

Trotz der großen Nachfrage, die die Nachhilfe sowie die Unterstützung bei der Beantragung von Fördergeldern durch seinen Verein erfahre, erhalte dieser, so Akgün, hierfür kaum eine finanzielle Honorierung:

> »Akgün: Also wir können uns vor Anfragen nicht retten, also es gibt sehr viele Schulen,
> die das starten wollen, aber so viel Personal gibt es dann nicht.
> Interview: Dafür braucht es dann eben auch Geld, oder?
> Akgün: Eben, das meine ich. Nicht nur auf Bezirksebene, auf Beamtenbasis. Die haben
> ja Servicekräfte schon eingestellt für das Antragswesen. Aber was ist dann mit unse-
> ren Organisationen? Für einen unserer Kurse bekommen wir gerade mal 1,50 Euro für
> Materialkosten ausgezahlt.« (224)

Auch Eralp kritisiert, dass sein Verein »die Nachhilfe nicht finanziert« bekomme (Eralp
209). Er empfindet dies aufgrund des großen Bedarfs, den er hinsichtlich der Nachhilfe
sieht, als einen Missstand (»Also das ist einer der größten, ein größter Bedarf ((!))«, ebd.
219). In der Konsequenz, so berichten neben Eralp auch Güler, Essa, Akgün, Kaplan und
Turgut, sind die Vereine in den letzten Jahren dazu übergegangen, die Schüler_innen-
Nachhilfe – neben dem Einsatz von engagierten Ehrenamtlichen – zunehmend über
Spenden und Vereinsmittel zu finanzieren (vgl. ebd. 219). Diesbezüglich schildert beispielsweise die Vereinsvertreterin Kaplan:

> »Kaplan: Wir hatten auch ein Nachhilfeangebot, zum Selbstkostenpreis, da waren Stu-
> denten, die immer für sieben Euro, acht Euro, fast ehrenamtlich den Schülern geholfen
> haben.
> Interviewerin: Wer hat die denn bezahlt?
> Kaplan: Na, unser Verein. Vom Verein wurde das finanziert. Also wir konnten jetzt nicht
> 20 Euro bezahlen, aber wir haben dann Studenten organisiert, die bereit waren, für sie-
> ben Euro oder acht Euro die Stunde Nachhilfe zu geben. Und so wurde auch ganz vielen
> Schülern geholfen, dass sie dann auch bessere Noten und so weiter in den Schulen be-
> kamen.« (3ff.)

Kaplan berichtet im weiteren Verlauf des Interviews, dass ihr Verein die Nachhilfe aufgeben musste, da dieser hierfür »zum Schluss nicht so viele Studenten gefunden« habe,
»die für den Preis dann bereit waren zu arbeiten« (ebd. 9). Trotz der fehlenden finanziellen Unterstützung, halten die meisten Vereine dennoch an ihren Nachhilfeangeboten
fest. Sie begründen dies durchweg damit, dass sie ihre Vereine in der Verantwortung
sehen, die Benachteiligung bestimmter Schüler_innen im Berliner Schulsystem auszugleichen bzw. der Tendenz entgegenzuwirken, dass sich die »Bildungsungleichheit
noch verstärkt« (Akgün 100). Akgün verweist in diesem Zusammenhang darauf, dass
»finanziell gut dotierte Familien ihre Kinder bereits von Anfang an fördern« (ebd.).
Er reflektiert hier, dass vor dem Hintergrund einer zunehmenden Privatisierung von
Nachhilfemaßnahmen im Berliner Schulsystem vor allem solche Familien benachteiligt werden, die zeitlich und finanziell weniger in der Lage sind, den Schulerfolg ihrer
Kinder zu unterstützen.

Das Ziel der Vereine, mit ihrer Arbeit einer systematischen Benachteiligung von
bestimmten Schüler_innen im Schulsystem entgegenzuwirken, steht in einem ambivalenten Verhältnis zu der in den Vereinen breit geteilten Perspektive, nach der es nicht
primär die Schulen und Behörden, sondern die Eltern sind, die in die Nachhilfe ihrer Kinder im Sinne einer Aktivierung sowie ›Hilfe zur Selbsthilfe‹ stärker einbezogen
werden sollten. Indem sich die Vereine zugleich in der Verantwortung sehen, die Schü-

ler_innen und Eltern in Sachen Schulerfolg zu unterstützen und diesbezüglich zum Teil hohe Ressourcen investieren, zeichnet sich auch in diesem Kontext eine Übertragung staatlicher Aufgaben und Kosten auf nicht-staatliche Akteur_innen, d.h. hier konkret die (Eltern-)Vereine ab.

7.4   Zusammenfassende Analyse

Im Zuge der in diesem Kapitel beschriebenen bildungspolitischen Reformen hat sich das Berliner Schulsystem seit Mitte der 1990er Jahre grundlegend verändert. Die Reformen fußten in Berlin wie auf Bundesebene neben Bestrebungen eines Bürokratieabbaus vor allem auf der politischen Diskussion um eine Steigerung der Qualität bzw. Effektivität von Schule. Diese Diskussion verband sich später mit der Debatte über die Ursachen von schulischen Bildungsungleichheiten, wie sie durch Schulleistungsstudien im deutschen und Berliner Schulsystem nachgewiesen wurden. Die neoliberale Rationalität drückt sich in diesem Zusammenhang vor allem über die Implementierung managerialistischer Steuerungstechniken im Berliner Schul- und Bildungssystem aus, in deren Zentrum das Konzept der ›Schulautonomie‹ steht. Während den Schulen hierüber einerseits neue Handlungsspielräume zugesprochen wurden, sind sie andererseits dazu angehalten, ihr Profil bzw. ihre ›Corporate Identity‹ zu schärfen, am ›Bildungsmarkt‹ auszurichten und ihren ›Output‹ im zunehmend dezentral organisierten Bildungssystem zu maximieren. Über die sich hier abzeichnende Responsibilisierung von Berliner Schulen werden diese hinsichtlich der eigenen ›Erfolge‹ und ›Misserfolge‹ in eine neue Rechenschaftspflicht nicht nur gegenüber der Bildungsbehörde, sondern auch gegenüber den Eltern der (zukünftigen) Berliner Schüler_innen gebracht. Ausdruck dieser, häufig unter dem Stichwort der ›Transparenz‹ thematisierten neuen Ergebnisverantwortung der Berliner Schulen, stellt u.a. die Herausgabe und Veröffentlichung von Schulleistungsdaten, wie des Abiturdurchschnitts, dar.

Wie die Analyse dargelegt hat, stehen neben den Schulen auch die Eltern von Berliner Schüler_innen im Fokus aktueller bildungspolitischer Reformen. Ihre Aufgaben- und Wirkungsbereiche in der Schule wurden seit der Jahrtausendwende sukzessive erweitert. Dabei geht das Sprechen über Eltern im Bildungsdiskurs meist mit einer Zweiteilung der Berliner Elternschaft einher, die sich entlang der kategorialen Grenze von ›bildungsnah‹ und ›bildungsfern‹ vollzieht. In den Diskursfragmenten kommt zum Ausdruck, dass bei der Erweiterung elterlicher Mitwirkungsmöglichkeiten in erster Linie an solche Eltern gedacht wird, die über ein bestimmtes Wissen sowie bestimmte praktische Fähigkeiten verfügen. So wird Elternbeteiligung vor allem dann als ›sinnvoll‹ und ›wünschenswert‹ erachtet, wenn diese für die Schule von ›Nutzen‹ erscheint. Demgegenüber im Diskurs nicht thematisch werden ungleiche Ressourcen und Möglichkeiten von Eltern, die ihnen neu zugeschriebenen Erwartungen und Aufgaben zu erfüllen. Auch werden tendenziell solche Fähigkeiten im Diskurs ausgeblendet, die von bildungsbürgerlichen Normalitätsverständnissen hinsichtlich für die Schule als ›hilfreich‹ erachteter elterlicher ›Skills‹ abweichen.

Die Gruppe der ›nützlichen‹ und als ›bildungsnah‹ konstruierten Eltern steht in den Dokumenten der Gruppe der sog. ›bildungsfernen‹ Eltern gegenüber. Letztere werden vor allem im Kontext der Diskussion um ›herkunftsbedingte Disparitäten‹ thematisch, die in den politischen Dokumenten als zentrale Ursachen für schulische Bildungsungleichheiten identifiziert werden. Dabei erhält die Kategorie der ›Bildungsferne‹, die im bildungspolitischen Diskurs vor allem mit klassistischen Zuschreibungen gefüllt wird, dann eine (zusätzlich) rassistische Konnotation, wenn diese in einem generalisierenden Duktus Eltern ›mit Migrationshintergrund‹ zugeschrieben und an ›spezifischen Charakteristika‹ der so geänderten Eltern festgemacht wird. Dies geschieht meist über implizite argumentative Schlussfolgerungen im Diskurs sowie die auffallend häufige Adressierung von ›bildungsfernen‹ Eltern am Schnittfeld von Integrations- und Bildungspolitik. Somit sind es auch im Bildungsdispositiv vor allem vermeintlich kulturell und/oder sozial bedingte fehlende Fähigkeiten oder Ressourcen der Eltern, an denen der Schulerfolg von Schüler_innen häufig scheitere, so das hier kursierende dominante MachtWissen.

Sowohl ›bildungsnahe‹ als auch ›bildungsferne‹ Eltern werden weitgehend als ›(selbst-)verantwortliche‹ Akteur_innen im Berliner Schulsystem positioniert. Während erstere im politischen Diskurs dazu angehalten sind, an der ›Qualitätsentwicklung‹ ihrer Schulen aktiv mitzuwirken, sehen sich ›bildungsferne‹ Eltern zunächst dazu aufgefordert, an sich bzw. ihren Einstellungen, (Sprach-)Fähigkeiten und Kompetenzen zu arbeiten. Diesbezüglich im Diskurs vielfach thematisierte Unterstützungsmaßnahmen für Eltern heben in erster Linie auf die Kompensation ›elterlicher Defizite‹ ab. Dabei verbindet sich mit Praktiken wie der Elternberatung und -information nicht nur das vorgegebene Ziel, die Eltern hinsichtlich schul- und bildungsrelevanter Themen zu informieren, sondern auch, sie zu aktivieren bzw. in die Lage zu versetzen, sich entsprechend staatlich-institutioneller Erwartungen für den Schulerfolg ihrer Kinder verantwortlich zu zeigen. Insgesamt wird mit Blick auf die unterschiedlichen Adressierungsweisen von Eltern im Bildungsdiskurs deutlich, dass die neuen Rechte und Beteiligungsmöglichkeiten, die den Eltern meist als neue Freiheiten präsentiert werden, sich dann als Unfreiheiten erweisen, wenn die Eltern keinen Gebrauch von diesen machen. Dies kommt u.a. über die vermehrte Einführung von Instrumenten der Verbindlichmachung elterlicher Mitwirkung zum Ausdruck u.a. in Form der beschriebenen Elternbußgelder, von denen vor allem Eltern mit geringem Einkommen negativ betroffen sind.

Erklärungen von Bildungsungleichheiten im Schulsystem setzen auch in den Schulen primär beim Elternhaus an. Die Argumentationen der Pädagog_innen nehmen hier ebenfalls vielfach auf die Kategorie der elterlichen ›Bildungsferne‹ Bezug. Diese wird vor allem mit vermeintlich arbeitslosen Eltern assoziiert, denen in vielen Interviews explizit wie implizit ein mangelndes Interesse an der Schulbildung ihrer Kinder zugeschrieben wird. In diesem Zusammenhang sind es vor allem meritokratische Prämissen, über die bestimmte Eltern in eine Distanz zur Schule gebracht, die Ursachen für ausbleibende Schulerfolge von Schüler_innen individualisiert werden, und der Abbau schulischer Bildungsungleichheiten so zu einem Projekt elterlicher Selbstsorge transformiert wird. Dabei leistet die Kategorie der ›Bildungsferne‹ neben klassistischen Zuschreibungen auch kulturrassistischen Wahrnehmungen von Familien in unterprivilegierten Lebenslagen Vorschub. Darüber wird eine Perspektive gestützt, die nahelegt, vor allem die Gruppe der ›bildungsfernen Eltern mit Migrationshintergrund‹ zur Verantwortung zu ziehen, wenn es darum geht, schulische Bildungsungleichheiten zu bearbeiten.

In den Interviews mit den Pädagog_innen kommt zudem zum Ausdruck, dass sich die Schulen im Kontext stärkerer Performanz- und Wettbewerbsorientierung im Bildungssystem der Bedeutung einer positiven Außenwahrnehmung bewusst sind. In diesem Sinne verstehen sich die Schulen im Wettbewerb um die ›besten‹ Schüler_innen und Eltern. So berichten einige der interviewten Pädagog_innen von Bestrebungen, die Schüler_innenschaft ihrer Schule zu ›optimieren‹, mit dem Ziel, die schulische Leistungsbilanz und Außenwirkung zu verbessern. Die Maßnahmen setzen einerseits bei der gezielten Rekrutierung von als besonders ›leistungsstark‹ geltenden Schüler_innen an. Diesbezüglich sind es insbesondere die Schulwahlorientierungen von ›bildungsnahen‹ und meist gleichzeitig als ›deutsch‹ positionieren Eltern, welche die Schulen versuchen zu antizipieren und sich strukturell sowie programmatisch an diesen auszurichten, um die Eltern zu einer Anmeldung ihrer Kinder an den Schulen zu bewegen. Die genannten Zuschreibungs- und Bewertungsmuster im Hinblick auf ›bildungsnahe‹ und ›bildungsferne‹ Eltern werden auch dann funktional, wenn, wie im oben beschriebenen Fall, der den Schulen von außen auferlegte Performanzdruck in rigidere und frühzeitigere Selektionspraktiken übersetzt wird, indem z.B. die Aufnahme an der weiterführenden Schule für als ›leistungsschwach‹ stigmatisierte Schüler_innen erschwert wird. Praktiken wie diese können als nicht-intendierte Effekte einer bildungspolitisch angeleiteten Veröffentlichung von Indikatoren wie der Abiturnote sowie einer allgemeinen Stärkung der Position von Eltern als ›Kund_innen‹ von Schule interpretiert werden. Diese Praktiken sind mit einer Marginalisierung von sowie Entsolidarisierung mit solchen Schüler_innen und Eltern verbunden, die allgemein als ›schwächer‹, weniger ›leistungsstark‹, ›bildungsfern‹ und/oder ›mit Migrationshintergrund‹ positioniert sind.

Die beschriebenen Entwicklungen entsprechen nicht immer den Vorstellungen der Pädagog_innen von einer ›guten‹ Schule. Der Druck des ›Bildungsmarktes‹ wird jedoch als etwas wahrgenommen, das die Schulen und die hier tätigen Pädagog_innen gewissermaßen zwingt, gegen die eigene (pädagogische) Überzeugung zu handeln. Eine solche, als begrenzt wahrgenommene eigene Wirkmächtigkeit vor dem Hintergrund der beobachteten Ein- bzw. Unterordnung der Schule unter die Prinzipien der Performanz und des Wettbewerbs, geht bei einzelnen Pädagog_innen wiederum mit einer gefühlten Entfremdung gegenüber der eigenen Schule einher.

Für die Eltern erweist sich das im Bildungsdispositiv vorherrschende Wettbewerbs- und Performanzprinzip in unterschiedlicher Hinsicht als identitäts- und handlungsanleitend. So identifizieren sich einige Eltern mit der Subjektposition des ›(selbst)verantwortlichen Elternteils‹ und richten ihr Handeln an meritokratischen Leistungsimperativen ebenso aus wie ihre Bewertungen der ›Einsatzbereitschaft‹ anderer Eltern. Demgegenüber wird von einigen Eltern im Interview reflektiert, dass das Leistungsprinzip keine gerechte Bewertungsgrundlage für alle Schüler_innen darstellt. Reflexionen wie diese basieren auf Erfahrungen der Eltern, dass (mehrheits-)gesellschaftlich als ›migrantisch‹ positionierte Schüler_innen deutlich mehr ›leisten‹ müssen als solche ›ohne Migrationshintergrund‹, um Anerkennung zu erfahren und erfolgreich zu sein. Trotz der Kritik an der ungerechten Einlösung des Leistungsprinzips in der Schule, wird auch hier zum Teil die Auffassung verfolgt, dass es letztlich in der Hand der Eltern und Schüler_innen selbst liege, was diese aus ihrer Diskriminierungserfahrung machen. Dabei erscheint die Vermittlung einer besonderen Leistungs- und Anstrengungsbereitschaft für einige Eltern die einzige Möglichkeit, um ihren Kindern aus ihrer benachteiligten Situation heraus zu helfen. Strategien im Umgang mit (rassistischer) Diskriminierung werden dann in gewisser Hinsicht an das Performanz- und Wettbewerbsprinzip zurückgebunden. Es zeigt sich hier die komplexe Bindung der Eltern an neoliberale Selbstverständnisse, die ein eindeutiges Gegenverhalten erschweren.

Auch mit Blick auf die interviewten (Eltern-)Vereine kommt vielfach ein ambivalentes Sprechen und Handeln hinsichtlich der Ursachen von schulischen Bildungsungleichheiten zum Ausdruck. So reflektieren und problematisieren die Vereine einerseits institutionelle und strukturelle Gründe für schulische Bildungsdisparitäten. Andererseits verstehen sich viele der Vereine primär als Anbieter von kompensatorischen Förderangeboten, die u.a. in Form von Nachhilfeprojekten an Berliner Schulen nahezu ausschließlich bei den Schüler_innen und ihren Eltern ansetzen. Über ein solches Engagement reproduzierten die Vereine individualisierende Perspektiven auf die Ursachen von schulischen Bildungsungleichheiten. Zudem kristallisieren sich die Vereine als ›externe Dienstleiter‹ von Schulen und Bildungsbehörden heraus, die im Zuge einer allgemeinen Auslagerung und Privatisierung schulischer Förder- und Betreuungsangebote sowie vor dem Hintergrund suggerierter Mittelknappheit scheinbar eine kostengünstige Möglichkeit darstellen, um Bildungsdisparitäten auszugleichen. Dieser Zustand wird von vielen Vereinen kritisiert, während sie ihr Bewusstsein für vorherrschende Bildungsungerechtigkeiten und den dringenden Unterstützungsbedarf von bestimmten Schüler_innen und Eltern im Berliner Schulsystem an die Rolle der ›externen Dienstleister‹ bindet.

Exkurs II: »Die Gentrifizierung hat sich hier sehr wohl ausgewirkt.« Schulische Ein- und Ausschlüsse vor dem Hintergrund neoliberaler Stadtentwicklung

Das Verhältnis von Eltern und Schulen ist auch von sozialräumlichen Diskursen und stadtpolitischen Dynamiken gerahmt. Als besonders zentral erweist sich dabei der Topos der sozialräumlichen ›(Ent-)Mischung‹. An diesem orientieren sich in Berlin nicht nur aktuelle Stadtpolitiken, sondern auch elterliche Schulwahlpraktiken ebenso wie innerstädtische Schulen, die (auch) auf Druck der Eltern bestrebt sind, eine sog. gesunde Mischung im Klassenraum herzustellen. Sich aktuell im Umfeld der Schulen ereignende Gentrifizierungsprozesse verschärfen diese Dynamiken. Sie leiten spezifische Praktiken des Ein- und Ausschlusses im Hinblick auf die ›neue‹ und ›alte‹ Schüler_innen- und Elternschaft im Stadtbezirk an, über die sich natio-ethno-religiös-kulturelle Grenzziehungen weiter einschreiben. Auf diese Dynamiken möchte ich zum Abschluss dieses Analysekapitels näher eingehen.

Familien ›mit Migrationshintergrund‹ im Fokus diskursiver Konstruktionen von ›entmischten Räumen‹ und neoliberaler ›Aufwertungspolitik‹ In den im Rahmen dieser Studie analysierten politischen Dokumenten wird vielfach auf die Zusammensetzung der Bewohner_innenschaft in den Berliner Bezirken Kreuzberg und Neukölln abgehoben. Dieser Zusammensetzung wird Bedeutung zugeschrieben, wenn es darum geht, soziale Konfliktherde in Berlin zu lokalisieren und diese als Orte zu identifizieren, an denen sich besondere Herausforderungen für städtische Integrationsprozesse stellen. Dies geschieht vielfach unter Verweis auf eine hier verortete sozialräumliche ›Entmischung‹. So sei der Bezirk Neukölln »zunehmend geprägt von sozialer und ethnischer Entmischung« (Bezirksamt Neukölln 2009: 2f.), die vor allem auf eine hohe Konzentration von hier »überwiegend« lebenden »Gruppen von Einwanderern aus der Türkei und arabischen Minderheiten« zurückgeführt und mit der »Gefahr der sozialen Ausgrenzung ganzer Stadtlagen« verbunden wird (ebd.: 5). Stadtviertel, in denen der »Anteil an Einwandererfamilien [...] besonders hoch« ist, gelten als »Brennpunkte« bzw. »Problemviertel« (Beauftragte des Berliner Senats für Integration und Migration 2009: 50). Die hier beobachtete »Segregation« sei vor allem aus »zwei Gründen«, so heißt es, »von Nachteil«: »Zum Einen verhindern sprachlich-religiöse Enklaven einen intensiven Austausch mit der deutschen Mehrheitsgesellschaft. Zum anderen kann Segregation zu einer Konzentration von sozial benachteiligten Familien in Armutsvierteln führen« (ebd.). Über Formulierungen wie diese werden die Bewohner_innen innerstädtischer Räume in die zwei vermeintlich homogenen Kollektive der ›Deutschen‹ und ›Nicht-Deutschen‹ unterschieden. Dabei ist es ausschließlich eine erhöhte räumliche ›Konzentration‹ der letztgenannten Gruppe, die in den politischen Dokumenten problematisiert wird.

Auch viele der interviewten Pädagog_innen und Eltern beziehen sich kritisch auf eine vermeintlich migrationsbedingte ›Entmischung‹ in ihren Stadtteilen. So bewertet der Vater Fouad Hamid den hohen Anteil der auf der Neuköllner Sonnenallee lebenden und arbeitenden Menschen mit ›arabischem‹ Hintergrund als »zu viel«:

»Hamid: [...] weil Sonnenallee ist arabische Straße, sind alle Araber jetzt, 80 Prozent. Die Geschäfte sind 80 Prozent, 60 Prozent arabisch – ist auch zu viel ((leise)).
Interviewerin: Zu viel? Warum?
Hamid: Ich mag das nicht. Also ich bin Araber selber, aber ich, zu viel mag ich nicht. Also wirklich, das sind zu viele.« (154ff.)

Die Äußerung Hamids stellt eine breit geteilte Annahme unter den interviewten Eltern und Pädagog_innen dar. Diese wird zum Teil auch auf die Zusammensetzung der Schüler_innenschaft an Neuköllner und Kreuzberger Schulen übertragen. Auch diesbezüglich ist vielfach von einer »Entmischung« die Rede (Senatsverwaltung für Bildung, Wissenschaft und Forschung 2008: 4).[15] Dabei wird gleichsam auf einen (zu) hohen Anteil von ›migrantisierten‹ Schüler_innen in den Schulen abgehoben. Dementsprechend problematisiert z.B. die Mutter Köste im Interview, dass im Gymnasium in ihrer

---

15   Die Problematisierung einer vermeintlich homogenen Zusammensetzung der Schüler_innen an bestimmten Berliner Schulen besitzt Tradition. So heißt es bereits im Ende der 1990er Jahre veröffentlichten Bericht des »Berliner Bildungsdialogs« (Baumert et al. 1999), dass »[g]erade auch im Schulbereich [...] ein sich verstärkender *Entmischungsprozess* jedenfalls in den Innenstadtbezirken sichtbar« werde (ebd.: 40). Hierüber werde »die Integrationsfähigkeit der Schule herab[gesetzt]«, wenn nicht sogar »vollkommen zerstör[t]« (ebd.). Dass eine »Entmischung« in innerstädtischen Schulen einer Integration der hier lebenden und zur Schule gehenden ›Migrant_innen‹ entgegensteht, erscheint hier als ein selbstverständlicher Rückschluss.

Nachbarschaft »nur ((!)) Ausländer« seien: »Nur ((!)) Ausländer. Ich glaube so, das kippt ganz schön« (Köste 77). Köste bedient sich hier der Metapher vom ›Umkippen‹ sozialer Räume, die auch im politischen Diskurs häufig verwendet wird; so z.B. wenn die Berliner Bildungssenatorin betont, dass »Brennpunktschulen gezielt unterstützt« werden müssten, »bevor sie kippen« (Sandra Scheeres in Vieth-Entus 2013: o.S.).[16] Die Metapher basiert auf einer Biologisierung des sozialen Zusammenlebens von Menschen bzw. Schüler_innen in innerstädtischen Räumen. Suggeriert wird ein ökologischer Grenzwert bzw. ein Kipppunkt hin zu einer plötzlichen, katastrophalen Zustandsveränderung. Wann dieser Punkt erreicht ist, bleibt jedoch stets im Unklaren, was die flexible und zugleich permanente Konstatierung einer akuten Bedrohungssituation in den Schulen und Stadtteilen ermöglicht.

In vielen Interviews, wie auch im politischen Diskurs, dominiert zudem die Auffassung, dass die beobachtete sozialräumliche Segregation vor allem auf individuelle Rückzugstendenzen der in Berlin lebenden ›Migrant_innen‹ zurückgeht. Dies kommt u.a. dann zum Ausdruck, wenn in den politischen Dokumenten wiederholt von einem »Rückzug von Einwandererfamilien in Parallelgesellschaften« die Rede ist (Bezirksamt Neukölln 2009: 5). Auch der Sozialarbeiter Krug macht die von ihm beobachtete ›Entmischung‹ im Einzugsbereich seiner Schule vor allem an »Vermeidungsstrategien« auf Seiten bestimmter ›Migran_innen‹ fest, mit der »Mehrheitsgesellschaft« in Kontakt zu treten. So argumentiert er:

> »Weil man, weil ich kann mich hier komplett im türkischen oder kurdischen kulturellen Hintergrund bewegen und ich muss gar keine, ich muss gar keinen Kontakt aufnehmen, sozusagen zur Restgesellschaft. […] Und es gibt Leute, die vermeiden, also Vermeidungsstrategien sozusagen mit der Mehrheitsgesellschaft, oder mit dem Rest ((!)) von Gesellschaft hier in Kreuzberg oder in Berlin in Kontakt zu treten […].« (Krug 120)

Krug unterscheidet hier zwischen den »türkischen oder kurdischen« Personen im Kiez seiner Schule und der »Restgesellschaft«. Die der erstgenannten Gruppe zugeschriebenen fehlende Bereitschaft, auf die »Restgesellschaft« zuzugehen, führt er auf eine gewisse Bequemlichkeit ersterer zurück. Da sich die von Krug migrantisierte Gruppe in Kreuzberg »komplett« in ihrem ›Kulturkreis‹ »bewegen« könne, sei sie nicht auf den Kontakt zur »Gesellschaft hier« angewiesen.

In den zitierten Äußerungen hinsichtlich einer räumlichen ›Entmischung‹ in Neukölln und Kreuzberg wird den hier lebenden und zur Schule gehenden Schüler_innen sowie ihren Familien die Zugehörigkeit zur deutschen Gesellschaft weitgehend abgesprochen. Die Tatsache, dass diese Wahrnehmung nicht der aktuellen Wirklichkeit bzw. Rechtssituation der in den Bezirken lebenden Familien entspricht, deutet daraufhin, dass das Sprechen von einer ›Entmischung‹ auch in diesem Zusammenhang auf einem völkisch-rassistischen Verständnis von ›Deutschsein‹ basiert. Diesem zufolge gelten Neuköllner und Kreuzberger_innen als ›nicht Deutsch‹, wenn sie vermeintlich

---

16   Vgl. hierzu auch die Diskussion um die Veranstaltung »Kippt der Kotti?«, welche im Frühjahr 2016 eine »[z]unehmende Kriminalität, Verwahrlosung, Respekt- und Rücksichtslosigkeit« am Kottbusser Tor in Kreuzberg zum Thema machte (Bezirksamt Friedrichshain-Kreuzberg 2016).

›nicht-deutsch‹ aussehen, nicht oder wenig die deutsche Sprache sprechen, oder einen ›nicht-deutsch‹ klingenden Namen haben. Der Fokus auf ›Migrant_innen‹ in der Diskussion um Ursachen einer sog. Entmischung in Kreuzberg und Neukölln führt zudem dazu, dass politische, soziale, wirtschaftliche und historische Dynamiken als potentielle Erklärungsgrößen weitgehend ausgeklammert werden. Dabei zeigt die Perspektive auf den historischen Diskursverlauf und hiermit verbundene politische Entwicklungen, dass die heute in Kreuzberg und Neukölln lebende vergleichsweise hohe Anzahl von Deutschen mit Migrationsgeschichte primär auf stadtpolitische und immobilienwirtschaftliche Entwicklungen zurückgeht (vgl. Lanz 2007: 67ff.). So waren es vor allem die in den 1960er Jahren nach Berlin kommenden Arbeitsmigrant_innen, die in die schwer vermietbaren, maroden und vielfach auf ihren Abriss wartenden Altbauquartiere in Kreuzberg und Neukölln ziehen sollten. Dies geschah u.a. mit dem Argument, dass die sog. Gastarbeiter_innen innerhalb weniger Jahre in ihr Herkunftsland zurückkehren würden (vgl. ebd.: 67). Dass für Arbeitsmigrant_innen vor allem die »unattraktiven« Orte der Stadt als Wohn- und Lebensraum vorgesehen waren, reflektiert die Lehrerin Sommer, die seit den 1970er Jahren in Kreuzberg lebt, wie folgt:

> »Ich meine, dass dieser Teil hier ›klein Istanbul‹ genannt wird, ist ja kein Zufall. Das war eine völlig unattraktive Ecke in Berlin als es die Mauer noch gab. Das war hier dieses SO 36, da Mauer, da Mauer ((zeigt in zwei Richtungen)) – da gab's nichts zu holen wirtschaftlich, das war uninteressant. Und wo schickte man die Migranten hin? Wo gab's Wohnraum? Hier. Dasselbe war in Neukölln, in all diesen Bezirken, wo jetzt eben mehr Migranten zu leben haben als Deutsche.« (144)

Mit der Bezeichnung »SO 36« verweist die Lehrerin auf einen von zwei früheren Postzustellbezirken Kreuzbergs. Vor dem Mauerfall auf drei Seiten von der deutsch-deutschen Grenze umschlossen, sollten große Teile des Gebietes von SO36 in den 1970er Jahre aufgrund einer geplanten Autobahntrasse abgerissen werden. Wohnungsbauunternehmen kauften die Häuser der vor diesem Szenario fliehenden bessergestellten Anwohner_innen und ließen die Altbauten für den geplanten Abriss zerfallen, während sie auf hohe staatliche Entschädigungen spekulierten. Als Zwischenmieter_innen dienten vor allem Migrant_innen und Studierende.[17] Neben der politisch sowie immobilienwirtschaftlich verursachten hohen Wohndichte von Migrant_innen in Kreuzberg und Neukölln, haben bereits in den 1970er Jahren zahlreiche Studien auf eine Diskriminierung von Arbeitsmigrant_innen und ihrer Familien auf dem Berliner Wohnungsmarkt hingewiesen (vgl. Dirickx/Kudat 1975; Hoffmeyer-Zlotnik 1977). Die Studien machen deutlich, dass zu dieser Zeit gerade Personen mit türkischer Migrationsgeschichte in Berlin gezwungen waren, in die unattraktivsten Wohngebiete der Stadt zu ziehen, da ihnen besserer Wohnraum (auch) aufgrund rassistischer Einstellungen von Wohnungs-Vermieter_in-

---

17   Der Bau der Autobahntrasse und ein Großteil der Abrisse wurde schließlich durch den massiven Widerstand der Anwohner_innen sowie durch die Internationale Bauausstellung im Jahr 1976 und des in diesem Rahmen entstandenen Konzepts der ›behutsamen Stadterneuerung‹ gestoppt (vgl. Bernau 2007).

nen in der Regel verwehrt wurde (vgl. Lanz 2007: 68).[18] Entgegen dieser Befunde wurde bereits in den 1970er Jahren in der Berliner Politik und Öffentlichkeit die Auffassung vertreten, dass es vor allem die Arbeitsmigrant_innen seien, die sich von der Berliner Mehrheitsgesellschaft abgrenzten (vgl. Morgenstern 2002: 251). Um einem mit der ›migrantischen Ballung‹ in Kreuzberg und Neukölln assoziierten »drohenden Zusammenbruch der Infrastruktur dieser Stadtteile« sowie einer »Gefährdung […] der allgemeinen Sicherheit« entgegenzuwirken, verfolgte die Berliner Politik das Ziel einer »Minderung der Ballung« (Der Regierende Bürgermeister von Berlin 1972: 28). Dieses sollte konkret über 1975 vom Senat eingerichtete »Zuzugssperren« für Migrant_innen in die Bezirke Kreuzberg, Wedding und Tiergarten erreicht werden (Der Regierende Bürgermeister von Berlin 1978: 67).[19]

Der Topos der sozialräumlichen ›Entmischung‹, ein hiermit verbundenes Othering von in Berlin lebenden Menschen mit Migrationsgeschichte und ihre Verantwortlichmachung für die so problematisierten Zustände weist somit historische Kontinuität auf. Der heute vor allem auf die Nachkommen der ersten Generation von Arbeitsmigrant_innen bezogene Diskurs ist allerdings auch von neuen Dynamiken geprägt, insbesondere solchen einer neoliberalen Stadtentwicklung. So entwickelte sich, parallel zu sich auf dem Berliner Wohnungsmarkt zunehmend artikulierenden privatwirtschaftlichen Interessen, vor allem um Kreuzberg ein Diskursstrang heraus, in dem der Bezirk vorwiegend als positives Beispiel für ein ›Einwanderungsviertel‹ konstruiert wird. Diesbezüglich hat eine Verschiebung diskursiver Wissensproduktionen um Kreuzberg, weg vom ›Problemviertel‹ hin zum ›Multikulti-Kiez‹ und ›aufstrebenden Einwandererquartier‹ stattgefunden, mit der (neue) Formen wirtschaftlicher Wertschöpfung verbunden sind. Diesbezüglich heißt es beispielsweise im ersten Berliner Integrationskonzept, dass »[d]ie ethnisch-kulturelle ›Buntheit‹« von »Viertel[n] mit hohem Migrantenanteil« wie in Kreuzberg, »oft auch ausgesprochen attraktiv« wirke und »bestimmte Gewerbe und Berufsgruppen zum Zuzug« motiviere (Beauftragte des Berliner Senats für Integration und Migration 2005: 49). Die neoliberale Konzeption und Inwertsetzung von migrationsbedingter ›Vielfalt‹ im Stadtviertel wird als eine Form der sozialräumlichen »Aufwertung« von »Gebieten mit besonderem Entwicklungsbedarf« wie Kreuzberg verstanden (vgl. Senatsverwaltung für Integration, Arbeit und Soziales 2007a: 51f.). Mit dem Ziel einer ›Aufwertung‹ sind vor allem die sog. Berliner Quartiersmanagements von städtischer Seite beauftragt. Diese sollen u.a., wie es heißt, über eine »Aktivierung der Bewohner/-innen« sowie eine effektivere »berufliche Beratung und Qualifizierung« dieser zu einer »Stärkung der lokalen Wirtschaft des Quartiers« beitragen

---

18   Dass auch aktuell noch bei der Wohnungsvergabe in Berlin »Kategorien zur Anwendung kommen, die Hartz IV-Empfänger und Migranten benachteiligen«, zeigt u.a. die Studie von Christine Barwick (2011).

19   Demnach erhielten neu nach Berlin ziehende Migrant_innen – ausgenommen solche aus den Staaten der Europäischen Gemeinschaft, aus Österreich, der Schweiz und den USA – bis 1989 einen entsprechenden Vermerk in ihre Pässe und konnten ausgewiesen werden, wenn sie gegen die Zuzugssperren verstießen (vgl. Lanz 2007: 71). Die Regelung zeigte schließlich allerdings nicht die versprochenen Effekte, auch weil sich die immobilienwirtschaftlichen Entwicklungen zunehmend der politischen Kontrolle entzogen. Die Zuzugssperren traten schließlich im Zuge der Wiedervereinigung außer Kraft.

(ebd.). Die positive Konnotation und Interpretation neoliberaler Gentrifizierungsprozesse als Möglichkeit der ›Aufwertung‹ urbaner Räume durch eine sich hierüber einstellende neue soziale ›Mischung‹ wird auch von der ehemaligen Neuköllner Bürgermeisterin, Franziska Giffey, geteilt. Aufgrund der von ihr gleichsam wahrgenommenen mangelnden »Mischung« im Bezirk hielt sie es für wichtig, dass »der Kiez sich verändert«, weswegen sie ein »bisschen Aufwertung« begrüßte (Giffey in Peters 2016: o.S.).

Was demgegenüber im Sprechen über eine sozialräumliche ›Aufwertung‹ tendenziell ausgeblendet wird, sind die exkludierenden Dynamiken, die u.a. aus starken Mietsteigerungen (vgl. Senatsverwaltung für Stadtentwicklung und Wohnen 2017) sowie der Privatisierung städtischen Eigentums, insbesondere im Bereich des sozialen Wohnungsbaus[20] resultieren. Von sich in diesem Zuge ereignenden Verdrängungsprozessen u.a. in Form von Zwangsräumungen, sind auch Kitas (vgl. Abgeordnetenhaus von Berlin 2016c) sowie Räumlichkeiten von ›Migrant_innenorganisationen‹ betroffen (vgl. Hasselmann 2015). Die zum Teil existenziellen Konsequenzen dieser Entwicklungen für die Bewohner_innen Kreuzbergs und Neuköllns, beschreibt auch Hamid, dessen Familie die Mietsteigerungen vor Ort stark zu spüren bekam. Der Vater erzählt, dass er den von ihm Mitte der 1990er Jahre eröffneten »Matratzenladen« nach einigen Jahren »mit Schulden« aufgeben musste, da er die Mieterhöhung nach der Jahrtausendwende – »von 4000 Mark auf 3600 Euro« – nicht finanzieren konnte (Hamid 136). Dieses Schicksal, so Hamid, sei ihm einige Jahre nach der Pacht eines neuen Ladens erneut widerfahren: »[...] und dann kommt noch mal meine schlechte Chance: Kommt da einer, der das ganze Haus gekauft hat, eine Firma. Die Miete war 1700 Euro, und der neue Besitzer hat 4400 Euro verlangt. Dann bin ich auch raus, mit nochmal Schulden, glaube das waren 28000 Euro« (ebd. 142). Auch die Wohnungsmiete der Familie, so der Vater weiter, sei im Jahr des Interviews aufgrund einer Fassadenrenovierung »um 150 Euro« (ebd. 144) im Monat erhöht worden. Die Familie erwäge nun, wie bereits einige Jahre zuvor, erneut aus ihrer Wohnung auszuziehen: »Damals hab' ich extra Abstand bezahlt für die Wohnung. Und dann kam die Renovierung. Wegen der Renovierung haben wir gesagt: ›Wir gehen raus‹. Ja, und dann sind wir hierhin gezogen. Und nach drei Jahren kommt nun auch hier die Renovierung ((stöhnt))« (ebd. 150).

Dass die Familie Hamids keinen Einzelfall darstellt, der von den aktuellen Gentrifizierungsdynamiken negativ betroffen ist, gibt u.a. der Lehrer Bostancı im Interview zu verstehen. Dieser beobachtet über Schüler_innen aus dem »Kiez« seiner Kreuzberger Schule ebenfalls zahlreiche Verdrängungseffekte durch Mietsteigerungen. So erzählten die Schüler_innen davon, »dass plötzlich die Miete erhöht« wurde sowie »von Nachbarn, die wegziehen müssen, weil sie so horrende Mieterhöhungen nicht bezahlen können« (Bostancı 70). Über die Ausführungen kommt zum Ausdruck, dass insbesondere in Neukölln und Kreuzberg schon seit längerem wohnende Familien von neoliberalen Stadtentwicklungsprozessen negativ betroffen sind, d.h. ökonomisch unter Druck

---

20   Die Anzahl der Sozialwohnungen in Berlin hat sich im Zeitraum von 1990 bis 2016 um mehr als zwei Drittel verringert. Während es 1990 insgesamt 339.687 Wohneinheiten waren, die sich in einer Sozialbindung befanden, waren dies im Jahr 2016 nur noch 116.597 Wohnungen, d.h. 248.319 weniger als im Vergleichsjahr (vgl. Bundesregierung 2017: 28).

sowie in Wohnungsnot geraten. Familien mit statistisch zugewiesenem Migrations-hintergrund sind hiervon besonders betroffen, da diese sich überproportional häufig in prekären Beschäftigungsverhältnissen befinden und entsprechend wenig finanzielle Spielräume besitzen, um steigende Mieten auszugleichen (vgl. Amt für Statistik Berlin-Brandenburg 2017a; Sachs et al. 2016).

Parallel zu den beschriebenen Verdrängungsprozessen sind, so legen einige Päd-agog_innen und Eltern im Interview dar, in den letzten Jahren viele neue, meist öko-nomisch gut situierte Familien in den Stadtteil hinzugezogen. Zugleich, so der Vater Demircan, blieben »Akademiker« (Demircan 77), die früher nach ihrem Studium häufig aus Kreuzberg und Neukölln wegzogen, nun vielfach im Stadtteil wohnen. Demircan schildert diese Entwicklung wie folgt:

> »Zum Beispiel drüben, auf der anderen Seite von dem Ufer, da war der erste Bereich,
> wo die Akademiker und so weiter hingezogen sind – schön Ufer, am Kanal. Da war es
> so, dass sie am Anfang hierhergezogen sind, als Studenten, da sind sie eine Zeit lang
> geblieben. Aber als die Kinder groß wurden, sind sie dann woanders hin. Aber jetzt
> ((!)) ist es nicht mehr so. Die meisten bleiben jetzt doch hier.« (Ebd.)

Die Lehrerin Sommer beobachtet Veränderungen in Kreuzberg vor allem dadurch, dass »jetzt durchaus auch ein paar deutsche Kinder« im Stadtteil lebten, »teilweise mit leuchtenden blonden Haaren« (Sommer 158). Sommer assoziiert mit den neu hinzugezogenen Familien somit vor allem ›Deutsche‹, was sie hier ebenfalls in einer rassistisch-völkischen Logik explizit an äußerlichen Merkmalen der Kinder dieser Familien festmacht.

Orientierungen von Eltern und Schule am Prinzip der ›Mischung‹ Im Gespräch mit Sommer, wie auch in anderen Interviews, kommt zum Ausdruck, dass sich der vermehrte Zuzug *weißer* ›deutscher‹ Akademiker_innenfamilien nur bedingt in den Schulen bemerkbar macht. So neigten die Eltern vielfach dazu, ihre Kinder außerhalb des Stadtbezirks einzuschulen. Mit Blick auf die neu hinzugezogenen Eltern analysiert der Schulleiter Westheimer:

> »Das ist ein mehrstufiger Prozess. Ganz viele Eltern sind noch in der Kita dabei zu sa-
> gen: ›Multikulti ist toll und mein Kind kann auch ruhig mit türkischen Kindern gemein-
> sam in den Kindergarten gehen‹. Das ändert sich schon ein bisschen, wenn die Kinder
> in die Schule kommen, in die Grundschule. Aber auch in der Grundschule gibt es noch
> viele Eltern, die sagen: ›Multikulti ist toll. Mein Kind kann ruhig mit Elif und Moham-
> med zusammen in die Schule gehen‹. Noch mal schwieriger wird es, wenn's dann in
> die weiterführende Schule geht, also dann ist Schluss mit lustig!« (88)

Westheimer beobachtet, dass »viele Eltern« mit einer ›multikulturellen‹ Zusammenset-zung der Schüler_innenschaft so lange positive Assoziationen verbinden, bis es um die Wahl der weiterführenden Schule geht. Dabei wird hier mit »Multikulti« vor allem eine nicht-deutsche bzw. türkische Schüler_innenschaft verbunden, die vom Schulleiter den neu hinzugezogenen Eltern und ihren Kindern gegenübergestellt wird.

Hier, wie auch im Interview mit Sommer, wird die bereits im vorherigen Kapitel analysierte elterliche Schulwahl nach dem Prinzip der (vermuteten) natio-ethno-religiös-kulturellen Zusammensetzung der Schüler_innenschaft thematisch, nun jedoch vor dem Hintergrund sozialräumlicher Veränderungsprozesse. So auch im Gespräch mit der Schulsozialpädagogin Musa. Ihr zufolge würden zwar immer mehr Familien in das Kreuzberger Umfeld ihrer Schule ziehen und »gerne hier wohnen«, die Schulen vor Ort »aber nicht akzeptieren« (Musa 198). Die Sozialpädagogin Nolte berichtet ebenfalls davon, dass »die Schüler aus dem Kiez nicht« an ihre Schule kämen, sondern »die Eltern, die sich das leisten können, jetzt hier zu wohnen«, ihre Kinder auf Schulen in anderen Gegenden Kreuzbergs bzw. Berlins schickten, »wo der Ausländeranteil, der Migrationshintergrundanteil, deutlich geringer« ist (Nolte 49). Nolte belegt dies anhand einer schulinternen Untersuchung wie folgt: »Wir haben mal so stichprobenartig geguckt, wie viele Schüler haben dieselbe Postleitzahl wie die Schule. Und das waren maximal zehn Prozent in der Klasse. Also so viel dazu, die Gentrifizierung hat sich hier sehr wohl ausgewirkt« (ebd. 46ff.).[21] Die Sozialpädagogin führt die beobachteten elterlichen Schulwahlpraktiken explizit auf »die Gentrifizierung« vor Ort zurück. Diese Entwicklung habe auch merkbare Folgen für die kieznahe Vernetzung von Noltes Schule mit außerschulischen Bildungsträgern. Trotz der »aktiven Arbeit« (ebd. 63) der Träger im Umfeld der Schule, finden laut Nolte aktuell kaum Kooperationen statt, da die Familien der Schüler_innen nicht (mehr) aus der Nachbarschaft kommen und an Aktivitäten im Kiez der Schule entsprechend nicht teilnehmen würden. Nolte führt diesbezüglich aus:

> »Und ja, also würden mehr Familien zum Beispiel aus der [Name des umliegenden Wohngebiets, E.K.] kommen, hätten wir garantiert schon mehr Veranstaltungen gemeinsam gemacht, mit den Elternvertretern und was weiß ich was, da bin ich mir sicher. [...] Die [Name von freien Bildungsträgern im Kiez der Schule, E.K.] machen ganz aktive Arbeit und das ist ein ganz tolles Netzwerk, das man super nutzen könnte. Aber unsere Familien kommen nicht von da. Und deswegen ist die Zusammenarbeit halt nicht so stark.« (Ebd.)

Sowohl Nolte als auch die anderen, hier zitierten Pädagog_innen problematisieren im Interview, dass die vermeintlich natio-ethno-religiös-kulturelle Segregation an den Schulen durch die Schulwahl neu hinzugezogener Eltern aufrechterhalten werde. Während Nolte zwischen Eltern unterscheidet, die es sich leisten können, »jetzt hier zu wohnen« und solchen, die es sich entsprechend nicht (mehr) leisten können, differenziert Krug zwischen ›deutschen‹ sowie »türkischen oder arabischen Eltern«, wenn er das beschriebene elterliche Schulwahlverhalten problematisiert: Während Letztere sich aufgrund der »vielen Extraangebote« seiner Schule »noch eher« entschließen würden, ihr Kind an dieser anzumelden, bräuchte man »[d]eutschen Eltern damit gar nicht kommen« (Krug 267). Neben Musa, die gleichsam meint zu beobachten, dass es vor allem »die Deutschen« sind, die »gehen« (Musa 182), führt auch die Vereinsvertreterin Gümüş ein solches Verhalten ausschließlich auf »deutsche Eltern« zurück: »Jetzt sehe

---

21   Die Beobachtung der Pädagog_in wird vom Schulentwicklungsplan des Bezirks Friedrichshain-Kreuzberg gestützt, nach dem »an einigen Schulen der Region die Anzahl der Ummeldeanträge an andere Schulen signifikant hoch« ist (Bezirksamt Friedrichshain-Kreuzberg 2012). Dies habe hier zu zahlreichen »unterfrequenten Klassen« geführt (ebd.).

ich in Neukölln: Es gibt Schulen, ich glaube 99 % sind Migrantenkinder. Und wenn man deutsche Eltern anspricht: ›Nein, ich schicke mein Kind nicht dahin! Heute ((flüstert leicht)) sind so viele arabische, viele türkische, viele kurdische, viele bulgarische Kinder da‹« (Gümüş 64).

Auch die ›Stadtteilmutter‹ Sezer beschreibt die gezielte elterliche Schulwahl nach dem Kriterium der »Mischung« als eine Praxis, die sie bei »Deutschen« beobachtet: »[D]ie deutschen Eltern, die gehen, wenn sie es sich leisten können oder die Möglichkeit haben, bringen die ihre Kinder woanders in die Schule« (ebd. 350). Allerdings wird im weiteren Verlauf von Sezers Erzählung deutlich, dass sie die am Prinzip der »Mischung« ausgerichtete Schulwahl auch bei »türkisch-stämmigen Menschen oder arabisch-stämmigen« Eltern bemerkt (ebd. 344). Diesbezüglich berichtet Sezer, dass ein wesentlicher Teil ihrer Arbeit als ›Stadtteilmutter‹ darauf basiert, die Mütter hinsichtlich der Wahl der ›besten‹ Schule für ihr Kind zu beraten (vgl. ebd. 344ff.). Die Beratungsarbeit Sezers sowie das Interesse der Mütter sind dabei von der Vorstellung geleitet, dass eine hohe ›migrationsbedingte Heterogenität‹ an der Schule eine Gefahr sowohl für den Deutscherwerb als auch für den Schulerfolg ihrer Kinder darstellt. Diese Gefahr könne von der Schule nicht gebannt werden und mache deswegen eine besondere elterliche Initiative in Form einer gezielten Schulwahl notwendig. Sezers Perspektive teilt auch der Vater Demircan. Er führt diesbezüglich aus:

> »Weil es ist klar, Schulen mit hohem Migrantenanteil, da wollen auch Eltern von Migrantenkindern die nicht hin haben, die Kinder. Weil erstens, sie wissen, das Deutsch entwickelt sich nicht so wie man es haben möchte. Zweitens gibt es da mehr Spannungen, weil die Kinder unzufrieden sind. Es gibt, also Sie können an jeder Schule gucken – mit hohem Migrantenanteil ist fast gleichzusetzen mit höherer Gewalt, höhere Intoleranz oder so, untereinander gibt es Spannungen, zwischen den Lehrern gibt es Spannungen, zwischen den Schülern gibt's Spannungen. Und deshalb, ich zum Beispiel hab' geguckt, als ich meinen Sohn in der Schule anmelden wollte, wo ist eine Schule mit weniger Migrantenanteil. Warum? Ich möchte, dass mein Sohn Kontakt mit Deutschen hat. Das machen, so ticken auch 90 Prozent der türkischen Eltern. Weil sie wollen, dass ihre Kinder was Gescheites lernen.« (Demircan 49)

Für Demircan scheint es »klar«, dass »auch Eltern von Migrantenkindern« ihre Kinder nicht auf »Schulen mit hohem Migrantenanteil« schicken wollen. Der Vater begründet dies zum einen mit der Sprachentwicklung der Kinder, zum anderen mit einer »höhere[n] Gewalt«, »Intoleranz« und »Spannungen« in den Schulen, die er auf den »hohe[n] Migrantenanteil« an diesen zurückführt. Demircan versteht sich dabei als einer von »90 Prozent der türkischen Eltern«, die seiner Ansicht nach »so ticken«. Der Vater verweist hier auf ein Interesse »türkischer Eltern«, mit welchem er sich einerseits identifiziert, während er die Kinder dieser Eltern andererseits allgemein als ›Bildungsrisiko‹ stigmatisiert und sich über sein Schulwahlverhalten von den ›türkischen‹ Eltern und Schüler_innen wiederum distanziert. Eine solche ambivalente Positionierung des Vaters steht in einem widersprüchlichen Verhältnis zu der Kritik Demircans an einer gesellschaftlichen und schulischen Stigmatisierung und Diskriminierung als Migrationsanderer, die er im Verlauf des Interviews – auch in Bezug auf seinen Sohn – immer wieder vornimmt (vgl. u.a. Kapitel 5.3).

Der Topos der ›entmischten‹ Schüler_innenschaft leitet somit auch die Schulwahlpraktiken solcher Eltern an, die im staatlich-institutionellen Diskurs, wie vorausgehend
dargestellt, als ›nicht-deutsche‹ Eltern positioniert sind, auf welchen wiederum der genannte Topos gründet. Dass die Schulwahlentscheidungen der Eltern vor allem auf einem gefühlten bzw. diskursiv hervorgebrachten Wissen basieren, wird nicht nur von
wissenschaftlichen Studien[22], sondern auch von einigen Pädagog_innen im Interview
kritisch reflektiert. So führt beispielsweise die Lehrerin Fischer die »Ängste und Be-
sorgnisse« unter Eltern vielfach auf »Gerüchte« bzw. bestimmte stereotype Bilder über
Schulen in Kreuzberg zurück:

> »Ich hab' hier keine Gewalt an der Schule, ich hab' keine Drogen an der Schule. Und das
> läuft hier auch gut, von daher braucht es keine Befürchtungen von Eltern zu geben.
> Aber ja, da wabern ja Gerüchte durch den Bezirk, die irgendeiner streut und also, das
> kann man, man kann da kaum Dinge wirklich beeinflussen.« (96)

Auch Krug spricht von unbegründeten Vorurteilen gegenüber dem Schulbezirk auf Seiten vieler Eltern, die dazu führten, dass sie ihre Kinder nicht an seiner Schule anmeldeten:»Und auch da gibt's eher so eine Idee: Man hat hier gehört, hier ist schlimm,
hier wird mit Drogen gehandelt. Stimmt nicht, ne, aber: ›Lieber woanders!‹ Und von
daher gibt es generell viele Eltern, die erst mal sagen, sie wollen ihr Kind hier nicht
anmelden« (Krug 267).

Trotz der Kritik, die die Pädagog_innen mit dem beschriebenen elterlichen Schulwahlverhalten verbinden, assoziieren auch sie mit ›guten‹ Schulen vor allem Schulen
mit einer ›gesunden Mischung‹. Eine in Bezug auf den vermeintlich natio-ethno-
kulturellen Hintergrund der Schüler_innen bezogene Heterogenität wird gegenüber
einer entsprechend definierten ›Homogenität‹ im Klassenraum als »gesünder« (Krug
263) verstanden. So argumentiert z.B. Krug im Interview:

> »Na ja, ich sag' mal, mein Interesse wäre irgendwie, dass man einfach 'ne gesünde-
> re Mischung hinbekommt. Ja es wäre für alle Beteiligten einfach viel besser. Ja, wenn
> die rein deutschen Kids mal ein paar mehr türkische oder arabische oder andere Kids
> kennenlernen würden, täte ihnen das gut. Wenn die türkisch-arabischen Kids oder die
> Kids mit Migrationshintergrund einfach mehr Deutsche in ihren Klassen hätten, um
> einfach Sprache und andere Dinge einfach noch mal anders wahrnehmen zu können –
> auch davon zu profitieren, dass die vielleicht irgendwie Eltern haben, die in manchen

---

22 Hinsichtlich der Frage, inwiefern sich der »Migrantenanteil in Schulklassen auf den Kompetenzerwerb« von Schüler_innen niederschlägt, zeigt u.a. die Studie von Stanat und Kolleg_innen, dass
sich auch bei längsschnittlicher Kontrolle der Ausgangsleistungen von Schüler_innen »kein eigen-
ständiger Einfluss des Migrantenanteils auf den Kompetenzerwerb« zeigt und somit kein »Effekt
des Migrantenanteils« in den Klassen nachgewiesen werden kann (Stanat/Schwippert/Gröhlich
2010: 162). Die Autor_innen merken zudem an, dass sich auch hinsichtlich des »in der Literatur
häufig anzutreffende[n] Erklärungsansatz[es]«, dass bestimmte »Normen und Verhaltensweisen,
die von Schülerinnen und Schülern einer Schule bzw. Klasse geteilt werden [...] für die Entwicklung
von motivationalen Orientierungen, Einstellungen zur Schule und Aspirationen relevant« (ebd.)
seien, bislang kaum empirische Studien vorliegen; »[d]ie wenigen Analysen, die dazu durchgeführt worden sind, konnten keine konsistenten Hinweise auf eine vermittelnde Rolle von Peernor-
men und -verhalten identifizieren« (ebd.).

Bereichen andere Möglichkeiten haben, ja, ich glaub' für alle wäre das ein Gewinn.«
(Ebd.)

Die Argumentation Krugs basiert auch hier auf der Unterscheidung zweier vermeintlich
homogener Schüler_innenkollektive – den »rein deutschen Kids« sowie den »türkisch-
arabischen Kids«. Während die »deutschen Kids« von einer stärkeren »Mischung« aus
Sicht des Schulsozialarbeiters insofern profitieren, als dass diese »mal ein paar mehr
[...] andere Kids kennenlernen«, geht Krug davon aus, dass die »türkisch-arabischen«
Kinder nicht nur die »Sprache«, sondern auch »andere Dinge [...] anders wahrnehmen«
würden. Dabei schreibt er den Eltern der ›deutschen‹ Schüler_innen andere »Möglichkeiten« zu als den hier natio-ethno-kulturell geanderten Eltern und interpretiert ei:nen
›deutschen‹ Einfluss auf die Schule als potenziellen »Gewinn« für die »Kids mit Migrationshintergrund«. Dabei erscheint die Bereitschaft der ›deutschen‹ Eltern, ihre Kinder
in Kreuzberg und Neukölln einzuschulen, als eine Art solidarischer Akt, während die
schulische Entwicklung der »türkisch-arabischen« Kids von diesem maßgeblich abzu-
hängen scheint. Diese Annahme verfolgt auch Bostancı, wenn er es als positive Entwicklung beschreibt, dass nun aufgrund der Fusion seiner Schule mit der anliegenden
Grundschule mehr »internationale Eltern« an die Schule kommen: »An der Grundschule da sind internationale Eltern, da ist eine gute Durchmischung. Das ist ja das, was
wir auch als Gemeinschaftsschule anpeilen, also mittel- und längerfristig, durch die
Grundschule haben wir eine sehr gute ((!)) Durchmischung« (Bostancı 58).

In den Interviews mit den Pädagog_innen wird zudem deutlich, dass das scheinbar
selbstverständliche Ziel, eine ›gesunde Mischung‹ an den Neuköllner und Kreuzberger
Schulen herzustellen, vor allem Praktiken einer Privilegierung ›deutscher‹ Eltern und
Schüler_innen Vorschub leistet, wie diese zum Teil bereits weiter oben beschrieben wurden. Maßnahmen wie die Einrichtung von Montessori-Zweigen oder die Ermöglichung
sog. Gruppenanmeldungen²³ setzen vor allem bei den Sorgen und Wünschen einer bestimmten, neu hinzugezogenen Elternklientel an bzw. – in den Worten Krugs – bei den
»Eltern aus Kreuzberg, ab dritter Stock Vorderhaus. Also diese ((!)) Eltern sind gerade
einfach extrem wichtig« (Krug 234). Unter dem Ziel der Herstellung einer ›gesunden
Mischung‹ werden zudem Maßnahmen thematisch, die im Sinne einer verbesserten
»Öffentlichkeitsarbeit und Netzwerkarbeit« darauf abzielen, die Schulen für eine bestimmte Elternklientel »attraktiver« bzw. bei diesen »bekannt zu machen« und »den
Ruf« der Schulen zu verbessern (vgl. u.a. Nolte 51). Hierzu zählt auch der von Bost-

---

23   Die an einigen Schulen praktizierte Möglichkeit der sog. Gruppenanmeldung hat 2012 zu einer öf-
      fentlichen Diskriminierungsbeschwerde von vorwiegend ›migrantisch‹ positionierten Eltern der
      Kreuzberger Lenau-Grundschule geführt. An dieser wurde zuvor eine Klasse eingerichtet, die fast
      ausschließlich aus Kindern mit ›deutschem‹ Hintergrund bestand, während in der Parallelklas-
      se lediglich Kinder mit ›nicht-deutscher Herkunftssprache‹ eingeschult wurden (vgl. Vogt 2012:
      o.S.). Mit dem Ziel, eine »ausgewogene Mischung« an der Schule herzustellen, war die Schullei-
      tung der Bedingung einer Gruppe von ›deutschen‹ Eltern nachgekommen, sich nur für eine An-
      meldung ihrer Kinder an der Schule zu entscheiden, wenn ihre Kinder in eine gemeinsame Klasse
      kommen (ebd.). Die schulinterne Diskussion wurde schließlich beigelegt, indem die Klassen »neu
      gemischt« wurden (ebd.). Die Schulleiterin räumte ein, bei der »Mischung« der Klasse Fehler ge-
      macht zu haben und »den Wünschen der Eltern zu weit entgegen gekommen« zu sein (ebd.).

ancı beschriebene Versuch, über eine Zusammenlegung weiterführender Schulen mit nahegelegenen Grundschulen eine »Durchmischung« herzustellen (Bostancı 60).

Die Ausrichtung der Schulen an den Interessen einer bestimmten, vielfach als ›deutsch‹ positionierten Elternklientel wird von Politik und Behörden in Teilen unterstützt. So wird es beispielsweise im Neuköllner Integrationspapier als eine positive Entwicklung beschrieben, dass in den Schulen des Bezirks verschiedene Praktiken entstanden sind, die »verhindern, dass bildungsbewusste Eltern weiter den Bezirk verlassen, sobald die Kinder eingeschult werden« und die – mit diesen Eltern assoziierte – »soziale Kompetenz den Bezirk« verlässt (Bezirksamt Neukölln 2009: 6). Auch die ehemalige Neuköllner Bürgermeisterin begrüßte in der Vergangenheit wiederholt »auch außergewöhnliche« Maßnahmen, um für eine bessere »Durchmischung« an den Schulen zu sorgen, so argumentiert sie: »Bildungsorientierte Eltern haben sich zusammengetan und erreicht, dass ihre Kinder gemeinsam in eine Klasse kommen. Das ist umstritten, aber wenn wir eine Durchmischung wollen, müssen wir solchen Initiativen entgegenkommen. Kein Elternteil will mit seinem Kind Integrationsexperimente durchführen« (Giffey in Peters 2016: o.S.).

Auch die Mutter Köste lobt im Interview ausdrücklich Bestrebungen der Schule ihrer Tochter, »dass mehr Deutsche auf die Schule kommen, also dass es nicht nur Ausländer sind« (Köste 135). Dies mache für die Mutter »Sinn«: »Also es macht ja auch Sinn, ich mein, dass da auf einer Schule nur ((!)) Ausländer sind, das kann nichts Schlimmeres geben. Es muss mehr gemischt sein. Also das ist ein Fehler, weil aus denen wird nichts, also vielleicht ((!)) wenn das so durchwachsen ist, so durchmischt ist« (ebd. 139). Köste interpretiert die Privilegierung ›deutscher‹ Eltern bei der Anmeldung ihrer Kinder an der Schule somit ebenfalls als sinnvolle Weise der Herstellung einer ›Durchmischung‹. Köste sieht diese als einzige Chance, dass aus den »nur« bzw. ausschließlich als »Ausländer« gelabelten Schüler_innen der Schule ›etwas wird‹. Ähnlich fällt auch die Antwort der Mutter Sezer aus. Gefragt danach, was sie sich von Seiten der Berliner Bildungspolitik wünscht, antwortet sie: »Also was jetzt hier Berlin bzw. Großstädte betrifft, wäre es, dass da halt ein bisschen mehr bei Klassenzusammensetzungen auf die Mischung geachtet wird« (Sezers 408).

Wie in diesem kurzen Exkurs erläutert, erweist sich der Topos der natio-ethnokulturellen ›Mischung‹ als äußerst machtvoll und wirkmächtig, wenn es darum geht, sozialräumliche und schulische Segregations- und Selektionsprozesse zu begründen. Der Topos speist sich vor allem aus gefühlten Wahrheiten sowohl hinsichtlich einer überwiegend als nicht-deutsch positionierten Bewohner_innen- und Schüler_innenschaft in innerstädtischen Stadtvierteln Berlins als auch hinsichtlich deren negativer Effekte auf Integration und Schulerfolg. Diese ›Wahrheiten‹ werden von Politik, Schule und Eltern weitgehend geteilt und erweisen sich entsprechend als stark institutionalisiert bzw. normalisiert. Dabei wird die in den hier betrachteten urbanen Räumen lebende Bevölkerung überwiegend als ein homogenes ›migrantisches‹ Kollektiv konstruiert und mit einer (sozial-)räumlichen Einheit verschmolzen. Darüber werden die Eingebundenheit der hier lebenden Familien in unterschiedliche gesellschaftliche Institutionen und Kontexte, gelebte Mehrfachzugehörigkeiten und dynamische Identitätsbildungsprozesse ebenso ausgeblendet wie die Tatsache, dass es sich bei den so migrantisierten Schüler_innen und Familien vielfach um ›Deutsche‹ handelt.

Ein solches Wissen legt vor allem Praxen nahe, die auf eine stärkere ›Durchmischung‹ der Bewohner_innen- und Schüler_innenschaft in Sozialraum und Schule abheben. So haben sich in den hier betrachteten Schulen verschiedene Praktiken etabliert, die einer Privilegierung neu hinzugezogener, meist als *weiß* und ›deutsch‹ verstandener Eltern Vorschub leisten. Praktiken wie diese basieren auf dem Verständnis, dass soziale bzw. schulische Verhältnisse durch das alleinige Einwirken auf die Zusammensetzung der Bewohner- respektive Schüler_innenschaft gestaltbar seien und hierüber soziale Konflikte und Probleme gelöst werden können. Aktuelle neoliberale Stadtentwicklungsprozesse erscheinen vor diesem Hintergrund regelrecht erwünscht, da sich hiermit eine ›Aufwertung‹ und ›gesunde Mischung‹ versprochen wird.

Die Ausführungen zeigen, dass es nicht nur das im Bildungsdispositiv beschriebene Performanz- und Wettbewerbsprinzip ist, das den Schulen eine Privilegierung und Diskriminierung von bestimmten Eltern und Schüler_innen nahelegt. Auch lassen sich diese Dynamiken nicht allein auf dominanzgesellschaftliche Bestrebungen einer *weißen* Elternschaft, ihre Bildungsprivilegien aufrecht zu erhalten, zurückführen. Vielmehr sind es auch neoliberale stdtpolitische Entwicklungen und sozialräumliche Diskurse, die dazu dienen können, (partielle) Ein- und Ausschlüsse in den Schulen anzuleiten und zu begründen.

TEIL III: ABSCHLIESSENDE BETRACHTUNGEN

8. Eltern – Schule – Migrationsgesellschaft. Neuformation von rassistischen Ein- und Ausschlüssen in Zeiten neoliberaler Staatlichkeit

Die vorliegende Untersuchung hat gezeigt, dass politische und schulische Bewertungen von ›guten‹ und ›schlechten‹ Eltern bzw. von zum Schulsystem ›passenden‹ und ›nicht passenden‹ elterlichen Erziehungs- und Bildungsleistungen vielfach entlang natio-ethno-religiös-kultureller Grenzziehungen vorgenommen werden. Dabei sind Diskurse um Elternschaft in innerstädtischen Räumen, wie in Berlin, eng verwoben mit Kämpfen um Zugangsrechte zu und demokratische Teilhabe in staatlichen Institutionen und Gesellschaft. Im Rahmen dieser Auseinandersetzungen werden bestimmte Eltern als migrationsandere Eltern konstruiert sowie auf spezifische Weise in Schule und Migrationsgesellschaft positioniert. Wie sich diese Prozesse genau vollziehen, habe ich in den vorausgegangenen Kapiteln dargelegt. Gezeigt habe ich, wie über unterschiedliche politische Diskurse ein bestimmtes Wissen in Form selbstverständlicher Annahmen bzw. ›Wahrheiten‹ über ›migrationsandere‹ Eltern produziert wird, wie ein solches Wissen von Pädagog_innen aus Berliner Schulen in alltäglichen Interaktionen mit Eltern angewendet sowie aus- und umgedeutet wird, sich so teilweise in den Schulen institutionalisiert und in Form schulisch-pädagogischer Praktiken sowie spezifischer Subjektivitäten von Eltern und ›Migrant_innenorganisationen‹ manifestiert. Dabei kam einerseits zum Ausdruck, dass sich elterliche Identifikationen, politische Diskurspositionen und schulische Selbstverständnisse z.T. gegenseitig stützen und dadurch ein bestimmtes MachtWissen über Eltern stabilisieren. Andererseits gelingt es den Eltern und Vereinen auch, ein über sie vorherrschendes Wissen immer wieder zu irritieren, indem sie dieses z.B. in der Schule ihrer Kinder kritisch reflektieren und dadurch Veränderungsprozesse anregen.

Wie im Rahmen der Analyse auch deutlich wurde, wirken an der Herstellung von ›migrationsanderen‹ Eltern gleich mehrere Dispositive mit. Im Zentrum dieser Untersuchung standen das Berliner Migrations-, Integrations- und Bildungsdispositiv. In diesen werden im Zusammenspiel von politischen Diskurspositionen, schulisch-pädagogischen Wissensbeständen und elterlichen Subjektivationen je spezifische Kategorien und Grenzen funktional. Es entstehen darüber unterschiedliche dispositive Figuren

– wie die der ›muslimischen Eltern‹, der ›arbeitslosen Mutter mit Migrationshintergrund‹ oder der ›bildungsnahen deutschen Eltern‹ –, die wiederum mit bestimmten
staatlich-institutionellen Praktiken sowie (Diskriminierungs-)Erfahrungen von Eltern
in der Schule ihrer Kinder einhergehen.

Das in den verschiedenen Dispositiven kursierende Wissen über Eltern resultiert
insbesondere aus unterschiedlichen Problemlagen, Herausforderungen und Handlungsnotwendigkeiten, wie sie insbesondere über rassistische Logiken und neoliberale
Transformationsprozesse in Staat und Gesellschaft vermittelt sind. Mit Blick auf diese
Dynamiken war es ein zentrales Anliegen dieser Forschung, die häufig vertretene
Auffassung zu hinterfragen, nach der Rassismus und Neoliberalismus weitgehend
unabhängig voneinander auf das gesellschaftliche Leben Einfluss nehmen. Die Annahme, dass sich die auf Ausschluss von ›Migrant_innen‹ gründende »Vorstellung
einer ›essenziellen Gemeinschaft‹« und die Idee eines auf Konkurrenz basierenden
freien Marktes, der im Sinne neoliberaler Orthodoxien von ›Freiheit‹, ›Gleichheit‹
und ›Leistungsgerechtigkeit‹ »niemand auszuschließen scheint« (Balibar 2008: 23),
gegenüberstehen, konnte hier nicht bestätigt werden. So zeigt diese Untersuchung,
dass mit der zunehmend neoliberalen Vergesellschaftung in Deutschland keineswegs
Rassismus minimiert wird oder gar post-rassistische Verhältnisse begünstigt werden.
Stattdessen verbinden sich rassistische Logiken und die neoliberale Rationalität zu
einem *neoliberalen Rassismus*. Dieser trägt zu einer Vervielfältigung von Grenzen im
›Innern‹ der Migrationsgesellschaft bei und schafft neue Rechtfertigungen für soziale
Ungleichheit. Diese wirken sich auch auf die (Un)Möglichkeit aus, Rassismus in Schule,
Politik und Gesellschaft zu thematisieren und zu bearbeiten.

Auf die Frage, wie sich das Verhältnis von Rassismus und Neoliberalismus im Feld
von Eltern, Schule und Migrationsgesellschaft genau beschreiben lässt und welche Effekte hiermit verbunden sind, möchte ich die abschließende Diskussion meiner Analyseergebnisse zuspitzen. Meine Beobachtungen werde ich entlang der folgenden fünf
Hypothesen entfalten:

1. Eltern sind auf spezifische Weise von neoliberalen Transformationen in Migrati-
    onsgesellschaften betroffen. Sie stehen aktuell im Fokus staatlich-institutioneller
    Praktiken der Aktivierung, Responsibilisierung und Disziplinierung.
2. Neoliberalismus und Rassismus nehmen im Kontext von Schule und Elternhaus
    wechselseitig aufeinander Einfluss: Die neoliberale Rationalität stützt, flexibilisiert
    und erneuert rassistische Argumentationen um Eltern mit Migrationsgeschichte,
    während rassistische Logiken einer neoliberalen Regierung von Eltern Vorschub
    leisten.
3. Neoliberale Reformen schaffen neue Einfallstore für (rassistische) Diskriminierung
    von Schüler_innen und Eltern und modellieren ein komplexes System (partieller)
    staatlich-institutioneller Ein- und Ausschlüsse.
4. Formationen eines neoliberalen Rassismus entziehen sich vielfach einer kritischen
    Auseinandersetzung in und durch Migrationsgesellschaften; die hier das Handeln
    von Eltern und Pädagog_innen anleitenden Normen lassen nur wenig Raum für
    (eindeutige) Widerständigkeit.

5. Im Kontext des (wohlfahrts)staatlichen Wandels wird (rassistische) Diskriminierung als Erklärungsgröße für gesellschaftliche und schulische Ungleichheiten in Zweifel gezogen und zur Privatsache erklärt.

8.1 Fünf Hypothesen zu Formationen eines *neoliberalen Rassismus* am Schnittfeld von Schule und Migrationsgesellschaft

1. Eltern sind auf spezifische Weise von neoliberalen Transformationen in Migrationsgesellschaften betroffen. Sie stehen aktuell im Fokus staatlich-institutioneller Praktiken der Aktivierung, Responsibilisierung und Disziplinierung

Insbesondere mit Blick auf das Berliner Integrations- und Bildungsdispositiv habe ich nachgezeichnet, wie seit der Jahrtausendwende zahlreiche politische Programme, Praktiken und Kooperationsformen entstanden sind, die auf eine »Rationalisierung der Regierungsausübung« abzielen (Foucault 2003e: 1021; vgl. Kapitel 6.1 sowie 7.1). Das heißt, Berliner Politik und Senatsbehörden fungieren vielfach als steuernde und managende Instanzen von Integrations- und Bildungsprozessen, während mehr und mehr Aufgaben und Verantwortlichkeiten auf private und lokale Akteur_innen übertragen werden. Auch Berliner Schulen haben seit der Jahrtausendwende mehr Verantwortung erhalten, z.B. wenn es darum geht, Bildungsungleichheiten zu beheben, die gesellschaftliche Integration von Schüler_innen und Eltern zu ›managen‹ oder soziale Spannungen und Spaltungen auszugleichen, die durch neoliberale Stadtentwicklungsprozesse begünstigt werden. Maßgeblicher Motor dieser Entwicklung ist die Positionierung von Schulen als ›autonome Akteure‹ im Bildungssystem.

Auch die Eltern von Berliner Schüler_innen sind von diesen Dynamiken betroffen. Sie werden aktuell über vielfältige Techniken und Arrangements als autonome Agent_innen im Kontext der Schule positioniert und zugleich zunehmend für den Schulerfolg sowie die Integration ihrer Kinder verantwortet. Wie in vorausgegangenen Studien wurde auch im Rahmen dieser Untersuchung deutlich, dass von einer neoliberalen Transformation des (Wohlfahrts-)Staats zunächst grundsätzlich alle Eltern betroffen sind. Allerdings, und dies stellt ein zentrales Ergebnis dieser Studie dar, operieren neoliberale Regierungstechniken bevorzugt entlang natio-ethno-religiös-kultureller Trennlinien. Dies führt dazu, dass es vor allem ›Migrant_innen‹ bzw. Eltern mit zugeschriebenem muslimischem Hintergrund und/oder Migrationshintergrund sind, die aktuell im Fokus politischer Praktiken der Aktivierung, Responsibilisierung und Disziplinierung stehen. Diese Praktiken gründen vor allem im Integrations-, Bildungs- und Sicherheitsdispositiv auf je spezifischen Diskursen und gehen wiederum mit je spezifischen schulisch-pädagogischen Praxen und elterlichen Subjektivationsprozessen einher:

Im *Integrationsdispositiv* werden in Berlin lebende ›Migrant_innen‹ in zweierlei Hinsicht neoliberal regiert. Zum einen werden sie im politischen Diskurs teilweise als ein ›städtischer Marktwert‹ bzw. ›wirtschaftliches Potenzial‹ konstruiert (vgl. Kapitel 6.1). In der Subjektposition der ethnisierten Unternehmer_innen ihrer sselbst sind sie von staatlich-institutioneller Seite dazu angehalten, die ihnen zugeschriebene partikulare Ressource ihrer ›anderen Kultur‹ in Wirtschaft, Gesellschaft und staatlichen Institutionen produktiv zu machen. Eine solche Kommerzialisierung ›kultureller Andersheit‹ äußert sich insbesondere dann, wenn die ›kulturellen‹ Erfahrungen und Kenntnisse von Eltern mit Migrationsgeschichte und ›Migrant_innenorganisationen‹ besonders betont und wertgeschätzt werden. Über eine solche Diskursivierung des ›kulturellen Kapitals‹ der Eltern und Vereine werden diese zwar in gewisser Hinsicht in staatliche Institutionen, wie die Schule, eingebunden. Dies geschieht jedoch nur insofern die Eltern und Vereine in der Lage und persönlich bereit sind, sich auf diese (kulturalisierende) Positionierung einzulassen und ihre ›kulturellen Erfahrungs(mehr)werte‹ unter Beweis zu stellen.

Zum anderen sind ›Migrant_innen‹, die vermeintlich keinen ökonomischen und sonstigen Mehrwert liefern und vor diesem Hintergrund häufig als ›nicht integriert‹ verstanden werden, ins Zentrum aktivierungspolitischer Maßnahmen gerückt (vgl. Kapitel 6.1). Auch in Berlin lässt sich eine zunehmende Verlagerung der neoliberalen Prämisse des ›Förderns und Forderns‹ vom sozial- und arbeitsmarktpolitischen Bereich in den Bereich der Integrationspolitik beobachten. Eltern werden im politischen Diskurs häufig als ›arbeitslose Eltern mit Migrationshintergrund‹ thematisch, während ihre Arbeitslosigkeit vielfach als Ausdruck einer fehlenden Integrationsbereitschaft interpretiert wird. Dieser Perspektive folgen solche Integrationsmaßnahmen gegenüber, die primär darauf abzielen, Eltern in unterschiedlicher Hinsicht zu aktivieren und zu responsibilisieren. So sollen Maßnahmen wie ›Mütterkurse‹ oder ›Elternintegrationskurse‹ nicht nur Sprachkenntnisse sowie ›hiesige freiheitlich-demokratische‹ Werte und Regeln an die Eltern vermitteln. Sie sollen die Eltern bzw. Mütter auch dazu anleiten, sich möglichst selbstverantwortlich um ihre ›Integration‹ in Gesellschaft, Schule und Arbeitsmarkt zu bemühen.

Im *Bildungsdispositiv* zeichnet sich eine neoliberale Transformation vor allem über die Stärkung des Performanz- und Wettbewerbsprinzips ab, das über neue, managerialistische Steuerungstechniken im Berliner Schul- und Bildungssystem implementiert wurde (vgl. Kapitel 7.1). Diese Form der Bildungssteuerung hat vor allem eine Steigerung der ›Qualität‹ bzw. ›Effektivität‹ schulischer Bildungsprozesse zum Ziel. Als eine besonders wirkmächtige Unterscheidung erweist sich die Kategorisierung von Eltern in ›bildungsnahe‹ und ›bildungsferne‹ Eltern. Die Kategorie der ›Bildungsferne‹ wird im Diskurs vielfach natio-ethno-religiös-kulturell aufgeladen. Politisch-behördliche Praktiken zum Abbau von Bildungsungleichheiten im Berliner Schulsystem setzen entsprechend maßgeblich bei ›bildungsfernen Eltern mit Migrationshintergrund‹ an. Auf diese vermeintliche Elterngruppe ausgerichtete Beratungskurse und Informationsveranstaltungen verfolgen das Ziel einer Kompensation elterlicher ›Bildungsdefizite‹. Die Maßnahmen heben gleichsam darauf ab, die so geanderten Eltern in die Lage zu versetzen, sich entsprechend gesellschaftlicher sowie staatlich-institutioneller Vorstellungen und Erwartungen für den Schulerfolg ihrer Kinder einzusetzen.

Im Berliner *Sicherheitsdispositivs* sind es vor allem in Neukölln und Kreuzberg lebende ›arabische‹ Familien, die im Zentrum einer ›Null-Toleranz-Politik‹ stehen (vgl. *Exkurs I*). Diese basiert auf der diskursiven Kultivierung einer sozialräumlichen Gefahrenlage in den Stadtteilen. Eine solche vollzieht sich insbesondere über die Markierung von urbanen Räumen mit verhältnismäßig hohem Anteil an ›Geflüchteten‹ und ›Migrant_innen‹ als ›gefährliche Orte‹ sowie der hier lebenden Familien als segregierte bzw. sich segregierende ›Migrantenfamilien‹ und ›kriminelle arabische Clans‹. Die Polizei hat sich in diesem Zusammenhang als zentrale Akteurin im Feld von Schule und Elternhaus etabliert. Die Beamt_innen des auf ›Zuwandererfamilien‹ spezialisierten Arbeitsgebiets »Interkulturelle Aufgaben« der Berliner Polizei fungieren insbesondere in Neukölln als eine Art Sozialisationsinstanz, die in Kooperation mit Schulen einem in den Familien konstatierten besonderen Gefahrenpotenzial sowohl über präventive als auch über disziplinierende Maßnahmen begegnen soll. Im Sinne neoliberaler Rationalität werden sozialräumliche Probleme und Konflikte somit vorwiegend ordnungspolitisch zu lösen versucht – die Polizei in der Rolle der Fürsorgebehörde einerseits sowie als sichtbar in den Stadtteilen agierende Gewährleisterin eines (mehrheits)gesellschaftlichen Sicherheitsbedürfnisses andererseits.

Ein sich so im Rahmen politischer Diskurse artikulierendes Wissen über ›migrationsandere Eltern‹ wird in den Berliner Schulen auf verschiedene Weise aus- und umgedeutet. Die diffuse politisch-behördliche Kategorie der ›Eltern mit Migrationshintergrund‹ wird beispielsweise in den Schulen über direkte Verweise auf den ›arabischen‹, ›türkischen‹ und/oder ›muslimischen‹ Hintergrund der Eltern sowie eine explizite Positionierung dieser als ›nicht-deutsch‹ konkretisiert (vgl. Kapitel 5.2). Ähnlich wie im politischen Diskurs wird auch in den Schulen eine ›migrationsbedingte Heterogenität‹ vorwiegend problematisiert. Irritierende und konflikthafte Erfahrungen mit den Eltern der Schüler_innen werden über ein weitgehend normalisiertes kulturalistisches Wissen interpretiert. Häufig wird auf die ›andere Schul- und Bildungskultur‹ im vermeintlichen Herkunftsland der Eltern, einen ›autoritär-gewaltvollen‹ und ›religiös-dogmatischen‹ Erziehungsstil sowie in den Familien vermeintlich vorherrschende patriarchale Geschlechterverhältnisse referiert. Zudem wird auffallend häufig auf neoliberale Imperative Bezug genommen. ›Migrationsandere‹ Eltern werden als ›wenig leistungsorientiert‹ und der Schule gegenüber als ›passiv‹ charakterisiert, während ihr Wissen, ihre Ressourcen und Fähigkeiten meist als ›nicht nützlich‹ für den Schulerfolg ihrer Kinder sowie eine Qualitätssteigerung schulischer Prozesse bewertet werden (vgl. Kapitel 6.2 sowie 7.1). ›Gute‹ Elternschaft, so kommt in den Interviews zum Ausdruck, bemisst sich vor allem am sichtbaren Engagement und einer gelebten Aktivität von Eltern – sowohl in der Schule als auch auf dem Berliner Arbeitsmarkt. Entsprechend wird die vermeintliche Arbeitslosigkeit von Eltern in den Interviews durchweg problematisiert und auf eine mangelnde Leistungsorientierung und Arbeitsmoral der Eltern zurückgeführt, über die zum Teil auch schlechte Schulleistungen der Schüler_innen erklärt werden. So verschränkt sich im Sprechen der Pädagog_innen über ›arbeitslose Eltern mit Migrationshintergrund‹ ein kulturalistisches Wissen mit neoliberal informierten Zuschreibungen. Dabei sind es vor allem meritokratische Leistungserwartungen, die den Pädagog_innen ein Handeln nahelegen, das auf eine stärkere Aktivierung und Disziplinierung der Eltern abzielt. Perspektiven wie diese münden vielfach auch in Forderungen nach stärkeren Sanktionen für ein elterliches ›Fehlverhalten‹ wie Kindergeldentzug oder Hartz-IV-Kürzungen.

In den oben ausgeführten staatlich-institutionellen Bildern und Adressierungsweisen von Eltern spiegelt sich eine den gegenwärtigen neoliberalen Gesellschaftstyp kennzeichnende Form des Regierens von Subjekten wider. Diese erweist sich insofern als subtile Form der Führung zur Selbstführung, als sie die Selbstwahrnehmung der interviewten Eltern zum Teil entscheidend modelliert und deren Verhalten in sowie im Kontext der Schule anleitet (vgl. Kapitel 5.3, 6.3 sowie 7.3). Dies geschieht nicht willkürlich, sondern unter besonderer Orientierung am gesellschaftlichen Leitbild des autonomen bzw. selbstverantwortlichen Subjekts. Die subjektivierende Wirkung der beschriebenen politischen und schulischen Praktiken zeigt sich u.a. darin, dass viele Eltern in der Schule ihrer Kinder sehr darauf bedacht sind, sich sichtbar aktiv, kümmernd, interessiert sowie kommunikativ und kooperativ zu zeigen. Von den meisten Eltern wird im Interview ein Selbstverständnis betont, nach dem in erster Linie sie es sind, die die Verantwortung für den Schul- und Bildungserfolg ihrer Kinder zu tragen haben. Entsprechend wenden alle interviewten Eltern – unabhängig von ihren unterschiedlichen, teils prekären Lebensverhältnissen – hohe zeitliche Ressourcen auf, um die Bildungskarrieren ihrer Kinder zu fördern. Einem von diesem Selbstverständnis vermeintlich abweichenden Verhalten anderer Eltern wird auch hier vielfach mit Unverständnis begegnet. So sehen es einige der interviewten Eltern als ihre Aufgabe an, andere Eltern in ihrem Umfeld an ihre schulischen Mitwirkungspflichten zu erinnern und an ein stärkeres Engagement der Eltern zu appellieren. Über ein solches Verhalten werden in Politik und Schule vorherrschende Selbstverständnisse hinsichtlich einer ›verantwortlichen‹ und ›aktiven‹ Elternschaft gestützt, die sich primär an der Sichtbar- und Verfügbarkeit von Eltern in der sowie für die Schule ihrer Kinder bemisst.

Der Subjektivierungsmodus des engagierten, verantwortungsbewussten Elternteils verbindet sich im Fall vieler Eltern mit der Erfahrung, als Migrationsandere in sowie im Kontext der Schule identifiziert und adressiert zu werden (vgl. Kapitel 5.3). Mit ihrer Positionierung als ›ausländisch‹ bzw. ›nicht-deutsch‹ sehen die Eltern die Gefahr einer ungerechten Behandlung und Beurteilung ihrer Kinder in der Schule verbunden. Die Eltern empfinden vor diesem Hintergrund einen besonderen Handlungsdruck, sich als ›gute‹ und ›engagierte‹ Eltern in der Schule zu beweisen, um darüber einer Diskriminierung ihrer Kinder vorzugreifen. Dabei werden die Eltern vor allem dann in der Schule gesehen und anerkannt, wenn sie ihre Positioniertheit als ›Migrationsandere‹ einerseits ›authentisch‹ bestätigen sowie andererseits mit bestimmten generalisierenden Annahmen über ›migrantische‹ Eltern brechen, indem sie sich besonders ›aktiv‹ und ›nützlich‹ in der Schule verhalten. Werden die Eltern schließlich in den Schulen als ›engagierte‹ Eltern (an)erkannt, kommt ihnen meist eine Sonderrolle als ›interkulturelle Mittler‹ zu, in welcher ihr ›Migrationshintergrund‹ auf spezifische Weise funktionalisiert wird (vgl. Kapitel 6.3 sowie 6.3).

Dass sich eine neoliberale Subjektivierung nicht nur bei empirisch Einzelnen, sondern auch bei kollektiven Subjekten beobachten lässt, zeigen die Interviews mit den Berliner ›Migrant_innenorganisationen‹ (vgl. Kapitel 5.3). Auch sie sehen sich aufgefordert, ihren ›Nutzen‹ für eine Partizipation in den Schulen unter Beweis zu stellen. Um als ›Partner‹ von den Schulen anerkannt zu werden, neigen einige Vereine dazu, ihren Migrations*hintergrund* in einen Migrations*vordergrund* zu verwandeln, um ihre vermeintlich besondere Expertise als ›interkulturelle Moderatoren‹ zwischen Schule und Elternhaus auszuweisen und sich für eine Kooperation bei den Schulen interessant zu machen. Die Vereine sind darüber hinaus auf komplexe Weise an der Schnittstelle von

Arbeitsmarkt- und Integrationspolitik eingebunden (vgl. Kapitel 6.3). So positionieren sich gleich mehrere Vereine (auch) als Anbieter von Integrationskursen sowie von sog. welfare-to-work-Maßnahmen. Diese richten sich vielfach speziell an Eltern ›mit Migrationshintergrund‹ und zielen auf eine Aktivierung und Mobilisierung dieser im Sinne ihrer (selbstständigen) Integration in Arbeitsmarkt und Gesellschaft ab. Indem die Vereine über eine solche Ausrichtung neoliberale und neo-assimilationistische Handlungsimperative an die Eltern herantragen, wirken sie an deren Subjektivierung als ›Integrationsunternehmer_innen ihrer Selbst‹ zum Teil entscheidend mit.

Neben dem Einfluss von rassistischen Logiken ist es somit insbesondere die neoliberale Rationalität, die sich als ein zentrales Organisationsprinzip bzw. ein »integraler Zusammenhang« von Makro-, Meso- und Mikroebene erweist (Lemke/Krasmann/Bröckling 2015: 32). Der Wandel hin zu einem neoliberalen Postwohlfahrtsstaat verläuft dabei parallel zur Herausbildung spezifischer neoliberaler Subjektivitäten, wie sie sich auch in Schule, Elternhaus und ›Migrant_innenorganisationen‹ zu erkennen geben. Die analysierten dispositiven Dynamiken legen zudem die Interpretation nahe, dass staatlich-institutionelle Praktiken eines neoliberalen Regierens nicht alle Eltern gleichermaßen betreffen. Vielmehr sind es vor allem natio-ethno-religiös-kulturell geanderte Eltern – insbesondere ›türkische‹, ›arabische‹ sowie ›muslimische‹ Eltern, und hier vor allem Mütter und/oder ökonomisch deprivilegierte bzw. arbeitslose Eltern ›mit Migrationshintergrund‹ sowie Eltern aus außereuropäischen ›Drittstaaten‹ –, die in sowie im Kontext der Schule auf spezifische Weise aktiviert und responsibilisiert werden. Die Analyseergebnisse ergänzen und differenzieren somit vorliegende Studien, die sich mit dem Einfluss eines wohlfahrtsstaatlichen Wandels in Deutschland auf Diskurse um Elternschaft allgemein sowie vereinzelt in Wechselwirkung mit sozialstrukturellen und vergeschlechtlichten Formatierungen befasst haben (vgl. Jergus/Krüger/Roch 2018; Bauer/Wiezorek 2017b). Der Blick über den bildungspolitischen Tellerrand macht zudem deutlich, dass viele Eltern mit Migrationsgeschichte nicht nur in der Schule ihrer Kinder, sondern auch in zahlreichen weiteren Kontexten und Lebensbereichen die Effekte neoliberaler Transformationen tagtäglich zu spüren bekommen – Erfahrungen, die wiederum auf den Schulalltag zurückwirken.

2.   Neoliberalismus und Rassismus nehmen im Kontext von Schule und Elternhaus wechselseitig aufeinander Einfluss: Die neoliberale Rationalität stützt, flexibilisiert und erneuert rassistische Argumentationen um Eltern mit Migrationsgeschichte, während rassistische Logiken einer neoliberalen Regierung von Eltern Vorschub leisten

Im Vergleich der in dieser Studie betrachteten Dispositive zeigen sich unterschiedlich starke Einflüsse und Ausformungen der neoliberalen Rationalität. Während sich im Rahmen der Verhandlung von Elternschaft im *Migrationsdispositiv* in erster Linie ein anti-migrantischer sowie anti-muslimischer Rassismus artikuliert, der die Konstruktion von unterschiedlichen Elterngruppen anleitet, hat die neoliberale Rationalität vor allem im Berliner Integrations-, Bildungs- und Sicherheitsdispositiv Einzug gehalten. Sie trägt hier entscheidend zur Konfiguration des Verhältnisses von Eltern und

Schule bei. In diesen Dispositiven vielfach vorgenommene Positionierungen von Eltern als ›integrationsunwillig‹, ›bildungsfern‹, ›wenig aktiv‹ und ›wenig leistungsorientiert‹ deuten auf eine Erweiterung des Kategoriensystems hin, innerhalb dessen Zugehörigkeiten und Positionen in staatlichen Institutionen und Migrationsgesellschaft aktuell verhandelt werden. Die Kategorien und hiermit verbundene Zuschreibungen gründen vor allem auf einem meritokratischen Gemeinwohlverständnis, nach dem sich die Verteilung von gesellschaftlichen Positionen vor allem an der individuellen Leistungs- und Einsatzbereitschaft der_des Einzelnen bemisst. Die Gesellschaft wird dabei als ein freier Markt vermeintlich gleicher Möglichkeiten bzw. Chancen konzipiert, in dem sich staatliche Unterstützung erst vom Individuum verdient werden muss und sich dieses entsprechend stets gegenüber dem Wohl der (Mehrheits-)Gesellschaft zu verantworten hat.

Wie die Analyse zeigt, verbinden sich neoliberale Imperative mit rassistischen Logiken im Feld von Eltern und Schule vor allem dann, wenn eine konstatierte geringe elterliche Aktivität, Produktivität und Leistungsbereitschaft als quasi natürliche Eigenschaft von ›migrationsanderen Eltern‹ konstruiert wird. Eine solch rassistische Markierung neoliberaler Zuschreibungen artikuliert sich in den Berliner Schulen sowie im integrations- und bildungspolitischen Diskurs oft ganz selbstverständlich und erweist sich als stark institutionalisiert. Vermittelt über die neoliberale Rationalität schreiben sich somit rassistische Perspektiven auf Eltern einerseits weiter in Schule und Gesellschaft ein. Andererseits erleichtern es rassistische Logiken, bestimmte Personengruppen als passive bzw. arbeits- und integrationsunwillige Subjekte zu markieren und darüber Praktiken eines neoliberalen Regierens zu begründen. Rassistische Logiken erweisen sich somit auch als funktional für neoliberale Regierungsprozesse, indem sie es erleichtern, gerade solche Eltern als ›widerspenstige Subjekte‹ zu markieren und zu positionieren, die nicht bereit oder in der Lage sind, sich als ›integrierte‹ und ›aktive‹ Eltern zu beweisen. Eine Aktivierung und Disziplinierung der Eltern erscheint dann notwendig und legitim, in den Worten Titleys und Lentins:

> »Neoliberalism […] had to be constantly constructed in reaction to the forces that resist it or merely fail to be appropriately acquiescent subjects. This clash, between the ordering forces of neoliberalism and those unwilling or unable to become, for example, ›integrated citizens‹, throws the racial dimension into sharp relief. The ›forces of unruliness‹ […] that obstruct neoliberalism's spatial or governmental imperatives […] are often racially defined. They can thus be disciplined according to the lesser status accorded to them by their place in the racial hierarchy.« (2011: 165)

Dass rassistische Logiken einem (neo-)liberalen Regieren Vorschub leisten können, zeigt sich auch mit Blick auf das Berliner Sicherheitsdispositiv und hier stattfindende Konstruktionen von ›arabischen‹ Familien als Integrations- und Sicherheitsrisiko (vgl. *Exkurs I*). Ein hierüber hergestelltes Gefühl der Bedrohung, Beunruhigung und Verunsicherung in urbanen Räumen erweist sich nach Lemke als grundlegend für eine Verschiebung staatlicher Fürsorgepolitik vom sozial- in den sicherheitspolitischen Bereich sowie von der nationalstaatlichen auf die sozialräumliche Ebene (vgl. Lemke o.J.: o.S.). Indem die (Mehrheits-)Gesellschaft als ›Gefährdungsgemeinschaft‹ konstruiert wird, wird ein (neoliberal erwünschtes) individuelles Streben nach Sicherheit in Form eines unablässigen Abschätzens und Kalkulierens von Risiken ebenso angeleitet wie ein Rückzug des Individuums ins Private (vgl. ebd.; siehe unten). Um die Angst zu etablieren und zugleich die strategischen Ziele der Angstproduktion zu vernebeln, so Lemke, setzt die neoliberale Rationalität u.a. auf die Konstruktion ›des Fremden‹ als Bedrohung »kollektiv geteilte[r] Wertüberzeugungen und konservative[r] Identitätsmuster« (ebd.). Im Sicherheitsdispositiv vollzieht sich eine ›Kultivierung von Gefahr und Unsicherheit‹ maßgeblich über rassistische Konstruktionen ›der_des Anderen‹. Diese verhelfen dazu, eine ›fremde Bedrohung‹, wie in der Figur der ›arabischen Großfamilien‹ bzw. ›Clans‹, zu definieren und so ein sozialräumliches Polizieren sowie Kooperationen zwischen Schulen, Polizei und Verfassungsschutz zu etablieren. Indem die sozialräumliche Steuerung einer so vermittelten ›Bedrohung‹ als »grenzenlose und unabschließbare gesellschaftliche Aufgabe« präsentiert wird, normalisiert sich die hier für Neukölln konstatierte ›Risikosituation‹ ebenso wie sozialräumliche Praktiken und »Mechanismen, die Grenzen von Inklusion und Exklusion« her- und sicherstellen (ebd.; vgl. auch Massumi 1993).

Die in dieser Studie beschriebenen Verwebungen von rassistischen Logiken und neoliberaler Rationalität differenzieren u.a. solche Studien weiter aus, die aus empirisch-quantitativer Perspektive eine hohe Relevanz neoliberaler Einstellungsfigurationen – wie die Orientierung an unternehmerischen Selbstoptimierungsnormen, Wettbewerbsideologien und/oder die Bewertungen von Menschen entlang ihrer ökonomischen Leistungsfähigkeit – innerhalb der Bevölkerung nachgewiesen und deutlich gemacht haben, dass diese Einstellungen oft mit starren Forderungen nach einer Ausgrenzung von ›Migrant_innen‹ einhergehen, insbesondere von solchen, die als ›schwach‹ und ›unrentabel‹ angesehen werden (vgl. Groß/Hövermann 2014; 2018). Die Ergebnisse meiner Studie unterstreichen zudem rassismustheoretische Analysen, denen zufolge ein zentrales Merkmal aktueller Globalisierungs- und Neoliberalisierungsprozesse darin besteht, dass die sich im Zuge dieser Prozesse ereignende Destabilisierung (geographischer) Maßstäbe und Grenzen neue Legitimationszusammenhänge für Rassismus schafft, »die systematische Ausgrenzung […] produzieren, ohne sich explizit und vorsätzlich rassistischer Begründungs- und Deutungsmuster zu bedienen« (Pieper/Panagiotidis/Tsianos 2011: 195). So macht auch Untersuchung deutlich, dass über die Verknüpfung von neoliberaler Rationalität und rassistischen Logiken migrationsgesellschaftliche Grenzen flexibilisiert sowie (neue) Kategorien und Argumente für Abwertungen und Ausgrenzungen in sowie im Kontext der Schule hervorgebracht werden. Dabei handelt es sich beim Verhältnis von Neoliberalismus und Rassismus nicht um ein einseitiges Wirkungsverhältnis. Vielmehr nehmen beide Phänomene wechselseitig aufeinander Einfluss und bilden spezifische dispositive Machtfelder, in welchen ein bestimmtes Wissen über Eltern sowie bestimmte Regierungspraktiken und Subjektivitäten produziert und stabilisiert werden. Dementsprechend bilden die im Berliner Integrationsdispositiv wirkenden neo-assimilationistischen Logiken gemeinsam mit der neoliberalen Rationalität einen dispositiven Verschränkungsbereich, innerhalb dessen spezifische Kategorien (wie die der ›Integrationsunwilligkeit‹), Praktiken (wie die des ›Elternintegrationskurses‹) sowie Subjektivitäten (wie die des ›in Schulen integrierten, aktiven Elternteils‹) hervorgebracht werden. Es realisiert sich ein spezifisches *Regieren von Differenz*, das sich als subtile Form der Führung zur Selbstführung von Eltern erweist

und zu (partiellen) Ein- und Ausschlüssen in Schule, Sozialraum und Migrationsgesellschaft führt, wie ich im Folgenden weiter argumentieren möchte.

3.   Neoliberale Reformen schaffen neue Einfallstore für (rassistische) Diskriminierung von Schüler_innen und Eltern und modellieren ein komplexes System (partieller) staatlich-institutioneller Ein- und Ausschlüsse

Das sich im Rahmen der Dispositive formierende MachtWissen um Eltern bringt
nicht nur neue Subjektivitäten, staatlich-institutionelle Handlungsfelder und Regierungspraktiken hervor. Es geht auch mit zahlreichen diskriminierenden Effekten einher und schränkt Handlungsräume, Teilhabechancen, Repräsentations- und Identifi-
kationsmöglichkeiten von Eltern ein – sei es in Form einer Nicht-Anerkennung der
Eltern und ihrer Kinder als ›(auch) deutsch‹, in Form von polizeilichen Techniken der
besonderen Beobachtung und Kontrolle von ›Zuwandererfamilien‹, in Form von Verboten muslimischer Praktiken sowie nicht-deutscher Erstsprachen an Berliner Schulen,
in Form von Sanktionen wie Elternbußgeldern und Hartz IV-Kürzungen oder in Form
von Zurückweisungen von ›migrationsanderen‹ Eltern an der Schwelle zur Schule durch
einen hier eingesetzten Wachschutz.

Die ausführlich beschriebenen Formen der Diskriminierung von Eltern lassen sich
weniger dadurch erklären, dass ein rassistisch informiertes Wissen in Politik, Behörden
und Schulen von den hier agierenden Individuen bewusst eingesetzt wird, um einzelnen Eltern und Schüler_innen gezielt zu schaden. Vielmehr hat sich ein solches Wissen
in den staatlichen Institutionen so eingeschrieben und normalisiert, dass hieraus eine gewisse »Regelhaftigkeit des Denkens und Handelns« (Gomolla/Radtke 2009: 266)
mit benachteiligender, ausschließender sowie subjektivierender Wirkung für die Eltern entstanden ist. Die dabei im Feld von Eltern, Schule und Migrationsgesellschaft
wirkenden rassistischen Logiken gehen einerseits aus dem Zusammenspiel von politischen Diskursen, schulisch-pädagogischen Wissensbeständen und Subjektivierungsweisen hervor. Andererseits richten rassistische Logiken das ›Spiel‹ der genannten Elemente (strategisch) aus und stabilisieren so ein bestimmtes MachtWissen über ›migrationsandere‹ Eltern (temporär). Rassistische Logiken etablieren Grenzen, charakterisieren die Beziehung zwischen einer Vielzahl von staatlich-institutionellen Praktiken und
Subjekten, formen Institutionen und gestalten so migrationsgesellschaftliche Diskurse sowie alltägliche Interaktionen in der Schule ebenso permanent mit wie elterliche
Subjektivitäten.

Die im Kontext der Schule beobachteten Diskriminierungen von Eltern stellen Formen eines strukturellen sowie institutionellen Rassismus dar. Dieser gibt sich u.a. über
die einseitige Konzeption und Ausrichtung von Integrations- und Bildungsmaßnahmen für Eltern ›mit Migrationshintergrund‹ sowie über den meist aktivierenden und
sanktionierenden Charakter dieser zu erkennen. Auch die besondere Fokussierung der
lokalen Sicherheitsakteur_innen in Kreuzberg und Neukölln auf sog. Zuwandererfamilien zeugt davon, dass sich ein bestimmtes Wissen in Form von pauschalisierenden
›Wahrheiten‹ um ›migrationsandere‹ Familien im Handeln von Polizei, Jugendamt und
Sicherheitsunternehmen als ein diskriminierungsrelevantes Wissen erweist. Auf insti-

tutioneller Ebene der Schulen wird ein rassistisches Wissen über ›migrationsandere‹ Eltern sowohl in alltäglichen Interaktionen zwischen Pädagog_innen und Eltern als auch in spezifischen, von Schule zu Schule variierenden, Routinen und Handlungsweisen im Umgang mit Eltern wirkmächtig. Während die interviewten Eltern angaben, dass sie rassistische Annahmen über sie vor allem in Gesprächen mit Pädagog_innen sowie über schlechte(re) schulische Leistungsbeurteilungen ihrer Kinder zu spüren bekommen, drückt sich in den Interviews mit den Pädagog_innen eine Benachteiligung von Eltern vor allem in Form eines routinierten Nicht-Handelns aus. In diesem Fall wird ein Wissen über das vermeintlich kulturell bedingte Desinteresse an schulischen Beteiligungsprozessen von Eltern ›mit Migrationshintergrund‹ begründend dafür herangezogen, dass Elternbeteiligungsprojekte an der Schule weitgehend eingestellt wurden (vgl. Kapitel 5.2). Auf ein ›mangelndes Engagement‹ und ›fehlendes Interesse‹ der Eltern wird sich teilweise auch berufen, wenn erklärt wird, warum in der Schule wenig bis keine Bemühungen unternommen werden, um strukturelle Beteiligungshürden bei der Gremienmitarbeit zu beseitigen (vgl. ebd.). Auch kann die wiederholt von Pädagog_innen geäußerte Annahme, dass Gewalt in ›migrantischen‹ Elternhäusern vermeintlich zur Normalität gehört, dazu führen, dass diesbezüglich nicht immer ein Handlungsbedarf auf Seiten der Schule wahrgenommen wird (vgl. Kapitel 5.2). Zudem wird auf ein rassistisches Wissen über ›muslimische‹ Familien referiert, um Verbote von muslimischen Praktiken, beispielsweise hinsichtlich der Einrichtung eines Gebetsraums in den Schulen, zu begründen (vgl. ebd.).

Darüber hinaus wurde in der vorliegenden Studie mit Blick auf das Berliner Bildungsdispositiv nachvollzogen, dass der gestiegene Performanz- und Wettbewerbsdruck im Schulsystem mit unterschiedlichen Bestrebungen in den Schulen einhergeht, die Schüler_innenschaft zu ›optimieren‹ und so die Leistungsbilanz und Außenwirkung der Schulen zu verbessern (vgl. Kapitel 7.2). Diesbezüglich setzen die Schulen einerseits auf eine gezielte Rekrutierung und Privilegierung von als besonders leistungsstark geltenden Schüler_innen, die als solche vor allem über die ›Bildungsnähe‹ ihrer – meist als ›deutsch‹ positionierten – Eltern identifiziert werden. Der den Schulen von außen auferlegte Performanzdruck wird zum Teil auch in rigidere schulische Selektionspraktiken in Form einer erschwerten Aufnahme von als ›leistungsschwach‹ und vielfach als ›nichtdeutsch‹ stigmatisierten Schüler_innen an den Schulen übersetzt. Eine solche schulische Privilegierung und Diskriminierung von bestimmten Eltern und Schüler_innen stellt eine Reaktion auf die Veröffentlichung schulischer Leistungsdaten dar, wie sie im Rahmen neuer neoliberaler Bildungssteuerung von den Schulen gefordert wird.

Diese Analyse untermauert somit auch Befunde vorausgegangener Studien, die gezeigt haben, dass Schulen dazu neigen, ihr »Handeln an den für ihre Positionierung in Rankings relevanten Zielvorgaben aus[zu]richten« sowie »Selektionspraktiken bei der Aufnahme von Kindern zu verstärken«, wenn Leistungsziele verfehlt werden (Gomolla 2017: 70; vgl. Gomolla 2005; Thrupp/Hursh 2006; Gillborn/Youdell 2000). Indem »auf Standards einhergehend mit harten Wettbewerbsbedingungen unter den Schulen« fokussiert wird, erfolgt eine »Verengung von Bildungsgerechtigkeit auf das meritokratische Prinzip der Leistungsgerechtigkeit« (Gomolla 2017: 73), von welcher vor allem Eltern und Schüler_innen aus sog. Risikogruppen negativ betroffen sind. Dabei wurde in der Analyse auch deutlich, dass die beschriebenen ausschließenden und selektiven schulischen Praktiken häufig von gleich mehreren Diskursen gestützt werden. So sind es in urbanen Räumen wie Kreuzberg und Neukölln nicht nur die im Bildungsdispositiv beschriebenen Performanz- und Wettbewerbsprinzipien, welche den Schulen die Privilegierung und Diskriminierung eines bestimmten Eltern- und Schüler_innen-Klientels nahelegen, sondern auch sozialräumliche Diskurse rund um eine ›ethnische Entmischung‹ in den Kiezen der Schulen. Eine solche ›Entmischung‹ wird in Politik, Elternhaus und Schule nahezu durchweg – und entgegen wissenschaftlicher Erkenntnisse – als Gefährdung des Schulerfolgs der hier zur Schule gehenden Schüler_innen bewertet, weshalb Maßnahmen notwendig erscheinen, die eine ›gesunden Mischung‹ an den Schulen herzustellen versuchen (vgl. *Exkurs II*). Die sozialräumlichen Diskurse stellen den in der Schule Handelnden somit (zusätzliche) Argumente bereit, über die sich eine Privilegierung neu hinzugezogener ›deutscher‹ Familien ohne Migrationsgeschichte begründen und ins Interesse einer breiten Eltern- und Schüler_innenschaft stellen lässt.

Die Analyse hat auch vor Augen geführt, dass Eltern mit Migrationsgeschichte in den seltensten Fällen in ihrer vermeintlichen Gruppe als Ganzes von bestimmten gesellschaftlichen und schulischen Teilhabeprozessen ausgeschlossen werden. Über die dispositive Konstruktion, Differenzierung und Hierarchisierung unterschiedlicher Kategorien von Menschen und Grenzen im Kontext eines neoliberalen Rassismus hat sich vielmehr ein »komplexes System differenzieller Teilhabe« herausgebildet (Hark/Villa 2017: 39f.). Formen des partiellen Ein- und Ausschlusses von Eltern vollziehen sich sowohl entlang ihrer (zugeschriebenen) Nationalität und Religion, ihres Aufenthaltsstatus sowie ihres ›Geschlechts‹ und ihrer ›Klasse‹ ebenso wie entlang neoliberaler Kategorien rund um eine elterliche ›Nützlichkeit‹, ›Bildungsferne‹, ›Aktivität‹, ›Integrationswilligkeit‹ etc. Dies hat zur Folge, dass den so konstruierten unterschiedlichen Elterngruppen sowohl in der Schule ihrer Kinder als auch im Sozialsystem und auf dem Arbeitsmarkt je unterschiedliche Rechte gewährt und entzogen werden ebenso wie ihnen unterschiedliche Pflichten auferlegt, unterschiedliche Teilhabe- und Handlungsmöglichkeiten eingeräumt und sie mit je unterschiedlichen Erwartungen und Anerkennungsbedingungen belegt werden (vgl. ebd.). Ein solches System differentieller Teilhabe stellt auch ein Verständnis von Inklusion und Exklusion als gegensätzliche, sich trennscharf gegenüberstehende Pole in Frage. So wird in dieser Studie deutlich, dass sich (partielle) Ausschlüsse von Eltern in Migrationsgesellschaft und Schule vor allem in Form der paradoxen Muster einer *inkludierenden Exklusion* sowie *exkludierenden Inklusion* vollziehen (vgl. Schäffter 2013).

Eine *inkludierende Exklusion* erfolgt durch selektive staatlich-institutionelle Zugriffe auf Eltern, über welche diese in einen begrenzten Raum im Innern der Migrationsgesellschaft eingeschlossen werden. Hierzu können beispielsweise die in Berlin angebotenen zielgruppenspezifischen Integrations- und Bildungsmaßnahmen für Eltern ›mit Migrationshintergrund‹ gezählt werden. Praktiken wie diese schließen die Eltern in ihrer vermeintlichen Andersheit ein und zugleich (temporär) weitgehend von der Möglichkeit aus, als Teil einer ›hiesigen‹ Elternschaft verstanden und behandelt zu werden. Gerade aktivierende Maßnahmen zur Integration von Eltern ›mit Migrationshintergrund‹ zielen zwar vordergründig auf einen Einbezug dieser, beispielsweise in den

Berliner Arbeitsmarkt, ab, erweisen sich letztlich jedoch in symbolischer sowie häufig auch in materieller Hinsicht als exkludierend.

Die *exkludierende Inklusion* ist dagegen nur unter der Bedingung möglich, dass den Eltern ein sozial exkludierender bzw. ›exklusiver‹ Sonderstatus zugeschrieben wird. Dieser Status kann nicht frei gewählt werden, ist für die Teilhabe in bestimmten gesellschaftlichen und institutionellen Räumen jedoch wesentlich (vgl. Schäffter 2013: 55). Eine solche Form des partiellen Einschlusses zeigt sich vor allem mit Blick auf die den ›Migrant_innenorganisationen‹ vielfach am Schnittfeld von Schule und ›migrantisch-muslimischem‹ Elternhaus zugeschriebene Position der ›Kulturmittler‹. In dieser sollen die Vereine insbesondere den Schulen bei als ›interkulturell‹ gedeuteten Kommunikationsschwierigkeiten und Konflikten mit den Eltern ihrer Schüler_innen zur Seite stehen. Eine Partizipation der Vereine setzt hier ein besonder(nd)es ›migrantisch-muslimisches Erfahrungswissen‹ voraus. Weisen die Vereine ein solches gegenüber Politik und Schule aus, werden sie als ›Partner‹ geschätzt und in einer Kooperation u.a. über das Berliner Integrations- und Partizipationsprogramm, besonders gefördert. Geht das Verständnis der Vereine von Partizipation jedoch über das Einbringen ihrer ›interkulturellen Kompetenzen‹ hinaus und wird mit Forderungen nach weiterer Mitsprache- und Mitgestaltungsmöglichkeiten in Schule verbunden, erweist sich diese, in den Worten eines Vereinsvertreters, vielfach als »Burg«, die sich gegenüber einer Kooperation mit den Vereinen ›abschottet‹ (Eralp 149; vgl. Kapitel 5.3).

Die Untersuchung sensibilisiert dafür, dass selbst wenn Eltern vordergründig in gesellschaftliche Institutionen eingebunden sind, sie im Innern dieser immer wieder auf Grenzen stoßen können, die ihnen ihre eigentliche Nicht-Zugehörigkeit aufzeigen und innerhalb derer sie dem Druck neoliberaler und nicht selten zugleich rassistischer Anrufungen standhalten müssen. Soziale Inklusion ist nicht bereits durch die Zurückweisung von sozialer Exklusion zu haben. Vielmehr müsste das gängige Verständnis von Inklusion und Exklusion einer komplexen Modellierung von migrationsgesellschaftlichen Ein- und Ausschlüssen und damit einem mehrdimensionalen Diskriminierungsverständnis weichen, das auch auf institutionelle und strukturelle Benachteiligungsmechanismen sensibilisiert. Dies haben vorausgegangene Untersuchungen mit Blick auf die Diskriminierung von Kindern und Jugendlichen im deutschen Schul- und Ausbildungssystem bereits zum Ausdruck gebracht (vgl. Scherr/El-Mafaalani/Yüksel 2017; Hormel/Scherr 2010). Sie wurden in dieser Studie um eine Perspektive auf (rassistische) Diskriminierungen erweitert, die die Eltern von Schüler_innen in Schule und Migrationsgesellschaft erfahren.

4.   Formationen eines neoliberalen Rassismus entziehen sich vielfach einer kritischen Auseinandersetzung in und durch Migrationsgesellschaften; die hier das Handeln von Eltern und Pädagog_innen anleitenden Normen lassen nur wenig Raum für (eindeutige) Widerständigkeit

Die vorliegende Studie hat auch gezeigt, dass sich Eltern im Spiegel dominanter dispositiver Zuschreibungs- und Anerkennungsverhältnisse zwar immer wieder veranlasst sehen, sich auf ihre hier vermittelte Position als Migrationsandere zu beziehen. Die Subjektivierung von Eltern beschränkt sich jedoch nicht auf die Internalisierung dominanter politisch-schulischer Fremdzuschreibungen. Gerade hinsichtlich eines rassistisch informierten MachtWissens und hieraus resultierender Diskriminierungen wenden die Eltern unterschiedliche Strategien an, die sich gegen ein spezifisches Identifiziertwerden richten sowie migrationsgesellschaftliche Kategorien und Grenzziehungen in ihrer Selbstverständlichkeit hinterfragen (vgl. Kapitel 5.3). Meist sind es subtil-subversive Strategien, über die die Eltern versuchen, ein in den Schulen vorherrschendes stereotypes Wissen über sie und ihre Kinder zu irritieren. Viele Eltern sind darum bemüht, ein vertraulich-persönliches Verhältnis zu den Lehrer_innen ihrer Kinder aufzubauen, um aus einer so hergestellten Nähe ein Hinterfragen von Vorurteilen auf Seiten der Pädagog_innen anzuregen und darüber diskriminierende Konsequenzen für ihre und andere Kinder in der Schule abzuwenden. Indem einige Eltern über sie vorherrschende rassistische Wissensbestände in Gesprächen mit Pädagog_innen bewusst aufgreifen und ironisch wenden bzw. karikieren, tragen sie performativ zur Verschiebung eines solchen Wissens in den Schulen bei, ohne dabei die ›Deutungshoheit‹ der Pädagog_innen explizit in Frage zu stellen. Darüber hinaus geben einige Eltern an, dass die von ihnen und ihren Kindern erlebte Diskriminierung sie dazu motiviert habe, sich in schulischen Gremien, der Schulinspektion, in ›Migrant_innenorganisationen‹ sowie außerschulischen zivilgesellschaftlichen Initiativen zu engagieren, um dadurch Veränderungsprozesse in Politik und Schule anzuregen.

Entsprechend der beschriebenen Tendenzen einer De-Thematisierung von Diskriminierung und Rassismus in den Berliner Schulen erscheint es für die Eltern nicht nur äußerst aufreibend und schwierig, die häufig subtilen Ausdrucksformen eines rassistischen Otherings zu thematisieren. Das Ansprechen von Diskriminierung wird von den Eltern auch im Hinblick auf mögliche negative Folgen für die eigenen Kinder als sensibel eingestuft. Dies hat zur Konsequenz, dass sich die kritische Auseinandersetzung mit (rassistischen) Diskriminierungserfahrungen zum Teil weniger in Form direkter schulischer Interventionen ausdrückt als u.a. dadurch, dass die Eltern ihre Kinder zu Hause in ihrer Identität als ›(auch) Deutsche‹ zu stärken und sie zu empowern versuchen, ein solches Selbstverständnis in sowie im Kontext der Schule selbstbewusst zu vertreten.

Auch die interviewten Vertreter_innen der Berliner ›Migrant_innenorganisationen‹ reflektieren dominante staatlich-institutionelle Wissensbestände hinsichtlich (eines Umgangs mit) ›migrationsgesellschaftlicher Heterogenität‹ in Schule und Migrationsgesellschaft vielfach kritisch (vgl. Kapitel 5.3). Zum einen hinterfragen sie ihnen gegenüber erlebte Berührungsängste auf Seiten der Berliner Schulen. Diese bringen die Vereine mit ihrer Positioniertheit als ›muslimische‹ und/oder ›migrantische‹ Vereine sowie hiermit assoziierten Befürchtungen der Schulen bezüglich einer ›Islamisierung‹ sowie ›türkisch-arabischen‹ Interessenspolitik in Verbindung. Zum anderen nehmen die Vereine solche strukturellen sowie institutionellen Gegebenheiten kritisch in den Blick, die (indirekt) zu einer Diskriminierung von Eltern und Schüler_innen an Berliner Schulen beitragen. Verwiesen wird in diesem Zusammenhang u.a. auf die fehlende schulrechtliche Verankerung eines Diskriminierungsschutzes für Schüler_innen und Eltern in Berlin, die unzureichende Institutionalisierung einer inklusiven und diskriminierungssensiblen Haltung im Rahmen von Schulentwicklung und Lehrer_innenbildung sowie eine mangelnde Information über und Umsetzung von Elternrechte(n) in den Schulen. Um die von den Vereinen diagnostizierten Leerstellen hinsichtlich einer diskriminierungssensiblen Schulentwicklung in Berlin zu schließen, sehen sich einige der Vereine dazu veranlasst, im Rahmen ihres meist ehrenamtlichen Engagements Räume zu initiieren, um einen Austausch zwischen Eltern und Pädagog_innen über in Schule erlebte Diskriminierung und Vorurteile anzuregen. Genannt werden zudem Maßnahmen eines rechtlichen Empowerments von Eltern, um eine gleichberechtigte Partizipation aller Eltern in den Schulen zu ermöglichen. Auch sind einige Vereine bestrebt, Forderungen nach einer Öffnung und diskriminierungssensiblen Entwicklung von Schule in die Politik hineinzutragen und damit direkt in den politischen Diskurs zu intervenieren.

Die oben beschriebenen Formen eines kritischen Sprechens und Handelns der Eltern und Vereine können nach Foucault als »Kämpfe« gegen eine spezifische Form der Subjektivierung verstanden werden, die die Eltern und ihre Kinder in der sowie im Kontext der Schule erfahren (Foucault 1983: 212). Die Erfahrung, dass die eigenen Selbstverständnisse nicht zu den in einer migrationsgesellschaftlichen Ordnung legitimierten gehören, verwandelt sich auf Seiten der Eltern in eine widerständige Energie gegen etablierte und vorherrschende Subjektivitäten. Hiermit verbindet sich eine Kritik an solchen sozialen und politischen Ordnungen, »die die jeweils möglichen Formen von Selbstsein und Selbstverhältnis […] erzeugen und stützen« (Saar 2007: 290). Die Eltern intervenieren so in die Ordnungen des Dispositivs, dynamisieren diese und destabilisieren darüber normalisierte migrationsgesellschaftliche Grenzverläufe.

Die Kritik der Eltern und Vereine steht in einem ambivalenten Verhältnis zu solchen Selbstverständnissen, die staatlich-institutionelle Fremdzuschreibungen und stereotype Wissensbestände wiederum stützen. Hieraus resultierende, vielfach widersprüchliche elterliche Subjektivitäten verweisen auf ein dispositiv umkämpftes und uneindeutiges Wissen. Bei genauerem Hinsehen ist auffällig, dass die Eltern gerade ein solches Wissen zurückweisen, das sich auch in den politischen Diskursen – sowie zum Teil in den Schulen – als zunehmend brüchig erweist. Hierzu zählen vor allem explizit kulturalistische und assimilationistische Perspektiven, die seit den 2000er Jahren wiederholt in Frage gestellt wurden (vgl. Kapitel 5.1). Auch im politischen Diskurs wird der Anspruch formuliert, die Heterogenität von Migrationsgeschichten, Lebensentwürfen sowie religiösen und weltanschaulichen Orientierungen als schulische Realität anzuerkennen, die Schule als Ganzes hierauf einzustellen und sie für die Herstellung von demokratischen und gleichberechtigten Teilhabemöglichkeiten zu verantworten. Diese Entwicklung, die auch zurückgeht auf zahlreiche Kämpfe von zivilgesellschaftlichen Initiativen und Akteur_innen, darunter auch ›Migrant_innenorganisationen‹, hat sich in den letzten Jahren unterschiedlich manifestiert – sei es in der Implementierung der Maxime einer ›Interkulturellen Bildung und Erziehung‹ im Schulgesetz, in der Berliner Schulstrukturreform oder der Einrichtung einer Ombudsstelle gegen Diskriminierung in der Berliner Bildungsbehörde.

Demgegenüber scheinen gerade Adressierungen durch einen neoliberalen Rassismus deutlich schwerer für die Akteur_innen zu greifen u.a. deshalb, da hierüber vermittelte elterliche Selbsttechniken vielfach nicht auf unterdrückende, sanktionierende oder explizit ausgrenzende politische und schulische Praktiken zurückgehen. Vielmehr sind es positiv konnotierte Anerkennungsbedingungen sowie den Eltern vermittelte vermeintliche (Wahl- und Entscheidungs-)Freiheiten, die sie dazu veranlassen, sich entsprechend gesellschaftlich-moralischer Codes als ›aktive‹, ›integrierte‹ und ›verantwortungsbewusste‹ Eltern im Kontext der Schule zu verhalten. Eine »reflektierte Unfügsamkeit« (Foucault 1992: 15) gegen Formationen eines neoliberalen Rassismus wird auch dadurch erschwert, dass staatlich-institutionelle Maßnahmen der Aktivierung und Responsibilisierung vielfach im Gewand gemeinwohlorientierter Maßnahmen erscheinen, die vermeintlich auf ein Empowerment der Eltern abzielen. Dies trägt auf Seiten der Eltern zu einer starken Identifikation mit den Maßnahmen sowie mit den hiermit verbundenen integrations- und arbeitsmarktpolitischen Zielsetzungen bei. Entsprechend führt der betonte Gemeinwohlcharakter von Praktiken wie den sog. Stadtteilmüttern und Kiezvätern dazu, dass die Eltern ihre Arbeit vor allem als eine soziale Tätigkeit bzw. ein gemeinnütziges Engagement begreifen, während der disziplinierende und (nicht nur) in finanzieller Hinsicht prekäre Charakter der Beschäftigungsmaßnahmen in den Hintergrund rückt (vgl. Kapitel 6.3). Mit Blick auf die Verwendung des Empowerment-Begriffs im Rahmen solcher Maßnahmen kommen neoliberale Retorsionseffekte deutlich zum Tragen. So wird ein ›Empowerment‹ von Müttern hier vor allem als ›Hilfe zur Selbsthilfe‹ definiert; ist damit weniger an die Autonomie der Individuen als an (mehrheits-)gesellschaftliche Interessen (zweck)gebunden und so vom neoliberalen Prinzip der Responsibilisierung unsichtbar inkorporiert. Auf eine ähnliche Weise wird der Begriff der ›Partnerschaft‹ im Kontext einer Zusammenarbeit zwischen ›Migrant_innenorganisationen‹ und Schulen funktionalisiert. Der Begriff suggeriert, dass es sich bei der Zusammenarbeit um eine egalitäre Beziehung handelt. Dadurch wird nicht nur die Deutungshoheit der Bildungsinstitutionen vernebelt. Das hierüber vermittelte Selbstverständnis der Vereine als ›Partner‹ scheint es auch zu erleichtern, die Vereine gegenüber integrations- und aktivierungspolitischen Zielsetzungen zu verantworten.

Die neoliberale Rationalität und ihre Retorsionseffekte schaffen somit komplexe Bindungen an dispositive Ordnungen und produzieren ambivalente Subjektivitäten und Verhaltensweisen auf Seiten der Eltern und Vereine – so zum Beispiel im Fall eines Vaters, der sich zur Bearbeitung der von ihm kritisierten Diskriminierung seines Sohnes in der Schule auf die meritokratische Prämisse beruft und seinen Sohn und andere Schüler_innen auffordert, Diskriminierung ›sportlich‹ zu nehmen und in Zukunft mehr zu ›leisten‹ als die ›deutschen‹ Schüler_innen (vgl. Kapitel 7.3). Die Orientierung am Leistungs- und Wettbewerbsprinzip wird als eine Möglichkeit wahrgenommen, um sich von diskriminierenden Zuschreibungen zu befreien. Ein solch kritischer Umgang mit Diskriminierung irritiert Verständnisse von einem eindeutigen widerständigen Gegenverhalten und zeigt die komplexe Eingebundenheit der Eltern in dispositive MachtWissens-Formationen, in denen sich Subjekt und Objekt von Macht und Widerstand im Sinne Foucaults nur schwer voneinander trennen lassen (vgl. Kapitel 3.2).

5.   Im Kontext des (wohlfahrts)staatlichen Wandels wird (rassistische) Diskriminierung als Erklärungsgröße für gesellschaftliche und schulische Ungleichheiten in Zweifel gezogen und zur Privatsache erklärt

»The subjects of the contemporary state are individuals by fate: the factors that consti-
tute their individuality – confinement to individual resources and individual responsibility for the results of life choices – are not themselves matters of choice. We are all
today ›individuals de jure‹.« (Bauman 2002: 69)

Die hier von Zygmunt Bauman beschriebene fortschreitende Individualisierung als
Ausdruck eines tiefgreifenden staatlichen Wandels zeichnet sich auch im Feld von El-
tern, Schule und Migrationsgesellschaft ab. So war es beispielsweise für die an Berliner
Schulen geführten Interviews charakteristisch, dass hier Probleme und Konflikte im
Kontakt mit den Eltern der Schüler_innen meist auf die Eltern bzw. ihren vermeintlich
anderen natio-ethno-religiös-kulturellen Hintergrund zurückgeführt wurden. Auch
Lernschwierigkeiten von Schüler_innen, beobachtete Jugendkriminalität und -gewalt
im Kiez der Schule, fehlende Deutschkenntnisse sowie Armut und Arbeitslosigkeit in
den Elternhäusern wurden vor allem mit Verweis auf individuelle Faktoren erklärt – sei
es eine elterliche ›Bildungsferne‹, eine Vernachlässigung elterlicher ›Erziehungspflich-
ten‹, eine elterliche ›Arbeitsunwilligkeit‹ oder Rückzugstendenzen der Eltern in die
›eigene Community‹. Alternative Erklärungsansätze für die unterschiedliche Präsenz
von Eltern in den Schulen ihrer Kinder wie strukturelle Faktoren, die auf das Leben
von Berliner Familien Einfluss nehmen können – beispielsweise in Form von prekären
Arbeits- und Wohnverhältnissen, einer unsicheren Aufenthaltssituation, eines fehlenden Zugangs zu mit der Arbeit sowie elterlichen Fürsorgepflichten vereinbarenden
Deutschkursen, physischen oder psychischen Gesundheitsproblemen etc. – wurden in
den Interviews nur selten thematisch.

Individualisierende Perspektiven wie diese legen Politik und Schulen nicht nur ein
Handeln nahe, das in erster Linie bei den Eltern und hier verorteten Defiziten ansetzt.
Die Perspektiven stehen auch in starker Diskrepanz zu den Erfahrungen der interviewten Eltern, die alle von unterschiedlichen Formen einer (rassistischen) Diskriminierung
in den Schulen ihrer Kinder berichteten (vgl. Kapitel 5.3). Viele der Eltern gaben zudem
an, dass diese Erfahrungen von den Pädagog_innen oft nicht ernst genommen bzw.
als falsche Wahrnehmung zurückgewiesen wurden. Dieser Eindruck bestätigte sich im
Rahmen der Interviews mit den Pädagog_innen, indem die meisten erstaunt bis äußerst skeptisch und abweisend reagierten, als sie auf die mir von den Eltern berichteten
Rassismus- und Diskriminierungserfahrungen angesprochen wurde (vgl. Kapitel 5.2).

In den vorausgegangenen Kapiteln wurden verschiedene Gründe dafür angeführt,
warum (rassistische) Diskriminierung weitgehend nicht als Phänomen gedeutet wird,
das es in und von Schule zu bearbeiten gilt. So scheint Rassismus in den Schulen schwer
zu greifen zu sein, weil er sich oft als ein ganz normales Wissen in die Handlungsrouti-
nen und alltäglichen Kommunikationsweisen der Pädagog_innen eingeschrieben hat.
Auch die oben beschriebene Komplexisierung von migrationsgesellschaftlichen Ein-
und Ausschlüssen vor dem Hintergrund neoliberaler Transformationen hat zu einer
Verundeutigung insbesondere institutioneller und struktureller Formen von (rassisti-

scher) Diskriminierung beigetragen. Des Weiteren legt die Flexibilisierung von Rassismus, nach der sich dieser heute in Politik und Schule kaum mehr explizit biologistischer Argumentationen bedient, die Auffassung nahe, dass Rassismus kein Problem (mehr) darstellt, mit dem sich in der sog. gesellschaftlichen Mitte auseinandergesetzt werden muss.

Darüber hinaus erscheinen besondere schulische Maßnahmen, die auf (rassistische) Diskriminierung abzielen vor dem Hintergrund der hier und von Bauman beschriebenen neoliberalen Individualisierung auch nicht besonders zielführend, wenn es darum geht, soziale Ungleichheiten zu bearbeiten. In einer Schule und Gesellschaft, in der ungleiche Teilhabe primär auf individuelle Leistungen und verpasste Chancen zurückgeführt wird, verlieren insbesondere institutionelle und strukturelle Formen von Diskriminierung als Ursachen für gesellschaftliche und schulische Ungleichheiten an Erklärungskraft. Sie erscheinen nun vielmehr als ›faule Ausreden‹. Dies zeigt u.a. das Beispiel eines Schulleiters, der die Diskriminierungsbeschwerde eines Vaters energisch zurückweist, indem er diese als reinen Vorwand für die schlechte Schulleistung der Tochter interpretiert (vgl. Kapitel 5.2).

Im Zuge der beschriebenen Individualisierung gesellschaftlicher Problemlagen wird somit die Bearbeitung von Rassismus zunehmend zur Privatsache erklärt, in den Worten Lentins und Titleys: »Anyone who feels that she is the victim of racism has also to look at her responsibility; by the same token, any residual racism is a matter of ›personal taste‹« (2011: 168). Über die Stigmatisierung von Eltern als ›bildungsfern‹, ›integrationsunwillig‹ und ›wenig leistungsorientiert‹ werden migrationsgesellschaftliche Macht- und Ungleichheitsverhältnisse im Sinne eines ›undoing racial hierarchy‹ vernebelt. Die Eltern werden dafür zur Verantwortung gezogen, dass »sie genau in der Rolle sind, in welche die gesellschaftliche Verteilung von Chancen sie gestoßen hat« (Terkessidis 2004: 108). So ist das perfide am Neoliberalismus, dass er Ursache-Wirkungs-Verhältnisse umkehrt: Neoliberale Prämissen und Praktiken werden nicht als Faktoren verstanden, die soziale Ungleichheit aufrechterhalten, sondern als soziale Korrektoren. Demzufolge werden gesellschaftliche Schieflagen weniger als Anlässe für einen Ausbau des Sozialstaats verstanden als von solchen Politiken und Techniken, die auf eine stärkere Aktivierung und Responsibilisierung der Individuen abheben.

Die beschriebene De-Thematisierung von elterlichen Diskriminierungserfahrungen in Berliner Schulen wird nicht nur von individualisierenden Logiken gestützt, sondern auch von einem allgemeinen Schwinden des *Öffentlichen* im Zuge des neoliberalen staatlichen Wandels. Mit dem Öffentlichen sind hier im Anschluss an Hannah Arendt all jene Orte gemeint, an denen individuelle Sorgen, Nöte und Erfahrungen thematisiert, diskutiert und in ein gemeinsames Anliegen übersetzt werden können (vgl. Arendt 2007: 65f.). Arendt vergleicht das Öffentliche mit einem Tisch, der innerhalb eines geografischen und zeitlichen Raumes die Menschen miteinander verbindet, sie gemeinsam versammelt und gleichzeitig verhindert, dass sie »über- und ineinanderfallen« (ebd.: 66). In Zeiten eines erstarkenden Neoliberalismus verliert das Öffentliche, in den Worten Arendts, jedoch zunehmend »die Kraft«, die Menschen »zu versammeln, das heißt, zu trennen und zu verbinden« (ebd.). Die sich »um einen Tisch versammelte Anzahl von Menschen« sieht diesen »aus ihrer Mitte verschwinden [...], so daß nun zwei sich gegenübersitzende Personen durch nichts mehr getrennt, aber auch durch nichts Greifbares mehr verbunden sind« (ebd.).

Neoliberale gesellschaftliche Transformationen leisten somit einem allmählichen Untergang der Kunst des wechselseitigen Übersetzens zwischen privaten Problemen und öffentlichen Themen Vorschub (vgl. Bauman 2002: 70). Dies lässt sich auch mit Blick auf Berliner Schulen beobachten. Angesichts der Konzeption dieser als ineffiziente und belastete Bürokratien, in denen es maßgeblich um die Entwicklung nützlicher und leistungsstarker Individuen geht, erscheint es kaum verwunderlich, dass gleich mehrere Elternvertreter_innen die Schule als »abgeschotteten« bzw. »isolierten« Raum begreifen, in welchem die Anwesenheit von Eltern eher als Ausdruck von »Problemen« denn als Zeichen dafür gedeutet wird, dass Schule als »öffentliche Schule« gelebt wird (Eralp 147; Akgün 119).[1] Eine solche Konzeption von Schule führt auch dazu, dass diese vielfach nicht als Ort verstanden wird, an dem ›private‹ Diskriminierungserfahrungen von Schüler_innen und Eltern öffentlich geteilt und in ein die Schule und alle hier Anwesenden betreffendes Anliegen transformiert werden können.

Laut Christopher G. Robbins ist es im Kontext neoliberaler Transformationen nicht nur der Tisch, an dem wir versuchen, uns aufeinander zu beziehen, der verschwindet; es ist auch der Boden, auf dem der Tisch steht, der uns allmählich unter den Füßen weggezogen wird (vgl. Robbins 2004: 251). Robbins spricht gleichsam ein im Neoliberalismus propagiertes Einzelkämpfer_innentum an. Dieses resultiere aus einer zunehmenden Verunsicherung darüber, ob sich die individuellen Entscheidungen und Investitionen, die hinsichtlich der eigenen Zukunft sowie des familiären Umfeldes getätigt wurden, auch wirklich auszahlen (vgl. ebd.). Das im Neoliberalismus sowie in den hier analysierten Dispositiven propagierte Prinzip »Jeder ist seines Glückes Schmied« (u.a. Bezirksamt Neukölln 2009: 9) geht laut Robbins mit dem Schwinden von solidarischen Bündnissen und sozialem Gewissen einher. Dies betrifft, so zeigt diese Untersuchung, auch die Eltern von Schüler_innen. Sind sie dazu angehalten, die ihnen von Politik und Schule erteilten ›freien‹ Wahl- und Entscheidungsoptionen im Sinne des Schulerfolgs ihres eigenen Kindes ›verantwortungsvoll‹ zu nutzen, geraten Fragen nach den gesellschaftlichen Konsequenzen des eigenen (Schulwahl-)Verhaltens ins Hintertreffen (im Sinne von »Ich will nicht verantwortlich für das Scheitern meines Kindes in der Schule sein«). Dies ist laut Robbins auch der Ursache geschuldet, dass die Individuen, hier die inbs. Sozial privilegierten Eltern, für ein unethisches bzw. wenig solidarisches Wahlverhalten kaum zur Rechenschaft gezogen werden – in den Worten Robbins: »[...] according to neoliberal logic, there is no prize for entering the social into personal choices, at least for those who can afford to do so« (Robbins 2004: 255). Indem vormals öffentliche Anliegen in private Wahl- und Entscheidungsfreiheiten, beispielsweise im Rahmen neoliberaler Bildungsreformen, umcodiert werden, werden auch die Maßstäbe für ein moralisch-ethisches Verhalten neu aufgestellt, was auch Antonio Olmedos und Andrew

---

1   Dass die bloße Anwesenheit von Eltern im Schulgebäude nach Beobachtung von Elternvertreter_innen als Irritation wahrgenommen wird, steht im paradoxen Muster zu Beschwerden von Pädagog_innen über eine mangelnde Präsenz von bestimmten Eltern in der Schule. Die Eltern scheinen entsprechend (nur) dann in der Schule gerne gesehen zu sein, wenn das Betreten dieser auf Einladung und zweckgebunden erfolgt.

Wilkins betonen: »Possessive individualism and self-interested, unethical behaviour is thus naturalized as something desirable, even essential to the role of the active chooser. [...] Fairness in other words is translated through self-interest: the pursuit of individual wants, needs and desires« (Olmedo/Wilkins 2016: 578f.).

Ein solches Verständnis von einem verantwortungsvollen Verhalten im öffentlichen Raum, wie es sich nicht nur über elterliches Schulwahlverhalten ausdrückt, sondern auch über zahlreiche staatlich-institutionelle Praktiken vermittelt wird, läuft einer Konzeption des Öffentlichen nach Arendt fundamental entgegen. Das Öffentliche müsse ein Raum sein, so Arendt, der größer ist als die Summe der Individuen und ihre flüchtigen Interessen (Arendt 2007: 66). In Berliner Schulen zeichnet sich jedoch gegenwärtig eine Entwicklung ab, bei der weder institutionelle und strukturelle Diskriminierungserfahrungen noch eigennützige private Entscheidungen von Eltern öffentlich thematisiert und verhandelt werden. Gefördert wird damit eine Entwicklung, bei der bereits privilegierte Eltern zusätzliche Vorteile und Einflussmöglichkeiten in der Schule erhalten, während vor allem bereits unterschiedlich diskriminierte Eltern eine weitere Marginalisierung in den Schulen erfahren.[2]

8.2   Implikationen für eine rassismuskritische Schulentwicklung

»[...] as contemporary racist practices and structures of inequality are now coupled with the authority of neoliberalism, which has so dangerously emptied the social and privatized its vocabularies, neither racism nor racial inequality can be systemically contested or transformed unless the power of neoliberalism is simultaneously contested.« (Robbins 2004: 1)

In dieser Arbeit habe ich eine kritische Perspektive auf Dynamiken eines neoliberalen Rassismus am Schnittfeld von Eltern, Schule und Migrationsgesellschaft eingenommen. Der Zweck der Analyse bestand zunächst darin nachzuzeichnen, wie in unterschiedlichen staatlich-institutionellen Kontexten ein spezifisches Wissen über Eltern entsteht und wie mittels diesem Normalität erzeugt sowie Grenzlinien durch die Gesellschaft gezogen werden. Darüber sollte ein rassistisch und/oder neoliberal gefärbtes Wissen nicht lediglich als falsches Denken entlarvt und zurückgewiesen werden. Ein Hauptaugenmerk dieser Untersuchung lag vielmehr darauf, die Funktionen und

---

2   Das Schwinden des Öffentlichen hat nicht nur fatale Folgen für eine öffentliche und systematische Bearbeitung von (rassistischer) Diskriminierung in Schule und Migrationsgesellschaft. Die beschriebenen Prozesse der neoliberalen Individualisierung und Vereinzelung tragen auch dazu bei, dass sich ein rassistisches Wissen über ›den_die Anderen‹ weiter in Gesellschaft und staatliche Institutionen einschreibt. Der Teufelskreis, der entsteht, wenn es nicht gelingt, individuelle und institutionelle Akteur_innen um den Tisch des Öffentlichen zu versammeln, beschreibt Robbins wie folgt: »[...] separate individuals find unequally separate ways of remaining separated, [they] will continue to redefine political issues according to their private interests and benefit, while others suffer the consequences of those antidemocratic translations, one of which being the translation of racism into a mythically and individually produced and experienced act, instead of a social, political, and economic system of racialized power« (2004: 269).

Effekte des hier rekonstruierten MachtWissens in Schule und Gesellschaft offenzulegen. Geschlossene Handlungsspielräume bzw. beschränkte Möglichkeiten des Handelns für bestimmte Individuen und gesellschaftliche Gruppen wurden ebenso sichtbar wie die »Fluidität und Diskontinuität institutioneller Ordnungen und Subjektformationen« (Foucault 2002: 456).

Die im Rahmen dieser Untersuchung identifizierten Herausforderungen für eine gleichberechtigte Anerkennung, Zugehörigkeit und Teilhabe von Eltern in Schule und Migrationsgesellschaft können in den Worten Foucaults »nicht auf einen Schlag, dank der Überlegung von ein paar Reformern« gelöst werden (Foucault 1981: 10). Vielmehr sind es tiefgreifende Prozesse, die eine demokratische und diskriminierungssensible Ausrichtung von Schule einfordern. Insbesondere die hier interviewten Eltern und ›Migrant_innenorganisationen‹ machten zum Teil deutlich, dass die Reflexion und Bearbeitung von (rassistischer) Diskriminierung in Schulen auf unterschiedlichen Ebenen ansetzen muss, d.h., sowohl bei der Gestaltung bildungspolitischer und schulrechtlicher Rahmenbedingungen, der Schulprogramm- sowie Schulentwicklungsarbeit als auch im Rahmen der Unterrichtskonzeption sowie im pädagogischen Alltag. Diesbezüglich wurden von den Akteur_innen u.a. folgende konkrete Handlungserfordernisse benannt:

- die Implementierung eines Diskriminierungsverbots im Schulgesetz, die mit einer klaren Definition von Diskriminierung sowie der gesetzlichen Verankerung von Informations- und Beschwerderechten für Schüler_innen und Eltern einhergeht;
- die Institutionalisierung von Qualifizierungsmodulen in der Lehramtsausbildung mit dem Ziel der Kompetenzerweiterung und Sensibilisierung hinsichtlich unterschiedlicher Formen und Ebenen von (rassistischer) Diskriminierung;
- die Aufnahme von Diskriminierungsverboten in die Schulordnungen der Schulen sowie die Entwicklung von Antidiskriminierungskonzepten, die auf die Einzelschulen zugeschnitten sind und klare Zuständigkeiten sowie konkrete Handlungsschritte vorsehen, die im Diskriminierungsfall eingeleitet werden;
- verbindliche Fortbildungen hinsichtlich einer rassismus- und kulturalisierungskritischen Bildungsarbeit für alle in Schule tätigen Pädagog_innen;
- eine diesbezügliche Kooperation der Schulen mit Expert_innen aus ›Migrant_innenorganisationen‹ sowie muslimischen Einrichtungen.

Dass der Bereich der schulischen Elternbeteiligung als zentraler Bestandteil einer solchen Schulentwicklungsstrategie gedacht werden muss, wurde gleichsam im Rahmen dieser Untersuchung deutlich. Dementsprechend erscheint es wichtig, dass sich der Fokus von einzelnen ›Elterngruppen‹ sowie auf additive Maßnahmen, wie sie vor allem in Form von kompensatorischen Beratungs-, Unterstützungs- und Informationsmaßnahmen für Eltern im Schulsystem vorherrschen, auf die institutionellen und strukturellen Hindernisse einer gleichberechtigten Teilhabe und damit auf den Kontext, in dem ungerechte Teilhabemöglichkeiten von Eltern entstehen, verschiebt. Auf Seiten der Eltern und Vereine wurden diesbezüglich u.a. folgende Handlungsnotwendigkeiten beschrieben:

- die Institutionalisierung von Übersetzungshilfen an den Schulen auch für spontan stattfindende Elterngespräche sowie die Arbeit in schulischen Gremien;
- eine stärkere Berücksichtigung des Austauschs und der Zusammenarbeit mit Eltern im Stundendeputat sowie bei der Besoldung von Berliner Lehrkräften und Sozialpädagog_innen;
- eine umfassende Information von Eltern über ihre Mitspracherechte und -möglichkeiten in den Schulen sowie
- eine diesbezügliche Kooperation mit Elternvereinen, die die Machtasymmetrien zwischen Schulen und Vereinen reflektiert und sich für die Perspektiven der Vereine öffnet.

Die genannten Aspekte sind auch Bestandteil verschiedener Konzepte einer diskriminierungssensiblen Schulentwicklung, wie sie bereits auf nationaler und internationaler Ebene von unterschiedlichen Akteur_innen formuliert wurden (vgl. u.a. Foitzik 2018; Gomolla/Schwendowius/Kollender 2016; Lüders/Schlenzka 2016; CERD 2015; Karakaşoğlu/Gruhn/Wojciechowicz 2011). Diese Konzepte basieren auf einem Bewusstsein für strukturelle und institutionelle Diskriminierung, welches auch auf politischer Ebene in den letzten Jahren verstärkt zum Ausdruck kommt. So wird in einer 2013 veröffentlichten Neufassung des KMK-Beschlusses »Interkulturelle Bildung und Erziehung in der Schule« »eine Schule der Vielfalt« gefordert, »die frei ist von offener und versteckter Diskriminierung« (KMK 2012: 3). Diesbezüglich werden Schulen und Lehrkräfte in der Verantwortung gesehen, »aktiv der Diskriminierung einzelner Personen oder Personengruppen entgegen[zutreten]« und im Rahmen regulärer Schulentwicklung zu prüfen, »inwieweit Strukturen, Routinen, Regeln und Verfahrensweisen auch unbeabsichtigt benachteiligend und ausgrenzend wirken« (ebd.). Damit verbunden ist die Aufforderung, »Handlungsansätze« zur »Überwindung« (ebd.) insbesondere von institutioneller Diskriminierung zu entwickeln. Auch die Eltern von Schüler_innen werden in diesem Zusammenhang berücksichtigt. Ihnen sollen »umfassende Mitwirkungsmöglichkeiten« (ebd.: 3) eingeräumt werden, etwa durch ihre »Einbeziehung [...] in die Gestaltung einer an Vielfalt orientierten Schulkultur und entsprechender Unterrichtsangebote« (ebd.). Die »Schulzufriedenheit« der Eltern wird dabei als ein zentrales Kriterium ›interkultureller Schulentwicklung‹ definiert (ebd.: 7; vgl. Gomolla/Kollender 2019).

Mit Blick auf geforderte und bereits bestehende Maßnahmen und Konzepte einer diversitäts- und diskriminierungsbewussten Schulentwicklung muss sich in Zeiten neoliberaler Staatlichkeit auch der Frage zugewendet werden, inwiefern diese Maßnahmen einer hier analysierten Flexibilisierung und Verundeutigung von Rassismus sowie der Entstehung neuer staatlich-institutioneller Ausschlüsse Rechnung tragen. So kann nicht ausgeschlossen werden, dass diesbezüglich bestimmte Ansätze, Maßnahmen und Akteur_innen (ungewollt) Formen eines ausschließenden Einschlusses und/oder eines »progressiven Neoliberalismus« Vorschub leisten (Fraser 2017; vgl. Kapitel 3.2). Um den in dieser Arbeit beschriebenen Konsequenzen einer neoliberalen Transformation für migrationsgesellschaftliche Inklusionsprozesse entgegezuwirken, müssen gleichsam politische und schulische Vorkehrungen getroffen werden. Schließlich kommt in der vorliegenden Untersuchung deutlich zum Ausdruck, dass die hier beschriebenen staatlich-institutionellen Ausschlüsse kaum minimiert und Grenzen nur bedingt verschoben werden können, wenn keine Instrumente und Methoden entwickelt werden, die neoliberale Dynamiken im Kontext von Schulentwicklungsprozessen kritisch mitreflektieren. Dabei muss berücksichtigt werden, dass die neoliberale Rationalität zwar von konkreten politischen Maßnahmen gestützt wird, die neoliberale Rationalität jedoch nicht vollends in diesen aufgeht. So bedarf es nach Brown auch diesbezüglich in Schule und Migrationsgesellschaft einer umfassenden Neuordnung bzw. Transformation der »politische[n] und gesellschaftliche[n] [neoliberalen] Vernunft« (Brown 2015: 243).

Es stellt sich die Frage, ob und wenn ja inwiefern Schule dazu beitragen kann, den Tisch des Öffentlichen neu aufzustellen, um an diesem eine »Sprache und einen Rahmen« zu finden, durch die »wir die Kräfte in Frage stellen könnten, die andernfalls Anspruch« auf unsere »Zukunft erheben« (ebd.: 253). Auf die hier problematisierten Entwicklungen übersetzt, könnte dies bedeuten, in bzw. im Kontext von Schule Räume zu institutionalisieren, in dem rassistisch und neoliberal strukturierte Ungleichheitsverhältnisse sowie hiermit verbundene Diskriminierungserfahrungen von Schüler_innen und ihren Eltern thematisiert und in ein öffentliches Anliegen übersetzt werden. Dass bestimmte Probleme als ein gemeinsames Anliegen wahrgenommen werden, erfordert nach Foucault, dass »die Komplexität des Problems in seinem Zusammenhang mit dem Leben der Leute auftauchen kann« (Foucault 1981c: 7). Diesbezüglich schlagen Norbert Ricken und Lehmann-Rommel vor, die Diskussion der genannten Probleme im öffentlichen Raum der Schule nicht auf das Handeln der hier tätigen Pädagog_innen zu beschränken, sondern durch ein Bewusstsein für den »globalen Kontext zu erweitern« (Ricken/Lehmann-Rommel 2004: 31). So könne eine Auseinandersetzung mit bestimmten »Regierungsprinzipien und ihre[r] historische[n] Genese« – beispielsweise im Rahmen von Lehrer_innen(fort)bildungen – »ermöglich[en], die eigene Verstrickheit in [...] Bilder, epistemische Rahmen und Normen«, wie sie u.a. durch einen neoliberalen Rassismus vermittelt sind, zu beobachten und sich bewusst zu machen, wie diese »in den alltäglichen Ereignissen Routinen des Normierens, Zielstrebens, Identifizierens, Bewertens und Ausgrenzens« aufgegriffen und reproduziert werden (ebd.; vgl. auch Hark/Villa 2017; Broden/Mecheril 2010; Messerschmidt 2009). Im Zentrum einer solchen Auseinandersetzung könnten u.a. zeitgenössische Mythen von Individualismus, marktförmigem Multikulturalismus und einer meritokratischen Leistungsgerechtigkeit stehen ebenso wie in Schule vorherrschende Selbstverständnisse von ›Partnerschaft‹, ›Empowerment‹ und ›elterlichem Engagement‹. Dabei müsste auch Raum sein für Erfahrungen mit neoliberalen Veränderungsprozessen auf politischer Ebene, wie neuen Anforderungen des Bildungsmarktes und hieraus resultierenden Handlungs- und Entscheidungsdilemmata für die in Schule agierenden Pädagog_innen.

Sich selbst und Andere im Sinne des in dieser Arbeit vertretenen Subjektverständnisses als Träger_innen »eines gesellschaftlichen Zusammenhangs zu verstehen, der *machtvoll und produktiv* zugleich ist« (Rose 2013: 115), bedeutet nicht nur in den Blick zu nehmen, wie über die eigene Involviertheit in gesellschaftliche Diskurse und Dynamiken ein bestimmtes Handeln eingeschränkt bzw. verunmöglicht wird. Vielmehr muss es auch darum gehen, Freiheitsgrade zu identifizieren, die »gegenüber den nicht bewussten Annahmen, den als selbstverständlich genommenen Normativitäten und schweigenden Anerkennungsbedingungen in den Diskursen und Praktiken« existieren (ebd.).

Diesbezüglich gilt es gemeinsam auszuloten, wie in den jeweiligen Handlungskontexten und vor dem Hintergrund der eigenen Positioniertheit in diesen, Handlungsspielräume ausgeweitet und ausgestaltet werden können. Wie dies praktisch aussehen kann, zeigt sich zum Teil in den oben analysierten kritisch-subversiven Strategien von Eltern und ›Migrant_innenorganisationen‹.

Die Umsetzung eines Verständnisses von Schule als öffentlicher Raum erweist sich als ein äußerst voraussetzungsvolles Unterfangen, nicht zuletzt aufgrund des aktuell zu beobachtenden Schwindens schulischer und außerschulischer Räume für Demokratie- und politische Bildung zugunsten wirtschaftlicher Themen bzw. Bildungsinhalte (vgl. Holzki 2018; Gomolla 2018). Auch sind die beschriebenen Formen eines sich Versammelns, Reflektierens und gemeinsamen Handelns in sowie im Kontext von Schule vor einer neoliberalen Vereinnahmung im Sinne eines ›Regierens durch Community‹ nicht gefeit (vgl. Rose 2000). Diesbezüglich macht die vorliegende Studie deutlich, dass sich das Angebot, sich an einem Tisch zu versammeln, dann als Fallstrick erweisen kann, wenn diejenigen, die sich nicht mit an diesen Tisch setzen (können), dafür individuell verantwortet werden bzw. ihre Kinder hierfür mit einer schlechteren Leistungsbeurteilung bestraft werden. So kam mit Blick auf neue Partizipationsrechte und -möglichkeiten von Eltern in Berliner Schulen deutlich zum Ausdruck, dass die Förderung elterlicher Handlungsoptionen vielfach nicht zu trennen ist »von der Forderung, einen spezifischen Gebrauch von diesen ›Freiheiten‹ zu machen«; »die Freiheit zum Handeln« kehrt sich dann »in einen faktischen Zwang zum Handeln oder eine Entscheidungszumutung« um (Lemke/Krasmann/Bröckling 2015: 30).

Forderungen nach einer demokratischen Öffnung von Schule können auch dann zur Plattitüde werden, wenn kein Bewusstsein für die Voraussetzungen besteht, die es Eltern zum Teil verunmöglichen, sich als ›freie‹ Bürger_innen der Migrationsgesellschaft in der Schule zu versammeln. Es bedarf diesbezüglich nicht nur der kontinuierlichen Reflexion und Bearbeitung von Machtasymmetrien und institutionalisierten Normen, die bestimmten Individuen und Gruppen den Status gleichberechtigter Gesellschaftsmitglieder vorenthalten. Die vorausgegangene Untersuchung macht auch deutlich, dass die Bemühungen, Schule in einen öffentlichen Raum zu transformieren, begleitet sein müssen von sozialpolitischen Reformen. Hieraus hervorgehen sollten nicht nur verstärkte Investitionen in öffentliche Institutionen. Auch der beschriebenen sukzessiven Auflösung des sozialpolitischen Charakters von Integrationspolitik muss entgegengewirkt werden ebenso wie der Ersetzung von Sozialpolitik durch (aktivierende) Bildungsmaßnahmen sowie ordnungspolitische Praktiken. Somit ist eine Sozialpolitik erforderlich, die weniger auf die ›Aktivierung‹ der Selbsthilfepotenziale von Familien abzielt als darauf, institutionelle Zugänge zu aktivieren, die allen Eltern und ihren Kindern eine gleichberechtigte Partizipation in den Institutionen der Migrationsgesellschaft ermöglicht.

Literaturverzeichnis

Agamben, Giorgio (2008): Was ist ein Dispositiv?. Zürich/Berlin: Diaphanes.

Al-Azm, Sadiq Jalal (2000): Orientalism and Orientalism in Reverse. In: Macfie, Alexander Lyon (Hg.): Orientalism. A Reader. New York: New York University Press. S. 217-238.

Altenried, Moritz (2011): Rassismus und biopolitischer Kapitalismus. Sarrazin und das Dispositiv der Integration. In: Friedrich, Sebastian (Hg.): Rassismus in der Leistungsgesellschaft. Analysen und kritische Perspektiven zu den rassistischen Normalisierungsprozessen der »Sarrazindebatte«. Münster: edition assemblage. S. 147-161.

Althusser, Louis (1977): Ideologie und ideologische Staatsapparate. Hamburg: VSA.

Alvarez, Rodolfo (1979): Institutional Discrimination in Organizations and their Environments. In: Alvarez, Rodolfo/Lutterman, Kenneth G. and Associates (Hg.): Discrimination in Organizations. San Francisco: Jossey-Bass. S. 2-49.

Amos, Karin/Radtke, Frank-Olaf (2007): Die Formation internationaler Bildungsregime: Zur Durchsetzung von neuen Regierungstechniken in der post-nationalen Konstellation. In: Brumlik, Micha/Merkens, Hans (Hg.): Bildung, Macht, Gesellschaft. Beiträge zum 20. Kongress der Deutschen Gesellschaft für Erziehungswissenschaft. Leverkusen: Barbara Budrich. S. 293-303.

Anderson, Benedict (1988): Die Erfindung der Nation. Zur Karriere eines folgenreichen Konzepts. Frankfurt a.M./New York: Campus-Verlag.

Anhorn, Roland/Bettinger, Frank/Stehr, Johannes (Hg.) (2007): Foucaults Machtanalytik und Soziale Arbeit. Eine kritische Einführung und Bestandsaufnahme. Wiesbaden: VS Verlag für Sozialwissenschaften.

Antidiskriminierungsstelle des Bundes (2013): Diskriminierung im Bildungsbereich und im Arbeitsleben. Berlin: Antidiskriminierungsstelle des Bundes.

Appel, Markus/Weber, Silvana/Kronberger, Nicole (2015): The Influence of Stereotype Threat on Immigrants: Review and Meta-Analysis. In: Frontiers in Psychology 6(900). S. 1-15.

Arendt, Hannah (2007): Vita activa oder Vom tätigen Leben. München: Pieper.

Arendt, Hannah (1951): Elemente und Ursprünge totaler Herrschaft. Antisemitismus, Imperialismus, Totalitarismus. München: Pieper.

Attia, Iman (2018): Was ist neu und was rechts am antimuslimischen Rassismus extrem rechter Argumentationen? In: Gomolla, Mechtild/Kollender, Ellen/Menk, Marlene (Hg.): Rassismus und Rechtsextremismus in Deutschland. Figurationen und Interventionen in Gesellschaft und staatlichen Institutionen. Weinheim: Beltz. S. 93-109.

Attia, Iman (2009): Die »westliche Kultur« und ihr Anderes. Zur Dekonstruktion von Orientalismus und antimuslimischem Rassismus. Bielefeld: transcript.

Autorengruppe Bildungsberichterstattung (2016): Ein indikatorengestützter Bericht mit einer Analyse zu Bildung und Migration. Bielefeld: Bertelsmann Verlag.

Avenarius, Hermann/Döbert, Hans (Hg.) (1998): »Schule in erweiterter Verantwortung«. Ein Berliner Modellversuch. (1995 bis 1998). Abschlußbericht der wissenschaftlichen Begleitung. Frankfurt a.M.: Deutsches Institut für Internationale Pädagogische Forschung.

Balibar, Étienne (2008): Die Rückkehr des Konzeptes der ›Rasse‹. Zur Umwandlung der Wahnvorstellungen von Rasse und Rassismus durch die Neuschaffung eines »Intimfeindes« – häufig unter dem Deckmantel des Universalismus. In: springerin – Hefte für Gegenwartskunst 8(3). S. 18-24.

Balibar, Étienne (1998): Der Rassismus: auch noch ein Universalismus. In: Bielefeld, Ulrich (Hg.): Das Eigene und das Fremde. Neuer Rassismus in der Alten Welt? Hamburg: Hamburger Edition. S. 175-188.

Balibar, Étienne (1992a): Gibt es einen ›Neo-Rassismus‹? In: Balibar, Étienne/Wallerstein, Immanuel: Rasse, Klasse, Nation. Ambivalente Identitäten. Hamburg/Berlin: Argument-Verlag. S. 23-38.

Balibar, Étienne (1992b): »Es gibt keinen Staat in Europa«. Rassismus und Politik im heutigen Europa. In: Institut für Migrations- und Rassismusforschung e.V. (Hg.): Rassismus und Migration in Europa. Beiträge des Hamburger Kongresses »Migration und Rassismus in Europa«. Hamburg/Berlin: Argument Verlag. S. 10-29.

Barber, Benjamin (2008): Consumed: How Markets Corrupt Children, Infantilize Adults, and Swallow Citizens Whole. New York: Norton & Company.

Barry, Andrew/Osborne, Thomas/Rose, Nikolas (Hg.) (1996): Foucault and Political Reason. Liberalism, Neo-Liberalism and Rationalities of Government. Chicago: University of Chicago Press.

Barwick, Christine (2011): Draußen vor der Tür. Exklusion auf dem Berliner Wohnungsmarkt. WZB Mitteilungen 134. S. 13-15.

Bauer, Petra/Wiezorek, Christine (2017a): Familienbilder zwischen Kontinuität und Wandel. Analysen zur (sozial-)pädagogischen Bezugnahme auf Familien. Weinheim: Beltz Juventa.

Bauer, Petra/Wiezorek, Christine (2017b): Familienbilder zwischen Kontinuität und Wandel. Einleitende Bemerkungen. In: Dies. (Hg.): Familienbilder zwischen Kontinuität und Wandel. Analysen zur (sozial-)pädagogischen Bezugnahme auf Familien. Weinheim: Beltz Juventa. S. 7-23.

Bauman, Zygmunt (2002): Society under Siege. Malden, MA: Blackwell.

Baumert, Jürgen/Schümer, Gundel (2002): Familiäre Lebensverhältnisse, Bildungsbeteiligung und Kompetenzen im internationalen Vergleich. In: Baumert, Jürgen/Artelt, Cordula/Klieme, Eckhard/Neubrand, Michae/Prenzel, Manfred/Schiefele, Ulrich/Schneider, Wolfgang/Tillmann, Klaus-Jürgen/Weiß, Manfred (Hg.): PISA 2000

– Die Länder der Bundesrepublik Deutschland im Vergleich. Opladen: Leske + Budrich. S. 159-202.

Baumert, Jürgen/Bos, Winfried/Brockmann, Jens/Gruehn, Sabine/Klieme, Eckhard/Köller, Olaf/Lehmann, Rainer/Lehrke, Manfred/Neubrand, Johanna/Schnabel, Kai Uwe/Schwippert, Knut/Watermann, Rainer (2000): TIMSS/III – Deutschland. Der Abschlussbericht. Zusammenfassung ausgewählter Ergebnisse der Dritten Internationalen Mathematik- und Naturwissenschaftsstudie zur mathematischen und naturwissenschaftlichen Bildung am Ende der Schullaufbahn. Berlin: Max-Planck-Institut für Bildungsforschung.

Baxter, Judith (2003): Positioning Gender in Discourse. A feminist Methodology. London: Palgrave.

Beauftragte der Bundesregierung für Migration, Flüchtlinge und Integration (2012): 9. Bericht der Beauftragten der Bundesregierung für Migration, Flüchtlinge und Integration über die Lage der Ausländerinnen und Ausländer in Deutschland. Berlin: Beauftragte der Bundesregierung für Migration, Flüchtlinge und Integration.

Becker, Sven/Wiedmann-Schmidt, Wolf (2016): Flüchtlingspolitik: Bund zahlt McKinsey Millionenhonorar für Abschiebetipps. In: Spiegel Online vom 5.08.2016. Online: www.spiegel.de/politik/deutschland/ fluechtlinge-bamf-zahlt-mckinsey-millionen-honorar-fuer-abschiebetipps-a-1106264.html [zuletzt abgerufen am 15.12.2019].

Bednaschewsky, Rania/Supik, Linda (2018): Vielfältig Deutschsein. Von Deutschen of Color und Deutschen mit Migrationshintergrund in der Statistik. In: Gomolla, Mechtild/Kollender, Ellen/Menk, Marlene (Hg.): Rassismus und Rechtsextremismus in Deutschland. Figurationen und Interventionen in Gesellschaft und staatlichen Institutionen. Weinheim: Beltz Juventa. S. 179-194.

Bellmann, Johannes/Weiß, Manfred (2009): Risiken und Nebenwirkungen Neuer Steuerung im Schulsystem. Theoretische Konzeptualisierung und Erklärungsmodelle. In: Zeitschrift für Pädagogik 55(2). S. 286-308.

Bendl, Regine (2007): »Betriebliches Diversitätsmanagement und neoliberale Wirtschaftspolitik – Verortung eines diskursiven Zusammenhangs.« In: Koall, Iris/Bruchhagen, Verena/Höher, Friederike (Hg.): Diversity Outlooks. Managing Diversity zwischen Ethik, Profit und Antidiskriminierung. Hamburg: Lit Verlag. S. 10-28.

Benokraitis, Nijole V./Feagin, Joe Richard (1977): Institutional Racism: A Perspective in Search Clarity and Research. In: Willie, Charles Vert (Hg.): Black Brown White Relations. Race Relations in the 1970s. New Brunswick: Transaction Books. S. 121-143.

Bernau, Nikolaus (2007): Erneuerung statt Totalabriss – ein Stadtviertel wurde zum weltweiten Vorbild. Kreuzbergs Retter. Berliner Zeitung vom 27.10.2007. Online: www.berliner-zeitung.de/erneuerung-statt-totalabriss—ein-berliner-stadtviertel-wurde-zum-weltweiten-vorbild-kreuzbergs-retter-15702172 [zuletzt abgerufen am 15.12.2019].

Bidet, Jacques (2016): Foucault with Marx. London: Zed books.

Biebricher, Thomas (2008): Staatlichkeit, Gouvernementalität und Neoliberalismus. In: Prokla Zeitschrift für kritische Sozialwissenschaft 38(2). Münster: Westfälisches Dampfboot. S. 307-322.

Biskamp, Floris (2016): Orientalismus und demokratische Öffentlichkeit. Antimuslimischer Rassismus aus Sicht postkolonialer und neuerer kritischer Theorie. Bielefeld: transcript.

Bittner, Martin (2010): Soziale Unruhen – Zur Sicherheit der Gesellschaft? Der *banlieue*-Diskurs in deutschen Printmedien. In: Groenemeyer, Axel (Hg.): Wege der Sicherheitsgesellschaft. Gesellschaftliche Transformationen der Konstruktion und Regulierung innerer Unsicherheiten. Wiesbaden: VS Verlag für Sozialwissenschaften. S. 61-88.

BMI – Bundesministerium für Inneres, Bau und Heimat (2019): 20 Jahre integrierte Quartiersentwicklung. Die Soziale Stadt. Online: https://www.staedtebaufoerderung.info/StBauF/DE/Programm/SozialeStadt/Aktuelles/Meldungen/2019_11_22_Dokumentation_20_Jahre_Soziale_Stadt_Download.pdf;jsessionid=E8E825A8D5A63F28B455AAD2FDBD5B22.live-21302?__blob=publicationFile&v=8 [zuletzt abgerufen am 15.12.2019].

Bogner, Alexander/Menz, Wolfgang (2009): Das theoriegenerierende Experteninterview. Erkenntnisinteresse, Wissensformen, Interaktion. In: Bogner, Alexander/Littig, Beate/Menz, Wolfgang: Experteninterviews. Theorien, Methoden, Anwendungsfelder. Wiesbaden: VS Verlag für Sozialwissenschaften. S. 61-98.

Bogner, Alexander/Menz, Wolfgang (2002): Das theoriegenerierende Experteninterview. In: Bogner, Alexander/Littig, Beater/Menz, Wolfgang (Hg.): Das Experteninterview. Theorie, Methode, Anwendung. Opladen: Leske + Budrich. S. 33-70.

Bohnsack, Ralf/Nentwig-Gesemann, Iris/Nohl, Arnd-Michael (2013): Einleitung: Die dokumentarische Methode und ihre Forschungspraxis. In: Dies. (Hg.): Die dokumentarische Methode und ihre Forschungspraxis. Wiesbaden: Springer VS. S. 9-27.

Bojadžijev, Manuela et al. (2015): Der Aufruf: Ein Angebot, das wir nicht ausschlagen können. In: Hamann, Ulrike/Kaltenborn, Sandy/Kotti & Co. (Hg.): und deswegen sind wir hier. Kotti & Co. Leipzig: Spector Books. S. 165-168.

Bonsen, Martin/Frey, Kristina/Bos, Wilfried (2008): Soziale Herkunft. In: Bos, Wilfried/Bonsen, Martin/Baumert, Jürgen/Prenzel, Manfred/Selter, Christoph/Walther, Gerd (Hg.): TIMSS 2007. Mathematische und naturwissenschaftliche Kompetenzen von Grundschulkindern in Deutschland im internationalen Vergleich. Münster et al.: Waxmann. S. 141-156.

Boos-Nünning, Ursula/Di Bernardo, Luigina/Rimbach, Brigitte/Wolbeck, Ina (2008): Zusammenarbeit mit zugewanderten Eltern – Mythos oder Realität? Materialband für Beraterinnen und Berater im Arbeitsfeld »Übergang Schule/Beruf«. Essen: Hauptstelle RAA NRW.

Boos-Nünning, Ursula/Karakaşoğlu, Yasemin (2005): Viele Welten leben. Zur Lebenssituation von Mädchen und jungen Frauen mit Migrationshintergrund. Münster et al.: Waxmann.

Bos, Wilfried/Lankes, Eva-Maria/Prenzel, Manfred/Schwippert, Knut/Walther, Gerd/Valtin, Renate (2003) (Hg.): Erste Ergebnisse aus IGLU. Schülerleistungen am Ende der vierten Jahrgangsstufe im internationalen Vergleich. Münster et al.: Waxmann.

Boudon, Raymond (1974): Education, Opportunity, and Social Inequality – Changing Prospects in Western Society. New York: John Wiley and Sons.

Broden, Anne/Mecheril, Paul: Rassismus bildet. Subjektivierung und Normalisierung in der Migrationsgesellschaft. Bielefeld: Transcript. S. 41-58.

Bröckling, Ulrich (2007): Das unternehmerische Selbst. Soziologie einer Subjektivierungsform. Frankfurt a.M.: Suhrkamp.

Bröckling, Ulrich/Krasmann, Susanne (2010): Ni méthode, ni approche. Zur Forschungsperspektive der Gouvernementalitätsstudien – mit einem Seitenblick auf Konvergenzen und Divergenzen zur Diskursforschung. In: Angermüller, Johannes/Van Dyk, Silke (Hg.): Diskursanalyse meets Gouvernementalitätsforschung. Perspektiven auf das Verhältnis von Subjekt, Sprache, Macht und Wissen. Frankfurt a.M./New York: Campus Verlag. S. 23-42.

Bröckling, Ulrich/Krasmann, Susanne/Lemke, Thomas (Hg.) (2000): Gouvernementalität der Gegenwart. Frankfurt a.M.: Suhrkamp.

Brown, Wendy (2015): Die schleichende Revolution. Wie der Neoliberalismus die Demokratie zerstört. Berlin: Suhrkamp.

Bührmann, Andrea D./Schneider, Werner (2008): Vom Diskurs zum Dispositiv. Eine Einführung in die Dispositivanalyse. Bielefeld: transcript.

Bukow, Wolf-Dietrich/Llaryora, Roberto (1988): Mitbürger aus der Fremde. Soziogenese ethnischer Minderheiten. Opladen: Westdeutscher Verlag.

Bundesagentur für Arbeit (2017): Tabellenblatt 3.1 Sanktionen gegenüber erwerbsfähigen Leistungsberechtigten (ELB). In: Dies. (Hg.): Sanktionen – Deutschland, West/Ost, Länder und Jobcenter (Monatszahlen) – Dezember 2017. Online: https://statistik.arbeitsagentur.de/nn_1021952/SiteGlobals/Forms/Rubrikensuche/Rubrikensuche_Suchergebnis_Form.html?view=processForm&resourceId=210358&input_=&pageLocale=de&topicId=1023376&region=&year_month=201712&year_month.GROUP=1&search=Suchen [zuletzt abgerufen am 15.12.2019].

Bundesagentur für Arbeit (2016): Verbesserte Zusteuerung in Integrationskurse des Bundesamtes für Migration und Flüchtlinge (BAMF). Weisung 201611001 vom 03.11.2016. Online: https://con.arbeitsagentur.de/prod/apok/ct/dam/download/documents/Weisung201611001_ba013836.pdf [zuletzt abgerufen am 15.12.2019].

Burgess, Simon/Wilson, Deborah/Lupton, Ruth (2005): Parallel lives? Ethnic segregation in schools and neighbourhoods. In: Urban Studies 42(7). S. 1027-1056.

Buruma, Ian/Margalit, Avishai (2005): Okzidentalismus. Der Westen in den Augen seiner Feinde. München/Wien: Hanser.

Butler, Judith (2010): Raster des Krieges. Warum wir nicht jedes Leiden beklagen. Frankfurt a.M./New York: Campus Verlag.

Butler, Judith (2003): Noch einmal: Körper und Macht. In: Honneth, Axel/Saar, Martin (Hg.): Michel Foucault. Zwischenbilanz einer Rezeption. Frankfurter Foucault-Konferenz 2001. Frankfurt a.M.: Suhrkamp. S. 52-67.

Butler, Judith (2001): Psyche der Macht. Das Subjekt der Unterwerfung. Frankfurt a.M.: Suhrkamp.

Butler, Judith (1998): Haß spricht. Zur Politik des Performativen. Frankfurt a.M.: Suhrkamp.

Butler, Judith (1997): Excitable Speech. A Politics of the Performative. New York/London: Taylor & Francis.

Çağlar, Ayşe/Glick Schiller, Nina (2011): Wider die Autonomie der Migration: Eine globale Perspektive auf migrantische Handlungsmacht. In: Zeitschrift für Kulturwissenschaft 5(2). S. 147-150.

Castro Varela, María do Mar (2013): Ist Integration nötig? Eine Streitschrift. Freiburg: Lambertus.

Castro Varela, María do Mar (2006): Integrationsregimes und Gouvernementalität: Herausforderungen an interkulturelle/internationale Soziale Arbeit. In: neue praxis Sonderheft 8: Soziale Arbeit in der Migrationsgesellschaft. Multikulturalismus – Neo-Assimilation – Transnationalität. S. 152-164.

Castro Varela, María do Mar/Dhawan, Nikita (2005): Postkoloniale Theorie. Eine kritische Einführung. Bielefeld: transcript.

CERD – Committee on the Elimination of Racial Discrimination (2015): Concluding observations on the combined nineteenth to twenty-second periodic reports of Germany. Genf.

Charmaz, Katy C. (2011): Den Standpunkt verändern: Methoden der konstruktivistischen Grounded Theory. In: Mey, Günter/Mruck, Katja (Hg.): Grounded Theory Reader. Wiesbaden: VS Verlag für Sozialwissenschaften. S. 181-205.

Chebout, Lucy (2011): Wo ist Intersectionality in bundesdeutschen Intersektionalitätsdiskursen? – Exzerpte aus dem Reisetagebuch einer Traveling Theory. In: Smykalla, Sandra/Vinz, Dagmar (Hg.): Intersektionalität zwischen Gender und Diversity. Theorien, Methoden und Politiken der Chancengleichheit. Münster: Westfälisches Dampfboot. S. 43-57.

Çiçek, Arzu/Heinemann, Alisha/Mecheril, Paul (2014): Warum Rede, die direkt oder indirekt rassistische Unterscheidungen aufruft, verletzen kann. In: Hentges, Gudrun/Nottbohm, Kristina/Jansen, Mechtild M./Adamou, Jamila (Hg.): Sprache M/macht Rassismus. Berlin: Metropol Verlag. S. 309-326.

Clarke, Adele E. (2012): Situationsanalyse. Grounded Theory nach dem Postmodern Turn. Wiesbaden: Springer VS.

Clarke, John (2007): Die Neuerfindung der Community? Regieren in umkämpften Räumen. In: Kessl, Fabian/Otto, Hans-Uwe (Hg.): Territorialisierung des Sozialen. Regieren über soziale Nahräume. Opladen/Farmington Hills: Barbara Budrich. S. 57-80.

Coronil, Fernando (1996): Beyond Occidentalism: Towards Postimperial Geohistorical Categories. In: Cultural Anthropology 11(1). S. 51-87.

Cremer-Schäfer, Helga/Steinert, Heinz (2000): Soziale Ausschließung und Ausschließungs-Theorien: Schwierige Verhältnisse. In: Peters, Helge (Hg.): Soziale Kontrolle. Zum Problem der Normkonformität in der Gesellschaft. Opladen: Leske + Budrich. S. 43-64.

Crenshaw, Kimberlé (1989): Demarginalizing the Intersection of Race and Sex: A Black Feminist Critique of Antidiscrimination Doctrine. In: The University of Chicago Legal Forum 139. S. 139-167.

Cross, Malcolm/Keith, Michael (Hg.) (1993): Racism, the City and the State. New York/London: Routledge.

Crozier, Gill (2005): Beyond the Call of Duty: the impact of racism on black parents' involvement in their children's education. In: Crozier, Gill/Reay, Diane (Hg.): Activating Participating: Parents and Teachers Working Towards Partnership. Sterling: Stoke on Trent. S. 39-56.

Crozier, Gill/Davies, Jane (2007): Hard to Reach Parents or Hard to Reach Schools? A Discussion of Home–School Relations, with Particular Reference to Bangladeshi and Pakistani Parents. In: British Educational Research Journal 33(3). S. 295-313.

Crozier, Gill/Reay, Diane (2005): Introduction. In: Dies. (Hg.): Activating Participating: Parents and Teachers Working Towards Partnership. Sterling: Stoke on Trent. S. IX–XIV.

Cruikshank, Barbara (1999): The Will to Empower. Democratic Citizens and Other Subjects. Ithaca/London: Cornell University Press.

Deleuze, Gilles (1993): Postskriptum über die Kontrollgesellschaften. In: Ebd.: Unterhandlungen 1972-1990. Frankfurt a.M.: Suhrkamp. S. 254-262.

Deleuze, Gilles (1991): Was ist ein Dispositiv?. In: Ewald, François/Waldenfels, Bernhard (Hg.): Spiele der Wahrheit. Michel Foucaults Denken. Frankfurt a.M.: Suhrkamp. S. 153-162.

Demirović, Alex/Bojadžijev, Manuela (Hg.) (2002): Konjunkturen des Rassismus. Münster: Westfälisches Dampfboot.

Denninger, Tina/van Dyk, Silke/Lessenich, Stephan/Richter, Anna (2014): Leben im Ruhestand: Zur Neuverhandlung des Alters in der Aktivgesellschaft. Bielefeld: transcript.

Denzin, Norman K. (1989): The Research Act. A theoretical introduction to sociological methods. Eaglewood Cliffs, N.J.: Prentice Hall.

Derrida, Jacques (2001): Limited Inc. Wien: Passagen Verlag.

Derrida, Jacques (1988): Signatur Ereignis Kontext. In: Derrida, Jacques (Hg.): Randgänge der Philosophie. 1. Aufl. Wien: Passagen Verlag. S. 291-314.

Diaz-Bone, Rainer (2006): Die interpretative Analytik als methodologische Position. In: Kerchner, Brigitte/Schneider, Silke (Hg.): Foucault: Diskursanalyse der Politik. Eine Einführung. Wiesbaden: VS Verlag für Sozialwissenschaften. S. 68-84.

Diaz-Bone, Rainer (1999): Probleme und Strategien der Operationalisierung des Diskursmodells im Anschluß an Michel Foucault. In: Bublitz, Hannelore/Hanke, Christian/Seier, Andrea (Hg.): Das Wuchern der Diskurse: Perspektiven der Diskursanalyse Foucaults. Frankfurt a.M./New York: Campus Verlag. S. 119-135.

Dietrich, Ingrid (1997): Voll integriert? Zuwanderer-Eltern berichten über Erfahrungen ihrer Kinder mit Schule in Deutschland. Baltmannsweiler: Schneider.

Dirickx, Yvo/Kudat, Ayse (1975): Ghettos: Individual or systemic Choice. In: Internationales Institut für vergleichende Gesellschaftsforschung 29(75). Berlin. S. 75-29.

Dreke, Claudia (2012): Künftige Lebenswege von Schulkindern: Deutungsmuster Sozialer Ungleichheit von Lehrkräften in Italien und Deutschland. Wiesbaden: Springer VS.

Duggan, Lisa (2003): The Twilight of Equality: Neoliberalism, Cultural Politics, and the Attack on Democracy. Boston: Beacon Press.

Elsner, Eva-Maria/Elsner, Lothar (1994): Zwischen Nationalismus und Internationalismus: über Ausländer und Ausländerpolitik in der DDR 1949 – 1990. Rostock: Norddeutsche Hochschulschriften.

Enderwitz, Susanne (2014): Orientalismus und Okzidentalismus. Realität beschreiben und verstehen. In: IslamiQ vom 01.05.2014. Online: www.islamiq.de/2014/05/01/orientalismus-und-okzidentalismus-realitaet-beschreiben-und-verstehen/ [zuletzt abgerufen 15.12.2019].

Engin, Havva (2003): »Kein institutioneller Wandel von Schule?« Bildungspolitische Reaktionen auf Migration in das Land Berlin zwischen 1990 – 2000 im Spiegel amtlicher und administrativer Erlasse. Frankfurt a.M./London: Verlag für Interkulturelle Kommunikation.

Espahangizi, Kijan/Hess, Sabine/Karakayali, Juliane/Kasparek, Bernd/Pagano, Simona/Rodatz, Mathias/Tsianos, Vassilis S. (2016): Rassismus in der postmigrantischen Gesellschaft. Zur Einleitung. In: Dies. (Hg.): Rassismus in der postmigrantischen Gesellschaft. Bielefeld: transcript. S. 9-23.

Eser, Patrick (2005): Foucaults Thesen zur Gouvernementalität. Anmerkungen zur Debatte. In: Z. Zeitschrift für marxistische Erneuerung 62. 155-168.

Faist, Thomas (2009): Diversity – A New Mode of Incorporation? In: Ethnic and Racial Studies 32(1). S. 171-190.

Fanon, Frantz (1981): Die Verdammten dieser Erde. Frankfurt a.M.: Suhrkamp.

Feustel, Robert/Keller, Reiner/Schrage, Dominik/Wedl, Juliette/Wrana, Daniel/van Dyk, Silke (2014): Zur me-thod(olog)ischen Systematisierung der sozialwissenschaftlichen Diskursforschung. Herausforderung, Gratwanderung, Kontroverse. In: Angermüller, Johannes/Nonhoff, Martin/Herschinger, Eva/Macgilchrist, Felicitas/Reisigl, Martin/Wedl, Juliette/Wrana, Daniel/Ziem, Alexander (Hg.): Diskusforschung. Ein interdisziplinäres Handbuch. 2. Band. Bielefeld: transcript. S. 482– 506.

Fincke, Gunilla/Lange, Simon (2012): Segregation an Grundschulen. Der Einfluss elterlicher Schulwahl. Berlin: Sachverständigenrat Deutscher Stiftungen für Integration und Migration. Online: https://www.svr-migration.de/wp-content/uploads/2014/11/Segregation_an_Grundschulen_SVR-FB_WEB.pdf [zuletzt abgerufen am 15.12.2019].

Flick, Uwe (2011): Qualitative Sozialforschung. Eine Einführung. Reinbek bei Hamburg: Rowohlt Taschenbuch Verlag.

Foitzik, Andreas/Holland-Cunz, Marc/Riecke, Clara (2019): Praxisbuch Diskriminierungskritische Schule. Weinheim/Basel: Betz.

Foroutan, Naika/İkiz, Dilek (2016): Migrationsgesellschaft. In: Mecheril, Paul/Kourabas, Veronika/Rangger, Matthias (Hg.): Handbuch Migrationspädagogik. Weinheim: Beltz. S. 138-151.

Foucault, Michel (2006a): Sicherheit, Territorium, Bevölkerung. Geschichte der Gouvernementalität I. Frankfurt a.M.: Suhrkamp.

Foucault, Michel (2006b): Die Geburt der Biopolitik. Geschichte der Gouvernementalität II. Frankfurt a.M.: Suhrkamp.

Foucault, Michel (2005): Analytik der Macht. Frankfurt a.M.: Suhrkamp.

Foucault, Michel (2003a): Die Anormalen. Frankfurt a.M.: Suhrkamp.

Foucault, Michel (2003b): Das Spiel des Michel Foucault (Gespräch). In: Defert, Daniel/Ewald, François (Hg.): Schriften in vier Bänden. Dits et Ecrits. Band III. 1976-1979. Frankfurt a.M.: Suhrkamp. S. 391-429.

Foucault, Michel (2003c): Erläuterungen zur Macht. Antwort auf einige Kritiker (Interview mit P. Pasquino, 1978). In: Defert, Daniel/Ewald, François (Hg.): Schriften in vier Bänden. Dits et Ecrits. Band III: 1976-1979. Frankfurt a.M.: Suhrkamp. S. 784-795.

Foucault, Michel (2003d): Macht und Wissen. In: Schriften in vier Bänden. Dits et Ecrits. Band III: 1976-1979. Frankfurt a.M.: Suhrkamp. S. 515-534.

Foucault, Michel (2003e): Was ist ein Autor? Antwort auf einige Kritiker (Interview mit P. Pasquino, 1978). In: Schriften in vier Bänden. Dits et Ecrits. Defert, Daniel/Ewald, François (Hg.): Band I: 1954-1969. Frankfurt a.M.: Suhrkamp. S. 1003-1041.

Foucault, Michel (2001): Antwort auf eine Frage. In: Defert, Daniel/Ewald, François (Hg.): Schriften in vier Bänden. Dits et Ecrits. Band I: 1954-1969. Frankfurt a.M.: Suhrkamp: S. 859-886.

Foucault, Michel (2000): Die Gouvernementalität. In: Bröckling, Ulrich/Krasmann, Susanne/Lemke, Thomas (Hg.): Gouvernementalität der Gegenwart. Studien zur Ökonomisierung des Sozialen. Frankfurt a.M.: Suhrkamp. S. 41-67.

Foucault, Michel (1993): Die Ordnung des Diskurses. Frankfurt a.M.: Fischer-Verlag.

Foucault, Michel (1992): Was ist Kritik? Berlin: Merve.

Foucault, Michel (1983): Der Wille zum Wissen. Sexualität und Wahrheit. Band 1. Frankfurt a.M.: Suhrkamp.

Foucault, Michel (1981a): Archäologie des Wissens. Frankfurt a.M.: Suhrkamp.

Foucault, Michel (1981b): Subjektivität und Wahrheit. In: Defert, Daniel/Ewald, François (Hg.): Schriften in vier Bänden. Dits et Ecrits. Band IV. 1980-1988. Frankfurt a.M.: Suhrkamp. S. 258-264.

Foucault, Michel (1981c): Kritische Theorie und die Krise des Regierens. In: Tüte Sonderbeilage ›Wissen und Macht – Die Krise des Regierens‹. S. 5-13.

Foucault, Michel (1980): Power/Knowledge: Selected Interviews and Other Writings, 1972-1977. New York: Pantheon Books.

Foucault, Michel (1978): Dispositive der Macht. Über Sexualität, Wissen und Wahrheit. Berlin: Merve.

Foucault, Michel (1969): Wahnsinn und Gesellschaft. Eine Geschichte des Wahns im Zeitalter der Vernunft. Frankfurt a.M.: Suhrkamp.

Fraser, Nancy (2017): Für eine neue Linke oder: Das Ende des progressiven Neoliberalismus. In: Blätter für deutsche und internationale Politik 2017(2). S. 71-76.

Fraser, Nancy (2003): Soziale Gerechtigkeit im Zeitalter der Identitätspolitik. In: Fraser, Nancy/Honneth, Axel: Umverteilung oder Anerkennung? Eine politisch-philosophische Kontroverse. Frankfurt a.M.: Suhrkamp.

Friese, Heidrun (2017): Flüchtlinge: Opfer – Bedrohung – Helden. Zur politischen Imagination des Fremden. Bielefeld: transcript.

Fuhrmann, Manfred (2004): Der Europäische Bildungskanon. Frankfurt a.M.: Insel.

Gebhardt, Markus/Rauch, Dominique/Mang, Julia/Sälzer, Christine/Stanat, Petra (2013): Mathematische Kompetenz von Schülerinnen und Schülern mit Zuwanderungshintergrund. In: Prenzel, Manfred/Sälzer, Christine/Klieme, Eckhard/Köller, Olaf (Hg.): PISA 2012. Fortschritte und Herausforderungen in Deutschland. Münster et al.: Waxmann. S. 275-308.

Geier, Thomas (2016): Schule. In: Mecheril, Paul/Kourabas, Veronika/Rangger, Matthias (Hg.): Handbuch Migrationspädagogik. Weinheim: Beltz. S. 433-448.

Georg-Eckert-Institut für internationale Schulbuchforschung (2011): Keine Chance auf Zugehörigkeit? Schulbücher europäischer Länder halten Islam und modernes Europa getrennt. Braunschweig. Online: http://repository.gei.de/handle/11428/172 [zuletzt abgerufen am 15.12.2019].

Georgi, Fabian (2016): Widersprüche im langen Sommer der Migration. Ansätze einer materialistischen Grenzregimeanalyse. In: Prokla 183 – Zeitschrift für kritische Sozialwissenschaft 46(2). S. 183-204.

Gerdes, Jürgen/Bittlingmayer, Uwe H. (2011): Assimilation und Wissensgesellschaft. Bildungsgesteuerte Integrationsimperative im deutschen parteipolitischen Diskurs seit den Debatten um das Zuwanderungsgesetz. In: Sociologia Internationalis 49(1). S. 103-138.

Gesemann, Frank (2009): Berlin: Einwanderungsstadt ›under construction‹? Von der Beauftragtenpolitik zur strategischen Steuerung. In: Gesemann, Frank/Roth, Roland (Hg.): Lokale Integrationspolitik in der Einwanderungsgesellschaft. Migration und Integration als Herausforderung von Kommunen. Wiesbaden: VS Verlag für Sozialwissenschaften. S. 311-334.

Gesemann, Frank/Roth, Roland (2009): Kommunale Integrationspolitik in Deutschland – einleitende Bemerkungen. In: Gesemann, Frank/Roth, Roland (Hg.): Lokale Integrationspolitik in der Einwanderungsgesellschaft. Migration und Integration als Herausforderung von Kommunen. Wiesbaden: VS Verlag für Sozialwissenschaften. S. 11-32.

Gillborn, David/Youdell, Deborah (2000): Rationing education. Policy, practice and equity. Buckingham: Open University Press.

Glaser, Barney G./Strauss, Anselm L. (2008): Grounded Theory: Strategien qualitativer Forschung. Bern: Huber.

Gogolin, Ingrid (2001): Länderbericht: Berlin. In: Gogolin, Ingrid/Neumann, Ursula/Reuter, Lutz (Hg.): Schulbildung für Kinder aus Minderheiten in Deutschland 1989-1999. Münster et al.: Waxmann. S. 53-126.

Gogolin, Ingrid/Krüger-Potratz, Marianne (2010): Einführung in die Interkulturelle Pädagogik. 2. Auflage. Opladen/Farmington Hills: Barbara Budrich.

Goldberg, David (2009): The Threat of Race: Reflections on Racial Neoliberalism. Oxford: Wiley-Blackwell.

Gomolla, Mechtild (2018): Perspektiven der Auseinandersetzung mit Rechtsextremismus, Rassismus und Diskriminierung im schulischen Bildungssystem vor dem Hintergrund des NSU-Komplexes. In: Gomolla, Mechtild/Kollender, Ellen/Menk, Marlene (Hg.): Rassismus und Rechtsextremismus in Deutschland. Figurationen und Interventionen in Gesellschaft und staatlichen Institutionen. Weinheim: Beltz-Juventa. S. 245-268.

Gomolla, Mechtild (2017): Strukturelle Veränderungen der regulären schulischen Institutionen in Richtung sozialer Gerechtigkeit? Spannungsverhältnisse zwischen Neuer Steuerung und Inklusion. In: Laubenstein, David/Scheer, Désirée (Hg.): Sonderpädagogik zwischen Wirksamkeitsforschung und Gesellschaftskritik. Bad Heilbrunn: Klinkhardt. S. 63-82.

Gomolla, Mechtild (2016): Diskriminierung. In: Mecheril, Paul/Kourabas, Veronika/Rangger, Matthias (Hg.): Handbuch Migrationspädagogik. Weinheim: Beltz. S. 73-89.

Gomolla, Mechtild (2015): Institutionelle Diskriminierung im Bildungs- und Erziehungssystem. In: Leiprecht, Rudolf/Steinbach, Anja (Hg.): Schule in der Migrationsgesellschaft. Ein Handbuch. Band. 1: Grundlagen – Differenzlinien – Fachdidaktiken. Schwalbach/Ts.: Debus Pädagogik. S. 193-219.

Gomolla, Mechtild (2009): Elternbeteiligung in der Schule. In: Fürstenau, Sara/Gomolla, Mechtild (Hg.): Migration und schulischer Wandel: Elternbeteiligung. Wiesbaden: VS Verlag für Sozialwissenschaften. S. 21-50.

Gomolla, Mechtild (2005): Schulentwicklung in der Einwanderungsgesellschaft. Strategien gegen institutionelle Diskriminierung in England, Deutschland und in der Schweiz. Münster et al.: Waxmann.

Gomolla, Mechtild/Kollender, Ellen (2019): Schulischer Wandel durch Elternbeteiligung? Kontinuitäten und Neuverhandlungen der Bilder von ›Eltern mit Migrationshintergrund‹ im politischen Diskurs der BRD. In: Gomolla, Mechtild/Kollender, Ellen/Riegel, Christine/Scharathow, Wiebke (Hg.): Diversitäts- und Antidiskriminierungskonzepte im Feld von Schule und Migration – Erfordernisse, Spannungen und Widersprüche. Zeitschrift für Diversitäts- und Managmentforschung 1/2019. Opladen & Farmington Hills: Budrich. S. 28-42.

Gomolla, Mechtild/Kollender, Ellen/Menk, Marlene (2018a): Rassismus und Rechtsextremismus in Deutschland: Figurationen und Interventionen in Gesellschaft und staatlichen Institutionen. In: Dies. (Hg.): Rassismus und Rechtsextremismus in Deutschland: Figurationen und Interventionen in Gesellschaft und staatlichen Institutionen. Weinheim: Beltz-Juventa. S. 9-27.

Gomolla, Mechtild/Kollender, Ellen/Menk, Marlene (2018b): »Eine Aufklärung ist nur möglich, wenn eine Auseinandersetzung mit der staatlichen Mitverantwortung stattfindet.« Interview mit Seda Başay-Yıldız und Carsten Ilius, NebenklagevertreterInnen im NSU-Prozess. In: Dies. (Hg.): Rassismus und Rechtsextremismus in Deutschland: Figurationen und Interventionen in Gesellschaft und staatlichen Institutionen. Weinheim: Beltz-Juventa. S. 127-142.

Gomolla, Mechtild/Kollender, Ellen/Rose, Nadine (2011): Die Bedeutung der Elternarbeit in der Migrationsgesellschaft am Übergang Schule-Beruf. In: Landesarbeitsgemeinschaft der Jugendsozialarbeit in Niedersachsen (Hg.): Erfolgreiche Elternarbeit in der Migrationsgesellschaft am Übergang Schule-Beruf. Themenheft 2/2011. Hannover. S. 3-15. Online: http://nord.jugendsozialarbeit.de/fileadmin/Bilder/2011_Themenhefte/Themenheft_02_11___Elternarbeit_in_der_Migrationsgesellschaft.pdf [zuletzt abgerufen am 15.12.2019].

Gomolla, Mechtild/Radtke, Frank-Olaf (2009): Institutionelle Diskriminierung. Die Herstellung ethnischer Differenz in der Schule. Wie Schule Schulversagen erzeugt. Wiesbaden: VS Verlag für Sozialwissenschaften.

Gomolla, Mechtild/Rotter, Carolin (2012): Zugewanderte und einheimische Eltern: Gemeinsamkeiten und Unterschiede in der Beurteilung von Schulpolitik und -praxis. In: Kilius, Dagmar/Tillmann, Klaus-Jürgen (Hg.): Eltern ziehen Bilanz. Trendbericht zu Schule und Bildungspolitik in Deutschland. 2. Jako-O-Bildungsstudie. Münster et al.: Waxmann. S. 113-142.

Gomolla, Mechtild/Schwendowius, Dorothee/Kollender, Ellen (2016): Qualitätsentwicklung von Schulen in der Einwanderungsgesellschaft: Evaluation der Lehrerfortbildung zur interkulturellen Koordination (2012 – 2014). Hamburger Beiträge zur Erziehungs- und Sozialwissenschaft. Hamburg: Helmut-Schmidt-Universität Hamburg.

Groß, Eva/Hövermann, Andreas (2014): Marktförmiger Extremismus – ein Phänomen der Mitte? In: Friedrich-Ebert-Stiftung (Hg.): Fragile Mitte – Feindselige Zustellungen. Rechtsextreme Einstellungen in Deutschland 2014. Bonn: Dietz-Verlag. S. 102-118.

Grote, Janne (2018): Die veränderte Fluchtmigration in den Jahren 2014 bis 2016: Reaktionen und Maßnahmen in Deutschland. Studie der deutschen nationalen Kontaktstelle für das Europäische Migrationsnetzwerk (EMN). Working Paper 79 des Forschungszentrums des Bundesamtes. Nürnberg: Bundesamt für Migration und Flüchtlinge.

Gutíerrez Rodríguez, Encarnación (2003): Gouvernementalität und die Ethnisierung des Sozialen. Migration, Arbeit und Biopolitik. In: Pieper, Marianne/Guitíerez Rodríguez, Encarnación (Hg.): Gouvernementalität. Ein sozialwissenschaftliches Konzept im Anschluss an Foucault. Frankfurt/New York: Campus Verlag. S. 161-178.

Ha, Kien Nghi (2005): Hype um Hybridität. Kultureller Differenzkonsum und postmoderne Verwertungstechniken im Spätkapitalismus. Bielefeld: transcript.

Ha, Kien Nghi (2004): Historische Dimensionen struktureller und institutioneller Diskriminierungen der deutschen Migrations- und Desintegrationspolitik. In: Antidiskriminierungsnetzwerk des Türkischen Bundes Berlin-Brandenburg (Hg.): Besteht Handlungsbedarf? Strukturelle und institutionelle Diskriminierung in Deutschland und Berlin. Berlin: Concept. S. 19-26.

Ha, Kien Nghi/Schmitz, Markus (2006): Der nationalpädagogische Impetus der deutschen Integrations(dis)kurse im Spiegel post-/kolonialer Kritik. In: Mecheril, Paul/Witsch, Monika (Hg.): Cultural Studies und Pädagogik. Kritische Artikulationen. Bielefeld: transcript. S. 226-266.

Ha, Noa K. (2016): Straßenhandel in Berlin. Öffentlicher Raum, Informalität und Rassismus in der neoliberalen Stadt. Bielefeld: transcript.

Ha, Noa K. (2014): Perspektiven urbaner Dekolonisierung: Die europäische Stadt als ›Contact Zone‹. In: sub\urban. Zeitschrift für kritische Stadtforschung 2(1). S. 27-48.

Hall, Stuart (1994): Rassismus und kulturelle Identität. Ausgewählte Schriften 2. Hamburg: Argument.

Hall, Stuart (1989): Rassismus als ideologischer Diskurs. Ausgewählte Schriften 1. Hamburg: Argument.

Hamann, Ulrike/Kaltenborn, Sandy/Kotti & Co. (2015): Rassismus und Verdrängung in Stichpunkten. In: Dies. (Hg.): und deswegen sind wir hier. Kotti & Co. Leipzig: Spector Books. S. 163-164.

Hark, Sabine/Villa, Paula-Irene (2017): Unterscheiden und Herrschen. Ein Essay zu den ambivalenten Verflechtungen von Rassismus, Sexismus und Feminismus in der Gegenwart. Bielefeld: transcript.

Hartas, Dimitra (2015): Parenting for Social Mobility? Home Learning, Parental Warmth, Class and Educational Outcomes. In: Journal of Education Policy 30(1). S. 21-38.

Hartong, Sigrid/Hermstein, Björn/Höhner, Thomas (Hg.) (2018): Ökonomisierung von Schule? Bildungsreformen in nationaler und internationaler Perspektive. Weinheim: Beltz Juventa.

Harvey, David (1989): From Managerialism to Entrepreneurialism: The Transformation in Urban Governance in Late Capitalism. In: Geografiska Annaler Series B 71(1). S. 3-17.

Häußermann, Hartmut/Siebel, Walter (Hg.) (1993): Festivalisierung der Stadtpolitik. Stadtpolitik durch große Projekte. Opladen: Westdeutscher Verlag (Leviathan Sonderheft 13/1993).

Hawighorst, Britta (2009): Perspektiven von Einwandererfamilien. In: Fürstenau, Sara/Gomolla, Mechtild (Hg.): Migration und schulischer Wandel: Elternbeteiligung. Wiesbaden: VS Verlag für Sozialwissenschaften. S. 51-67.

Heeg, Susanne/Rosol, Marit (2007): Neoliberale Stadtpolitik im globalen Kontext. Ein Überblick. In: Prokla – Zeitschrift für kritische Sozialwissenschaft 37(4). S. 491-510.

Heine, Hannes (2018): Räumung der Gerhart-Hauptmann-Schule: Ausgeträumt in Kreuzberg. Tagesspiegel.de vom 11.01.2018. Online: https://www.tagesspiegel.de/themen/reportage/raeumung-der-gerhart-hauptmann-schule-ausgetraeumt-in-kreuzberg/20834162.html [zuletzt abgerufen am 15.12.2019].

Heintze, Andreas/Helbig, Gisela/Jungbluth, Paul/Eckhard, Kienast/Marburger, Helga (1997): Schule und multiethnische Schülerschaft. Sichtweise, Orientierungen und Handlungsmuster von Lehrerinnen und Lehrern. Frankfurt a.M.: IKO-Verlag.

Heinze, Rolf/Strünck, Christoph (2001): Aktivierender Staat III – Politik zur Entfaltung des bürgerschaftlichen Engagements. In: Theorie und Praxis der Sozialen Arbeit. 2001(5). S. 163-166.

Heite, Catrin (2011): Professionalität im Post-Wohlfahrtsstaat. Zur aktivierungspolitischen Reformulierung Sozialer Arbeit. In: Böllert, Karin (Hg.): Soziale Arbeit als Wohlfahrtsproduktion. Wiesbaden: VS Verlag für Sozialwissenschaften. S. 107-123.

Helfferich, Cornelia (2005): Die Qualität qualitativer Daten. Manual für die Durchführung qualitativer Interviews. Wiesbaden: VS Verlag für Sozialwissenschaften.

Herwartz-Emden, Leonie (Hg.) (2000): Einwandererfamilien. Geschlechterverhältnisse, Erziehung und Akkulturation (IMIS-Schriften). Osnabrück: Universität Verlag Rasch.

Hess, Sabine/Lebuhn, Henrik (2014): Politiken der Bürgerschaft. Zur Forschungsdebatte um Migration, Stadt und citizenship. In: sub\urban 2(3). S. 11-34.

Hobler, Dietmar/Klenner, Christian/Pfahl, Svenja/Sopp, Peter/Wagner, Alexander (2017): Wer leistet unbezahlte Arbeit? Hausarbeit, Kindererziehung und Pflege im Geschlechtervergleich. WSI Report Nr. 35, April 2017. Düsseldorf: Hans-Böckler-Stiftung.

Höhne, Thomas (2015): Ökonomisierung und Bildung. Zu den Formen ökonomischer Rationalisierung im Feld der Bildung. Wiesbaden: Springer VS.

Höhne, Thomas (2010): Die Thematische Diskursanalyse – dargestellt am Beispiel von Schulbüchern. In: Keller, Reiner/Hirseland, Andreas/Schneider, Werner/Viehöver, Willy (Hg.): Handbuch Sozialwissenschaftliche Diskursanalyse. Band 2: Forschungspraxis. Wiesbaden: VS Verlag für Sozialwissenschaften. S. 423-454.

Höhne, Thomas/Kunz, Thomas/Radtke, Frank-Olaf (2005): Bilder von Fremden. Was unsere Kinder aus Schulbüchern über Migranten lernen sollen. Frankfurter Beiträge zur Erziehungswissenschaft. Frankfurt a.M.: Johann-Wolfgang-Goethe-Universität.

Hoffmeyer-Zlotnik, Jürgen (1977): Gastarbeiter im Sanierungsgebiet. Das Beispiel Berlin-Kreuzberg. Hamburg: Christians.

Holm, Andrej (2010): Wir Bleiben Alle. Gentrifizierung – Städtische Konflikte um Aufwertung und Verdrängung. Münster: Unrast-Verlag.

Holzki, Larissa (2018): »Bildungspolitiker lassen sich durch gefühlte Fakten leiten«. Sueddeutsche.de vom 17.12.2018. Online: https://www.sueddeutsche.de/bildung/schule-wirtschaft-politik-lehrer-nrw-1.4254017 [zuletzt abgerufen am 18.12.2018].

Hormel, Ulrike (2010): Diskriminierung von Kindern und Jugendlichen mit Migrationshintergrund im Bildungssystem. In: Hormel, Ulrike/Scherr, Albert (Hg.): Diskriminierung. Wiesbaden: VS Verlag für Sozialwissenschaften. S. 173-195.

Hormel, Ulrike/Scherr, Albert (2010): Diskriminierung. Grundlagen und Forschungsergebnisse. Wiesbaden: Springer VS.

Hunger, Uwe/Metzger, Stefan/Bostancı, Seyran (2018): Migrantenselbstorganisationen. In: Gogolin, Ingrid/Georgi, Viola/Krüger-Potratz, Marianne/Lengyel, Drorit/Sandfuchs, Uwe (Hg.): Handbuch Interkulturelle Pädagogik. Bad Heilbronn: Klinkhardt. S. 403-406.

Hunger, Uwe/Thränhardt, Dietrich (2001): Vom ›katholischen Arbeitermädchen vom Lande‹ zum ›italienischen Gastarbeiterjungen aus dem Bayerischen Wald‹. Zu den neuen Disparitäten im deutschen Bildungssystem. In: Bade, Klaus Jürgen/Rat für Migration (Hg.): Integration und Illegalität in Deutschland. Bad Iburg: Institut für Migrationsforschung und Interkulturelle Studien. S. 51-61.

IOM/FOM – International Organization for Migration/Federal Office for Migration (2005): The Berne Initiative. International Agenda for Migration Management. Schweiz: IOM/FOM.

Isin, Engin (2002): Being Political. Minneapolis: Minnesota University Press.

Jäckle, Monika (2015): Geschlechterpositionierungen in der Schule. Eine Machtanalytik von Subjektivationsprozessen. In: Fegter, Susanne/Kessl, Fabian/Langer, Antje/Ott, Marion/Rothe, Daniela (2015): Erziehungswissenschaftliche Diskursforschung. Empirische Analyse zu Bildungs- und Erziehungsverhältnissen. Wiesbaden: Springer VS. S. 107-121.

Jäger, Margarete/Kauffmann, Heiko (2002): Leben unter Vorbehalt. Institutioneller Rassismus in Deutschland. Duisburg: Duisburger Institut für Sprach- und Sozialforschung (DISS).

Jäger, Siegfried (2009). Kritische Diskursanalyse. Eine Einführung. 5. Auflage. Münster: Unrast.

Jäger, Siegfried (2006): Diskurs und Wissen. In: Keller, Reiner/Hirseland, Andreas/Schneider, Werner/Viehöver, Willy (Hg.): Handbuch Sozialwissenschaftliche Diskursanalyse. Band. 1: Theorien und Methoden. Wiesbaden: VS Verlag für Sozialwissenschaften. S. 83-114.

Jäger, Siegfried/Jäger, Margarete (2002): Das Dispositiv des Institutionellen Rassismus. Eine diskurstheoretische Annäherung. In: Demirović, Alex/Bojadžijev, Manuela (Hg.): Konjunkturen des Rassismus. Münster: Westfälisches Dampfboot. S. 212-224.

Jennessen, Sven/Kastirke, Nicole/Kotthaus, Jochem (2013): Diskriminierung im vorschulischen und schulischen Bereich. Eine sozial- und erziehungswissenschaftliche Bestandsaufnahme. Expertise im Auftrag der Antidiskriminierungsstelle des Bundes 2013. Berlin: Antidiskriminierungsstelle des Bundes.

Jergus, Kerstin/Krüger, Jens Oliver/Roch, Anna (2018) (Hg.): Elternschaft zwischen Projekt und Projektion. Aktuelle Perspektiven der Elternforschung. Wiesbaden: Springer VS.

Jessop, Bob (2007): Raum, Ort und Maßstäbe. Territorialisierungsstrategien in postfordistischen Gesellschaften. In: Kessl, Fabian/Otto, Hans-Uwe (Hg.): Territorialisierung des Sozialen. Regieren über soziale Nahräume. Opladen/Farmington Hills: Barbara Budrich. S. 25-56.

Jessop, Bob (2002): Liberalism, Neoliberalism, and Urban Governance: A State-Theoretical Perspective. In: Antipode 34. S. 452-472.

John, Barbara (2004): Großzügig mit Hilfe knausern. Der Tagesspiegel vom 27.12.2004. Berlin.

Kalpaka, Annita (2009): Funktionales Wissen und Nicht-Wissen in der Migrationsgesellschaft – Ansatzpunkte für (selbst-)reflexive Bildungsarbeit. In: Lange, Dirk/Polat, Ayça (Hg.): Migration und Alltag – Unsere Wirklichkeit ist anders. Schwalbach: Wochenschau Verlag. S. 176-188.

Karakayali, Juliane/zur Nieden, Birgit/Groß, Sophie/Kahveci, Çağrı/Güleryüz, Tutku/Heller, Mareike (2017): Die Beschulung neu zugewanderter und geflüchteter Kinder in Berlin. Praxis und Herausforderungen. Berliner Institut für empirische Integrations- und Migrationsforschung. Online: https://www.bim-fluchtcluster.hu-berlin.de/de/12-beschulung-gefluechteter-kinder/forschungsbericht_12_beschulung-neu-zugewanderter-und-gefluechteter-kinder.pdf [zuletzt abgerufen am: 15.12.2019].

Karakayali, Juliane/zur Nieden, Birgit (2013): Rassismus und Klassen-Raum. Segregation nach Herkunft an Berliner Schulen. In: sub\urban – zeitschrift für kritische stadtforschung 1(2). S. 61-78.

Karakaşoğlu, Yasemin/Gruhn, Mirja/Wojciechowicz, Anna A. (2011): Interkulturelle Schulentwicklung unter der Lupe. (Inter-)Nationale Impulse und Herausforderungen für Steuerungsstrategien am Beispiel Bremen. Münster: Waxmann

Keller, Reiner (2007): Diskurse und Dispositive analysieren. Die Wissenssoziologische Diskursanalyse als Beitrag zu einer wissensanalytischen Profilierung der Diskursforschung. In: Forum Qualitative Sozialforschung/Forum: Qualitative Social Research 8(2). Artikel 19. Online: www.qualitative-research.net/index.php/fqs/article/view/243 [zuletzt abgerufen am: 15.12.2019].

Keller, Reiner (2005): Wissenssoziologische Diskursanalyse. Grundlegung eines Forschungsprogramms. Wiesbaden: VS Verlag für Sozialwissenschaften.

Kessl, Fabian/Otto, Hans-Uwe (2007): Von der (Re-)Territorialisierung des Sozialen. Zur Regierung sozialer Nahräume – eine Einleitung. In: Dies. (Hg.): Territorialisierung des Sozialen. Regieren über soziale Nahräume. Opladen/Farmington Hills: Barbara Budrich. S. 7-24.

Kessl, Fabian/Landhäußer, Sandra/Ziegler, Holger (2006): Sozialraum. In: Dollinger, Bernd/Raithel, Jürgen (Hg.): Aktivierende Sozialpädagogik. Ein kritisches Glossar. Wiesbaden: VS Verlag für Sozialwissenschaften. S. 191-216.

King, Anthony D. (1990): Urbanism, Colonialism, and the World Economy: Cultural and Spatial Foundations of the World Urban System. London/New York: Routledge.

Kollender, Ellen (2016): »Die sind nicht unbedingt auf Schule orientiert« – Formationen eines ›racial neoliberalism‹ an innerstädtischen Schulen Berlins. In: movements. Journal für kritische Migrations- und Grenzregimeforschung. 2(1). S. 39-64.

Kollender, Ellen (2015): »Wenn die Vereinten Nationen von Rassismus sprechen – und Deutschland nicht«. Newsletter Migration und Bevölkerung. Online: www.bpb.de/gesellschaft/migration/newsletter/208205/wenn-die-vereinten-nationen-von-rassismus-sprechen [zuletzt abgerufen am 15.12.2019].

Kollender, Ellen/Hunger, Uwe (2018): Einwanderungs- und Integrationspolitik in ihren Auswirkungen auf Bildung und Erziehung. In: Gogolin, Ingrid/Georgi, Viola/Krüger-Potratz, Marianne/Lengyel, Drorit/Sandfuchs, Uwe (Hg.): Handbuch Interkulturelle Pädagogik. Bad Heilbronn: Klinkhardt. S. 267-273.

Kommunale Gemeinschaftsstelle für Verwaltungsmanagement (2017): Kommunales Integrationsmanagement. Teil 2: Handlungsfelder und Erfolgsfaktoren gestalten. KGSt-Bericht Nr. 15/2017. Köln.

Kronauer, Martin/Siebel, Walter (Hg.) (2013): Polarisierte Städte: Soziale Ungleichheit als Herausforderung für die Stadtpolitik. Frankfurt a.M.: Campus.

Krüger-Potratz, Marianne (2005): Interkulturelle Bildung. Eine Einführung. Münster et al.: Waxmann.

Kuckartz, Udo (2005): Einführung in die computergestützte Analyse qualitativer Daten. Wiesbaden: VS Verlag für Sozialwissenschaften.

Kunstreich, Timm/Lindenberg, Michael (2007): Kommunaler Raum als sozialer Raum der Machtkämpfe. Eine Betrachtung lokaler Sicherheitspolitik mit drei Fallgeschichten. In: Kessl, Fabian/Otto, Hans-Uwe (Hg.): Territorialisierung des Sozialen. Regieren über soziale Nahräume. Opladen/Farmington Hills: Barbara Budrich. S. 157-170.

Laclau, Ernesto (1990): New Reflections on the Revolution of our Time. London: Verso.

Laclau, Ernesto (1981): Politik und Ideologie im Marxismus. Berlin: Argument.

Laclau, Ernesto/Mouffe, Chantal (1991): Hegemonie und radikale Demokratie. Zur Dekonstruktion des Marxismus. Wien: Passagen Verlag.

Ladson-Billings, Gloria/Tate IV, William F. (2006): Toward a Critical Race Theory of Education. In: Dixson, Adrienne D./Rousseau, Celia K. (Hg.): Critical Race Theory in Education. New York/London: Routledge. S. 11-30.

Lamparter, Wilfried E. (1999): Erziehung zur Arbeit: Zum britischen und deutschen Kolonialismus im südlichen Afrika. Marburg: Tectum.

Lanz, Stephan (2007): Berlin aufgemischt: abendländisch – multikulturell – kosmopolitisch? Die politische Konstruktion einer Einwanderungsstadt. Bielefeld: transcript.

Lefebvre, Henri (2016): Das Recht auf Stadt. Hamburg: Nautilus.

Lehmann-Rommel, Roswitha (2004): Partizipation, Selbstreflexion und Rückmeldung: gouvernementale Regierungspraktiken im Feld Schulentwicklung. In: Ricken, Norbert/Rieger-Ladich, Markus (Hg.): Michel Foucault: Pädagogische Lektüren. Wiesbaden: VS Verlag für Sozialwissenschaften. S. 261-284.

Leiprecht, Rudolf (2016): Rassismus. In: Mecheril, Paul/Kourabas, Veronika/Rangger, Matthias (Hg.): Handbuch Migrationspädagogik. Weinheim: Beltz. S. 226-242.

Leiprecht, Rudolf (2004): Kultur – Was ist das eigentlich?. In: Arbeitspapiere IBKM 2004(7). Oldenburg: Carl von Ossietzky Universität.

Leiprecht, Rudolf (2001): Alltagsrassismus. Eine Untersuchung bei Jugendlichen in Deutschland und den Niederlanden. Münster et al.: Waxmann.

Lemke, Thomas (2007): Gouvernementalität und Biopolitik. Wiesbaden: VS Verlag für Sozialwissenschaften.

Lemke, Thomas (2005): Geschichte und Erfahrung. Michel Foucault und die Spuren der Macht. In: Defert, Daniel/Ewald, François (Hg.): Michel Foucault. Analytik der Macht. Frankfurt a.M.: Suhrkamp. S. 319-347.

Lemke, Thomas (2001): Gouvernementalität. In: Kleiner, Marcus S. (Hg.): Michel Foucault. Eine Einführung in sein Denken. Frankfurt a.M./New York: Campus Verlag.

Lemke, Thomas (2000): Neoliberalismus, Staat und Selbsttechnologien. Ein kritischer Überblick über die *gouvernementality studies*. In: Politische Vierteljahresschrift 41(1). S. 31-47.

Lemke, Thomas (o.J.): »Eine Kultur der Gefahr« – Dispositive der Unsicherheit im Neoliberalismus. Online: www.thomaslemkeweb.de/publikationen/EineKulturderGefahr.pdf [zuletzt abgerufen am 15.12.2019].

Lemke, Thomas/Krasmann, Susanne/Bröckling, Ulrich (2015): Gouvernementalität, Neoliberalismus und Selbsttechnologien. Eine Einleitung. In: Bröckling, Ulrich/Krasmann, Susanne/Lemke, Thomas (Hg.): Gouvernementalität der Gegenwart. Frankfurt a.M.: Suhrkamp. S. 7-40.

Lentin, Alana/Titley, Gavan (2011): The Crisis of Multiculturalism. Racism in a Neoliberal Age. London/New York: Zed Books.

Lessenich, Stephan (2013): Die Neuerfindung des Sozialen. Der Sozialstaat im flexiblen Kapitalismus. Bielefeld: transcript.

Lessenich, Stephan (2003): Der Arme in der Aktivgesellschaft – zum sozialen Sinn des »Förderns und Forderns«. In: WSI-Mitteilungen 56(4). S. 214-219.

Lingard, Bob/Ladwig, Jim/Luke, Allen (1998): School effects in postmodern conditions. In: Slee, Roger/Weiner, Gaby/Tomlinson, Sally (Hg.): School effectiveness for whom? Challenges to the school effectiveness and school improvement movements. London: Falmer Press. S. 84-100.

Link, Jürgen (1986): Noch einmal: Diskurs. Interdiskurs. Macht. In: kultuRRevolution 11(4). S. 4-7.

Lobenstein, Caterina (2017): Bamf: Behörde auf Speed. In: Zeit Online vom 30.03.2017. Online: https://www.zeit.de/2017/14/bamf-unternehmensberater-geschwindigkeiten-folgen-fluechtlinge [zuletzt abgerufen am 15.12.2019].

Lorenz, Georg/Gentrup, Sarah (2017): Lehrererwartungen und der Bildungserfolg von Schülerinnen und Schülern mit Migrationshintergrund. In: BIM/SVR – Berliner Institut für empirische Integrations- und Migrationsforschung/Sachverständigenrat deutscher Stiftungen für Integration und Migration: Vielfalt im Klassenzimmer. Wie Lehrkräfte gute Leistung fördern können. Berlin: SVR. S. 24-37.

Lubig-Fohsel, Evelin (2012): Kooperation von Schule und Eltern mit Migrationshintergrund. In: Landesinstitut für Schule und Medien Berlin-Brandenburg. Fachbrief Nr. 8. Berlin.

Lüders, Christine Lüders/Schlenzka, Nathalie (2016): Schule ohne Diskriminierung: Zwischen Wunsch und Wirklichkeit. In: Aus Politik und Zeitgeschichte 9. S. 36-41.

Lutz, Martin/Bewarder, Manuel (2016): Abschiebungen von Migranten: So soll das »Rückkehrmanagement 2017« funktionieren. Welt vom 4.12.2016. Online: https://www.welt.de/politik/deutschland/article159951514/So-soll-das-Rueckkehr-management-2017-funktionieren.html [zuletzt abgerufen am 15.12.2019].

Macpherson, William (1999): The Stephen Lawrence Inquiry. Report of an Inquiry by Sir William Macpherson of Cluny. Online: https://assets.pub-lish-ing.ser-vice.gov.uk/go-vern-ment/up-loads/sys-tem/up-loads/attach-ment_data/file/277111/4262.pdf [zuletzt abgerufen am 15.12.2019].

Magiros, Angelika (1995): Foucaults Beitrag zur Rassismustheorie. Hamburg/Berlin: Argument Verlag.

Mannheim, Karl (1984): Konservatismus. Frankfurt a.M.: Suhrkamp

Mannitz, Sabine/Schiffauer, Werner (2002): Taxonomien kultureller Differenz: Konstruktionen der Fremdheit. In: Schiffauer, Werner/Baumann, Gerd/Kastoryano, Riva/Vertovec, Steven (Hg.): Staat – Schule – Ethnizität. Politische Sozialisation von Immigrantenkindern in vier europäischen Ländern. Münster et al.: Waxmann. S. 67-100.

Marmer, Elina/Sow, Papa (Hg.) (2015): Wie Rassismus aus Schulbüchern spricht. Kritische Auseinandersetzung mit »Afrika«-Bildern und Schwarz-Weiß-Konstruktionen in der Schule – Ursachen, Auswirkungen und Handlungsansätze für die pädagogische Praxis. Weinheim/Basel: Beltz Juventa.

Marti, Urs (2008): Kapitalistische Macht und neoliberales Regieren. In: Prokla 151. Zeitschrift für kritische Sozialwissenschaft 38(2). S. 289-306.

Martiny, Sarah E./Mok, Sog Yee/Deaux, Kay/Froehlich, Laura (2014): Effects of Activating Negative Stereotypes about Turkish-origin Students on Performance and Identity Management in German High Schools. In: Revue Internationale de Psychologie Sociale 27(3). S. 205-225.

Massumi, Brian (1993): The Politics of Everyday Fear. Minneapolis: University of Minnesota Press.

Mayer, Margit (1990): Lokale Politik in der unternehmerischen Stadt. In: Borst, Renate/Krätke, Stefan/Mayer, Margit/Roth, Roland/Schmoll, Fritz (Hg.): Das neue Gesicht der Städte. Basel/Boston/Berlin: Brinkhäuser Verlag. S. 190-208.

Mayer, Verena (2018): Gastronomie: Der Geschmack der Heimat. Sueddeutsche.de vom 15.04.2018. Online: https://www.sueddeutsche.de/stil/gastronomie-der-ge-schmack-der-heimat-1.3940296 [zuletzt abgerufen am 15.12.2019].

Mecheril, Paul (2014): Subjekt-Bildung in der Migrationsgesellschaft. Eine Einführung in das Thema, die zugleich grundlegende Anliegen des Center for Migration, Education and Cultural Studies anspricht. In: Mecheril, Paul (Hg.): Subjektbildung. Interdisziplinäre Analysen der Migrationsgesellschaft. Bielefeld: transcript. S. 11-27.

Mecheril, Paul (2011): Wirklichkeit schaffen: Integration als Dispositiv. In: Aus Politik und Zeitgeschichte. 2011(43). Bonn: Bundeszentrale für politische Bildung. S. 49-54.

Mecheril, Paul (2010): Migrationspädagogik. Hinführung zu einer Perspektive. In: Mecheril, Paul/Maria do Mar, Castro Varela/Dirim, Inci/Kalpaka, Annita/Melter, Claus (Hg.): Migrationspädagogik. Weinheim/Basel: Beltz. S. 7-22.

Mecheril, Paul (2001): Pädagogiken natio-kultureller Mehrfachzugehörigkeit. Vom »Kulturkonflikt« zur »Hybridität«. In: Diskurs. Studien zu Kindheit, Jugend, Familie und Gesellschaft.2011(2). S. 41-48.

Mecheril, Paul (1997): Rassismuserfahrungen von Anderen Deutschen – eine Einzelfallbetrachtung. In: Mecheril, Paul/Teo, Theo (Hg.): Psychologie und Rassismus. Reinbek bei Hamburg: Rowohlt. S. 175-201.

Mecheril, Paul/Hoffarth, Britta (2009): Adoleszenz und Migration. Zur Bedeutung von Zugehörigkeitsordnungen. In: King, Vera/Koller, Hans-Christoph (Hg.): Adoleszenz – Migration – Bildung. Bildungsprozesse Jugendlicher und junger Erwachsener mit Migrationshintergrund. Wiesbaden: VS Verlag für Sozialwissenschaften. S. 239-258.

Mecheril, Paul/Melter, Claus (2010): Gewöhnliche Unterscheidungen. Wege aus dem Rassismus. In: Mecheril, Paul/Maria do Mar, Castro Varela/Dirim, Inci/Kalpaka, Annita/Melter, Claus (Hg.): Migrationspädagogik. Weinheim/Basel: Beltz. S. 150-168.

Mecheril, Paul/Rigelsky, Bernhard (2010): Nationaler Notstand, Ausländerdispositiv und die Ausländerpädagogik. In: Riegel, Christine/Geisen, Thomas (Hg.): Jugend, Zugehörigkeit und Migration. Subjektpositionierung im Kontext von Jugendkultur, Ethnizität und Geschlechterkonstruktionen. Wiesbaden: VS Verlag für Sozialwissenschaften. S. 61-80.

Medvedev, Alexei (2011): (Interkulturelle) Elternkooperation am Übergang Schule – Beruf: Versuch einer Bestandsaufnahme. Hamburg. Online: https://www.foermig. uni-hamburg.de/pdf-dokumente/medvedev-elternarbeit-2011.pdf [zuletzt abgerufen am 15.12.2019].

Melter, Claus (2006): Rassismuserfahrungen in der Jugendhilfe. Eine empirische Studie zu Kommunikationspraxen in der Sozialen Arbeit. Münster et al.: Waxmann.

Merten, Moritz (2013): Die Positionierungen deutsch-türkischer Jugendlicher zwischen ethnisierenden Zuschreibungen und Alltagserfahrungen. Eine Kritik am dominanten Diskurs über Zugehörigkeit. In: Mecheril, Paul/Thomas-Oalde, Oscar/Melter, Claus/Arens, Susanne/Romaner, Elisabeth (Hg.): Migrationsforschung als Kritik? Spielräume kritischer Migrationsforschung. Wiesbaden: Springer VS. S. 227-242.

Messerschmidt, Astrid (2018): Alltagsrassismus und Rechtspopulismus. In: Gomolla, Mechtild/Kollender, Ellen/Menk, Marlene (Hg.): Rassismus und Rechtsextremismus in Deutschland. Figurationen und Interventionen in Gesellschaft und staatlichen Institutionen. Weinheim: Beltz. S. 80-92.

Meuser, Michael/Nagel, Ulrike (2009): Experteninterview und der Wandel der Wissensproduktion. In: Bogner, Alexander/Littig, Beate/Menz, Wolfgang (Hg.): Expertenterviews. Theorien, Methoden, Anwendungsfelder. Wiesbaden: VS Verlag für Sozialwissenschaften. S. 35-60.

Meuser, Michael/Nagel, Ulrike (2005): ExpertInneninterviews – vielfach erprobt, wenig bedacht. Ein Beitrag zur qualitativen Methodendiskussion. In: Bogner, Alexander/Littig, Beate/Menz, Wolfgang (Hg.): Das Experteninterview. Theorie, Methode, Anwendung. Wiesbaden: VS Verlag für Sozialwissenschaften. S. 71-93.

Mey, Günter (2000). Erzählungen in qualitativen Interviews: Konzepte, Probleme, soziale Konstruktionen. Sozialer Sinn. Zeitschrift für hermeneutische Sozialforschung 2000(1). S. 135-151.

Mezger, Erika/West, Klaus (Hg.) (2000): Aktivierender Sozialstaat und politisches Handeln. Marburg: Schüren.

Mezzadra, Sandro/Neilson, Brett (2008): Die Grenze als Methode, oder die Vervielfältigung der Arbeit. In: TRANSLATE/EICPCP (Hg.): Borders, Nations, Translations. Übersetzung einer globalisierten Welt. Wien: Turia + Kant. S. 113-128.

Miles, Robert (1991): Rassismus. Einführung in die Geschichte und Theorie des Begriffs. Hamburg: Argument Verlag.

Miller, Peter/Rose, Nikolas (2008): Governing the Present: Administering Economic, Social and Personal Life. Cambridge/Malden: Polity Press.

Miller, Peter/Rose, Nikolas (1994): Das ökonomische Leben regieren. In: Donzelot, Richard/Meuret, Denis/Miller, Peter/Rose, Nikolas (Hg.): Zur Genealogie der Regulation. Anschlüsse an Michel Foucault. Mainz: Decaton Verlag. S. 54-108.

Möller, Kurt/Grote, Janne/Nolde, Kai/Schuhmacher, Nils (2016): »Die kann ich nicht ab!«: Ablehnung, Diskriminierung und Gewalt bei Jugendlichen in der (Post-)Migrationsgesellschaft. Wiesbaden: Springer VS.

Morgenstern, Christine (2002): Rassismus – Konturen einer Ideologie. Einwanderung im politischen Diskurs der Bundesrepublik Deutschland. Hamburg: Argument.

Müller, Tim/Lokhande, Mohini (2017): Wider die Stereotypisierung: Bessere Schulleistung durch Selbstbestätigung. In: Berliner Institut für empirische Integrations- und Migrationsforschung/Forschungsbereich beim Sachverständigenrat deutscher Stiftungen für Integration und Migration. Berlin. S. 38-57.

Nauck, Bernhard (2000): Eltern-Kind-Beziehungen in Migrantenfamilien – ein Vergleich zwischen griechischen, italienischen, türkischen und vietnamesischen Familien in Deutschland. Survey intergenerative Beziehungen in Migrantenfamilien. In: Sachverständigenkommission 6. Familienbericht (Hg): Familien ausländischer Herkunft in Deutschland: Empirische Beiträge zur Familienentwicklung und Akkulturation. Materialien zum 6. Familienbericht. Band 1. Opladen: Leske + Budrich. S. 347-392.

Neave, Guy (1986): The All-Seeing Eye of the Prince in Western Europe. In: Moodie, Graeme C. (Hg.): Standards and Criteria in Higher Education. 22nd Annual conference. Papers. Guildford: Society for Research into Higher Education & NFER-Nelson. S. 157-170.

Neue Deutsche Organisationen (2017): Partizipation gestalten: Umdenken bei der Förderpolitik für Migrant*innenselbstorganisationen und Neuen Deutschen Organisationen. Berlin. Online: https://neuedeutsche.org/fileadmin/user_upload/PDFs/NDO_Policy_Brief_Foerderpolitik2017.pdf [zuletzt abgerufen am 15.12.2019].

Niedrig, Heike (2001): Exkurs: Die Staatliche Europa-Schule Berlin (SESB). In: Gogolin, Ingrid/Neumann, Ursula/Reuter, Lutz (Hg.): Schulbildung für Kinder aus Minderheiten in Deutschland 1989-1999. Münster et al.: Waxmann. S. 77-81.

Nohl, Arnd-Michael (2016): Dokumentarische Methode und die Interpretation öffentlicher Diskurse. In: Zeitschrift für Diskursforschung 2016(2). S. 115-136.

Nonhoff, Martin (Hg.) (2007): Diskurs – radikale Demokratie – Hegemonie. Bielefeld: transcript.

OECD – Organisation für wirtschaftliche Zusammenarbeit und Entwicklung (2017): Nach der Flucht: Der Weg in die Arbeit. Arbeitsmarkt-Integration von Geflüchteten in Deutschland. O.O.: OECD.

Olmedo, Antonio/Wilkins, Andrew (2016): Governing through parents: a genealogical enquiry of education policy and the construction of neoliberal subjectivities in England. In: Discourses: Studies in the Cultural Politics of Education 38(4). S. 573-589.

Oschmiansky, Frank (2003): Faule Arbeitslose? Zur Debatte über Arbeitsunwilligkeit und Leistungsmissbrauch. In: Bundeszentrale für politische Bildung (Hg.): Aus Politik und Zeitgeschichte 2003(6-7). Bonn. S. 10-16.

Ott, Marion/Wrana, Daniel (2014): Adressierung. In: Wrana, Daniel/Ziem, Alexander/Reisigl, Martin/Nonhoff, Martin/Angermüller, Johannes (Hg.): DiskursNetz. Wörterbuch der interdisziplinären Diskursforschung. Frankfurt a.M.: Suhrkamp. S. 19-20.

Ott, Marion/Wrana, Daniel (2010): Gouvernementalität diskursiver Praktiken. Zur Methodologie der Analyse von Machtverhältnissen am Beispiel einer Maßnahme zur Aktivierung von Erwerbslosen. In: Angermüller, Johannes/van Dyk, Silke (Hg.): Diskursanalyse meets Gouvernementalitätsforschung. Methodisch-methodologische Perspektiven zum Verhältnis von Subjekt, Sprache, Macht und Wissen. Frankfurt a.M.: Campus. S. 155-181.

Parreira do Amaral, Marcelo (2011): Emergenz eines Internationalen Bildungsregimes? International Educational Governance und Regimetheorie. Münster et al.: Waxmann.

Pêcheux, Michel (1988): Sind die Massen ein beseeltes Objekt. In: Kulturrevolution 17(18). S. 7-12.

Peck, Jamie/Tickell, Adam (1992): Local Modes of Social Regulation? Regulation Theory, Thatcherism and Uneven Development. In: Geoforum 23(3). S. 247-365.

Pieper, Marianne (2016): Assemblagen von Rassismus und Ableism. Selektive Inklusion und die Fluchtlinien affektiver Politiken in emergenten Assoziationen. In: Espahangizi, Kijan/Hess, Sabine/Karakayali, Juliane/Kasparek, Bernd/Pagano, Simona/Rodatz, Mathias/Tsianos, Vassilis S. (Hg.): Rassismus in der postmigrantischen Gesellschaft. Bielefeld: transcript. S. 91-116.

Pieper, Marianne/Panagiotidis, Efthimia/Tsianos, Vassilis (2011): Konjunkturen der egalitären Exklusion: Postliberaler Rassismus und verkörperte Erfahrung in der Prekarität. In: Pieper, Marianne/Atzert, Thomas/Karakayali, Serhat/Tsianos, Vassilis (Hg.): Biopolitik in der Debatte. Wiesbaden: VS Verlag für Sozialwissenschaften. S. 193-226.

Popkewitz, Thomas S. (Hg.) (2000): Educational knowledge: Changing relationships between state, civil society, and the educational community. Albany/New York: State Univerity of New York Press.

Pott, Andreas (2018): Migrationsregime und ihre Räume. In: Pott, Andreas/Rass, Christoph/Wolff, Frank (Hg.): Was ist ein Migrationsregime? What Is a Migration Regime? Wiesbaden: Springer VS. S. 107-135.

Pries, Ludger (2013): Was sind Migranten(selbst)organisationen?. In: Bundeszentrale für politische Bildung (Hg.): Kurzdossiers. Zuwanderung, Flucht und Asyl: aktuelle Themen. Migrantenselbstorganisationen. Online: www.bpb.de/gesellschaft/migration/kurzdossiers/158870/was-sind-migrantenselbstorganisationen [zuletzt abgerufen am 15.12.2019].

Prokla-Redaktion (2008): Gesellschaftstheorie nach Marx und Foucault. In: Prokla 151. Zeitschrift für kritische Sozialwissenschaft 38(2). S. 174-176.

Przyborski, Aglaja/Wohlrab-Sahr, Monika (2010): Qualitative Sozialforschung. Ein Arbeitsbuch. München: Oldenbourg Wissenschaftsverlag.

Quehl, Thomas (2015): Rassismuskritische und diversitätsbewusste Bildungsarbeit in der Schule. In: Leiprecht, Rudolf/Steinbach, Anja (Hg.): Schule in der Migrationsgesellschaft. Ein Handbuch. Bd. II. Schwalbach/Ts.: Debus. S. 179-206.

Quehl, Thomas (2005): Immer noch die Anderen? Ein rassismuskritischer Blick auf die Normalität schulischer Bildungsbenachteiligung. In: Broden, Anne/Mecheril, Paul (Hg.): Rassismus bildet. Bildungswissenschaftliche Beiträge zu Normalisierung und Subjektivierung in der Migrationsgesellschaft. Bielefeld: transcript. S. 183-208.

Quent, Matthias (2018): Rassismus als Fluchtpunkt der Dissonanzgesellschaft. Überlegungen zu den Entstehungen des NSU. In: Gomolla, Mechtild/Kollender, Ellen/Menk, Marlene (Hg.): Rassismus und Rechtsextremismus in Deutschland. Figurationen und Interventionen in Gesellschaft und staatlichen Institutionen. Weinheim: Beltz. S. 143-160.

Radtke, Frank-Olaf/Weiß, Manfred (Hg.) (2000): Schulautonomie, Wohlfahrtsstaat und Chancengleichheit. Ein Studienbuch. Opladen: Leske & Budrich.

Ralser, Michaela (2013): Die Bio-Politik der Migrationsregime und die Normalität des Rassismus. In: Mecheril, Paul/Thomas-Oalde, Oscar/Melter, Claus/Arens, Susanne/Romaner, Elisabeth (Hg.): Migrationsforschung als Kritik? Konturen einer Forschungsperspektive. Wiesbaden: Springer VS. S. 276-287.

Reay, Diane (2005): Mothers' involvement in their children's schooling: Social Reproduction in action. In: Crozier, Gill/Reay, Diane (Hg.): Activating Participating: Parents and Teachers Working Towards Partnership. Sterling: Stoke on Trent. S. 23-38.

Reckwitz, Andreas (2008a): Subjekt. Bielefeld: transcript.

Reckwitz, Andreas (2008b): Subjekt/Identität. Die Produktion und Subversion des Individuums. In: Moebius, Stephan/Reckwitz, Andreas (Hg.): Poststrukturalistische Sozialwissenschaften. Frankfurt a.M.: Suhrkamp. S. 75-92.

Reckwitz, Andreas (2006): Ernesto Laclau: Diskurse, Hegemonien, Antagonismen. In: Moebius, Stephan/Quadflieg, Dirk (Hg.): Kultur. Theorien der Gegenwart. Wiesbaden: VS Verlag für Sozialwissenschaften. S. 339-349.

Reifenröther, Elena/Ostrowski, Viktor (2015): Migrantenorganisationen als außerfamiliäre und außerschulische Lern- und Bildungsorte – das Beispiel deutsch-russischer Zusatzbildungszentren. In: Migration und Soziale Arbeit 37(2). S. 140-145.

Reisigl, Martin (2014): Institutioneller Diskurs. In: Wrana, Daniel/Ziem, Alexander/Reisigl, Martin/Nonhoff, Martin/Angermüller, Johannes (Hg.): DiskursNetz. Wörterbuch der interdisziplinären Diskursforschung. Frankfurt a.M.: Suhrkamp. S. 200-201.

Reimann, Bettina/Schuleri-Hartje, Ulla-Kristina (2005): Integration von Migrantinnen und Migranten im Stadtteil. In: Soziale Stadt info 2005(17). S. 2-7.

Richter, Martina (2008):Familien und Bildung.In: Böllert, Karin (Hg.): Von der Delegation zur Kooperation. Bildung in Familie, Schule, Kinder- und Jugendhilfe. Wiesbaden: VS Verlag für Sozialwissenschaften. S. 33-46.

Ricken, Norbert/Lehmann-Rommel, Roswitha (2004): Die Schule brennt!? Bildungsreform zwischen Machtpraktiken und pädagogischem Eigensinn. In: Forum Supervision 12(23). S. 15-33.

Riegel, Christine (2016): Bildung, Intersektionalität, Othering. Pädagogisches Handeln in widersprüchlichen Verhältnissen. Bielefeld: transcript.

Rieger-Ladich, Markus (2012): Judith Butlers Rede von Subjektivierung. Kleine Fallstudie zur »Arbeit am Begriff«. In: Ricken, Norbert/Balzer, Nicole (Hg.): Judith Butler: Pädagogische Lektüren. Wiesbaden: Springer VS. S. 57-73.

Robbins, Christopher G. (2004): Racism and the Authority of Neoliberalism. A Review of Three New Books on the Persistence of Racial Inequality on a Color-Blind Era. In: Journal for Critical Education Policy Studies 2 (2). S. 244-275.

Rodatz, Mathias (2012): Produktive »Parallelgesellschaften«. Migration und Ordnung in der (neoliberalen) »Stadt der Vielfalt«. In: Behemoth. A Journal on Civilisation 5(1). S. 70-103.

Ronneberger, Klaus/Tsianos, Vassilis (2009): Panische Räume. In: Hess, Sabine/Binder, Jana/Moser, Johannes (Hg.): No integration?! Kulturwissenschaftliche Beiträge zur Integrationsdebatte in Europa. Bielefeld: transcript. S. 137-152.

Rose, Nadine (2013): Gebildete Körper – Verkörperte Ordnungen. Subjektivierungen im Ausländer-Dispositiv. In: Wengler, Joannah Caborn/Hoffarth, Britta/Kumięga, Łukasz (Hg.): Verortungen des Dispositiv-Begriffs. Analytische Einsätze zu Raum, Bildung, Politik. Wiesbaden: Springer VS. S. 111-128.

Rose, Niklas (2000): Tod des Sozialen? Eine Neubestimmung der Grenzen des Regierens. In: Bröckling, Ulrich/Krasmann, Susanne/Lemke, Thomas (Hg.): Gouvernementalität der Gegenwart. Studien zur Ökonomisierung des Sozialen. Frankfurt a.M.: Suhrkamp. S. 72-109.

Rüesch, Peter (1999): Gute Schule im multikulturellen Umfeld. Zürich: Orell Füssli Verlag.

Saar, Martin (2007): Genealogie als Kritik. Geschichte und Theorie des Subjekts nach Nietzsche und Foucault. Frankfurt a.M.: Campus Verlag.

Sachverständigenkommission (2010): Familien ausländischer Herkunft in Deutschland: Empirische Beiträge zur Familienentwicklung und Akkulturation. Materialien zum 6. Familienbericht. Opladen: Leske + Budrich.

Said, Edward (2009): Orientalismus. Frankfurt a.M.: S. Fischer.

Sassen, Saskia (2016): Die Reichen möchten in der Stadt nicht belästigt werden. Sueddeutsche.de vom 05.06.2016. Online: https://www.sueddeutsche.de/kultur/wohnen-die-reichen-moechten-in-der-stadt-nicht-belaestigt-werden-1.3014658 [zuletzt abgerufen am 15.12.2019].

Sassen, Saskia (2014): The City: Today's Frontier Zone. In: Glocalism: Journal of Culture, Politics and Innovation. 2014(3).

Schäffter, Ortfried (2013): Inklusion und Exklusion aus relationaler Sicht – Eine grundlagentheoretische Auseinandersetzung mit gesellschaftlichen Inklusionsprozessen. In: Burtscher, Reinhard/Ditschek, Eduard Jan/Ackermann, Karl-Ernst/Kil, Monika/Kronauer, Martin (Hg.): Zugänge zu Inklusion. Erwachsenenbildung, Behindertenpädagogik und Soziologie im Dialog. Bielefeld: Bertelsmann. S. 53-64.

Scharathow, Wiebke (2015): Ich sehe was, was du nicht siehst... Rassismuserfahrungen in der Schule. In: Leiprecht, Rudolf/Steinbach, Anja (Hg.): Schule in der Migrationsgesellschaft. Ein Handbuch. Bd. II. Schwalbach/Ts.: Debus. S. 161-178.

Scharathow, Wiebke (2014): Risiken des Widerstandes: Jugendliche und ihre Rassismuserfahrungen. Bielefeld: transcript.

Scherr, Albert (2012): Diskriminierung. Wie Unterschiede und Benachteiligungen gesellschaftlich hergestellt werden. Wiesbaden: Springer VS.

Scherr, Albert (2006): Bildung. Dollinger, Bernd/Raithel, Jürgen (Hg.): Aktivierende Sozialpädagogik. Ein kritisches Glossar. Wiesbaden: VS Verlag für Sozialwissenschaften. S. 51-64.

Scherr, Albert/El-Mafaalani, Aladin/Yüksel, Emine Gökçen (Hg.) (2017): Handbuch Diskriminierung. Wiesbaden: Springer VS.

Scherschel, Karin (2016): Citizenship by work? Arbeitsmarktpolitik im Flüchtlingsschutz zwischen Öffnung und Selektion. In: Prokla 183 – Zeitschrift für kritische Sozialforschung 46(2). S. 245-266.

Schofield, Janet W./Alexander, Kira A. (2012): Stereotype Threat. Erwartungseffekte und organisatorische Differenzierung: Schulische Leistungsbarrieren und Ansätze zu ihrer Überwindung. In: Fürstenau, Sara/Gomolla, Mechtild (Hg.): Migration und schulischer Wandel: Leistungsbeurteilung. Wiesbaden: Springer VS. S. 65-87.

Schröder, Susanne (2014): Migrantenorganisationen in der kooperativen Elternarbeit: Potenziale, Strukturbedingungen, Entwicklungsmöglichkeiten. Berlin: Sachverständigenrat deutscher Stiftungen für Integration und Migration/Vodafone Stiftung Deutschland.

Schulz, Guido (2017): Aufwertung und Verdrängung in Berlin – Räumliche Analysen zur Messung von Gentrifizierung. Wiesbaden: Statistisches Bundesamt.

Schwendowius, Dorothee (2015): Bildung und Zugehörigkeit in der Migrationsgesellschaft. Biographien von Studierenden des Lehramts und der Pädagogik. Bielefeld: transcript.

Schwippert, Knut/Wendt, Heike/Tarelli, Irmela (2012): Lesekompetenzen von Schülerinnen und Schülern mit Migrationshintergrund. In: Bos, Wilfried/Tarelli, Irmela/Bremerich-Vos, Albert/Schwippert, Knut (Hg.): IGLU 2011. Lesekompetenzen von Grundschulkindern in Deutschland im internationalen Vergleich. Münster et al.: Waxmann. S. 191-208.

Seipp, Paul/Werner, Carl Artur (1996): Schulrecht. Ergänzbare Sammlung für Schule und Schulverwaltung in Landesausgaben. Ausgabe für das Land Berlin. Loseblattsammlung. Neuwied/Kriftel/Berlin: Luchterhand.

Shooman, Yasemin (2014): »...weil ihre Kultur so ist«. Narrative des antimuslimischen Rassismus. Bielefeld: transcript.

Simmel, Georg (1992): Der Arme. In: Simmel, Georg (Hg.): Soziologie. Untersuchungen über die Formen der Vergesellschaftung. Georg-Simmel-Gesamtausgabe Band 11. Frankfurt a.M.: Suhrkamp. S. 512-555.

Söhn, Janina (2012): Rechtliche Stratifikation: Der Einfluss des Rechtsstatus auf Bildungsunterschiede zwischen Migrantengruppen. In: Becker, Rolf/Solga, Heike (Hg.): Soziologische Bildungsforschung. Sonderband 52 der Kölner Zeitschrift für Soziologie und Sozialpsychologie. Wiesbaden: Springer VS. S. 164-158.

Solomos, John (2002): Making sense of Racism: Aktuelle Debatten und politische Realitäten. In: Demirović, Alex/Bojadžijev, Manuela (Hg.): Konjunkturen des Rassismus. Münster: Westfälisches Dampfboot. S. 157-172.

Späte, Katrin/Tuider, Elisabeth (2004): Praktisch eingeschränkte Perspektiven?: Eine kritische Diskussion geschlechtertheoretischer Implikationen in Gender Mainstreaming und Diversity Management. In: Sozialwissenschaften und Berufspraxis 27(4). S. 353-366.

Spivak, Gayatri Chakravorty (1985): The Rani of Sirmur: an essay in reading the archives. In: History and Theory 24(3). S. 247-272.

Stäheli, Urs (2000): Poststrukturalistische Soziologien. Bielefeld: transcript.

Stanat, Petra/Rauch, Dominique/Segeritz, Michael (2010): Schülerinnen und Schüler mit Migrationshintergrund. In: Klieme, Eckhardt/Artelt, Cordula/Hartig, Johannes/Jude, Nina/Köller, Olaf/Prenzel, Manfred/Schneider, Wolfgang/Stanat, Petra (Hg.): PISA 2009. Bilanz nach einem Jahrzehnt. Münster et al.: Waxmann. S. 199-276.

Stanat, Petra/Schwippert, Knut/Gröhlich, Carola (2010): Der Einfluss des Migrantenanteils in Schulklassen auf den Kompetenzerwerb. Längsschnittliche Überprüfung eines umstrittenen Effekts. In: Allemann-Ghionda, Cristina/Stanat, Petra/Göbel, Kerstin/Röhner, Charlotte (Hg.): Migration, Identität, Sprache und Bildungserfolg. Zeitschrift für Pädagogik. Beiheft 55. Weinheim et al.: Beltz. S. 147-164.

Statistisches Bundesamt (2019): Fachserie 1. Reihe 2.2. Bevölkerung und Erwerbstätigkeit. Bevölkerung mit Migrationshintergrund. Ergebnisse des Mikrozensus 2018. Wiesbaden: Statistisches Bundesamt.

Statistisches Bundesamt (2016): Sonderauswertung zum Anteil der Schulabgänger mit und ohne Migrationshintergrund, die ein Abitur erwerben (2004-2013). Wiesbaden: Statistisches Bundesamt.

Stehr, Johannes (2007): Normierungs- und Normalisierungsschübe – Zur Aktualität des Foucaultschen Disziplinbegriffs. In: Anhorn, Roland/Bettinger, Frank/Stehr, Johannes (Hg.): Foucaults Machtanalytik und Soziale Arbeit. Eine kritische Einführung und Bestandsaufnahme. Wiesbaden: VS Verlag für Sozialwissenschaften. S. 29-40.

Strauss, Anselm (1998): Grundlagen qualitativer Sozialforschung. München: Fink.

Tacke, Veronika (2005): Schulreform als aktive Deprofessionalisierung?. In: Klatetzki, Thomas/Tacke, Veronika (Hg.): Organisation und Profession. Wiesbaden: VS Verlag für Sozialwissenschaften. S. 165-199.

Taguieff, Pierre-André (1987): La force du préjugé: essai sur le racisme et ses doubles. Paris: Gallimard.

Terkessidis, Mark (2004): Die Banalität des Rassismus: Migranten zweiter Generation entwickeln eine neue Perspektive. Bielefeld: transcript.

Thieme, Nina (2013): Bildungsgerechtigkeit als Chancengleichheit oder jenseits von Chancengleichheit? Ein Ansatz zur empirischen Untersuchung von Bildungsgerechtigkeitskonzeptionen schul- und sozialpädagogischer Professioneller in ganztägigen Arrangements. In: Dietrich, Fabian/Heinrich, Martin/Thieme, Nina (Hg.): Bildungsgerechtigkeit jenseits von Chancengleichheit. Theoretische und empirische Ergänzungen und Alternativen zu ›PISA‹. Wiesbaden: Springer VS. S. 159-180.

Thränhardt, Dietrich (2005): Spanische Einwanderer schaffen Bildungskapital: Selbsthilfe-Netzwerke und Integrationserfolg in Europa. In: Weiss, Karin/Thränhardt, Dietrich (Hg.): SelbstHilfe. Wie Migranten Netzwerke knüpfen und soziales Kapital schaffen. Freiburg: Lambertus. S. 93-111.

Thrupp, Martin/Hursh, David (2006): The Limits of Managerialist School Reform: The Case of Target-Setting in England and the USA. In: Lauder, Hugh/Brown, Phillip/Dillabough, Jo-Ann/Halsey, A., H. (Hg.): Education, Globalization & Social Change. Oxford: Oxford University Press. S. 642-653.

Topaç, Fadime (1993): Nachzug von Frauen aus der Türkei. In: Berliner Geschichtswerkstatt e.V. (Hg.): »... da sind wir keine Ausländer mehr«. Eingewanderte ArbeiterInnen in Berlin 1961-1993. Berlin: Berliner Geschichtswerkstatt e.V. S. 80-86.

Tribunal »NSU-Komplex auflösen« (2017): Wir klagen an! Anklage des Tribunals »NSU-Komplex auflösen« – 17.-21. Mai 2017 – Köln-Mülheim. Köln: Lückenlos e.V.

Trube, Achim (2003): Vom Wohlfahrtsstaat zum Workfarestate – Sozialpolitik zwischen Neujustierung und Umstrukturierung. In: Dahme, Hans-Joachim (Hg.): Soziale Arbeit für den aktivierenden Staat. Opladen: Leske + Budrich. S. 177-203.

Truschkat, Inga (2007): Kompetenzdiskurs und Bewerbungsgespräche. Eine Dispositivanalyse (neuer) Rationalitäten sozialer Differenzierungen. Wiesbaden: VS Verlag für Sozialwissenschaften.

Tsiakalos, Georgios (1983). Ausländerfeindlichkeit – Tatsachen und Erklärungsversuche. München: C.H. Beck.

Uçan, Meryem (2015): Keine Barrierefreiheit: Migranteneltern und Schule. In: Schiffauer, Werner: Schule, Moschee, Elternhaus. Eine ethnologische Intervention. Berlin: Suhrkamp. S. 50-87.

van Dyk, Sylvia (2014): »Zur method(olog)ischen Systematisierung der sozialwissenschaftlichen Diskursforschung. Herausforderung, Gratwanderung, Kontroverse«. Eine Debatte mit Robert Feustel, Reiner Keller, Dominik Schrage, Juliette Wedl und Daniel Wrana. Konzept, Moderation und Regie: Silke van Dyk. In: Angermüller, Johannes/Nonhoff, Martin/Herschinger, Eva/Macgilchrist, Felicitas/Reisigl, Martin/Wedl, Juliette/Wrana, Daniel/Ziem, Alexander (Hg.): Diskursforschung. Ein interdisziplinäres Handbuch. Band 1: Theorien, Methodologien und Kontroversen. Bielefeld: transcript. S. 482-506.

Vasilyeva, Larisa (2013): Zum Merkmal der »nichtdeutschen Herkunftssprache« (ndH) in der schulischen Sprachförderung im Land Berlin. Masterarbeit. Universität Potsdam. Online: https://publishup.uni-potsdam.de/frontdoor/index/index/docId/6818 [zuletzt abgerufen am 15.12.2019].

Velho, Astride (2015): Rassismus erfahren: Prozesse der Subjektbildung – Potenziale der Transformation. Frankfurt a.M.: Peter Lang.

Vieth-Entus, Susanne (2017): Berliner Schulen: Für Flüchtlinge ist in Regelklassen oft kein Platz. Tagesspiegel.de vom 29.11.2017. Online: https://www.tagesspiegel.de/berlin/berliner-schulen-fuer-fluechtlinge-ist-in-regelklassen-oft-kein-platz/20643118.html [zuletzt abgerufen am 15.12.2019].

Vincent, Carol (2017): ›The children have only got one education and you have to make sure it's a good one‹: parenting and parental-school relations in a neoliberal age. In: Gender and Education. 29(5). S. 541-557.

Vincent, Carol/Maxwell, Claire (2016): Parenting priorities and pressures: furthering understanding of ›concerted cultivation‹. In: Discourse: Studies in the Cultural Politics of Education 37(2). S. 269-281.

Vincent, Carol/Rollock, Nicola/Ball, Stephan/Gillborn, David (2012): Intersectional Work and Precarious Positionings: Black Middle-class Parents and Their Encounters with Schools in England. In: International Studies in Sociology of Education 22(3). S. 259-276.

Vogt, Sylvia/Vieth-Entus, Susanne (2014): Bildung in Berlin. Millionen für Brennpunktschulen könnten verfallen. Der Tagesspiegel vom 11.10.2014.

von Bandemer, Stephan/Hilbert, Josef (1998): Vom expandierenden zum aktivierenden Staat. In: Blande, Bernhard/von Bandemer, Stephan/Nullmeier, Frank/Wewer, Göttrik (Hg.): Handbuch zur Verwaltungsreform. Opladen: Leske + Budrich. S. 25-32.

VVN/BdA – Vereinigung der Verfolgten des Naziregimes/Bund der Antifaschistinnen und Antifaschisten, Kreisverband Augsburg (2007): Staatsbürgerschaftsrecht in Deutschland – eine Übersicht über die letzten 100 Jahre. Online: www.vvn-augsburg.de/1a_jahrestage/texte/staatsbuergerschaftsrecht2007.pdf [zuletzt abgerufen am 15.12.2019].

Wacquant, Loïc (2011): Die neoliberale Staatskunst: Workfare, Prisonfare und soziale Unsicherheit. In: Dollinger, Bernd/Schmidt-Semisch, Henning (Hg.); Gerechte Ausgrenzung? Wiesbaden: VS Verlag für Sozialwissenschaften. S. 77-109.

Wacquant, Loïc (2007): Territorial Stigmatization in the Age of Advanced Marginality. In: Thesis Eleven 91(1). S. 66-77.

Wacquant, Loïc (2006): Das Janusgesicht des Ghettos und andere Essays. Basel/Boston/Berlin: Birkhäuser.

Walgenbach, Katharina (2012a): Intersektionalität – eine Einführung. Portal Intersektionalität. Forschungsplattform und Praxisforum für Intersektionalität und Interdependenzen. Online: http://portal-intersektionalitaet.de/theoriebildung/ueberblickstexte/walgenbach-einfuehrung/ [zuletzt abgerufen am 15.12.2019].

Walgenbach, Katharina (2012b): Intersektionalität als Analyseperspektive heterogener Stadträume. In: Scambor, Elli/Zimmer, Fränk (Hg.): Die intersektionelle Stadt. Geschlechterforschung und Medien an den Achsen der Ungleichheit. Bielefeld: transcript.

Wallerstein, Immanuel (1988): Ideologische Spannungsverhältnisse im Kapitalismus: Universalismus vs. Sexismus und Rassismus. In: Balibar, Étienne/Wallerstein, Immanuel: Ambivalente Identitäten. Hamburg: Argument. S. 39-49.

Waterstradt, Désirée (2015): Prozess-Soziologie der Elternschaft. Nationsbildung, Figurationsideale und generative Machtarchitektur in Deutschland. Münster: Monsenstein und Vannerdat.

Weber, Martina (2003): Heterogenität im Schulalltag. Konstruktion ethnischer und geschlechtlicher Unterschiede. Opladen: Leske + Budrich.

Weiss, Karin (2014): Migrantenorganisationen als Motoren der Integrationsarbeit. In: Maschke, Britta/Brinkmann, Heinz Ulrich (Hg.): Handbuch Migrationsarbeit. Wiesbaden: Springer VS. S. 93-104.

Wengeler, Martin (o.J.): Theoretische Begründung und Herleitung der »Topoi«. Philosophische Fakultät der Universität Düsseldorf. Online: www.phil-fak.uni-duesseldorf.de/germ1/migration/ toposdef.html [zuletzt abgerufen am 15.12.2019].

Wengeler, Martin (2003): Topos und Diskurs: Begründung einer argumentationsanalytischen Methode und ihre Anwendung auf den Migrationsdiskurs (1960-1985). Tübingen: De Gruyter.

Wenning, Norbert (2007): Heterogenität als Dilemma für Bildungseinrichtungen. In: Boller, Sebasti- an/Rosowski, Elke/Stroot, Thea (Hg.): Heterogenität in Schule und Unterricht. Handlungsansätze zum pädagogischen Umgang mit Vielfalt. Weinheim/Basel: Beltz. S. 21-31.

Wiezorek, Christine/Pardo-Puhlmann, Margaret (2013): Armut, Bildungsferne, Erziehungsunfähigkeit. Zur Reproduktion sozialer Ungleichheit in pädagogischen Normalitätsvorstellungen. In: Dietrich, Fabian/Heinrich, Martin/Thieme, Nina (Hg.): Bildungsgerechtigkeit jenseits von Chancengleichheit. Theoretische und empirische Ergänzungen und Alternativen zu ›PISA‹. Wiesbaden: Springer VS. S. 197-214.

Wildner, Kathrin (2012): Transnationale Urbanität. In: Frank, Eckhardt (Hg.): Handbuch Stadtsoziologie. Wiesbaden: Springer VS. S. 213-230.

Winkler, Manfred (2004): PISA und die Sozialpädagogik. In: Otto, Hans-Uwe/Rauschenbach, Thomas (Hg.): Die andere Seite der Bildung. Wiesbaden: Springer. S. 61-80.

Witzel, Andreas (2000): Das problemzentrierte Interview. Forum Qualitative Sozialforschung. In: Forum: Qualitative Social Research 1(1). Art. 22. Online: http://nbn-resolving.de/urn:nbn:de:0114-fqs0001228 [zuletzt abgerufen am 15.12.2019].

Wodak, Ruth (1987): Kommunikation in Institutionen. In: Ammon, Ulrich/Dittmar, Norbert/Mattheier, Klaus J./Trudgill, Peter (Hg.): Soziolinguistik. Ein internationales Handbuch zur Wissenschaft von Sprache und Gesellschaft. Berlin/New York: de Gruyter. S. 799-820.

Wodak, Ruth/de Cillia, Rudolf/Reisigl, Martin/Liebhart, Karin/Hofstätter, Klaus/Kargl, Maria (1998): Zur diskursiven Konstruktion nationaler Identität. Frankfurt a.M.: Suhrkamp.

Worbs, Susanne (2008): Die Einbürgerung von Ausländern in Deutschland. Working Paper 17 der Forschungsgruppe des Bundesamtes für Migration und Flüchtlinge. Nürnberg.

Zamora, Daniel/Behrent, Michael C. (Hg.) (2015): Foucault and Neoliberalism. Cambridge/Malden: Polity Press.

Zinnecker, Jürgen (Hg.) (1975): Der heimliche Lehrplan. Weinheim/Basel: Beltz.

Dokumentenverzeichnis

Abgeordnetenhaus von Berlin (2019a): Schriftliche Anfrage des Abgeordneten Joschka Langenbrinck (SPD) vom 15. August 2019 zum Thema: Entwicklung der Schulabschlüsse in den Bezirken im Schuljahr 2017/18 und Antwort vom 06. September 2019. Drucksache 18/20600.

Abgeordnetenhaus von Berlin (2019b): Landesantidiskriminierungsgesetz (LADG). Drucksache 18/1996.

Abgeordnetenhaus von Berlin (2018): Schriftliche Anfrage des Abgeordneten Sebastian Walter (GRÜNE) vom 19. Oktober 2018 zum Thema: Diskriminierung von Schüler*innen an Berliner Schulen und Antwort vom 07.November 2018. Drucksache 18/16794.

Abgeordnetenhaus von Berlin (2017): Schriftliche Anfrage der Abgeordneten Regina Kittler und Niklas Schrader (Linke) vom 09. Januar 2017 und Antwort: Verfassungsschutz als Bildungsträger!? Veranstaltungen im Jahr 2016. Schriftliche Anfrage. Drucksache 18/10216.

Abgeordnetenhaus von Berlin (2016a): 17. Wahlperiode, 104. Sitzung vom 23. März 2016, Plenarprotokoll.

Abgeordnetenhaus von Berlin (2016b): Schriftliche Anfrage der Abgeordneten Hakan Taş und Regina Kittler (Linke) vom 04. Januar 2016 und Antwort: Verfassungsschutz als Bildungsträger!? Veranstaltungen im Jahr 2015. Schriftliche Anfrage. Drucksache 17/17658.

Abgeordnetenhaus von Berlin (2016c): Schriftliche Anfrage der Abgeordneten Susanne Graf (PIRATEN) vom 5. April 2017 und Antwort: Mieterhöhungen und Mietvertragskündigungen bei Berliner Kitas – Wie schützt der Senat die Kleinsten vor der Verdrängung aus dem Sozialraum? II – Nachfragen zur Schriftlichen Anfrage 17/18156. Drucksache 17/18327.

Abgeordnetenhaus von Berlin (2015a): Schriftliche Anfrage des Abgeordneten Hakan Taş (Linke) vom 04. August 2015 und Antwort: Arbeitsgebiete Integration und Migration (AGIM) der Berliner Polizei. Schriftliche Anfrage. Drucksache 17/16736.

Abgeordnetenhaus von Berlin (2015b): Schriftliche Anfrage des Abgeordneten Hakan Taş (Linke) vom 16. September 2015 und Antwort: Arbeitsgebiete Integration und Migration (AGIM) der Berliner Polizei (II). Schriftliche Anfrage. Drucksache 17/17026.

Abgeordnetenhaus von Berlin (2005): Ein Integrationskonzept für Berlin – Antrag vom 02.05.2005 SPD, PDS (Drucksache 15/3929) – Mitteilung zur Kenntnisnahme (Folgedokument) vom 23.08.2005. Drucksache 15/4208.

Abgeordnetenhaus von Berlin (2004a): 15. Wahlperiode, 60. Sitzung vom 25.11.2004, Plenarprotokoll.

Abgeordnetenhaus von Berlin (2004b): Vorlage – zur Beschlussfassung: Schulgesetz für das Land Berlin. 15. Wahlperiode. Drucksache 15/1842.

Abgeordnetenhaus von Berlin (1999): 13. Wahlperiode, 57. Sitzung vom 14.01.1999, Plenarprotokoll.

Abgeordnetenhaus von Berlin (1998): 13. Wahlperiode, 47. Sitzung vom 25.06.1998, Plenarprotokoll.

Abgeordnetenhaus von Berlin (1994): Dr. 12/3946: Bericht zur Integrations- und Ausländerpolitik. Mitteilung zur Kenntnisnahme (Folgedokument) vom 03.03.1994.

Amt für Statistik Berlin-Brandenburg (2017a): Regionaler Sozialbericht Berlin und Brandenburg 2017. Potsdam: Amt für Statistik Berlin-Brandenburg.

Amt für Statistik Berlin-Brandenburg (2017b): Statistischer Bericht. Einwohnerinnen und Einwohner im Land Berlin am 30. Juni 2017. Grunddaten. Berlin.

Autorengruppe Regionale Bildungsberichterstattung Berlin-Brandenburg (Hg.) (2008): Bildung in Berlin und Brandenburg 2008. Ein indikatorengestützter Bericht zur Bildung im Lebenslauf. o.O.

AWO Landesverband Berlin e.V. (2014): Zur Einführung eines Bußgeldes gegen Erziehungsberechtigte, die nicht an der Sprachstandsfeststellung mitwirken (SchulG § 126) im vorliegenden Schulgesetzentwurf. Anhörung im Ausschuss für Jugend, Bildung und Familie am 13.2.2014. Berlin. Online: https://www.parlament-berlin.de/ados/17/BildJugFam/vorgang/bjf17-0154-st-awo.pdf [zuletzt abgerufen am 15.12.2019].

Bachner, Frank/Heine, Hannes (2016): Organisierte Kriminalität in Berlin: Tatort Neukölln – was tun Politik und Polizei. Der Tagesspiegel vom 25.10.2016. Online: www.tagesspiegel.de/politik/organisierte-kriminalitaet-in-berlin-tatort-neukoelln-was-tun-politik-und-polizei/14732620.html [zuletzt abgerufen am 15.12.2019].

BAMF – Bundesamt für Migration und Flüchtlinge (Hg.) (2015): Konzept für einen bundesweiten Frauen- bzw. Elternintegrationskurs. Überarbeitete Neuauflage – April 2015. Nürnberg.

BAMF – Bundesamt für Migration und Flüchtlinge (2014): Berlin: »Stadtteilmütter und Stadtteilväter«. Integrationsprojekt des Monats Januar. Nürnberg. Online: https://www.bamf.de/SharedDocs/Projekte/DE/ProjekteDesMonats/20140120_januar_projekt-des-monats.html [zuletzt abgerufen am 15.12.2019].

BAMF – Bundesamt für Migration und Flüchtlinge (2010): Das Bundesamt informiert: Zahlen, Daten und Fakten zu den Integrationskursen. Online: www.bamf.de/SharedDocs/Pressemitteilungen/DE/2010/100928-0017-pressemitteilung-ik-zahlen.html [zuletzt abgerufen am 15.12.2019].

BAMF – Bundesamt für Migration und Flüchtlinge (2008): Motor der Netzwerkarbeit – die Polizei Berlin. Arbeitsgebiet Integration und Migration der Berliner Polizeidirektion 5 (AGIM). Nürnberg. Online: www.bamf.de/DE/DasBAMF/-

Clearingstelle/Projekte/projekte-detailansicht-node.html?projectDataId=944&sort-String=%2Baudience [zuletzt abgerufen am 15.12.2019].

Baumert, Jürgen/Harnischfeger, Wolfgang/Hübner, Peter/Nowak, Wolfgang/Stryck, Tom (1999): Kommission »Berliner Bildungsdialog« der SPD-Fraktion im Abgeordnetenhaus von Berlin: Schule in Berlin. Systemmerkmale – Problemzonen – Handlungsbedarf. Berlin: Max-Planck-Institut für Bildungsforschung.

Beauftragte des Berliner Senats für Integration und Migration (2012a): Vielfalt fördern – Zusammenhalt stärken. Bericht zur Umsetzung des Integrationskonzepts 2007 für den Zeitraum 2009 bis September 2011. Berlin: Beauftragte des Berliner Senats für Integration und Migration.

Beauftragte des Berliner Senats für Integration und Migration (2012b): Integrationspolitik in Berlin 2003-2012 – ein Rückblick. Berlin: Beauftragte des Berliner Senats für Integration und Migration.

Beauftragte des Berliner Senats für Integration und Migration (2010): Der schwierige Weg palästinensischer Flüchtlinge in die Berliner Gesellschaft. In: Ders.: Berlin international. Newsletter des Integrationsbeauftragten 11/10(74). Berlin: Beauftragte des Berliner Senats für Integration und Migration. S. 7-11.

Beauftragte des Berliner Senats für Integration und Migration (2009): Arbeit, Bildung, Chancengleichheit. Das ABC der Berliner Integrationspolitik. Berlin: Beauftragte des Berliner Senats für Integration und Migration.

Beauftragte des Berliner Senats für Integration und Migration (2008): Die Berliner Landeskonzeption gegen Rechtsextremismus, Rassismus und Antisemitismus. Berlin: Beauftragte des Berliner Senats für Integration und Migration.

Beauftragte des Berliner Senats für Integration und Migration (2007): Migrantenorganisationen – starke Partner der Berliner Schulen. Pressemitteilung vom 27.02.2007. Berlin: Beauftragte des Berliner Senats für Integration und Migration.

Beauftragte des Berliner Senats für Integration und Migration (2005): Vielfalt fördern – Zusammenhalt stärken. Das Integrationskonzept für Berlin: Beauftragte des Berliner Senats für Integration und Migration.

Beauftragte des Berliner Senats für Integration und Migration (2004): Integrationspolitische Schwerpunkte 2003-2005. Berlin: Beauftragte des Berliner Senats für Integration und Migration.

Berliner Netzwerk gegen Diskriminierung in Schule und Kita (2016): Diskriminierungen in Schulen und Kitas. Empfehlungen für eine wirksame Informations- und Beschwerdestelle in Berlin. Positionspapier des Berliner Netzwerk gegen Diskriminierung in Schule und Kita (BeNeDisk). Kurz und bündig – Factsheet. Berlin. Online: www.benedisk.de/wp-content/uploads/2016/03/2016_Factsheet-Empehl-Beschwerdest-Diskriminierung-Schule-Kita-Berlin_F_web.pdf [zuletzt abgerufen am 15.12.2019].

Berliner Volkshochschulen (2015): Elternkurs – Curriculum. Lernziele und Themen für den schul-, ausbildungs- und berufsbezogenen Unterrichtsschwerpunkt in den Deutschkursen der Berliner Volkshochschulen für Eltern/Mütter in Grundschulen und Kitas. Berlin.

Berliner Zeitung (2017): Große Sicherheits-Debatte: Innen-Experten:»Es gibt Angsträume, wo sich viele nachts nicht hintrauen«. Berliner Zeitung vom 28.10.2017.

BerlinOnline (2016): AfD-Spitzenkandidat Georg Pazderski spricht im Interview über Flüchtlinge, den Islam und über seine mögliche Zukunft im Bundestag – Wahlen zum Abgeordnetenhaus 2016. Berlin. Online: https://www.berlinonline.de/mitte/nachrichten/4567840-4015813-afdspitzenkandidat-georg-pazderski-spric.html [zuletzt abgerufen am 15.12.2019].

Beug, Sebastian (2018): »No-go-Areas« – Kritik an Müller: Wo es in Berlin nachts am gefährlichsten ist. Berliner Zeitung vom 20.04.2018. Online: https://www.bz-berlin.de/berlin/wo-es-in-berlin-nachts-am-gefaehrlichsten-ist [zuletzt abgerufen am 15.12.2019].

Bezirksamt Friedrichshain-Kreuzberg (2016): Kippt der Kotti? Podiumsdiskussion am Donnerstag, den 10.3.2016. 19.30 Uhr. Pressemitteilung Nr. 19 vom 01.03.2016. Online: https://www.berlin.de/ba-friedrichshain-kreuzberg/aktuelles/pressemitteilungen/2016/pressemitteilung.453284.php [zuletzt abgerufen am 15.12.2019].

Bezirksamt Friedrichshain-Kreuzberg (2012): Schulentwicklungsplan 2012-2016 Bezirk Friedrichshain-Kreuzberg. Berlin: Bezirksamt Friedrichshain-Kreuzberg von Berlin.

Bezirksamt Neukölln (2016): Neuköllner Handlungskonzept. Prävention und Intervention bei Kinder- und Jugendkriminalität. Berlin: Bezirksamt Neukölln.

Bezirksamt Neukölln (2015a): Schulentwicklungsplan Neukölln. 2015 – 2019. Berlin: Bezirksamt Neukölln.

Bezirksamt Neukölln (2015b): Stadtteilmütter in Neukölln. Online: https://www.berlin.de/ba-neukoelln/politik-und-verwaltung/quartiers-management/aktionsraum-nord-neukoelln/stadtteilmuetter-in-neukoelln-510410.php [zuletzt abgerufen am 15.12.2019].

Bezirksamt Neukölln (2010): Integrationsprojekte in Neukölln. Stand: Dezember 2010. Berlin: Bezirksamt Neukölln von Berlin.

Bezirksamt Neukölln (2009): Integrationspolitik in Neukölln. Berlin: Bezirksamt Neukölln.

Bezirksamt Neukölln (2008): Veranstaltung der Berliner Polizei im Rathaus Schöneberg »Netzwerkarbeit und interkulturelle Öffnung« am 10.09.2008. Berlin: Bezirksamt Neukölln.

Bildungskommission der Länder Berlin und Brandenburg (2003): Bildung und Schule in Berlin und Brandenburg – Herausforderungen und gemeinsame Entwicklungsperspektiven. Berlin/Potsdam: Bildungskommission der Länder Berlin und Brandenburg.

BMAS – Bundesministerium für Arbeit und Soziales (2012): »Bürgerarbeit ist konsequentes Fördern und Fordern«. Pressemitteilung vom 1.10.2012. Online: www.zukunft–der–arbeit.de/bmas-buergerarbeit-30000programm2010.pdfwww.taz.de/fileadmin/static/pdf/Berlin_Mietpreise_Trends_2007_2010.pdf. [zuletzt abgerufen am 15.12.2019].

BMAS – Bundesministerium für Arbeit und Soziales (o.J.): Das neue Integrationsgesetz. Online: https://kulturelle-integration.de/wp-content/uploads/2017/01/Hintergrundpapier-zum-Integrationsgesetz.pdf [zuletzt abgerufen am 15.12.2019].

BMFSFJ – Bundesministerium für Familien, Senioren, Frauen und Jugend (2017): Gelebte Vielfalt: Familien mit Migrationshintergrund in Deutschland. Berlin: BMFSFJ.

BMFSFJ – Bundesministerium für Familie, Senioren, Frauen und Jugend (Hg.) (2000): 6. Familienbericht. Familien ausländischer Herkunft in Deutschland: Leistungen, Belastungen, Herausforderungen. Berlin: BMFSFJ.

BMFSFJ – Bundesministerium für Familie, Senioren, Frauen und Jugend (o.J.): Stark im Beruf. Das Programm. Berlin. Online: www.starkimberuf.de/stark-im-beruf/das-programm/ [zuletzt abgerufen am 15.12.2019].

Bundesregierung (2017): Antwort der Bunderegierung auf die Große Anfrage der Abgeordneten Caren Lay, Herbert Behrens, Karin Binder, weiterer Abgeordneter und der Fraktion DIE LINKE: Sozialer Wohnungsbau in Deutschland – Entwicklung, Bestand, Perspektive. Drucksache 18/8855. Berlin. Deutscher Bundestag.

Bundesregierung (2016): Meseberger Erklärung zur Integration. Berlin.

Bundesregierung (2007): Der Nationale Integrationsplan. Neue Wege – Neue Chancen. Berlin.

Bundesverfassungsgericht (2015): Ein pauschales Kopftuchverbot für Lehrkräfte in staatlichen Schulen ist mit der Verfassung nicht vereinbar. Pressemitteilung Nr. 14/2015 vom 13. März 2015. Online: https://www.bundesverfassungsgericht.de/SharedDocs/Pressemitteilungen/DE/2015/bvg15-014.html [zuletzt abgerufen am 15.12.2019].

Charta der Vielfalt e.V. (2017): Charta der Vielfalt. Für Diversität in der Arbeitswelt. Online: https://www.charta-der-vielfalt.de/die-charta/[zuletzt abgerufen am 15.12.2019].

Çinar, Safter (2010): Das Partizipations- und Integrationsgesetz für Berlin. In: Heimatkunde. Migrationspolitisches Portal. Berlin: Heinrich-Böll-Stiftung. Online: https://heimatkunde.boell.de/2010/10/01/das-partizipations-und-integrationsgesetz-fuer-berlin [zuletzt abgerufen am 15.12.2019].

Der Polizeipräsent in Berlin (2019): Kriminalitätsatlas Berlin. Bezirke. Straftaten insgesamt (HZ 2018). https://www.kriminalitaetsatlas.berlin.de/K-Atlas/bezirke/atlasbez.html [Zugriff: 8.09.2019].

Der Polizeipräsident in Berlin (2018): Kriminalitätsbelastete Orte in Berlin. Online: https://www.berlin.de/polizei/polizeimeldungen/fakten-hintergruende/artikel.597950.php [zuletzt abgerufen am 15.12.2019].

Der Regierende Bürgermeister von Berlin (2017): Berliner Präventions- und Sicherheitspaket. Pressemitteilung vom 10.01.2017. Berlin. Online: www.berlin.de/rbmskzl/aktuelles/pressemitteilungen/2017/pressemitteilung.549276.php [zuletzt abgerufen am 15.12.2019].

Der Regierende Bürgermeister von Berlin (Hg. 1978): Bericht zur Lage der Ausländer in Berlin. Berlin.

Der Regierende Bürgermeister von Berlin (Hg. 1972): Eingliederung der ausländischen Arbeitnehmer und ihrer Familien. Abschlussbericht. Berlin.

DGB Bundesvorstand (2010): »Bürgerarbeit« – öffentlich geförderte Beschäftigung oder Pflichtarbeit? In: arbeitsmarktaktuell 2010(3). Berlin: DGB Bundesvorstand.

dpa – Deutsche Presse-Agentur (2018): Neuköllns Bürgermeister über Clans: »Viele sind nie in unserem Kulturkreis angekommen«. Berliner Zeitung vom 21.07.2018.

EMN/BAMF – Europäisches Migrationsnetzwerk/Bundesamt für Migration und Flüchtlinge (2018): Migration, Integration, Asyl. Politische Entwicklungen in

Deutschland 2017. Jährlicher Bericht der deutschen nationalen Kontaktstelle für das Europäische Migrationsnetzwerk (EMN). Nürnberg: Bundesamt für Migration und Flüchtlinge.

Friedrich, Sebastian (2014): Gemein, gefährlich, gesetzlos: Berlin-Neukölln im Spiegel der Medien. In: migazin.de. Online: www.migazin.de/2014/11/14/berlin-neukoelln-im-spiegel-der-medien/ [zuletzt abgerufen am 15.12.2019].

Hasselmann, Jörn (2015): Berlin-Kreuzberg. Migrationszentrum Allmende am Freitag friedlich geräumt. Der Tagesspiegel vom 27.03.2015. Online: www.tagesspiegel.de/berlin/polizei-justiz/berlin-kreuzberg-migrationszentrum-allmende-am-freitag-friedlich-geraeumt/11565258.html [zuletzt abgerufen am 15.12.2019].

Helle Panke e.V. (2010): Das Partizipations- und Integrationsgesetz in Berlin. Einmal Migrant – immer Migrant? Mitschnitt der Konferenz »Rechte stärken, gesellschaftliche Teilhabe fördern!« vom November 2010 im Nachbarschaftsheim Schöneberg. Online: https://archive.org/details/RechteStrkenGesellschaftlicheTeilhabeStrken/2-Integrationsgesetz.mp3 [zuletzt abgerufen am 15.12.2019].

Hirseland, Aline-Sophia/Lüter, Albrecht (2014): Zusammenleben in Nord-Neukölln. Eine Bestandsaufnahme. Berlin: Camino – Werkstatt für Fortbildung, Praxisbegleitung und Forschung im sozialen Bereich.

Institut für Sozialpolitik und Arbeitsmarktforschung (2018): Hartz-IV-Sanktionen machen auch vor Kindern nicht halt. O-Ton Arbeitsmarkt …die alternative Berichterstattung vom 4. Juni 2018. Online: www.o-ton-arbeitsmarkt.de/o-ton-news/hartz-iv-sanktionen-machen-auch-vor-kindern-nicht-halt-2 [zuletzt abgerufen am 15.12.2019].

Interkulturelles Beratungs- und Begegnungscentrum (o.J.): »Stark im Beruf« – Mütter mit Migrationshintergrund steigen ein. Online: www.ibbc-berlin.de/projekt-frauen-im-beruf-stark-im-beruf.html [zuletzt abgerufen am 15.12.2019].

Interkulturelles Beratungs- und Begegnungscentrum (2010): Projekt »Kiezväter«. Online: www.ibbc-berlin.de/projekt-kiezvaeter.html [zuletzt abgerufen am 15.12.2019].

Keilani, Fatima (2017): Urteil zur Kopftuch-Verbot in Berlin: Gericht spricht muslimischer Lehrerin Entschädigung zu. Tagesspiegel vom 09.02.2017. Online: www.tagesspiegel.de/berlin/urteil-zu-kopftuch-verbot-in-berlin-gericht-spricht-muslimischer-lehrerin-entschaedigung-zu/19369346.html [zuletzt abgerufen am 15.12.2019].

KMK – Ständige Konferenz der Kultusminister der Länder (2016): Bericht der Kultusministerkonferenz zur Integration von jungen Geflüchteten durch Bildung. Beschluss der KMK vom 06.10.2016.

KMK – Ständige Konferenz der Kultusminister der Länder (2013a): Interkulturelle Bildung und Erziehung in der Schule. Beschluss vom 25.10.1996 i.d.F. vom 015.12.2013.

KMK – Ständige Konferenz der Kultusminister der Länder (2013b): Gemeinsame Erklärung der Kultusministerkonferenz und der Organisationen von Menschen mit Migrationshintergrund zur Bildungs- und Erziehungspartnerschaft von Schule und Eltern. Beschluss vom 10.10.2013.

KMK – Ständige Konferenz der Kultusminister der Länder (1996): Interkulturelle Bildung und Erziehung in der Schule. Beschluss vom 25.10.1996.

KMK – Ständige Konferenz der Kultusminister der Länder (1971): Unterricht für Kinder ausländischer Arbeitnehmer. Beschluss vom 03.12.1971.

KMK – Ständige Konferenz der Kultusminister der Länder (1964): Unterricht für Kinder von Ausländern. Beschluss vom 14./15.05.1964.

Kneist, Sigrid (2014): Wege zur Integration. Jetzt haben auch die Stadtteilmütter richtige Stellen. Der Tagesspiegel vom 03.02.2014.Online: www.tagesspiegel.de/berlin/wege-zur-integration-jetzt-haben-auch-die-stadtteilmuetter-richtige-stellen/9421778.html [zuletzt abgerufen am 15.12.2019].

Landesbeirat für Integrations- und Migrationsfragen (2005): Integration und Migration in Berlin. Empfehlungen zu den Handlungsfeldern Arbeit und Erwerbstätigkeit, Bildung und Interkulturelle Öffnung. Berlin: Landesbeirat für Integrations- und Migrationsfragen.

Landeskommission Berlin gegen Gewalt (2015): Berliner Monitoring Jugendgewaltdelinquenz. Zweiter Bericht 2015. Berlin: Landeskommission Berlin gegen Gewalt.

Landesstelle für Gleichbehandlung – gegen Diskriminierung (2011): Landesaktionsplan gegen Rassismus und ethnisch Diskriminierung mit Schwerpunkt auf den Arbeits- und Handlungsfeldern der Senatsverwaltungen. Berlin: Landesstelle für Gleichbehandlung – gegen Diskriminierung.

Lehning, Torben (2014): Jugendstadtrat will »schnelle Eingreiftruppe« für das Jugendamt. In: Neukoellner.net vom 04.12.2014. Online: www.neukoellner.net/macht-marchen/jugendstadtrat-verliert-geduld-mit-intensivtaetern/ [zuletzt abgerufen am 15.12.2019].

Ludwig, Katharina (2014): Schüler in Berlin: Sprechen Sie Nichtdeutsch?. Der Tagesspiegel vom 03.07.2014. Online: https://www.tagesspiegel.de/berlin/schule/schueler-in-berlin-sprechen-sie-nichtdeutsch/10144092.html [zuletzt abgerufen am 15.12.2019].

Luig, Judith (2019): Bildung in Berlin: Schule mit Rassismus. Zeit.de vom 24.07.219. Online: https://www.zeit.de/gesellschaft/schule/2019-07/berlin-bildung-antidiskriminierungsbeauftragte-saraya-gomis-rassismus-schule [zuletzt abgerufen am 15.12.2019].

Maroldt, Lorenz (2016): Rechtsfreie Räume und No-Go-Areas: Henkel, Müller und die Angst vor dem anderen Berlin. Der Tagesspiegel.de vom 05.04.2016. Online: https://www.tagesspiegel.de/berlin/rechtsfreie-raeume-und-no-go-areas-henkel-mueller-und-die-angst-vor-dem-anderen-berlin/13406684.html [zuletzt abgerufen am 15.12.2019].

Migrationsrat Berlin & Brandenburg (o.J.): Empfehlungen zum Landesaktionsplan gegen Rassismus und ethnische Diskriminierung (LAPgR) in Berlin von Seiten zivilgesellschaftlicher Akteur_innen vom 15. Juni 2010. Online: www.neras.de/neras_recherche_beschwerdestelle_2012.pdf [zuletzt abgerufen am 15.12.2019].

Mitglieder der Fraktionen aus SPD und PDS (2004): Antidiskriminierungs- und Integrationsfördermaßnahmen für Berlin. Antrag der Fraktion der SPD und der Fraktion der PDS vom 23.09.2004. Online: www.parlament-berlin.de/ados/GesSozMiVer/vorgang/gsm15-0364-v.htm [zuletzt abgerufen am 15.12.2019].

Mönch, Regina (2009): Berlin-Neukölln: Faktencheck Parallelgesellschaft. Frankfurter Allgemeine Zeitung vom 29.10.2009. Online: www.faz.net/aktuell/feuilleton/

debatten/integration/berlin-neukoelln-faktencheck-parallelgesellschaft-1873117. html [zuletzt abgerufen am 15.12.2019].

Peters, Freia (2016): Integration: »Neukölln ist noch mal arabischer geworden«. Welt vom 28.04.2016. Online: https://www.welt.de/politik/deutschland/article154837477/ Neukoelln-ist-noch-mal-arabischer-geworden.html   [zuletzt   abgerufen   am 15.12.2019].

Pfauth, Sarina (2010): Gewalt in der Gesellschaft: Die Leiden der Jugendrichterin Kirsten Heisig. Süddeutsche Zeitung vom 22. Oktober 2010. Online: www.sueddeutsche.de/ politik/gewalt-in-der-gesellschaft-die-leiden-der-jugendrichterin-kirsten-heisig-1.979470 [zuletzt abgerufen am 15.12.2019].

Rbb24 (2018): 870 Strafen in Berlin ausgesprochen: Viele Eltern von Schulschwänzern zahlen Bußgeld nicht. rbb24.de vom 28.04.2018. Online: https://www.rbb24.de/ panorama/beitrag/2018/04/berlin-Eltern-Bussgeld-Schule-schwaenzen.html [zuletzt abgerufen am 15.12.2019].

Quartiersmanagement Rollbergsiedlung (2009): Plakataktion 60 Jahre Grund- gesetz.   Online: www.rollberg-quartier.de/index.php/18-archiv/archiv-10/118- pla-kat-ak-tion60-jahre-grund-gesetz [zuletzt abgerufen am 15.12.2019].

Quartiersmanagement Schillerpromenade (2009): TFO – Task Force Okerstraße. Strate- giekonzept. Online: www.trend.info-partisan.net/trd1009/taskforce_oker.pdf [zu- letzt abgerufen am 15.12.2019].

Sachs, Andreas/Hoch, Markus/Münch, Claudia/Steidl, Hanna (2016): Migrantenunter- nehmen in Deutschland zwischen 2005 und 2014. Ausmaß, ökonomische Bedeu- tung, Einflussfaktoren und Förderung auf Ebene der Bundesländer. Gütersloh: Bertelsmann-Stiftung.

Dassler, Sandra (2010): Integrationsgesetz: »Bürokratisches Pillepalle und Eti- kettenschwindel«. Der Tagesspiegel vom 05.08.2010. Online: https://www. tagesspiegel.de/berlin/integrationsgesetz-buerokratisches-pillepalle-und- etikettenschwindel/1897506.html [zuletzt abgerufen am 15.12.2019].

Senator für Gesundheit, Soziales und Familie (1982): Miteinander leben. Ausländerpo- litik in Berlin. Berlin: Senator für Gesundheit, Soziales und Familie.

Senatsverwaltung für Arbeit, Integration und Frauen (2016a): Masterplan Integration und Sicherheit. Entwurf vom 15.03.2016. Berlin: Senatsverwaltung für Arbeit, Inte- gration und Frauen.

Senatsverwaltung für Arbeit, Integration und Frauen (2016b): Partizipations- und In- tegrationsprogramm. Abschlussbericht des Programmdialogs 2015. Berlin: Senats- verwaltung für Arbeit, Integration und Frauen.

Senatsverwaltung für Arbeit, Integration und Frauen (Hg.) (2013): Förderprogramm zur Stärkung von Diversität und Partizipation (Partizipationsprogramm). Strategische und inhaltliche Weiterentwicklung der Projektförderung durch das Land Berlin. Ab- schlussbericht zum Qualitätsdialog. Berlin: Senatsverwaltung für Arbeit, Integrati- on und Frauen.

Senatsverwaltung für Bildung, Jugend und Familie (2018): Blickpunkt Schule. Schuljahr 2017/2018. Berlin: Senatsverwaltung für Bildung, Jugend und Familie.

Senatsverwaltung für Bildung, Jugend und Familie (2017a): Anwendung des Neutralitätsgesetzes an den Schulen. Schreiben an alle öffentlichen Schulen vom 04.09.2017. Berlin: Senatsverwaltung für Bildung, Jugend und Familie.

Senatsverwaltung für Bildung, Jugend und Familie (2017b): Berliner Schulwegweiser. Wohin nach der Grundschule? Schuljahr 2019/2019. Berlin: Senatsverwaltung für Bildung, Jugend und Familie.

Senatsverwaltung für Bildung, Jugend und Familie (o.J./a): Wohin nach der Grundschule?. Online: https://www.berlin.de/sen/bildung/schule/bildungswege/uebergang-weiterfuehrende-schule/ [zuletzt abgerufen am 15.12.2019].

Senatsverwaltung für Bildung, Jugend und Familie (o.J./b): Bonus-Programm. Online: https://www.berlin.de/sen/bildung/unterstuetzung/bonus-programm/ [zuletzt abgerufen am 15.12.2019].

Senatsverwaltung für Bildung, Jugend und Familie (o.J./c): Berliner Schulen. Online: www.berlin.de/sen/bildung/schule/berliner-schulen/ [zuletzt abgerufen am 15.12.2019].

Senatsverwaltung für Bildung, Jugend und Sport (2006): Integration durch Bildung. Konzept zur Förderung von Kindern, Jugendlichen und Erwachsenen mit Migrationshintergrund in Berlin. Berlin: Senatsverwaltung für Bildung, Jugend und Sport.

Senatsverwaltung für Bildung, Jugend und Sport (2005a): Bildung für Berlin. Handlungsrahmen Schulqualität in Berlin. Qualitätsbereiche und Qualitätsmerkmale guter Schulen. Berlin: Senatsverwaltung für Bildung, Jugend und Sport

Senatsverwaltung für Bildung, Jugend und Sport (2005b): Qualität und Qualitätssicherung in der Berliner Schule. Berlin: Senatsverwaltung für Bildung, Jugend und Sport.

Senatsverwaltung für Bildung, Jugend und Wissenschaft (2016a): Gemeinschaftsschule. Online: www.berlin.de/sen/bildung/schule/bildungswege/gemeinschaftsschule/ [zuletzt abgerufen am 15.12.2019].

Senatsverwaltung für Bildung, Jugend und Wissenschaft (2015a): Schulreform. Berlin. Online: www.berlin.de/sen/bildung/bildungspolitik/schulreform/[zuletzt abgerufen am 15.12.2019].

Senatsverwaltung für Bildung, Jugend und Wissenschaft (2015b): Leitfaden zur Integration von neu zugewanderten Kindern und Jugendlichen in die Kindertagesförderung und die Schule. 22.9.2015. Berlin: Senatsverwaltung für Bildung, Jugend und Wissenschaft.

Senatsverwaltung für Bildung, Jugend und Wissenschaft (2014): Berliner Schule Film. Ein Film für neu zugewanderte Eltern in den Sprachen Deutsch, Rumänisch, Bulgarisch, Türkisch und Arabisch. (Transkription). Berlin: Senatsverwaltung für Bildung, Jugend und Wissenschaft.

Senatsverwaltung für Bildung, Jugend und Wissenschaft (2012): Gute Schule – die Online-Kartei. Berlin: Senatsverwaltung für Bildung, Jugend und Wissenschaft.

Senatsverwaltung für Bildung, Wissenschaft und Forschung (2011a): Fachbrief Kooperation von Schule und Eltern mit Migrationshintergrund. 2011(7). Berlin: Senatsverwaltung für Bildung, Wissenschaft und Forschung.

Senatsverwaltung für Bildung, Wissenschaft und Forschung (2011b): Qualitätspaket Kita und Schule. Berlin: Senatsverwaltung für Bildung, Wissenschaft und Forschung.

Senatsverwaltung für Bildung, Wissenschaft und Forschung (2010a): Islam und Schule. Handreichung für Lehrerinnen und Lehrer an Berliner Schulen. Berlin: Senatsverwaltung für Bildung, Wissenschaft und Forschung.

Senatsverwaltung für Bildung, Wissenschaft und Forschung (2010b): Fachbrief Interkulturelle Bildung und Erziehung. Nr. 9. Berlin: Senatsverwaltung für Bildung, Wissenschaft und Forschung.

Senatsverwaltung für Bildung, Wissenschaft und Forschung (2010c): Fachbrief Kooperation von Schule und Eltern mit Migrationshintergrund. 2010(5). Berlin: Senatsverwaltung für Bildung, Wissenschaft und Forschung.

Senatsverwaltung für Bildung, Wissenschaft und Forschung (2009): Fachbrief Kooperation von Schule und Eltern mit Migrationshintergrund. 2009(4). Berlin: Senatsverwaltung für Bildung, Wissenschaft und Forschung.

Senatsverwaltung für Bildung, Wissenschaft und Forschung (2008a): Fachbrief Kooperation von Schule und Eltern mit Migrationshintergrund. 2008(1). Berlin: Senatsverwaltung für Bildung, Wissenschaft und Forschung.

Senatsverwaltung für Bildung, Wissenschaft und Forschung (2008b): Fachbrief Kooperation von Schule und Eltern mit Migrationshintergrund. 2008(2). Berlin: Senatsverwaltung für Bildung, Wissenschaft und Forschung.

Senatsverwaltung für Integration, Arbeit und Soziales (2017): Partizipations- und Integrationsprogramm 2018/19. Förderrichtlinien. Berlin: Senatsverwaltung für Integration, Arbeit und Soziales.

Senatsverwaltung für Integration, Arbeit und Soziales (2007a): Vielfalt fördern – Zusammenhalt stärken. Das Berliner Integrationskonzept. Handlungsfelder, Ziele, Leitprojekte. Berlin: Senatsverwaltung für Integration, Arbeit und Soziales.

Senatsverwaltung für Integration, Arbeit und Soziales (2007b): Vielfalt fördern – Zusammenhalt stärken. Anlage 2 zum Berliner Integrationskonzept. Maßnahmen und Projekte des Berliner Senats und der Bezirke (Förderatlas 2007). Berlin: Senatsverwaltung für Integration, Arbeit und Soziales.

Senatsverwaltung für Schule, Jugend und Sport (2001): Interkulturelle Bildung und Erziehung. Handreichung für Lehrkräfte Berliner Schulen. Berlin: Senatsverwaltung für Schule, Jugend und Sport.

Senatsverwaltung für Stadtentwicklung und Wohnen (2017): Berliner Mietspiegel 2017. Online: www.stadtentwicklung.berlin.de/wohnen/mietspiegel/de/downloads. shtml [zuletzt abgerufen am 15.12.2019].

Senatsverwaltung für Stadtentwicklung und Wohnen (2006): 166 neue »Stadtteilmütter« in Neukölln. Pressemitteilung vom 12.07.2006. Online: www.stadtentwicklung. berlin.de/aktuell/pressebox/archiv_volltext.shtml?arch_0607/nachricht2334.html [zuletzt abgerufen am 15.12.2019].

Smoltczyk, Alexander/Wiedmann-Schmidt, Wolf (2016): Bundesamt für Migration und Flüchtlinge: Die Zentrale der Flüchtlingskrise. Spiegel Online vom 27.06.2016. Online: www.spiegel.de/spiegel/reformen-beim-bundesamt-fuer-migration-und-fluechtlinge-a-1098681.html [zuletzt abgerufen am 15.12.2019].

Strauss, Stefan (2009): Neukölln geht mit einer eigenen Einsatzgruppe gegen Problemfamilien vor: Von der schnellen Truppe. Berliner Zeitung vom 14.09.2009. Online: https://www.berliner-zeitung.de/neukoelln-geht-mit-einer-eigeneneinsatzgruppe-gegen-problemfamilien-vor-von-der-schnellen-truppe-14982410 [zuletzt abgerufen am 15.12.2019].

Ullrich, Peter/Tullney, Marco (2012): Die Konstruktion ›gefährlicher Orte‹. In: sozial-raum.de 4, 2. https://www.sozialraum.de/die-konstruktion-gefaehrlicher-orte.php [Zugriff: 08.09.2019].

Vieth-Entus, Susanne (2013): Ausblick auf das neue Schuljahr: 3300 Eltern verschieben die Schulpflicht. Der Tagesspiegel vom 02.08.2013. Online: www.tagesspiegel.de/berlin/ausblick-auf-das-neue-schuljahr-3300-eltern-verschieben-die-schulpflicht/8583476.html [zuletzt abgerufen am 15.12.2019].

Vogt, Sylvia (2014): Harte Kante gegen Schulschwänzer: Zur Schule oder zur Kasse. Der Tagesspiegel vom 27.01.2014. Online: www.tagesspiegel.de/berlin/harte-kante-gegen-schulschwaenzer-zur-schule-oder-zur-kasse/9387094.html [zuletzt abgerufen am 15.12.2019].

Vogt, Sylvia (2012): Lenau-Schule: Jetzt wehren sich die deutschen Eltern. Der Tagesspiegel vom 17.08.2012. Online: www.tagesspiegel.de/berlin/lenau-schule-jetzt-wehren-sich-die-deutschen-eltern/7016450.html [zuletzt abgerufen am 15.12.2019].

Zawatka-Gerlach, Ulrich (2016): Masterplan für Flüchtlinge gesucht. McKinsey soll Berlin bei der Integration beraten. Der Tagesspiegel vom 17.02.2016. Online: https://www.tagesspiegel.de/berlin/masterplan-fuer-fluechtlinge-gesucht-mckinsey-soll-berlin-bei-der-integration-beraten/12973202.html [zuletzt abgerufen am 15.12.2019].

Abbildungsverzeichnis

Abkürzungsverzeichnis

ABM Arbeitsbeschaffungsmaßnahme

Abs. Absatz

AG Arbeitsgruppe

AGG Allgemeines Gleichbehandlungsgesetz

AGIA Arbeitsgebiet Interkulturelle Aufgaben

AGIM Arbeitsgebiet Integration und Migration

ALG Arbeitslosengeld

ASOG Allgemeines Sicherheits- und Ordnungsgesetz Berlins

Az Aktenzeichen

BAMF Bundesamt für Migration und Flüchtlinge

BMAS Bundesministerium für Arbeit und Soziales

BMFSFJ Bundesministerium für Familien, Senioren, Frauen und Jugend

BMI Bundesministerium für Inneres, Bau und Heimat (ehem. Bundesministerium des Innern)

BRD Bundesrepublik Deutschland

ca. circa

CDU Christlich Demokratische Union Deutschlands

CERD Committee on the Elimination of Racial Discrimination

d.h. das heißt

dpa Deutsche Presse-Agentur

ebd. ebenda

EMN Europäisches Migrationsnetzwerk

et al. und andere

etc. et cetera

DaZ Deutsch als Zweitsprache

DGB Deutscher Gewerkschaftsbund

E.K. Ellen Kollender

e.V. eingetragener Verein

EU Europäische Union

f. folgende Seite, folgender Paragraph

ff. folgende Seiten, Paragraphen

frz. französisch

ggf. gegebenenfalls

Hg. Herausgeber_in(nen)

i.d.F. in der Fassung

IGLU Internationale Grundschul-Lese-Untersuchung

i.O. im Original

IOM Internationale Organisation für Migration

KMK Ständige Konferenz der Kultusminister der Länder (Kultusministerkonferenz)

LAGeSo Berliner Landesamt für Gesundheit und Soziales

LSBTI Lesben, Schwule, Bisexuelle, Transsexuelle, Transgender und Intersexuelle

MAE Mehraufwandsentschädigung

MSA Mittlerer Schulabschluss

ndH nicht-deutsche Herkunftssprache

Nr. Nummer

OECD Organisation für wirtschaftliche Zusammenarbeit und Entwicklung

o.J. ohne Jahr

o.O. ohne Ortsangabe

o.S. ohne Seitenangabe

OVG Oberverwaltungsgericht

PartIntG Partizipations- und Integrationsgesetz des Landes Berlin

PDS Partei des Demokratischen Sozialismus (bis 2007)

PISA Programme for International Student Assessment

S. Seite

SchulG Schulgesetz

SGB Sozialgesetzbuch

SPD Sozialdemokratische Partei Deutschlands

SVR Sachverständigenrat deutscher Stiftungen für Integration und Migration

u.a. unter anderem

vgl. vergleiche

VVN/BdA Vereinigung der Verfolgten des Naziregimes/Bund der Antifaschistinnen und Antifaschisten

z.B. zum Beispiel

z.T. zum Teil

Transkriptionsnotation

[...] Kürzung von Zitaten durch Auslassung
((...)) Pause von mind. 3 Sekunden
((lacht)) Paraverbale Äußerungen der sprechenden Person

Pädagogik

Kay Biesel, Felix Brandhorst, Regina Rätz, Hans-Ullrich Krause
Deutschland schützt seine Kinder!
Eine Streitschrift zum Kinderschutz

2019, 242 S., kart., 1 SW-Abbildung
22,99 € (DE), 978-3-8376-4248-3
E-Book: 20,99 € (DE), ISBN 978-3-8394-4248-7
EPUB: 20,99 € (DE), ISBN 978-3-7328-4248-3

Nadja Köffler, Petra Steinmair-Pösel,
Thomas Sojer, Peter Stöger (Hg.)
Bildung und Liebe
Interdisziplinäre Perspektiven

2018, 412 S., kart., 11 SW-Abbildungen
39,99 € (DE), 978-3-8376-4359-6
E-Book: 39,99 € (DE), ISBN 978-3-8394-4359-0

Monika Jäckle, Bettina Wuttig, Christian Fuchs (Hg.)
Handbuch Trauma – Pädagogik – Schule

2017, 726 S., kart., 13 SW-Abbildungen
39,99 € (DE), 978-3-8376-2594-3
E-Book: 39,99 € (DE), ISBN 978-3-8394-2594-7

**Leseproben, weitere Informationen und Bestellmöglichkeiten
finden Sie unter www.transcript-verlag.de**

Pädagogik

Jasmin Donlic, Elisabeth Jaksche-Hoffman,
Hans Karl Peterlini (Hg.)
Ist inklusive Schule möglich?
Nationale und internationale Perspektiven

2019, 312 S., kart., Dispersionsbindung, 11 SW-Abbildungen
29,99 € (DE), 978-3-8376-4312-1
E-Book: 26,99 € (DE), ISBN 978-3-8394-4312-5

Sybille Wiescholek
Textile Bildung im Zeitalter der Digitalisierung
Vermittlungschancen zwischen Handarbeit
und Technisierung

2019, 258 S., kart., Dispersionsbindung, 53 SW-Abbildungen
39,99 € (DE), 978-3-8376-4687-0
E-Book: 39,99 € (DE), ISBN 978-3-8394-4687-4

Ina Henning, Sven Sauter, Katharina Witte (Hg.)
Kreativität grenzenlos!?
Inner- und außerschulische Expertisen
zu inklusiver Kultureller Bildung

2019, 194 S., kart., 20 SW-Abbildungen, 6 Farbabbildungen
29,99 € (DE), 978-3-8376-4350-3
E-Book: 26,99 € (DE), ISBN 978-3-8394-4350-7

**Leseproben, weitere Informationen und Bestellmöglichkeiten
finden Sie unter www.transcript-verlag.de**